U0926907

安徽省烟草专卖局(公司)年鉴
(2013)

顾　问　问　武　卓俭华　张靖江
贾零霓　陈爱群　时玉玲
主　编　董建江
副主编　徐海清　陈荣奖　张　宁
编　辑　李　胜　李茂青　李　力　李存跃
王　飞　朱光银　朱　萌

合肥工业大学出版社

图书在版编目(CIP)数据

安徽省烟草专卖局(公司)年鉴.2013/董建江主编.—合肥:合肥工业大学出版社,2016.6

ISBN 978-7-5650-2845-8

Ⅰ.①安… Ⅱ.①董… Ⅲ.①专卖—烟草企业—安徽省—2013—年鉴 Ⅳ.①F426.89-54

中国版本图书馆CIP数据核字(2016)第142806号

安徽省烟草专卖局(公司)年鉴(2013)

董建江 主编　　　责任编辑 权 怡　　　责任校对 刘 露

出 版	合肥工业大学出版社	版 次	2016年6月第1版
地 址	合肥市屯溪路193号	印 次	2016年8月第1次印刷
邮 编	230009	开 本	787毫米×1092毫米 1/16
电 话	编校中心:0551-62903210	印 张	28.25　彩 插 1印张
	市场营销部:0551-62903198	字 数	670千字
网 址	www.hfutpress.com.cn	印 刷	安徽联众印刷有限公司
E-mail	hfutpress@163.com	发 行	全国新华书店

ISBN 978-7-5650-2845-8　　　定价:98.00元

《安徽省烟草专卖局（公司）年鉴（2013）》撰稿人名单

一、省局（公司）机关撰稿人名单

办公室（外事办、烟草学会）	李　胜
综合计划与企业管理处	彭志斌
专卖监督管理处	骆　亮
内部专卖监督管理处	邵先上
烟叶管理处	赵　峰
卷烟营销管理处	李洪全
物流管理处	朱　宇
人事处（含行业职业技能鉴定站）	常莉莉
财务管理处	黄　芳
审计处	王　丹
法规处	王洪光
科技处（烟草质量监督监测站）	张丽娜
安全保卫处	马云歌
监察处（与党组纪检组合署办公）	胡敬文
思想政治工作处（机关党委，含烟草工会）	陈　祁
经济信息中心	秦　玮
离退休人员管理办公室（机关离退休人员服务中心）	杜晓莹
培训中心	王　奎
机关行政管理中心	何　琼
整顿办	缪庆华

二、直属单位撰稿人名单

合肥市烟草专卖局（公司）	干　操
淮北市烟草专卖局（公司）	邢　飞
亳州市烟草专卖局（公司）	程　强
宿州市烟草专卖局（公司）	武海彦
蚌埠市烟草专卖局（公司）	杨立杰
阜阳市烟草专卖局（公司）	马　震
淮南市烟草专卖局（公司）	耿　辉
滁州市烟草专卖局（公司）	席　凯
六安市烟草专卖局（公司）	刘莉莉
马鞍山市烟草专卖局（公司）	郭　鑫
芜湖市烟草专卖局（公司）	盛　力
宣城市烟草专卖局（公司）	陶胜利
铜陵市烟草专卖局（公司）	吴永柱
池州市烟草专卖局（公司）	吴卫东
安庆市烟草专卖局（公司）	张娟娟
黄山市烟草专卖局（公司）	吴　艳
华环国际烟草有限公司	计　磊
安徽皖南烟叶有限责任公司	张　萍

9月，国家局局长凌成兴在安徽安泰物流有限责任公司调研

4月，省委副书记、代省长王学军一行深入华环公司易地技改项目建设现场调研指导

8月，国家局副局长何泽华到皖南烟叶公司调研

7月，国家局副局长李克明调研安徽烟草

12月，驻国家局纪检组组长高林到合肥市局（公司）物流中心调研

1月，省局（公司）局长、总经理问武调研黄山市局（公司）“徽映”感知店

12月，省局（公司）局长、总经理问武到定远县局调研

7月，省局（公司）巡视员、副总经理卓俭华到池州市局（公司）调研生态富硒烟叶生产情况

6月，省局（公司）纪检组长鹿军到安庆走访调研市场

6月，省局（公司）副总经理董建江调研滁州市局（公司）“改进作风年”活动

1月，省局副局长张靖江到池州市局考察基层“三型队所”建设

1月，省局（公司）总会计师贾零霓走访黄山卷烟市场

7月，省局（公司）召开党的群众路线教育实践活动动员大会

2月，黄山市局（公司）员工拓展训练

3月，合肥市局（公司）举办所队长竞聘考试

4月，皖南烟叶公司举办2012年度QC小组成果发布会

4月，华环公司股东代表大会暨第一届董事会第五次会议在上海召开

5月，阜阳市局（公司）组织青年党员参观“四九”起义纪念馆

6月，六安市局（公司）开展“党史教育日”活动

7月，宿州市召开烟草市场管理政法、行政工作会议

7月，全省烟叶收购暨现代烟草农业建设现场会在池州东至县召开

8月，省公安厅、省烟草局在安庆召开“6·5”涉烟网络案件线索交办会

8月，马鞍山市局（公司）召开现代零售终端建设——驻店营销服务推进现场会

9月，合肥市局（公司）举办第二届“徽映杯”职工运动会

9月，安庆烟草“徽映”志愿者队换届选举大会

9月，亳州烟草参加2013年首届中国(亳州)国际健身气功博览会暨第五届中国(亳州)华佗五禽戏养生健身节开幕式

9月，淮北市局（公司）开展亲情帮扶活动

9月，铜陵市局（公司）开展廉政书画比赛活动

9月，芜湖市烟草专卖局江北分局正式成立

10月，蚌埠市局举办第十三届专卖业务技能大比武活动

10月，全省优秀县级局创建工作推进现场会在定远召开

10月，淮南市局（公司）代表队参加安徽省第四届传统武术比赛

12月，阜阳市局（公司）深入开展“廉政文化进企业”活动

12月，全省烟草商业系统物流工作现场会在六安召开

12月，华环公司易地技改新线全线运行生产

12月，黄山市公司物流中心正式建成启用

2013年冬，宣城市公司送货员克服大雪天气困难保障送货到位

出版说明

一、《安徽省烟草专卖局（公司）年鉴》是系统记述安徽烟草商业系统（以下简称全省系统）专卖管理、卷烟营销、烟叶生产与经营、企业管理与改革、精神文明建设等方面的文献资料。自2006年以来，已出版七卷，本卷为第八卷，翔实记载了2013年全省系统的发展情况和主要特点，对认识和研究安徽烟草商业系统的生产和发展具有较强的参考价值，也为读者了解和认识安徽烟草商业提供了基础资料。

二、本卷年鉴基本保持往年的编纂框架。全书分为概况、专题特载、领导与机构、重要报告、重要文件、烟草专卖管理、内部专卖管理监督、卷烟经营、物流建设、烟叶生产与经营、企业文化建设、管理与服务、全省系统各单位、光荣榜、公益事业、报刊文萃、大事记等十七个栏目，本年新增内部专卖管理监督内容，其他方面与上年基本相同。

三、本卷年鉴中的2013年概况、重要讲话、重要文件、大事记部分内容由办公室整理提供。专题特载《省局（公司）机关开展党的群众路线教育实践活动》由思想政治工作处提供，报刊文萃内容来自于《中国烟草》《东方烟草报》和《安徽日报》等刊物。概况中的相关数据由卷烟营销管理处和财务管理处提供，其他部分内容分别由行业各单位和省局（公司）相关处室对应提供，所提供的资料依据充分、翔实可靠。

四、本卷年鉴仍以力求完整保存历史资料、为认识安徽烟草商业提供参考为目的，力求更加突出资料的权威性、延续性和可读性。

五、本卷年鉴在组稿、编纂和出版过程中，得到了省局（公司）领导的高度重视，机关各部门和行业各单位给予了大力支持，编写、核对人员付出了艰辛努力，在此谨表谢忱。如有疏漏、错误之处，敬请批评指正。

编　者

2015年7月

目　录

安徽省烟草专卖局（公司）概况

专题特载

领导与机构

重要报告

重要文件

烟草专卖管理

内部专卖管理监督

卷烟营销

物流建设

烟叶生产与经营

企业文化建设

管理与服务

全省系统各单位

光　荣　榜

公 益 事 业

报 刊 文 萃

大　事　记

安徽省烟草专卖局(公司)概况

安徽省烟草专卖局(公司)2013年概况

2013年，安徽省烟草专卖局（公司）坚持以科学发展观为指导，学习贯彻习近平总书记系列讲话精神，按照“政治做强、作风做正、业务做精、队伍做硬”的要求，各项工作全面推进。2013年销售卷烟197.97万箱，增幅1.2%；实现卷烟含税销售收入512.53亿元，增幅9.08%；实现利税109.25亿元，增幅8.38%，完成税利指标任务，其中利润61.46亿元，税金47.79亿元；卷烟费用率5.47%，同比下降0.19个百分点；收购烟叶60.1万担；复烤烟叶185.11万担，其中“中华”品牌原料72.18万担；实现加工收入2.87亿元，实现利润5 063.09万元。

严格执行纪律规定，政治做强方向坚定。企业成长沿着正确的政治方向，确保政治过硬、信仰坚定、方向正确。组织开展十八大精神专题轮训班，学习贯彻十八届三中全会精神，与党中央保持高度一致。严格落实中央八项规定、厉行节约反对浪费条例等中央一系列纪律规定，集中开展违规建房、多占住房、会员卡等专项清理；组织开展专项治理，制定出台管理制度，加强公务用车配备和使用管理；部署开展办公用房清理腾退，严格标准，严肃纪律，2013年底全部调整到位。一律停止审批新经营业务办公用房，全部暂停已经批准尚未建设项目，严格按照新标准调整在建项目。严格落实中纪委系列禁令，加强日常和重要时间节点廉政教育和廉政提醒，强化党员干部廉政约束。制定工作人员违法违纪处理办法，完善党风廉政建设责任制考核、廉政谈话和“三重一大”监督管理制度，加大执纪检查和案件查办力度，并开展专项考核。

开展教育实践活动，严格执行八项规定。根据中央和国家局部署，在省局（公司）机关组织开展党的群众路线教育实践活动。发扬“实话实说、实情实报、实功实做”优良作风，高标准、严要求开展党的群众路线教育实践活动。学习教育做到贯穿全程，理论提升，认识到位；听取意见做到“把领导干部摆进来、把思想认识提上来、直奔主题把问题讲出来、征求不到问题的自己来”；交心谈心，坚持“谈透、谈明、谈实”基本原则，做到“放下包袱、放弃前嫌、放眼未来”；专题民主生活会真提意见、提真意见。坚持边学边改、边查边改，在征集219条意见中，整改201条，其中涉及“四风”67条具体意见中，完成整改61条，其余6条意见纳入整改方案，对问题逐项进行“回头看”，确保整改到位。直属单位深化“改进作风年”活动，取得诸多好经验，为第二批教育实践活动奠定坚实基础。严格执行中央八项规定等一系列规定，制订实施细则，严格监督检查，在文风会风、勤俭节约、公务接待、新闻报道、联系群众、工商往来等多个领域出现明显变化和转变。全年业务招待费、会议费、涉外费、广告宣传费同比分别下降33.24%、40.51%、65.83%和3.24%。

发挥特色优质烟叶，稳步扩大焦甜香规模。尽管面临计划调整等政策性因素，烟叶工作依然可圈可点。全年种植烟叶22.7万亩，签订种植收购合同5106份，户均规模44.5亩，皖南烟区户均面积70.5亩。落实焦甜香烟叶面积12万亩。继续发挥皖南特色优质烟叶发展联席会议制度作用，启动焦甜香烟叶系列标准研究，稳步扩大焦甜香烟叶规模，焦甜香特色优质烟叶占皖南烟叶总量70%。优化烟叶结构，与上海烟草集团和安徽中烟开展烟叶订单生产。以筹备2014年全国烟叶现场会为契机，稳步推进沪皖、黄山品牌现代烟草农业高科技示范园建设，全面建设烟农专业合作社，积极发展种植专业户、家庭农场。华环公司易地技改项目顺利投产。与上海烟草集团密切协作，做好烟叶醇化库建设前期工作。

大力加强品牌培育，积极探索科学营销。加强调控，调整目标，组合策略，扩大知名品牌市场占有率，知名品牌累计销售165.89万箱，增长6.5%。积极探索雪茄烟营销。引入新品牌、新规格，丰富培育措施，继续培育低焦品牌。大力培育“黄山”品牌，特别是“天都”“红方印”系列新品。推广“徽映e家”零售终端信息管理系统，完成5%年度推广目标。稳步推进终端“优质化”“功能化”建设，阜阳市局（公司）构建“1635”终端评价体系。积极推广网上订货，城镇网上订货率达93.68%。以芜湖市局（公司）为试点，积极探索科学营销工作，构建“五体系、三平台”科学营销体系，并向全省系统推广主要做法和基本经验。

推进精益物流建设，成果应用突显成效。推行储分一体与密集仓储技术，探索采用条码识别技术和包装影像技术，加强电子标签及二维码应用，开发物流综合管控平台。在六安召开的物流现场会，集中展示物流新技术应用成果，并推广六安市公司经验。继续推进精益物流建设，优化业务流程，提高设备利用和送货效率，开展“精益物流评价体系”课题研究，物流可控费用同比下降10.05%。蚌埠市局（公司）创新推进卓越物流班组建设。加强工商物流协同，开展卷烟包装箱循环利用，在同城工商企业试点的基础上，全面展开。探索提升工商物流一体化，开展同城物流建设，工商物流同设计、同施工、同对接。宣城市局（公司）试点物流非法人实体化运作取得明显成效。

发挥联席会议机制，推进数字专卖提升。有效发挥政法烟草、行政执法联席会议机制作用，与省工商局、省公安厅加强联系，构建打击涉烟违法犯罪活动协作和督办机制。突出“打团破网”，该年5起涉烟网络案件被公安部、国家烟草专卖局共同挂牌督办，是本省部督网络案件最多的一年。开展系列市场整治专项行动，铜陵市局（公司）

建立涉烟情报网络，在线索挖掘上取得明显成效。推进2013年“数字专卖提升年”各项工作。深入推进优秀县级局创建，全面完成创建达标，在滁州定远县局召开优秀县级局创建现场会。试点推行“APCD”市场监管法，淮南市局（公司）试点取得积极成效。总结柔性执法试点工作，制定卷烟零售点合理布局指导意见。研究提出“大内管”构想，设立内部专卖管理监督委员会，建立委员会工作制度，构建“大内管”工作机制。马鞍山市局（公司）试点“互联互控”监管机制建设，为构建“大内管”机制做出有益探索。

夯实企业管理基础，推广精益目标管理。有效开展“管理创一流”活动，全面完成质量管理体系省级审核，在黄山市局（公司）召开企业管理现场会，推广精益目标管理。华环公司卓越绩效管理荣获安徽省质量奖。初步构建投资项目管理服务体系，开展投资项目创优达标活动。深入推进“天价烟”治理，有效防止反弹，形成常态化。加强重点费用控制，完善全面预算考核办法，组织开展税收风险自查。加强资产监管，专项清查流动资产，淮北市局（公司）资产管理富有特色。强化资金监管，推进跨行结算。加强大额资金使用监管，提升资金效益，资金收益率处于行业较高水平，受到国家烟草专卖局领导肯定。强化法治思维，落实“六五”普法规划，开展法制宣传培训，组织法律知识统一培训考试。推进管理规范免检工作，开展规范化管理研究与实践课题研究。推广自行招标采购和定点供应商采购管理办法，合肥市局（公司）从规范入手，强化定点供应商管理。痕迹化管理办法有效实施。加强信息化项目管理，推进电子政务升级与集成整合。网上订货系统荣获“安徽省信息化十件大事优秀项目奖”，完成新办公楼数据中心建设。科技创新平台建设取得新突破，实施项目带动战略，加强项目过程管理和成果推广应用，深入推进QC小组活动。有效开展真伪卷烟鉴别检验，质量监督检测水平继续提升。

坚持“三个理直气壮”，加强队伍文化建设。开展两年一度直属单位领导班子考核，加强领导班子建设和后备干部选拔培养。调研制订直属单位及所属县级局内设机构指导意见。为期两年八期的科级干部培训班顺利结束，每期一个月，内容涵盖政治理论、个人修养、综合管理和行业知识，有效提升科级干部综合素养。继续做好物流工程硕士、会计硕士、法律硕士等教学与统考。宿州市局（公司）学习型组织建设取得典型经验。组织各类技能鉴定14批次，鉴定工种涵盖3个种类4个等级。试点探索卷烟零售终端党建共建有效机制和模式。深化“成长”文化建设，启动文化建设与管理模式项目，开展文化对接，统分结合，彰显特色，创新实践，构建母子文化体系。池州市局（公司）文化建设效用日益彰显。皖南烟叶公司以创业精神激发员工活力和动力。推进“徽映”服务品牌宣贯传播和行为规范、评价管理体系建设，安庆市局（公司）有效拓展“感知徽映中心”服务。关注和加强离退休老同志管理与服务工作，发挥机关团委作用，加大青年工作力度。按照“三个理直气壮”要求，加大正面宣传，积极处理涉烟舆情事件，构建舆情管理工作网络和机制。亳州市局（公司）构建舆情控制和隐患排查机制，有效化解风险和矛盾，形成正确舆论导向，营造良好成长环境。

资料 1

全省烟草商业企业 2013 年主要指标分析表

指标名称	累计（箱）	比例（%）	去年累计	增幅（%）
一、卷烟购进	1 982 795		1 951 479	1.60
省内购进	1 297 892	65.5	1 275 337	1.77
省外购进	684 903	34.5	676 142	1.30
二、卷烟销量	1 979 624	—	1 956 107	1.20
省产烟销售	1 288 840	65.1	1 284 691	0.32
省外烟销售	690 784	34.9	671 416	2.88
省内销售	1 979 624		1 956 107	1.20
其中：一类烟	358 357	18.1	307 893	16.39
二类烟	420 487	21.2	360 964	16.49
三类烟	594 948	30.1	569 373	4.49
四类烟	440 197	22.2	493 482	-10.80
五类烟	165 634	8.4	224 395	-26.19
三、卷烟库存	112 362	—	108 980	3.10
省产烟库存	54 967	48.9	45 902	19.75
省外烟库存	57 395	51.1	63 078	-9.01

资料 2

全省烟草商业批发企业 2013 年主要经济效益指标分析表

企业名称	卷烟销量(箱)				销售收入(万元)				单条批发均价(元/条)				销售毛利(万元)				单箱毛利(元/箱)			
	本期	上年同期	增幅±	排序	本期	上年同期	增幅±	排序	本期	上年同期	增幅±	排序	本期	上年同期	增幅±	排序	本期	上年同期	增幅±	排序
全省合计	1 979 624	1 956 107	1.20		5 125 326	4 698 110	9.10		103.56	96.07	7.80		1 102 521	1 026 764	7.38		5 569	5 249	6.10	
皖南小计	438 769	435 238	0.81		1 285 664	1 190 294	8.01		117.21	109.39	7.14		283 140	266 332	6.31		6 453	6 119	5.46	
皖中小计	839 050	827 954	1.35		2 364 504	2 198 718	7.55		112.72	106.22	6.11		511 259	484 048	5.63		6 093	5 846	4.22	
皖北小计	701 805	692 915	1.29		1 475 158	1 309 098	12.69		84.08	75.57	11.26		308 122	276 384	11.49		4 390	3 989	10.07	
芜湖	124 678	122 828	1.51	4	352 578	322 626	9.29	10	113.12	105.07	7.66	11	76 460	71 133	7.49	10	6 133	5 791	5.89	11
宣城	99 015	98 457	0.57	14	265 530	251 157	5.72	14	107.27	102.04	5.13	14	58 054	55 653	4.32	14	5 863	5 653	3.73	14
池州	53 991	53 793	0.37	15	157 118	143 983	9.12	11	116.40	107.06	8.72	8	34 074	31 749	7.33	11	6 311	5 902	6.93	8
黄山	53 005	52 603	0.77	12	154 658	141 066	9.64	9	116.71	107.27	8.80	7	34 347	31 708	8.32	7	6 480	6 028	7.50	7
马鞍山	77 536	76 648	1.16	7	250 418	228 390	9.65	8	129.19	119.19	8.39	10	56 279	52 179	7.86	8	7 258	6 808	6.62	10
铜陵	30 544	30 909	-1.18	16	105 363	103 073	2.22	16	137.98	133.39	3.44	15	23 926	23 910	0.07	16	7 833	7 736	1.26	15
合肥	277 503	272 096	2.00	1	888 722	845 215	5.15	15	128.10	124.25	3.09	16	195 485	189 758	3.02	15	7 044	6 974	1.00	16
滁州	139 639	138 056	1.15	8	363 635	331 054	9.84	7	104.16	95.92	8.60	9	77 950	72 279	7.85	9	5 582	5 236	6.62	9
六安	165 807	164 030	1.10	9	426 692	393 830	8.35	13	102.94	96.04	7.18	13	90 824	85 080	6.76	12	5 478	5 187	5.60	13
安庆	169 484	168 048	0.86	11	447 143	412 430	8.42	12	105.53	98.17	7.50	12	95 391	89 499	6.59	13	5 628	5 326	5.68	12
淮南	86 617	85 725	1.04	10	238 313	216 190	10.24	6	110.05	100.88	9.10	5	51 609	47 432	8.81	6	5 958	5 533	7.69	5
蚌埠	115 952	114 295	1.45	5	268 232	236 533	13.40	2	92.53	82.78	11.78	1	56 411	50 267	12.22	2	4 865	4 398	10.62	2
阜阳	230 683	227 560	1.38	6	468 599	413 579	13.31	3	81.25	72.70	11.77	2	97 332	86 794	12.14	3	4 219	3 814	10.62	1
宿州	159 749	158 636	0.70	13	319 871	287 041	11.44	4	80.09	72.38	10.66	4	66 547	60 333	10.30	4	4 166	3 803	9.53	4
亳州	132 130	130 072	1.58	2	278 274	245 266	13.46	1	84.24	75.42	11.69	3	58 197	51 843	12.26	1	4 405	3 986	10.51	3
淮北	63 290	62 352	1.51	3	140 183	126 677	10.67	5	88.60	81.27	9.02	6	29 636	27 148	9.17	5	4 683	4 354	7.54	6

资料 3

全省烟草商业企业 2013 年分类别卷烟销量分析表

单位:箱

单位名称	一类				二类				三类				四类				五类			
	本期	上年同期	增幅（%）	排序	本期	上年同期	增幅（%）	排序	本期	上年同期	增幅（%）	排序	本期	上年同期	增幅（%）	排序	本期	上年同期	增幅（%）	排序
全省合计	358 357	307 893	16. 39		420 487	360 964	16. 49		594 948	569 373	4. 49		440 197	493 482	-10. 80		165 634	224 395	-26. 19	
皖南小计	109 622	95 974	14. 22		82 438	71 582	15. 17		153 363	154 901	-0. 99		76 968	89 984	-14. 46		16 377	22 797	-28. 16	
皖中小计	172 803	151 349	14. 17		234 348	214 101	9. 46		215 992	205 361	5. 18		170 656	188 367	-9. 40		45 252	68 776	-34. 20	
皖北小计	75 933	60 570	25. 36		103 701	75 280	37. 75		225 593	209 111	7. 88		192 573	215 132	-10. 49		104 006	132 822	-21. 70	
芜湖	29 107	24 704	17. 82	9	28 134	23 242	21. 04	7	42 978	45 519	-5. 58	15	19 397	22 766	-14. 80	12	5 063	6 597	-23. 25	5
宣城	21 524	19 988	7. 68	15	12 294	11 976	2. 65	16	36 889	35 566	3. 72	10	24 017	25 307	-5. 10	2	4 292	5 620	-23. 63	6
池州	11 129	10 216	8. 94	13	16 235	12 884	26. 00	5	14 926	13 866	7. 65	6	9 800	13 591	-27. 89	16	1 901	3 236	-41. 26	15
黄山	13 378	11 353	17. 83	8	6 963	6 462	7. 74	14	22 460	21 423	4. 84	9	8 966	11 164	-19. 69	14	1 239	2 201	-43. 72	16
马鞍山	24 354	19 631	24. 06	4	12 693	11 740	8. 12	13	26 817	28 832	-6. 99	16	10 749	12 433	-13. 54	9	2 922	4 013	-27. 18	9
铜陵	10 130	10 082	0. 47	16	6 120	5 277	15. 98	8	9 293	9 695	-4. 14	14	4 040	4 723	-14. 48	11	961	1 131	-15. 08	1
合肥	71 985	65 830	9. 35	12	84 085	81 094	3. 69	15	60 072	59 275	1. 34	12	51 893	52 749	-1. 62	1	9 468	13 148	-27. 99	10
滁州	24 509	19 351	26. 66	3	33 388	29 020	15. 05	11	41 112	39 185	4. 92	8	30 315	35 306	-14. 14	10	10 315	15 194	-32. 11	11
六安	27 241	22 446	21. 36	6	49 019	45 313	8. 18	12	40 116	36 832	8. 91	4	37 865	42 370	-10. 63	6	11 567	17 069	-32. 23	12
安庆	31 126	27 843	11. 79	11	46 761	40 370	15. 83	9	49 425	46 680	5. 88	7	34 112	39 444	-13. 52	8	8 059	13 710	-41. 22	14
淮南	17 942	15 879	12. 99	10	21 094	18 304	15. 24	10	25 267	23 389	8. 03	5	16 471	18 498	-10. 96	7	5 843	9 654	-39. 47	13
蚌埠	14 202	11 918	19. 17	7	17 459	12 184	43. 30	1	44 623	38 507	15. 88	2	22 972	29 318	-21. 65	15	16 697	22 369	-25. 36	7
阜阳	24 023	18 275	31. 45	1	38 488	27 393	40. 50	2	63 522	65 132	-2. 47	13	68 292	72 307	-5. 55	3	36 359	44 453	-18. 21	2
宿州	15 579	12 618	23. 47	5	17 453	12 987	34. 38	4	53 660	47 523	12. 91	3	48 913	54 048	-9. 50	4	24 145	31 459	-23. 25	4
亳州	16 395	12 488	31. 29	2	18 865	13 471	40. 04	3	40 322	39 317	2. 56	11	41 082	45 494	-9. 70	5	15 466	19 303	-19. 88	3
淮北	5 734	5 271	8. 78	14	11 437	9 245	23. 71	6	23 466	18 633	25. 94	1	11 315	13 965	-18. 98	13	11 338	15 238	-25. 59	8

资料 4

全省烟草商业企业 2012—2013 年分牌号卷烟销量分析表

单位：箱

序号	卷烟牌号	2013 年销量	2012 年销量	同比增加%	序号	卷烟牌号	2013 年销量	2012 年销量	同比增加%
1	黄山	1 144 226. 92	1 071 140. 75	6. 82	30	黄果树	3 266. 58	2 911. 32	12. 20
2	红三环	120 515. 93	176 172. 17	-31. 59	31	贵烟	2 707. 94	3 266. 66	-17. 10
3	利群	69 666. 56	61 724. 96	12. 87	32	兰州	1 742. 84	1 121. 12	55. 46
4	玉溪	65 328. 03	59 617. 61	9. 58	33	中南海	1 564. 06	1 266. 54	23. 49
5	红塔山	59 066. 86	60 090. 40	-1. 70	34	红山茶	1 382. 15	1 370. 86	0. 82
6	雄狮	53 032. 94	47 134. 36	12. 51	35	万宝路（国内）	1 111. 86	1 117. 87	-0. 54
7	红梅	52 389. 13	58 647. 41	-10. 67	36	钻石	727. 14	486. 02	49. 61
8	南京	50 170. 56	46 576. 03	7. 72	37	双喜	566. 16	429. 35	31. 86
9	中华	48 758. 44	41 251. 99	18. 20	38	都宝	512. 92	555. 44	-7. 66
10	云烟	41 354. 42	37 277. 00	10. 94	39	猴王	265. 84	188. 64	40. 92
11	黄鹤楼	35 577. 93	33 502. 77	6. 19	40	好猫	258. 24	83. 48	209. 34
12	白沙	31 102. 96	40 098. 48	-22. 43	41	555	229. 92	309. 08	-25. 61
13	苏烟	30 270. 21	28 646. 29	5. 67	42	真龙	202. 97	142. 12	42. 82
14	红双喜	27 269. 09	26 469. 37	3. 02	43	狮牌	156. 14	245. 81	-36. 48
15	盛唐	23 420. 64	36 569. 49	-35. 96	44	王冠	121. 15	81. 99	47. 76
16	芙蓉王	20 702. 29	17 883. 41	15. 76	45	熊猫	100. 84	122. 45	-17. 65
17	哈德门	18 694. 62	23 004. 65	-18. 74	46	茂大	43. 14	23. 16	86. 27
18	黄金叶	10 798. 60	10 489. 39	2. 95	47	黄山松	40. 03	160. 2	-75. 01
19	红旗渠	7 831. 53	6 674. 33	17. 34	48	爱喜	36. 6	29. 6	23. 65
20	娇子	7 703. 63	6 923. 28	11. 27	49	长城	35. 42	34. 04	4. 05
21	红河	6 646. 41	7 439. 45	-10. 66	50	冬虫夏草	20. 4		
22	双喜	6 417. 13	5 953. 04	7. 80	51	庐山	10. 56	116. 85	-90. 96
23	长白山	5 846. 78	6 849. 50	-14. 64	52	建牌	9. 98		
24	七匹狼	5 632. 34	5 880. 14	-4. 21	53	红双喜（南洋）	3. 56		
25	红金龙	5 192. 05	7 222. 40	-28. 11	54	味美思	2. 29	11. 27	-79. 68
26	大前门（上海）	4 337. 68	5 712. 47	-24. 07	55	三峡	2. 11		
27	红杉树	4 293. 33	5 707. 52	-24. 78	56	顺百利	0. 03		
28	泰山	4 289. 06	3 138. 06	36. 68	57	小熊猫	0	2. 59	-100. 00
29	金圣	3 966. 68	4 234. 17	-6. 32	58	林海灵芝	0	0. 06	-100. 00

资料 5

全省系统 2013 年主要财务指标总表

单位:万元

单 位	卷烟不含税收入			烟叶本年销售收入	利润			税金			利税			资产总额	负债合计	所有者权益
	本年累计	上年同期	同比增减%		本年累计	上年同期	同比增减%	本年累计	上年同期	同比增减%	本年累计	上年同期	同比增减%			
全省合计	4 384 117	4 016 817	9	125 215	615 275	571 158	8	478 518	437 949	9	1 093 793	1 009 107	8	2 487 601	150 959	2 336 642
批发小计	4 384 117	4 016 817	9	24 079	605 600	566 165	7	458 907	420 986	9	1 064 508	987 151	8	1 828 773	85 449	1 743 324
合肥市公司	760 248	722 524	5	0	120 372	116 987	3	79 270	76 467	4	199 642	193 454	3	320 812	10 471	310 341
淮北市公司	119 814	108 271	11	0	15 142	14 104	7	12 209	11 101	10	27 350	25 205	9	58 967	3 431	55 536
亳州市公司	237 841	209 629	13	12 839	19 299	13 601	42	26 274	21 818	20	45 574	35 419	29	50 719	4 438	46 281
宿州市公司	274 004	245 334	12	0	32 557	30 408	7	28 227	24 640	15	60 784	55 048	10	96 786	8 353	88 433
蚌埠市公司	229 344	202 165	13	0	28 043	23 561	19	23 291	20 827	12	51 334	44 388	16	76 144	5 638	70 505
阜阳市公司	400 688	353 487	13	1 793	50 192	43 253	16	41 666	37 041	12	91 857	80 294	14	122 257	9 700	112 558
淮南市公司	203 686	185 255	10	0	31 509	28 567	10	21 113	19 130	10	52 622	47 697	10	90 123	3 501	86 622
滁州市公司	310 837	282 952	10	0	40 743	38 150	7	32 597	28 745	13	73 340	66 895	10	121 032	11 756	109 277
六安市公司	364 694	337 082	8	0	56 423	52 634	7	37 432	35 390	6	93 855	88 025	7	158 525	4 787	153 738
马鞍山市公司	214 053	195 205	10	0	33 494	31 563	6	21 433	21 834	−2	54 927	53 397	3	105 608	2 964	102 644
芜湖市公司	301 651	275 748	9	0	48 563	46 673	4	31 849	29 640	7	80 412	76 313	5	150 945	2 497	148 448
宣城市公司	226 948	214 664	6	0	30 321	29 169	4	24 311	22 315	9	54 632	51 484	6	116 216	6 520	109 696
铜陵市公司	90 054	88 096	2	0	14 687	15 810	−7	9 555	9 503	1	24 242	25 314	−4	49 670	1 262	48 408
池州市公司	134 289	123 330	9	9 447	13 082	14 541	−10	16 504	14 143	17	29 586	28 684	3	55 515	2 842	52 672
安庆市公司	383 780	352 504	9	0	53 929	51 285	5	39 223	35 564	10	93 152	86 849	7	174 435	5 672	168 763
黄山市公司	132 186	120 570	10	0	17 244	15 858	9	13 954	12 828	9	31 199	28 686	9	81 020	1 617	79 403
其他小计	0	0		101 136	18 288	14 390	27	18 929	16 578	14	37 217	30 968	20	297 349	62 825	234 525
蚌埠储运	0	0		0	331	−926	−136	335	289	16	667	−638	−205	75 918	440	75 478
华环	0	0		0	5 063	6 607	−23	2 464	5 075	−51	7 527	11 682	−36	126 899	15 439	111 460
皖南烟叶	0	0		101 136	12 893	8 709	48	16 130	11 215	44	29 024	19 924	46	94 532	46 946	47 586
省公司小计	0	0		0	−8 613	−9 396	−8	681	385	77	−7 932	−9 011	−12	940 894	31 304	909 590
省公司本部	0	0		0	−8 613	−9 396	−8	681	385	77	−7 932	−9 011	−12	940 894	31 304	909 590

专题特载

省局（公司）机关开展党的群众路线教育实践活动

【活动基本情况】

根据中央、国家烟草专卖局党组统一部署，自2013年7月至2014年2月，安徽省烟草专卖局（公司）机关紧紧围绕保持党的先进性和纯洁性，以为民务实清廉为主要内容，贯彻“照镜子、正衣冠、洗洗澡、治治病”总要求，以领导班子和党员领导干部为重点，围绕反对形式主义、官僚主义、享乐主义和奢靡之风，认真抓好学习教育、听取意见，查摆问题、开展批评，整改落实、建章立制三个环节，深入开展党的群众路线教育实践活动。

加强组织领导。省局（公司）党组成立教育实践活动领导小组，下设办公室，内设综合材料协调组、联络组、宣传组和整改督导组，抽调16名机关骨干人员组成。为进一步健全工作机制，精心制定活动方案、领导小组工作规则，建立省局（公司）领导第一批活动联系点，召开动员大会，广泛动员发动。每一环节开展前，结合实际，分别制定下发活动方案，科学规范、周密细致地布置各环节工作任务和日程安排，加强各重要节点过程管控，确保活动取得实实在在的成效。活动前，在学习中央和国家局党组有关要求精神基础上，早谋划、早动作、早推进，先后开展集中调研、加强作风建设交流系列座谈等“热身”活动，为教育实践活动做准备、打基础。

坚持领导带头。突出处级以上领导干部，建立省局（公司）党组书记、党支部书记（部门主要负责人）为第一责任人的活动领导责任制，始终坚持靠前指挥，重心前移，既统筹谋划好活动安排，又积极主动参与到每项具体活动之中。省局（公司）领导班子成员始终带头参加学习、带头党课宣讲、带头听取意见、带头深入基层调研、带头查摆问题、带头自我剖析、带头整改落实，坚持以身作则，力争认识高一层、学习深一步、实践先一着，以自身的示范作用带动机关广大党员积极投身到活动中来。

接受活动督导。按照国家局统一安排，国家局第四督导组对省局（公司）教育实践活动给予精心指导，并多次来皖开展督导，具体指导活动开展。期间，省局（公司）活动办及时汇报各环节活动动态，认真听取督导组意见，积极寻求指导。国家局活动办、国家局督导组也对省局（公司）教育实践活动开展给予充分肯定。

加强宣传力度。在内网开辟教育实践活动专题网页、在《安徽烟草》杂志开设专栏，发布信息 841 条，编印专刊 1 期、活动简报 14 期，及时宣传报道活动动态，营造浓厚活动氛围。《中国烟草》《东方烟草报》等行业媒体多次进行专题报道，向行业宣传介绍安徽省局（公司）特色做法和成效，展示良好形象。

学习教育扎实。按照国家局“六个必须”要求，坚持“一学一议、一听一讲、一观一感”，将学习教育贯穿于活动始终，省局（公司）党组先后组织 18 次中心组（扩大）集中学习会，认真学习党章和十八届三中全会精神，重点学习习近平总书记等中央领导同志重要讲话和中央、国家局教育实践活动领导小组文件精神，原原本本研读中央指定的三本书，集中观看《周恩来的四个昼夜》和《失德之害——领导干部从政道德警示录》等教育片，组织机关党员干部赴渡江战役纪念馆、独秀园等地参观学习，先后开展专家讲座 3 场、集中学习 12 场、学习交流 84 场次，其中分省局（公司）领导班子、部门和员工三个层面专题座谈交流 4 场。省局（公司）机关各支部能够按照活动办的要求，坚持每周三定期开展理论学习，较好地完成规定篇目学习任务。省局（公司）领导还以一名普通党员身份参加所在支部学习。

广泛听取意见。按照国家局“六个听取”要求，坚持“两个全”（即全方位调研、全面听取意见），省局（公司）领导分 8 个组，采取“面对面，背靠背”方式，先后开展 4 轮次调研大走访，分别召开直属单位领导班子、部门负责人、烟农、零售客户和基层员工代表座谈会；召开驻皖工业企业代表、离退休老同志、机关员工座谈会；开展网上问卷调查；向地方政府对口单位和部门寄发征求意见函，广泛听取各层面意见。累计召开各类座谈会 79 场次，征求人员达 870 余人次，走访基层县局、营销部、烟站、队所等 69 个，走访烟农、零售客户 70 余户，征集各类意见达 219 条，既有涉及“四风”方面的 67 个具体意见和问题，也有涵盖生产经营管理各方面的 152 个具体意见和问题，为第二环节查摆问题、开展批评提供基本依据。

深刻查摆“四风”问题。在前期广泛听取各层面意见的基础上，省局（公司）党组坚持“把领导干部摆进来、把思想认识提上来、直奔主题把问题讲出来、征求不到问题的自己来”，分别召开两次听取意见“回头看”党组会，聚焦“四风”，对照“四风”22 种表现形式，按照 7 个类别进行梳理归类，深入查摆出领导班子“四风”方面存在的 4 个方面、9 个突出问题、67 条具体意见，切实做到虚心听取群众意见、诚恳接受群众监督。对梳理出“四风”问题不回避、不掩饰，对群众反映比较集中的问题和督导组反馈的问题都给予积极回应，整改进度及时在全省系统“改进作风年”推进会上向直属单位进行通报。

诚恳开展谈心交心。将开展谈心交心作为民主生活会前一个重要步骤。坚持“谈透、谈明、谈实”的基本原则，省局（公司）领导带头开展谈心交心，领导之间、领导与部门负责人之间、部门负责人与员工之间分别谈心，扩大谈心面，虚心听取别人对自己的批评意见，努力“放下包袱、放弃前嫌、放眼未来”，达到“找准找对问题，缓解矛盾，消除误解，提高认识，透彻分析原因”效果，实现把矛盾和问题解决在专题民主生活会前，为召开一次高质量民主生活会提供有力保障。

认真撰写对照检查材料。省局（公司）领导班子和领导成员深入开展自我剖析，认真查找自身在遵守政治纪律、贯彻执行中央八项规定、国家局党组九条要求和省局（公司）实施细则方面存在的问题，认真查找“四风”方面突出问题，深挖思想根源，制订整改措施。省局（公司）班子对照检查材料，多次召开党组会议集体研究，分别征求机关部门负责人、有关老同志意见，反复修改，最终形成较高质量的领导班子对照检查材料。通过“集体谈、集体找、集体帮”，省局（公司）八位领导同志以“把自己摆进去”的态度，尤其结合分管工作职责，主动认领领导班子查摆出来的问题，自觉从理想信念、宗旨意识、党性修养、政治纪律上深挖根源，努力做到“像、深、准、诚”。各部门正副处长（主任）也能按照要求，认真撰写对照检查材料。

高质量召开民主生活会。11 月 12 日，省局（公司）党组召开专题民主生活会，党组成员本着对行业、对班子、对同志、对自己高度负责的精神，积极开展批评与自我批评。在相互批评时大家信任组织，关心同志，坚持原则，把握实质，真提意见、提真意见，敢于揭短亮丑，对不足和缺点毫不避讳，一针见血，不存私念，既有红红脸、出出汗的紧张与严肃，又有加加油、鼓鼓劲的宽松与和谐。11 月 18 日，省局（公司）党组召开专题民主生活会情况通报会，通报会议情况。广大干部员工一致认为党组高度重视，准备周密，剖析深刻，开诚布公，批评坦诚，整改方向明确、举措到位，充分体现“实话实说、实情实报、实功实做”的“六实”作风，是一次高质量民主生活会。机关各党支部在认真学习省局（公司）党组召开高质量民主生活会的具体做法和经验基础上，召开组织生活会。省局（公司）领导参加所在支部组织生活会并进行点评，活动办也派员参加。

严格整改落实。按照国家局“六看”要求，省局（公司）党组先后两次召开党组会，对前两个环节工作逐项进行“回头看”，再次梳理、分析、总结前两个环节活动开展情况，深入查找存在不足和问题，并本着重在解决突出问题和取得实际成效原则，及时“补课”，逐项改进。在此基础上，省局（公司）党组针对征求的意见建议和专题民主生活会查摆的突出问题，研究制订“两方案一计划”，即：党组整改方案、专项整治方案和制度建设计划。党组整改方案态度坚决，目标明确，措施具体，责任到位，从加强思想政治建设、推动组织成长、解决作风突出问题和构建长效机制等 4 个方面细化 22 项具体措施，按照分工确定每项任务牵头领导、责任部门和完成时限，明确整改落实任务书、时间表和路线图，对员工群众反映强烈的文多会多、调研不全面不具体、检查考核多等形式主义问题；联系基层、联系群众意识不强，改革创新攻坚力度不大，工作落实、执行一致性、连贯性不强、机关作风转变不到位，工作效能不高等官僚主义问题；“三公”经费管控不严等享乐主义问题；活动、赛事、庆典管理不严、超标配车占房等奢靡之风问题都予以积极回应。按照国家局督导组要求，及时在协同办公系统发布“两方案一计划”，制定“两方案一计划”责任分解表并征求机关各部门意见和建议，做到开门纳谏、开门整改。省局（公司）党组以上率下、以身作则，坚持件件从领导干部改起、事事从领导干部做起，积极协调解决整改中难点问题，形成一级带一级、层层抓整改工作格局。机关各党支部、各部门均能按照党组整改方案要求，制订具体整改措施，强力抓整改落实，保证党组整改方案接地气、得实效。省局（公司）党组召开3次专题会议研究听取整改落实工作，活动办还分别召开3次部门主要负责人会议及联络员会议，专题督导问题整改落实。党组及时召开整改落实情况通报会，全面通报整改落实情况，组织开展民主评议，接受群众监督和评判。

与此同时，按照国家局统一要求，先后相继开展公积金、企业年金、楼堂馆所建设、会员卡清理工作，严格规范“两金”缴存比例、主动停批停建各类楼堂馆所项目、各级领导干部全部实现会员卡零持有，确保不折不扣整改落实到位。在此基础上，省局（公司）党组认真贯彻执行中央八项规定和《党政机关厉行节约反对浪费条例》，牢牢把握“准、狠、韧”原则，紧盯重点领域和薄弱环节，坚持把“四风”突出问题中影响最大、员工群众感受最明显、整治效果最直接的办公用房、公务用车超标问题作为此次专项整治重中之重，确定相应专项整治重点，明确整治责任、进度时限和标准要求，以重点突破推动作风整体好转。

狠抓建章立制。按照于法周延、于事简便和重在管用、长效原则，聚焦解决“四风”方面突出问题，从制度废、改、立入手，认真梳理现有制度，把握制度建设工作重点，研究制订制度建设计划及分解表，建立协调推进机制，不断加大制度执行力度，努力以制度机制巩固作风建设成果，实现改进作风制度化、规范化和常态化。

【主要成效和体会】

坚持教育为先，思想认识有新跃升。加强理论武装，坚持把学习教育贯穿活动始终，是教育实践活动的基本做法。通过活动，广大党员干部对群众路线理论认知更加准确，内涵理解更加深刻，思想认识更加提高，进一步坚定中国特色社会主义理想信念，进一步增强党的宗旨意识和群众观念，进一步锤炼党性修养和道德品行。

坚持“四做六实”，政治做强更加坚决。按照“四做”工作要求，把“政治做强”摆在首要位置，发扬“实话实说、实情实报、实功实做”的六实作风，在思想认识上与党中央、国家局党组保持高度一致，严格遵守党的政治纪律，严格贯彻执行中央、国家局一系列新思维、新变革、新举措，执行政策坚决有力，整改举措高效务实，不观望、不含糊、不拖拉。

坚持理念创新，活动特色更加鲜明。省局（公司）结合实际，紧紧围绕“三大课题”，创新提出具有自身特色的一系列活动理念，形成有较强系统性、整体性、协同性的教育实践活动工作思路。主要体现为：紧紧围绕组织成长这一主题，突出“政治做强、作风做正、业务做精、队伍做硬”的“四做”要求，发扬“实话实说、实情实报、实功实做”的“六实”作风，科学准确定位“我是谁、为了谁、依靠谁”，坚持“四个不放松”（即坚持思想政治建设不放松、坚持推进企业成长战略不放松、坚持问题督促整改不放松、坚持建章立制构建长效机制不放松），切实做到“四个不能变”（即政治方向和道路旗帜不能变，群众观点和群众路线不能变，拒腐防变的要求不能变，改革创新的意识不能变），以此教育引导广大党员干部，不断探索、创新和丰富新形势下改进工作作风，密切联系群众的新方法、新路径，为推动“卷烟上水平”、加快组织成长提供内在动力。同时，针对各重点环节工作，又提出相对具体的工作理念，如就理论学习，提出“一学一议、一听一讲、一观一感”的学习方法，就谈心交心，提出“三谈三放”等，彰显活动特色，确保活动成效。

坚持知行并进，党性修养更加锤炼。教育实践活动中，广大党员干部深刻感受到，必须坚持知行并进，学用结合，将学习教育融入工作实践中去，带动思想认识再提升。通过到基层去、到群众中去、到实践中去，反复征求意见、反复分析症结、反复剖析根源，思想上对更加全面科学理解、宣传、落实好党的群众观念有了全新认识：深刻认识到广大烟农、零售客户和员工队伍是行业干事创业的根本力量，广大卷烟消费者是行业赖以生存和发展的基石，是党员干部“全心全意为人民服务”的着力点；深刻认识到发扬优良作风、解决“四风”问题，是服务群众的基本态度、做好工作的重要基础。特别是，随着问题查摆的深入，对“四风”问题认识逐步从感性认识上升为理性认识，逐步深化、逐步到位。同时，伴随着思想认识深化，党性修养逐步锤炼，教育实践力度逐步加大，带动教育实践活动朝着纵深发展。

严格立行立改，推进实践有新成效。经过努力，截至2013年年底，在前期听取219条意见中，已整改201条，其中涉及“四风”的67条具体意见中，整改61条，其余6条意见纳入整改方案，继续对问题逐项“回头看”，确保整改到位。

严格规范，专项整治力度大。全面清理超标办公用房。省局（公司）领导班子率先垂范，主动调整办公室，坚决做到不超1平方米；机关干部员工积极响应，11月22日完成对现有老办公楼全面清理调整工作。前期，还主动调整新办公楼功能布局和分配方案，降低装修和办公家具配置标准。2012年年底前，全省系统审批停建项目13个，涉及建筑面积8.53万平方米，涉及总投资5.08亿元。2013年度报批主动停建项目6个，涉及征地20亩，建筑面积1.7万平方米，涉及总投资1.15亿元；清理超过规定标准面积办公用房4.25万平方米，领导干部清理、腾退办公用房面积1.15万平方米，全省系统办公用房清理腾退工作全面完成。全面清理超标公务用车。进一步严格公务用车配备和管理，对全省系统28辆超标车辆就地封存、不得使用，并将按照国家局国烟办综〔2013〕623号文件要求，妥善做好超标车辆处置工作。

严格纠风，作风改进力度大。认真落实中央八项规定、国家局九条要求和省局（公司）实施细则。不断改进调查研究。按照“善于了解客观实情、善于制定对策方法、善于解决实际问题”要求，逐步建立健全有计划性、针对性、时效性、可操作性的调查研究机制。特别是2012年12月上中旬综合调研和今年1月中旬基层慰问活动，把工作调研与检查督导相结合、把基层慰问与谈话反馈相结合，既全面掌握和督导基层工作、反馈意见，又大幅减少检查考核，减轻基层负担。不断改进文风会风。严控发文数量、缩减篇幅，开展规范和精简简报报表专项活动；精简合并会议、多开视频会，提倡开短会讲短话，会场布置简朴，严禁发放纪念品、促销品，不安排宴会。不断改进检查考核。改进考核方式，科学设置考核指标，健全免检认证，推行联合检查，注重检查结果运用。加强督办力度，强化执行，着力提升工作落实一致性与连贯性。不断服务基层。加强工作分类指导，根据基层不同情况，因地制宜指导各序列工作开展。2013年同比发文减少15.59%，综合检查评比下降17%，各类单项检查减少50%以上，取消2种简报，10种简报改由内网电子版发布；会议同比减少10.7%，会议费用同比下降47.35%，业务招待费下降64.29%，涉外费用同比下降75.19%，公车费用同比下降13.92%，成效明显。

注重系统治理，构建长效有新机制。根治“四风”顽疾，关键在于举一反三、建章立制，构建作风建设的长效机制。省局（公司）一方面是有效建立制度约束机制。按照《安徽省烟草专卖局（公司）党组制度建设计划》，废止《省局（公司）表彰奖励工作规定》等7项制度，制订印发《关于改进工作作风、密切联系群众的实施细则》等10个规章制度；严格执行国家局《进一步加强行业直属单位领导班子建设的意见》等5个文件规定，陆续修订完善《省局（公司）督办制度》等13项制度，新制定出台《省局（公司）决策性会议议事规则》等12项制度，努力用制度机制巩固作风建设成果，实现改进作风制度约束常态化和长效化。一方面是有效发挥体系管控机制。为确保制度更加运行顺畅和便捷，省局（公司）以2013年度管理评审暨质量管理体系内部审核为契机，以贯标工作为抓手，依托“徽映”标准化质量管理体系信息系统，更加注重精益管理，突出持续改进，强化体系运行，提高运作效率，推进制度进体系、进标准，将体系要求融入各项工作中，推动“管理创一流”，进一步构建和完善运转顺畅高效的管理机制，为企业管理工作注入了新活力。

全面深化改革，推动组织有新成长。围绕三大课题，开展全员大讨论，成立“三大课题”研讨组，初步形成阶段性研究成果并上报国家局，为国家局领导决策提供参考。同时，结合实际，由党组成员领题，制定出台《安徽省局（公司）“五大专题研究”任务分解》，确定对规范管理、内部监管、组织成长、调查研究、资金运作等五个专题进行专题研究，力争形成一批具有建设性、指导性、有价值的研究成果，释放出新一轮改革红利。加大创新力度，制定《科技成果推广管理办法》，注重科技课题和群众性QC小组活动，上年发布236个优秀QC成果，申请实用新型专利6件，科技成果推广、转化与应用水平实现新提升。

第一批教育实践活动也得到广大群众高度评价和认可，大家在民主测评中“点赞”，总体好评率达到98%以上。总结第一批教育实践活动工作，主要有六条深刻体会：一是必须始终坚持把“政治做强”放在首位，领导带头、以上率下，在增强思想自觉中以知促行、知行合一；二是必须始终坚持“作风做正”，在发扬“六实”作风中不断改进工作作风；三是必须始终坚持“业务做精”，在提升业务服务中密切与广大群众的血肉联系；四是必须始终坚持“队伍做硬”，在提升队伍素质中努力保持队伍的先进性、纯洁性；五是必须始终坚持问题导向，在解决突出问题中回应基层呼声、群众期盼；六是必须始终坚持标本兼治，在建章立制中推动作风建设常态化、长效化。

领导与机构

安徽省烟草专卖局（公司）领导成员

党组书记、局长、总经理：问　武
党组成员、巡视员、副总经理：卓俭华
党组成员、纪检组长：鹿　军
党组成员、副总经理：董建江
党组成员、副局长：张靖江
总会计师：贾零霓（女）
副巡视员：曹永钦（　—2013. 02）
副巡视员：叶正坤（　—2013. 02）
副巡视员：陈爱群
副巡视员：时玉玲（女）

全省系统各单位领导班子

合肥市烟草专卖局（公司）
党组书记、局长、经理：张丙利
党组成员、纪检组长：纪萍（女）（行政正处级）（　—2013. 03）
党组成员、副局长：葛鲁民
党组成员、副经理：杨二宝
党组成员、副经理：刘玲（女）

淮北市烟草专卖局（公司）

党组书记、局长、经理：张雪松

党组成员、副局长、纪检组长：彭祥影（　—2013.11）

党组成员、副经理（调研员）：徐爱红（女）（　—2013.10）

党组成员、副经理：李　刚

党组成员、副局长：张建华

亳州市烟草专卖局（公司）

党组书记、局长、经理：李成贵

党组成员、副局长：郭　卢（行政正处级）

党组成员、副经理：尹德奎

党组成员、副局长：黄文浩

党组成员、纪检组长：崔志伟

总会计师：锁　杰

宿州市烟草专卖局（公司）

党组书记、局长、经理：丁惠萍（女）

党组成员、副经理：姜　平

党组成员、副局长：张　浩

党组成员、纪检组长：于孝江（　—2013.11）

党组成员、副经理：白云彦

蚌埠市烟草专卖局（公司）

党组书记、局长、经理：童学根

党组成员、副经理：桑保国（行政正处级）（　—2013.02）

党组成员、副局长：刘士彬（行政正处级）

党组成员、副经理：刘和平

党组成员、纪检组长：仲继文（2013.08—　）

总会计师：余成好

阜阳市烟草专卖局（公司）

党组成员、副局长、副经理（主持工作）：胡志刚

党组成员、副局长：陈海峰（行政正处级）

党组成员、副经理：岳文

党组成员、纪检组长：李海峰

总会计师：王红梅（女）

淮南市烟草专卖局（公司）
党组书记、局长、经理：孙太勇
党组成员、纪检组长：李乐志（　—2013.08）
党组成员、副经理：刘燕林
党组成员、副局长：张骥
总会计师：朱继伟

滁州市烟草专卖局（公司）
党组书记、局长、经理：程旭东
党组成员、副经理：何　军（行政正处级）
党组成员、纪检组长：贾新善（　—2013.03）
党组成员、副局长：孙志强
党组成员、副经理：江　南（女）（2013.08—　）
总会计师：江　南（女）（　—2013.08）

六安市烟草专卖局（公司）
党组书记、局长、经理：王世华
党组成员、副局长（调研员）：杨成明
党组成员、纪检组长：卢应元
党组成员、副局长：张海超

马鞍山市烟草专卖局（公司）
党组副书记、副局长、副经理（主持工作）：施书林
党组成员、副经理：张树华（行政正处级）
党组成员、副局长：凤利民
党组成员、纪检组长：姚明海
总会计师：潘武兵

芜湖市烟草专卖局（公司）
党组书记、局长、经理：胡家木
党组成员、副局长：张绪金（行政正处级）
党组成员、副经理：俞宏武
党组成员、纪检组长：舒庆
党组成员、副经理：吴必祥

宣城市烟草专卖局（公司）
党组书记、局长、经理：齐美生
党组成员、副局长：胡守华

党组成员、副经理：吴修军
党组成员、纪检组长：陈预栋

铜陵市烟草专卖局（公司）
党组成员、副经理：王凯（　—2013. 03）
党组副书记、副局长、副经理（主持工作）：王凯（2013. 03—　）
党组成员、副局长：江　兴
党组成员、纪检组长：秦敬松
总会计师：李广琪

池州市烟草专卖局（公司）
党组书记、局长、经理：吴兰田
党组成员、副局长：王鸿
党组成员、纪检组长：吴文化
副经理：杨建正
副经理：李田

安庆市烟草专卖局（公司）
党组书记、局长、经理：范家福
党组成员、副经理：王宏才（行政正处级）
党组成员、副局长：林晓跃
党组成员、纪检组长：张涛（2013. 08—　）

黄山市烟草专卖局（公司）
党组副书记、副局长、副经理（主持工作）：刘新华
党组成员、副局长、纪检组长：吴伟利
党组成员、副经理：方贻斌
党组成员、副局长：杨辉扬
总会计师：张味英

蚌埠烟叶储运公司（华环国际烟草有限公司）
党委书记、总经理（董事、总经理）：王辉
党委副书记、副总经理（董事、副总经理、调研员）：王亚光
党委副书记、纪委书记、工会主席：刘德功
副总经理：张培智
副总经理：汪海生
副总经理、涡阳烟叶复烤厂厂长：李清朗
总会计师：陈宏斌

安徽皖南烟叶有限责任公司

党组书记、董事长、总经理：王道支

党组成员、董事、副总经理：徐玉亮

党组成员、副总经理：吴义军

党组成员、纪检组长：张武汉

总农艺师：季学军

安徽省烟草专卖局（公司）2013年内部机构一览表

序号	机构名称	
一、职能部门（14个）		
1	办公室（外事办公室、烟草学会）	
2	综合计划与企业管理处	
3	专卖监督管理处（内部专卖监督管理处、专卖稽查总队）	
4	烟叶管理处	
5	卷烟营销管理处	
6	物流管理处	
7	人事处（含行业职业技能鉴定站）	
8	财务管理处	
9	审计处	
10	法规处	
11	科技处（烟草质量监督检测站）	
12	安全保卫处	
13	监察处（与党组纪检组合署办公）	
14	思想政治工作处（机关党委、含烟草工会）	
二、专业部门（4个）		
1	经济信息中心	
2	离退休人员管理办公室（机关离退休人员服务中心）	
3	培训中心	
4	机关行政管理中心	
三、非常设机构（1个）		
1	整顿办	
省局（公司）领导		
巡视员、副巡视员		

全省系统各单位内部机构设置情况

一、合肥市局（公司）

1. 内设：办公室（基建办）、专卖监督管理科（内部专卖管理监督科）、卷烟营销中心、卷烟配送中心、人事科、财务管理科、审计派驻办、法规科、安全保卫科、纪检组监察室（督查中心）、政工科（工会、机关党委）、信息技术中心、整顿与企业管理办公室、巢湖离退休人员服务管理办公室。

2. 下辖巢湖市局（营销部）、庐江县局（营销部）、肥东县局（营销部）、肥西县局（营销部）、长丰县局（营销部）、瑶海区局（营销部）、包河区局（营销部）、庐阳区局（营销部）、蜀山区局（营销部）。

二、淮北市局（公司）

1. 内设：办公室、专卖监督管理科（内部专卖管理监督科）、营销中心、物流中心、人力资源科、政工科、财务管理科、审计派驻办、纪检监察室（整顿办）、法规科、安全保卫科、信息中心等12个部门。

2. 下辖濉溪县局（营销部）、直属分局（营销部）。

三、亳州市局（公司）

1. 内设：整顿办、办公室、纪检监察（督查）室、人力资源科、政工科（工会）、专卖监督管理科（含内部专卖管理监督科）、安全保卫科、财务管理科、法规科、审计科、营销管理中心、卷烟配送中心、烟叶生产经营中心、信息技术中心。

2. 下辖涡阳、蒙城、利辛县局（营销部）和谯城区直属分局（营销部）。

四、宿州市局（公司）

1. 内设：办公室、专卖监督管理科（内部专卖管理监督科、稽查支队）、营销中心（网建办）、物流中心、人力资源科、财务管理科、审计派驻办、法规科、安全保卫科、监察室（与纪检组合署办公）、政工科（与机关党委、工会合署办公）、信息中心、整顿办（非常设机构）等13个部门。

2. 下辖灵璧、泗县、萧县、砀山县局（营销部）和埇桥直属分局（营销部）。

五、蚌埠市局（公司）

1. 内设：办公室（基建办）、专卖管理科（内部专卖管理监督科）、卷烟营销管理中心、卷烟配送中心、人力资源科、财务管理科、安全保卫科、监察室、政工科、法规科、信息技术中心、审计派驻办、整顿办。

2. 下辖怀远、固镇、五河 3 个县局（营销部）和直属分局、本级营销部。

六、阜阳市局（公司）

1. 内设：办公室、纪检监察室（整顿办）、专卖管理科（含内部监管、稽查支队）、财务管理科、人力资源科、政工科（工会）、法规科、安全保卫科、营销管理中心、卷烟配送中心、烟叶生产经营中心、信息技术中心、审计派驻办公室。

2. 下辖临泉、阜南、太和、界首、颍上县局（营销部）和直属分局（营销部）。

七、淮南市局（公司）

1. 内设：办公室（基建办）、纪检监察室、审计驻派办、法规科、信息中心、卷烟营销中心、卷烟配送中心、财务管理科、专卖管理科、人力资源科（政工科、工会）、安保科、整顿办。

2. 下辖凤台县局（营销部）、田家庵大通分局（营销部）、谢家集八公山分局（营销部）、潘集分局（营销部）、毛集分局、山南分局。

八、滁州市局（公司）

1. 内设：办公室（基建办）、人力资源科、政工科（机关党委、工会）、财务管理科、纪检组监察室（督查中心、整顿办）、审计派驻办、法规科、信息中心、安全保卫科、专卖管理科、卷烟营销中心、卷烟配送中心。

2. 下辖来安、全椒、明光、定远、凤阳、天长县局（营销部）和直属分局（营销部）。

九、六安市局（公司）

1. 内设：办公室、专卖监督管理科（内部专卖管理监督科、稽查支队）、营销中心、物流中心、人力资源科、财务管理科、审计派驻办、法规科、安全保卫科、监察室（与纪检组合署办公）、政工科、信息中心、整顿办（非常设机构）。

2. 下辖寿县局、霍邱县局、舒城县局、霍山县局、金寨县局（营销部）、皋城分局、叶集分局。

十、马鞍山市局（公司）

1. 内设：办公室、人力资源科、政工科（工会）、财务管理科、专卖监督管理科（内部专卖管理监督科、稽查支队）、营销中心、物流中心、纪检监察室、法规科、安全保卫科、审计派驻办（整顿办）、信息中心。

2. 下辖含山、和县、当涂县局（营销部）和钢城分局（营销部）。

十一、芜湖市局（公司）

1. 内设：办公室、人力资源科、财务管理科（企业管理办公室）、纪检组监察室（整顿办）、专卖管理科（内部专卖管理监督办公室、稽查支队）、审计派驻办、安全保卫科、法规科、政工科（机关党总支办公室、工会）、营销管理中心、卷烟配送中心、信息技术中心。

2. 下辖芜湖县局、南陵县局、繁昌县局、无为县局（营销部）和直属分局（营销部）、江北分局（营销部）。

十二、宣城市局（公司）

1. 内设：办公室、纪检监察室、企业管理办公室、人力资源科、安全保卫科、政工科、法规科、财务管理科、专卖监督管理科、营销管理中心、信息技术中心、卷烟配送中心、审计派驻办。

2. 下辖郎溪、广德、宁国、泾县、绩溪、旌德等6个县局（营销部）和宣州区分局（营销部）。

十三、铜陵市局（公司）

1. 内设：办公室、纪检组监察室（督查中心）、审计派驻办、财务管理科、人力资源科、政工科（工会、机关党办）、法规科、安全保卫科、整顿办、专卖监督管理科（稽查支队、内部监管办）、信息中心、营销管理中心（营销部、采购部、订单部）、卷烟配送中心（储配部、送货部）。

2. 下辖铜陵县局（营销部）和铜都直属分局。

十四、池州市局（公司）

1. 内设：办公室、专卖监督管理科（内部专卖管理监督科、稽查支队）、营销中心、物流中心、人力资源科、财务管理科、审计派驻办、法规科、安全保卫科、监察室（与纪检组合署办公，含督查督办中心、整顿办）、政工科、信息中心、烟叶生产经营中心。

2. 下辖贵池区、东至县、石台县、青阳县等4个县级局（营销部）及九子山宾馆。

十五、安庆市局（公司）

1. 内设：办公室（基建办）、专卖监督管理科（内部专卖监督管理科、稽查支队）、营销管理中心（网建办）、卷烟配送中心、人力资源科、财务管理科、审计派驻办、法规科、安全保卫科、纪检组监察室（督查中心）、政工科（机关党委、工会、老干办）、信息数据中心、整顿办（企管办）。

2. 下辖桐城、怀宁、枞阳、潜山、岳西、太湖、望江、宿松县局（营销部）和宜城局（营销部）。

十六、黄山市局（公司）

1. 内设：办公室（质建办、基建办）、专卖管理科（内部专卖管理监督科、稽查支队）、营销管理中心、卷烟配送中心、人力资源（政工）科、财务管理科、审计派驻办、法规科（督查中心）、安全保卫科、纪检监察室（整顿办）、信息技术中心、接待办（机关服务中心）。

2. 下辖屯溪区、徽州区、歙县、休宁县、祁门县、黟县、黄山区等7个区、县局（营销部）。

十七、蚌埠烟叶储运公司（华环国际烟草有限公司）

1. 内设：办公室、财务部、行政事业部、专卖与审计部、市场业务部、人力资源部、安保部、技术中心、工会、政工部、设备部、生产部、物流部、信息中心。

2. 下辖华环加工中心、涡阳烟叶复烤厂两个分支机构。

十八、安徽皖南烟叶有限责任公司

1. 内设：综合管理部、生产收购部、烟叶经营部、财务信息部、安全保卫部、技术中心、烟农服务中心、绩效评估中心、基建办等9个部门。

2. 下辖宣州、郎溪、芜湖、南陵、黄山5个经理部及8个烟叶收购站（点）。

重要报告

安徽省烟草专卖局（公司）工作报告（摘要）

（2013 年 1 月 24 日）

问　武

一、2012 年工作回顾

2012 年是全省系统加快组织成长的重要一年，面对较为复杂的经济形势，全省系统坚持以毛泽东思想、邓小平理论、“三个代表”重要思想、科学发展观为指导，紧紧围绕主题主线，认真把握“稳中求进”总基调，有效推进“1+5”工作任务，努力争创“优良作风、优秀文化、优异业绩”，各项工作取得新进展，组织成长展现新气象。

（一）主要经济指标

实现卷烟含税销售收入 469. 82 亿元，同比增加 47. 45 亿元，增幅 11%；实现利税 99. 16 亿元，同比增加 6. 23 亿元，增幅 7%。全年销售烟叶 50 万担，其中省外销售 22. 1 万担。复烤烟叶 191. 05 万担，增幅 10. 79%，其中复烤“中华”品牌原料 90 万担；实现烟叶加工收入 3. 14 亿元，增幅 19. 86%。

（二）主要工作情况

强调质量并进，烟叶生产实现突破；聚焦品牌培育，营销基础得到巩固；关注市场变化，市场监管继续加强；注重严格规范，基础管理能力提升；加强队伍建设，成长氛围持续优化。

但认真分析，存在的问题也不容忽视。企业成长理论研究和探索还不够深入和系统，指导和引领作用还未充分发挥，后续研究仍需付出艰辛努力。实现未来三年烟叶发展目标，将面临优化烟叶结构、促进优质发展、实现稳步增量的压力。提高把握市场、适应市场的能力，建立更加规范的市场秩序，仍是需要认真研究的重大课题。规范管理、规范经营的意识、能力和水平需要不断增强和提升，特别是近期出现的不良现象，为我们敲响了警钟，必须引起高度关注。新阶段的新任务对队伍能力和素质、发展活力与动力提出了新的更高要求。

二、学习贯彻十八大精神，继续推进企业组织成长

在现行体制机制下，贯彻落实全国烟草工作会议精神，完成国家局确立的新目标和重点任务，推进全省系统组织成长，需要继续深化四个方面认识：首先要讲政治、谋发展，认真贯彻落实十八大精神，以科学发展观为主题，加快转变发展方式，深入推进企业成长；第二是切实转变工作作风，严格执行国家局各项决策部署，促进企业更加规范；第三是以服务为本、效率为先、创新为源、管理为基，把主要业务做精、把基础工作做实，增强创新能力，提升工作质量和水平，适应环境、适应发展、适应挑战；第四是高度重视队伍建设，全面提高干部队伍整体素质，建立一支强有力的决策和管理者队伍，一支适应市场竞争、抵御风险的高素质员工队伍，为建设更加规范、更富效率的成长型企业提供坚强、有力的保证。以上四个方面，从根本上来说，就是要继续按照“四个全面提升”工作要求，突出“政治做强、作风做正、业务做精、队伍做硬”，努力把各项工作提升到新水平。

（一）政治做强

政治做强，就是要讲政治、谋发展。学习贯彻十八大精神，是全省系统当前和今后一个时期的首要政治任务。政治做强，重点就是用十八大精神统领工作实践，深刻理解举什么旗、走什么路、以什么样的精神状态、朝着什么样的目标继续前进等重大问题，坚定政治信仰，拥护社会主义制度，认同和践行社会主义核心价值体系，胸怀道路自信、理论自信和制度自信，把全体党员的思想和行动统一到十八大精神上来，用十八大精神武装头脑、指导实践、推动工作。政治做强，就是要紧紧抓住发展这个第一要务，以科学发展观为主题，以加快转变发展方式为主线，围绕“卷烟上水平”，着力创造品牌新价值，着力完成现代烟草农业、现代卷烟流通、现代企业制度建设这三大历史任务，着力增强创新驱动发展新动力，着力激发市场主体发展新活力，着力培育组织成长新优势，不断增强发展后劲。政治做强，就是要更加自觉地促进企业全面协调可持续发展，牢固树立统筹兼顾思想观念，全面、系统、辨证地看待企业组织成长过程中存在的矛盾和问题，解决发展中不平衡、不协调、不可持续问题，更好地谋划战略布局，更好地理清工作思路，更好地在新的历史起点上推动科学发展，努力为促进财政增收做出积极贡献。

（二）作风做正

作风关乎形象，从长远看，决定企业是否具有持久生命力。作风做正，需要在转变作风上取得新突破。中央政治局近期出台了关于改进工作作风、密切联系群众的八项规定，中央领导带头实践、率先垂范。要深入学习领会习近平总书记在中纪委二次全会上发表的重要讲话精神。全省系统要认真学习中央各项规定，深入开展“235”教育实践活动，大力发扬“实话实说、实情实报、实功实做”的“六实”作风，多用科学思维、科学方法分析解决问题，多深入实际调查研究，多干“提质增效”的好事实事，艰苦奋斗，勤俭节约，廉洁自律。作风做正，需要在更加规范上谋求新进展。严格规范是对“两个至上”核心价值观的自觉实践，是巩固和完善烟草专卖体制、支撑行业持续健康发展的生命线。要始终保持强烈的规范意识，营造企业自律规范氛围，让“更加规范”的要求深深扎根在每位党员干部心中、落实到工作实践中，让“更加规范”的追求得到更多拥护和自觉坚守，从源头上防止不规范问题的发生。要促进“更加规范”长效机制建设，推进办事公开、民主管理，加强内部监管，完善监管程序，严格责任追究，坚决杜绝有法不守、有章不依、有制不行的行为。

（三）业务做精

这是对工作质量和效率的追求。做精业务，要求服务为本。烟草商业企业作为当前专卖体制下唯一合法经销商，服务为本是我们的宗旨，为谁服务、如何服务是我们的出发点和落脚点，置身于市场竞争环境下研究服务和提供服务是我们的思考所在。

要准确把握工作定位，将“以客户为中心”的理念贯穿到服务全过程，为烟农、工业企业、零售客户、消费者提供满意的服务。要坚持共同发展，始终把烟农利益放在心上，认真落实国家局有关政策，为他们提供优质服务、创造更为有利的生产经营环境，确保烟农普遍受益。要深入开展工商协同，推进基地单元建设，提高烟叶生产与加工质量，以品牌培育为纽带，提高服务品牌、培育品牌的能力，营造品牌健康发展的良好市场环境，实现营销资源合理、公正、公平分配，与工业企业共同发展。要以“发展同向、工作同心、服务同步、利益同体”为核心，与广大零售客户建立“平等互利、长期合作、共同发展”的良好关系，促进零售户盈利水平不断提高。要加强专卖监管，维护市场秩序，保证货源供应，满足市场需求，切实维护消费者利益。做精业务，要求效率为先。富有效率是成长型企业的典型特征，追求效率是成长型的内在要求，在加快企业成长过程中，效率更是成长的助推器。要加强领导能力建设，坚持科学决策、民主决策，继续提升管理能力，特别是理解和传递决策的能力，强化执行能力建设，保证各项政策措施不折不扣贯彻执行。要完善体制与机制，维护和巩固专卖体制，充分利用体制优势，将各类资源效率最大化；坚持面向市场、面向竞争，积极探索建立有利于释放潜能、提升效率的新机制，提高市场营销水平；建立有效的工作协调协作机制，实现各层级、业务之间，各单位、部门、干部员工之间高效的协同配合。做精业务，要求以创新为源。要积极转变发展方式，更多依靠科技进步、员工素质提高和管理创新驱动，更多依靠体系化运作、流程化管理、信息化支撑，增强持续成长后劲。要注重创造与创新，紧紧围绕服务和效率，充分调动干部员工的积极性、主动性、创造性，善于破除定势，鼓励创新思维，激发创新活力，促进创新成果的有效转化和实际运用。做精业务，要求以管理为基。继续深化企业内部改革，加强基础管理和基层建设，夯实科学管理根基，为做精业务提供保障和支撑。

（四）队伍做硬

做硬队伍，一方面是政治过硬、能力过硬、素质过硬，另一方面也是充满活力、富有激情、展现阳光。充满活力是成长型企业的基本属性，激发活力、创造活力、保持活力，全力锻造一支充满生机和活力的干部员工队伍，使企业内部始终洋溢青春活力，是建设成长型企业的关键。要关注思想深度，加强政治理论和业务能力学习，提高干部员工的理论水平和思想境界，提升业务能力和综合素质，勤于思考，善于思考，建设学习型组织，打造研究型班子，培养智慧型干部，造就知识型员工。要关注实践力度，加强和改进工作实践，提升实践水平。对待工作，坚持高标准、严要求，树立精品意识，努力争创一流工作业绩。要关注精神境界，建立激励机制，树立榜样标杆，注重文化引领，增强精神力量，促使广大干部员工满腔热忱干事创业，为企业成长贡献力量。

三、2013 年工作安排

2013 年是全面贯彻落实十八大精神的开局之年，是全面实现“卷烟上水平”目标任务、加快建设成长型企业的关键之年，全省系统要坚持“稳中求进”工作总基调，按照“四个全面提升”工作要求，把握成长大势、凝聚成长智慧，政治做强、作风做正、业务做精、队伍做硬，努力建设更加规范、更富效率的成长型企业。2013 年主要经济指标是：计划卷烟销量 198 万箱，税利实现持续增长，烟叶种植面积和烟叶收购量争取较大幅度增长。重点做好以下工作：

（一）全面推进烟叶优质发展

要稳步扩增烟叶种植规模。量的基础是安徽烟叶发展的前提，扩量任务始终摆在烟叶工作首位。要充分发挥政府联席会议制度作用，坚持稳中求进，落实种植面积，建好基本烟田，尤其是要把稳步扩增特色烟叶种植规模作为安徽烟叶发展新的增长点。皖南烟区要抓住发展机遇，力争种植规模新突破，为实现三年烟叶发展目标打好基础。要继续彰显焦甜香风格特色。质量保障是安徽烟叶发展的生命线，要建立焦甜香烟叶生产技术体系，努力实现关键技术创新和应用，使焦甜香烟叶品质在一定生态范围内可复制、可持续，建立核心标准，使皖南烟叶成为“叫得响、立得住、受欢迎”的知名品牌。要把优化烟叶结构作为烟叶工作的中心环节，处理田间不适用鲜烟叶，提高上等烟比例，生产出结构合理的优质原料。推行烟叶标准化生产、GAP 管理理念，逐步建立优质烟叶生产管理规范和操作规程，努力构建生态安全的烟草农业体系。要继续推进现代烟草农业建设。加强基础设施建设，在焦甜香烟叶生产核心区建立基础设施配套完备的基本烟田。加强工商协同，共建沪皖现代烟草农业高科技示范园，联合安徽中烟做好烟叶订单生产。全面启动综合型烟农专业合作社建设，推进烟草农机专业化服务，推进专业化分级散叶收购，实现减工降本，切实促进烟农增收。按照一个基地单元原则上建设一个基层站的要求，加快推进站点整合，提高服务烟农水平。要坚持“高融合、高标准、高起点”，努力提升复烤企业的服务能力和管理水平，顺利推进华环公司异地技改，狠抓技改项目进度和质量，实现 9 月份试生产。落实沪皖原料保障协议，提升服务行业知名品牌，特别是“中华”品牌发展的能力。积极探索散叶复烤模式，努力提升产品同质化水平。

（二）全面提升科学营销水平

实现销量稳定增长和结构渐进式提升。要重点突破三类卷烟发展瓶颈，坚持“总量控制，稍紧平衡”，“保持一二类烟适度增长，重点提升三类烟比重，主动调整四类烟销量，确保五类烟有序退出”，循序渐进优化结构。要加大品牌培育力度，加强在销品牌管理，积极应对非重点品牌整合，有序退出全国产销规模 20 万箱以下品牌，建立梯次化品牌培育体系，持续优化品牌发展格局；以“黄山（红方印）”品牌培育建功立业活动为重点，引领知名品牌健康发展；坚持“一高一低”品牌培育方向，加快重点品牌发展，发挥高价位卷烟市场引领作用，突出培育“双低”品牌，积极培育6毫克及以下低焦油卷烟，销量比例努力达到全国平均水平；继续加强责任品牌培育，实现品牌共同发展。要重点创新营销手段，借鉴上海科学营销经验，完善市场信息监测机制，探索建立市场分析与监测专业队伍，合理构建判断市场状态的指标体系；试点推进科学营销、网络营销，全面推进婚庆营销活动，积极探索数据营销、文化营销、体验营销。要加强现代零售终端建设。按照“四个一流”发展目标，全面推进以“四同”为核心的现代卷烟零售终端建设，制定实施差异化终端服务策略，引导和促进零售终端由单一销售功能向全面发挥“卷烟销售、形象展示、品牌培育、宣传促销、信息采集、消费跟踪”六大功能转变，推进现代零售终端功能化和优质化，大力开展亲情服务和增值服务，努力解决困难零售户脱贫、增收和提升经营水平的问题，持续提升零售终端的经营能力和营利水平。全面推广“徽映e家”。加快推进“感知徽映”中心建设，发挥“感知徽映”中心文化传播作用和品牌培育、体验营销功能。要继续推进现代物流建设，围绕“科技物流、精益物流、人本物流”建设目标，加快基础设施建设，加强信息技术应用，加大物流资源整合，促进配送中心相对独立运行，深化物流贯标对标，努力提升物流管理水平。

（三）全面规范市场监管秩序

充分利用政法烟草和行政执法联席会议制度，加强与公安部门协作配合，建立健全烟草公安联合办案机制，完善“政府领导、部门联合、多方参与、密切协作”打假打私体系。有效组织“金龙二号”专项行动，健全完善省、市两级毗邻地区打假协作机制，抓住侦破大案要案关键环节，提高主动发现案件线索能力和跨区域协同作战能力。加大互联网非法经营烟草专卖品打击力度，每个地市局要打掉1～2个较大规模制售假烟网络案件，断绝售假渠道。要加强对烟草专卖品生产企业的日常监管，从切断原辅材料供应上巩固打假成果。要开展“数字专卖提升年”活动，加强专销协同，促进信息共享，切实提高专卖管理信息化水平，做好经营户分类监管，尤其是对重点业态零售户的监管。完善卷烟零售网点布局，控制新增户，清理违规户，促进零售户商户率稳中有降。着力实现市场监管“三个转变”，即由日常监管向重点监管转变、由从市场上发现问题向带着问题上市场转变、由单纯处理案件向追根溯源转变。要继续推进优秀县级局创建，开展县级局创建工作“回头看”，评选全省优秀县级局标兵单位，打造“军营型、院校型、家园型”基层队所。加大基础设施建设力度，按照“宜建则建、宜修则修、宜购则购”指导思想，加快基建工程进度。要高度重视内部监管，加快探索建立专卖内管委派制，高度关注非法卷烟流通问题，守土有责，严查案件，不仅要堵住卷烟非法流入，更要防止卷烟非法流出。要严格卷烟购进环节监管，确保按照市场真实需求组织货源；严格卷烟分配监管，禁止搭配捆绑销售，坚决防止高档卷烟货源供应向少数零售户集中；严格规范大户经营行为，坚决切断卷烟通过大户外流渠道。对5万元以上非法卷烟案件坚持“一案双查”，坚决打击不规范经营行为。认真落实“六个严禁、一个严控”，继续加大“天价烟”治理力度和长效机制建设，严格执行内部追究制，确保市场无超1 000元/条卷烟销售。

（四）全面加强基础管理

要建立完善预算定额标准体系，加强资产和资金监管，完善内部控制，建立健全财务监管长效机制。继续加强审计基础，推进和完善审计委派制，积极开展实时审计、在线审计，重点抓好经济责任审计和工程项目审计。强化项目过程管理，重点抓好重大项目建设。全面评审各单位质量管理体系建设情况，完成质量管理体系省级审核。组织开展“管理创一流”评比验收，召开“管理创一流”现场会。调整和完善全省烟草商业对标指标体系，实现对标高标准。严格落实安全生产责任制，健全隐患排查治理动态机制，突出重点领域和重点环节，抓好道路交通安全和消防安全，推进安全生产标准化达标创建工作，强化体系管理实效性。不断完善省市两级制度体系，积极开展法制巡回宣讲活动，深入推动制度落实和应用，坚持用制度管人、管事、管权，使制度成为规范管理行为和工作行为的依据和保障。改进和创新执法方式，推广烟草专卖柔性执法。继续推动“六五”普法规划的落实，多层次多形式开展普法培训，增强风险防控意识，最大限度地降低企业经营法律风险，提高行业法制化水平。充分发挥规范委员会职能作用，梳理完善“三项工作”管理制度，严格落实“应招必招、能招尽招、真招实招”要求，提升公开招标金额比例，严格落实不公开招标项目报告制。健全免检工作机制，完善考评指标体系，研究提高准入门槛，服务行业中心工作。健全工会工作机制，以“7 类 13 项”为重点，加大公开工作力度，加快建设阳光烟草。

（五）全面提升创新驱动水平

着力提高科技创新水平，加快推进创新平台建设，继续做好烟草农业技术创新体系建设。实施项目带动战略，完善科技项目指南编制，健全项目评估检查和成果推广机制，强化过程管理，加快成果转化。开展标准化建设试点，完善产品安全标准体系，构建企业标准体系。深入开展群众性创新活动，加强 QC 小组活动过程管理，拓展活动领域，促进活动课题多样化。加强质检机构建设，充实工作内容，完善技术服务，加强实验室能力建设，强化质检人员专业知识和技能培训，确保顺利完成各项检测任务。要发挥烟草学会作用，积极开展各类学术交流和科普工作，努力提高科技创新和学术交流水平。要继续推进信息化建设，加快整合全省网络和软硬件资源，完善门户集成标准和规范建设，健全信息安全管理体系，搭建省市两级运维管理平台，探索建立“自运维”管理机制，全面完成新办公楼数据中心建设和现有机房设备与系统搬迁，提升统计服务水平，为管理决策服务。

（六）全面推进党的建设和干部队伍建设

加强政治理论建设。要深入学习贯彻十八大精神。今年上半年，省局（公司）将按照中组部、国家局要求，集中时间组织开展十八大精神处级干部轮训班。各单位也要组织开展科级干部十八大精神轮训班，将十八大精神学习贯彻活动覆盖全体党员。要探索加强党的组织建设。坚持以先进性和纯洁性为标准，加强全省系统各级党组织和党员队伍建设，突出抓好各级机关党建工作，发挥党员和党组织的先进性和引领性作用。要在总结试点经验的基础上，推广基层党组织“三级管理”模式，继续探索党组织建设向党员零售客户和党员烟农延伸的有效机制和模式，作为加强基层党员管理和党组织建设的有益补充，发挥党员客户作用，建立更加稳固的客我关系。要深入推进“235”教育实践活动，继续坚持“创先争优引领组织成长”，加强形势教育、目标引领和制度建设力度，突出高标准、体现严要求，突出领导垂范、体现身体力行，突出解决问题、体现实际效果。要把“235”教育实践活动与党建工作、企业文化建设、思想政治工作紧密结合，面对面、心贴心、实打实，以维护烟农、零售客户和基层员工利益为出发点和落脚点，切实形成“235”教育实践活动长效机制。要突出抓好党风廉政建设。继续加强制度建设，研究制定建立健全惩治和预防腐败体系2013—2017年工作规划，构建惩治和预防腐败长效机制。加强物资采购、宣传促销和工商交易行为等重点领域监督，组织开展廉政风险防控管理。开展巡视工作，充实巡视机构和人员，完善工作机制，突出工作重点，开展处级以上领导干部廉洁自律情况专项考核，牢固树立反腐倡廉和廉政意识。要切实加强领导干部作风建设，结合实际认真贯彻落实中央政治局关于改进工作作风、密切联系群众的八项规定，牢固树立艰苦奋斗、勤俭节约思想，坚决克服形式主义。要高度重视效能建设，从“要我做”向“我要做”转变，严格落实效能建设“八项制度”，改进工作，提升效能。

严格干部人事管理。加大干部选拔任用力度，选好配强直属单位领导班子，持续优化领导班子配备和干部队伍结构。完善干部考核评价机制，树立正确的政绩观导向。加大不同层级领导干部公开选拔力度，注重德才兼备、注重工作实绩、注重基层经验、注重群众公认，拓宽人才选拔渠道，关注后备干部和年轻干部选拔使用，努力为干部员工打通成长通道。要关注、关心、关爱青年，为青年员工搭建平台，激励成长成才，激发工作激情与活力。充分运用人事工作检查结果，督促有关单位迅速纠正和整改存在的问题，不留隐患、不留死角，严格规范机构编制、干部人事和薪酬分配等工作。

提升队伍能力素质。组织开展领导干部、管理人员、一线员工等不同层次的培训，全面完成全省系统科级干部轮训工作，继续开展好物流、会计专业人员硕士学位教育，做好法律专业硕士学位教育开班的前期准备工作，按计划配合落实好各类业务培训，加强全省系统教育培训管理工作。继续总结试点经验，全面推进学习型组织建设，引导和激励干部员工热爱学习，不断提升自我学习能力。继续组织开展多岗位技能竞赛、技能鉴定和岗位练兵，以赛代训、以赛促学，努力提升业务素质和水平。

逐步走向文化管理。深入开展“成长”文化宣贯，注重员工职业行为的养成，促进从体系构建向岗位实践转变。要结合实际，探索建立系统规划、重点突出、载体丰富、机制规范、常态推进的文化建设和管理模式，增强文化认同感，遵守共同价值取向，推进文化建设向文化管理迈进。积极推动“徽映”服务品牌一体化建设，总结试点经验，形成管理体系，推广典型做法。推动服务品牌落地，融入实际工作，增强服务能力，提升服务品质，打造具有安徽烟草商业特色的服务品牌。

营造和谐发展环境。高度重视信访稳定，构建和完善信访稳定预防、处置长效机制。加强离退休人员管理与服务，强化离退休人员党组织建设，全面落实“两项待遇”，进一步提升离退休人员的满意度。继续加强新闻宣传正面引导，完善全省系统网站建设，改版省局（公司）内外网站，不断提高网络舆情发现与应急处理能力，共同维护和谐稳定、团结鼓劲的成长大局。

同志们！

党的十八大指明了前进的方向，我们面临的任务光荣而艰巨。让我们继续坚持以科学发展观为指导，在国家局和省局（公司）党组正确领导下，树立规范效率意识，增强改革创新勇气，提高成长发展能力，为建设更加规范、更加富有效率的成长型企业、加快实现全省系统成长愿景而努力奋斗！

省局（公司）党组中心组学习暨全省系统纪检监察和整顿规范工作会议上的讲话（摘要）

（2013 年 3 月 18 日）

问　武

下面，我代表省局（公司）党组讲四个问题。

一、以敏锐的政治性深刻认识当前的变革

近一段时间，我们感触最大的是变化，新的理念、新的政策对我们固有的思想和习以为常的行为产生了很大冲击，也使我们深刻体会到，这是一种深刻的变革，是对思想的变革、习惯的重构，而且，我感觉，这种变革将越来越明显、越来越深入、越来越持久。十八大以来，从改进工作作风、密切联系群众的八项规定，到把权力关进制度的笼子里、严肃惩治腐败的决心；从厉行节约反对浪费的重要批示，到改进和大兴学习之风的要求等等，无不让我们感受到这种变革的力量。面对这种深刻的变革，全省系统要有高度的政治敏锐感，积极接受、加快适应并紧跟中央政策的步伐，切实将我们的思想和行动统一到中央的决策和部署上来。

思想上认识到位。改革开放三十多年来，我们的国家建设取得了举世瞩目的成就，展现了美好的发展前景，但也积淀了不少问题，改革也进入了深水区和攻坚阶段，一些矛盾和问题也日益突显。面对这种种现实和潜在的挑战，需要我们以更大的勇气、更大的决心去推进改革。十八大以来的变化，是正视问题、解决问题的必然之选。我们感觉，中央的步伐在加快、力度在加大，如同一种力量在推着我们前行。当前，我们的一些干部员工存在着消极观望的思想，以旧有的观念看待种种变化，认为这种变革很难持久推进、很难长久维持，如同以前，说说就算了、做做就松了、长久就废了。全省系统要深刻认识到当前变革的必然性、紧迫性和长期性，尤其是面对自中央顶层推进的这种大的变革，要有充分的思想认识，要坚决破除"一阵风"观念，坚决破除观望思想，迅速学习、严格执行、落实到位，将思想统一到中央的要求上来，认真学习和坚定拥护中央的决策部署，跟上时代的发展，跟上时代的转变，更快地适应这种变化需求。

习惯上转变到位。习惯是长期形成的惯性行为和思维定式，习惯的改变是很困难的事情。有些长期形成的不良习惯，如上班迟到早退、工作敷衍拖拉、高档奢侈消费等等，各单位虽然一直强调改变，但仍在一定程度上存在，其根本原因还是认识不足、决心不够。

在当前的变革时代背景下，全省系统干部员工，特别是党员领导干部，要下大力气彻底改变不良习惯，彻底纠正不合时宜的思想和做法。党员领导干部要带头改变，发挥表率作用，提出更高标准，严格要求自己，在政策制订过程中，决策制订者要敢于把自己纳入规范和监督的范围，敢于触动自身利益，特别在管理监督上要提出严格的规定，“欲先正人，必先正己”，触碰违背，严肃处理。客观上讲，从习惯转变到不习惯是一个过程，从不习惯转变到另一种习惯，也是一个过程，说实话，这种转变过程，我们的有些同志会很不适应，甚至或多或少还会有抵触情绪，但是不良习惯非改变不可，这是当前的大势、也是发展的大局，只要有决心和信心，就会逐渐形成好的习惯，从而适应今后的发展。

标准上落实到位。在变革的过程中，新的模式、新的标准伴随而生。反思我们，在推进工作、执行各项规章制度的过程中，不同程度地存在标准弱化、效力递减、私下变通，甚至阳奉阴违的现象。有的党员干部心存侥幸，执行标准时“打擦边球”，甚至敷衍了事、有令不行、有禁不止，妨碍了工作，影响了大局，阻碍了成长。我们要坚决克服“打折扣”的错误思想，严格要求自己，严格贯彻执行，对待我们的工作要切实做到“实话实说、实情实报、实功实做”，切实做到“创三先、争三优”，高标准、严要求地推进我们的实践。

二、以高度的政治责任感切实加强纪律建设

在新的历史条件下推进新的发展，加强纪律建设显得尤为重要和迫切。严明纪律，才能维护团结统一，才能确保全党统一意志、统一行动、统一步调。加强纪律建设也是“政治做强”的必然要求，要求我们树立宗旨意识、加强纪律建设、坚定反对腐败。

要牢固树立宗旨意识。这看起来是一个旧有的命题，但也是我们一直需要破解和加强的命题。近年来，行业内党员领导干部在工程建设、物资采购、工商交易等领域出现这样或那样的问题，部分直属单位领导干部退居二线时被群众检举的数量明显增多。行业内外出现的问题，很大程度是宗旨意识淡薄、理想信念滑坡造成的。我们要时刻警醒，防微杜渐。要认识到，暂时没出问题，并不代表就有坚定的理想信念和牢固的宗旨意识，或者思想上已经出现不良倾向，只是没有特定的环境去诱发。特别是我们的党员领导干部，在位干部员工不敢举报、退位立遭检举，这说明什么？我们的干部，要本着对自己、对家人、对组织负责任的态度，要多反思、多自省，经常性地多查查自身的不足，敢于剖析和正视自身问题。俗话说，人贵有自知之明，为什么说“贵有自知之明”，就是因为认识自己很难。我们往往善于对别人评头论足，评判别人的是非功过，却“当局者迷”，忘记甚至不愿、不敢给自己照一照镜子。作为一名党员，特别是党员领导干部，要持续加强政治理论学习，多花一点时间和精力用在学习上，用社会主义核心价值体系武装自己，深刻理解举什么旗、走什么路这一根本问题，坚定社会主义理论自信、道路自信、制度自信，自觉与中央政策保持高度一致。要少一些自以为是、少一些颐指气使，要多一些实事求是、多一些脚踏实地，静下心来谋思路、举措施、促成长。

要切实加强纪律建设。纪律是约束，是凝聚思想和力量的重要保障。没有严明的纪律，就会导致软弱涣散、离心离德。在我们的身边，也存在这样那样的问题，不遵守纪律，甚至践踏纪律，跟着感觉走、随波逐流等等，这样的问题不解决，企业的凝聚力、战斗力、发展力就会大打折扣。各单位要严肃纪律，严格执行各项纪律规定，以铁的纪律、铁的执行力广泛集聚正能量，形成推动企业加快成长的强大合力。要严肃政治纪律，严格遵守党章，坚决贯彻中央和国家局、省局（公司）工作部署，严格遵守组织原则议事办事。党员领导干部要自觉遵守纪律，做到政治信仰不变、政治立场不移、政治方向不偏，违反纪律要严肃处理。

要坚定不移的反对腐败。这些年，我们坚持反腐倡廉常抓不懈，惩防体系建设取得明显成效。但是腐败问题没有根绝，依然有其滋生的思想和土壤，必须持之以恒反腐倡廉。加强党风廉政和反腐败建设，是一个系统工程。近期，直属单位发生的个别的科级干部被检察部门立案调查、工程项目上落实“应招尽招”后没有真正实行“真招实招”等。我们不得不反思，反腐败的思想意识是否到位、相关制度约束是否有效、监督制约作用是否发挥作用。在这里，我想重点讲一下权力的约束问题。反对腐败，重点是建立对权力运行全过程实施有效监督制约的机制。权力不受监督，腐败相伴而生。习近平总书记在十八届中央纪委二次全会强调，要把权力关进制度的笼子里，就是要加强对权力的监督制约。结合我们自身看，对权力的制约和监督还有较大的空间。要进一步加强制度建设，围绕权力运行的全过程健全反腐倡廉制度体系，形成用制度管权、按制度办事、靠制度管人的机制；要深入推进依法依规经营管理，严格按照法定权限、程序和市场规律行使权力、履行职能，坚决杜绝违法行政和滥用职权行为的发生；要进一步加强对重点领域和关键环节的监督，做好对国家局重大决策部署执行情况、领导班子贯彻落实“三重一大”事项集体讨论决定制度情况、行政审批、干部人事工作执行情况的监督检查，在班子议事讨论时，所有的班子成员都负有责任，该监督的是否监督了，该提示的是否提示了；要不断深化政（企）务公开，扩大党务公开的范围，充分发挥党内监督、民主监督、法律监督、舆论监督的作用，确保权力在阳光下运行；要继续做好廉政风险防控工作，加强对风险点的关注和制约，强化预防腐败效果；要加强巡视工作，充实巡视队伍，进一步丰富巡视内容，提高巡视的专业化水平，不能仅仅走一趟、看一遍，而要切切实实查问题、纠不足。

三、以更加坚决的态度实现工作作风明显转变

全省系统要以“踏石留印、抓铁有痕”的劲头，善始善终、善做善成，防止虎头蛇尾，以实际成效回应社会期盼。

要善于调查研究。调查研究，是我们的经常性工作，是日常工作不可或缺的重要方面。关于改进调查研究的问题，中央和国家局都有明确的规定，我也不再重复，全省系统要严格贯彻执行。我想强调的是，如何善于调查研究。现在有些调查研究多少存在着形式大于内容的情况，有的甚至走马观花、反反复复、收效甚微。改进调查研究，要求加强调查研究、要求善于调查研究，并善于运用调查研究的成果推进实践。关于调查研究怎么做，这里要把握三个方面：一是善于了解客观实情。了解实情有多种方法、多种途径，不是说开展调查研究就要全部到基层单位走一圈，搞的基层单位疲于应对，我看大多时候都没有这个必要，而且费时费力，也不一定收到好的效果。根据调研目的，可以采取随机抽样调查、典型调查、重点调查的方式，采取实地调查和听取汇报相结合的方式，也可以采

取定量定性分析法等，调研中，要切实做到“实话实说、实情实报”，以了解实情为准则，自上而下、自下而上相结合，把真实情况说出来、摸清楚，有效掌握全面真实的情况。二是善于制定对策方法。要对掌握的情况认真分析、认真研究、善于思考，从中发现问题的成因及其规律性，有的放矢地制定科学有效的对策方法。三是善于解决实际问题。调查研究的根本目的是解决问题。制定科学的对策方法后，还要善于运用这些方法，有效解决实际问题，用解决问题的实效检验调查研究的效果，真正达到推动工作的目的。

要创新文风会风。文风会风问题是一个普遍性的问题，文稿长、会议多、实质内容少是主要问题。近一段时间，从中央领导同志重要讲话到地方各级各类会议，都力求做到短、实、新，不讲一般情况，多讲问题和建议。我们要认清，办文办会的目的就是解决问题、推动工作，以讲清问题、解决问题为标准，各类文稿和会议要按照“六实”的要求去做，坚持开短会、讲短话、讲管用的话，少讲空话、套话、官话。各单位要对转变文风会风提出明确具体的要求，行文要短、实、新，切忌长、虚、空，不必凑时间、凑字数，一句话讲清的问题，就不用两句话。要切实精简会议，简朴办会，套开会议，特别是上半年，各类会议比较集中，也是检验我们转变会风文风的好机会，希望各单位严格遵照会议规定执行，专心办文办会。

要厉行勤俭节约。近些年，随着国家的进步、行业的发展，我们的物质生活比过去好了很多，但是也不同程度地出现了相互攀比、公款吃喝、奢侈浪费等不良现象。有的看起来触目惊心，虽然不是普遍现象，但是足以让我们警醒。全省系统要强化过紧日子、勤俭办事的观念。关于厉行勤俭节约，可以从以下方面去理解，一是要忆苦思甜。生活好了，不要忘记曾经的艰苦岁月，在苦日子中摸爬滚打过，才更懂得珍惜现在的幸福生活，更懂得物质丰富的重要性。要认识到，即使是当今，一些贫困山区依然物质匮乏，生活生产条件落后。要加强对年轻干部员工的勤俭节约教育，从思想上认同“节约光荣、浪费可耻”。二是不要矫枉过正。厉行勤俭节约，我理解，也并不是刻意去过苦日子，毕竟创造物质也是为了更好地生活，关键是把握好一个度，做到适度消费、杜绝浪费。三是严格管理。各单位要加强预算管理，严格控制行政经费支出，加强办公设备、公务接待、公务用车等管理，杜绝铺张浪费。要进一步完善公务接待管理制度，明确接待标准，严格控制接待费用。要坚决制止公款吃喝和公款旅游行为，严禁以各种名义用公款互相宴请、安排高消费娱乐活动和游山玩水。各单位回去后，对于接待费用也要好好自查一下，从财务部门来说，也是一个监督，各单位要审慎行使，要经得起检查。

四、以更加严格的要求确保行业规范成长

今年，国家局提出建设“更加规范、更富效率”的中国烟草，把规范和效率提高到更高层次。从行业的持续健康发展看，严格规范是必然之选。在建设成长型企业的关键期，严格规范必须常抓不懈、长期坚持。

严格规范要持续。行业开展整顿规范已有多年，取得了明显成效。但是从每年的自查、复查以及国家局的抽查来看，依然存在一些问题和不足。我认为，在整顿规范上出现的问题，都不是小问题，都需要引起我们的高度重视。从近期看，行业内也出现了一些问题，特别是在工程投资、物资采购、大额资金使用等方面。事例一再说明，如果我们不重视加强整顿规范，思想认识不到位，其他的自律、约束、监管的效力就会大打折扣，甚至为不规范大开绿灯。所以，整顿规范任务依然繁重，整顿规范工作只能加强不能放松，放松就会出大问题。全省系统，特别是领导干部，都要时刻绷紧规范这根弦，真正把严格规范视作行业持续健康发展的“生命线”，持续强化严格规范，为企业成长提供有力保障。

重点环节要把控。这些年，我们一再强调对重要方面、重点环节的管控，特别是近期，对招投标提出了明确要求。但从执行情况来看，招投标执行过程中，也存在不严谨的方面和环节。各单位要重点落实招投标程序，最大限度地减少人为干扰，确保“能招尽招、应招必招、真招实招”。这些要求大家都知道，关键是我们的各级领导干部和具体的工作人员在履职的同时，要明确不能做哪些事情。工程问题、招投标问题，程序走对了，不等于不出事。要对自己负责、对家人负责，不要为了蝇头小利，断了政治生命，要真正做到自悟自觉。

有效监管要到位。公开是监管的有效途径，但在公开的过程中，也存在公开广度不够、选择性公开，公开效果不足、片面追求数量，公开时间滞后、选择事后公开等问题，影响了公开效果。运用公开加强监管，最关键的还在于领导干部的思想认识是否到位。各单位要严格按照省局（公司）“七类十三项”公开目录，切实做到公开透明，各单位不得在“愿不愿公开、敢不敢公开”上摇摆不定，凡属公开目录规定，必须及时、全面公开。要强化重要步骤和关键节点公开、监督、反馈的系统化运行机制，确保实现办事公开、民主管理、权力在阳光下运行。“三项工作”的决策、过程、结果、制度依据要同步公开，切实发挥公开的监管作用。

在全省系统专卖、内管暨法规工作会议上的讲话

（根据录音整理）

（2013 年 4 月 9 日）

问 武

同志们：

结合当前的宏观形势开这个会是非常必要的。十八大以来，中央在改进工作作风、密切联系群众方面提出了更高更实在的要求。特别是新一届中央领导集体产生后，采取了一系列改革措施，比如国务院的机构改革，铁道部政企分开等。再有，从今年行业的

发展形势和经济运行情况看，一改往年效益大幅度增长的趋势。当前这个环境，对我们专卖、内管、法规部门的同志都是一个严峻的考验。在这种大环境下，做好专卖工作、内管工作、法规工作尤为重要，特别是在今后一段时期，按照《烟草专卖法》的要求，按照内部监管的要求，如何适应当前环境和形势，需要做的工作还很多。刚才 10 家单位的同志就专卖、内管、法规工作做了交流，我看大家讲得都很好，也取得了很多好的经验和做法，希望相关单位和部门要相互交流，取长补短。现在各个直属单位在专卖管理和内部监管方面表现的还不太平衡，有的单位执行水平比较高，认识比较到位，但是有的单位差距还比较远。

从历史上看，我国一半以上的时间都存在着专卖制度。5000 年的历史按照这个去划分，2000 年以上都有着专卖，专卖制度有其特殊的意义。专卖制度延续了这么多年，真正运行的比较好的，应该是在烟草行业。烟草行业的垄断在民国时期比较突出，在新中国时期，主要表现在 1981 年中国烟草总公司成立后，特别是《烟草专卖法》及其实施条例正式颁布以后。自那以后，烟草经营进入了一个崭新阶段，效益从 50 多个亿一直攀升到去年的8 700亿，越到最后发展越快。这种好的形势和效益的取得，和专卖制度有着密切的关系，和政企合一的垄断体制是分不开的。国家为什么把烟草单独拿出来搞政企合一，用专卖法保护这个行业呢？主要为了解决三个问题，第一是保证卷烟产品质量；第二是维护消费者利益；第三个也是最主要的，是给国家财政增收，保障经济的良好发展，有效补给税收。所以，我们业务工作的开展得益于这个制度，效益的增加也得益于这个制度。

所以在这种环境下，特别是刚才我说的这个前提下，进一步做好市场管理、内部监管、法规建设尤为重要。综合全省的队伍力量，特别是在执法队伍方面要有大的提高。刚才发言的同志介绍了很多亮点，要让这个亮点和我们做得很到位的东西成为普遍存在。

关于专卖管理工作，第一，今后的管理要更加的科学化、规范化，更多地注入现代管理的理念。专卖市场稽查管理，不能靠人海战术，那样管理是管不到位的，本身我们的商户率比全国的平均水平就高，在很多地方也都难以顾及，要把常规性的管理和重点管理相结合。这里不光是管理还有一个服务的问题，要把面上的管理和重点的管理结合起来，发挥有效性。如果我们还老是按照一个人包多少户的办法，解决不了根本问题，你看也看不住。面上的工作怎么做，要有个科学的方法。第二，做好这些工作，我们自身队伍要求要更高，“四做”要求中有个“队伍做硬”，作为执法部门首先要做硬。今后专卖执法，要更加突出研究型、智能型和体力型相结合。以前我们可能注重一线比较多，能在一线摸爬滚打，能打硬战，这个非常好，但是仅仅靠这个是不行的。上午张局长也讲了，关于我们人员的配备，要更多的增加智能型的、研究型的因素在里面，要研究工作，研究法律，研究对策，研究有可能出现的法律纠纷和行政复议的问题。这些方面可能我们现在经历的比较少，今后一段时间这方面的要求会越来越高。法规宣传也要往这方面研讨，在执法主体单位形成研究型团队，能够回答和解释实际发生的法律纠纷问题。这是一个硬功夫，我希望要下大力气来做。第三，要把专卖执法、内部监管和主要经营业务有机结合起来，要运用现代管理和研究手段有效为民服务。一方面相关部门之间都要有充分交流的机制，充分发挥沟通平台的作用，一直延伸到基层一线，让尽可能多的数字能够在一线体现出它的价值，相关的部门要互相联动。有的单位专卖、营销分管领导和相关部门定期沟通，这个非常好，这应当作为我们研究工作的一种方法。很早我就说，一个领导班子有管这个的，有管那个的，这不是一个市公司权力的分解，而是各个环节权力的整合；不是一个分散的过程，而是一个聚集的过程。如果说都把自己分管的工作当作独立方面不去沟通，部门之间不交流，领导之间不交流，那很多工作就很难干好。今天开会交流的情况，包括大家谈的，我看法规、内管、专卖搁在一块开这个会议，应该说相互之间都有一定的联系，达到相互交流和促进的目的，效果不错。

内管工作方面，省局专门成立了独立的处室，这个要作为今后工作的重要着力点来抓。烟草行业的体制决定了别人管不了，只有我们自己管。就像审计一样，你做得再好也是内部审计。内部监管这一块，不要看它人少，它也有着大概念。首先内管工作非常重要的一个原则就是全员性，所有主业工作人员都在其内。内部规范约束从领导干部到基层员工所有的同志。其次，内部规范的水平代表企业的管理水平，内部规范的能力差，这个企业肯定是混乱的。我希望各个党组党委和分管领导都要引起高度重视，效益的增加可能不会带来社会上的轰动，但内部出点事肯定是一鸣惊人，这种不良的错误或者行为一旦出来，传播的速度和影响程度要厉害得多。增加点利税或做了点公益事业，那是你应该，但是你内部出错，出现不规范的行为，会害死这个行业。内部出问题，等于你执法违法犯法，执法不依规，这个要罪加一等。通过这段时间的检查了解，我们这些方面在好转，但是还存在不少问题，所以内管工作不要等，各个单位回去以后真正从一线开始，好好梳理分析一下，到底存在哪些问题。仅靠面上的教育，有时候不一定能解决问题，要教育、制度、机制共同起作用。

内管工作要引起大家高度重视，不要吝惜把专卖人员转到内管人员，要坚决按照国家局要求，比例也好，领导分工也好，坚决按照要求去做。第一步先把职能、人员、管理做到位。考核主要先考核职能到不到位、人员到不到位。具体考核就是从末端开始，不看领导汇报得好不好，而要看一线执行得怎么样。希望同志们回去后把这些工作好好研究下，把思路打开。

法规工作方面，按照去年的总体要求，开展两年普遍的巡回演讲，应该说这个任务还是非常艰巨的。无论从面上还是从具体项目上看，多增加法规知识和素养，对提升整个队伍的能力和水平是有好处的。要通过各种方式提升我们队伍的能力水平，使之适应今后的形势要求。很多单位很重视提升队伍素质，在技能竞赛、职业技能鉴定等方面就能看出来。全面提升水平能力不是一句空话，希望同志们回去后能把这些工作做扎实，让它能显出成效。

在部分单位专卖内管工作座谈会暨“改进作风年”活动动员大会上的讲话

（根据录音整理）

（2013年4月16日）

问　武

同志们：

今天开这次会议是十分重要的，刚才鹿书记代表党组按照工信部和国家局的要求，布置了开展“改进作风年”的相关活动。所以，今天的会议不仅仅是内管工作的座谈会，也是贯彻工信部和国家局要求，开展“改进作风年”活动的启动会。相关部门要将鹿组长的讲话和实施方案印发全省系统，开始实施。这次内管工作座谈会，我想是从一个基础或者是一个方面体现改进工作作风的要求，这不仅是内管工作的本身，也是对各级领导班子和领导干部在“改进作风年”中如何落实、如何开展具体工作的考察。专卖内部监督管理工作是一件大事，需要我们各级领导班子和干部高度重视，是一项较为全面的工作，也是需要主要负责人亲自挂帅的一项工作。国家局强调抓基础，内部专卖管理监督工作，应当说也是最重要的内部基础工作。专卖内部监督管理工作是各级领导班子共同的责任，不是一个领导、一个部门就可以做好的事情，需要多方协同。前一段时间，我们与相关部门和领导对内管工作做了具体的意见交换。此次会议，10家单位根据本单位内管工作的情况，做了很好的汇报和总结。综合看来，反映出大家对内管工作的重视，也不乏一些创新举措，效果还是比较好的。省局（公司）机关相关部门从各自的角度，也谈了很好的意见。特别是法规部门拿出了一个建立专卖内部管理联席会议机制的方案，待条件成熟后，省局（公司）办公会讨论拟定。

从领导层面上说，抓好专卖内部监督管理工作，一是要抓好主动性。要主动去抓，不要被动的检查或者是受检查。二是要抓好统筹性。统一协调，统一领导。从方法层面上看，一是要有创新性。有的单位汇报总结地非常不错，有好的经验值得去总结。有的单位的内管工作进行的比较完整，方法、思路比较得当，进行的比较流畅。这都得益于领导班子和主要领导的重视。二是要有科学性。就是要采取更加有利于规范要求的方法，包括内管预警软件的运行。大家对此也提了意见，下一步要尽快完善。从要求层面上看，一是要增强严肃性；二是要解决规范性，包括营销等等各种。总体来说，外打要树权威、内管要树形象。内管的形象不好，外打是持久不了的。外打要树权威，就要树立起法律的权威；内管要树形象，就要显示出内部管理中从机制到制度的安排，以及执行法律、法规的能力和水平。首先要提高认识、认识到位。从领导到基层，要全面提高认识。其次要提升水平、执行到位。开展相关工作的教育培训、交流学习，要完成一个解决自身存在问题的过程，这也是行业必须要做到的。因为没有外部监督，只有靠我们自身解决自身存在的问题。在这个过程当中，我们要善于发现问题，勇于暴露问题，并采取积极的措施解决问题，不是视而不见。当前的环境，也不允许违规违法的事情存在。形成一种良好的机制和制度，这里要把握的原则就是，全面控制、严格要求，要站在更高的高度认识这个问题，形成机制、立足长远，不是抓一下就完了。这项工作的开展，要作为今年我们开展“改进作风年”活动成效的集中体现，就看这项工作各级领导班子和领导干部是不是抓好管好，基层一线员工是不是能执行好。同时，做好这项工作有一定的难度，但是我们很多市局（公司）有成功的经验，特别是要通过创新机制来解决这个问题。我们这个方案不是就专卖监督管理而谈的问题，所有涉及的业务部门都在其内，部门的职责和被监管部门职责是不一样的。业务部门是抓好自身建设。内管部门是监督检查，建立考核方案和监督评价机制，内管部门要负责牵头。专卖、营销、物流、烟叶等部门积极参与，形成良好的协同互动机制。工作的方法、原则等等可以再讨论。这项工作我们要力求做得扎实，通过一年的努力，要有一个明显的效果。今年，重点做好这项工作，各个单位要按照国家局关于内管工作的要求，完善相关制度和措施，按照省局（公司）的统一部署，进一步细化，落实各级职责。这次会议布置以后，我们各个单位要积极开展工作，6 月份全省要集中力量，开展调研，全面了解情况。7 月份，召开一次专题内管会议，总结交流评价，看这段时间各个单位工作开展得如何，交流做法、案例、成功经验，做得好还是不足，要点评一下。机关部门，特别是内管部门要拿出考核实施方案和办法。我想，通过我们上上下下的努力，开展“改进作风年”这项活动，在大的环境下对内管工作检验一下，使一线员工不断增强守法守规意识，尽量减少和避免违规违纪行为，使我们这个队伍在企业成长的过程当中真正健康从业，希望我们内管工作的相关部门积极开动脑筋、协同各方力量，使内管工作上一个新台阶、有一个新水平，不辜负体制机制和专卖法的要求。

深入开展党的群众路线教育实践活动为建设成长型企业提供坚强保证

——省局（公司）党的群众路线教育实践活动动员大会讲话

（2013 年 7 月 29 日）

问 武

同志们：

这次会议的主要任务是深入贯彻落实党的十八大精神和中央关于在全党深入开展党的群众路线教育实践活动要求，按照安徽省委和国家局党组的统一部署，结合工作实际，对在省局（公司）机关和各直属单位深入开展党的群众路线教育实践活动进行安排部署，进一步动员和激励广大党员干部以满腔热情、富有激情、充满智慧、奋力创新的良好精神状态投入工作、勤勉履职，为加快组织成长，推动卷烟上水平汇聚“正能量”。

一、充分认识开展党的群众路线教育实践活动的重大意义，自觉增强坚持群众路线的现实紧迫性

（一）开展党的群众路线教育实践活动，是坚持“政治做强”，全面践行党的宗旨、坚守党的生命线的迫切需要

群众观点是马克思主义政党的基本政治观点。党的根基在群众、血脉在群众、力量在群众。当前，我们更要清醒地看到，在世情、国情、党情发生深刻变化的新形势下，提高党的领导水平和执政水平、提高拒腐防变和抵御风险能力，加强基层党组织科学化建设，面临许多前所未有的新情况、新问题、新挑战。这就要求我们必须以高度的政治责任感和敏锐性，坚持政治做强，树立正确的群众观念，始终牢记宗旨，胸怀大局意识，心中揣着群众，在思想、工作和生活中努力践行群众路线，切实坚守党的生命线。

（二）开展党的群众路线教育实践活动，是坚持“作风做正”，全面改进工作作风、发扬优良作风的迫切需要

什么是优良作风？优良作风，就是我们党历来坚持的理论联系实际、密切联系群众、批评和自我批评的三大作风；就是烟草行业“勤俭节约、艰苦创业，改革创新、开拓进取，奉献国家、回报社会，注重效率、严格自律”的行业精神；就是安徽省局（公司）成立三十多年来不断传承的艰苦创业、勤奋崇智、开拓创新、勇于超越的工作作风；就是我们在新时期组织成长中形成的“实话实说、实情实报、实功实做”的六实作风。这些宝贵的优良作风，为我们党的事业不断从胜利走向胜利、为我们企业组织不断从成长迈向成

长提供了重要保障。

去年，省局（公司）党组提出创“三先”争“三优”，将优良作风摆在了突出位置，强调要发扬“实话实说、实情实报、实功实做”的“六实”作风。年初，省局（公司）党组再次将“作风做正”作为“四做”的重要内容，严格执行中央八项规定和国家局九条要求，深抓具体问题，不断改进文风会风，简化公务接待，优化办事流程，起到了立竿见影的效果。我们必须看到，全省系统在一定范围内形式主义、官僚主义、享乐主义和奢靡之风这“四风”还不同程度的存在，要解决这些问题，更需要我们以求真务实的态度，不断改进工作作风，密切联系群众，努力以优良作风建设优秀文化、创造优异业绩，以优良作风带动思想观念领先、创新意识领先、各项工作领先。

（三）开展党的群众路线教育实践活动，是坚持“业务做精”，全面推动“卷烟上水平”、加快组织成长的迫切需要

树立正确的群众观念，科学准确定位“我是谁”，深刻把握烟草行业各项工作“依靠谁、为了谁”，不断探索、创新和丰富新形势下改进工作作风，密切联系群众的新方法、新路径，有利于做精各项业务工作。关于“我是谁”，站在行业角度，要牢牢把握烟草立业根本，响亮回答好“我是谁”。烟草行业要维护国家、消费者利益，从本质上来讲就是维护人民群众的利益。站在个人角度，要牢牢把握烟草党员干部的责任，响亮回答好“我是谁”。作为一名烟草党员干部，在处理各项业务工作关系中，关键要摆正同群众的关系，把智慧的增长和本领的增强深深扎根于群众路线的创造性实践之中，才能更好地提升自我。全心全意服务人民，响亮回答好“为了谁”。一切为了群众、真心服务群众，满足客户需求，满足消费者需要，维护卷烟市场繁荣稳定，是我们做精业务的出发点和落脚点。这要求我们关键要站稳群众立场，坚持与群众站在一起，同群众坐在一条板凳上，找准干事兴业的目标方向。密切联系人民群众，响亮回答好“依靠谁”。做精业务离不开广大基层员工，更离不开市场、离不开烟农、零售客户和广大消费者的支持。要坚持依靠群众，从群众中来、到群众中去，把尊重群众的首创精神、坚决依靠群众作为我们做精业务工作的动力源泉。

（四）开展党的群众路线教育实践活动，是坚持“队伍做硬”，全面密切党群干群关系，保持队伍先进性、纯洁性的迫切需要

近期，国家局党组提出要着力思考、谋划、实践“烟草行业改革的红利在哪里、发展的潜力在哪里、追赶的目标在哪里”三大课题。面对新阶段新任务，需要一支始终在思想和行动上与国家局党组、与省局（公司）党组保持方向一致、号令一致、步调一致的过硬队伍。

我们要把群众观念当作一种人生态度，一种神圣职责，一种精神境界，一种终身追求。要用好群众观念这一有力武器，牢固树立责任意识、忧患意识、公仆意识、民主意识和创新意识，时刻防治思想“沙化”，为思想净化“除尘”，始终把维护烟农利益放在心上、始终把维护零售客户利益放在心上、始终把维护基层员工利益放在心上，时刻做到自重、自省、自警、自励。开展群众路线教育实践活动，正是恰逢其时，对症下药。必须通过活动的开展，用群众路线教育、鼓舞和激励广大党员干部增强责任感、使命感，提高广大党员干部的理论水平和工作能力，努力打造一支政治过硬、能力过硬、素质过硬，能够

适应企业当前工作和未来发展需要的高素质人才队伍，促使广大干部员工满腔热忱干事创业，立足岗位为企业成长贡献力量。

二、坚持从严务实，确保党的群众路线教育实践活动有序推进

（一）牢牢把握指导思想

按照“照镜子、正衣冠、洗洗澡、治治病”的总要求，紧紧围绕保持党的先进性和纯洁性，以为民务实清廉为主要内容，以全省系统处级以上单位领导班子和领导干部为重点，切实加强全体党员马克思主义群众观和党的群众路线教育，把贯彻落实中央八项规定、国家局党组九条要求和省局（公司）实施细则作为切入点，坚决反对形式主义、官僚主义、享乐主义和奢靡之风，着力解决群众反映强烈的突出问题，提高做好新形势下群众工作的能力，进一步密切党群干群关系，为建设更加规范、更富效率的成长型企业，推动持续健康发展提供坚强保证。

（二）准确定位目标要求

此次教育实践活动在全体党员中开展，重点抓好处级以上单位领导班子和领导干部的教育实践活动。主要任务是教育引导党员、干部树立群众观点，严格落实为民务实清廉要求，坚持围绕中心，服务大局，明确“政治做强、作风做正、业务做精、队伍做硬”的“四做”主题，把“实话实说、实情实报、实功实做”的“六实”作风建设放在突出位置，“面对面、心贴心、实打实”地解决实际问题，以作风的转变促发展、促稳定，用作风建设的新成效提振党员干部的精气神，凝聚推动组织成长的正能量。

突出“四做”主题。政治做强。要认真贯彻落实党的十八大精神，始终树立群众观念的政治意识，保持贯彻执行群众路线的政治敏锐性，紧紧把握组织成长方向，促进企业全面协调可持续发展。这是深入开展党的群众路线教育活动的首要前提。作风做正。要发扬“六实”作风，“面对面、心贴心、实打实”地为群众解决实际问题，促进行业更加规范、更富效率。这是深入开展党的群众路线教育实践活动的根本保障。业务做精。要以服务为本，把“以客户为中心”的理念贯穿到为烟农、工业企业、零售客户、消费者提供满意服务的全过程；要以效率为先，实现各层级、业务之间，各单位、部门、干部员工之间高效的协同配合；要以创新为源，充分调动干部员工的积极性、主动性、创造性，提高服务群众的能力和水平。这是深入开展党的群众路线教育活动的重要支撑。队伍做硬。坚持依靠职工群众，培养政治过硬、能力过硬、素质过硬的员工队伍，激发充满活力、富有激情、展现阳光的精神状态。这是深入开展党的群众路线教育活动的内生动力。

突出“六实”作风。“六实”作风核心是“实”，是落实为民务实清廉要求的基本保障。坚持实话实说，始终一切为了群众、一切依靠群众，真心实意问政于民、问需于民、问计于民，不断拉近与群众的距离；坚持实情实报，从实际出发，摸清实情，真正将群众所想、群众所需、群众所困据实陈报，实事求是，不断贴近与群众的关系；坚持实功实做，崇尚求真务实、敢于担当、创新实干、优质高效，要实实在在为烟农、零售客户和员工办实事、解难事，不断增进与群众的情感。

突出解决问题。解决实际问题，是群众路线教育活动取得成效的关键。坚持和贯彻群众路线，必须从解决群众反映强烈的问题入手，出实招、办实事、求实效，在为群众排忧解难、解决现实问题的过程中，密切党群干群关系，以解决问题的实际成效取信于广大烟农、零售客户和基层员工。要把反对“四风”贯穿始终，努力在解决作风不实、不正和行为不廉上取得实效。

（三）紧紧把握基本原则

坚持正面教育为主。要加强马克思主义群众观点和党的群众路线教育，加强党性党风党纪教育和道德品行教育，引导党员、干部坚定理想信念，模范践行社会主义核心价值观，坚守共产党人精神追求。坚持开展批评与自我批评。开展积极健康的思想斗争，敢于揭短亮丑，崇尚真理，改正缺点，修正错误。要把整风精神贯穿始终。坚持讲求实效。要开门搞活动，请群众参与，让群众评判，受群众监督，努力在解决作风不实、不正和行为不廉上取得实效，在提高群众工作能力、密切党群干群关系、全心全意为人民服务上取得实效。坚持分类指导。各序列、各部门要结合工作职责和业务实际，找准需要解决的突出问题，提出适合各自特点的目标要求和办法措施，加强分类指导，努力推动整体工作。坚持领导带头。各级领导干部特别是主要领导要以身作则、率先垂范，形成党组主要领导负总责，一级抓一级、层层抓落实的工作机制。

（四）认真抓好方法步骤

按照中央的统一部署和要求，全省系统党的群众路线教育实践活动分两批次进行，每批大体安排半年时间。第一批为省局（公司）机关，时间从 2013 年 7 月份开始，2013 年 11 月底结束；第二批为各直属单位及所辖单位，时间从 2014 年 1 月份开始，2014 年 7 月基本完成。每个单位对党员干部集中教育时间不少于 3 个月，每个批次、每个单位的教育实践活动，着力抓好三个环节。

第一个环节，学习教育、听取意见。认真组织马克思主义群众观点和党的群众路线专题学习讨论，深入开展调查研究，充分征求基层群众意见，为对照检查，开展批评和解决问题打好基础。

省局机关重点抓好四项活动：一是召开动员大会，广泛宣传动员；二是深入开展集中学习活动，提升党员干部群众路线理论水平；三是广泛征求地方对口部门、机关、基层单位和客户等各层面意见；四是开展三大课题攻关活动，切实完成国家局提出的目标任务。

第二个环节，查摆问题、开展批评。通过群众提、自己找、上级点、互相帮，认真查摆在形式主义、官僚主义、享乐主义和奢靡之风等方面存在的问题，进行党性分析和自我剖析，开展批评与自我批评。

省局机关重点抓好四项活动：一是组织一次“四风对照查摆”活动；二是采取“面对面”的形式，开展一次谈心交心活动；三是组织一次党性分析材料撰写活动；四是召开一次专题民主生活会。

第三个环节，整改落实、建章立制。重点针对作风方面存在的问题，提出解决对策，制定和落实整改方案，扎实开展正风肃纪集中治理活动，努力提高群众工作能力。

省局机关重点抓好四项活动：一是针对省局对照查摆中发现的重点、突出问题，集中研究解决措施，落实整改任务；二是总结三大课题成果，力争形成一套能够深度挖掘组织成长潜力、具有较高实践推广价值的课题成果；三是开展一次群众满意度调查；四是建立一批规章制度。强化制度执行力度，坚决纠正有令不行、有禁不止、无视制度的现象。

三、坚持高标准高质量，确保党的群众路线教育实践活动取得实效

（一）加强组织领导，明确责任职责

成立省局（公司）党的群众路线教育实践活动领导小组，制定工作规则，健全工作机制。在活动主体上突出处级以上单位领导班子和领导干部。省局党组书记、党支部、党总支书记（部门主要负责人）为第一责任人，抓好活动开展。各直属单位也要尽早着手谋划，不要等待观望，要结合实际，开展调查研究，广泛听取意见，该改的马上改，该做的马上做，为下一步开展教育实践活动打好基础。

（二）以群众呼声为导向，解决“四风”问题

开展群众路线，关键就是要倾听群众呼声，化群众的期盼为我们工作改进的方向。我们要以此为导向，对准焦距、抓住关键、找准要害，着力在解决群众反映突出的“四风”问题上下功夫。一要坚持求真务实，着力解决形式主义问题；二要坚持朴实亲民，着力解决官僚主义问题；三要坚持艰苦奋斗，着力解决享乐主义问题；四要坚持廉洁规范，着力解决奢靡之风问题。要认真贯彻落实国家局“三个务必”要求，即务必在楼堂馆所、“三公经费”、乱发钱物上不出问题、不犯错误。要严肃政治纪律、经济纪律，一切工作都要按照严格、规范的标准去执行，习惯并学会过紧日子。

（三）以群众满意为标准，强化服务意识

要把群众满意作为教育实践活动的评价标准。省局（公司）机关要坚持“三服务、三满意”，即服务中心工作、服务基层单位、服务烟农、零售客户和基层员工，努力让省局党组满意、让基层单位满意，让烟农、零售客户和基层员工满意，发挥好中枢功能，精心履职，充分发挥机关的“领头雁”作用。要紧紧围绕省局（公司）中心工作，统筹兼顾，协调处理好工学矛盾，做到工作与教育活动两手抓、两不误、两促进，避免“两张皮”现象。

（四）以群众监督为手段，强化内生动力

要坚持开门搞活动，广泛引导广大职工群众和服务对象参与，听取他们的意见，不能搞“闭门修炼”。广大党员干部尤其是处级以上领导干部，要围绕行业改革发展的新目标、新定位、新任务，把认真思考、谋划、实践“三大课题”和“改进作风年”、“235”教育实践活动作为行业教育实践活动的重要载体，积极参加群众座谈、民主评议等活动，要自觉接受群众监督。

此次教育实践活动，要从上到下，从省局机关、从处级以上干部抓起，各级领导机关、领导班子和领导干部都要把自己摆进去，增强思想和行动的自觉性，带头抓好贯彻落实。按照国家局党组要求，在集中开展教育实践活动期间，一律不允许请假。

在安徽省烟草专卖局（公司）2013年工作会议上的总结讲话

（2013年1月24日）

卓俭华

同志们：

2013年工作会议圆满完成了各项议程。会议学习传达了工业和信息化部部长苗圩和国家烟草专卖局局长姜成康在全国烟草行业2013年工作会议上的重要讲话精神。听取了问武局长所做的工作报告。会上，我们还集中观看了“235”教育实践活动宣传片，发布了2012年度企业成长十大进展评选结果。会议还集中表彰了一批先进集体和先进个人以及省局（公司）科技进步奖。

下面，我就学习贯彻这次会议精神，再强调两点意见：

一、深刻领会和把握会议精神实质

问武局长的工作报告，立足行业发展大势，结合安徽烟草商业实际，提出“政治做强、作风做正、业务做精、队伍做硬”的工作目标，对我们更好地推进新形势下组织成长具有很强的针对性和指导性。

（一）要准确把握行业发展新形势

近几年，面对复杂严峻的经济形势，烟草行业继续保持了持续健康发展的态势，为国家和地方经济建设做出了积极贡献。今年，国家局提出“努力建设更加规范、更富效率的中国烟草”目标，更加凸显了国家局对严格规范和富有效率两大课题的高度关注，也对全行业提出了更高要求，全省系统要深刻认识规范和效率对行业发展的重要性和迫切性，牢固树立规范和效率意识，切实增强规范和效率能力，在规范基础上提效率，在效率提升中促规范，树立更加规范、更富效率的行业形象。在这一新的目标引领下，国家局提出，当前和今后一个时期，行业改革要有新突破，技术创新要有新进步，管理监督要有新目标，队伍建设要有新要求。这是行业的重点任务，指出了今后的工作重点，是立足于现有发展平台、推进行业持续发展的关键。全省系统要理解和把握“四个新”的内涵和用意，以改革的精神、创新的动力、规范的约束、队伍的活力加快我们自身的成长，在全行业的整体进步中做出我们的努力。

（二）要深刻理解企业发展新要求

把握行业发展形势，结合企业成长实际，在深入分析矛盾和不足的基础上，省局（公司）党组指出，深入落实“四个全面提升”工作要求，关键是要做到“政治做强、作风做正、业务做精、队伍做硬”，努力把各项工作提升到新水平。政治做强、作风做正、业务做精、队伍做硬是一个统一的整体，是对全局工作的要求。政治做强是引领，就是要明确政治方向、胸怀远大理想、严守政治纪律、增强政治品格，坚持以科学发展观为指导，努力践行“两个至上”，做到“三个始终”，树立“五种意识”。作风做正是保障，作风做正是更加规范的本质要求，就是要学习贯彻和严格执行中央、国家局和省局（公司）关于改进工作作风、密切联系群众的相关规定，进一步转变和改进作风，密切联系基层一线、密切联系干部员工，大力弘扬“六实”作风，努力做到以优良的作风促进严格规范。业务做精是重点，就是从粗放经营向精细化经营转变，从粗放管理向精益管理转变，这是富有效率的体现。要牢牢把握烟叶生产、品牌培育、市场营销、物流建设、基础管理等工作，抓住工作重点，打牢基础，创新驱动，带动整体提升。要树立精品意识，高度关注工作质量、工作细节、工作效率，把大事做好、小事做精，把业务工作做实做细做到位。队伍做硬是支撑，就是要根据企业成长需要，强化成长能力，提升综合素质，努力打造一支正确决策、善于管理、有效执行的干部员工队伍，更好地适应环境、适应发展、适应挑战。

（三）要努力实现企业成长新任务

问武局长在工作报告中对2013年工作进行了全面部署，提出了六个方面的重点工作。做好今年的工作，要准确把握“稳中求进”的工作总基调，客观理性分析形势、正视问题，善于发现矛盾、解决矛盾，牢牢把握市场主动权，确保稳中求进、稳中有进。要切实提高企业成长质量和效益，按照企业成长战略和发展方向，加强成长能力建设，更加关注成长质量，继续推进烟叶结构优化，促进优质烟叶发展，提升现代烟草农业建设水平。稳定和优化市场状态，保持市场的稍紧平衡。优化卷烟销售结构，促进结构科学合理提升。顺应国家局品牌发展新要求，精心培育重点品牌，持续优化品牌发展格局。要切实做到严格规范，把规范作为政治责任、道德底线，自觉依法管理、依法经营、按章办事，坚决杜绝违规操作、违规经营。全省系统要全面贯彻“六个严禁、一个严控”要求，加强“天价烟”的监管与治理，确保企业成长规范有序，为后续的持续成长增后劲、添活力。

二、全力做好当前各项工作

2013年，是全面贯彻落实十八大精神的开局之年，是全面实现“卷烟上水平”目标任务、加快建设成长型企业的关键之年。继续推进持续、协调、共同成长，我们肩上的责任更重、承担的压力更大、面对的挑战更多。全省系统各单位和广大干部员工要树立信心、振奋精神，认真谋划和推进各项工作，按照更加规范、更富效率的要求，努力确保和谐稳定成长大局。当前和近期，我们要着重抓好以下工作：

一是要高度关注卷烟市场变化，全力做好卷烟营销工作。当前，全国卷烟销售出现了一些新情况、新问题，主要表现为销售平淡、结构提升速度放缓、价格松动。这一方面是当前政治经济社会形势的反映，另一方面也与我们应对变化跟进不够有关系。各单位要高度重视这些新情况，积极应对、主动调整，牢牢掌握市场主动权。要组织好货源，充分满足节日市场消费需求。春节前一周，是全年销售的关键时期，各单位要高度重视，确保货源，满足供应。要高度关注社会库存和价格走势，维护好市场稳定。要积极加强与工业公司沟通，按照国家局品牌建设新要求，主动调整品牌培育思路，确保市场稳定。

二是突出抓好卷烟市场监管。高度重视复杂多变的节日卷烟市场，毫不松懈，抓好节日期间卷烟市场监管。加大节日期间的市场检查力度，加强对娱乐服务类、繁华街区、重点路段、宾馆饭店、货运集散地等监管。认真组织做好“金龙二号”专项行动。要严格规范卷烟生产经营秩序，坚决防止和严肃查处卷烟非法流通，堵住卷烟非法流入，防止卷烟非法流出。加强对高价位卷烟的监管，高度重视“天价烟”专项治理，要把“天价烟”治理当作当前工作的头等大事，采取综合措施，坚决拒绝“天价烟”销售。相关部门要加强“天价烟”治理监管，总结经验，建立“天价烟”治理长效机制，确保安徽市场无超过1 000元/条卷烟出售，维护行业大局。

三是提前安排烟叶种植工作。去年烟叶生产实现新突破，为今后烟叶发展奠定了坚实基础。各烟叶产区要抓住新一轮发展机遇，努力实现新突破基础上的优质发展。当前，新一轮烟叶生产已经开始，各烟叶产区要精心做好各项开局工作。要加强育苗管理、加强技术指导，预防冰冻灾害。加强合同管理和计划落实，确保种植面积，特别是要落实皖南焦甜香特色优质烟叶种植面积，确保实现优质烟叶收购量的稳步增长。

四是更加严格作风纪律规定。认真学习贯彻中央政治局“八项规定”，认真学习贯彻国家局和省局（公司）相关规定，切实转变作风，加强和改进我们的工作。要厉行节约，特别是认真学习贯彻习近平同志在中央纪委二次全会上的讲话精神和关于厉行勤俭节约反对铺张浪费重要批示精神，狠刹浪费之风，严禁各种铺张浪费和违规违纪行为。各单位要严肃纪律要求，从简安排各种活动，严禁用公款搞走访、送礼、宴请等活动。特别是在春节期间，各级领导干部要严格要求自己，带头执行各项纪律规定，切实发挥表率作用，注重细节、注重作风、注重品格，切实把作风做正。

五是全力确保安全稳定发展。各单位要增强安全意识、加强安全管理，认真组织隐患排查与整改。要加强安全值班，安排人员在岗值班、领导干部在岗带班。要加强对道路交通、卷烟货款、人身安全、防火防盗等方面的教育和管理，确保生产安全、仓储安全、交通安全、人身安全和工程建设安全。加强车辆管理，节日期间，除生产经营和值班车辆外，其他车辆一律封存并指定专人负责管理，不得以任何形式公车私用。各单位要做好节日期间慰问活动，做好对信访稳定工作的接待和处理，及时疏导和化解矛盾，共同度过一个温馨祥和的传统佳节。

同志们，任务已经部署，实干赢得未来。让我们深入学习贯彻党的十八大精神，坚持以科学发展观为指导，在国家局和省局（公司）党组的坚强领导下，围绕“卷烟上水平”基本方针和战略任务，按照“四个全面提升”工作要求，政治做强、作风做正、业务做精、队伍做硬，努力推进成长新实践，奋力加快成长新发展！

注重顶层设计 加强数据管理 提升应用能力 深入推进全省系统信息化发展上水平

——在全省系统信息化工作会议上的讲话（摘要）

（2013 年 4 月 8 日）

卓俭华

一、2012 年主要工作回顾

2012 年，全省系统信息化工作在省局（公司）党组和信息化工作领导小组的正确领导下，围绕“集成、应用、安全、运维、机房、统计、队伍”七个方面开展工作，信息化工作水平不断提高，为企业可持续发展和建设成长型企业做出了重要贡献。

（一）突出服务，深化融合，IT 应用支撑力明显增强

把服务作为信息化工作中的一项重要职责和使命任务，不断强化服务意识，增强服务能力，提升服务水平。组织召开机关处室和基层单位信息化工作意见征询会，积极为基层单位提供指导。切实加强统计工作，为企业经营决策建言献策。深入开展“235”教育实践活动，开展历时 3 个月的网上订货系统应用专项调查。启动安徽烟草商业物流综合管控平台等 6 大系统建设，升级改造人力资源管理系统，整合营销管理信息系统功能，精心做好统计应用系统的建设和运维，顺利完成烟叶基地单元系统验收。

（二）统筹规划，系统设计，IT 集成整合力实现突破

全面实施省局（公司）IT 基础设施集成整合项目，实现资源的充分利用和应用的快速迁移部署。耗时 3 个多月，规范行业13 808个账号，注销5 084个离职人员账号，初步完成统一用户管理中心建设。发布管理驾驶舱子门户和门户功能导航应用，实现“功能漫游”良好用户体验。认真做好省局（公司）新办公楼数据中心机房的规划设计和建设，确定四大关键项目，完成新建办公楼数据中心机房的规划设计。

（三）启动安全，整合运维，IT 风险管控力初现成效

全面启动信息安全建设，实现对信息安全产品的统一管理和监控。先后组织完成 4 次国家局、省局（公司）的年度信息安全检查，顺利迎接 3 次外部信息安全检查。组织开展 4 次信息安全应急演练。完成全省商业管理信息系统的角色和账号梳理。落实正版化软件整改和督导检查。积极主动开展信息安全文化建设。集中全省运维服务电话，统一受理故障申告，实现主要信息系统运维服务人员的集中办公。完成各项视频会议及培训 12 余次，组织有关人员开展视频会议系统巡检 67 次，排除各类故障 40 次。组织开展 4 次全省主要

信息系统巡检，全年受理系统运维服务请求3 000多起。

（四）引入治理，锤炼队伍，IT团队战斗力不断提高

成立省局（公司）信息化专家委员会，制定并下发全省系统信息化工作管理办法和信息化评价考核细则，抓好省市两级信息化平衡发展。探索打通信息化人员技能晋升通道，加强制度建设。探索实施目标过程管理方法，提高日常工作效率。搭建信息化交流工作平台，编制信息化工作交流简报 5 期，召开各类研讨交流 30 余次，举办全省 4 个培训班，全省培训人次达到 160 人次。部署年度“读书、研究、调查”活动，收集读书报告 83 篇，统计调查报告 17 篇，信息化专业论文 40 篇。积极引导信息化科技创新，获得专利 3 个，软件著作权 10 个，发表论文 12 篇。年度省局（公司）信息中心被省政府评为“书香处室”。

二、准确把握当前形势和要求

2012 年，世界经济整体有所增长，但持续低位运行，复苏明显放缓。历史经验表明，经济危机往往孕育着新的科技革命，正是科技上的重大突破和创新，才推动了经济结构的重大调整，提供了新的增长引擎。我们必须准确把握这种新的发展趋势，结合烟草实际，采取有效的应对措施，加快信息化发展步伐。

（一）注重顶层设计和战略驱动

注重顶层设计，就是要变原有的信息化建设业务驱动为战略驱动。全省要引入战略驱动，站在战略全局的高度去设计信息化建设方式，将它与企业战略管理和一体化管理紧密结合，从源头解决重复建设和信息孤岛的问题。注重顶层设计，就是要加强企业架构的整体性思考和全局性部署。用系统性的视角和方法，将企业战略转化为指导信息化建设的架构蓝图。搭建灵活、开放、面向未来的技术体系，实现统一标准、统一平台、统一网络。分析系统之间的关联和影响，理清系统边界。规划好数据中心，加强战略主题分析，挖掘数据价值，尤其是非结构化数据蕴含的价值。

（二）加强数据管理和深度应用

数据管理的首要问题是解决如何管理问题。目前，影响数据管理的因素，有技术的因素，但更多的是管理的因素，而其中一个最重要的因素就是信息数据以部门为边界被封闭起来。因此必须打破部门的藩篱，实现资源共享。数据管理的第二个问题是数据质量问题。全省系统要在信息系统建设上统筹规划，确保各单位之间、各业务领域之间数据资源标准统一、信息共享。合理规划好数据库系统建设，充分描述数据间的内在联系，保证数据的独立性、可靠性、安全性与完整性。数据管理的第三个问题是数据应用问题，从企业科学管控的角度出发，设计一整套软件、系统和业务战略组成的完整解决方案，把烟草企业自身拥有的数据与社会、消费者产生的非结构化数据结合起来，全面建成数据交换服务体系、数据加工存储体系、数据分析应用体系，最终实现数据资源的全方位支撑服务。

（三）关注技术进步和全员应用

关注技术进步要学习新技术，充分认识信息技术对企业发展变化产生的革命性影响，各级领导要带头学习新技术，并为全员创造条件。关注技术进步要应用新技术，在新建、拟建信息化项目时，要充分考虑应用新技术的可行性，特别是在解决“大数据、大开发”

以及非结构化数据带来的影响研究课题上，高度关注SOA、物联网等信息化新技术，力求全省信息化建设的先进性、科学性、适用性。关注技术进步要实现应用推广，在全员应用信息化技术上狠下功夫，在信息化应用上发现问题、解决问题，在应用中规范生产经营行为、落实各项制度，在应用中实现业务流程优化、技术创新和业务模式创新，在应用中提高管理水平和决策能力。

三、2013年主要工作安排

2013年全省烟草商业信息化工作思路是：深入贯彻落实党的十八大精神，紧紧围绕信息化“十二五”规划和全省工作会议精神，按照“四个全面提升”的工作要求，落实“政治做强、作风做正、业务做精、队伍做硬”，坚持战略驱动，推进集成整合和“两化”融合，坚持应用为本，推进数据利用和新机房建设，坚持服务优先，推进安全运维和队伍建设，力争信息化工作在思路、举措、局面上有新的发展。

（一）统一认识，完善标准，持续提高集成平台共享能力

一是充分认识顶层设计的重要意义。全省信息化建设要从“十二五”规划这一纲领性文件出发，从企业管理的全局出发，通过顶层设计来解决制约集成共享的根本性问题。二是加快集成整合标准建设。深入研究系统的技术架构、数据标准、平台功能，为“平台+应用”的开发模式奠定坚实基础。加大基础设施标准化建设，加大和拓展虚拟化技术应用范围和深度。三是提高平台共享能力。抓好门户管理平台、流程管理平台、统一用户管理平台建设，全面实现业务、技术和管理各项功能。

（二）规划引领，突出应用，深入推动“两化”融合

一是重点推动四大工程。全面推广与运用“徽映e家”，全面建成物流综合管控平台，切实抓好三项工作管理系统建设，认真开展“数字专卖提升年”活动。二是提高全员应用水平。促进上线系统使用水平的提升，通过考核手段提升各单位、各业务线员工对系统的应用能力。

（三）统筹安排，集中力量，确保中心机房搬迁顺利进行

一是详细制订新机房建设与搬迁计划。综合考虑机房建设多项任务，周密制订工作计划，明确责任主体。密切跟踪进度，加强组织和协调，及时处理和解决好各类问题。二是做好新数据中心各项工程建设。以新机房搬迁为契机，开展新机房四项重点工程建设，各单位要积极配合全省广域网带宽扩容工程建设，做到省市两级工作联动，省市两级资源共享。

（四）强化安全，规范运维，有效提升安全运维管理能力

一是深化信息安全管理体系建设。明确安全管理组织结构和岗位职责，完善信息安全监控体系。完成信息安全等整改项目实施，定期组织开展信息安全检查和应急演练。充分发挥注册信息安全工程师的作用，全面开展信息系统“三全”工作。二是健全运维管理机制。统一运维管理模式，统一运维服务流程，统一运维服务水平评价，实现IT系统管理流程的标准化。加强运维外包方的管理工作，建立系统运维评价体系，做好运维服务考核。三是建立全省安全运维管理平台。初步打造IT运维管理平台，做好平台的使用培训。

（五）治理数据，强化分析，不断提升信息资源利用水平

一是全面规划数据中心建设。全面启动数据中心建设的调研和讨论，初步形成数据资源管理的思路和方法。完善各类系统数据采集、传输、处理、发布的机制建设，实现数据管控目标。二是严格控制数据质量。继续抓好生产经营统计应用系统的运行维护管理，做好“一打两扫”的规范操作，坚持抓好数据质量日常监控，定期下发数据质量通报。三是做好数据资源服务。积极探索非结构数据的应用和展示，提升管理驾驶舱数据展示效果。定期编制统计报表和分析报告，丰富统计服务产品。组织开展统计专项调查，摸清市场真实状况，为管理决策提供增值服务。

（六）优化 IT 治理，激发活力，进一步提升信息化队伍素质

一是优化 IT 治理。从顶层设计角度出发，管理前置，做好建设前的需求把关、建设中的设计把关、过程中的需求变更把关。从十个关键环节入手，建立健全相关管理制度。二是瞄准科技创新。积极开展信息化科技创新项目研究和 QC 小组活动。加强专利权和著作权的申报，注重研究结果的转化应用。三是加强人才培养。大力开展专业知识培训，组织开展首届全省系统信息技术竞赛活动，继续开展“读书与研究”活动。分片区组织开展信息化交流和研讨，研究企业发展共性问题。进一步打通晋升通道，努力培养一批专业型和复合型人才。

主动调整　科学调控　注重协调
确保经济运行状态持续向好

——在全省经济运行视频会议上的讲话（摘要）

（2013 年 4 月 25 日）

卓俭华

这次会议的主要任务是进一步贯彻落实全国、全省烟草工作会议精神，传达部署国家局 4 月 16 日召开的行业经济运行工作会议精神，认真总结今年以来全省烟草商业经济运行基本情况，安排部署下一阶段经济运行工作。下面我讲三个问题：

一、经济运行基本情况

1. 卷烟销量保持增长。一季度，全省销售卷烟 66.4 万箱，同比增销 2.4 万箱、增长 3.8%，增幅高于全国平均水平（0.7%）3.1 个百分点。

2. 销售结构持续提升。卷烟销售结构继续呈现“三升两降”特征，即一、二、三类卷烟增长，四、五类卷烟下降；卷烟销售均价 108.4 元/条，同比增加 6.8 元/条、增长 6.6%。

3. 品牌培育实现预期。销售重点品牌 57.3 万箱，同比增长 8.8%，占总量比重

86.3%，同比提高3.9个百分点；销售黄山品牌38万箱，同比增长9.9%；销售“双低”品牌卷烟9.1万箱，同比增长161.8%，占总量的13.7%，与行业平均水平基本持平。

4. 厂商结构继续调整。全省销量前15位省外供应厂商中，6家单位出现下滑，比去年同期增加3家。

5. 市场状态渐趋良好。3月底，全省卷烟库存6.5万箱，月度存销比0.53，企业库存保持合理；全省推算社会库存9.6万箱，环比减少1.6万箱，推算社会存销比为0.67，同比下降0.02，社会库存逐步消化；订单满足率实现较快提升，全省订单满足率为80.1%，同比（76.5%）提高3.6个百分点。

6. 烟叶生产有序推进。落实烟叶种植面积21万亩，育苗面积25.3万亩；累计投烤烟叶69.7万担，同比增长7.9%。

7. 经济效益持续增长。累计实现卷烟含税销售收入180亿元，同比增长10.7%；实现利税41.8亿元，同比增长7.2%。

8. 费用水平整体下降。卷烟费用率为3.65%，同比下降0.44个百分点。

二、经济运行存在的主要问题

1. 销量进度总体偏快。近年来，全省一季度卷烟销售进度持续加快，由2004年的26%，提高到本年度的33.5%，年均进度加快0.83个百分点。季度销量的较快增长，使年度增量全部体现在一季度，较大幅度、较大范围的调控持续前移，进一步加剧卷烟销量季度失衡，计划资源与市场需求及平稳发展的矛盾在部分地区开始有所显现。

2. 结构失衡出现苗头性问题。主要表现在，一二类卷烟增长较快、四五类卷烟下降较快。一季度，全省四五类卷烟同比下降17%，降幅虽然比行业平均水平低1.7个百分点，但月度降幅呈扩大之势。

3. “双低”品牌结构偏低。一季度，全省“双低”品牌卷烟销售结构为1.7万元/箱，低于全国平均水平（2.6万元/箱）0.9万元，低于全省平均水平（2.7万元/箱）1万元，同比下降23.6%，而全国同比增长3.1%。6毫克以下卷烟品牌，目前总体消费认可度不高，品牌规格少，持续增长的难度较大。

4. 价格执行存在偏离。从分周市场信息监测看，全省卷烟价格指数从元月份第一周的99.87降至3月份第一周的98.4。经3月份调整后，逐步回升到4月份第一周的98.86，但总体仍然偏低，影响客户盈利。

5. 市场管理压力增大。非法渠道卷烟从南北两个方向影响、渗透我省，违规运输和非法流入的涉烟违法活动仍然较多，串码卷烟不同程度存在，市场监管压力仍然很大。

三、下一步经济运行工作要求

（一）充分认识当前经济运行形势，把思想统一到国家局决策部署上来

对比行业经济运行，客观来讲，全省今年以来的经济运行主要指标超出预期，经营比较主动，行业存在的问题在我省的表现不是很突出。尽管如此，经济运行中出现的一些苗头性问题需要引起高度重视，尤其是结构调整方面。省局（公司）提出的结构调优总体思路仍然要坚持市场导向，适应市场需求，在满足需求的前提下适度调整，而不是盲目削减

四五类卷烟。这个问题，各单位要有统一的认识。

在今年行业经济运行工作会议上，姜成康局长要求全行业要把思想和认识统一到国家局对行业经济运行形势的分析判断上来，把保持良好市场状态作为行业经济运行调控的首要任务，继续坚持“保牌、稳价、促销、增效”的调控方针，把二季度作为经济运行调整期，控总量、调结构、降库存，确保行业卷烟生产经营平稳运行。全省系统要统一思想认识，严格落实国家局各项决策部署要求，深入贯彻“四个全面提升”和“四做”工作要求，按照“调状态、控速度、防风险、稳增长”的指导思想，以保持良好市场状态为首要任务，以满足市场需求为依据，以保障国家税收为根本，以形成重点品牌规模为导向，加强和改善宏观调控，促进经济持续协调发展。

（二）主动调控调整，把保持良好的市场状态作为首要任务抓紧落实

市场良好状态的判断依据，一要看价格，市场零售指导价执行到位情况；二要看库存，包括企业库存、社会库存、存销比情况；三要看需求满足度，“稍紧平衡”，既不过紧也不过松；四要看市场环境，假烟、无计划流入烟减少。国家局把二季度作为经济运行调整期。全省系统也要运用好这个调整期，主动实施针对性调控，保持良好的市场状态。按照国家局“上半年销量同比不下降”的目标要求，全省上半年销量要确保有所增长。高度重视零售指导价格执行不到位问题，利用二季度调整时机，研究改善零售价格回升问题，确保零售客户赢利。要把社会库存降到合理水平，特别是存销比比较高的品牌规格，要采取切实措施调下来，总体要求不高于0.5。

（三）突出抓好当前主要工作

1. 突出抓好中低档卷烟货源供应和农村市场服务工作。当前，全省中低价位卷烟降幅明显，一方面源于工业产销积极性不高，协议执行进度偏慢，货源难以得到有效保障；另一方面部分单位在引进和投放省外中低品牌方面存在一定的顾虑；其次，中低价位卷烟毛利率不高，零售客户经营的积极性不高。为缓解低价位卷烟供需矛盾，今年国家局下达的四五类卷烟销售基数必须完成。上半年各单位所签订的四五类卷烟协议必须执行，四五类卷烟货源投放进度按总量进度安排。要根据本单位实际，适当引入适销对路的省外中低价位卷烟品牌规格，弥补市场缺口，提高零售客户低价位卷烟经营积极性，加强销售跟踪，确保落地销售。针对农村市场服务，一要全面开展农村市场调查，把农村零售客户布局、零售客户经营、农村消费需求研究清楚，从农村市场消费水平低的实际出发，有针对性地组织货源，在低档紧俏烟的分配上，重点向农村中小客户倾斜，满足市场需求。二要进一步推进农村卷烟网络建设，加强农村客户服务，合理安排订货及送货周期，每周一次的访送仍要坚持。三要研究对农村零售户经营低档卷烟的政策支持，调动农村零售户经营低档卷烟的积极性。

2. 突出抓好“双低”品牌培育。坚持和深入开展“双低”品牌培育工作，加大上柜力度，强化考核措施，有针对性地选择部分“双低”品牌，特别是“高档低焦”的卷烟规格，积极开展宣传促销活动，进一步提高“双低”品牌知名度。协调省内工业企业加强研发“低焦高档”产品，加快“黄山”品牌“低焦化”实施进度，主流价位上低焦品牌能够实现突破，在快速提升“双低”品牌销量比重的同时，稳步提高卷烟销售结构。

3. 突出抓好品牌培育工作。一要加强黄山品牌培育工作。深入开展黄山品牌建功立

业活动，制定零售户培育黄山品牌建功立业活动方案，调动终端培育品牌的主动性、积极性。以婚庆营销为抓手，采取积极方式，全力传播品牌，形成与固化消费习惯。继续坚持“扩面、控量、稳价”总体原则，加强“黄山（红方印）”培育工作，加大新品宣传力度，加强终端消费跟踪，创新品牌培育手段方法，努力实现黄山（红方印）健康成长，不断扩大黄山中高端品牌的影响力。二要围绕责任品牌培育目标，充分利用精准营销、网络营销、“135”工作法等营销手段，积极发挥功能终端的优势，大力推进“责任品牌”持续成长。三要继续加大中间价位卷烟品牌的培育力度，加快提高中间价位比重，进一步夯实结构提升基础。四要对销量下降的工业企业和品牌要研究解决办法，对老少边穷地区的品牌和其他全国重点品牌也要立足于有增长、有进步，继续坚持共同发展。

4. 突出抓好“天价烟”专项治理。当前“天价烟”治理的主要问题，一是非渠道流入的较多；二是市场布局不够合理；三是社会宣传仍显不足；四是细节注重不够。各单位切不可有松懈思想，麻痹大意，要把“天价烟”治理工作作为一项长期任务抓紧抓实。在巩固成果的基础上建立长效机制，重点在建立制度、加强监管、科学调控和落实责任上下功夫。重点地区重点单位要切实拿出整改措施，坚决遏制住“天价烟”超价经营问题。货源投放上要立足于满足市场需求，管理机制上要研究一套可行的监督检查机制。继续加大“天价烟”治理宣传力度，形成社会氛围。建立零售价格监督约束机制，定期监测零售价格市场信息，对扰乱价格秩序的零售行为一定要从货源上进行调控，切实提升零售价格执行水平，提高零售客户的盈利水平。

5. 突出抓好基础管理规范。深入贯彻落实国家局、省局（公司）规范经营要求，持续开展“管理创一流”活动，探索试行精益管理，抓紧终端建设，加大成本费用控制力度，提升管理效率，提高经济运行质量和水平。

稳状态　促增长　建终端　强管理

切实抓好下半年卷烟营销工作

——在2013年全省卷烟营销工作会议上的讲话（摘要）

（2013年7月）

卓俭华

同志们：

这次会议既是营销工作座谈会也是全年目标任务研讨会，本次会议得到各级财务部门的大力支持。刚才，营销处通报了上半年卷烟销售和农村市场调研情况，合肥、阜阳、黄山市公司三家单位就婚庆营销、“徽映e家”推广、亲情帮扶三项重点工作开展情况进行了介绍。我完全赞同，希望大家抓好贯彻落实。下面，就下一步的营销工作讲两个问题。

一、同心同力，上半年营销工作取得预期成果

今年以来，行业发展的外部环境发生了严峻的变化，经济下行压力加大，外部政策环境趋紧，给我们带来较大的考验，全省营销战线认真贯彻全省工作会议和营销工作会议精神，围绕年初确定的各项目标任务，创新方法，突出重点，完善措施，实现了预期的目标，上半年营销工作呈现出“销量结构稳中有升、品牌生态稳中有优、重点工作稳中有为、基础管理稳中有进”的特点。

（一）化解外部发展压力，销量结构稳中有升

尽管面临着经济下行和行业发展的压力，我省卷烟销售工作整体平稳有序，1～6月，全省累计销售卷烟108.9万箱，同比多销1.9万箱，完成全年增量任务的75%，上半年同比增长1.8%，增幅超过全国平均水平0.5个百分点，完成全年计划任务的55%；累计实现批发（含税）销售收入285.2亿元，同比增长10.1%；单箱（含税）批发收入26 186元，同比增长8.2%；单条均价104.7元，同比提高7.9元/条。税利64.66亿元，同比增长9%，这与10%的目标有一定的差距。其中利润37.72亿，同比增长8%；三项费用11.68亿，同比增长2%；商业库存5.43万箱，同比下降4%，社会库存预计在8万箱左右，社会库存偏大。上半年主要指标情况完成较好，为下半年“稳状态、促增长、建终端、强管理”，顺利完成全年既定目标打下坚实的基础。

（二）突出培育重点，品牌生态稳中有优

品牌培育是营销工作的首要职能，近年来，我们支持“黄山”品牌持续发展，支持责任品牌共同发展，支持双低品牌引领发展，一个一个品牌培育的重担落在营销同志们的身上，但是品牌发展战略的提出，既是国家局提出的明确要求，又是我们结合实际情况，实现自我发展，赢得发展主动权的必然要求，经过上半年的不断努力，卷烟品牌的生态得到进一步优化，市场发展的基础得到进一步夯实。

一是保持了“黄山”品牌的优势地位。上半年，公司在全省范围内开展了“黄山品牌建功立业活动”，聚焦“黄山天都”“黄山红方印”两个重点培育规格，与安徽中烟深度协同，全面开展婚庆营销活动，取得了婚庆营销活动393场、推介婚庆用烟7099条、参与客户6.2万户、传播消费者9.8万人的良好效果。上半年，“黄山”品牌三类烟以上同比增幅16.7%，其中一类烟同比增幅29.4%，二类烟同比增幅20.3%。“黄山天都”销售280箱，“黄山红方印”销售2615箱。

二是巩固了责任品牌的市场基础。今年，为了培育大品牌，努力保持大品牌在安徽市场的地位，我们将云烟纳入责任品牌，体现了我省培育大品牌、服务大品牌的决心。通过持续不断的培育，五个责任品牌的市场认可度得到巩固和提升。上半年，全省除“七匹狼”略有下降外（-0.4%），其余责任品牌销量均实现同比增长，其中“金圣”增幅达20.6%，“云烟”“娇子”“双喜/红双喜”增幅也在10%以上，部分品牌和规格已初具市场影响力，责任品牌培育的效果正逐步显现。

三是发挥了低焦油品牌的引领作用。低焦油品牌是中式卷烟的发展方向，培育双低品牌是商业企业面临的重大挑战，近年来，通过不断引进新品牌、新规格，丰富培育措施，双低品牌的成长性和市场接受度进一步提高，上半年，全省焦油量8毫克以下卷烟销量同

比增长 99.8%，占总销量比重 14.1%，分别超过全国平均水平 80 个和 0.3 个百分点，其中焦油量 6 毫克以下卷烟销量增幅达 520%，远超过 240% 的全国平均水平。

（1）全力推进三项工作，重点工作稳中有为

一是科学营销试点工作稳步推进。作为科学营销试点单位，芜湖市公司积极探索科学营销工作，通过搭建模型、实证研究、合理修正环节，集中行业内外专家的集体智慧，初步构建了“三层三维三步”的科学营销体系，为全省推广奠定了坚实基础。

二是“徽映 e 家”推广运行步入正轨。我省是国家局信息监测工作的试点单位，“徽映 e 家”推广与运行的难度大，任务重，困难多，“徽映 e 家”运行质量的高低直接考验着我们各级营销人员的智慧和能力。上半年，全省推广“徽映 e 家”3 353户，顺利完成各单位 100 户的半年工作目标，数据上传成功率从原来不足 50% 提高到目前的 80%，“徽映 e 家”的推广和运用工作逐步进入正轨。

三是亲情帮扶活动取得初步成效。开展亲情帮扶活动是今年国家局重点推进工作之一，是履行企业职责，提升行业形象的重要措施。自年初推进以来，全省系统高度重视，稳步推进，上有政策方案，下有细则措施，针对“老、弱、病、残、贫、灾”六类弱势客户群体开展了生活关爱、捐资助学、节日慰问、经营指导等亲情帮扶活动，全省已累计帮扶零售客户2 143户，有效提升了他们的经营能力和生活水平，取得了良好的社会反响。

（2）狠抓规范和创新，营销管理稳中有进

一是狠抓规范。始终绷紧规范经营这根弦，实践证明规范是发展的基础，更是发展的保障，今年以来，全省营销战线加强规范管理，严格执行“六个严禁，一个严控”，在宣传促销、品牌引入、货源采供等关键环节加强自律、严格监管。深入开展“天价烟”专项检查，坚持客户自律、市公司自查、省公司巡查的工作机制，定期印发专题通报，切实巩固“天价烟”的治理成果，形成常态化的工作机制，规范经营和自律水平不断提升。

二是突出创新。上半年，营销创新氛围浓厚，创新效果凸显。在全省范围内，以“围绕建设国际一流卷烟营销网络目标，如何完善现行卷烟营销体系”为主题，开展学术讨论，征集论文 38 篇，甄选 5 篇参加全国评比。今年全省科技项目中，营销序列共产生省公司计划项目 3 个，省公司面上项目 8 个，部分项目已在稳步推进之中；在 2013 年全省优秀质量管理小组评比中，2 个营销类 QC 小组获评一等奖，3 个获评二等奖，7 个获评三等奖，一批理论水平较高、可操作性较强的研究成果正在形成。

在肯定成绩的同时也应该看到，当前卷烟营销工作中还存在一些不容忽视的问题，主要表现在：一是发展不平衡的问题依然存在。主要体现在省内外、省外工业企业之间和品牌之间发展的不平衡。上半年省外 22 家工业企业中，前两位销量占到省外烟比重的 46%，前五位销量比重占到 77%，后十位销量比重仅为 4%，大企业、小企业之间差距过大，发展不平衡的问题较为突出。二是品牌培育能力有待增强。少数单位责任品牌下滑明显，对责任品牌、万宝路（进口）等品牌新规格的货源投放策略简单粗放，造成了部分客户的反感，宣传推介和市场跟踪力度有待提升。三是低焦卷烟结构过低。上半年全省焦油量 8 毫克以下卷烟中，三四类烟销量比重达 81%，与“低焦高端”的发展目标还相去甚远，与

行业平均水平的差距明显，焦油量 6 毫克以下卷烟销量比重 0.7%，与 1.4% 的行业平均水平相比仍有较大差距。四是部分营销工作质量有待提升。部分客户在店面形象、品牌出样、明码标价等还存在维护不到位的情况，网建基础工作质量仍有待提升；“徽映 e 家”运行质量不高，部分单位在重视程度、客户培训、扫码跟踪等方面还不够到位；亲情服务的帮扶手段不够丰富，资源投入也有待加大。五是规范经营还存在着突出问题。从近期服务投诉简报来看，紧俏货源分配、客户服务仍是零售客户抱怨的焦点，从内管调研来看，捆绑销售的问题仍然局部存在，开展宣传促销活动还缺乏细化的流程和标准。

二、再接再厉，全面完成全年目标任务

国家局凌局长履新伊始就指出，要思考、谋划、实践“烟草行业改革的红利在哪里、发展的潜力在哪里、追赶的目标在哪里”这三大课题，并将卷烟营销作为下一步需要狠抓的“三件大事”之一。这充分表明了国家局党组对卷烟营销的高度重视，也对全体营销人员提出的明确要求。面对前所未有的压力和挑战，我们必须坚定信心、再接再厉，努力将发展的机遇转化为现实优势，变挑战的“拦路虎”为营销上水平的“试金石”，在新的历史起点上，在更高的发展平台上，展示更大的作为。

下半年全省卷烟营销的总体思路是：认真贯彻全国、全省烟草工作会议精神，按照“四个全面提升”“加快组织成长”的工作要求，以“稳中求进”为目标，以“稳状态，促增长，建终端，强管理”为重点，以“科学营销、婚庆营销、终端建设”为载体，努力促进卷烟销售平稳健康发展，圆满完成年初确定的各项目标任务。

（一）加强宏观调控，努力保持良好市场状态

一是把保增长作为下半年营销工作的重要目标。今年全省销量计划为 198 万箱，同比增长 2.4 万箱左右，其中四、五类烟计划 60 万箱。考虑到计划因素及明年市场的平稳发展，省局（公司）预计通过调整 1 万箱四类烟到一类烟，并增加6 000 ~ 7 000箱二、三类烟，基本完成国家局“税利增长不低于 10%”的工作任务。

二是把保持良好市场状态作为基本要求。目前全省社会库存偏高、零售价格执行不到位的问题较为突出。省局（公司）将把“一价三库”、订单满足率、客户满意度、预测准确率、零售户毛利率作为衡量市场状态的主要指标纳入经济运行考核，确保商业存销比处于控库指标之内，零售存销比继续优化，零售价格保持稳定，订单满足率达到 80% 以上，零售客户和工业企业满意度达到 90% 以上，预测准确率同比提高，零售客户毛利率 10% 以上的工作目标。

三是把提升把控市场能力作为重要措施。要不断加强市场调研力度，不断丰富调研内容、升级调研手段、拓宽调研范围，建立市场调研的常态机制，真正做到懂市场、接地气，为营销决策提供真实有效的市场信息。

（二）加大培育力度，持续优化品牌生态

一是切实加强黄山品牌培育。要主动加强与安徽中烟的沟通协调，继续深入开展婚庆营销活动，认真总结前期经验，广泛开展宣传推介，密切关注活动进展，不断完善考核激励，切实调动广大营销人员和零售客户的积极性，有效扩大“黄山”品牌市场影响力。

二是着力优化品牌格局。要严格控制少数规模过大企业和品牌的增长幅度，原则上年销量10万箱以上的企业、品牌以稳定规模、优化结构为主。要积极扶持小企业、小品牌，将销售增量部分向责任品牌、特色品牌倾斜，确保销量有所增长，促进他们和大企业、大品牌共同发展。

三是不断完善培育措施。要切实加强品牌的进退管理，通过建立科学的评价标准，定期梳理在销规格，合理设置品类宽度，特别是对长期以来规模小、成长慢、竞争力不强的品牌（规格）坚决予以退出，确保品牌进退管理公开、公正，为品牌发展营造公平竞争的市场环境。

（三）深化终端建设，切实保障客户利益

一是全面推广“徽映e家”。营销管理处要密切关注“徽映e家”的推广进度，及时发现问题，加强跟踪指导，保证推广质量，加快推广范围。要通过后台监控、实地抽查、下发简报等形式，切实加强对“徽映e家”运行质量的监督管理。

二是深入开展亲情帮扶活动。营销管理处将亲情帮扶活动开展情况纳入营销网建简报，密切关注各地活动进展，并选择安庆、宿州、黄山三家市公司作为重点单位，及时总结经验，并在全省范围内加以推广。

三是大力加强零售终端建设。营销管理处要按照“优质化”“功能化”的终端提升路径，结合“135”工作法和终端客户分群的要求，组织人员梳理完善终端建设的信息化需求，为稳步推进终端建设奠定基础。启动全省“美好终端建设工程”，按照招标要求，选择优秀合作商，统一设计柜台形象，本着自愿参与、互惠互利、共同发展的原则，利用几年时间，构建一批“终端形象好、经营能力强、盈利水平高”的美好终端。

（四）加强基础管理，不断提高工作质量

一是着力夯实网建基础。营销管理处要制定方案、细化标准，对前期各项网建工作进行全面检查，及时发现问题，总结经验。要建立营销网建人才库，定期组织全省业务骨干，积极探索营销工作的新思路、新方法。要密切关注各单位营销工作中的新做法、新进展，及时加强指导、总结经验、试点应用。

二是不断深化队伍建设。营销管理处要积极配合人事处，为即将开幕的全国营销人员技能竞赛做好各项准备工作，特别是要积极创造条件，为参赛选手提供优质的学习和生活环境，力争在本次全国竞赛中有所突破。

三是切实加强规范管理。工商交易上，要公平对待所有工业企业，不分大小，一视同仁。工商交往上，要严格落实中央关于改进作风若干规定，严格遵守国家局“六个严禁”和“一个严控”的要求。

同志们，当前的成绩来之不易，今后的任务将更加艰巨。面对新形势、新任务和新要求，我们要进一步发挥主观能动作用，振奋精神、积极作为、奋力创新，全力以赴做好卷烟营销工作，力争圆满完成全年各项目标任务，为“卷烟上水平”、“加快组织成长”、保持行业平稳健康发展做出新的更大贡献。

谢谢大家！

积聚正能量　谋求新成长
扎实推进纪检监察和整顿规范工作

——在全省系统纪检监察和整顿规范工作会议上的报告（摘要）

（2013 年 3 月 18 日）

鹿　军

会议的主要任务是：认真贯彻党的十八大和中央纪委十八届二次全会精神，学习传达省纪委九届三次全会、全国烟草行业纪检监察和整顿规范两个工作会议精神，围绕全省系统烟草工作会议部署，总结 2012 年纪检监察和整顿规范工作，明确 2013 年工作任务。

一、2012 年主要工作回顾

（一）纪检监察工作开展情况

2012 年，全省系统纪检监察工作主要表现在：一是廉政教育不断深化；二是制度建设不断推进；三是监督机制更趋完善；四是专项工作多措并举；五是作风建设成效明显。

（二）整顿规范工作开展情况

2012 年，全省系统整顿规范工作具体表现为："三项工作" 管理有新突破、办事公开民主管理有新进步、免检工作引领作用有新提高。

二、2013 年主要工作任务

（一）纪检监察工作

2013 年总体要求是：深入学习贯彻党的十八大精神，认真落实第十八届中央纪委第二次全体会议精神，按照省纪委九届三次全会和全国烟草行业纪检监察工作会议部署，紧紧围绕省局（公司）中心工作，严明政治纪律，坚决维护党章的权威性和严肃性；改进工作作风，不折不扣落实中央"八项规定"；做强政治、做正作风、做精业务、做硬队伍，积聚正能量，谋求新成长，努力做好惩治和预防腐败重点工作，为建设成长型企业提供坚强纪律保证。重点做好以下工作：

1. 以落实好党章为抓手，自觉遵守和维护党的纪律。各级党组织要采取多种形式组织广大党员干部学习党章，对照党章规定，认真查找和纠正党性、党风、党纪方面存在的突出问题，切实增强党员权利意识，积极履行党员义务，严格遵守党纪，做合格党员。各级党组织、党员领导干部要牢固树立大局观念和全局意识，绝不允许"上有政策、下有对策"，绝不允许有令不行、有禁不止，绝不允许在贯彻执行上级决策部署上打折扣、做选择、搞变通，确保中央和行业各项规定落实到位。

2. 以落实中央“八项规定”为突破口，切实改进工作作风。改进工作作风，核心是要坚持密切联系群众。组织开展以为民、务实、清廉为主题的党的群众路线教育实践活动。各级党组织要根据省局（公司）党组的统一部署，扎实开展好，并以此为契机，加强密切联系群众的各项制度建设，促使各级领导干部牢固树立群众观点、坚持群众路线。特别在调查研究时要深入基层，多上市场、队所、烟站、现场。调研情况要真实，汇报工作要讲真话、报实情。

改进工作作风，根本是要坚持和发扬艰苦奋斗精神。认真推行厉行勤俭节约，狠刹奢侈浪费之风。要严格执行习近平同志厉行勤俭节约、反对铺张浪费重要批示精神和省局（公司）党组纪检组下发的“五个严格”，加强费用管理，严格制定标准，切实控制经费支出。

改进工作作风，重点是要突出领导干部。“善禁者，先禁其身而后人”。作风的转变、风气的革新，尤其需要各级领导班子、领导干部态度鲜明，坚决带头执行，从自身做起、从点滴做起、从现在做起，自觉接受监督。

改进工作作风，关键是要完善制度机制。要对照中央“八项规定”和国家局《实施办法》，深入分析作风建设方面存在的问题和不足，制定实施细则，精心组织实施，做到经常抓、长期抓。各级纪检监察机关要把监督八项规定贯彻落实作为一项经常性工作，制定监督检查办法和纪律处分规定，认真受理群众举报，对违反规定的要责令整改，情节严重的要严肃处理。

以制定惩治和预防腐败五年规划为契机，深入推动反腐倡廉工作。重点抓好以下工作：

一是狠抓廉政教育，夯实思想道德防线。加强理想信念教育、权力观教育和党纪国法教育，重点抓好政治品质和道德品行教育、岗位廉政教育和警示教育。组织学习《中国共产党党员领导干部廉洁从政若干准则》《国有企业领导人员廉洁从业若干规定》。继续深入开展廉政文化建设，做到文化建设与廉政建设、主题教育实践活动的有机融合。

二是完善制度建设，构建惩治和预防腐败长效机制。制定《建立健全惩治和预防腐败体系 2013—2017 年工作规划》实施办法，下发各直属单位执行。鼓励有条件的单位，探索构建“制度+科技”预防腐败模式。贯彻执行《对烟草行业直属单位贯彻落实“三重一大”决策制度的监督检查办法》。在此重申：今后凡在研究“三重一大”决策时，党组（党委）会议、局长（经理）办公会议记录要详细完整，每个班子成员的发言都要详细记录，存档备查。继续组织开展廉政风险防控管理工作，对廉政风险点查找工作开展“回头看”，完成防控措施制定阶段的工作任务。进一步健全完善明示承诺制内容。组织制定全省系统工作人员违法违纪行为处理规定。对依据《烟草行政处分暂行规定》制定的相关处分规定进行清理。

三是强化监督检查，规范权力运行。要重点开展好五个方面的监督检查：一是对执行纪律特别是遵守党的政治纪律情况的监督检查；二是对改进工作作风情况的监督检查；三是对“三重一大”决策制度执行情况的监督检查；四是对领导干部报告个人有关事项情况的监督检查；五是对行业严格规范各项要求落实情况的监督检查。各直属单位、机关相关部门要分别制定监督检查实施方案或办法，先行开展自查。对国家局检查发现的问题，要按照“谁主管、谁负责”的原则予以整改，整改不力的，将追究有关人员的责任。开展巡视，强化巡视结果的运用。开展述职述廉活动，提高责任制落实情况在领导班子业绩考评中的比重。特别强调的是，对于“三重一大”事项，要按照《关于进一步推进国有企业贯彻落实“三重一大”决策制度的意见》和《重大决策管理程序规定（试行）》进行决策。

四是加大办案力度，严肃党纪行规。严肃查处违反“八项规定”的行为；严肃查办违反政治纪律和组织人事纪律的案件；严肃查办插手工程投资、物资采购、宣传促销谋取私利的案件；严肃查办工程建设领域违反“应招尽招、真招实招”的案件；严肃查办“两烟”生产经营中违纪违法案件。

五是加强队伍建设，提高执纪水平。“打铁还需自身硬”。全体纪检监察干部要加强理论学习和党性修养、加强能力、组织、作风建设；各级党组（党委）要支持纪检监察干部依法履行职责，在政治上信任，工作上支持，生活上关心，成长上厚爱，切实为纪检监察干部开展工作创造良好条件。

（二）整顿规范工作

2013 年，全省系统整顿规范工作要重点抓好以下几项工作：

1. 深刻认识严格规范是行业发展生命线。全省系统干部员工，特别是各级领导干部，务必深刻认识到，当前形势下，必须从讲政治、讲大局、讲纪律的高度，以更加坚决的态度，更加务实的作风，更加有力的措施不断推进严格规范工作，始终保持清醒头脑，真正实现“用制度管权管事管人”，更加有效地解决好提高效率和注重自律两大课题。

2. 扎实开展整顿规范自查整改。重点抓好以下“三个明确”：一是明确统一自查的重点内容。二是明确统一自查时间和措施。从 3 月初开始到 4 月末结束。三是明确整改落实的要求。按照“哪级查出的问题哪级处理”的原则，继续严格执行“五不放过”要求。

3. 有效落实《烟草企业采购管理规定》。一要抓好学习；二要做好“制度对标”；三要落实机构工作规则；四要发挥决策机构职能作用；五要严格《采购目录》分类管理；六要提高信息支撑能力；七要抓好监督机制落实。各单位要不断完善责任传导机制，重点是严格执行不公开招标项目报告制、落实“上一个环节没有通过不能进入下一环节”程序要求，严格按规定实施公开，建立逐级监督制度，落实逐级管控责任。

4. 积极推进公开招标。全省系统要采取有效措施和途径，变零星采购为批量采购、变分散采购为集中采购，通过合理打包等方式，实现公开招标项目金额比例达到90%以上的目标。严格执行不公开招标项目报告制。凡拟采用不公开招标实施的项目，必须上报省局（公司）“三项工作”管理委员会审查，否则一律不准实施。要把公开招标项目金额比例纳入明年的免检单位关键性指标，进行考核。

5. 不断完善办事公开民主管理。一是强化全面公开。将采购目录、关键节点等作为必须公开的内容。二是强化民主管理。进一步贯彻落实好《民主管理制度汇编》，充分发挥工会、职代会在办事公开、民主管理工作中的职能作用。三是强化渠道畅通。建立全省系统合理化建议网络平台，在更高的层面上完善政（企）务公开民主管理网络系统。四是强化“两项工作”深度融合。将“三项工作”作为公开工作的突出重点，将公开要求植入“三项工作”每一个重要节点。

6. 持续改进免检单位考评。对照指标严格考评，畅通退出渠道，坚持“能进能退”。《管理规范免检单位现场考评人员管理细则（试行）》出台后，要坚持好中选优的原则，组成考评工作组，统一标准、严肃纪律、规范操作，确保考评质量。被考评单位要如实反映情况，不得隐情不报、弄虚作假。

7. 加强整顿规范队伍建设。全面加强整顿规范队伍建设，完善工作制度，落实责任制，明确运作机制，切实全面发挥“牵头、协调、综合、指导”职能作用。省局（公司）整顿办要加强业务培训，努力打造一支政治可靠、素质过硬、业务精通、作风良好的整顿规范工作队伍。

在全省系统第一期处级领导干部学习贯彻党的十八大精神专题培训班上的总结讲话

（2013 年 3 月 22 日）

鹿　军

在全国“两会”刚刚胜利闭幕之际，全国上下深入学习贯彻党的十八大精神的高潮中，全省系统第一期处级领导干部学习贯彻党的十八大精神专题培训班，历时近一周时间，顺利完成各项学习任务。下面，我就全面总结培训成果，更加深入地学习贯彻党的十八大精神，以新变革、新气象全面推动组织成长，讲三点意见。

一、学习收获丰硕，切实在党性修养上有新提升

从交流研讨和大家反映的情况来看，这次一周的培训，大家对党的十八大进行了全面、系统的学习，提高了理论素养，增强了党性修养，达到了预期效果。主要体现在以下三个方面：

一是统一了思想，提高了对学习十八大精神重要性的认识。通过学习和辅导，大家进一步认识到，学习贯彻十八大精神关系党和国家工作全局，关系中国特色社会主义事业长远发展，对于全面建成小康社会、夺取中国特色社会主义新胜利，具有重大现实意义和深远历史意义。从行业和企业发展的角度来说，学习贯彻十八大精神对于行业保持改革发展的稳定大局，企业更好地坚持科学发展，努力实现建设成长型企业、实现持续性发展的目标任务，都具有重大战略意义和指导意义。

二是理清了脉络，加深了对十八大精神实质的理解和把握。通过学习和辅导，大家进

一步认识到，十八大报告是一篇蕴涵一系列新思想、新观点、新举措的马克思主义纲领性文献。更加全面认识到，过去五年和十六大以来党和国家取得的新的历史性成就；更加深刻领会到，全面建成小康社会，加快推进社会主义现代化，实现中华民族伟大复兴，必须坚持党的领导，必须坚定不移走中国特色社会主义道路，必须更加自觉地贯彻落实科学发展观，必须以改革创新精神全面推进党的建设新的伟大工程。

三是明确了目标，坚定了建设成长型企业的信心和决心。通过学习和辅导，大家进一步认识到，以科学发展为主题，以加快转变经济发展方式为主线，把推动发展的立足点转到提高质量和效益上来，更多的依靠科技进步、劳动者素质提高、管理创新驱动等方式来不断增强长期发展的后劲，而这些也正是建设成长企业的内在要求和本质特征。通过学习，大家更加深刻认识到，矢志不渝地加强行业党的建设，推进成长型企业战略是客观把握行业改革进入深水区的发展现状，结合工作实际，创造性地贯彻落实十八大精神的实践要求，完全符合十八大精神实质，是十八大精神在全省系统改革与发展的科学运用。通过交流研讨，大家对建设成长型企业的方向更加明确，道路更加自信，决心更加坚定。

二、深入学习领会党的十八大精神实质，切实在重要性认识上有新提高

党的十八大是在我国进入全面建成小康社会决定性阶段召开的一次十分重要的大会，是一次承前启后、继往开来的大会。胡锦涛同志所做的十八大报告，通过党章修正案，特别是把科学发展观确立为我们党的行动指南，并体现在各个部分，是我们坚定不移沿着中国特色社会主义道路前进的政治宣言，是马克思主义的纲领性文件。大会和随后召开的十八届一中全会选举产生了以习近平同志为总书记的新一届中央领导集体；刚刚胜利闭幕的“两会”，选举产生了以习近平同志为国家主席、中央军委主席的新一届国家领导集体，标志着党和国家领导权力的相继平稳交接，顺利地完成了时代的“接力棒”。

理论学习对于领导干部至关重要。学习贯彻党的十八大精神，就是要用党的最新理论武装思想，不断增强道路自信、理论自信、制度自信。广大党员尤其是领导干部，要在“学习、研讨、实践、成长”中融会贯通，身体力行，牢固树立正确的世界观、权力观、事业观，坚守共产党人精神家园，始终保持对共产主义远大理想的坚定信仰和建设中国特色社会主义事业的坚定信念，立足岗位，努力践行“两个至上”、做到“三个始终”、树立“五种意识”。同时，要进一步发挥党员领导干部的模范带头作用，以自身学习十八大的成效带动企业创建学习型组织，向全体员工延伸，不断提升员工综合素质和能力，引领行业发展。学习十八大精神，要与十八大后中央一系列重要会议精神和主要领导讲话精神结合起来，尤其是要认真学习习总书记在中纪委二次全会、在中央新进重要委员、候补委员培训班上的讲话、中央政治局“八项规定”、十二届全国人大、政协“两会”精神的学习等内容。

三、以“四做”工作要求适应新变革，切实在推动工作实践上有新作为

党的十八大以来，中央出台了改进工作作风，密切联系群众的“八项规定”等一系列新举措，习近平等党和国家领导提出了“在全党大兴学习之风”“科学有效防治腐败”

“把权利关进制度的笼子”“改革红利惠及全民”等一系列新要求，我们感受到改革清风劲吹，令人耳目一新。省局（公司）党组相继组织开展了一系列的学习贯彻活动，出台了一系列的规定，以高度的政治敏锐性，积极应变，主动求变，发扬艰苦奋斗、勤俭节约的优良传统，密切联系群众，实实在在地转变作风，推动各项工作落实。

（一）增强政治责任感，以新气象迎接新变革

问局长在全省系统纪检监察和整顿规范工作会议上强调，要深刻认识当前的变革，努力做到“三个到位”，即思想上认识到位、习惯上转变到位、标准上落实到位。问局长是在全面审视当前政治环境变化的基础上，结合全省系统工作实际，对转变工作作风所做出的新要求，对于我们把握当前高度敏感的政治环境，具有重要的现实意义。会后，我们要以高度的政治责任感，认真学习好、领会好、贯彻好问局长的讲话精神，以新姿态迎接新变革。

大力弘扬“六实”作风。我们应清醒地看到，十八大以来，中央推进改革是以作风转变为切入点，从治标入手，以紧抓具体问题为手段，以党风政风转变带动改革全局。面对新形势、新变化，我们更要以“实”为根本，大兴求真务实之风，以“甩开膀子”的劲头真抓实干，实实在在地干出实绩。

大力落实“四做”工作要求。政治做强，要求我们以十八大精神为指引，坚定不移沿着组织成长的战略方向前进，全力推动企业科学发展，保持基业长青。作风做正，要求我们认真学习中央各项关于作风建设规定，多干实事、规范做事、勤俭办事，努力在作风建设上取得实质性突破。业务做精，要求我们以服务为本、效率为先、创新为源、管理为基，把主要业务做精、把基础工作做实。队伍做硬，要求我们打造一支政治可靠、业务精通、作风扎实、活力充足的高素质干部员工队伍。

大力执行严格规范自律。要把严格规范视作行业持续健康发展的“生命线”，严格落实国家局“六个严控、一个严禁”各项规定要求，加强“三项工作”监管力度，落实“能招尽招、应招必招、真招实招”要求，突出以“七类十三项”为重点的政（企）务公开，推行民主管理，确保权利在阳光下运行。

（二）坚持理论学习，注重理论指导工作实践

理论上的成熟是政治上成熟的基础，理论上的坚定是政治上坚定的标志。当前，就是要将党的十八大报告作为理论知识学习的重要内容和依据，注重理论武装，增强理论知识，才能增强创新能力，推动指导工作。

（三）坚持学以致用，以优异业绩展现学习成效

大兴学习之风，把精神领会好、宣传好。广大党员领导干部一定要在思想上给予充分的重视，端正态度，勤于钻研，善于思考，争做“学有所思、学有所悟、学以致用”的模范。要通过各种方式、利用一切时机，深入基层一线和员工群众中进行宣讲，辅导学习十八大报告的新思想、新观点。

突出学以致用，做好有机结合文章。要坚持以十八大精神为统领，突出学以致用，带着问题学，做到干中学、学中干，学以致用、用以促学、学用相长，把学习贯彻十八大精神与行业“卷烟上水平”总体目标、与建设成长型企业战略任务、与“235”教育实践活动、与加强党员干部队伍建设、与推动各项具体业务工作结合起来。

坚持立足实际，创新发展工作实践。要发扬理论联系实际的优良传统，按照“贵在自觉、贵在坚持、贵在应用”的要求，立足全省系统工作实际，把党的十八大以及近期中央提出的新思想、新观点、新论述、新举措作为思想指南，以“踏石留印、抓铁有痕”的劲头，多思考问题、多研讨症结、多解决难题，努力在推动各项工作实践上出真招、见实效，梦想成真。习近平在十二届全国人民代表大会上第一次会议上诠释了中国梦。我们烟草的中国梦，梦想成真就是要联系实际，脚踏实地，奋斗拼搏，才能出彩。

同志们，贯彻落实好十八大精神，意义重大、使命重大、责任重大。让我们以高度的政治责任感，更加务实的工作作风，更加昂扬的工作劲头，围绕“政治做强、作风做正、业务做精、队伍做硬”的工作要求，扎实抓好十八大精神的学习贯彻，努力开创更加优秀的工作业绩，按照行业工作会议提出的新目标、新定位、新任务、新要求，站在新起点，面对新承载，围绕新期待，完成新使命，为建设成长型企业、实现持续性发展，推动“卷烟上水平”而努力奋斗。

在部分单位专卖内管工作座谈会暨“改进作风年”活动启动大会上的动员讲话（摘要）

（2013年4月16日）

鹿　军

同志们：

为深入学习贯彻落实党的十八大精神和中央关于改进工作作风要求，按照国家局关于改进作风的一系列部署要求，结合工作实际，对在全省行业系统深入开展“改进作风年”活动进行安排部署，进一步动员和激励广大干部员工以满腔热情、富有激情、充满智慧、奋力创新的良好精神状态投入工作、勤勉履职，为加快组织成长，推动卷烟上水平汇聚“正能量”。下面受闫局长委托，讲四点意见。

一、深刻认识当前新变革新形势，进一步增强改进作风建设的重要性和必要性认识

（一）进一步改进作风，是深入学习贯彻党的十八大精神和中央关于改进工作作风的根本要求

自党的十八大胜利召开以来，中央出台一系列新政策、新举措，自上而下，自我变革，抓工作作风的信心和决心是空前的，使党风、政风为之一新，得到了广大群众的拥护和好评，在党内和社会上引起了强烈反响。面对这种深刻变革，我们要有高度的政治敏锐感，以将思想和行动统一到中央的决策和部署上来的认识高度来对待此次活动，切实统一思想，提高认识，跟上形势，顺应变化和要求。

（二）进一步改进作风，是建设更加规范、更富效率的中国烟草的客观要求

要站在巩固专卖体制、维护行业形象的战略高度，认识到近年来国家局一直强调要建设更加规范、更富效率的中国烟草的重大现实意义。严格规范首先是内部的规范，最根本的体现就是在作风上的严格规范自律。这就对内管工作提出了更高更新的要求，首先要加强作风建设。要以作风建设推动严格规范，促进工作效率，提高工作质量。

（三）进一步改进作风，是创“三先”争“三优”的必然要求

去年问局长提出，要坚持创“三先”争“三优”，明确将争创“优良作风”作为一项重要工作任务。大家要深刻领会“优良作风”的内涵要求，全面把握精神实质。优良作风，是创“三先”争“三优”的基础，是建设优秀文化、创造优异业绩的前提，优秀文化和优异业绩是优良作风的外在表现；保持优良作风是思想观念领先、创新意识领先在作风层面的具体反映，是推动各项工作领先的作风保障。争创优良作风，就是要弘扬“六实”作风，以此带动作风的转变，推动工作实践。

（四）进一步改进作风，是落实“政治做强、作风做正、业务做精、队伍做硬”的现实要求

好的工作作风，引领行业风尚。作风做正，要求我们要集中心智，伏下身子，下基层、接地气、问冷暖，以对基层、对员工满怀真情，营造勤勉敬业、团结和谐的良好风气，这也是政治做强、业务做精、队伍做硬的作风要求，为促进“四个全面提升”，加快组织成长提供强有力的思想动力和作风保障。

（五）进一步改进作风，是促进个人成长的内在要求

个人作风不仅影响单位和部门的形象，影响工作任务的落实，更会直接影响到个人的成长进步。在工作中作风不实，就难以对工作有饱满的精神状态，务实进取的工作态度，工作就无从取得成绩，甚至无法按质按量完成工作，也无法体现人才的应有价值，更谈不上实现自我价值。此次活动对于解决当前干部员工队伍中存在的作风上的问题，履好职、服好务，提升队伍素质具有重要意义。

二、大力弘扬“六实”作风，扎实开展“改进作风年”活动

近年来，尤其是去年的“235”教育实践活动，通过不断加强队伍建设，行业干部职工队伍整体素质有了显著提升。但我们也要清醒地认识到作风建设上存在的问题：少数干部特别是领导干部在艰苦奋斗、勤俭节约上，在深入基层实际上，尤其是在调查研究的针对性上，在工作作风和方法上、在工作状态和激情上，在规范意识和行为上，对三项工作的重视程度不够，特别是在工程项目、物资采购的“应招尽招、真招实招”上还存一些问题。对此，我们要切实增强开展“改进作风年”活动的紧迫感。

此次活动紧密结合工作实际，以“政治做强、作风做正、业务做精、队伍做硬”为主题，以树立“六实”作风为目标，以“抓学习、抓问题、抓整改、抓长效”为主要内容，以各级机关和领导干部、各级基层党组织和党员为重点对象，自上而下地围绕实际工作中存在的突出问题，不断“强化大局观念、增强能力素质、改进工作作风、密切联系群众、高效廉洁履职”，使全省系统干部员工的责任意识进一步增强，服务意识进一步提升，履职能力进一步加强，工作效能进一步提高，工作作风进一步改进，力争使行业风气实现根

本性好转。

（一）强化领导，精心组织

各单位要切实加强对此次教育实践活动的组织领导，成立领导小组，健全工作机制，抓紧制订活动实施方案，层层抓落实，把责任和任务落实到具体单位、部门和个人。要发挥政工部门牵头协调作用，各职能部门具体主抓实施，密切配合，通力协作，形成合力。机关各部门要立足核心职能，抓好本序列的改进作风活动。

（二）深入学习，凝聚共识

要组织广大干部员工深入学习党的十八大精神，深入学中央、省委省政府、国家局的各项规定，深入学习国家局和省局（公司）主要领导一系列关于作风建设的讲话和文件精神，尤其要认真学习省局（公司）刚刚出台的《实施细则》。要大兴学习之风，不断加强和改进各级党组中心组理论学习，深入推进学习型组织建设。广泛开展“作风建设大家谈”活动，统一思想，凝聚共识。

（三）突出“四做”，强化落实

从改进作风的角度来说，“政治做强”要求我们要以党的十八大精神为指引，增强宗旨意识，加强理论武装，坚持不懈加强党性修养和党性锻炼，树立正确的世界观、权力观、事业观，自觉践行“两个至上”、努力做到“三个始终”、树立“五种意识”；“业务做精”要求我们要以服务为本、效率为先、创新为源、管理为基，将务实作风融入各项具体业务中，把主要业务做精、把基础工作做实；“队伍做硬”要求我们要引导全员树立“六实”作风，打造一支政治过硬、能力过硬、素质过硬的，能够适应企业当前工作和未来发展需要的高素质人才队伍。

（四）查摆问题，持续整改

要结合单位发展现状、部门工作状况、个人精神状态，查摆企业组织成长的瓶颈问题，经营管理中的薄弱环节和个人思想作风上的主要不足，特别是当前一些群众反应比较强烈的、突出的、长期未得到很好解决的问题，广泛收集合理化建议，提出对策和措施。要突出“五问五查”，建立问题整改台账，逐条逐项制定整改措施，及时有效解决实际问题。

三、增强改进作风内生动力，努力构建长效机制

（一）突出各级机关和领导干部、各级基层党组织和党员，发挥率先垂范作用

各级机关和领导干部、各级基层党组织和党员作为重点对象，要注重自上而下的率先垂范、以身作则、严于律己，带头落实省局（公司）党组的各项决策部署，带头抓好各项工作的落实，带头改进工作作风，带头联系客户、服务员工，感染和带动广大员工积极投身到作风建设活动中来。特别是生活作风上，要培养健康生活情趣，保持高尚的精神追求。

（二）深入开展调查研究，深入基层一线

要结合年度目标任务和工作职责，制定调研计划，明确调研主题，细化调研内容，深入开展工作调研。针对非常规性的工作，要不拘一格地开展有针对性的跟进式调研。要带着问题下去，带着解决问题的办法上来，切实制定出有效的举措，努力解决具有代表性、

复杂性、有难度的实际问题。全省系统各级领导干部都要满怀对基层、对群众的深厚感情，维护烟农、零售户、广大员工利益，在改进作风中让烟农、零售户、员工得到实惠。

（三）注重实践创新，探索构建长效机制

要进一步梳理规章制度，加大执行力度，充分发挥制度在作风建设中的不可替代的约束作用。要把作风建设融入“成长”文化的宣贯践行中，加强廉政文化建设，作为改进作风的内在源泉和内生动力，使之成为广大干部员工广泛认同、共同遵守的价值取向、精神追求和行为准则。要结合省局（公司）《实施细则》的执行，突出正面引导，不断深化认识，以创新思维，努力建立作风建设长效机制。

四、加强作风建设，促进专卖内管工作再上新水平

专卖内管工作是全省系统强化内部规范、促进严格自律的基础。问局长亲自参加这次部分单位专卖内管工作座谈会，又把全省系统“改进作风年”活动启动工作放在这次会议上，意义重大。一是充分说明主要领导对内管工作的重视；二是这次活动既要机关带头、党员领导干部带头，从事分管和主管内管工作的同志更要带头；三是对内管队伍建设提出了更严的标准、更高的要求；四是以转变作风，加强作风建设为抓手、为契机、为突破，推动和促进内管工作上再上新水平。俗话说：“正人先正己”。希望内管干部要带头做作风建设的带头人，坚持原则，以身作则，重抓基础，严格自律，带头锤炼作风、砥砺奋进，加强自身建设，努力打造一支政治合格、业务过硬、作风扎实、纪律严明、执行有力的内管队伍。

加大创新驱动　强化科技支撑
全力推进科技创新工作取得新进步

——在2013年全省系统科技工作会议上的工作报告（摘要）

（2013年4月12日）

董建江

一、2012年主要工作回顾

（一）突出创新体系建设，科技工作基础不断夯实

全省系统以创新体系建设为重点，优化资源配置，健全工作机制，加强创新管理，皖南烟叶公司技术中心建设取得实质性进展，华环公司技术中心通过省级技术中心复评验收，省烟草研究所技术主力作用不断加强，商业企业创新体系建设的路径和措施进一步确

立，科技创新机制进一步完善，科技工作基础不断夯实。

（二）突出科技项目管理，科研成果水平不断提升

围绕关键技术和管理难题，积极推动协同创新，推行“三抓三促”项目管理新举措，有效提升了科研成果水平。抓选题，促进了项目立项上水平；抓实施，促进了项目管理上水平；抓推广，促进了成果应用上水平。通过项目实施，取得了丰富成果，有效带动各项工作开展。2012 年，共获得各类科技成果 38 项，获各类科技成果奖励 13 项，华环公司“基于三张控制图表的弹性目标管控系统”成果获安徽省企业管理现代化创新成果一等奖。全年申请专利 12 项，授权专利 8 项，登记计算机软件著作权 12 项。

（三）突出标准制修订，标准化工作有序推进

积极组织开展标准制修订工作，获准承担 4 项行业标准制修订任务。扎实开展产品安全标准体系建设，制订发布了省公司 8 项企业标准，制定了安徽省初烤烟重金属和农残控制管理 2 项暂行规定，“安徽省烤烟技术管理标准体系”项目顺利通过审定。有效开展商业企业标准化建设试点工作，继续推进烟叶生产和复烤企业标准化建设，顺利通过国家局组织的综合检查考评。

（四）突出 QC 小组活动，基层创新活力不断激发

主要体现在：活动深入推进，全省系统注册 QC 小组 485 个，参加人数3 240人，活动普及率 27. 7%；领域不断拓展，全年小组课题 489 个，其中：烟叶生产加工课题 47 个、营销物流 152 个、专卖管理 115 个、信息技术 16 个、基础管理 121 个、综合性课题 38 个；管理得到加强，全年坚持活动的小组 480 个，活动率 98. 9%，取得课题成果 382 个，成果率 78. 1%；骨干基本形成，全省系统拥有初级诊断师资格以上人员达到 102 人，其中获得中级诊断师资格 4 人。

（五）突出监督检测服务，质检工作有效加强

完成全国、省内市场卷烟质量抽查 8 次，烟用辅材抽查 9 次，全省烟叶抽查 51 批次，片烟检查 12 批次，烟叶收购等级质量检查 37 批次，卷烟感官质量评吸会召开 4 次。出具真伪卷烟鉴别检验报告 905 份，开展大要案现场抽样 78 场次，深入基层单位开展卷烟检验技能培训 10 余次，接受社会消费者咨询 300 余起。加强业务培训和技术创新，参加技能培训 30 人次，承担在研科技项目 2 项，一项课题成果获省公司 2012 年度科技进步二等奖。

二、2013 年主要工作任务

全省系统科技创新工作的总体要求是：全面贯彻落实党的十八大精神，紧紧围绕“卷烟上水平”目标任务，按照“激发创新活力、增强创新能力、支撑组织成长”的工作要求，努力在创新体系建设、科研开发与应用、标准化工作、群众性创新活动、知识产权创造、质量监督检测等方面有新进步，为建设更加规范、更富效率的成长型企业，实现全省系统持续健康发展作出新的努力和贡献。

（一）创新体系建设

一是加快推进烟草农业技术创新体系建设。省公司科技主管部门要发挥工作指导主体作用，切实按照烟草农业技术创新体系建设要求，组织协调推动；加强与省烟草研究所等

科研单位的战略合作，强化知识创新主体作用；加快皖南烟叶公司技术中心建设，重点建好皖南特色优质烟叶实验室、沪皖中华原料联合实验室和高科技示范园，真正成为技术创新的孵化主体；加快基层烟站技术推广体系建设。明确基层烟站的技术推广职能职责，构建起以基层烟站为主体，以烟叶种植大户、烟叶家庭农场和烟农专业合作社为服务对象的技术推广体系。

二是积极推进市公司创新体系建设。鼓励市公司以科技项目为载体，与高校院所建立产学研技术合作平台。总结马鞍山市公司消费者行为研究工作站、宣城市公司与合肥工业大学战略合作方面的经验，试点建立企业管理、卷烟营销、烟草物流等专业研究室，探索开办管理创新论坛，以创新平台聚集科技资源，在管理创新、服务创新、业务创新等方面有新作为。

三是进一步强化科技基础管理工作。研发科技管理信息系统，推动知识产权、科技创新信息、科技成果等资源共享平台建设，推进科技信息互联互通和有效利用，加大科技管理人员培训，提高科技管理人员水平。各单位要按照省局（公司）相关要求，结合本单位实际，明确科技管理部门职能，充实科技管理人员，完善科技管理制度，健全创新激励机制，加大考核评价力度。

（二）科研开发与应用

一是做好科技项目计划编制工作。按照“两个聚焦”的要求，以2013年科技项目指南为指导，组织编制省公司重点科技项目计划。各单位要围绕本单位生产经营管理的难点和重点，紧扣年度中心工作，组织编制本单位年度科技项目计划，积极开展科技项目的立项研究工作。

二是继续推进重大专项实施。以科技重大专项为抓手，继续深入推进烟草有害生物调查研究、焦甜香特色优质烟叶开发、生态安全烟叶研究与开发三个重大专项实施，扎实推进关键技术创新突破，为烟叶原料品质提升提供技术支撑和保障。

三是加强科技成果的转化应用。省公司科技主管部门要协同相关业务部门，选取一批成熟度高、利用率大、推广面宽的成果，编制科技成果应用推广计划，并适时召开科技成果推广会。各单位要认真组织本单位科技成果（包括QC小组活动成果）的应用推广工作，编制年度科技成果应用推广计划，真正发挥科技创新成果的积极作用。

（三）标准化工作

一是加强烟叶生产加工产品安全标准体系建设，组织、制定、修订一批烟叶生产加工安全性控制的企业标准，建立烟叶生产、烟叶复烤加工、卷烟储运过程中产品安全风险排查与评估机制。

二是加大标准制修订和宣贯工作力度，组织开展重要标准制修订项目申报立项工作，制定、修订并发布一批企业标准，组织开展对有关重要标准执行情况的综合评价。

三是继续推进烟叶标准化生产，以完善控制性指标及配套的管理标准为主线，健全烟叶生产环节产品质量安全标准体系，强化流程管理和目标管理。

四是加强打叶复烤企业标准化工作，华环公司要着力加强技术、管理标准的深入研究，要做好行业标准重点研究室工作。

五是开展商业企业标准化建设试点工作，完成国家局“烟草商业企业标准体系构成与要求”行业标准的制定任务，选择 1 ~2 家市公司开展商业企业标准化建设试点。

（四）知识产权工作

一是加强知识产权管理工作，加强对知识产权工作的组织领导，培养熟悉相关法律、知识产权管理事务的专门人才，制定知识产权管理办法，建立知识产权管理档案，严格科研开发项目涉及知识产权归属的合同约定，强化重点领域专利布局和预警研究，强化对核心技术的法律保护。

二是提高全省系统核心专利拥有量，提升科技含量高、应用价值大、对企业发展支撑能力强的核心发明专利比例，在关键技术领域尽快形成有效的专利布局，加大对可能有知识产权成果的科技项目的投入力度，积极鼓励专利申报。

（五）QC 小组活动

一是强化课题筛选，按照指令性课题和自选课题相结合的要求，认真组织课题征集，严格课题评审，提高选题水平。

二是强化过程管理，认真组织年度小组注册登记，定期进行检查考评，按时组织结题现场评审。

三是强化成果转化，及时将课题成果通过专利、企业标准、规章制度、管理程序、流程图、作业指导书、工作方案等形式，予以固化推广。

（六）质量监督检测工作

一是进一步提高质量监管水平，完善烟草产品质量监督抽查管理制度，强化风险意识与预警管理，建立质检工作过程考核制度，探索散叶收购工商交接等级质量监督检验办法。

二是进一步加强质检能力建设，加强质量安全指标检测方法研究，加强质检队伍建设。

三是进一步强化质检技术支持，积极受理开展委托检测业务，及时提供人要案现场检测服务，完善质检信息化管理系统。

（七）创新型人才培养

一是健全人才培养机制，培养一批会管理的科研管理人才、能研究的科学研究人才、懂技术的技术支持人才，培养一支既懂理论知识、会用统计技术方法，又能指导小组活动的骨干队伍。

二是健全人才考核机制，建立以科学研究、科研管理、技术支持等各类人员分类管理为基础，以岗位目标考核评价为核心的科技人才评价标准。

三是健全人才激励机制，完善科技奖励办法，修订成果评价标准。完善市级公司技术创新考核体系，强化对创新成果和创新机制的考核力度。

在全省系统办公室工作会议上的讲话（摘要）

（2013 年 4 月 23 日）

董建江

同志们：

这次会议有两个特点：一个是会议内容是综合的。定位为办公室的综合会议，全面的工作总结和工作部署。另一个是办公室主任是主角。办公室主任自己去做总结，去做布置安排，直属单位办公室主任参加会议，共同研讨工作。我们从事办公室工作的，感同身受，深有体会。办公室工作大概有三个特点：

第一个特点是综合性。牵涉事务很多，概括讲就是参与政务、办理事务、做好服务。政务、事务、服务，内容很丰富，所以办公室工作的一个基本要求是繁而不乱。繁而不乱至少要有两个保障，对办公室人员来说，要有培养杂家的意识，争取无所不通，追求无所不精；要讲规则，办公室按规则办事是具有示范性的，对企业规范性建设有重要影响。

第二个特点是协调性。办公室在企业里面位置很特殊，可能是处于上下左右的节点，上情下达、下情上报，要与各部门之间协调和配合，牵涉广泛。办公室的“办”字是有意味的，中间一个“力”，两边各加一点，我的解释是左右配合你，你才有力量。这不是从汉字本意上说，而是从实际体会上去说的。左右怎么做到配合你、支持你，关键在于你自身的作为。

第三个特点是督导性。办公室很重要的一项工作是督导决策、决议、决定的贯彻落实情况。当然换一个角度说，办公室还有一个重要职能，就是向决策者提供决策前的信息支持，要提出合理化建议，所以办公室的另一项重要职能是调查研究。报告中专门讲了这个问题，其中还有评选调研报告的考虑，开展全省系统调研报告的评选，这项工作应该制度化，要动员和鼓励员工去研究工作，总结工作，思考工作。办公室的督导作用要加强。督导是一个词，也可以分开，督是督，导是导，不能满足于以会议的方式传达，以文件的方式传递，尽管不可或缺，但不能满足于此，一定要有过程及其结果的状况反馈，应该说这方面我们还有比较大的改善空间。

这几年办公室工作整体性进步是得到普遍认可的，借这个机会，再强调三个方面的工作。

一、关于企业宣传

我今天讲的宣传是大宣传，是企业宣传，不单单是新闻宣传。这几年不仅是新闻宣传，在大宣传上变化明显，主要体现在：第一，内容越来越完整。我们现在的企业宣传大体上是两大类，一类是产品宣传，一类是形象宣传。我们作为一个服务商，定位是服务，但服务与产品密不可分，所以企业大的宣传是产品和服务宣传以及企业形象宣传两大类。第二，手段越来越齐全。企业的杂志、报纸，还有一些研究性刊物，质量在不断提高。网站宣传连续几年受到国家局表彰，排名第一方阵，信息化的长足进步在企业宣传领域起到了很好的支撑作用。终端宣传特色正在显现出来。马鞍山市公司创造和总结推广的零售终端信息系统，不仅是一个产品的推介平台，也具有综合性宣传的功能。第三，重点越来越出彩。新闻宣传这个重点工作取得明显进步。过去，我们提出要在系统内培育名作品、名记者、名编辑，经过几年的努力，已涌现出一批好作品，一批小有名气的、自信心不断增强的、底气充足的记者、编辑队伍初步形成。第四，机制越来越完善。培训机制、考核机制、激励机制基本建立，发挥了积极的支持和推动作用。

下一步宣传工作，要继续重视三个方面的建设。

一是提高政治意识。记者、编辑队伍是搞文字的，某种意义上说是时代的写手，所以一定要跟上时代步伐。这支队伍要有比较广阔的视野和政治敏锐性，认清所处时代的变化和变革，在这个基础上反映时代的作品才能不脱离这个时代，才具有时代气息和生命力。二是增强敏感性。特别是体现烟草行业进步的东西要积极主动地宣传，现在流行“正能量”一词，我们要感受正能量，传递正能量，客观上烟草行业对正能量是求之若渴的，所以要重视这方面信息的传递。三是提高学术性。我认为在大宣传领域，对学术性强调关注的不够。其实企业发展进步相当程度上体现在学术性进步，体现在科技支撑的进步。中国烟草产业发展到今天，已经呈现出独特的和远远高于社会基本认知的科技和学术的进步，重视科技和学术进步的宣传会有效改善今天的宣传局面。对于今天中国烟草的发展状况，其实社会认知度很低，烟是怎么种出来的，烟是怎么卷制出来的，包括是怎么卖出去的，这些体现比较高的学术水准和科技水平的生产经营状况其实并不为社会广泛认知，甚至存在相当的低估和曲解。这方面，我们宣传队伍要提高素养，积极作为，展示这种变化和进步，可以有效传递行业新的发展面貌。

二、关于公文管理

公文管理活动是企业管理活动中基本的重要的活动方式。公文的作用在今天丝毫没有削弱，公文是体现行业形象重要的载体。省局（公司）的管理和领导很大程度上是体现在公文管理上，通过公文管理活动实施领导，履行职能和处理事务。

总体上说，省局（公司）公文管理基本实现了法定性、规范性和时效性的要求。一是法定性，这是基础的、严肃的要求，法定性体现在公文制作者是法定的，哪个部门起草、以什么名义发布，在多大范围内使用，具备什么样的效力等等都是明确的，排除了随意性。二是规范性。总体上实现了规范性，格式是规范的，程序是规范的，两个规范决定于公文的起草者和审核者，更多的决定在审核者。因为起草者是散布状态，散布在各个部门，很难保证起草者都受过专业训练，但是审核者应该是具有专业素养的，如果办公室内负责公文审核的人员培育专业素养并严格把关，是能够保证和提高公文的规范化水平的。三是时效性。时效性体现在两个方面：其一是及时，公文流转要及时，发布要及时，这种及时一定要有管理来保障。我们现在基本实现了信息化，信息化一个重要的特点是讲程序权限，要及时通报信息，该提示的要提示，需要授权的要授权，保证公文及时处置。其二是时限，所有的公文都是有时限的，公文的立、废、止等都要加强管理。

下一步公文管理工作的基本要求是提质和精简。一要不断提高质量。办公室要进行公文的评价，开展优秀公文的评比，先从机关做起，实施正面激励，表彰好的公文。以处室为单位，自主申报好公文，在此基础上进行评比表彰，通过这种方式提升公文质量。二要精简公文。公文总的数量要减，可有可无的公文不要以公文方式出现，单篇公文的总篇幅也要减，公文是有规范格式的，但也不要穿靴戴帽，还是要追求言简意赅。另外，要严格执行省局（公司）发布的工作简报管理规定，防止简报式的东西多而乱。

三、关于档案工作

这几年，档案管理工作进步体现在：一是统一领导、分级管理的体制基本形成；二是标准化建设取得一系列新的成果；三是企业领导对档案管理工作的重视程度在加强。工作改进的原因之一是在编纂有关企业发展历程的资料时感觉档案匮乏所形成的倒逼机制。这几年，一些地市公司、包括省公司在组织力量编纂烟草志，在这个过程中，深感资料欠缺，感受无米之炊的痛苦，所以在这个过程中我们改进了一些工作，比如年鉴的编纂，提高和加强了档案工作的认识；四是包括音像资料、电子资料和一些奖牌、证书等实物归档工作在新的阶段越来越受重视，档案资料的丰富性明显增强；五是推出了一些先进典型，起到了示范引导作用。

但是存在的问题也不容乐观，一个是设施比较落后，现在还缺乏专业设施，而且在办公用房分配上，档案的安全性没有得到根本解决。第二个是收集不齐，什么东西该归档、该收集不够明确。有些资料甚至根据个人喜好简单存留。第三是利用不足，没想到用、想到了不会用、真用的时候没法用，这三个方面的问题同时存在。没想到用是缺乏利用档案资料推动企业发展的意识，想到了不会用是缺少技能，有了技能没法用是缺少档案资料齐备性的支撑。

档案管理包括很多重要环节。首先是收，及时完整地收集归纳；其次是鉴，要鉴别选择和定级，不是简单收了就结束了。在鉴定基础上要理，就是整理分类，按照一定的规则去进行管理。在理的基础上还有销和移的问题，有些东西保存价值不大或者期限已到，该销的要销，或者是移到不在重要位置的空间。另外，该移交的要移交，按照档案管理的有关要求，行业有些档案要向地方移交，要做好相关沟通和衔接工作，关键的问题是我们自己的要管好。还有一个就是地市公司的一些重要档案向省公司移交的问题，这方面省局（公司）要研究，要进行档案分级，明确移交的基本要求。在所有环节中，用是最主要的，档案管理部门要提供用的服务，用与管，是辨证关系，管不好就不好用，用得好就能促进管。再有就是档案管理专业水平有待提高，总体上说我们还缺少专业的档案管理人员，缺少档案管理工作专业化的培训，更缺乏对档案资料的研究开发和重要档案资料的共享。我对档案管理工作的基本要求是收集完整、保管安全、管理规范，在这个基础上争取做到信息化支撑，做到充分利用和展示特色。

控制生产总量　优化烟叶结构
扎实推进我省现代烟草农业建设

——在全省烟叶收购暨现代烟草农业建设现场会上的讲话

(2013 年 7 月 19 日)

董建江

同志们：

这次会议的主要任务是传达贯彻全国烟叶收购暨现代烟草农业建设现场会精神，总结我省上半年烟叶工作，交流现代烟草农业建设经验，研究部署今年烟叶收购和下一阶段现代烟草农业建设工作。围绕会议主题，我讲两个问题：

一、上半年烟叶工作基本情况

2013 年，国家局下达我省烟叶生产计划 52.7 万担，全省共落实烟叶种植面积 22.7 万亩，通过优化结构，预计收购烟叶 60 万担左右；签订种植收购合同5 106份，种植主体户均规模 44.5 亩，同比增加 19.6%，户均规模位于全国前列。

（一）转变发展方式，确保生产规模稳定

今年，我省烟叶生产面临“控”和“增”的双重压力，各烟叶产区积极采取有效措施，控制了盲目增长的势头，确保了烟叶生产平稳发展。

（二）提升综合水平，深入开展现代烟草农业建设

2012 年度项目建设基本完成，行业补贴 1.26 亿元，目前正在组织验收；2013 年度 2.2 亿元项目资金，已完成工程量 70%。皖南烟区原有国家级基地单元 4 个，2013 年新增 2 个，同步实施省级基地单元 2 个。省局已组织人员对基地单元建设进行了田间中期检查评估。全面启动综合服务型烟农专业合作社建设，全省组建烟农综合服务合作社 21 个，入社农户2 523户，服务面积 13.2 万亩。

（三）突出特色优质，加强焦甜香特色烟叶研究开发

继续按照省局（公司）“做精做强，做成精品”的总体要求，全力打造皖南特色优质烟叶品牌。2013 年种植焦甜香特色烟叶 12 万亩，预计收购特色烟叶 35 万担，占皖南总量的 65%，保持了规模的稳增。

（四）抓好技改项目，切实提升复烤服务能力

华环公司签订 2013 年加工合同总量 180.6 万担，上半年打叶复烤烟叶 98.7 万担，同比增加 4.26 万担，增幅 4.42%，经济运行继续保持稳中有升的良好局面。在异地技改重

点项目上，重点抓好易地技改项目建设进度和质量，力争实现9月份试生产。

今年我省烟叶生产总体平稳，烟叶大田生长良好，有望完成省局下达的烟叶收购任务。在总结成绩的同时，我们也要清醒地看到，我省今年烟叶工作还存在一些突出问题。

二、切实抓好下一步烟叶工作

当前烟叶工作的主要任务是：坚决贯彻落实国家局烟叶工作要求和全国会议精神，坚持严格控制生产总量，切实优化结构；组织好生产收购，圆满完成今年的各项工作任务；及早谋划下一阶段的现代烟草农业建设工作。

（一）严格控制生产总量，切实优化烟叶结构

当前控制总量的关键就在烟叶优化结构工作能否扎实到位，所以要严格把关，抓好落实。要切实把好烟叶收购关，不得以任何理由突破收购计划，坚决将收购量控制在下达的计划之内。要突出以生产环节控制为重点，真正将不适合的烟叶消化在田间地头。采取经济、技术等综合措施，继续做好烟叶田间管理工作，顶部1～2片质量不高的烟叶要动员农民放弃采烤。要健全管理体系，规范收购行为，防止上等烟比例虚高现象。加强专卖监督管理，阻止不适用烟叶流向市场、流向制售假烟网络。

（二）执行收购政策，切实组织好烟叶收购工作

烟叶收购工作要始终坚持以收购管理为重点，合同管理为主线，等级质量为核心，严格规范收购行为，全面加强质量管理，诚信经营，不断提升服务水平，确保我省烟叶收购工作顺利进行。一是要坚持合同收购，严禁超计划、超合同收购烟叶，严禁收购合同外的烟叶。按合同约定内容执行国家烟叶收购价格和补贴政策。建立合同公示制度，主动接受监督。各烟叶产区要切实加强烟叶专卖市场管理，严查跨区收购、倒卖烟叶等违规违纪行为。二是全面加强质量管理。严格执行烟叶收购国家标准，不压级压价、不提级提价。要保证烟叶收购等级纯度和等级合格率。三是严格执行收购调拨流程。全面宣贯《烟叶收购管理规范》，认真执行收购工作流程，遵守收购制度。认真落实入户预检制度、分部位收购和预约交售和编码收购等制度，推进烟叶收购电子结算工作。四是稳步推进专业化分级散叶收购。今年，国家局下达我省专业化分级散叶收购计划33.7万担，其中皖南烟叶公司32.2万担，池州市公司1.5万担。皖南烟叶公司和池州市公司要制定实施方案、工作制度和工作程序，重点抓好专业化分级队伍建设和做专业化分级的组织实施，提高烟叶纯度和等级合格率。五是切实做好收购服务和保障。要想烟农所想，尽力完善便民设施，提高服务质量，为烟农创造良好的烟叶交售环境。要科学核定日收购量，做好烟农约时定点、预约交售工作。设立意见箱，公布服务热线电话，诚恳听取烟农的意见和建议。各产区要成立主要负责人负责的收购工作领导小组，加强督查落实，及时发现和解决收购过程中出现的问题。要及时主动向当地党委政府和有关部门做好汇报，争取支持，共同管好烟叶市场，依法及时处理好烟叶收购中出现的各种矛盾和突发事件。六是全面完成易地技改项目建设和搬迁。华环公司要加快易地技改项目施工进度，9月份要完成设备搬迁、安装调试、联动试车、带料试车、试生产等各项工作。根据新线运行以及两厂情况，做好2013年4季度打叶复烤计划安排。

（三）突出工作重点，继续推进现代烟草农业建设

近年来，我省现代烟草农业建设取得了明显成效。在今年的全国烟叶收购暨现代烟草农业建设现场会上，何泽华副局长指出，我国现代烟草农业也已经到了一个新的发展阶段，今后要用“精益生产”提高生产力水平，使生产力与生产关系协调发展，从而进一步转变生产方式，提升现代烟草农业水平。我们要充分认识和把握这一形势，转变生产方式，突破建设难点，深入推动现代烟草农业建设上水平。一是要提升烟叶基地单元建设水平。我省现有国家级基地单元6个，省级2个，明年将继续推进2个基地单元的建设。各单位要严格按照《烟叶基地单元工作规范》和验收办法，确保高标准完成基地建设。省局（公司）对基地单元验收，一定要严格按国家局有关要求进行。只有严格验收标准，工作水平才能提高。二是要提升烟叶基础设施建设水平。下一阶段要加大土地整理项目、农业机械化、散叶烘烤的工作力度。进一步推进烟叶工作站的整合工作，加快标准化烟叶工作站建设步伐。要做好农机科学配置，机械化作业运行模式的总结，提出烟草农业机械的配置标准、运行模式和管理办法，并逐步在基地单元内全面实施。同时，皖南烟叶公司明年的基础设施项目要体现整村推进，推动烟田轮作，提高项目集中度，为准备全国现场会，做好集中连片、规模种植的基本烟田土地整理和基础设施配套工作。三是提升综合服务合作社建设水平。坚持“单元配置、稳步推进”的合作社建设原则，精心做好建设规划，稳步推进，规范运行水平提升，完善合作社内生发展机制，切实增强自身发展活力。推广“家庭农场+合作社”的发展模式，把合作社与家庭农场紧密联系在一起，两者互为依存、相互促进、共同发展，构建集约化、专业化、组织化、社会化相结合的新型农业经营体系。

（四）抓好机遇，时不我待，做好明年全国现场会的筹备工作

明年全国现场会在皖南召开，是引起全行业关注的大事，也是对皖南烟叶公司十年建设成果的肯定。这是一个历史机遇，是解决皖南烟区，乃至安徽烟叶发展瓶颈问题的重大推动力。要珍惜机遇，精心谋划，创新发展，承办好会议，实现跨越式发展。一是集中精力、集中资源、集思广益，研制好工作方案；二是按照“先进、实用、经济”的原则，加快基础设施等项目建设，尤其是烟叶工作站和中华科技示范园建设；三是突出大田生产并围绕大田生产集中展示现代烟草农业建设成果和全新形象；四是以皖南烟区的新发展、新进步引领推动全省烟叶的全面发展。

同志们，当前烟叶生产收购工作任务十分繁重，希望大家认真贯彻这次会议精神，继续发扬连续作战的工作作风，切实抓好烟叶生产后期管理和优化结构工作，严格按照计划组织收购，持续提升现代烟草农业建设水平，为确保我省烟叶持续健康稳定发展做出新的更大的贡献！

在全省系统安全生产工作电视电话会议上的讲话（摘要）

（2013 年 1 月 23 日）

张靖江

同志们：

国务院 1 月 17 日召开全国安全生产电视电话会议。中共中央政治局常委、国务院副总理、国务院安委会主任张德江在会上强调，要认真学习贯彻党的十八大精神，大力实施安全发展战略，坚持依法治理，夯实安全基础，减少事故总量，坚持遏制重特大事故，为全面建成小康社会创造良好的安全生产环境。刚才，国家局李克明副局长代表国家局安委会，总结了行业 2012 年安全生产工作情况，并对 2013 年安全生产重点工作进行了安排，希望各单位会后认真组织人员再学习，深入领会精神，并抓好贯彻落实。

一、2012 年工作情况

2012 年，在省局（公司）党组领导下，我们认真学习贯彻国务院、国家局、省政府安全生产指示，全面落实全省系统安全工作会议精神，坚持“安全第一、预防为主、综合治理”，认真落实安全生产责任制，突出工作重点，强力推进安全生产标准化工作，加强安全基础，较好地完成了安全生产。全年全系统接报各类安全生产事故 4 起，是历年发生事故最少的一年。

（一）突出贯标工作，推进“三化”建设

按照国务院、国家局关于安全生产标准化建设要求，依据“规范”，通过抓好组织领导、学习动员、方案制定、标准建立、调研指导、自评复评，较好地推进了安全生产标准化。合肥、阜阳、亳州、滁州、宣城、马鞍山、铜陵、池州市局（公司）和华环公司通过省安监局二级达标评审。蚌埠、宿州、淮南市局（公司）通过省局（公司）复评。各单位重视“三项系统”运用，安全监控设备有效运行。采取多种形式开展了“安全生产年”和全国第 11 个“安全生产月”系列活动。

（二）紧抓“三个重点”，突出事故防范

紧抓消防安全，重点对防火重点和《消火栓安全点检表》《灭火器箱点检记录卡》进行规范管理。紧抓车辆安全，在落实车辆安全管理制度基础上，开展驾驶员岗位技能竞赛，淮南、六安和合肥市局（公司）分获总分前三名。全年组织 8 次共 116 人驾驶员上岗资格考试，合格率 51% 。紧抓安全隐患排查，严格落实安全检查制度，累计查出各类隐患

6 719项，整改率99%。

（三）注重教育培训，人员素质进一步提高

组织举办了379名人员参加的安全生产标准化和安全技术知识培训及128名人员参加的电工技术培训。选派30人参加了国家局烟草企业安全生产标准化考评员培训。积极组织员工参加国家注册安全工程师执业资格考试，全省系统取得国家注册安全工程师执业资格人数由30人增至62人。16个单位完成安全工程师聘任，聘任安全工程师17人。

（四）重视基础工作，体系运行顺畅

各单位利用编写安全生产标准化文件契机，建立健全安全生产应急预案和现场处置方案，对事故应急预案进行了演练、评审和修订。各单位积极推进体系在企业的运行，完成了1次内审和1次由最高管理者组织的管理评审。

二、存在的主要问题

一是安全生产标准化建设水平还不够高。虽然现在已有9个单位通过省安监局二级达标评审，但评审中发现，我们还存在较多问题。二是安全管理还有薄弱环节，有些方面还存在着较大安全隐患。如有的单位消防设备锈蚀，消防泵不能运转；有的单位用电不规范；有的单位消防控制室值班人员没有经过专业资格培训；有的单位车辆管理不够严格；有的单位对在建施工项目安全监督检查不够。三是隐患排查工作真正形成PDCA良性循环模式还需努力。如少数安全检查人员仍有讲情面现象；在安全检查发现的安全隐患，有的未及时整改。四是安全队伍建设重视不够。如仍有单位注册安全工程师至今未配备到位。

三、2013年工作安排

总体思路：认真学习党的十八大精神，全面贯彻落实国务院、国家局、省政府安全生产电视电话会议精神，严格落实“安全责任全覆盖、安全监管无缝隙、安全隐患零容忍、安全事故深究责、安全目标严考核、安全服务全方位”的工作要求，按照“抓教育、抓基础、抓排查、抓重点、抓责任”要求，强化“一岗双责”安全生产责任制，健全隐患排查治理动态机制，加强重点领域和重点环节安全管理，突出抓好道路交通、消防和工程施工安全，深入推进安全生产标准化达标创建，努力降低事故发生率，杜绝责任事故，不断提升安全生产工作水平。

（一）继续强化安全责任落实

牢固树立“安全第一”理念，克服麻痹松懈思想。生产经营单位是安全生产责任主体，各单位主要领导为安全生产第一责任人，分管领导负责分工范围的安全生产责任，逐级签订《安全生产责任书》。要强化监督考核机制，对造成安全生产责任事故的责任人，按照“四不放过”原则，严肃追究相应的责任，对造成重特大事故的，严格按照省局（公司）规定实行一票否决。决不允许任何形式的瞒报、谎报、迟报、漏报事故，若发生瞒报、谎报、迟报、漏报事故的，将严格按照有关规定，按上限严肃处理各责任人，触犯刑律的，追究刑事责任。各单位要重视安全资金投入，年安全资金投入不低于行业同类企业平均投入水平。安委会会议议题、企业年度安全工作安排和总结应有年度安全费用预算安排和使用情况。

（二）努力提升达标创建水平

2012 年已通过省安监局安全生产标准化二级达标评审的，要继续深入推进安全生产标准化，突出岗位达标和专业达标，全面提升企业本质安全水平。淮北、六安、芜湖等市局（公司），要加大安全生产标准化创建力度，务必于 2013 年 8 月全部通过省安监局二级达标评审。皖南烟叶有限公司力争尽快通过当地安监局三级达标评审。省局（公司）将对未达标单位进行复评。要注重职业健康安全体系的有效运行。

（三）加强消防、道路交通和施工安全防范

要规范消防控制室管理；加强消防设施设备管理，特别是对消防重点场所，应巡查检测维护到位；要对《2012 年消防安全技术检测报告》指出的问题严肃整改；要重视高层建筑和卷烟仓库防火。

要严格执行省局（公司）车辆管理制度，重点落实好“三交一封”制度、车辆技术保养以及《车辆技术档案》填写。年初驾驶员应签订交通安全责任承诺书，每月开展一次驾驶员安全教育，每季度分析一次企业安全行车现状。一季度组织驾驶员学习公安部新颁发的第 123 号、124 号令，1 个记分周期内被记满 12 分的驾驶员，将吊销《驾驶员上岗证》。3 月底，各单位完成驾驶员上岗年审。深入开展驾驶员岗位技能竞赛活动，突出抓好驾驶员平时技能训练。

要切实加强新建、改建、扩建项目的安全管理，严格执行“三同时”制度，加强对施工方及监理单位的安全监督和管理。

要完善和修订应急预案和现场处置方案。做好事故应急预案培训和演练及效果评估。

（四）切实抓好安全隐患治理整改

各单位要按照规定要求落实不同层次的安全检查。3 月底，各单位完成防雷设施检测工作。8 月底，各单位（包括省局机关）、宾馆饭店完成建筑消防电气、设施的安全检测工作。要在规定时限完成各种特种设备强制性安全检测检验。要突出安全隐患治理与整改，确保形成 PDCA 良性闭环，在规定时限内未整改的，将执行实名制通报。隐患治理整改情况将作为今年安全生产绩效考核的主要依据。

（五）注重增强全员安全素质

上半年，省局（公司）将组织 2 期安全生产标准化培训。10 ~ 11 月，集中宣讲省局（公司）11 项安全生产管理制度。各单位要制定年度安全教育计划，规范各级各类安全教育时间和内容。企业主要负责人等相关安全管理人员应通过安全管理培训，做到依法上岗。要严格落实特种作业人员持证上岗。对企业新员工和转复岗人员应进行三级安全教育。要充分发挥注册安全工程师在实际工作中的作用，安全工程师还没有评聘的单位，要在今年 3 月评聘到位。要深入推进企业安全文化和信息化建设。

在全省烟草专卖、内管暨法规工作会议上的讲话（摘要）

（2013 年 4 月 9 日）

张靖江

第一部分　关于专卖管理工作

一、2012 年专卖主要工作开展情况

1. 深入推动全省专卖内管工作。组织对全省烟叶、工业、商业企业进行内管检查。狠抓工商协同，规范零售终端宣传促销活动。督办阜阳卷烟非法流通案件。

2. 卷烟市场整治不留死角。召开了全省政法烟草卷烟打假联席会议和全省公安烟草卷烟打假工作会议，开展了三次全省性卷烟市场整治行动，继续保持了较高的市场规范程度。

3. 大要案件查处力度不减。全年查获 10 万元以上涉烟案件 59 起，破获国标网络案件 5 起，省标网络案件 35 起。194 名涉烟违法分子被司法机关依法拘留，其中 156 名获刑。

4. 市场监管方式不断丰富。积极推动专卖管理社会化进程，探索市场监管新途径。建立针对涉烟刑事违法案件的烟草、公安卷烟打假工作机制和针对涉烟行政违法案件的烟草、工商市场监管工作机制。

5. 积极应对案件管辖权调整。截至 2012 年年底，全省公安部门顺利完成管辖权交接，目前治安部门在办涉烟案件已超过 30 起。

6. 明确目标，树立标杆，深入推进基层创优。确定 2012 年为“创建提升年”。组织开展第四批县级局创优达标验收，全省达标率 98.8%。广德等 9 家县级局获得“全省 2011—2012 年度优秀县级局标兵单位”荣誉称号。包河区局获得“全国优秀县级局标兵单位”殊荣。打造“军营型、院校型、家园型”所（队），增强基层专卖人员的归属感和凝聚力。

7. 强化硬件，提升软件，进一步加强基础设施建设。依据基层所（队）“宜建则建、宜修则修、宜购则购”的指导思想，确立了广德邱村、柏垫管理所，定远城区管理所，谯城大杨、双沟管理所三种不同类型的改造模板向全省推广。加快专卖信息化建设。建立更加科学的业绩考评机制。

8. 注重活力，强调技能，专卖队伍素质持续提升。开展了各具特色的队伍“活力工

程”建设。全年开展专卖管理岗位技能鉴定3批次，开展全省专卖岗位技能竞赛。

二、存在的问题和不足

1. 专卖内管机制建设滞后，监管成效不尽理想。
2. 卷烟打假形势更加严峻，“国标”案件侦破在中东部地区垫底。
3. 专卖管理队伍活力不足，制约高效履职。
4. 卷烟非法流通、无证经营与专卖管理呈现胶着状态。
5. 创优工作“慢热”，基建工作亟待加速。

三、2013年工作安排

2013年，专卖管理工作的指导思想和基本思路是：以十八大精神为指导，深入贯彻科学发展观，坚持“两个至上”的行业共同价值观，继续围绕“卷烟上水平”基本方针和战略任务，积极推进和完善专卖管理“三个体系”建设，进一步夯实专卖管理工作基础，继续维护良好的卷烟市场秩序，为推动安徽烟草组织成长提供坚强保障。

（一）努力实现内管工作新突破

深刻认识严格规范的重要性。各单位要充分认识规范的必要性、重要性和紧迫性，进一步增强规范的自觉性和坚定性，按照国家局树立“三个理念”、构建“三个体系”的要求，把“严格规范”自觉贯穿到工作和实际行动中。

强化内部专卖管理监督。当前，内管是在缺乏外部监管的条件下最有效的内控机制和保障机制。2013年，省局将研究制定专卖内管工作规范实施办法；开展对工商企业、烟叶生产、加工企业的重点抽查和专项检查。严格限期整改、责任追究和违规通报制度；积极探索专卖、内管、销售协作监管机制。确定阜阳、蚌埠、马鞍山、芜湖市局（公司）为省局内管联系单位。

坚决杜绝违规经营。商业企业要立足于本地市场实际需求，组织适销对路的货源，科学合理地控制投放节奏。各级专卖内管部门要关口前移，提前介入企业生产经营关键环节，把好规范关。

（二）高度关注卷烟非法流通问题

卷烟非法流通已成为影响我省卷烟市场的第一大问题。既要关注卷烟非法流入，更要关注非法流出。对案值5万元以上的真烟案件，省局根据来源进行重点督办。坚持一案双查，严格责任追究。对发现的卷烟非法流通问题，除追究经营部门、相关领导的责任外，还要追究专卖部门、内管部门监管失察不作为的责任。

（三）着力实现市场监管“三个转变”

积极推进市场监管方式转变，推进专卖管理转型。继续完善“打击严厉、管理到位、疏导及时、服务周到”的市场监管体系。以滁州、淮南市局为试点单位，推进零售市场监管模式转变。

强化专销协同，构建内管与专卖、营销等部门协作配合的工作机制。由专卖部门牵头，省局层面专销联席会议每季度召开一次，市级层面每月召开一次，县基层面适时定期召开。实现由“从市场发现问题向带着线索去处理问题转变”。

确定2013年为“数字专卖提升年”。以“监管为要求，服务为目的，协同为手段，数据为基础”，打造集“大服务、大监管、大协同、大数据”为一体的安徽烟草数字专卖执法平台。力争在本年度内完成框架设计，2014年完成能够完全支撑专卖管理主要业务并能和营销等软件互联互通的系统体系。

认真落实省局、省工商局联合下发的《贯彻国家两局〈关于建立烟草市场监管协作机制的意见〉的实施意见》，尽快制订实施方案，建立并实现联合执法协作机制的有效运转，实现由“一般性日常工作向重点问题监管转变”。

（四）更加注重提升专卖队伍整体素质

更加关注培训和末端考核。大力提升全体专卖人员的执法能力和执法水平。更加重视专卖管理队伍积极性的调动。认真解决参加鉴定通过率低的问题，加快推进专卖管理员等级聘任工作。提倡制度规范下的有计划、有时限、充分体现人性化管理的专卖人员交流、轮岗活动。更加重视专卖队伍作风建设。认真对待专卖组织领导和专卖人员的调整充实问题。从2013年开始，用1~2年的时间，在不增加编制的前提下，市、县两级专卖管理部门负责人按一正两副的标准设置，必须配置一名专职内管副科长、副主任，市局至少明确1名专职内管员，县局明确1名以上兼职内管员。确保每个市局至少有一名法律专业研究生、县级局至少有一名法律专业本科生从事专卖管理工作。

（五）积极探索建立零售许可证管理长效机制

科学规划、调整零售户布局方案，加强零售许可后续管理，改变重审批办证、轻后续管理状况，逐步建立零售许可证管理长效机制。

（六）继续全面提升优秀县级局创建工作

合理基层所（队）布局，配齐配足专卖人员。更多注重文化融入，丰富“家园性”内涵。鼓励推广新型市场监管办法、研究制定基层所（队）工作规范，完善“三大指数”考评办法。继续加快基建工程进度。开展县级局创建工作“回头看”，实现创优工作的全面“提质提效”。确定宿州市局、淮南市局为2013年创优重点推进单位。

（七）力争突破一批高质量的“国标”网络案件

把每个地市必须打掉1~2个较大规模售假网络作为硬性指标，严格考核。从2013年开始，把能不能破获“国标”网络案件作为能不能参与打假先进评选的重要依据。加大对“国标”网络案件的奖励力度，降低“省标”网络案件的考评比重。突破“国标”网络案件在全国中东部地区垫底的格局。

第二部分　关于法规工作

一、2012年法规主要工作开展情况

（一）完善制度体系，促进制度落实

推动市级局制度体系范本的贯彻执行。将制度建设和执行纳入全省系统年度法规工作要点，并对直属单位制度执行情况进行调研和总结。启动了为期两年的以制度普及为主要目标的法制巡回宣讲活动，印发了《在全省系统开展法制集中巡回宣讲活动的实施方案》。

（二）创新普法方式，深入推进“六五”普法活动

2012 年，全省系统累计开展各类法律知识培训 421 期，39 701 人次接受培训。“法律五进”活动广泛发展。举办法律知识竞赛 63 次，涉法文艺演出 8 场，法制展览 260 期，建设法律宣传阵地 382 个。完成《烟草专卖办案实用指南》的编印发行工作。首次采用电脑机考形式，通过考试软件由计算机随机组卷，实现了“千人千卷”，确保了考试的公正和效率。全省3 425人参加考试，平均得分 81. 9 分，及格率 95. 8% 。

（三）严格规范执法行为，努力提升依法行政水平

主动应对烟草专卖执法程序新变化。研究出台了《〈行政强制法〉施行后烟草专卖行政执法若干问题的指导意见》，举办《行政强制法》领导干部培训班。开展烟草专卖文明柔性执法试点。在淮南、宣城市局开展烟草专卖文明柔性执法试点，取得积极进展。与省政府法制办联合举办了 6 期全省专卖管理人员行政执法资格培训和考试，换发1 500多名专卖执法人员的执法资格证。继续推进烟草专卖行政审批清理。

（四）认真履行监督职能，积极促进依法经营管理

在相关部门协助下，对全省系统内外门户网站、自办刊物、办公场所户外广告、企业文化宣传印刷品、评吸会等活动、场所或载体所体现的涉烟内容及用语进行合法性清理和整改。对全省在销的卷烟包装合法合规情况进行专项清理。

对全省系统招投标流程进行重新设计，制作了相关的流程图和招投标过程的痕迹化表格，为招投标管理部门以制度化手段规范招投标程序提供参考。2012 年，全省系统累计审查经济合同2 695份，审查管理制度1 405项。

二、存在的问题和不足

一些单位和领导法律意识不强，依法依规办事、按程序办事的观念不牢，对法规工作重视不够；市局法规部门人员配备不到位、县局专职法规员存在人员老化、缺乏专业法律知识、兼职工作任务较重、难以真正发挥作用；年度普法教育计划执行不到位，有的单位普法工作流于形式；企业经营管理法律风险预判和防控体系有待进一步建立和完善。

三、2013 年工作安排

2013 年，法规工作的指导思想和基本思路是：坚持以党的十八大精神为指导，紧密围绕省局（公司）年度工作目标，积极落实“六五”普法规划，全面推进烟草法治建设，努力提高全省系统依法行政、依法管理、依法生产经营水平，为建设更加规范、更富效率的成长型组织提供强有力的法治保障。重点抓好以下五个方面工作：

（一）大力开展法制宣传，深入推进“六五”普法

要按照国家局部署，开展好“深化法律六进，推进依法治国”法制宣传教育主题实践活动。认真做好“六五”普法中期督查工作，积极落实“六五”普法规划中规定的年度普法教育培训任务。健全法制学习培训制度，突出抓好各级领导干部学法用法、专卖执法人员培训、经营管理人员培训和法规人员自身的培训。各级党组（党委）要在中心组学习中安排法制学习内容，形成全系统员工多层次多形式接受普法培训的良好局面。

继续在“3 · 15”“6 · 29”“12 · 4”等重点纪念日开展大规模法律宣传活动，切实抓

好《烟草专卖办案实用指南》学习使用活动。继续组织全省专卖执法人员参加省政府法制办组织的行政执法资格认证培训考试，做好营销物流管理人员法律知识统一培训考试工作。

（二）继续加强制度建设，积极推动制度体系维护和执行

在已初步形成的省市两级制度体系基础上，努力促进制度更新、管理和执行等工作。全面统计省市两级层面制度在2012年的变化情况，为制度的系统化工程作储备。积极研究出台提升工作效能的新制度。继续推动各个层面新立制度的审查，开展制度执行情况自查和重点检查。分项举办法制巡回宣讲活动，以宣讲和考核来推动制度的普及和落实。

（三）推进文明柔性执法，加强行政执法监督

在总结淮南、宣城市局试点工作经验基础上，稳步推广烟草专卖文明柔性执法工作，树立全省烟草专卖规范公正文明执法良好形象。继续采取行政复议、执法评议和案卷评查等手段加强行政执法监督。对全省系统的有关案卷评查的文件进行修订。深入组织开展案卷评查工作。

（四）探索风险防控机制，促进严格规范管理

要研究探索建立法律风险防控体系。形成以合法合规性监督促进严格规范管理的良性运作机制。继续加强对经济合同特别是与“三项工作”相关合同的管理、监督和审核，确保合法合规，最大限度降低经营法律风险；在全省系统全面推广应用合同管理软件。加强对法律顾问的管理。

（五）积极探索烟草法治文化建设，切实加强法规队伍自身建设

组织开展法治文化理论研究和实践探索。严格按照“政治做强，作风做正，业务做精，队伍做硬”工作要求，加强全省系统法规队伍自身建设。确保每个县级局至少要有一名法律专业本科生、市级局至少要有一名法律专业研究生。

在全省卷烟打假工作电视电话会议上的工作报告（摘要）

（2013年4月27日）

张靖江

本次会议的主要任务是：回顾2012年以来卷烟打假工作，正确分析当前形势，表彰先进，总结经验，部署下一阶段卷烟打假工作。

一、2012年以来卷烟打假工作回顾

2012年以来，我省卷烟打假工作在省委、省政府、国家烟草专卖局的坚强领导下，认

真贯彻党的十八大精神，全面贯彻落实科学发展观，充分发挥政法烟草联席会议制度的巨大优势，针对当前烟草市场出现的新情况、新特点，积极协调、主动应对，为我省“加速崛起、兴皖富民”战略的推进和烟草经济的健康发展，做出了贡献。全年共查处涉烟案件2.05万起，其中案值100万元以上的网络案件5起，20万元以上的网络案件35起，5万元以上案件170起；案值合计5 907万元；查获各类非法卷烟6 929万支，同比减少12.6%；其中假冒卷烟675.7万支，同比大幅减少78%，已不到2010年查获量8 000万支的十分之一；判刑156人，拘留194人，均有所减少。

2013年以来，全省继续保持卷烟市场监管高压态势。涉烟案件查处情况呈现“两增一减”：案值与查获卷烟数量均大幅增加，案件数量小幅减少。卷烟市场继续保持较高的规范程度。

（一）紧紧依托联席会议机制，不间断开展卷烟市场联合整治专项行动

2012年开展了三次全省性卷烟市场联合整治专项行动。一是在年初做好“11-3号”专项行动收官工作。二是于2~5月份开展“金龙一号”专项行动，对跨省、跨区非法流入烟、无证经营等问题等进行重点整治。三是自2012年12月至2013年2月，开展为期70天的“金龙二号”专项行动，对繁华商业区、火车站、汽车站等重点区域和“名烟名酒店”、“烟酒专卖店”、高档娱乐场所等重点对象开展针对性监管。这三次行动对维护全省卷烟市场秩序起到了重要作用。

（二）毫不放松“打团破网”，案件经营水平不断增强

小市场破获大案件，不断提升案件经营水平。2012年全省共破获涉烟网络案件40起，其中符合国家烟草专卖局标准的网络案件的5起，符合省烟草专卖局标准的35起。值得关注的一个重要特点是“小市场破获大案件”。淮南、黄山、铜陵、池州等地相继破获涉烟大案，值得全省各地借鉴。

严把交通要道，抓住大要案查处关键节点。2012年查获10万元以上卷烟案件73起，较上年同期增加27起；其中假冒卷烟案件15起，较上年同期减少25起。这73起案件中，在道路和物流运输环节查获的案件有26起，查获的非法卷烟数量占36%。

提高震慑力，进一步加强涉烟抓捕追刑力度。各地充分依托政法烟草联席会议机制，部署对涉烟案件嫌疑人抓捕行动，特别是加大赴广东、福建、河南等制假高发区域的抓捕力度。全年累计赴省外抓捕嫌疑人32人次。用好用足“两高”司法解释，累计判刑156人。

（三）积极推动专卖管理社会化，不断创新市场监管模式

各地以联席会议机制为平台，加快转变传统市场监管模式，努力探索实践市场监管新的有效途径，积极推动专卖管理社会化进程。各市烟草专卖局加强基层专卖管理所与乡镇、社区的沟通对接，确保工作落到实处，取得实效，走出了一条政法委牵头推进、社区主动参与、烟草积极配合的卷烟市场监管新路子。

（四）顺畅对接治安、烟草部门业务，持续推动联合打假

2012年7月，省公安厅决定将涉烟刑事案件管辖权由经侦部门移交给治安部门。省烟草专卖局与省公安厅召开专题会议，提出了关注力度不减、侦办力度不减、配合力度不减，进一步加强案件经营、进一步加强服务保障、进一步加强沟通交流的“三不减三加强”的具体要求。各地市公安、烟草部门认真贯彻落实会议精神，加快业务对接步

伐。截至2012年年底，全省公安部门顺利完成管辖权交接，提升了整体办案水平和效力。

严厉打击涉烟违法犯罪行为，使烟草经济环境得到了有效治理，烟草市场秩序更加稳定，烟草经济蓬勃向上，为经济和社会发展作出了积极贡献。

二、2013年卷烟打假工作意见

过去的一年，我们出色地完成了各项任务，卷烟打假工作取得了很大成绩。但在肯定成绩的同时也要清醒地看到存在的问题和不足。卷烟打假面临着较大的反弹压力，假烟运输分销违法活动还没有得到根本遏制，打团破网任务依然艰巨，互联网售假渐成气候，卷烟打假未有穷期。

今年，我省的卷烟打假工作的基本思路是：认真贯彻落实全国卷烟打假工作部署，进一步发挥政法烟草联席会议制度的巨大优势，继续加大对大要案件和网络案件的侦破查处力度，提升卷烟打假工作综合治理水平，加强对互联网售假案件的研究和打击，加大案件协调督办力度，依法惩处制售假烟的违法犯罪分子，不断推动卷烟打假工作上水平，为烟草经济持续健康发展和经济社会和谐稳定，营造更加良好的市场环境。

（一）继续坚持和不断完善联席会议机制，开创市场监管新局面

继续坚持和完善政法烟草联席会议机制，健全“政府领导、部门联合、多方参与、密切协作”的打假打私体系，增强部门协作的深度和广度，形成党委、政府统一领导下的社会化专卖管理格局。加大烟草部门与公安部门的协作配合力度，建立以治安为主，刑侦、技侦、交警、网监等多警种配合的公安烟草协作机制。进一步深化“两法衔接”机制。进一步拓展省际、市际间协作机制。

（二）进一步加大网络案件查办力度，打破“垫底”不利局面

当前，卷烟打假形势依然严峻。从横向比较来看，2012年我省共破获国标网络案件5起，周边浙江、山东、湖南、河南、湖北等省均在20起以上，江苏更是多达40多起。以网络案件数量计，我省在全国中东部地区排名垫底。

继续把“每个地市必须打掉1~2个较大规模制售假烟网络”作为硬性指标，严格考核。特别要突破一批高质量国标网络案件，打破我省国标网络案件在全国中东部地区垫底的局面。从今年开始，把能不能破获国标网络案件作为各地参与卷烟打假评先评优的重要依据。

（三）正确认识违法卷烟构成的倒转现象，提升卷烟市场综合治理水平

我省违法卷烟的构成已形成倒转之势。自2010年下半年至今，全省查获的违法卷烟中，非法流通卷烟与假冒卷烟的数量比例为1:9，传统上假烟多、真烟少的构成格局遭到颠覆。

继续推进烟草专卖社会化管理，实现共管共治、综合治理的良好局面。拓宽烟草专卖执法思路，充分借助基层组织在宣传、信息、监督、人员方面特有的功能和作用，发挥人员互补、时空互补、管理互补等优势，丰富执法途径和管理手段。创新宣传方式，丰富宣传内容，加强宣传舆论引导，争取卷烟打假舆论支持，营造卷烟打假的良好社会氛围。

（四）主动遏制互联网贩售假烟行为，严防涉烟违法犯罪行为向网络转移

据国家烟草专卖局2012年的统计，安徽、山东等4省市互联网涉烟案件下线线索占全国的80%，反映出利用互联网从事涉烟违法犯罪活动在我省逐渐增多。

针对互联网贩售假烟行为，一要加大宣传教育力度，加强对打击互联网涉烟典型案件的宣传。二要加强区域合作和部门合作。依照《打击利用互联网等信息网络非法经营烟草专卖品工作指引》，由烟草部门牵头，会同公安、工商、通信等监管部门，建立网上监管协作机制，整合各方监管力量，充分发挥各自职能优势，实现高效监管。三要加强配置互联网监管力量，加强对网上违法犯罪信息的主动监控。

更加规范　更重基础　更好服务
深入推动全省系统财务审计工作上水平

——在全省系统财务审计工作会上的报告

（2013年3月25日）

贾零霓

这次会议的主要任务是，贯彻落实2013年全国烟草行业财务审计工作会议和全省烟草工作会议精神，总结2012年工作，安排部署2013年工作，深入推动全省系统财务审计工作上水平。下面，我讲两点意见。

一、2012年的主要工作

2012年，在省局（公司）党组和国家局财务审计司的正确领导下，在各单位的共同努力下，财务审计各项工作稳步推进，较好地完成了年度目标任务。

（一）加强管理，基础更加扎实

着眼基础，深化会计规范。召开年报审计反馈意见会，为下一步管理提升找准切入点。推进会计基础工作规范研究，会计标准化课题顺利结题。建立会计信息质量定期通报机制，督促会计工作标准严格落实。

突破难点，完善预算管理。选择安庆、阜阳市局（公司）作为全省系统定额体系建设试点单位，开展预算定额标准项目研究。切实做好重点预算指标的分解和控制工作，重点费用预算控制目标顺利实现。加强预算考核管理，加大预算考核权重，进一步落实预算控制责任。

狠抓质量，夯实审计基础。完成审计“十二五”规划指导意见编制工作，健全审计制

度体系。以科技创新项目为载体，探索审计实务研究。持续开展优秀审计项目评选活动，继续加强对审计派驻办的考核工作。

建融并举，加快系统建设。资产管理子系统与资金监管系统顺利上线运行，审计一期系统功能持续优化，二期需求基本确定，财审信息化建设取得积极进展。资金监管系统的上线运行标志着全省系统财务集中管控平台初步建成，财务监管机制通过信息化手段予以固化和落实的目标基本实现。

（二）严格规范，监管更加有力

以“回头看”为契机，全力落实审计整改。在认真总结全面审计自查、复查工作基础上，组织开展审计“回头看”工作。截至2012年底，共计整改问题460条，整改金额比率达95.15%，整改工作成效显著。

以“闭环管理”为要求，切实加强资产监管。强化资产处置预案管理，严格资产处置程序，资产处置行为进一步规范。针对全省系统资产权证存在的问题，提出分类整改意见，引入资产白皮书管理模式，确保整改工作实质推进。开展多元化企业经营管理分析评价，切实加强多元化投资管理。

以“风险防范”为导向，不断加强资金监管。分片区召开银企座谈会，完善电子结算问题解决机制。以资金监管系统上线为契机，统计梳理全省系统银行账户信息，进一步精简银行账户，从源头上控制资金风险。科学统筹资金运营，保证资金运行安全高效。

以“深入规范”为目标，持续加强内审监督。开展专卖内部控制制度评审，推进内部审计监督端口前移。开展全面预算管理审计和县局（营销部）局长（经理）经济责任审计调研，进一步拓展审计范围。积极开展领导干部经济责任审计和财务收支审计，全面加强烟叶基础设施审计和工程建设项目等专项审计。

（三）主动作为，服务更加到位

重心下移，着眼基层。省局（公司）多次赴基层实地了解情况、协调解决问题。华环公司统筹考虑重组整合后两地生产点财务管理需要，实施财务集中管理；皖南烟叶公司财务部门每月一次下基层辅导工作，有效提升了基层烟站的财务工作质量。

主动服务，提升实效。全省系统财务审计部门立足财审、服务业务，在制度建设、流程管理、核算方式和政策保障上，加强研究、积极响应，切实增强服务保障能力。

（四）持续练兵，队伍更具活力

作风建设持续加强。全体财审人员切实加强自身建设，潜心做事、低调做人，内塑品质，外树形象，展现了良好的精神风貌和工作作风。

创新活动蓬勃开展。财审人员以科研项目为载体，积极开展课题研究和QC活动，科技创新氛围日趋浓厚，自主创新能力稳步增强。各单位财务部门开展课题研究6项，QC活动11项，取得多项研究成果。

学习培训有序推进。继续举办第二期财审经理研修班，成功举办“徽映杯”第五届财审知识竞赛，鼓励财审人员参加各类专业资格考试，实现财审队伍持续练兵。

人才梯队逐步形成。专业技术人员评聘工作成效明显，高层次会计人才培养稳步推进，行业会计领军人才培养持续加力。全省系统以高端人才为引领、中青年业务骨干为中坚力量的财审人才梯队初步形成。

（五）今后一段时期财务审计工作要求

一要更加规范，敢于坚守工作中的根本点。全省系统财务审计人员要进一步深化对严格规范重要性的认识，在更加规范的基础上，坚守工作底线。从根本上说，就是一要“政治做强”，要求财审人员严格把关，敢于坚持原则；二要“业务做精”，要求财审人员业务精湛，熟悉财经纪律。

二要更重基础，勇于改进工作中的薄弱点。基础管理是各项工作的根本。从实际情况来看，我们的基础管理还存在短板，需要我们勇于正视问题，持续改进提高；从组织成长的需要来看，行业全面推行精益管理，要求我们在更高的平台上提升基础管理能力。

三要更好服务，善于找准工作中的着力点。随着行业“新目标、新定位、新任务”的提出，加快全省系统财务审计工作转型显得更为迫切。财审人员要按照“作风做正”的工作要求，进一步转变观念，改进作风，以开拓创新的精神和善于思考的智慧，找准工作中的着力点，沿着推动工作转型的道路扎实迈进。

做好上述工作，关键在落实“队伍做硬”上。全省系统要继续加强财务审计队伍建设，努力打造一支政治坚定、作风优良、业务精湛、素质过硬的人才队伍，为推进组织成长奠定坚实的基础。

二、2013 年工作安排

2013 年，全省系统财务审计工作的主要任务是：深入贯彻全国烟草行业财务审计工作会议精神和全省烟草工作会议精神，按照“四个全面提升”工作要求，突出“更加规范、更重基础、更好服务”，持续加强队伍建设，深入推进财务审计工作上水平，为组织成长作出新的努力和贡献。为圆满完成上述目标任务，要着重抓好以下几个方面工作：

（一）注重工作基础，在管理精度上下功夫

统一工作标准。开展岗位工作流程梳理，促进工作规范有序开展。抓标准，重在抓落实。要定期对标准落实情况开展分析评价，使工作标准真正落到实处。今年，还要重点落实全省系统财务审计工作考评标准。制定财务工作考核细则，进一步完善审计派驻办考核评价标准。

规范会计管理。推广会计标准化课题成果，落实行业会计基础规范，建立会计核算系统在线查账常态化机制，进一步规范会计核算。要严把票据审核关，对不符合规定的票据，要拒绝入账；对今年已经入账的，要重新复核票据的合规性，对不符合要求的，要抓紧整改。

健全预算体系。研究制定定额管理办法和实施方案，指导各单位建立健全定额标准体系。继续加强对重点费用的控制，确保全年预算控制目标顺利实现。修改完善全面预算考核办法，持续加大预算考核力度。

夯实审计基础。进一步完善审计委派制，解决好省局（公司）考核结果与市局（公司）考核相互衔接的问题。健全审计制度体系，深入推进“审计评价体系研究与应用”项目研究。继续开展优秀审计项目评选活动的同时，探索开展年度审计成果评比。持续加强审计项目质量管理。

（二）促进更加规范，在监督力度上下功夫

加强资产监管。贯彻执行总公司《国有资产管理办法》及配套工作指引，出台相关实施细则，确保全省系统国有资产管理有据可依。组织开展流动资产专项清查工作，切实加强流动资产管理。完备资产白皮书要素，严格资产白皮书管理。加强资产处置预案管理，避免资产处置的随意性。规范资产处置程序，完善资产处置结果反馈机制，强化资产处置闭环管理。

强化资金监管。根据行业统一部署，稳步做好网上跨行支付结算实施工作。深化银企合作，逐步建立银企沟通协调的长效机制。高度重视资金日常监管，继续做好卷烟货款等财务收支的核对工作，确保资金安全完整。

严格审计监督。全面落实2013年“审计整改年”要求，切实做好审计整改工作。建立审计整改工作责任制。继续做好常规审计工作，探索经济责任审计由注重财务收支审计，到财务收支与管理审计并重的转变。强化对各类会议、公务接待、宣传促销等重点费用使用情况的审计监督。继续探索以内控制度为基础的县局（营销部）经济责任审计。

（三）突出更好服务，在服务质量上下功夫

深入基层调研。按照财务审计工作转型的要求，今年财务处将重点开展综合调研工作。各单位财务审计部门也要切实加强与业务部门的横向沟通，增强与基层一线的纵向联系，不断提升服务保障能力。

深化系统应用。2013年，全省系统财审信息化工作除了加紧完成审计二期系统上线运行外，主要任务是系统的优化和应用，实现“系统好用、人员会用”的目标。

（四）提升队伍素质，在专业高度上下功夫

加强思想作风建设。要将对财审人员的职业道德教育与机关作风建设和廉政教育相结合，与“235”教育实践活动和“创三先、争三优”相结合，培养财审人员高尚的道德情操和优良的工作作风。

营造良好学习氛围。要继续通过“以赛促学、以研促学、以考促学、以干促学”等方式，加快学习型团队建设，努力营造更加浓厚的学习氛围。

加大内培外训力度。要坚持内培外训相互结合、相互补充的培训机制。各单位要利用内部小课堂灵活、易开展的特点，抓好经常性教育培训。要发挥好省级培训主阵地作用，抓好集中性教育培训。组织开展岗位轮训工作，实现财审培训从侧重全员培训向突出岗位培训转变。合作办好会计硕士学位班，为行业培养出一批真正素质高、能力强的会计人才。

在全省系统税收风险检查工作布置会上的讲话（摘要）

（2013 年 10 月 11 日）

贾零霓

今天，我们在这里召开全省系统税收风险检查工作布置会，就是要贯彻落实国家局关于配合做好税收检查工作的总体要求，安排部署各阶段工作。这既是一次工作布置会，也是一次思想动员会，更是一次责任落实会。下面，我强调几点意见。

一、要认识税收风险检查工作重要性

这次税收风险管理，是继国家税务总局 2008 年对烟草行业进行税收专项行动之后的又一次税收全面检查，也是对全省系统财务和内部整顿规范工作的再次检验，各单位要把思想认识统一到维护行业形象和行业体制的高度上来，充分认识本次税收检查工作的重要性、积极性和复杂性。

一是要深刻认识本次税收风险检查工作的重要性。税收是国家财政收入的主要来源，守法经营，诚信纳税，是企业的立身之本、发展之道。依法纳税既是企业应尽的义务，也是加强自律的外在要求，更是“两个利益至上”行业共同价值观的集中体现。特别是在当前复杂多变的经济环境下，烟草行业要主动承担起保证国家财政收入的重任，这是行业义不容辞的责任。各单位也要切实转变观念，牢固树立国家利益至上的思想，增强规范经营的意识，提升依法纳税的自觉性。近年来，我们虽然不断加强整顿规范工作，规范工作也经受住了一些内外部检查的检验，但我们更应该清醒地认识到，烟草行业受其体制影响，社会关注度越来越高，外部监督力度不断加大。因此，我们必须要在前进中找差距，在成绩中找问题，始终保持居安思危的状态，才能在更加规范的基础上谋求新发展。各单位要站在全局的高度，从维护行业形象和行业体制出发，高度重视本次税收风险检查工作，为行业持续健康平稳发展保驾护航。

二是要充分认识本次税收风险检查工作的积极性。一谈到检查，多数人认为就是挑毛病、找问题，同时还要挤占大量工作时间，或多或少会有些抵触的情绪。对于这一点，我们应该换个角度来看，从正面认识检查带来的积极作用。实际上，无论内部还是外部检查，都是相关人员从更加专业的视角帮助企业去重新审视、诊断和发现问题，对企业而言是一个促进其发展的契机，对个人而言也是一个学习提高的过程。国家税总开展本次税收风险检查的目的是引导和帮助企业建立健全税务风险内部控制机制，提高企业的税法遵从度。国税总局还专门下发了税收自查软件，自查提纲列示了 872 个问题，指导企业开展全面自查。通过检查，能够帮助企业更好地识别税收风险点，认识财务工作中的不足，发现内部管理中的缺失，引导企业在更加规范的道路上稳健成长。因此，我们要善于利用这次税收风险检查工作的机会，将检查的压力化为提高素质的推动力，在检查过程中不断地培训、锻炼和完善自己，促进自身财务工作水平的持续提升；同时，推动企业进一步加强企业内部管理，完善内部控制制度，实现安徽烟草商业更好更快发展。

三要全面认识本次税收风险检查工作的复杂性。这次专项检查工作是在国税总局统一领导下对烟草行业开展的全面检查。从检查时间来看，涵盖 2008—2012 年五个纳税年度，如有问题还可追溯到以前年度；从检查对象来看，包括所有烟草主业企业。在全省系统税收自查工作方案中，省局（公司）将检查时间扩展到了 2013 年，将检查范围延伸到了下属的宾馆酒店，力求实现全覆盖；从检查内容来看，涉及烟草行业的所有税种；从检查方式来看，采取总局统筹、系统联动、国地合作、规范操作、扁平化、一体化和团队化的方式展开。总体而言，本次税收风险检查时间跨度长、涉及范围广，工作任务会很繁重，各单位要做好充足的思想准备，不可麻痹大意、掉以轻心。税收检查最大的难点在于各人对相关税收法律法规的理解和看法不同，导致具体执行层面上产生偏差。同时，由于我国的税收法律体系还不健全，税收政策处于不断更新和完善的过程中，对同一事项的税收政策规定在年度间可能会发生变化，还有政策开始执行的时点等，大家要引起高度关注，稍不留神，就可能导致政策执行不准确、不到位。

二、要精心组织把工作落到实处

本次税收风险管理工作分为双方准备、企业自查、税务审计和总结反馈四个阶段。省局（公司）确定的企业自查时间为 2013 年 10 月 8 日至 11 月 20 日，这就意味着我们现在已经开始进入自查阶段了，现在留给大家自查的时间仅有 40 天，时间很紧。会后，各单位要快速行动起来，积极动员，认真部署，尽快进入自查工作状态。

一要加强领导，制订方案。根据国家局通知要求，省局（公司）已经成立了税收风险检查专项工作领导小组。各单位也要切实加强对本单位税收检查工作的组织领导。本次税收检查实行一把手负责制，主要领导要亲自抓，分管领导具体抓，财务、审计部门负责落实执行，其他部门积极配合，真正把税收检查工作作为当前一项重点工作抓好抓实。同时，结合企业实际，制订切实可行的工作任务分配方案，确保自查工作有序推进。

二要深入细致，全面自查。自查工作要坚持高标准严要求，要深入细致、全面彻底、不留死角。今年，省局（公司）组织的扬州税院培训和财审知识竞赛都给大家提供了一次系统学习税法的机会，希望大家把所学所思尽可能地运用到实际工作中去。这次税收检查，国税总局给大家提供了一个很好的自查工具。各单位要充分利用好这个自查工具，严格按照自查提纲列示的内容逐项逐条进行自查，确保自查工作取得实效。国家局明确要求，由财务部门和审计部门共同承担税收风险检查的具体工作，审计部门要深度参与到本次税收检查工作中去，充分发挥内部监管的职能。俗话说，当局者迷，旁观者清。财务人员由于思维的惯性和知识的局限性可能会将一些问题忽视掉，自我检查有时不太容易发现问题。审计人员从不同的角度去审视和思考，可能会有新的发现。由于税收检查涉及企业经营管理的方方面面，其他部门也要积极配合，团结协作，形成合力，真正把自查工作做深做实。同时，考虑到本次检查时间紧、任务重，各单位也可以借助外部力量，比如聘请事务所协助自查，确保圆满完成自查任务。

三要积极自纠、赢得主动。各单位对自查出来的问题要严格按照税法规定及时纠正，对需要补交税款的要及时补缴入库，否则只查不纠，自查也就失去了意义。要知道，自查出来主动补缴税款是成绩，不是问题，而被税务部门查出来的就是问题，不是成绩。各单位要尽可能地将问题解决在税务审计进驻之前，以自查自纠、补交入库的实际行动落实严格规范的工作要求。

三、要注重加强内外部协调沟通

在配合税收风险检查过程中，各单位要注重加强内外部协调沟通，一是各单位与省局（公司）之间以及企业内部各部门之间的沟通协调。整个税收风险检查过程中，各单位要始终保持与省局（公司）畅通的信息沟通，以便省局（公司）全面了解情况，统筹把握整体工作。自查开始后，各单位要对存疑的涉税事项进行认真梳理，并及时反馈给省局（公司）；自查工作结束后，要对自查情况按照要求分门别类进行归纳、总结，并向省局（公司）提交自查工作报告。税务审计阶段，要建立定期报告制度，各单位每半月定期向省局（公司）上报税务现场审计动态，遇重大情况应及时向省局（公司）报告；二是与税务部门的沟通协调。在自查过程中，各单位要主动与当地税务部门沟通联系，在税务部门的指导下，有效开展税收自查工作。在现场审计阶段，要积极配合税务部门开展现场审计检查，做好沟通解释和服务保障工作，确保税务审计工作顺利进行。在总结反馈阶段，各单位要积极与税务部门进行管理意见的沟通，并就检查出来的问题及时进行整改。

全省烟草商业系统配合税收风险检查工作正式启动，要求已经明确，时间非常紧迫，任务异常艰巨。希望各单位按照“标准要高、节奏要快、工作要实、状态要好”的工作要求，认真落实配合税收风险检查各项工作，向国家局、省局交出一份满意的答卷！

重要文件

综合管理类文件

安徽省烟草专卖局关于印发推进精益物流工作实施方案的通知

皖烟物流〔2013〕3号

各市局（公司）：

为贯彻落实2012年行业物流现场会精神，进一步提升全省系统物流运行管理水平，充分发挥烟草物流在“卷烟上水平”中的重要支撑作用，根据《国家局关于开展精益物流工作的指导意见》（国烟办综〔2012〕603号）文件要求，制定本实施方案。

一、指导思想

紧紧围绕国家局提出的“科技物流、精益物流、人本物流”建设任务，结合全省系统“建设专业化、精益化、智能化物流体系”的发展目标，全面、持续、高质量的推进精益物流工作。以精到服务为核心、精化流程为关键、精准运营为支撑、精确核算为基础、精细管理为保障，进一步改进物流服务，优化业务流程，丰富管理手段，提升运行水平，努力构建面向未来具有不可替代性的现代物流体系，实现以“精益”为标志的烟草物流管理特征和管理文化。

二、工作目标

在认真学习领会精益管理思想的基础上，实践国家局“精到服务、精化流程、精准运营、精确核算、精细管理”工作要求，挖掘和充实烟草精益物流的概念和内涵，在完善物流运行机制和管理制度的同时，紧扣“服务、效率、成本”管理主题，引入精益管理、卓越管理、六西格玛管理思想和方法，以“一费七率”（即单箱物流费用、物流费用率、物流费用占三项费用比率、人均物流效率、库存周转率、卷烟破损率、送货差错率、准时到货率）为关键指标，构建与精益物流相匹配的组织管理体系、业务运作体系、财务核算体系、服务标准体系、绩效评价体系，努力实现“六个零”的精益管理目标，即卷烟“零损耗”、作业“零差错”、送货“零延误”、客我“零距离”、安全“零事故”、工商“零边界”。

三、实施内容

“精到服务、精化流程、精准运营、精确核算、精细管理”既是精益物流的工作要求，也是精益物流的主要内容。

1. 凸显精益物流发展核心，建设以客户需求为主导的服务体系

按照国家局物流服务标准化、精细化、精准化的要求，根据内外部客户的服务需求，全省系统物流服务的管理重点主要为送货服务规范、收货服务规范、服务监督评价三个方面。送货服务规范除常规送货服务外，针对客户关注的各类问题和需求，提供响应服务、告知服务、宣传服务、提醒服务和征询服务，对送货过程中可能发生的各类突发事件提出规范的服务步骤和办法。为更好执行送货服务规范，全省将推广使用送货工作手册，作为送货员的工具书随身携带以方便作为参考；收货服务规范在常规性服务基础上，将更加关注工业客户在交通、食宿、接引、快捷等方面的需求，从服务标识、服务设施、服务响应、信息提供等方面提供更为全面的功能性服务；服务监督和评价是保障服务质量的重要手段，在原有内部监管基础上，以客户感受、客户体验为重点，重新构建服务评价体系，创新监督办法和内容，调整服务评价指标，注重评价结果的全面性和客观性。除加强上述外部客户服务规范外，在企业内部沟通协调、员工激励、设施设备维护等方面提出管理要求以做好服务保障工作。

2. 把握精益物流实施关键，不断优化业务流程和物流资源配置

为做好“精化流程”工作，全省将以“六个零”为终极管理目标，以“一费七率”为物流运行质量的主要评价依据，按照流程最短、效率最高的原则，分配送中心建设和日常运行两个阶段，对整体流程和资源配置情况进行全面梳理优化。

在配送中心规划设计及建设阶段，省市两级物流管理人员对配送中心选址、规模、布局、工艺流程、动线设计、人员设备配置等进行全面审查，在源头上对资源配置及整体流程的合理性、科学性进行把关，为将来的物流顺畅运行提供最优软硬件环境。在日常运行阶段，配送中心要依据物流流量、流速变化、送货模式调整以及实际使用中的瓶颈问题，不断优化整体及局部流程，调整岗位设置，消除多余环境，改善迂回作业，通过不断简化、优化、固化过程，达到精化流程，减少节点，提高资源使用效率的目的。

全省层面的优化流程和资源配置，一是根据配送中心规模、设施设备状况，出台物流各环节的用工标准，为各市公司规范物流用工岗位和数量提供依据。二是继续推行柔性送货制，在平常时节，实行“五改四”模式，即将每周的送货时间由五天改为四天，一天用来员工培训，旺季恢复到五天或七天，提高人员和车辆的使用效率。三是促进送货周期调整，在加强管理和监控基础上，对少数每周订货量很少，送货频次要求不高的客户，通过

客户协商，减少送货次数，由每周一次改为两周一次；对交通极为不便的边远客户实施定点约时送货，在规范管理取货点基础上，提高车辆装载率，减少送货里程。

3. 加强精益物流运营支撑，加快建设物流综合管控平台

建设全省物流综合管控平台，是精益物流实现精准运营的重要支撑，通过完善物流管理信息系统，做到规范企业物流运营行为，准确感知物流状态，精确分配物流任务，精准控制物流作业。全省物流管控平台的建设，将实现全过程高效的信息采集、过程监控、运行评价及客户服务功能，形成省市两级功能各有侧重的信息管理平台；实现与营销、人事、财务信息系统的互联互通，提高各类数据统计口径的一致性和传递的及时性，支持物流信息的交换、发布和共享；通过商流信息和物流信息的有机结合，实现物流精细化管理，支撑营销的精准服务，保障工商物流一体化和协同营销的顺利实施；将现有的仓储管理、线路优化、绩效考核、视频监控、在途信息等业务系统进行有效集成，提高系统的完整性和实用性。

4. 打牢精益物流工作基础，大力推行二级核算制度和预算管理、定额管理办法

精确核算是精益管理的基础，是成本控制和绩效管理的重要依据，根据国家局要求，全省将大力推进以配送中心相对独立运行为特征的二级核算制度。将配送中心作为成本中心实行二级核算，划清其应承担的各项成本费用，由专职成本核算员对核算情况进行统计分析，并定期将明细核算资料送交会计部门进行核对；建立相对独立、准确的物流费用核算和管理体系，落实预算管理和定额管理办法，以科学测算的定额作为配送中心成本预算的基础，对具有定额的成本项目依据定额制定预算；明确配送中心可控成本和不可控成本，对可控成本逐层细化责任承担主体，将其作为各岗位绩效考核的重要依据，并综合预算执行和可控成本绩效对配送中心的运行水平进行总体评价。通过实施二级核算制度和预算管理、定额管理办法，努力实现费用核算精确到人、车、机台、班组，切实做到各项物流费用精算、严管、细抠。

5. 强化精益物流科学保障，提升精细化管理水平

全省物流系统将全面开展精益管理和六西格玛管理培训，深入学习精益管理思想，并将精益思想运用于构建卷烟物流供应链体系，实现卷烟物流整体的快速响应、高效运作、柔性生产、智能作业、精准服务；运用于建立科学的运行质量评价体系和管理实践，努力追求“六个零”（卷烟“零损耗”、作业“零差错”、送货“零延误”、客我“零距离”、安全“零事故”），实现客户满意和企业经济增长的双赢目标。积极导入六西格玛管理方法，将六西格玛管理方法运用于物流系统的具体管理环节，以事实和数据驱动，不断改进管理流程和内部协作方式，提高现场管理、标准作业、质量控制、设备管理、运营服务、安全管理和成本核算等管理水平。

四、工作步骤

全省系统精益物流工作的推进将分为三个阶段。

第一阶段为试点阶段，时间到 2013 年上半年，主要任务：一是全面开展精益管理和六西格玛管理培训，研究精益管理在商业物流系统的开展方式，明确“精化流程、精确核算、精准运营、精到服务、精细管理”的工作内涵和管理目标；二是确定精益物流试点单位，成立精益物流工作小组，建立相应工作机制，按照精益物流要求评估物流运行现状，

寻找与精益物流及其相应管理体系的差距，系统推进组织体系、核算体系、服务标准体系、绩效管理体系和运行质量评价体系的建设。将六西格玛管理方法和管理工具运用于需要改进的具体管理环节，并对改进人员进行绿带培训。

第二阶段为推广阶段，时间到2013年年底，主要任务是：总结试点单位经验，构建和完善试点单位精益物流管理体系、业务流程和岗位标准，试点单位能熟练应用精益管理思想和六西格玛管理方法，准确掌握和精确分析各项指标数据变化趋势和内在原因，能及时评估和循环改进具体工作和操作细则。形成较为成熟和具体的精益物流实施经验，向全省其他单位进行推广。

第三阶段为提高阶段，时间到2014年上半年，主要任务：一是在全省范围内构建系统化的精益物流管理体系，包括组织管理体系，业务运作体系，财务核算体系，服务标准体系，绩效管理体系，运行质量评价体系。二是在全省范围内推广六西格玛管理方法，紧扣“一费七率”关键指标和“六个零”管理目标，对相应管理环节持续改进，通过不断选取和实施改进项目，取得改进成果，建立持续改进机制，并通过管理实践积极争取培养出“黑带”人员。

五、保障措施

1. 建立工作机制。将实施精益物流作为全省推进现代物流建设的重点工作，由省局分管领导牵头成立精益物流工作领导小组，由财务、人事、物流等相关管理部门和精益物流试点单位负责人共同参与，领导小组负责确定总体方案，并在完善配送中心组织体系、核算体系、绩效管理体系、评价体系方面提出指导性意见。在试点单位由单位主要负责人牵头成立精益物流推进小组，负责细化实施方案，制定并实施具体的配送中心相对独立运行办法、核算和定额管理制度、运行质量评价办法等具体管理及运行规范，同时，省局物流管理处与推进小组建立联络及协调机制，对具体问题及困难进行协调和指导，确保试点单位按既定要求全力推进。

2. 开展全面学习和研究。分层次全员开展精益管理思想和六西格玛管理方法的培训学习。中高管理层侧重于精益理念和思路的学习和启发，基层管理人员侧重于管理方法和工具的领会和掌握，并从中培养专门的“黑带”和“绿带”人员负责实施改进项目。对基层工作人员，在送货时间“五改四”后，要求将腾出的一天工作时间用于精益物流的培训，结合实施工作中的重点难点问题，在培训中提出并加以讨论，大力开展群众性创新活动，以金点子、QC小组、课题研究等形式，引导员工针对具体工作提出改进方案，营造全员参与、你追我赶、积极创新的文化氛围。

3. 加强对标考评与激励。调整全省物流对标指标内容，以“一费七率”为重点对各单位配送中心实施对标和评价，对指标结构不合理的单位，要求定期上报分析说明，并以强制性研究课题形式列入六西格玛改进项目。为推进精益管理方法，全省设立“年度精益管理奖”，从各单位定期上报物流改进项目中选取成果价值高的进行奖励表彰，同时，项目获奖将作为基层创建优秀单位的重要参考依据。

安徽省烟草专卖局

2013年1月7日

安徽省烟草专卖局（公司）关于印发全省系统经济运行管理办法（试行）的通知

皖烟办文〔2013〕2号

行业各直属单位、省局（公司）机关各部门：

为进一步建立健全全省系统经济运行管理体系，规范经济运行管理机制，加强和改善宏观调控，保持良好的市场状态，促进经济平稳健康运行，省局（公司）研究制定了《全省系统经济运行管理办法（试行）》。现印发给你们，请遵照执行。

安徽省烟草专卖局

2013年2月17日

全省系统经济运行管理办法（试行）

为进一步建立健全全省系统经济运行管理体系，规范经济运行管理机制，加强和改善宏观调控，保持良好的市场状态，促进经济平稳健康运行，制定本办法。

第一条　指导思想。充分发挥省市两级经济运行管理职能，监测分析市场环境及全省经济运行态势，准确把握运行规律，合理运用调控手段，正确引导行业经济平稳、有序运行，努力实现企业健康成长，持续、协调发展。

第二条　管理原则。应遵循全面管理、突出重点；客观实际、翔实准确；定期分析、注重调研；动态管理、及时调控的原则。

第三条　管理机制。明确经济运行管理机构，建立垂直和平行交错的立体管理体系，全面领导和组织经济运行工作。全省经济运行归口综合计划与企业管理处管理。各直属单位应明确归口管理部门。

第四条　管理内容。

（一）计划安排。烟叶年度种植、收购计划，卷烟购进、销售年度计划。

（二）生产经营。烟叶生产、复烤加工情况，卷烟销量、结构、品牌发展等经营指标，销售收入、利税、费用、资产等财务指标。

（三）市场状态。主要包括零售价格走势、社会库存状况、有效货源供应、零售客户利益保证、零售客户服务满意程度、高价位卷烟经营状态、非法渠道卷烟流动等情况；烟叶种植比较效益、烟叶收购销售行情等情况。

（四）消费动向。主要包括国民经济水平（含人口因素）对卷烟消费现状及未来趋势的影响、消费价位、消费品牌、渠道选择、生活形态及对各主流品牌的态度、新品接受态度等。

第五条　管理方式。经济运行管理应采取“事前预警、过程控制、事后评价”的管理方式。

（一）畅通信息渠道

1. 建立完善横向信息通报制度。省局（公司）经济运行管理部门，专卖、烟叶、营销、物流、财务、信息等部门，每季度通报本业务线经济运行及异动情况，并在下季度第一个月的8日前，将相关材料报综合计划与企业管理处。

2. 建立完善垂直信息通报制度。各直属单位每月、季度汇总本单位经济运行资料，形成分析报告，并在下月、季度第一个月的8日前，将相关材料报送省局（公司）综合计划与企业管理处。

3. 建立完善市场调研及监测体系。一是将日常运行过程中发现的、影响经济发展倾向性和系统性的问题，按职能部门分类归纳整理，由各职能部门组织调研，深入调查、研究分析产生问题的原因，提出解决问题的措施或意见，形成调研报告，为领导提供决策参考；二是根据实际需要，借助第三方力量开展市场调研了解消费变化动向、品牌及结构发展趋势；三是进一步建立健全市场监测体系，以“徽映e家”为载体，打造一流的监控手段，发挥“徽映e家”信息监测功能，提高信息采集质量，提升信息应用水平。

4. 重要事项及时报告。对影响经济运行和企业发展的重要事项，如货源短缺、消费环境变化、消费行为态度快速调整、非法流入卷烟冲击等，企业应及时将有关重要事项应对措施上报省局（公司）综合计划与企业管理处。

（二）加强过程监控

1. 实施运行预警。以行业生产经营决策管理系统为平台，建立结构化的分析决策支持体系，从烟叶种植与收购、卷烟销售、市场需求、供求结构、价格变化等方面反映全省烟草商业的基本运行状况、运动轨迹，监测全省商业经济运行波动规律，并制定相应预警区间，建立分类别运行预警机制。

2. 开展运行督导。省局（公司）综合计划与企业管理处将组织相关部门对省局（公司）实施的重要调控措施加强后续管理，进行全程跟踪检查、督办催办，督促相关部门和单位贯彻执行，确保各项调控措施落到实处。

（三）实施事后评价

1. 月度例会。各直属单位应建立经济运行月度例会制度，每月初对上月卷烟销量、品牌结构、商业库存、社会库存、零售价格走势等情况进行分析，并对当月经济运行进行调度。省局（公司）主要业务部门每月也要对本条线业务运行情况进行分析。

2. 季度分析。省局（公司）每季度召开一次经济运行分析会议，分析各项经济指标完成情况，经济运行态势和存在的问题，提出应对措施建议。季度、半年和年度经济运行分析会议，根据需要采用视频会议或其他形式，在下季度、半年和年度第一个月的中旬召开。

第六条　调控措施。

1. 实施“两限”调控。“两限”指的是限调和限销。调控依据是市场信息监测采集到的零售价格和社会库存。限调是对企业存销比超过1，零售毛利率偏低（低于6%）的个别品牌（规格）进行限调，适时下达限调令。限调的品牌（规格）要恢复调入必须经省局（公司）同意后方可进行。限销是对全省零售客户毛利率偏低（低于6%），但销量较大（市场占有率达到5%）的品牌（规格）进行限销，适时下达限销令。

2. 书面说明和报告。一是累计卷烟销量同比下降，且月度销量连续3个月（含）以上同比下降、零售价格持续下滑、商业库存、社会库存过大的单位，列入红色预警状态。相关单位要作出专项说明。同时，省局（公司）组织人员进行现场调研，与相关单位共同拟订应对方案，并督促方案得到有效落实。

二是累计卷烟销量同比下降，且月度销量连续2个月同比下降、零售价格持续下滑的单位，列入黄色预警状态。相关单位要作出专项说明，提出改进措施，并上报至省局（公司）。

三是累计卷烟销量同比下降，月度销量连续2个月（含）以上同比下降；社会存销比超过0.8，且高出全省平均水平0.2以上。出现上述任何一种情况，该单位将列入蓝色预警状态。省局（公司）综合计划与企业管理处联系相关单位分管业务领导，了解问题出现的具体原因，共同探讨解决问题的方法和措施，促使存在问题得到及时解决。

3. 专题协调。根据企业报送的信息，分类整理出亟须解决的专题。事关行业发展全局的重大问题由省局（公司）协调解决。涉及多个部门且较为复杂的问题，由省局（公司）分管领导协调解决。一般性问题，由省局（公司）综合计划与企业管理处协调解决。

第七条　评价奖惩。省局（公司）既对各单位经济运行情况进行年度考核，又对经济运行管理情况实施考核。主要根据企业经济运行管理体系建设情况以及日常上报资料的及时性、准确性、真实性情况，对企业经济运行管理进行综合评价分类，并纳入经济运行业绩考核。

第八条　本办法自发布之日起实施，省局（公司）综合计划与企业管理处负责解释。

安徽省烟草专卖局（公司）关于印发机关内部治安保卫管理办法的通知

皖烟办文〔2013〕3号

省局（公司）机关各部门：

为加强机关内部治安保卫工作，省局（公司）制订了《安徽省烟草专卖局（公司）机关内部治安保卫管理办法》，经局长（总经理）办公会审议通过，现印发你们，请认真遵照执行。

安徽省烟草专卖局

2013年2月19日

安徽省烟草专卖局（公司）机关内部治安保卫管理办法

第一章　总　则

第一条　为加强机关内部治安保卫工作，保护员工生命、财产安全和公共财产安全，预防治安刑事案件的发生，根据《安徽省烟草专卖局（公司）企业内部治安保卫管理办法》（皖烟安〔2010〕471号），制定本办法。

第二条　机关内部治安保卫工作贯彻“预防为主，确保重点，保障安全”的工作方针，坚持值班巡查与防控相结合的原则，实行内部治安保卫责任制。

第三条　机关内部治安保卫工作接受当地公安机关的监督、检查与指导。

第二章　管理部门及职能

第四条　实行分级管理原则，建立内部治安保卫工作责任制，省局（公司）主要负责人对机关内部治安保卫工作全面负责，分管领导负责对内部工作做出部署并督促实施，内部治安保卫职能部门具体负责并抓好落实。

第五条　机关行政管理中心是机关内部治安保卫工作的具体实施部门，负责落实治安保卫的各项重大措施，设安全保卫科和专门的安全保卫管理人员，负责现场安全管理，业务上接受省局（公司）安全保卫处的指导与督查。

第六条　省局（公司）机关内部治安保卫工作聘请专业的保安公司承担，保安公司根据我方实际需求配置。

第七条　保安公司所派遣人员必须身体健康、无不良记录，能力与其工作要求相当，并通过安全保卫职能部门审核和岗前培训。

第八条　机关内部治安保卫人员应当依法、文明履行职责，不得侵犯他人合法权益，治安保卫人员依法履行职责的行为受法律保护。

第三章　值班巡查及门卫登记管理

第九条　建立内部治安保卫值班巡查制度，实施夜间值班双岗巡防制，按规定对各控制点巡查到位，不留死角。

第十条　内部治安保卫值班人员在值班期间必须严格履行值班责任，禁止睡岗、离岗、空岗、脱岗，要认真填写各项值班记录，并做好值班交接。

第十一条　严格门卫登记制度，礼貌接待来访人员，完整登记来访人员信息，杜绝闲散人员出入办公区，会客登记单见附件。

第十二条　严禁外来人员擅自进入本单位办公场所与仓库区域，对不听劝阻者，值班人员应加以制止并逐级向上级汇报，情节严重的移送当地公安机关处理。

第十三条　值班保安人员应加强对相关人员携带公物的询问、登记和管理。

第十四条　对经允许进入办公场所与仓库区域进行业务联系、维修施工及其他活动的外来人员，应告知其安全管理规定，并登记出入。在办公区域内进行各种作业施工超过3天以上的人员需到机关行政管理中心安全保卫科登记身份信息。

第十五条　对出入办公区的外来车辆要加强询问、查验，仔细核对运出物品种类及数量，并严格登记，防止偷盗事故的发生。

第十六条　机关行政管理中心建立内部治安保卫监督检查机制，不定期开展重要部位的检查，发现安全隐患，督促值班人员及时整改，并保留检查及整改记录。

第四章　办公区域车辆安全管理

第十七条　烟草小区住户私家车须到机关行政管理中心安全保卫科办理车辆通行证，凭通行证出入。

第十八条　办公区域及住宅小区车辆须按序停放，服从管理，确保道路畅通、行人安全。

第十九条　消防通道禁止停放各类车辆，一经发现，保安人员要立即制止或联系车主移至其他位置。

第二十条　公务车辆统一停放在单位公用停车场，禁止私人车辆占用公用停车场，严禁夜间停放非本单位车辆。

第二十一条　机关院内设置限速标志，出入办公区域机动车辆应减速行驶，并禁止鸣笛。

第五章　消防及监控设施设备管理

第二十二条　机关行政管理中心安全保卫科负责机关消防、监控设施设备的管理，定期检查、维护、保养，确保其处于正常使用状态。

第二十三条　视频监控室必须实行值班管理，发现异常情况应立即组织人员核实，采取果断措施，并及时报告上级领导。

第二十四条　严禁非专业人员动用视频监控室设备设施；严禁利用视频监控设备做与工作无关的事情；发现设备出现异常或故障，要及时通知相应责任单位人员进行维修。

第六章　物业安全管理

第二十五条　房屋出租或出售必须到机关行政管理中心安全保卫科备案、资产管理科登记，并与承租方或出售方签订治安保卫安全协议。承租方必须具备以下条件：

（一）持合法有效证件；

（二）不得经营易燃易爆等危险化学品；

（三）非污染环境的。

第二十六条　严禁在工作场所或仓库内存放易燃易爆物品及违禁物品。

第二十七条　安全保卫科与资产管理科定期组织开展出租、出售房屋治安保卫检查，及时发现排除安全隐患。

第二十八条　配电房、换热站等处要有明显安全警示标识，不得堆放其他杂物，保持清洁和空气流通，达到防火、防水、防雷、防小动物进入等安全要求。

第二十九条　财务部门门窗应采用安全牢固装置，保险柜专人管理，密码严格控制。室内无人时，要随手锁门，夜间要做好防护措施。

第七章　附　则

第三十条　本办法由机关行政管理中心负责解释。

第三十一条　本办法自印发之日起施行。

附件：

会客登记单

会客登记单（存根联）		会客登记单（回执联）	
来访单位		来访单位	
姓　名		姓　名	
通信地址		通信地址	
联系电话		联系电话	
证件名称		证件名称	
来访时间	年　月　日　时	来访时间	年　月　日　时
被访部门		被访部门	
被访人		被访人签字	
满意度测评	满意□　基本满意□　不满意□	满意度测评	满意□　基本满意□　不满意□
备注：回执联由受访人签字出门时交值班人员。			

安徽省烟草专卖局（公司）关于印发《投资项目规划设计管理办法》的通知

皖烟办文〔2013〕4 号

各直属单位：

为进一步规范项目管理，提高投资项目实施决策水平，省局（公司）制定了《投资项目规划设计管理办法》，经局长（总经理）办公会审议通过，现印发给你们，请认真组织学习，遵照执行。

安徽省烟草专卖局

2013 年 2 月 21 日

安徽省烟草专卖局（公司）投资项目规划设计管理办法

一、总则

第一条为进一步规范项目管理，提高投资项目实施决策水平，依据国家、行业关于固定资产投资项目管理的有关规定，结合安徽烟草商业企业实际，制定本办法。

第二条　本办法所称的投资项目指安徽烟草商业企业从事生产、经营、仓储、办公、科研、教育和多元化等领域的固定资产投资项目。

第三条　本办法所称投资项目规划设计是指已列入行业年度投资计划，经有权机关批准的投资项目的总体规划、初步设计及施工图设计。

第四条　项目建设单位要按照《安徽省烟草专卖局（公司）招标投标实施办法》及补充意见的规定，采取招标的方式选择投资项目规划设计单位。

第五条　投资项目规划设计管理是指对规划设计单位编制的项目总体规划、初步设计及施工图设计的审查、评审、审批等内容的管理。

第六条　投资项目规划设计按权限实行分级管理，规划设计方案采取专家评审与企业“三项工作”管理委员会审定相结合的方式确定。项目的初步设计和施工图设计要按照国家局要求进行第三方审查。

二、总体规划设计管理

第七条　投资项目在编制项目初步设计文件前，应编制项目总体规划设计文件上报省局（公司）审查，经审查的总体规划征得地方规划部门同意后，作为项目初步设计文件编制依据，下列项目必须编制项目总体规划设计文件：

1. 国家局（总公司）批复的项目。

2. 省局（公司）批复的总投资1 000万元以上（不含购置项目）或总投资 500 万元以上的新征土地项目。

第八条　投资项目总体规划设计文件的主要内容，包括总平面布置、建筑单体的外立面效果及建筑平面布置、人流物流分析、工艺技术方案选择、公用配套设施规划方案设计及投资估算等内容。

第九条　投资项目总体规划设计应符合地方规划要求，建设内容、建筑、投资规模必须符合行业项目批复文件要求。

第十条　项目建设单位委托编制项目总体规划设计文件的设计单位应具备相应资质，总投资5 000万元以上的项目，设计单位应具备甲级资质。

第十一条　投资项目总体规划设计文件行业审查办法如下：

1. 国家局（总公司）批复的总投资 1 亿元及以上的项目，省局（公司）组织召开由分管领导参加的专家审查会议，专家由行业外和从国家局专家库抽取的专家组成，对项目总体规划设计方案进行审查，通过审查的项目总体规划报省局（公司）“三项工作”管理委员会主任委员会议审定。

2. 国家局（总公司）批复的其他项目及省局（公司）批复的项目，省局（公司）投资主管部门组织相关业务部门及行业内外专家组成审查组，对项目规划设计方案进行审查，并将审查结论报省局（公司）“三项工作”管理委员会主任或主任委员会批准。

3. 各直属单位批复的项目，项目总体规划设计方案由各直属单位自行审查，参照上述审查办法执行。

第十二条　投资项目总体规划通过行业审查后，还要获得地方主管部门的批准。

三、初步设计管理

第十三条　项目建设单位须根据项目批复文件要求，按照通过审查和批准的项目总体规划，编制项目初步设计文件上报审批。

第十四条　按照《烟草行业投资项目管理办法》（国烟计〔2012〕365 号）规定，工程建设类投资项目要编制项目初步设计文件，报项目审批单位审批。投资项目初步设计审批权限按项目审批权限设置如下：

（一）国家局（总公司）审批的项目：

1. 1 000 万元以上的经营业务用房项目。

2. 500 万元以上的多元化项目。

3. 5 000 万元以上的其他固定资产投资项目。

（二）省局（公司）审批：

1. 国家局（总公司）授权省局（公司）审批初步设计的项目。

2. 300 万元以上的固定资产投资项目。

（三）各直属单位审批的项目：

1. 省局（公司）授权各直属单位审批初步设计的项目

2. 300 万元以下的固定资产投资项目。

第十五条　项目初步设计的建设内容、建设规模必须符合项目批复文件要求，投资概算不得超过项目批复投资的 15%，总建筑面积不得超过项目批复总建筑面积的 5%。因特殊情况确需调整的，必须执行项目调整变更程序。

第十六条　初步设计文件评审。国家局（总公司）批复的项目，项目初步设计由国家局（总公司）或授权省局（公司）组织专家进行评审；省局（公司）审批的项目，项目初步设计由省局（公司）组织专家进行评审；各直属单位审批的项目，项目初步设计由各直属单位自行组织评审。

第十七条　初步设计文件评审的主要内容，包括初步设计文件深度、项目建设内容、建设规模、总平面布局、主体建筑物建筑结构选择、工艺技术选择、主要设备选型、公用设施配套、初步设计概算等内容。

第十八条　初步设计文件第三方审查。初步设计文件通过专家评审后，建设单位应委托资质不低于初步设计编制单位资质的第三方单位，重点对初步设计文件的建筑结构设计、工艺技术方案、主要设备选型、公用设施配套等内容进行详细审核，并出具审核报告；聘请造价咨询机构，套用相关定额，对初步设计概算的真实性、完整性和准确性进行详细审核，并出具概算审核报告。

第十九条　初步设计文件审批。项目初步设计文件通过评审和第三方审核后，由有权机关按照审批权限进行批准。下级审批机关批准的项目初步设计要报上级机关备案，备案文件、资料包括：项目初步设计备案表，项目初步设计专家评审意见、第三方初步设计审核报告、初步设计概算审核报告、地方人民政府有关职能部门审查意见等。

四、施工图设计管理

第二十条　项目建设单位应依据项目初步设计批复文件、专家评审意见和第三方审查意见，组织开展项目施工图设计。

第二十一条　施工图设计的建筑总面积和各建筑物单体建筑面积不得突破批准的项目初步设计文件中建筑总面积和各单体的建筑物面积，施工图预算不得高于批准的项目初步设计概算。

第二十二条　应委托第三方设计单位对项目施工图纸进行审查，并出具审查报告。应委托造价咨询机构对施工图预算进行审查，并出具施工图预算审查报告。

第二十三条　项目施工图纸第三方审查意见和施工图预算造价咨询部门审查意见是项目进行施工招标的依据。

五、附则

第二十四条　已发布的关于投资项目规划设计管理办法与本办法不一致的，以本办法为准。

第二十五条　本办法由省局（公司）负责解释。

第二十六条　本办法自发布之日起执行。

安徽省烟草专卖局关于印发 2013 年工作会议提出的年度主要工作任务分解表的通知

皖烟办〔2013〕95 号

行业各直属单位，省局（公司）机关各部门：

1 月 24 日，省局（公司）2013 年工作会议在合肥召开。会议在全面总结、深刻分析的基础上，提出了 2013 年具体工作安排。为深入贯彻落实 2013 年工作会议精神，确保完成年度工作任务，加快建设成长型企业，现对省局（公司）2013 年工作会议提出的年度工作任务进行细化和分解，并予以印发。请各主要责任部门和相关单位、部门坚持“稳中求进”工作总基调，按照“四个全面提升”工作要求，政治做强、作风做正、业务做精、队伍做硬，对照《2013 年工作会议提出的年度主要工作任务分解表》，协调有关单位和部门，明确责任分工，制定有效措施，加强沟通配合，强化任务落实，确保工作效果，顺利完成年度各项目标任务，为建设更加规范、更富效率的成长型企业做出更大的努力。

安徽省烟草专卖局

2013 年 3 月 15 日

2013 年工作会议提出的年度主要工作任务分解表

序号	主要任务	主要责任单位	协同责任单位
1	督促各单位、各部门学习贯彻行业和省局（公司）2013 年工作会议精神	办公室	
2	统筹安排工作调研，为领导决策提供辅助和参谋作用	办公室	有关部门
3	制订新闻宣传要点，加强新闻宣传正面引导，完善全省系统网站建设，改版省局（公司）内外网站，提高网络舆情发现与应急处理能力	办公室	有关部门
4	出版《安徽烟草志（1996—2010）》，编辑出版 2012 年省局（公司）年鉴	办公室	有关部门
5	完善信访稳定预防和处置长效机制，维护和谐稳定成长大局	办公室	有关部门
6	切实加强作风建设，制订《贯彻落实中央政治局关于改进工作作风、密切联系群众的八项规定的实施细则》，牢固树立艰苦奋斗、勤俭节约思想	办公室	监察处 思想政治工作处 有关单位和部门
7	发挥烟草学会作用，开展学术交流和科普工作，提高科技创新和学术交流水平	烟草学会	科技处 有关部门
8	销售卷烟 198 万箱，税利保持一定程度的稳定增长	综合计划与企业管理处	卷烟营销管理处 物流管理处 财务管理处
9	加强项目过程管理，重点抓好重大项目建设	综合计划与企业管理处	直属单位 有关部门
10	评审各单位质量管理体系建设情况，完成质量管理体系省级审核	综合计划与企业管理处	直属单位 有关部门
11	开展“管理创一流”评比验收，组织召开“管理创一流”现场会	综合计划与企业管理处	直属单位 有关部门
12	调整和完善全省烟草商业对标指标体系	综合计划与企业管理处	直属单位 有关部门
13	落实“六个严禁、一个严控”，加大“天价烟”治理力度和长效机制建设，严格执行内部追究制，确保市场无超1 000元/条卷烟销售	综合计划与企业管理处	内部专卖监督管理处有关部门

（续表）

序号	主要任务	主要责任单位	协同责任单位
14	发挥政法烟草和行政执法联席会议制度作用，健全烟草公安联合办案机制，完善省市两级毗邻地区打假协作机制，组织“金龙二号”专项行动	专卖监督管理处	直属单位 有关部门
15	加大互联网非法经营烟草专卖品打击力度，每个地市局打掉1～2个较大规模制售假烟网络案件。对5万元以上非法卷烟案件坚持“一案双查”	专卖监督管理处	直属单位
16	开展“数字专卖提升年”活动，提高专卖管理信息化水平	专卖监督管理处	有关部门
17	完善卷烟零售网点布局，控制新增户，清理违规户，商户率稳中有降	专卖监督管理处	有关部门
18	推进优秀县级局创建，开展县级局创建工作“回头看”，评选优秀县级局标兵	专卖监督管理处	有关部门
19	加快基建工程进度，打造“军营型、院校型、家园型”基层队所	专卖监督管理处	有关部门
20	探索建立专卖内管委派制，高度关注非法卷烟流通问题，防止卷烟非法流出	内部专卖 监督管理处	有关部门
21	烟叶种植面积和烟叶收购量争取较大幅度增长。皖南烟区力争种植规模新突破	烟叶管理处	各烟叶产区
22	建立焦甜香烟叶生产技术体系，实现关键技术创新和应用，使焦甜香烟叶品质在一定生态范围内可复制、可持续，建立核心标准，使皖南烟叶成为叫得响、立得住、受欢迎的知名品牌	烟叶管理处	科技处 皖南烟叶公司
23	推行烟叶标准化生产、GAP管理理念，逐步建立优质烟叶生产管理规范和操作规程，努力构建生态安全的烟草农业体系	烟叶管理处	各烟叶产区
24	共建沪皖现代烟草农业高科技示范园，联合安徽中烟做好烟叶订单生产，建设综合型烟农专业合作社	烟叶管理处	各烟叶产区
25	提升复烤企业服务能力和管理水平，推进华环公司异地技改，实现9月份试生产	烟叶管理处	华环公司
26	落实沪皖原料保障协议，提升服务行业知名品牌，特别是“中华”品牌发展能力	烟叶管理处	各烟叶产区
27	实现卷烟销量稳定增长和结构渐进式提升，重点突破三类卷烟发展瓶颈	卷烟营销管理处	有关部门

（续表）

序号	主要任务	主要责任单位	协同责任单位
28	加强在销品牌管理，积极应对非重点品牌整合，有序退出全国产销规模20万箱以下品牌，建立梯次化品牌培育体系	卷烟营销管理处	有关部门
29	开展“黄山（红方印）”品牌培育建功立业活动	卷烟营销管理处	有关部门
30	坚持“一高一低”，加快重点品牌发展，突出培育“双低”品牌，积极培育6毫克及以下低焦油卷烟，销量比重努力达到全国平均水平	卷烟营销管理处	有关部门
31	创新营销手段，构建判断市场状态的指标体系。试点推进科学营销、网络营销，全面推进婚庆营销活动，探索数据营销、文化营销、体验营销	卷烟营销管理处	有关部门
32	推进现代卷烟零售终端建设，促进现代零售终端功能化和优质化，开展亲情服务和增值服务，提升零售终端经营能力和盈利水平。全面推广“徽映e家”	卷烟营销管理处	有关部门
33	加快物流基础设施建设，加大信息技术应用力度，加快物流资源整合	物流管理处	有关部门
34	开展配送中心相对独立运行，深化物流贯标对标，提升物流管理水平	物流管理处	有关部门
35	完善干部考核评价机制。加大不同层级领导干部公开选拔力度，选好配强直属单位领导班子，持续优化领导班子配备和干部队伍结构	人事处	有关单位 有关部门
36	关注后备干部和年轻干部选拔使用，打通成长通道。关注、关心、关爱青年，为青年员工搭建平台，激励成长成才	人事处	有关单位 有关部门
37	充分运用人事工作检查结果，督促有关单位迅速纠正和整改存在的问题，严格规范机构编制、干部人事和薪酬分配等工作	人事处	有关单位 有关部门
38	建立完善预算定额标准体系，加强资产和资金监管，完善内部控制，建立健全财务监管长效机制	财务管理处	有关部门
39	加强审计基础，推进和完善审计委派制。开展实时审计、在线审计，重点抓好经济责任审计和工程项目审计	审计处	有关部门
40	完善省市两级制度体系，开展法制巡回宣讲活动。落实“六五”普法规划，多层次多形式开展普法培训	法规处	有关部门

（续表）

序号	主要任务	主要责任单位	协同责任单位
41	改进和创新执法方式，推广烟草专卖柔性执法	法规处	专卖监督管理处及有关部门
42	做好烟草农业技术创新体系建设，完善科技项目指南编制，健全项目评估检查和成果推广机制，开展标准化建设试点，完善产品安全标准体系，构建企业标准体系。深入开展群众性创新活动	科技处	有关部门
43	加强质检机构建设，加强实验室能力建设	质检站	有关部门
44	落实安全生产责任制，健全隐患排查治理动态机制，突出重点领域和重点环节，抓好道路交通安全和消防安全	安全保卫处	有关部门
45	推进安全生产标准化达标创建工作，强化体系管理实效性	安全保卫处	有关部门
46	制订《建立健全惩治和预防腐败体系工作规划（2013—2017）》	监察处	有关部门
47	加强物资采购、宣传促销和工商交易行为等重点领域监督，组织开展廉政风险防控管理	监察处	有关部门
48	开展巡视工作，充实巡视机构和人员。开展处级以上领导干部廉洁自律情况专项考核	监察处	有关部门
49	高度重视效能建设，严格落实效能建设“八项制度”	思想政治工作处	有关部门
50	组织开展十八大精神处级干部轮训班	人事处	思想政治工作处 培训中心
51	探索推广基层党组织“三级管理”模式，继续探索党组织建设向党员零售客户和党员烟农延伸的有效机制和模式	思想政治工作处	有关部门
52	深入推进“235”教育实践活动，构建“235”教育实践活动长效机制	思想政治工作处	有关部门
53	探索建立系统规划、重点突出、载体丰富、机制规范、常态推进的文化建设和管理模式	思想政治工作处	有关部门
54	加快推进“感知徽映”中心建设	思想政治工作处	卷烟营销管理处

（续表）

序号	主要任务	主要责任单位	协同责任单位
55	推动“徽映”服务品牌一体化建设，形成管理体系。推动服务品牌落地，打造具有安徽烟草商业特色的服务品牌	思想政治工作处	有关部门
56	继续组织开展多岗位技能竞赛、技能鉴定和岗位练兵	思想政治工作处	有关部门
57	总结试点经验，全面推进学习型组织建设	思想政治工作处	有关部门
58	健全工会工作机制，以“7 类 13 项”为重点，加大公开工作力度	思想政治工作处	有关部门
59	完善门户集成标准和规范建设，健全信息安全管理体系，搭建省市两级运维管理平台，探索建立自运维管理机制。提升统计服务水平	经济信息中心	有关部门
60	全面完成新办公楼数据中心建设和现有机房设备与系统搬迁	经济信息中心	有关部门
61	加强离退休人员管理与服务，强化离退休人员党组织建设，落实“两项待遇”，提升离退休人员满意度	离退休人员管理办公室	有关部门
62	组织开展领导干部、管理人员、一线员工不同层次培训，全面完成全省系统科级干部轮训工作	培训中心	直属单位 有关部门
63	办好物流、会计硕士学位教育，做好法律硕士班前期准备，按计划配合落实好各类业务培训，加强全省系统教育培训管理工作	培训中心	直属单位 有关部门
64	开展节能减排，加强车辆管理，做好后勤服务，配合做好新办公楼建设相关工作，并完成搬迁，正式投入使用	机关行政管理中心	有关部门
65	充分发挥规范委员会职能作用，梳理完善“三项工作”管理制度，严格落实“应招必招、能招尽招、真招实招”要求，提升公开招标金额比例，严格落实不公开招标项目报告制	整顿办	有关部门
66	健全免检工作机制，完善考评指标体系，研究提高准入门槛	整顿办	有关部门

安徽省烟草专卖局（公司）关于印发《采购实施细则（暂行）》的通知

皖烟办文〔2013〕11号

行业各直属单位，省局（公司）机关各部门：

现将《安徽省烟草专卖局（公司）采购实施细则（暂行）》印发给你们，请遵照执行。各有关单位要依照本办法，结合实际，制定实施细则，严格采购环节监督，确保采购行为规范。

安徽省烟草专卖局

2013年3月27日

安徽省烟草专卖局（公司）采购实施细则（暂行）

第一章　总　则

第一条　为规范全省系统采购行为，加强管理和监督，依据中国烟草总公司《烟草企业采购管理规定》及相关法律、法规，制定本实施细则。

第二条　本实施细则适用于全省系统直属单位及控股企业。

第三条　本细则所称采购，是指以合同方式有偿取得物资、工程（含信息化项目）和服务的行为。包括购买、租赁、委托、雇用等。

所称物资，是指各种形态和种类的物品。

所称工程，是指建设工程，包括建筑物和构筑物的新建、改建、扩建及其装修、拆除、修缮，以及与建设工程相关的勘察、设计、施工、监理等。信息化项目包括软件、硬件及信息系统采购。

所称服务，是指除物资和工程以外的其他采购对象，包括宣传促销服务、管理咨询服务、科研开发服务、信息网络开发服务、金融保险服务、运输服务、维修与维护服务及其他各类专业服务等。

第二章　组织机构与职责

第四条　全省系统各单位要成立采购管理办公室，成员由有关部门人员组成。省局（公司）采购管理办公室和综合计划与企业管理处合署办公。省局（公司）机关采购管理办公室与机关行政管理中心合署办公。

采购管理办公室的主要职责：

1. 负责向单位“三项工作”管理委员会报告年度采购计划及执行情况，请示审定采购方式等重大采购事项；

2. 负责起草采购工作管理制度和程序规定；

3. 审核汇总编制年度采购计划；

4. 编制《采购目录》，抽选招标代理机构；

5. 审定招标文件、谈判文件，确认和发布中选供应商；

6. 组织自行招标采购；

7. 组织供应商资质认证。

第三章　采购计划编制

第五条　全省系统采购实行集中采购和分散采购相结合。集中采购由省局（公司）采购管理办公室负责组织，分散采购由各单位和省局（公司）机关采购办公室负责组织。

第六条　年初采购办编制年度采购计划，经“三项工作”管理委员会批准后执行。

（一）计划提报。各单位、省局（公司）机关职能部门于每年 11 月下旬提出采购需求，报采购办审核。

（二）计划审核。采购办对采购需求进行审核汇总，形成年度采购计划方案，报“三项工作”管委会审议通过。

（三）计划预算。将“三项工作”管委会审议通过的年度采购计划提交预算管理委员会讨论审定。

（四）计划执行。采购办根据预算管理委员会批复的年度预算，组织编制采购计划草案，经“三项工作”管委会批准后正式形成年度采购计划。

（五）计划变更。全省系统必须严格按照批复的年度计划和预算实施。确因工作需要，追加调整采购计划或变更采购内容的，要按照上述程序办理追加采购手续。原则上采购计划、预算每年调整 1 次。

第四章　采购方式

第七条　采购方式有五种：

（一）公开招标；

（二）邀请招标；

（三）竞争性谈判；

（四）单一来源采购；

（五）询价比价采购。

第八条　公开招标的方式，由委托招标代理机构招标或单位自行组织招标。任何单位和个人不得将应当公开招标的采购项目化整为零或以其他方式规避公开招标。

国家局计划分配的烟用物资、设备及从全资三产公司采购的项目不在此规定范围内。

第九条　符合下列情形之一的采购，可采取邀请招标方式采购。由采购办向 3 个以上具备承担招标项目能力、资信良好的特定法人或其他组织发出投标邀请书。

（一）技术复杂、有特殊要求或者受自然环境限制，只有少量潜在投标人可供选择；

（二）采用公开招标方式的费用占项目合同金额的比例过大。

第十条　符合下列情形之一的，可以采用竞争性谈判、单一来源、询价比价的采购方式。

（一）供应商不足 3 家；

（二）涉及行业安全和秘密；

（三）涉及烟草行业核心技术；

（四）采用特定专利、专用技术。

第十一条　符合下列情形之一的，可以采用竞争性谈判方式采购：

（一）招标后没有供应商投标或者没有合格标的或者重新招标未能成立的；

（二）技术复杂或者性质特殊，不能确定详细规格或者具体要求；

（三）采用招标所需时间不能满足用户紧急需要的；

（四）不能事先计算出价格总额的。

第十二条　符合下列情形之一的，可以采用单一来源方式采购：

（一）只能从唯一供应商处采购的；

（二）发生了不可预见的紧急情况，不能从其他供应商处采购的；

（三）必须保证原有采购项目一致性或者配套服务的要求，需要继续从原供应商处添购，且添购资金总额不超过原合同采购金额 10% 的。

第十三条　采购的货物规格、标准统一，现货货源充足且价格变化幅度小的，可以采用询价比价方式采购。

第五章　采购程序

第十四条　相关部门依据批复的年度采购计划，项目预算及批准的采购方式，填写《采购事项审批表》（附表 1），报采购办审核后实施。

第十五条　省局（公司）认定的特殊需要项目由省局（公司）采购办组织自行招标，或委托有资质的招标代理机构招标。

300 万元以下工程类采购，100 万元以下物资、服务、信息化项目采购，由各单位按照省局（公司）采购方式要求，委托招标代理机构组织招标，报省局（公司）采购办备案。具备编制招标文件和组织评标能力的单位，可以组织自行招标。

第十六条　各单位要建立招标代理机构库，有乙级以上资质的招标代理机构至少在 3 家以上。

第十七条　对招标代理机构和评标成员要实行动态管理。通过年度考评，奖惩分明，有进有出。

第十八条　招标流程

（一）选定招标代理机构。对于招标采购项目，由相关职能部门填写《招标代理机构选择申请表》（附表2）向采购办提出申请，由采购办在招标代理机构库中随机抽取一家招标代理机构办理招标事宜。监督部门对招标代理机构抽取过程进行现场监督。

（二）招标公告。采用公开招标方式的，要发布招标公告。依法必须进行招标的项目，要在国务院发展改革部门依法指定的媒介发布。法律法规没有规定的，要在两家以上省级媒介发布。

（三）标书编制。相关职能部门根据招标项目的特点和需要编制招标文件。招标文件要包括招标项目的技术要求、对投标人资格审查的标准、投标报价要求和评标标准等所有实质性要求和条件以及拟签订合同的主要条款。招标文件中一般要载有采用设定“最高限价”的条款以控制成本。国家对招标项目的技术、标准有规定的，要在招标文件中提出相应要求。招标文件不得要求或者标明特定的生产供应者以及含有倾向或者排斥潜在投标人的其他内容。

（四）审定标书。由相关职能部门填写《标书审批表》（附表3）报采购办，采购办组织审定招标文件，经讨论通过后方可发布。

（五）投标人资质审查。投标人应当提供有关资质证明和业绩情况。采购办要组织相关职能部门人员根据采购项目的具体特点和实际需要，对投标人资质进行审查。资质审查未通过的供应商不得进入采购环节。

（六）开标。开标要在招标文件确定的时间内并在预先确定的地点公开进行。相关职能部门在开标前，要填写《开标通知单》（附表4），报采购办。开标全过程要有监察部门的代表进行现场监督，重大采购项目可以同时聘请公证机构进行公证。

（七）评标。评标工作由评标委员会负责，评标委员会独立履行下列职责：审查投标文件是否符合招标文件要求并作出评价；要求投标供应商对投标文件有关事项作出解释或者澄清；推荐中标候选供应商名单；向“三项工作”管委会报告非法干预评标工作的行为。

自行招标的评标委员会由相关职能部门代表和有关技术、经济等方面的专家及专业技术人员组成，成员人数须为5人以上单数，其中技术、经济等方面的专家及技术人员不得少于成员总数的2/3，其人选由采购办会同相关职能部门在监察部门现场监督下从评标成员库中随机抽取。评标全过程需监察部门和职工代表进行现场监督。

（八）相关职能部门要在评标结束后3个工作日内，填写《中选供应商确认单》（附表5）及评标报告提交采购办讨论通过。

（九）招标结果要在一定范围内进行公开，包括中标单位、中标数量、中标金额等内容，公示时间不少于3个工作日。

第十九条　有下列情形之一的，评标委员会应当否决其投标：

（一）投标文件未经投标单位盖章和单位负责人签字；

（二）投标联合体没有提交共同投标协议；

（三）投标人不符合国家或者招标文件规定的资格条件；

（四）同一投标人提交两个以上不同的投标文件或者投标报价，但招标文件要求提交备选投标的除外；

（五）投标报价低于成本或者高于招标文件设定的最高投标限价；

（六）投标文件没有对招标文件的实质性要求和条件作出响应；

（七）投标人有串通投标、弄虚作假、行贿等违法行为。

第二十条　否决投标后，除采购项目取消情形外，要重新组织招标；需要采用其他采购方式的，要在采购活动开始前经“三项工作”管委会批准。

第二十一条　采用竞争性谈判方式采购的，要遵循以下程序：

（一）成立谈判小组。由采购办牵头组织相关职能部门及有关专家组成谈判小组，谈判小组由 3 人以上的单数组成，其中相关职能部门的代表不能超过成员总数的 1/3。

（二）谈判小组制订谈判文件，明确谈判程序、谈判内容、合同草案条款以及评定成交的标准等事项。

（三）谈判小组确定参加谈判的供应商。从符合资格条件的供应商名单中确定不少于 3 家的供应商参加谈判并向其提供谈判文件。

（四）谈判小组全体成员集中与单一供应商分别进行谈判。

（五）确定成交供应商。谈判小组根据符合采购需求、质量和服务相等且报价最低的原则确定成交供应商，向采购办提交采购意见，经采购办批准后，将结果通知所有参加谈判的供应商。

第二十二条　采用单一来源方式采购的，要遵循以下程序：

由采购办组织相关职能部门、财务、审计、法规、监察等部门，在保证采购货物、工程和服务质量前提下，与供应商商定合理价格并形成采购意见报采购办讨论通过。未通过的采购项目，根据采购办意见与供应商重新协商或取消采购。

第二十三条　采用询价比价方式采购的，要遵循以下程序：

（一）成立询价比价小组。由采购办牵头组织相关职能部门及有关专家组成询价比价小组，询价比价小组由 3 人以上的单数组成，其中相关职能部门的代表不能超过成员总数的 1/3。

（二）询价比价小组要对采购项目的价格构成和评定成交的标准等事项作出规定。

（三）确定被询价的供应商名单。询价比价小组根据采购需求，从符合相应资格条件的供应商名单中确定不少于 3 家的供应商并向其发出询价通知书让其报价。

（四）询价。询价比价小组要求被询价的供应商一次报出不得更改的价格。

（五）确定成交供应商。询价比价小组根据符合采购需求、质量和服务相等且报价最低的原则确定成交供应商并向采购办提交采购意见，经采购办批准后，将结果通知所有参加询价的供应商。

第二十四条　质疑投诉受理。投标人或供应商对招标结果有异议的，应当在结果发布之日起 7 个工作日内，以书面形式向监察部门提出质疑。监察部门在收到投标人或供应商书面质疑后，要对质疑投诉进行调查，作出处理。对重大投诉事项，监察部门要报“三项工作”管委会研究后提出处理意见。

第二十五条　项目变更。根据工作需要，确需变更项目的，要按照“谁审定、谁负责”的原则，报原审定机构审议。变更的具体内容要由需求部门提报详细的书面材料报采购办，采购办审核并提出具体意见后经原审批机构审议。

第六章　供应商管理

第二十六条　各单位要加强对供应商的日常管理，建立供应商资质认证制度、供应商动态评价和退出机制，制订供应商资质认定标准，通过综合评价建立合格供应商名录。加强对长期的供应商动态管理，定期对产品和服务质量等进行跟踪评审，依据评审意见，对评价不合格的供应商，取消其供应资格。

第二十七条　供应商参加采购活动时应当具备下列条件：

（一）具有独立承担民事责任的能力。

（二）具有良好的商业信誉和健全的财务会计制度。

（三）具有履行合同所必需的设备和专业技术能力。

（四）有依法缴纳税收和社会保障资金的良好记录。

（五）参加采购活动前 3 年内，在经营活动中没有重大违法记录。

（六）在劳动保护、节能减排与生态环境保护方面符合国家规定要求。

（七）法定代表人不能参加采购活动时，可委托他人参加，但需提供授权委托书。

（八）法律、行政法规规定的其他条件。

第二十八条　根据采购项目的特殊要求，可以规定供应商的特定条件，但不得以不合理的条件对供应商实行差别待遇或者歧视待遇。

第二十九条　烟用物资采购项目中，对总公司发布的烟用物资供应商名录，相关单位须从名录中通过招标等方式选择供应商。

第七章　签约和履约

第三十条　采购办会同相关职能部门负责起草采购合同并填写《采购协议（合同）审批表》（附件 6），经法规、财务、审计部门审核通过后，由企业法定代表人与中选供应商签订合同；非法定代表人在取得法定代表人的授权后与中选供应商签订合同。

招标采购合同应当在自中标通知书发出之日起 30 日内与成交供应商签订。

第三十一条　采购合同签订后，在合同有效期内相关职能部门依据合同约定，按照资金审批程序办理款项支付手续。

第三十二条　相关职能部门要及时对供应商履约情况进行验查并登记造册，办理入库或获得手续，建立相应的实物和固定资产台账。大型或者复杂的采购项目，要邀请有相应资质的质量检测机构参加验收工作。所有验收人员要在验收书上签字并承当相应的责任。

工程类项目竣工验收决算必须经过审计后，项目审批单位才可组织竣工验收。

烟用物资类项目由质检部门负责依据质量标准对采购物资实施质量检验与验证并出具报告。质检人员及其负责人要在报告上签字并承担相应责任。

第八章　采购档案管理

第三十三条　各单位要根据工作制度和实施流程建立五种采购方式的“一项一卷”归档标准，妥善保管相关资料。

第三十四条　招标采购归档资料要至少包括：采购计划及预算、立项会议纪要、采购事项审批表、招标文件、投标文件、评标标准、评估报告、定标文件、评委评分表、质疑答复、投诉处理决定、确定供应商依据、合同文本及法人代表授权委托书、验收证明、采购活动记录及其他有关文件、资料。

第三十五条　竞争性谈判归档资料要至少包括：采购计划及预算、立项会议纪要、采购事项审批表、采购方式确定依据、谈判人员确定依据、谈判文件、确定供应商依据、合同文本及法人代表授权委托书、验收证明、采购活动记录及其他有关文件、报表、资料。

第三十六条　单一来源归档资料要至少包括：采购计划及预算、立项会议纪要、采购事项审批表、采购方式确定依据、价格协商相关记录、确定供应商依据、合同文本、验收证明、采购活动记录及其他有关文件、报表、资料。

第三十七条　询价归档资料要至少包括：采购计划及预算、立项会议纪要、采购事项审批表、采购方式确定依据、询价过程相关资料、确定供应商依据、合同文本、验收证明、采购活动记录及其他有关文件、报表、资料。

第三十八条　各单位要加强采购管理信息化建设。各单位要建设采购管理信息系统，对采购项目实施网上运行，通过信息化固化运作程序和档案资料。

第九章　监督和责任

第三十九条　各单位要建立严格的包含采购活动工作程序、职责、内部监督的工作制度，经办采购的人员与合同审核、验收、付款人员的职责要明确并相互分离。

第四十条　法规部门负责采购合同的合法性审核及采购活动中有关法律法规问题的咨询和指导。财务部门负责采购的资金管理工作。审计部门负责对采购活动实施程序性、全过程跟踪或实质性审计。

第四十一条　各单位的采购活动由监察部门按照《烟草行业投标采购活动廉政监督工作暂行规定（试行）》（国烟监〔2008〕127 号）进行监督，对违反相关规定的行为，将依法依规进行处理。

第十章　附　则

第四十二条　本规定由省局（公司）负责解释。

第四十三条　各单位要根据本规定细则制订相应的实施细则并报省局（公司）备案。

本规定自印发之日起施行。此前印发的相关规定，凡与本细则规定不符的以本细则规定为准。

附件 1

采购事项审批表

申请日期：　　　年　　月　　日

<table>
<tr><td>名　称</td><td colspan="6"></td></tr>
<tr><td rowspan="3">实施单位</td><td colspan="3" rowspan="3"></td><td>联系人</td><td colspan="2"></td></tr>
<tr><td>联系方式</td><td colspan="2"></td></tr>
<tr><td>预算金额</td><td colspan="2">万元</td></tr>
<tr><td>批复文号</td><td colspan="6"></td></tr>
<tr><td>资金来源</td><td colspan="6"></td></tr>
<tr><td colspan="7">采购内容及预算控制（可另行附表）</td></tr>
<tr><td>序号</td><td>采购内容</td><td>类别</td><td>规格及配置</td><td>单价
（万元）</td><td>数量
（　）</td><td>预算控制金额
（万元）</td></tr>
<tr><td>1</td><td></td><td></td><td></td><td></td><td></td><td></td></tr>
<tr><td>2</td><td></td><td></td><td></td><td></td><td></td><td></td></tr>
<tr><td>3</td><td></td><td></td><td></td><td></td><td></td><td></td></tr>
<tr><td>4</td><td></td><td></td><td></td><td></td><td></td><td></td></tr>
<tr><td colspan="3">拟选用采购方式
1. 公开招标（　　）
2. 邀请招标（　　）
3. 竞争性谈判（　　）
4. 单一来源采购（　　）
5. 询价（　　）
6. 其他________
注：除公开招标方式外，均需提供选择理由</td><td colspan="2">职能部门意见：

负责人：

年　月　日</td><td colspan="2">采购办意见：

负责人：

年　月　日</td></tr>
<tr><td colspan="3">“三项工作”管委会是否通过（选择划√）：
1. 是（附会议纪要）
2. 否</td><td colspan="4">设立董事会的企业，董事会是否通过（选择划√）：
1. 是（附会议纪要）
2. 否</td></tr>
</table>

附件 2

招标代理机构选择申请表

申请日期：　　　年　　月　　日

<table>
<tr><td>名　称</td><td colspan="3"></td></tr>
<tr><td rowspan="3">实施单位</td><td rowspan="3"></td><td>联系人</td><td></td></tr>
<tr><td>联系方式</td><td></td></tr>
<tr><td>预算金额</td><td>万元</td></tr>
<tr><td>批复文号</td><td colspan="3"></td></tr>
<tr><td>所属分类</td><td colspan="3">物资类（　　）　工程类（　　）　服务类（　　）　其他________</td></tr>
<tr><td colspan="4">是否分包招标：__________　　分包数量：__________</td></tr>
<tr><td rowspan="3">采购内容</td><td colspan="3">1.</td></tr>
<tr><td colspan="3">2.</td></tr>
<tr><td colspan="3">3.</td></tr>
<tr><td colspan="4">申请单位意见：

负责人：
年　　月　　日</td></tr>
<tr><td>候选招标代理机构</td><td colspan="3"></td></tr>
<tr><td>抽取结果</td><td colspan="3"></td></tr>
<tr><td colspan="2">经办人（签字）：

年　　月　　日</td><td colspan="2">监督人（签字）：

年　　月　　日</td></tr>
<tr><td colspan="4">采购办意见：

负责人：
年　　月　　日</td></tr>
</table>

附件 3

标书审批表

日期：　　　年　　月　　日

<table>
<tr><td>名　称</td><td colspan="3"></td></tr>
<tr><td rowspan="3">实施单位</td><td rowspan="3"></td><td>联系人</td><td></td></tr>
<tr><td>联系方式</td><td></td></tr>
<tr><td>预算金额</td><td>万元</td></tr>
<tr><td>批复文号</td><td colspan="3"></td></tr>
<tr><td>所属分类</td><td colspan="3">物资类（　　）　工程类（　　）　服务类（　　）　其他________</td></tr>
<tr><td>采购方式</td><td colspan="3">公开招标（　　）　邀请招标（　　）　竞争性谈判（　　）　询价（　　）
单一来源采购（　　）　其他________</td></tr>
<tr><td colspan="4">是否设置拦标价：________</td></tr>
<tr><td>招标代理机构</td><td colspan="3"></td></tr>
<tr><td>采用评标办法</td><td colspan="3">综合评标法（　　）　性价比法（　　）　最低价中标法（　　）　其他________</td></tr>
<tr><td rowspan="3">招标内容</td><td colspan="3">1.</td></tr>
<tr><td colspan="3">2.</td></tr>
<tr><td colspan="3">3.</td></tr>
<tr><td rowspan="3">投标人需具备的资质和要求</td><td colspan="3">1.</td></tr>
<tr><td colspan="3">2.</td></tr>
<tr><td colspan="3">3.</td></tr>
<tr><td colspan="4">标书申报单位意见：
负责人：
年　　月　　日</td></tr>
<tr><td colspan="2">采购办代表审核意见：
审核人：
年　　月　　日</td><td colspan="2">法规部门代表审核意见：
审核人：
年　　月　　日</td></tr>
<tr><td colspan="2">财务部门代表审核意见：
审核人：
年　　月　　日</td><td colspan="2">监察部门代表审核意见：
审核人：
年　　月　　日</td></tr>
<tr><td colspan="4">采购办意见：
负责人：
年　　月　　日</td></tr>
</table>

附件 4

开标通知单

日期：　　　年　　月　　日

<table>
<tr><td>名　称</td><td colspan="6"></td></tr>
<tr><td rowspan="3">实施单位</td><td colspan="3" rowspan="3"></td><td>联系人</td><td colspan="2"></td></tr>
<tr><td>联系方式</td><td colspan="2"></td></tr>
<tr><td>预算金额</td><td colspan="2">万元</td></tr>
<tr><td>招标代理机构</td><td colspan="6"></td></tr>
<tr><td>开标时间</td><td colspan="6"></td></tr>
<tr><td colspan="7">采购内容及预算控制（可另行附表）</td></tr>
<tr><td>序号</td><td>采购内容</td><td>类别</td><td>规格及配置</td><td>单价
（万元）</td><td>数量
（　）</td><td>预算控制金额
（万元）</td></tr>
<tr><td>1</td><td></td><td></td><td></td><td></td><td></td><td></td></tr>
<tr><td>2</td><td></td><td></td><td></td><td></td><td></td><td></td></tr>
<tr><td>3</td><td></td><td></td><td></td><td></td><td></td><td></td></tr>
<tr><td>4</td><td></td><td></td><td></td><td></td><td></td><td></td></tr>
<tr><td colspan="7">采购办意见：

负责人：
年　　月　　日</td></tr>
</table>

附件 5

中选供应商确认单

申请日期：　　　年　　月　　日

<table>
<tr><td>名　称</td><td colspan="6"></td></tr>
<tr><td rowspan="2">实施单位</td><td colspan="3" rowspan="2"></td><td>联系人</td><td colspan="2"></td></tr>
<tr><td>联系方式</td><td colspan="2"></td></tr>
<tr><td>招标代理机构</td><td colspan="6"></td></tr>
<tr><td>发布标书日期</td><td colspan="2"></td><td>开标日期</td><td colspan="3"></td></tr>
<tr><td rowspan="4">评标委员会组成</td><td>姓　名</td><td colspan="5">单　位</td></tr>
<tr><td></td><td colspan="5"></td></tr>
<tr><td></td><td colspan="5"></td></tr>
<tr><td></td><td colspan="5"></td></tr>
<tr><td>中选单位</td><td colspan="6"></td></tr>
<tr><td colspan="7">采购内容及预算控制（可另行附表）</td></tr>
<tr><td>序号</td><td>采购内容</td><td>类别</td><td>规格及配置</td><td>单价
（万元）</td><td>数量
（　）</td><td>预算控制金额
（万元）</td></tr>
<tr><td>1</td><td></td><td></td><td></td><td></td><td></td><td></td></tr>
<tr><td>2</td><td></td><td></td><td></td><td></td><td></td><td></td></tr>
<tr><td>3</td><td></td><td></td><td></td><td></td><td></td><td></td></tr>
<tr><td colspan="5">合　计</td><td></td><td></td></tr>
<tr><td colspan="3">实施单位意见：

负责人：
年　　月　　日</td><td colspan="4">采购办意见：

负责人：
年　　月　　日</td></tr>
<tr><td colspan="3">“三项工作”管委会是否通过（选择划√）：
1. 是（附会议纪要）
2. 否</td><td colspan="4">设立董事会的企业，董事会是否通过（选择划√）：
1. 是（附会议纪要）
2. 否</td></tr>
</table>

附件 6

采购协议（合同）审批表

申请日期：　　　　年　　月　　日

<table>
<tr><td>名　称</td><td colspan="6"></td></tr>
<tr><td rowspan="3">实施部门
（单位）</td><td colspan="3" rowspan="3"></td><td>联系人</td><td colspan="2"></td></tr>
<tr><td>联系方式</td><td colspan="2"></td></tr>
<tr><td>预算金额</td><td colspan="2">万元</td></tr>
<tr><td>组织形式</td><td colspan="6">集中采购（　　）　　部门采购（　　）</td></tr>
<tr><td>批复文件</td><td colspan="6"></td></tr>
<tr><td>资金来源</td><td colspan="6"></td></tr>
<tr><td colspan="7">采购内容及预算控制（可另行附表）</td></tr>
<tr><td>序号</td><td>采购内容</td><td>类别</td><td>规格及配置</td><td>单价
（万元）</td><td>数量
（　）</td><td>预算控制金额
（万元）</td></tr>
<tr><td>1</td><td></td><td></td><td></td><td></td><td></td><td></td></tr>
<tr><td>2</td><td></td><td></td><td></td><td></td><td></td><td></td></tr>
<tr><td colspan="3">选用采购方式：
1. 公开招标（　　）
2. 邀请招标（　　）
3. 竞争性谈判（　　）
4. 单一来源采购（　　）
5. 询价（　　）</td><td colspan="4">项目实施单位意见：

负责人：
年　　月　　日</td></tr>
<tr><td colspan="3">中选供应商：</td><td colspan="4">合同金额（万元）：</td></tr>
<tr><td colspan="3">采购办意见：

负责人：
年　　月　　日</td><td colspan="4">法规部门合同审核意见：

负责人：
年　　月　　日</td></tr>
<tr><td colspan="3">财务部门合同审核意见：

负责人：
年　　月　　日</td><td colspan="4">审计部门程序审核意见：

负责人：
年　　月　　日</td></tr>
<tr><td colspan="7">单位法定代表人意见：

年　　月　　日</td></tr>
</table>

附件7

采购流程图

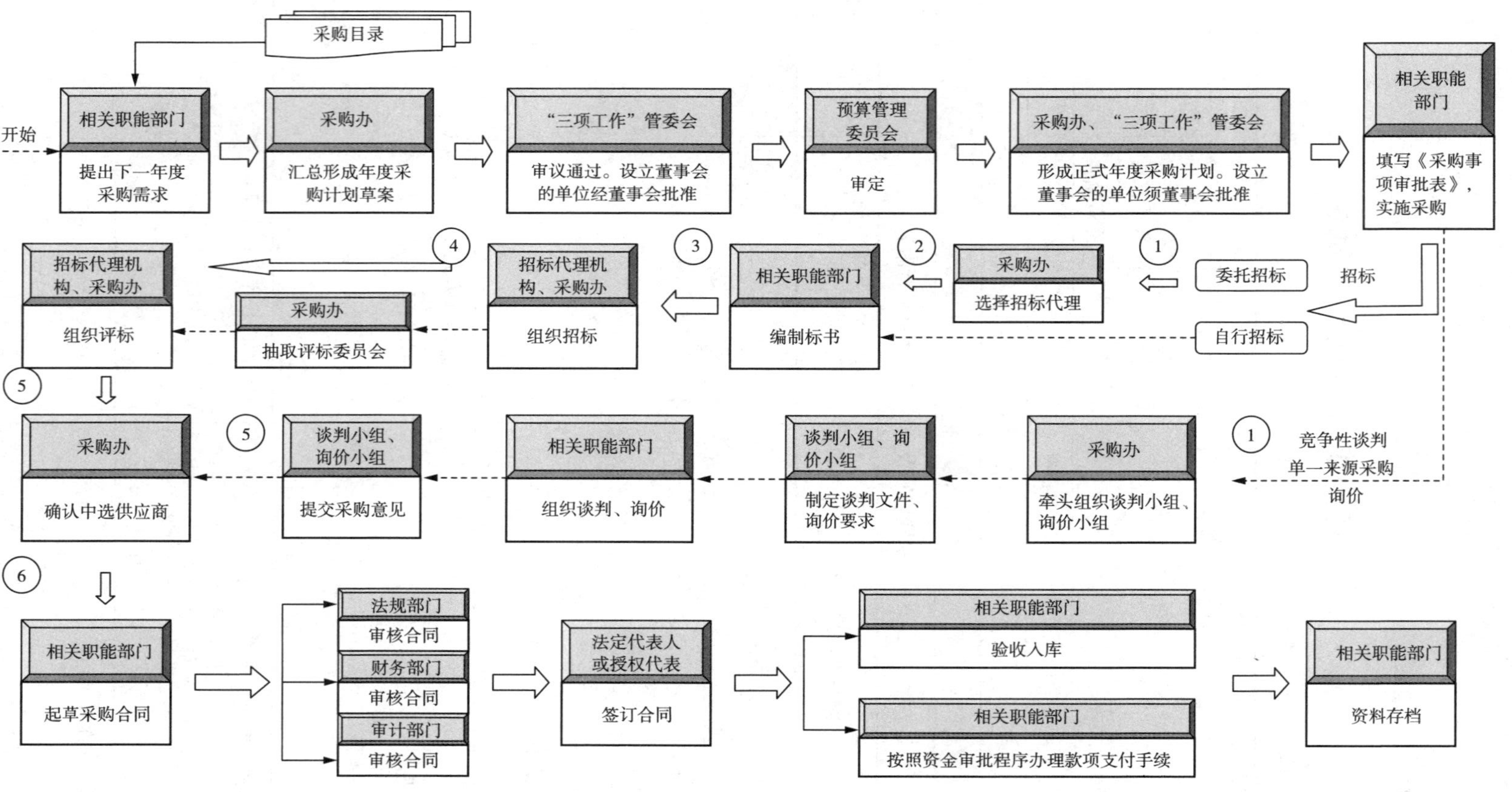

①采购事项审批表；②招标代理机构选择申请表；③标书审批表；④开标通知单；⑤中选供应商确认单；⑥采购协议（合同）审批表。

注：以上各表单均由相关职能部门填写

安徽省烟草专卖局（公司）关于进一步深入推进严格规范工作方案

皖烟办〔2013〕101 号

行业各直属单位，省局（公司）机关各部门：

根据行业“新目标、新定位、新任务”的要求，为全面落实《国家局关于进一步深入推进严格规范工作的意见》（国烟办〔2013〕51 号），推动全省系统规范管理再上水平，特制定本工作方案。

一、指导思想

牢固树立严格规范是行业持续健康发展“生命线”的思想，广泛开展规范自律教育活动，突出“应招尽招、真招实招”，扎实开展专项整顿，持续提升免检水平，深入推进民主管理，着力打造行业规范管理“示范区”。

二、主要任务

（一）加强宣传教育，营造自律氛围

要多形式、多层次开展规范宣传教育，增强教育的针对性和有效性；要改进教育形式，创新宣传载体，利用知识竞赛、编印规范手册、设计动漫故事等有效载体，积极营造自律氛围，增强全员规范的主动性和自觉性。

（二）规范采购管理，突出“真招实招”

全面贯彻落实《烟草企业采购管理规定》（中烟办〔2012〕313 号，以下简称《采购管理规定》），突出“应招尽招、真招实招”，进一步完善决策机制，严格工作流程，公开透明操作，更加规范各类采购项目管理。

（三）严格“六禁一控”，防止问题反弹

继续抓好“六禁一控”要求的落实，保持规范卷烟生产经营良好秩序，切实采取有效措施，把“三个坚决”（坚决刹住委托第三方开展宣传促销活动，坚决禁止违反规定出钱出物，坚决防止“天价烟”和卷烟过度包装问题出现反弹）落实到位。

（四）提升免检工作，发挥导向作用

提升免检单位现场考评质量，进一步发挥好免检工作的激励导向作用。

（五）加强自身建设，提升工作水平

进一步加强整顿办建设，健全机构、完善制度、充实力量，为规范工作深入开展提供组织保证。

三、主要措施

（一）提高思想认识

全省系统特别是各级领导干部，要坚持从“政治做强”的高度，切实理解“严格规范”是贯彻落实党的十八大精神、巩固专卖制度的内在要求；要坚持从“作风做正”的高度，切实理解“严格规范”是践行“235”、保持行业健康持续发展的必然要求；要坚持从“业务做精”的高度，切实理解“严格规范”是提升成长能力、加快推进安徽烟草成长型企业发展的基础要求；要坚持从“队伍做硬”的高度，切实理解“严格规范”是打造优秀员工队伍的客观要求。全省系统要切实牢记严格规范是行业健康发展的“生命线”，认真把行业整顿规范各项工作部署和要求落实到位。

（二）严格自查整改

全面落实国家局“加强整改”的部署和要求，认真组织自查。自查中，要重点抓好“三个突出”：一是突出重点内容。在“两项工作”方面，对制度建设不同步特别是与国家局、省局（公司）有关制度不对接或简单转发的，严格进行检查，逐一调整、完善；对未经管委会或董事会审议的项目逐一梳理、查找原因、作出解释；对“未公开招标”项目逐一排查，检查未公开招标理由是否合理充分，并提出切实有效的整改措施；对“三项工作”监管系统运行逐项检查，看万元以上物资采购项目是否全部上线运行；对“三项工作”项目卷宗进行检查，看是否符合国家局《采购管理规定》和省局（公司）相关规定，严格落实“一项一卷”要求；对“办事公开”从内容、节点、方式、范围、结果等方面逐一检查对照。在规范卷烟生产经营秩序方面，对照“六禁一控”和“三个坚决”纪律要求，逐项进行深入检查，对于容易出现新问题的地方要通过抓整改变成抓预防。二是突出关键环节。重点是自查“五个环节”，即：整改方案制定、整改措施落实、同级监督职能职责落实和跟进、相关管控制度执行、“举一反三”扩大整改成果等情况。4月份，省局（公司）将结合免检单位现场考评进行复查，并对非免检单位开展专项检查。下半年，国家局还将进行复查。三是突出整改落实。按照“哪级查出的问题哪级处理”原则，严格执行“五不放过”，即问题查不清不放过，原因没找准不放过，整改不到位不放过，问责不落实不放过，措施不完善不放过。各单位自查整改情况，要于5月中旬前报省局（公司）。

（三）落实采购规定

要抓好宣传培训。组织开展专项培训，让各级领导、相关工作人员及广大员工了解新规定，学会正确运用新规定，认识到《采购管理规定》对于严格规范工作的重要意义，切实提高执行规定的自觉性和水平。要抓好制度配套完善。省局（公司）职能部门要按要求制定具体实施办法，各单位要制定实施细则，建立健全采购管理工作制度体系。各单位修订完善制度体系和程序后，要上报省局（公司）主管部门审核，确保落实工作纵向到底、相互对接。要抓好机构建设。建立健全管委会、采购办、评标委员库（专家库）等相关机构，完善相应工作规则。管委会、董事会要充分、有效发挥集体决策职能。各机构要加强协同，切实做到按章办事、有序运行。要抓好《采购目录》分类管理。按照“统一管理，分类实施”原则，梳理《采购目录》，细化采购分类，明确纵向各级、横向各部门的采购职责和权限。要抓好信息技术支撑。加快推进监管系统升级工作，早日实现“三项工作”全部网上办公。同时加大信息集成力度，确保与协同办公、政（企）务公开和各监管终端等网络平台的对接。要抓好全程监督指导。加强同级监督和协调，紧抓重点环节、步骤，形成自我纠错机制。加强层级监管和指导，落实“上一个环节没有通过不能进入下一环节”程序要求。严格按规定实施公开，一级对一级负责，层层落实到位。

（四）严格项目管理

不断完善制度机制，强化集体决策职能。“三项工作”管委会必须按照省局（公司）

统一规定，认真履行职责，加强管控，确保“应招尽招”。严格执行不公开招标项目报告制，积极稳妥推进自行招标。全省系统要采取有效措施和途径，通过科学计划、变零星采购为批量采购、变分散采购为集中采购、招标定点供应商等方式，保证公开招标项目金额比例达90%以上。进一步健全和完善招标工作制度流程，不断优化机制，填补监督空白，堵住违规漏洞，不给“暗箱操作”“里外串通”“以权谋私”留下余地，对招标违规行为，发现一起，坚决从严查处一起。要保障员工“四权”。严格执行国家局《烟草行业办事公开民主管理工作规范》（国烟办〔2012〕49号）要求，对“三项工作”决策、制度依据、过程、结果同步公开。将采购目录、采购内容、关键节点、公开范围、公开时间、公开方式、公开载体、监督渠道等八个方面作为必须公开的基本信息框架，及时、准确、全面公开。将“三项工作”作为公开工作的突出重点，强化“两项工作”深度融合。各单位要对今年已实施项目逐个进行排查，每季度公开一次，并于7月底前将上半年已实施项目情况向省局（公司）专题报告，省局（公司）将组织重点抽查。

（五）提升免检工作

全面把握省局（公司）免检工作新要求、新标准，珍惜“规范管理免检单位”的荣誉。认真对照免检新指标和年度规范工作重点，持续整改存在的问题，扎实做好基础管理工作。深入研究免检工作规律，运用制度化、流程化、标准化等方法，将免检工作与制度、质量、对标、绩效等管理有效结合，推进免检工作常态化运作。要妥善处理好免检工作与业务工作检查的关系。统筹开展好各类检查，切实减轻基层单位，特别是免检单位的负担。要严格现场考评，依据《管理规范免检单位现场考评人员管理细则（试行）》，坚持好中选优，组成考评工作组，统一标准、严肃纪律、规范操作，确保考评质量。省局（公司）整顿办要在四月底前组织开展免检单位现场考评工作。要健全退出机制，按照“四高”原则（高门槛、高荣誉、高压力、高境界），坚持“能进能退”，更好地发挥规范管理激励导向作用，实现“以规范保持免检，以免检促进规范”目标。

（六）加强整顿办建设

各单位要进一步充实力量，配备专职人员，挂牌运作。要加强业务培训，提高工作能力。健全制度，做到职责明确、要求严格、运转顺畅。各单位整顿办队伍建设落实情况于5月底前报省局（公司）。

四、相关要求

（一）落实责任

各级领导干部要高度重视、切实履责，构建逐级负责的责任传导落实机制。主要领导要亲自过问、全面负责，分管领导要明确责任、狠抓落实；整顿办要发挥好“牵头、协调、综合、指导”作用，提高工作主动性和有效性；相关部门要各司其职、各尽其责，确保整顿规范工作运作规范、协调顺畅、监管到位。

（二）夯实基础

各单位要紧密结合自身工作实际，根据本方案研究制定专项实施细则，并于4月底前上报省局（公司）。要健全完善各类台账，按规定要求及时上报统计数据。提高工作动态报道水平，做到工作痕迹全面、真实、准确。

（三）创新管理

要大力推进自行招标等实践创新，指导培育典型，探索、总结有益模式和经验。要强化整合，借助科技创新项目、QC 小组等平台，着眼全局、着力基层，发现新问题，寻求新办法，提高工作效率，增强监管实效。

（四）改进作风

大力弘扬“六实”作风，求真务实，进一步严格规范各级领导干部特别是主要领导的权力行使，切实做到“四个严禁”，对于不经民主决策“个人说了算的”，应当公开招标擅自变更采购方式的，违反规定搞“虚假招标”“明招暗定”“互相串通围标串标”等违法违纪问题，必须问责追究，保证制度的权威性、严肃性。

安徽省烟草专卖局（公司）关于印发《2013 年度各直属单位信息化评价考核细则》的通知

皖烟办〔2013〕106 号

行业各直属单位：

为引导和激励各单位信息化建设，提升各单位信息化综合能力，特制定《2013 年度各直属单位信息化评价考核细则》，现印发给你们，请遵照细则要求抓好各项工作。

安徽省烟草专卖局

2013 年 4 月 10 日

安徽省烟草专卖局（公司）2013 年度直属单位信息化评价考核细则

为引导和激励直属单位信息化建设，构建上下贯通、左右协同、资源共享的一体化数字烟草，进一步提升信息化工作水平，加快推进“卷烟上水平”战略任务，特提出 2013 年直属单位信息化工作评价考核意见。

一、考核依据

1. 《烟草行业信息化水平评价体系》。
2. 《安徽省烟草专卖局（公司）2013 年度经济运行及工作业绩考核办法》。
3. 《安徽省烟草专卖局（公司）信息化工作管理办法》。

二、考核原则

以人为本原则、有效激励原则、突出重点原则、强化基础原则、鼓励创新原则、简单明确原则。

三、评价考核指标体系、赋值、评价标准和依据见附表

附表：

2013 年度各市局(公司)信息化考核评价指标体系框架与权重

一级指标	权重	二级指标	权重	三级指标	权重	评价标准及依据
一、基础管理	30 分	1.1　信息化领导力与推动力	3	1.1.1　年度工作会议报告中具有独立章节的信息化相关内容情况	1	依据工作报告
				1.1.2　召开年度信息化领导小组会议	1	依据会议纪要或图片资料
				1.1.3　主要负责人推动信息系统建设情况	1	依据会议纪要或图片资料
		1.2　信息化计划与投资管理	4	1.2.1　信息化规划、年度计划	1	年度信息化建设任务是否清晰并被公司明确,查看年度工作计划与会议纪要
				1.2.2　信息化投资预算管理	2	预算上报规范率(归口管理、上报分类等)得 1 分,年度预算执行率超过 80% 得 1 分
				1.2.3　年度信息化投资规模与结构	1	投资预算额度与结构是否合理
		1.3　机构与人员	8	1.3.1　部门人员配备	2	信息中心设置专职统计人员得 1 分,其他岗位健全,职责清晰得 1 分,查看岗位职责说明书与实际人员工作分工
				1.3.2　晋升通道及技术人才	4	聘任中级职称的 1 人得 2 分,有信息管理、安全、网络、软件、项目管理等高级职业资格的 1 人 1 分
				1.3.3　培训工作	2	培训人次达到在编员工总数 50% 的得 1 分,信息化专业培训(省局统一组织的除外)2 人次 1 分,1 人次 0.5 分

（续表）

一级指标	权重	二级指标	权重	三级指标	权重	评价标准及依据
一、基础管理	30 分	1.4　制度建设与执行力	10	1.4.1　健全本单位的信息化工作管理制度	1	包括项目管理、计算机中心机房及主机设备管理、信息安全及应急管理、网络管理、和信息系统运维管理、信息化资产管理、统计工作制度等，本年度制度的废改立情况
				1.4.2　标准的执行	1	是否执行省公司相关技术标准
				1.4.3　信息化项目管理执行	3	对照预算选择项目，查看项目档案卷宗和信息系统过程管理痕迹，是否依据项目管理规定执行，如发现 100 万元以上信息化投资项目未按省局投资管理规定履行投资管理审批手续，3 分全扣
				1.4.4　上报信息化年度工作总结与工作计划	1	按时间要求上报 0.5 分，内容完整，思路清晰，0.5 分
				1.4.5　信息化资产管理执行	1	软件资产纳入资产管理得 0.5 分，正版化率达 100% 得 0.5 分。现场查看本年度软件资产管理情况
				1.4.6　专项工作任务执行	3	未按要求完成专项工作任务，一次 1 分。以日常统计为依据
		1.5　队伍素质	5	1.5.1　参与科技创新	2	省公司立项项目 1 个 2 分，面上项目 1 个 1 分，以科技项目文件为依据
				1.5.2　论文与竞赛	3	本年度在核心期刊发表论文的每篇 1 分，“读书与研究”活动有获奖的按一、二、三等奖分别为 1.5 分、1 分、0.5 分，技术竞赛获奖的分别按一、二、三等奖得 1.5 分、1 分、0.5 分。以评选结果为依据
二、信息化建设与应用	25	2.1　已上线系统使用水平	15	2.1.1　门户系统的使用	2	查看系统使用记录，现场考核管理岗位的使用情况
				2.1.2　质量管理体系文件系统	2	查看系统关键数据，现场抽取关键岗位考核系统使用
				2.1.3　HR 系统	3	查看系统关键数据，现场抽取关键岗位考核系统使用
				2.1.4　GPS 系统使用完善	3	查看系统使用记录，现场抽取一线员工考核系统使用
				2.1.5　专卖与内管系统使用	3	查看系统使用记录，现场抽取一线员工考核系统使用
				2.1.6　135 工作法	2	查看系统使用记录，现场抽取一线员工考核系统使用

（续表）

一级指标	权重	二级指标	权重	三级指标	权重	评价标准及依据
二、信息化建设与应用	25	2.2 新建系统实施能力	7	2.2.1 承担省局(公司)信息系统建设试点	2	积极参加省局系统试点,为全省的使用提供宝贵经验。以省局文件或者现场会为依据。一个1分
				2.2.2 参与完善系统功能工作	2	参与系统调研、提供合理化建议、协助完善系统功能的过程中有重要贡献的,单系统单次加0.5分。依据日常记录
				2.2.3 全省实施质量控制过程管理	3	基础数据准备不充分(有遗漏或错误)的,扣1分;实施组织工作不得力的,扣1分;影响系统上线的,扣1分;未按要求使用的,扣1分。依据日常记录和系统运行数据
		2.3 市局(公司)应用创新	3	2.3.1 市局公司自主建设的应用系统对管理模式、业务流程创新支持	2	以创新成果是否被全省推广为原则,一个1分
				2.3.2 依靠自身力量自主研发的信息系统	1	本年度开始自主研发的信息系统,1个1分
三、安全运维	25	3.1 机房管理	5	3.1.1 机房IT资产全生命周期管理	2	依据资产台账与相关管理记录,检查《安徽省烟草专卖局(公司)机房设备管理规范》执行情况
				3.1.2 机房环境管理规范	2	机房内线缆是否绑扎平整、有序,走线规范;重要设备和线缆是否有标签、标识,两端标记清晰简明
				3.1.3 机房运行环境监控	1	机房是否有监控系统(平台),可以对供电、空调、温湿度、消防、漏水检测、门禁等进行集中监控管理,并可通过短信、电话或邮件等方式进行报警
		3.2 信息系统运维管理	10	3.2.1 IT基础设施运维管理	2	机房、网络、主机(服务器)、存储(备份)等IT基础设施设备的运维是否确定了运维服务机构或承担人员并明确了责任,是否建立了包括备品备件在内的应急保障机制,是否开展了定期巡检;缺少一个方面扣0.5分,最多扣2分。依据运维服务合同、日志记录和现场查看
				3.2.2 应用系统运维管理	3	应用系统日常运维管理是否与相关业务部门(使用部门)有明确分工,对问题和事件进行统一的记录和响应(包括协调、沟通有关服务机构)得1分;有完整的数据备份方案,并按方案进行数据备份与检查,定期对数据备份有效性进行检查得2分;依据相关记录和现场查看

（续表）

一级指标	权重	二级指标	权重	三级指标	权重	评价标准及依据
三、安全运维	25	3.2　信息系统运维管理	10	3.2.3　运维支撑体系建设情况	2	是否运用信息技术支撑运维管理，建立或具备了系统运维的技术手段，包括运维管理平台、网络监控系统、主机（服务器）监控系统等，是否对系统日志进行记录和保存，缺少一个方面扣0.5分，依据相关记录和现场查看
				3.2.4　运维事件上报情况	3	发生影响生产的重大运维事件未及时上报一次扣0.5分，瞒报、漏报重大运维事件一次扣1分。按季度提交运维分析报告，少一次扣0.5分
		3.3　信息安全管理	6	3.3.1　信息安全管理制度执行	1	是否与运维服务机构签订了信息安全保密责任书，是否在开展信息（应用）系统建设时与合作单位明确了安全保密责任，日常信息安全管理的日志记录是否完整，缺少一个方面扣0.5分。以现场查看或有关资料（合同）为依据
				3.3.2　信息安全检查情况	3	每发现一个不合格项扣0.5分，以全省统一组织的信息安全专项或年度检查记录为依据
				3.3.3　信息安全保障体系建设	1	防病毒、防火墙、入侵检测、访问控制、上网行为管理等信息安全技术手段和措施基本完备。少一项扣0.5分，以现场检查或网络拓扑图为依据
		3.4　安全事件上报及应急响应	4	3.3.4　信息安全意识宣贯	1	每开展、举办一次集体安全宣传、教育或培训活动得1分，依据活动记录
				3.4.1　及时响应安全运维事件，及时上报有关信息	2	未按时上报《网络和信息安全事件季报》每次扣0.5分，瞒报、漏报安全事件一次扣2分，迟报一次扣1分。以上报材料或日常统计为依据
				3.4.2　开展安全演练	2	制定信息安全应急演练方案并根据演练方案至少开展2次应急演练（上下半年各1次），少一次扣1分，以开展演练的记录为准。是否对演练进行总结并进行方案完善，没有扣0.5分

（续表）

一级指标	权重	二级指标	权重	三级指标	权重	评价标准及依据
四、统计与数据管理	20	4.1 统计数据质量	8	4.1.1 卷烟生产经营数据统计应用系统数据采集和运维	3	系统数据采集规范、部门协作顺畅、系统运维管理符合要求的得基本分，其中一项不达标的扣1分，因为系统运维问题导致出现影响正常生产经营1小时以上的，发生一次扣1分，影响正常生产经营2小时以上的，发生一次扣3分。以日常统计为依据
				4.1.2 统计应用数据质量	5	统计应用日报每迟报一次扣1分，重报一次数据扣5分。以日常统计为依据
		4.2 统计服务水平	9	4.2.1 统计服务产品	2	定期编制统计报表和分析，每少一月报表和分析的扣0.5分。以上报的报表和分析为依据
				4.2.2 数据资源利用	4	年度至少报送2篇有价值的专题统计分析报告的得2分，少一篇扣1分。数据资源信息化利用和展示内容丰富、形式多样的得2分，一项不达标扣1分。以上报资料和现场考评为依据
				4.2.3 统计专题调查	3	专题统计调查组织得力、数据准确、分析翔实的得3分，其中一项不达标扣1分。以报备的调查资料为依据
		4.3 统计工作管理	3	4.3.1 统计人员资格	2	具备统计从业资格的得1分，具有统计师资格的得2分。以证书为依据
				4.3.2 统计资料管理	1	统计资料实行档案化管理得基本分，统计资料发生泄密的扣1分。以文件或现场考核为依据
五、加分项目	10	5.1 信息化工作重大成绩	10	5.1.1 信息化工作获得国家、省、市级表彰	6	分别得5分、3分、1分。以证书或其他凭证为依据
				5.1.2 获国家专利、软件著作权	4	本年度获得国家专利的每个加3分，最多得3分；获得软件著作权的每个加1分，最多加1分。以日常统计为依据。以上四项各单位须先自行申报，以证书为准
六、否决项		6.1 重大责任事故		6.1.1 影响生产经营		出现影响生产经营连续四个小时以上的信息责任事故，出现一次，一票否决
				6.1.2 社会影响责任事故		信息安全责任导致的重大泄密、造成重大社会不良影响等，出现一次，一票否决

四、考核方式

每年年底，根据上述指标对各单位进行统一评价，考察情况将作为经济运行质量考核的有机组成部分和衡量各单位信息化工作情况的重要依据。考核方式主要由日常统计、资料上报等方式进行，部分项目需结合现场考核进行。

五、其他

皖南烟叶有限责任公司、华环国际烟草有限公司的信息化评价考核体系参照本体系执行，去掉“四、统计与数据管理”项及“2. 1. 4 GPS 系统使用完善”和“2. 1. 6 135 工作法”等，保留部分分值相应按百分比调整。

安徽省烟草专卖局（公司）关于印发《安徽省烟草专卖局（公司）审计派驻办考核暂行规定》和《安徽省烟草专卖局（公司）优秀审计项目评选实施办法》的通知

皖烟办文〔2013〕9 号

行业各直属单位：

为进一步完善审计委派制、加强审计基础工作，省局（公司）修订了《审计派驻办考核暂行规定》和《优秀审计项目评选实施办法》，经局长（经理）办公会审议通过，现印发给你们，请认真贯彻执行。

安徽省烟草专卖局（公司）

2013 年 4 月 11 日

安徽省烟草专卖局（公司）审计派驻办考核暂行规定

第一章　总　则

第一条　为加强管理、充分调动各审计派驻办工作积极性，提高审计质量和监督、服务水平，发挥审计派驻办职能，制定本考核规定。

第二条　本规定适用于全省系统审计派驻办的年度考核。

第三条　考核遵循公开、公平、公正原则，省局（公司）每年底统一组织实施对各审计派驻办进行考核。

第四条　审计派驻办考核由省局（公司）审计委派管理办公室负责。

第五条　省局（公司）对各审计派驻办的考核结果，作为驻地单位对审计派驻办年度绩效考核和相关人员晋升的重要依据。

第二章　考核内容

第六条　审计派驻办机构考核

按照《安徽省烟草专卖局（公司）关于设立审计派驻办公室的通知》（皖烟人〔2010〕312号），独立设置审计派驻办，配齐审计人员，保证内部审计工作的独立性。

第七条　审计计划完成情况考核

（一）审计派驻办根据驻地单位管理监督需求，编制年度内部审计工作计划，并报省局（公司）审计处。

（二）审计派驻办将年度计划进行分解，按时上报上月计划完成情况和下月计划情况。

（三）审计派驻办按照审计计划组织开展审计项目，履行驻地监督职责。

（四）临时项目按省局（公司）或驻地单位要求组织实施，并在审计处备案并报告结果。

第八条　审计项目完成情况考核

（一）独立完成或合作完成的审计项目数量。

（二）审计派驻办按照年度计划安排，积极派员参加省局（公司）统一组织的审计项目。

（三）审计派驻办人员参加全省审计项目，其现场考核结果纳入审计派驻办年度工作考核。审计派驻办人员参加全省审计项目的考核按照现场审计人员考核相关规定执行。

第九条　审计工作质量考核

（一）审计项目质量。审计项目质量符合相关规定要求，包括审计程序符合规定，审计工作底稿的编制和审计报告的撰写、审计资料归档等符合内部审计质量要求。

（二）优秀审计项目评比。按照《安徽省烟草专卖局（公司）优秀审计项目评选实施办法》组织实施。

（三）年度审计成果评比。各审计派驻办展示年度审计成果，重点突出实用性、有效性及价值性。

（四）审计派驻办主任年度述职情况。

第十条　专项审计工作考核

（一）审计项目报告按规定报驻地单位领导和省局（公司）审计处。

（二）季度审计报表上报情况。

（三）年度审计工作总结内容客观，清晰反映审计派驻办工作开展及成效。

（四）使用审计信息系统开展审计项目，加强项目管理和在线审计的应用。

（五）科研工作开展情况。包括参加省局（公司）组织的科技创新项目，自身独立开展完成的科研项目及QC项目，发表的专业论文等。

第十一条　其他方面考核

（一）重大违规违纪问题及时上报情况；
（二）被推荐参加国家局审计项目或省审计厅审计项目；
（三）获得的荣誉和奖励；
（四）取得审计及相关专业技术职称或职业资格情况；
（五）提出全省审计工作合理化建议；
（六）其他工作情况。

第三章　考核方法及程序

第十二条　对审计派驻办的考核采取资料审阅和年终述职相结合的方式进行。

第十三条　资料审阅是对审计派驻办上报的审计报告、审计工作计划、总结等进行审阅、比较，得出考核结论。

第十四条　年终述职是在年度终了，统一组织各地派驻办主任进行年度述职，由省局（公司）审计委派管理办公室组织考核评价工作。

第十五条　考核组根据资料审阅和年终述职情况，综合评定各审计派驻办年度工作情况。

第十六条　工作质量考核结果分优秀、良好、合格、不合格四个等级。

第十七条　考核方法与程序

（一）审阅各审计派驻办上报的资料，进行考核评价；
（二）开展年终述职，进行现场考评；
（三）汇总确定各审计派驻办年度工作考核结果；
（四）考核结果提交审计委员会或总经理（局长）办公会决定。

第四章　奖　惩

第十八条　省局（公司）对评选出的优秀审计派驻办给予通报表彰，并对派驻办人员给予适当奖励。

第十九条　实施年度计划内项目时，未正确履行审计程序导致未发现所在单位重大违规违纪问题，或正确履行审计程序发现所在单位重大违规违纪问题但未及时上报的，承担监督连带责任，年度考核实行一票否决。一票否决的处罚由省局（公司）专门研究后下达。

第二十条　审计派驻办及派驻人员的考核结果，作为省局（公司）评定直属单位审计工作先进集体和先进个人的重要依据。

第五章　附　则

第二十一条　本规定由省局（公司）负责解释。

第二十二条　本规定自发布之日起施行。原《安徽省烟草专卖局（公司）审计派驻办工作质量考核暂行规定》（皖烟办文〔2011〕30号）同时废止。

审计派驻办考核评分表

年　　月　　日

考核项目		权重	考核内容	得分
审计机构及人员（10分）	独立设立审计派驻办	5	按照（皖烟人〔2010〕312号），独立设置审计派驻办得5分；未独立设置审计派驻办，不得分	
	配齐审计人员	5	配齐专职审计人员3名，得5分；少配齐一名，扣1分；未取得上岗资格证的（一年以上），扣0.5分；兼职审计人员不纳入考核	
审计工作计划及小结（12分）	编制年度审计工作计划，并及时上报；分解年度计划	4	编制了年度审计计划得2分，及时上报加1分。年度计划项目分解到月份和人员安排，加1分	
	按时上报上月计划完成情况和下月工作计划	2	按时上报上月工作小结和下月计划情况，审计月份小结和计划内容客观，得2分，未及时（次月2日前）上报，一次扣0.5分，扣完为止	
	按计划开展审计项目	4	计划项目全部完成得4分；未按计划开展审计项目或未按规定变更项目计划，一个项目扣1分，扣完为止	
	按省局或驻地单位要求组织实施临时项目	2	按省局或驻地单位要求组织实施的临时项目，未上报备案和审计结果的，分别扣0.5分，扣完为止	
审计项目完成情况（20分）	独立或合作完成审计项目数量	8	完成项目数量达到全省单位平均数得5分，每±0.1项±0.1分，加/减以3分为限	
	参与省局（公司）项目	8	按照省局计划安排，派员参与审计处统一组织的审计项目或其他工作安排，达到全省平均人次的得5分，每±0.1人次±0.1分，担任项目主审每一人次多加1分，最高得8分；全年未派人参加省公司项目扣5分	
	全省审计项目现场工作考核	4	参与全省审计项目的派驻办人员，按现场审计人员考核办法的规定进行考核，总体考核为“优秀”的得4分，总体考核为“良好”的得3.5分，总体考核为“一般”得3分，总体考核为“差”、全年未参与省公司项目，本项不得分	
审计工作质量（40分）	优秀审计项目申报及评比	10	积极申报优秀审计项目参加评比，得5分，获得优秀项目前3名加5分，4～6名加4分，7～12名加3分，13名以后加2分；不参加本项不得分	

（续表）

考核项目		权重	考核内容	得分
审计工作质量（40 分）	年度审计成果评比	5	按要求参加年度审计成果评比，得 2 分，获得审计成果评比前 3 名加 3 分，4 ~ 6 名加 2 分，7 ~ 12 名加 1 分，13 名以后不加分；不参加本项不得分。审计成果评比计分办法另行规定	
	审计项目质量	5	审计程序符合规定，得 1 分；审计工作底稿符合内部审计具体准则第 4 号规定和行业相关规定，得 1 分；审计报告符合内部审计具体准则第 7 号规定和行业相关规定要求，得 1 分；审计资料归档符合审计档案管理要求，得 1 分；其他 1 分（年末集中上报与抽查相结合）	
	年度述职	20	按要求参加述职得 15 分，述职前 3 名加 5 分，4 ~ 6 名加 4 分，7 ~ 12 名加 3 分，13 名以后加 2 分。述职考评计分办法另行规定	
专项工作（18 分）	审计项目报告上报	2	审计项目报告按规定报驻地单位领导和审计处（上报途径为 FTP：/审计处/审计报告上报文件夹），得 2 分，未报一次扣 0.5 分	
	季度审计报表上报	2	按时上报季度审计报表，得 2 分；未及时（季度末次月 5 日前）上报，一次扣 1 分，扣完为止	
	年度工作总结	2	审计年度总结思路清晰、内容充实、分析透彻，清晰反映派驻办工作开展及成效，得 2 分	
	审计信息系统使用	8	全部项目实施过程通过信息系统完成的每个项目得 1 分，总计不超过 6 分；事后补录项目信息的每个项目得 0.5 分，总计不超过 3 分；项目完成后及时完成项目台账及项目归档，进行项目关闭，至每年年底，项目未正常关闭，每个项目扣 0.5 分；通过信息系统发布审计新闻每条加 0.25 分，总计不超过 1 分；发现审计信息系统使用中存在的问题或提出合理建议，每条加 0.5，总计不超过 1 分	
	审计相关科研工作	4	承担审计相关科技创新项目、信息化需求调研等，每项得 1 分；独立承担课题项目并取得成果的加 2 分；取得 QC 活动成果的加 1 分；在省级及以上刊物发表会计、审计等专业文章，每发表一篇加 0.5 分（带 CN 刊号的每一篇另加 0.5 分）。本项最高 4 分	

（续表）

考核项目		权重	考核内容	得分
加分项（20分）	获得的荣誉或奖励	3	获得国家局（总公司）或省部级先进集体或先进个人一次，或专项工作获得通报表扬的加2分；获得省局（公司）或省厅局级先进集体或先进个人一次，或审计相关工作获得通报表扬的加1分	
	取得相关考试资格	6	当年取得高级会计（审计）师、注册会计师、造价工程师或CIA资格一人次，加2分；当年取得会计（审计）中级职称、造价员、注册税务师资格一人次加1分。历年取得以上证书，每人次加0.5分。本项最高6分	
	参加财审知识竞赛	5	参加财审知识竞赛获得团体名次分别得4分、3分、2分和1分；审计人员获得十佳称号得3分。本项最高5分	
	被推荐参加国家局审计项目或省审计厅审计项目	2	被推荐参加国家局项目审计或省审计厅项目审计每人次加1分	
	合理化建议	2	提出对全省审计工作的合理化建议，主动申报并被采纳的，一项加0.5分	
	其他工作	2	按要求完成审计处安排的计划外其他工作，得2分	
否决项	重大违规违纪问题及时上报		在实施年度计划内项目或临时项目时，未正确履行审计程序导致未发现所在单位重大违规违纪问题，或正确履行审计程序发现所在单位重大违规违纪问题，但未及时上报的，实行一票否决	
合计		120		

安徽省烟草专卖局（公司）优秀审计项目评选实施办法

第一章　总　则

第一条　为进一步提高审计项目的质量和水平，打造精品审计项目，制定本考核办法。

第二条　本办法适用于各直属单位及其投资控股企业自主开展的审计项目和专项审计调查。

第三条　优秀审计项目评选工作遵循公开、公平、公正的原则，采取统一组织评选的方式进行。

第四条　省局（公司）每年末或下年初对各单位上年开展的审计项目组织优秀审计项目评选。

第五条　省局（公司）成立优秀审计项目评选小组。评选小组由分管审计工作的领导任组长，审计部门负责人任副组长，有关专家及相关审计人员为成员。评选小组负责组织实施优秀审计项目评选工作，提出评选意见。

审计处具体负责优秀审计项目评选的日常工作。

第二章　项目申报

第六条　参加评选的审计项目必须为参评单位在该年度已经实施完毕，并按时完成立卷归档的项目。参评项目应当符合下列条件：

（一）审计工作全过程严格按照内部审计工作相关规定实施；

（二）审计结果事实清楚，证据确凿，定性准确，评价客观公正，建议切实可行，并得到较好确认，所发现问题得到认真整改；

（三）项目实施过程中，审计人员违反廉政规定和审计工作纪律，不能参加优秀审计项目评选。已被评为优秀审计项目的，予以撤销。

第七条　项目申报采取自行申报或审计处随机抽取的方式。参评单位根据优秀审计项目评选内容，先进行自评，自评得分在 85 分及以上的项目方可申报，并填报《安徽省烟草专卖局（公司）优秀审计项目申报表》（附件一），每个单位原则上可推荐 1 ~2 个审计项目参加评选；审计处随机抽取的项目按抽取结果申报参评。

第八条　各单位推荐的审计项目遵循实事求是原则。对弄虚作假的项目，取消参加本次评选资格，并予通报批评。

第三章　评选实施

第九条　优秀审计项目评选内容分项目计划、项目组织、项目实施、审计终结四部分，总分值100分。具体内容及分值设定见《安徽省烟草专卖局（公司）优秀审计项目评选表》（附件二）。

第十条　省局（公司）审计处收到各单位推荐的参评审计项目后，根据评选条件对其进行资格审查和初评，提出符合参评优秀审计项目名单，报优秀审计项目评选小组评选。

第十一条　优秀审计项目评选遵循以下流程：

（一）成立优秀审计项目评委专家组，选定3～5名专家组成评委专家组。评委专家组实行回避原则，并逐年适当调整；

（二）评委专家组成员按照本办法和评分标准，独立审阅项目档案。根据评分标准，分别对项目计划、项目组织、项目档案等程序性内容进行打分；对审计工作底稿、审计报告、审计建议部分进行分项打分；

（三）成立考评计分组，由三名同志组成，将评委专家的评选分值合并平均，得出每个项目最终得分。

第十二条　评选结束后，按项目得分排序，最终选定30%的项目为年度优秀审计项目，但总数不超过6个。

第十三条　优秀审计项目评选结果在全省系统内公示，公示结束后提请省局（公司）办公会议审定。

第十四条　省局（公司）对被评选的优秀审计项目给予通报表彰，并对项目组人员给予适当奖励。

第四章　附　则

第十五条　本办法由省局（公司）负责解释。

第十六条　本办法自发布之日起施行。原《安徽省烟草专卖局（公司）优秀审计项目评选实施办法》（皖烟审〔2010〕333号）同时废止。

附件一

安徽省烟草专卖局（公司）优秀审计项目申报表

<table>
<tr><td>项目名称</td><td></td><td>自评得分</td><td></td></tr>
<tr><td>项目组成员及分工</td><td colspan="3"></td></tr>
<tr><td>主要事实或理由</td><td colspan="3"></td></tr>
<tr><td>推荐单位意见</td><td colspan="3">（盖章）
年　　月　　日</td></tr>
</table>

附件二

安徽省烟草专卖局(公司)优秀审计项目评选表

年　　月　　日

单位名称：　　　　　　项目名称：　　　　　　考评总得分：　　　分

评价内容	分值	评分标准	情况描述	实得分
一、项目计划	10			
1. 针对本单位经营管理的重点或难点问题编制年度审计计划,并以文件形式下达。该项目在年度计划之列。未列入年度计划但审计项目经局长(经理)办公会议通过,或领导授权实施,领导授权实施应签有审计指令	5	编制了年度审计计划,得2分;计划以正式文件形式下达,加2分;该项目在年度计划之列加1分。计划外项目,经局长(经理)办公会议通过,或领导授权实施并签有审计指令的项目得4分。领导授权实施未签审计指令的项目得3分。属于部门自定的项目或临时增加的项目得3分		
2. 开展的审计项目分类(财务收支类/经济责任类/管理类(基建工程))	5	财务收支项目得4分,经济责任类、管理类、基建工程管理类(不含单一零星维修工程)项目得5分		
二、项目组织	10			
1. 提前5天(有效工作日)向被审计部门下达审计通知书,告知审计事项	2	提前5天向被审计部门下达审计通知书,告知审计事项得2分,其他告知得1分,未提前告知不得分(保密项目除外)		
2. 制定具体详细的审计实施方案	5	制定审计方案得1分,方案含有审计内容、方法、人员组成、时间安排各加1分		

（续表）

评价内容	分值	评分标准	情况描述	实得分
3. 抽调适当人员组成审计项目组(3 人及以上)	2	抽调符合审计项目要求的人员 3 人以上(含)得 1 分;项目组有业务部门派员参加增加得 1 分		
4. 审前准备,留有收集整理相关资料和制度的痕迹(如提供的资料清单等)	1	审前及时收集相关资料和制度并留有痕迹,得 1 分		
三、项目实施	50			
1. 按审计方案在规定时间内完成现场审计工作	2	按照方案要求组织现场审计,按时完成审计任务得 2 分;未按时完成得 1 分		
2. 采用恰当的审计方法和程序	10	查阅业务、财务等资料得 3 分。开展座谈(谈话)、问卷调查等方式加 2 分;运用审计信息系统在线审计统计分析方法等加 1 分;运用抽样审计加 1 分;运用分析性复核加 1 分;开展内控制度符合性测试加 2 分		
3. 审计工作底稿规范	15	审计工作底稿格式规范(工作底稿十要素齐全)、内容详实(有审计实事、审计发现和审计意见建议,审计实事描述充分,定性依据确凿),阐述清晰(审计描述遵循时间循序、工作流程或逻辑顺序等)、证据充分(定性依据有具体的法律、法规、规章以及内部管理制度条款)、结论恰当(不同的人可以依据审计发现和定性依据得出基本一致的结论)各得 3 分		

（续表）

评价内容	分值	评分标准	情况描述	实得分
4. 开展了审计复核	3	组长或审计部门负责人对工作底稿、工作日志等进行了审计复核并签字（每张底稿、日志签字），重大事项及时进行报告得 3 分		
5. 与被审计部门充分沟通协调，并达成一致意见（有被审计单位反馈材料）	5	与被审计部门沟通反馈（出具征求意见稿）得 3 分，达成一致意见（有被审计单位反馈材料或被审单位签署意见）加 2 分		
6. 审计报告符合规范要求	15	审计报告格式规范、内容简洁、论证充分各得 2 分，审计问题定性准确、建议有价值各得 3 分；报告与工作底稿充分关联得 3 分。审计结论依据不足、定性不太准确扣 2 分；所提建议不具有建设性扣 2 分		
四、审计终结	30			
1. 向局长（经理）办公会议报告审计情况、结论及审计建议	5	向办公会议报告审计情况、结论和审计建议并有会议纪要得 5 分。直接出具审计报告或审计（管理）建议书得 3 分		
2. 下达整改通知书，提出明确整改要求	5	下达整改通知书，提出明确整改要求的得 5 分；未提出明确整改要求的得 3 分		
3. 审计建议被采纳利用情况	10	审计建议被全部采纳，并在审计报告要求时间内整改得 10 分。未能按要求整改的，发现一项扣 2 分，扣完为止		
4. 对整改落实情况进行跟踪审计	5	跟踪复查整改落实情况得 5 分（有跟踪审计底稿和报告）		
5. 审计档案整理归档	5	审计资料齐全、按时归档、按序装订得 5 分		

安徽省烟草专卖局（公司）关于印发《改进工作作风、密切联系群众的实施细则》和《机关公务接待细则》的通知

皖烟办文〔2013〕8号

各直属单位、省局（公司）机关各部门：

为贯彻落实中央有关规定，经过深入研究、反复研讨，在结合行业实际的基础上，省局（公司）制订了《关于改进工作作风、密切联系群众的实施细则》和《机关公务接待细则》，现将贯彻落实有关要求通知如下：

一、统一思想，提高认识

认真学习、深刻领会、全面落实习近平总书记的重要批示以及中央、省委省政府、国家烟草专卖局关于改进工作作风、密切联系群众的各项规定，是当前工作中的首要政治任务，是贯彻党的十八大精神的重大举措和实际行动，是“政治做强、作风做正、业务做精、队伍做硬”的重要内容，是推进组织成长的重要保障，具有很强的现实指导意义。全省系统要认真学习各项规定及实施细则，把思想和行动统一到中央精神上来，深刻领会改进作风、反对铺张浪费的内涵和重要意义，不折不扣地贯彻落实好中央、省委省政府以及行业制订的各项规定和要求。

二、细化措施，健全制度

行业各直属单位和省局（公司）机关各部门要高度重视、认真组织，在深入学习、深刻领会的基础上，按照中央、省委省政府以及行业的部署和要求，结合实际，抓紧制订贯彻落实的具体措施和办法，尽快建立健全相关制度和各项工作标准。贯彻措施要突出针对性、有效性和可行性，要更具体、更明确、更细致，切实做到有章可循、有规可依，为改进作风、反对铺张浪费提供制度保障。

三、领导带头，率先垂范

各级领导干部要带头落实各项规定及实施细则，要和贯彻落实党的十八大精神结合起来，坚持以邓小平理论、“三个代表”重要思想、科学发展观为指导，带头改进工作作风，带头深入基层调研，带头解决实际问题，坚决克服形式主义、官僚主义，力戒铺张浪费，整治庸懒散奢，把改进工作作风、加强廉洁自律、反对铺张浪费逐步培养成一种自觉行动和习惯，勤奋工作、积极实践，做出表率、抓出成效，以实际行动推进全省系统健康成长、科学发展。

四、加强监督，形成机制

行业各直属单位和省局（公司）机关各部门要严格执行两个实施细则，各级纪检监察机构要把监督执行两个实施细则作为改进党风、政风、行风的一项经常性工作来抓，审计部门要对会议和接待情况进行重点抽查审计。省局（公司）将加强督促检查，各单位要将贯彻落实情况于每年12月10日前报省局（公司）。

安徽省烟草专卖局（公司）
2013年4月12日

安徽省烟草专卖局（公司）关于改进工作作风、密切联系群众的实施细则

一、注重调研效果

开展调研应明确主题，有关处室应制订调研计划，并及时提交办公室，避免集中或轮番到一条线路调研。调研要减少陪同人员。深入基层，多上市场、队所、烟站、现场，掌握真实情况，分析存在问题，制定具体措施，注重实际效果。要善于利用信息技术，能通过信息网络获取的数据，不再要求基层单位上报，或到基层单位调研。

二、简化接待工作

公务接待工作应坚持简化礼仪、务实节俭、杜绝浪费的原则，实行先审批、后接待，具体标准见《机关公务接待细则》。

三、切实加强会议管理

严格执行《会议管理规定》和全年会议计划。机关各部门要本着务实高效的原则，严格清理、切实减少各类会议活动，能不开的坚决不开，能合并的坚决合并。召开计划外会议，应按照会议计划管理规定报批。除必须当面对接的会议外，其他会议原则上以视频会议方式进行，一般不请外地同志到主会场参会。各类会议原则上在培训中心、徽州皖韵假日酒店、九子山宾馆和迎客松宾馆召开，现场会等特殊情况须经省局（公司）局长、总经理办公会批准。除表彰先进模范等特殊情况外，不安排会议合影。要坚持开短会、讲短话，力戒空话、套话。严禁以任何名义发放纪念品、促销品等，不安排集体宴会。会议活动现场布置和会议材料印制要简朴，不摆放果盘、糕点、花草，不制作背景板，不配高档文件袋，不专门印制文件袋。

四、严格控制事务性活动

省局（公司）领导一律不出席各直属单位一般性剪彩、奠基活动和庆祝会、纪念会、

表彰会、研讨会及各类论坛等。直属单位开展以上活动，须经省局（公司）批准。严格控制各类考核、评比、表彰，能合并的要合并进行，省局（公司）机关部门开展以上活动，须经省局（公司）局长、总经理办公会批准。

五、精简文件简报

严格控制发文数量，凡上级已有明确规定的，一律不再制发文件，原则上不以正式文件转发文件，确需转发的，须提出具体贯彻落实意见。缩减文件篇幅，力戒空话、套话。省局（公司）上报国家局、总公司，各直属单位上报省局（公司）简报原则上只保留一种。各部门增加简报种类需省局（公司）局长、总经理办公会批准。

六、改进新闻报道

严格执行《新闻报道和信息发布管理规定》，根据工作需要、新闻价值、社会效果，决定是否发布省局（公司）领导出席的会议、调研活动新闻稿。加强对基层一线的报道力度，把宣传的触角向生产经营现场、改革创新成果、新人新风新事延伸。

七、规范企业往来

各直属单位要对工商企业之间召开的各类推介会、恳谈会、联谊会、座谈会等类似会议加强管理，确需召开的要严格报批程序、严格控制规模。各直属单位跨辖区参加上述活动的，要报省局（公司）批准。严禁下属企业到上级单位进行拜访宴请。

八、外事活动、车辆使用和配备按照有关规定执行

公务车辆不得到娱乐场所、旅游景区等。领导不得驾驶公务车辆，严禁公车私用。

本实施细则自发布之日起施行，本细则未规定内容，按上级有关规定执行。此前印发的有关规定，凡与本细则不一致的，以本细则为准。

安徽省烟草专卖局（公司）机关公务接待细则

为深入贯彻落实中共中央关于改进工作作风、密切联系群众的有关规定，根据国家烟草专卖局以及省局（公司）公务接待工作有关文件要求，按照规范有序、务实节俭、便于公务的原则，结合工作实际，制定本细则。

一、公务接待规格

1. 厅局级以上领导及重要来宾，由省局（公司）领导出面接待；

2. 其他人员来访，由机关对口部门出面接待。

二、公务接待分工

1. 省局（公司）机关的公务接待工作由办公室统一管理与协调，机关行政管理中心和培训中心具体执行。

2. 厅局级以上领导及重要来宾来访，由办公室拟定接待方案，机关行政管理中心、培训中心或有关单位负责接待安排。

3. 其他人员来访，由各对口部门制定接待方案，经办公室审核后，机关行政管理中心、培训中心或有关单位负责接待安排。

三、公务接待标准

（一）接待礼仪

在接待过程中不张贴悬挂标语横幅，不安排职工迎送，不专门摆放花草，不组织专场文艺演出，不安排合影，不到辖区边界、高速路口迎送，遇道路不熟可安排一辆带路车引导，直接参与接待的人数要从紧控制。

（二）用餐地点

接待用餐原则上在行业内餐厅进行，确需在外安排的，应严格审批程序，并选择定点酒店；系统内外普通工作人员，中午可安排员工自助餐厅就餐。定点酒店以卫生、安全、安静的中档酒店为主，由办公室、财务管理处和机关行政管理中心共同研究确定，每年公布一次。

（三）用餐标准

接待省商业系统内来人安排自助餐或工作简餐，原则上不宴请，中午全面禁酒。接待省商业系统外来宾可视情况安排工作简餐或自助餐，原则上中午不宴请，特殊情况须经省局（公司）领导批准；同批次客人宴请不得超过一次。自助餐按员工标准执行，工作简餐每人每餐不超过 40 元。确需宴请的，厅局级以上每人每餐不超过 100 元，厅局级（含）以下每人每餐不超过 80 元。用餐应厉行节约，避免奢侈浪费，不上高档菜肴、不上高档酒，文明饮酒，严格控制用酒数量。陪餐人员不得超过 5 人。

（四）住宿标准

住宿安排以干净、便捷、不奢华为准则。厅局级（含）以上可安排普通套房，厅局级以下安排单人间或标准间。

（五）接待车辆

本着轻车简从、集中乘车的原则安排车辆。

四、公务接待审批流程

公务接待需履行审批手续，先审批、后接待。事前填写公务接待申请单（见附件 1），单位接待由办公室填写，部门接待由对口部门填写，报省局（公司）领导审批后交由相关接待部门办理。机关行政管理中心负责机关餐厅与定点酒店的食宿安排、机关会议室服务、车辆调配、返程票等事项的具体落实，培训中心负责在培训中心的食宿安排及会议室服务等事项。

若仅需要安排用餐的，只需填写用餐申请单（见附件 2），由机关行政管理中心或培训中心负责落实。

接待用品实行统一购领制度，省局（公司）机关行政管理中心根据采购管理规定在预算内实施采购并负责保管，机关各部门根据接待需要填写接待用品申领单（见附件 3），由办公室主要负责人签字后，到机关行政管理中心仓库领用。

五、公务接待费用报销流程

省局（公司）机关接待费用由办公室统一管理。接待费用应从严从紧控制，并按照预算管理的有关规定执行。

具体报销流程如下：

（一）在外用餐及住宿费用原则上一票一结，并实行公务卡结算。报销时由机关行政管理中心凭接待申请单、餐费结账明细单和餐费发票、住宿发票，经办公室审核，报省局（公司）分管领导审批后，到财务处结算。

（二）在机关餐厅或培训中心餐厅的餐费，由机关餐厅或培训中心餐厅每月底凭接待申请单开具票据，经办公室审核后到财务处结算。同时机关行政管理中心凭接待用品申领单，汇总当月用酒数量，经办公室审核后，到财务处结算。

六、其他

以上实施细则未规定的按照上级有关规定执行，本细则自发布之日起施行，原《机关公务接待细则》同时废止。

附件 1

公务接待申请单

年　　月　　日

<table>
<tr><td>申请部门</td><td colspan="2"></td><td>接待类别</td><td colspan="2">□单位接待　□部门接待</td></tr>
<tr><td rowspan="2">来宾信息</td><td colspan="2">主要来宾单位和级别</td><td colspan="3"></td></tr>
<tr><td>来访人数</td><td colspan="2"></td><td>来访目的</td><td></td></tr>
<tr><td rowspan="5">餐饮安排</td><td>就餐时间</td><td>就餐地点</td><td>主陪人员</td><td>总就餐人数</td><td>餐费标准（不含酒水）</td></tr>
<tr><td>___月___日午/晚</td><td></td><td></td><td></td><td>□A　□B　□C</td></tr>
<tr><td>___月___日午/晚</td><td></td><td></td><td></td><td>□A　□B　□C</td></tr>
<tr><td>___月___日午/晚</td><td></td><td></td><td></td><td>□A　□B　□C</td></tr>
<tr><td>___月___日午/晚</td><td></td><td></td><td></td><td>□A　□B　□C</td></tr>
<tr><td rowspan="3">住宿安排</td><td>住宿时间</td><td>住宿酒店</td><td>房间安排</td><td>责任人</td><td>费用支付情况</td></tr>
<tr><td></td><td></td><td>套____单____标</td><td></td><td>□来宾自理□省局支付</td></tr>
<tr><td></td><td></td><td>套____单____标</td><td></td><td>□来宾自理□省局支付</td></tr>
<tr><td>用车需求</td><td colspan="5"></td></tr>
<tr><td>会议室需求</td><td colspan="5"></td></tr>
<tr><td rowspan="4">返程</td><td>是否购买返程票</td><td colspan="4">□是　□否</td></tr>
<tr><td>返程时间</td><td>交通工具</td><td>航班（车次）</td><td>返程票数量</td><td>完成情况</td></tr>
<tr><td></td><td></td><td></td><td></td><td></td></tr>
<tr><td></td><td></td><td></td><td></td><td></td></tr>
<tr><td>审批情况</td><td>部门负责人</td><td colspan="2">办公室主任</td><td colspan="2">省局（公司）领导</td></tr>
</table>

备注：餐费标准，A 为每人每餐 100 元以内；B 为每人每餐 80 元以内；C 为工作简餐，以上餐费标准不含酒水。

附件 2

用餐申请单

接待时间：　　年　　月　　日午（晚）餐

<table>
<tr><td rowspan="2">来宾信息</td><td colspan="3">省系统内□　　省系统外□</td></tr>
<tr><td colspan="3">厅局级以上□　　厅局级（含）以下□</td></tr>
<tr><td>接待部门</td><td></td><td>总就餐人数</td><td></td></tr>
<tr><td>就餐地点</td><td colspan="3">机关餐厅□　　培训中心□　　定点酒店（　　　　　　）</td></tr>
<tr><td>餐费标准</td><td colspan="3">□A　　□B　　□C</td></tr>
<tr><td>经办人</td><td>部门负责人</td><td>办公室</td><td>分管领导</td></tr>
<tr><td></td><td></td><td></td><td></td></tr>
</table>

备注：

① 餐费标准，A 为每人每餐 100 元以内；B 为每人每餐 80 元以内；C 为工作简餐，以上餐费标准不含酒水。

② 在内部餐厅就餐的，由接待部门负责人审批即可；定点酒店就餐的，经分管领导批准，由办公室统一安排。

附件3

接待用品申领单

申领部门：　　　　　　　　　　　　　　　　　　领用日期：

类别	品名	单位	数量	备注
香烟				
酒类				
茶叶				
其他				

经办人	部门负责人	办公室主任	省局（公司）领导

安徽省烟草专卖局（公司）关于印发全面预算管理考核办法的通知

皖烟办文〔2013〕12 号

行业各直属单位：

为进一步加强全省系统全面预算管理，建立健全预算管理激励约束机制，推动预算管理上水平，省局（公司）修订了《安徽省烟草专卖局（公司）全面预算管理考核办法》，现印发给你们，请各单位结合实际，认真贯彻落实。

安徽省烟草专卖局

2013 年 5 月 7 日

安徽省烟草专卖局（公司）全面预算管理考核办法

第一章　总　则

第一条　为进一步加强全省烟草商业系统全面预算管理，建立健全预算管理激励约束机制，推动预算管理上水平，根据国家烟草专卖局关于烟草行业预算管理的有关规定以及《安徽省烟草专卖局（公司）关于印发全面预算管理办法的通知》（皖烟办文〔2011〕16 号），结合全省烟草商业企业实际，制定本办法。

第二条　本办法适用于安徽省烟草专卖局（公司）所属的卷烟批发企业、安徽皖南烟叶有限责任公司以及华环国际烟草有限公司。

第三条　全面预算管理考核工作由省公司预算管理委员会统一领导，省公司预算管理办公室负责具体组织和实施。

第四条　全面预算管理考核是对全面预算管理效果的评价，应遵循以下原则：

（一）目标原则：以预算目标为基础，根据预算管理工作效果评价预算管理工作的业绩。

（二）激励原则：预算目标是对预算执行者业绩评价的主要依据，预算考核应与激励机制相结合。

（三）时效原则：预算考核是动态考核，每期预算执行完毕要立即进行。

（四）例外原则：对一些影响预算执行的重大因素，如国家局、省局（公司）政策变化、重大意外灾害等其他不可抗力因素，预算考核时予以剔除。

（五）分级考核原则：根据全省烟草商业系统组织结构和预算目标的分解分层次进行，

即省局（公司）考核所属企业，所属企业考核本单位各预算责任主体。

第二章　考核内容与指标体系

第五条　全面预算管理考核内容主要包括月度预算管理考核、年度预算管理考核两项内容。

（一）月度预算管理考核包括月度全面预算考核、月度现金预算考核两项二级考核内容。考核得分占40%权重。

安徽皖南烟叶有限责任公司、华环国际烟草有限公司在某项业务未发生的月份相关业务预算不予考核。

（二）年度预算管理考核包括年初预算编制考核、年中预算调整考核两项二级考核内容。考核得分占60%权重。

（三）月度预算管理、年度预算管理考核明细指标及评分标准见附件。

第六条　其他考核指标

（一）其他考核指标要根据国家局、省局（公司）年度预算控制重点增加的考核指标。具体考核指标、分值及评分标准原则上在每年4月底之前确定。

（二）对于在年度预算管理工作中做出突出贡献、产生重大影响、取得重大突破的单位，经省公司预算管理办公室核实审定后一次性加1~5分。

第三章　考核依据

第七条　月度预算管理考核以月度预算数据、财务快报数据以及资金管理系统相关数据等为依据。

第八条　年度预算管理考核以年初预算编制数据、年中预算调整数据、财务快报数据以及年度决算数据等为依据。

第四章　考核方法与程序

第九条　全面预算管理考核采取日常考核与年终考核相结合的方式。日常考核主要是指对月度预算管理考核建立考核打分记录，在每期月度预算编制、执行完毕后进行记录与打分；年终考核主要是在年度结束后对年度预算管理以及其他考核指标进行考核。

（一）日常考核方法与程序

对于月度全面预算和月度现金预算的考核，由省公司预算管理办公室在平时工作中建立考核记录，每月根据各单位月度全面预算、月度现金预算编制的及时性、完整性、准确性以及执行情况，在核实、剔除不可抗力因素后，按照月度预算管理考核指标及评分标准进行打分。

月度全面预算、月度现金预算编制的及时性、完整性、准确性由省局（公司）根据每月的抽查记录进行打分。月度全面预算执行数据以财务快报数据为准，月度现金预算执行数据以资金管理系统相关数据为准。

省公司预算管理办公室在每月结束后应及时完成上月度全面预算以及现金预算的考核工作，并根据月度全面预算、月度现金预算考核得分，及时汇总计算各单位月度预算管理考核得分。

（二）年终考核方法与程序

对于年初预算编制和年中预算调整的考核，由省公司预算管理办公室根据例外原则对影响当年预算执行的不可抗力因素进行剔除后，根据年初预算编制的及时性、完整性、准确性、科学性以及执行情况，按照年度预算管理考核指标及评分标准进行打分。

对于其他考核指标，由省公司预算管理办公室根据发布的考核指标及评分标准进行考核。

年初预算编制、年中预算调整的及时性、完整性、准确性、科学性由省局（公司）按照年初预算编制、年中预算调整时的记录进行打分。

省公司预算管理办公室在年度结束后应按照财务快报数据及时开展年终考核工作，在年度决算工作结束后，应按照决算数据对年终考核进行修正。

第十条　省局（公司）根据日常考核、年终考核得分，及时汇总计算各单位全面预算管理考核综合得分，作为全面预算管理考核的奖惩依据。

（一）卷烟批发企业全面预算管理考核综合得分计算方法为：

全面预算管理考核综合得分=每月月度预算管理考核得分之和÷12×40%+年度预算管理考核得分×60%+其他考核指标得分

（二）安徽皖南烟叶有限责任公司全面预算管理考核综合得分计算方法为：

全面预算管理考核综合得分=［（每月月度预算管理考核得分之和-每月业务预算考核得分之和）÷12+每月烟叶收购量预算考核得分之和÷N_1+每月烟叶调拨收入预算考核得分之和÷N_2+每月烟叶调拨毛利预算考核得分之和÷N_3］×40%+年度预算管理考核得分×60%+其他考核指标得分（N_1、N_2、N_3指相关业务预算指标考核分别有得分的月份数）

（三）华环国际烟草有限公司全面预算管理考核综合得分计算方法为：

全面预算管理考核综合得分=［（每月月度预算管理考核得分之和-每月业务预算考核得分之和）÷12+每月复烤加工量预算考核得分之和÷N_1+每月复烤加工收入预算考核得分之和÷N_2+每月复烤加工毛利预算考核得分之和÷N_3］×40%+年度预算管理考核得分×60%+其他考核指标得分（N_1、N_2、N_3指相关业务预算指标考核分别有得分的月份数）

在年度决算工作结束后，由省局（公司）根据年终考核修正情况对全面预算管理考核综合得分进行修正。

第五章　考核奖惩办法

第十一条　全面预算管理考核纳入省局（公司）经济运行质量考核范畴，考核结果与各单位领导班子年度薪酬挂钩。

第十二条　全面预算管理考核结果纳入省局（公司）对各单位财务管理工作评价考虑范畴。

第十三条　全面预算管理考核结果实行通报制度。日常考核、年终考核、全面预算管理考核综合得分情况将及时进行通报。全面预算管理考核结果通报应明确或强化各单位预算归口管理部门责任，详细列示各单位各考核指标具体得分，以利于各单位查找预算管理薄弱环节，有针对性地采取措施，不断提高全面预算管理水平。

第六章 附 则

第十四条 各单位应根据本办法制定本单位全面预算管理考核实施细则，并积极开展内部预算管理考核工作，推动全面预算管理工作上水平。

第十五条 本办法由省公司预算管理办公室负责解释。

第十六条 本办法自开展 2013 年度全面预算管理考核时生效。《安徽省烟草专卖局（公司）关于印发〈安徽烟草商业系统全面预算管理考核办法〉的通知》（皖烟财〔2009〕194 号）自 2012 年度全面预算管理考核完毕时废止。

安徽省烟草专卖局(公司)月度预算管理考核指标及评分标准

月度预算管理考核		考核明细指标	基本分	评分标准
月度全面预算考核(70)	月度全面预算编制情况(10)	及时性	4	省公司预算管理办公室对各单位月度全面预算进行抽查，每月28日前完成下月度全面预算编制工作的得基本分，否则得0分
		完整性	3	省公司预算管理办公室对各单位月度全面预算进行抽查，月度全面预算指标填报完整的得基本分；填报不完整的，每遗漏1项预算指标扣0.5分，扣至0分为止
		准确性	3	省公司预算管理办公室对各单位月度全面预算进行抽查，未发现错误的得基本分；发现错误的，每发现一项错误扣1分，扣至0分为止
	月度全面预算执行情况(60)	卷烟销量/烟叶收购量/复烤加工量	10	预算执行差异率的绝对值为3%的得基本分；预算执行差异率的绝对值每提高或降低1个百分点，得分分别降低或提高基本分的10%，降至得基本分的50%为止。注：烟叶生产经营考核指标仅考核皖南烟叶公司。皖南烟叶、华环公司在某项业务未发生的月份相关业务预算不予考核 得分＝MAX[(基本分＋(3%－差异率的绝对值)÷1%×基本分×10%)，基本分×50%]
		卷烟收入/烟叶调拨收入/复烤加工收入	10	
		卷烟毛利/烟叶调拨毛利/复烤加工毛利	10	
		销售费用	10	
		管理费用	10	
		利润	5	
		利税	5	

（续表）

<table>
<tr><th colspan="2">月度预算管理考核</th><th>考核明细指标</th><th>基本分</th><th>评分标准</th></tr>
<tr><td rowspan="3">月度现金预算考核（30）</td><td rowspan="3">月度现金预算编制情况（6）</td><td>及时性</td><td>2</td><td>月底前上报下月月度现金预算得基本分，否则得 0 分</td></tr>
<tr><td>完整性</td><td>2</td><td>现金预算表表内数据完整得基本分，表内数据缺项的每缺少一项扣 0. 5 分，扣至 0 分为止</td></tr>
<tr><td>准确性</td><td>2</td><td>经审核准确无误得基本分，审核每发现一处错误扣 1 分，扣至 0 分为止</td></tr>
<tr><td rowspan="5">月度现金预算考核（30）</td><td rowspan="5">月度现金预算执行情况（24）</td><td>工资发放数</td><td>5</td><td rowspan="4">预算执行差异率的绝对值为 3% 的得基本分；预算执行差异率的绝对值每提高或降低 1 个百分点，得分分别降低或提高基本分的 10%，降至得基本分的 50% 为止
注：烟叶生产投入补贴指标仅考核皖南烟叶公司，资金上划仅考核华环公司
得分＝MAX［（基本分＋（3%－差异率的绝对值）÷1%×基本分×10%），基本分×50%］</td></tr>
<tr><td>期末存款余额</td><td>5</td></tr>
<tr><td>省外卷烟购进支出/烟叶生产投入补贴/资金上划</td><td>5</td></tr>
<tr><td>投资活动的现金支出</td><td>5</td></tr>
<tr><td>月底银行支出户存款余额</td><td>4</td><td>月底各银行支出账户存款余额都小于或等于 50 万元的得基本分，否则得 0 分</td></tr>
</table>

安徽省烟草专卖局(公司)年度预算管理考核指标及评分标准

年度预算管理考核		考核明细指标		基本分	评分标准
年初预算编制考核(50)	年初预算编制情况(10)	及时性(3)	及时编报年度全面预算	2	按规定时间上报年度全面预算得基本分,否则得0分
			及时上报年度全面预算编制相关材料	1	按规定时间上报年度全面预算编制相关材料得基本分,一项材料未及时上报扣0.5分,扣至0分为止
		完整性(2)	完整编报年度全面预算	1	预算指标填报完整得基本分,预算指标填报不完整的,每遗漏1项预算指标扣0.2分,扣至0分为止
			完整上报年度全面预算编制相关材料	1	完整上报年度全面预算编制相关材料得基本分,少一项材料扣0.5分,扣至0分为止
		准确性(3)	准确编报年度全面预算	3	年度全面预算编制数据经审核准确无误得基本分,审核每发现一处错误扣1分,扣至0分为止
		科学性(2)	科学编报年度全面预算	2	将成本费用定额管理纳入年度全面预算编制过程中(即在预算编制说明中列示预算项目计算过程)的得基本分,否则得0分
年初预算编制考核(50)	年初预算执行情况(40)	卷烟销量/烟叶收购量/复烤加工量		5	预算执行差异率的绝对值为3%的得基本分;预算执行差异率的绝对值每提高或降低1个百分点,得分分别降低或提高基本分的10%,降至得基本分的50%为止 注:烟叶生产经营考核指标仅考核皖南烟叶公司 得分=MAX[(基本分+(3%-差异率的绝对值)÷1%×基本分×10%),基本分×50%]
		卷烟收入/烟叶调拨收入/复烤加工收入		5	
		卷烟毛利/烟叶调拨毛利/复烤加工毛利		5	
		销售费用		6	
		管理费用		6	
		利润		3	
		利税		5	
		福利费、广告宣传促销费、业务招待费、会议费以及捐赠支出		5	各重点费用以及捐赠预算执行率都在100%范围内的得基本分,否则得0分

（续表）

年度预算管理考核		考核明细指标		基本分	评分标准
年中预算编制考核（50）	年中预算编制情况（10）	及时性（3）	及时调整年度全面预算	2	按规定时间完成年度全面预算调整工作得基本分，否则得0分
			及时上报年度全面预算调整相关材料	1	按规定时间上报年度全面预算调整相关材料得基本分，一项材料未及时上报扣0.5分，扣至0分为止
		完整性（2）	完整调整年度全面预算	1	按规定完整调整相关预算指标的得基本分，预算指标调整不完整的，每遗漏1项预算指标扣0.2分，扣至0分为止
			完整上报年度全面预算调整相关材料	1	完整上报年度全面预算调整相关材料得基本分，少一项材料扣0.5分，扣至0分为止
		准确性（3）	准确调整年度全面预算	3	年度全面预算调整数据经审核准确无误得基本分，审核每发现一处错误扣1分，扣至0分为止
		科学性（2）	科学调整年度全面预算	2	将成本费用定额管理纳入年度全面预算调整过程中（即在预算调整说明中列示预算项目计算过程）的得基本分，否则得0分
年中预算编制考核（50）	年中预算执行情况（40）	卷烟销量/烟叶收购量/复烤加工量		5	预算执行差异率的绝对值为3%的得基本分；预算执行差异率的绝对值每提高或降低1个百分点，得分分别降低或提高基本分的10%，降至得基本分的50%为止 注：烟叶生产经营考核指标仅考核皖南烟叶公司 得分＝MAX［（基本分＋（3%－差异率的绝对值）÷1%×基本分×10%），基本分×50%］
		卷烟收入/烟叶调拨收入/复烤加工收入		5	
		卷烟毛利/烟叶调拨毛利/复烤加工毛利		5	
		销售费用		6	
		管理费用		6	
		利润		3	
		利税		5	
		福利费、广告宣传促销费、业务招待费、会议费以及捐赠支出		5	各重点费用以及捐赠预算执行率都在100%范围内的得基本分，否则得0分

安徽省烟草专卖局（公司）关于开展“深化‘法律六进’推进烟草行业法治建设”法制宣传教育主题活动的实施意见

皖烟法〔2013〕171 号

各直属单位、省局（公司）机关各部门：

为在全省系统贯彻落实好国家烟草专卖局下发的《国家烟草专卖局关于开展“深化‘法律六进’推进烟草行业法治建设”法制宣传教育主题活动的通知》（国烟法〔2013〕184 号）文件精神，进一步做好全省系统“六五”普法和法治烟草建设工作，根据文件要求，结合实际，就“深化‘法律六进’推进烟草行业法治建设”法制宣传教育主题活动制定以下实施意见，请认真学习、落实。

一、指导思想

深入贯彻落实党的十八大精神，高举中国特色社会主义伟大旗帜，坚持以邓小平理论、“三个代表”重要思想、科学发展观为指导，认真学习贯彻习近平总书记在中央政治局第四次集体学习时的重要讲话精神，认真贯彻全国、全省烟草工作会议及全国、全省法规工作会议精神，深入推进烟草行业“六五”普法规划，以“深化‘法律六进’推进烟草行业法治建设”为主题，通过深入开展“法律进班子、进机关、进企业、进村社、进烟站、进网点”活动，更加广泛地宣传宪法等基本法律，宣传中国特色社会主义法律体系，宣传烟草专卖法律法规和与行业生产经营管理密切相关的法律法规，进一步培养行业广大干部职工、零售户、社会公众等的法制观念，提高法律素质，培育社会主义法治文化，弘扬社会主义法治精神，形成学法、尊法、守法、用法的良好氛围，持续深化行业法治建设，为保持全省系统持续健康发展、促进成长文化建设营造良好的法治环境。

二、主要内容

“深化‘法律六进’推进烟草行业法治建设”的主要内容是：突出抓好宪法的学习宣传；深入开展中国特色社会主义法律体系和国家基本法律的学习宣传；深入开展烟草专卖法律法规的学习宣传；深入开展与行业生产经营管理密切相关的法律法规的学习宣传；大力推进行业法治文化建设。

三、工作措施

“深化‘法律六进’推进烟草行业法治建设”法制宣传教育主题活动是推进全省系统“六五”普法规划全面实施的重要举措，要结合行业“六五”普法中期检查，采取有效措施，确保主题活动不断深入。

（一）明确责任主体

各直属单位要把做好“法律六进”活动作为年度法规重点工作来抓，加强领导，精心组织实施，要在经费、人员等方面做好统筹安排。省局（公司）层面的工作由法规处牵头协调并组织落实。各直属单位由主要领导负总责，分管领导具体负责，法规部门牵头组织，各相关部门密切配合，明确职责，量化指标，推进主题活动顺利进行。省局（公司）将对各直属单位主题活动开展情况进行检查，检查结果纳入“六五”普法中期工作考核。

（二）精心设计载体

在本地区开展“深化‘法律六进’推进烟草行业法治建设”法制宣传教育“六个一”活动：

深入推进“法律进班子”，各直属单位下半年的党组中心组集中学习至少安排一场法制学习，可以集中观看法律讲座光盘，有条件的单位可以邀请相关专家学者组织讲座，重点讲解宪法以及与行政管理、经营决策相关的法律法规，着力提高领导干部依法办事意识和法治思维能力。

深入推进“法律进机关”，举办一场面向本单位全体职工的法律知识讲座，要提前收集与专卖执法、生产经营及各部门实际工作相关的法律疑难问题，通过“大讲堂”等形式，邀请有关方面的专家进行重点讲解，现场互动，增强法制宣传的知识性、实用性，提升法治文化的渗透力、感染力。

深入推进“法律进企业”，各直属单位要举办一场面向全体职工的法律知识竞赛，题目范围要涵盖宪法、国家基本法律法规、烟草专卖法律法规等内容，要精心设计比赛形式以增强比赛趣味性和观赏性，充分调动广大职工参与学法、用法的积极性；认真落实经营管理人员法律知识考试培训工作，认真落实新进专卖执法人员法律知识考试的培训工作，认真落实专卖执法人员例行法律及业务学习培训工作。积极组织有关人员参加省局组织的法制巡回宣讲活动。把专卖人员行政执法资格认证培训考试工作提升到法律六进主题活动的高度认真组织。完善本单位既有的法制宣传教育橱窗（栏）及其他法制宣传阵地建设，张贴海报及法制宣传资料，将依法经营、依法管理的内容传达给企业职工，在法治建设的实践中，积极探索法治文化建设的实现途径，努力做好创新工作。

深入推进“法律进村社”，各直属单位特别是亳州、阜阳、宿州、蚌埠等农村人口比重较大地区的市局（公司），要根据行业“六五”普法规划要求，进一步扩大烟草专卖法律法规在农村的普及范围，为在农村地区开展烟草专卖管理营造良好的法治氛围。确定定点联系乡村，设立烟草法制宣传橱窗及板报栏，宣传烟草专卖法律常识，引导依法经营烟草专卖品，了解违法经营的危害，倡导理性消费，宣传假烟危害。各直属单位特别是合肥、芜湖、马鞍山、铜陵、淮南等城市化程度较高地区的市局（公司），要重点向城镇及社区居民宣传国家烟草专卖制度、烟草专卖品管理的相关法律，引导居民增强对国家烟草专卖制度的了解和认识，确定定点联系社区，设立烟草法制宣传橱窗及板报栏，完善烟草法制宣传社区联系共建制度，有效整合资源，强化宣传效果。

深入推进“法律进烟站”，各烟区所在的直属单位特别是皖南烟叶公司，要结合本单位实际，在烟叶收购开始前，到各烟叶收购站点有针对性的就烟叶收购的有关规程、禁止性规定、常见违规问题与烟叶收购纠纷的解决等开展宣传教育及培训工作。同时，就烟叶合同管理、烟用物资的发放和使用、基础设施建设等重点事项进行宣传，促进烟叶生产经营合法规范进行，进一步提高员工的规范意识。结合实际举办一场面向烟叶收购站员工的现场法律咨询活动，要结合烟叶种植、收购、仓储以及经营管理过程中常见的涉法问题进行答疑和讲解，增强烟站员工的法律素质和守法意识，侧重培养烟站员工运用法律服务烟农的能力。

深入推进“法律进网点”，各直属单位要结合“6·29”“12·4”等法律宣传纪念日以及今年年底烟草专卖零售许可证统一换发等重要工作，集中举办面向零售户的法律宣讲活动，同时利用专卖管理基层队所深入各零售点进行法律宣传活动，将全部零售网点走访一遍，发放法制宣传单。除重点宣传与烟草专卖和行政执法相关的法律法规，还应当将宣讲和宣传内容扩展至包括营销物流等在内的各项政策规定、真假烟辨识技巧、典型案例分析、行业内部监管及规范经营的有关要求等，以增强零售户守法意识、监督意识和维权能力。

（三）加强分类指导

要围绕提升全省系统法治建设水平，结合不同地区、对象的特点，进一步明确主题活动每一“进”的具体内容、途径和方法。根据不同受众，按照密切相关的原则分别编印宣传材料，选定适合的方式开展法治宣传活动，确保宣传取得实质性效果，切忌为了宣传而宣传。要结合“六五”普法中期检查，加强对主题活动的督导和考评，建立健全考核评估机制，推进“法律六进”工作制度化、规范化。要认真总结推广好的经验，探索建立“法律六进”活动示范点，通过典型引路，推进主题活动深入开展。

四、时间安排

（一）启动阶段（6 月）

6 月中旬以前，省局（公司）制定印发方案进行总体部署。各直属单位要结合本地区、本单位实际制定具体实施方案，进行动员和部署，确保覆盖到基层。

（二）推进阶段（7 月 ~10 月底）

各直属单位采取多种方式组织开展“深化‘法律六进’推进烟草行业法治建设”法制宣传教育主题活动。

（三）总结阶段（11 月）

各直属单位对本地区、本单位“深化‘法律六进’推进烟草行业法治建设”法制宣传教育主题活动进行总结，写出书面材料报省局（公司），省局（公司）结合“六五”普法中期检查对主题活动进行全面总结。

五、工作要求

（一）领会活动意义、明确活动安排

开展“推进‘法律六进’，深化烟草行业法治建设”法制宣传教育主题活动，对于推进行业“六五”普法规划全面实施具有重要意义，各直属单位要高度重视，结合本实施方案及本单位实际，精心组织，加强领导。活动内容方面在完成规定动作的基础上，积极进行创新和丰富；活动时间上要跟上全省步骤，及时落实各项保障措施，确保活动顺利进行。

（二）加强组织领导，营造活动范围

各直属单位要认真制定活动方案，既要开展日常活动，又要组织有声势、效果好的集中活动。要及时宣传报道各基层单位主题活动的进展情况和典型经验，努力提高主题活动影响力。各级法规部门要切实履行职责，做好组织协调、跟踪督导工作，推动主题活动不断取得新成效。

（三）突出工作重点，坚持面向基层

在宣传的内容、对象等方面要有重点，要坚持法制宣传教育功能和服务功能相结合，组织普法工作者、普法培训师、法制宣传志愿者深入一线、深入群众开展喜闻乐见的法制宣传教育活动，满足广大干部职工、零售户等的学法需求。

（四）结合工作实际、提升宣传实效

各直属单位要根据实际情况，认真落实各项载体的具体活动要求，进一步探索新途径、丰富新载体，增添新内容。“法律六进”活动要与法规重点工作相结合，将今年行业经营管理人员法律知识考试培训、新进专卖执法人员法律知识考试培训、专卖执法人员例行法律及业务学习培训的具体要求涵盖其中，有机结合、一并部署和落实。“法律六进”活动要加强与行业中心工作密切结合，中心组法律学习要服务好依法决策，零售网点法制宣传可结合专卖执法、营销工作需求灵活开展，定点乡村、社区联系共建要紧密结合卷烟打假进社区等工作机制，提升工作效率、提高工作实效。

（五）强化痕迹管理，及时总结反馈

各直属单位要加强痕迹化管理，做好主题活动文字信息和影像资料的保存和整理，并及时报道和总结活动开展情况。各直属单位于今年 11 月底以前，将活动总结报至省局（公司）法规处 FTP：/“法律六进主题活动”文件夹。

安徽省烟草专卖局

2013 年 6 月 13 日

安徽省烟草专卖局（公司）关于印发《进一步规范直属单位职工代表大会制度和工会工作规程的意见》的通知

皖烟政〔2013〕185 号

行业各直属单位：

为扎实推进办事公开民主管理工作，提高直属单位职代会制度和工会工作的科学化、规范化水平，依据相关法律法规和制度规定，结合实际，制定了《进一步规范直属单位职工代表大会制度和工会工作规程的意见》（以下简称《意见》），现印发给你们。请按照

《意见》要求，进一步完善相关制度，健全工作机制，有效发挥工会组织和职工代表大会制度在企业民主管理中的作用。省局（公司）适时组织对落实《意见》工作的监督检查，评价结果作为各单位办事公开民主管理工作考核的重要依据。

安徽省烟草专卖局

2013 年 6 月 20 日

安徽省烟草专卖局（公司）关于进一步规范直属单位职工代表大会制度和工会工作规程的意见

为扎实推进办事公开民主管理工作，进一步提高直属单位职工代表大会（以下简称"职代会"）制度和工会工作的科学化、规范化水平，结合实际，对规范职代会制度、工会工作规程提出以下意见：

一、规范职代会制度

主要从职代会组织机制、基本职责、职工代表、职代会程序四个方面，规范职代会制度。

1. 组织机制。职代会是职工行使民主管理权力的机构，是企业民主管理的基本形式，职代会在本单位党组（委）的领导下，实行民主集中制，独立开展工作；职代会每年至少召开一次，每届届期 3 ~ 5 年；明确职代会联席会议和各专门小组的职责和任务。

2. 基本职责。听取、审议企业改革与发展、生产经营管理和涉及员工切身利益等重点事项。

3. 职工代表。明确职工代表组成人员及所占比例、职工代表的资格与条件、权力与义务，选举、罢免、终止和增补程序等。

4. 职代会程序。职代会召开需经单位党组（党委）同意，且必须有三分之二以上的职工代表出席。主要程序包括：听取审议上次职代会闭会期间联席会议工作情况的汇报；听取审议工作报告；审议或审查各项提案；讨论通过大会决议等。

二、规范工会工作规程

主要从依法建立工会组织、工会会员的责任和义务、工会主席的任职条件和职责、工会会员大会或会员代表大会的程序、工会换届选举、工会经费使用管理等方面，规范工会工作规程。

1. 工会组织。直属单位工会接受本单位党组（党委）和省局（公司）工会的双重领导，每届届期 3 ~ 5 年；明确工会组织的主要任务，工会经费审查、女职工委员会等组织的职责。

2. 工会会员。按照自愿申请入会的原则，明确职工入会、转会、退会的程序和会员的权力、义务等。

3. 工会主席。工会主席需经民主选举产生；明确工会主席的任职条件和职责等。

4. 工会会员大会或代表大会。每年召开一次工会会员大会或代表大会，工会会员在一百人以下召开全体会员大会。会员大会或代表大会主要任务是审议和批准工会委员会工作报告、经费收支情况报告和经费审查委员会的工作报告，讨论并决定工会重要工作事项，换届选举等。

5. 工会换届选举。工会按期换届。主要程序：经单位党组（党委）同意并书面请示省局（公司）工会批复后，筹备换届选举具体工作；召开预备会议，报告换届筹备情况，审议通过大会主席团名单、代表资格审查委员会名单、代表资格审查报告、正式会议议程等；换届大会的主要内容包括工会工作报告、财审工作报告，正式选举，通过相关会议决议等；召开新一届工会委员会、经审委员会会议，选举工会委员会主席、副主席和经审委员会主任、副主任；向本单位党组（党委）和省局（公司）工会报批选举结果等。

6. 工会经费使用管理。明确工会经费的主要来源、开支范围、管理规定等。

安徽省烟草专卖局（公司）关于印发《关于加强重要信息安全管理暂行规定》的通知

皖烟办文〔2013〕18 号

各直属单位，省局（公司）机关各部门：

为进一步规范内部重要信息的安全管理，积极预防信息安全风险，完善信息安全机制，按照“谁主管谁负责，谁运行谁负责，谁使用谁负责”的原则，省局（公司）特制订了《关于加强重要信息安全管理暂行规定》，已经办公会审议通过，现予以印发。请各单位、各部门高度重视，明确责任分工，制定有效措施，结合实际业务情况认真落实好信息安全管理的各项工作，对内严格管理，对外严格保密，养成良好的工作习惯，携手为降低信息安全风险而共同努力。

安徽省烟草专卖局

2013 年 7 月 15 日

安徽省烟草专卖局（公司）
关于加强重要信息安全管理暂行规定

第一章　总　则

第一条　为进一步规范信息安全管理，明确机关各职能部门及员工对重要信息安全管理的内容及职责，防止重要信息泄密和丢失，特制订本规定。

第二条　本规定提及的重要信息，包括全省系统内部管理（决策、策略、计划、投资、员工信息等）及业务运营过程中所产生的信息（如合同资料、客户资料、经营数据、打假方案等），以及在工作过程中获悉的信息（如合作单位及上下游客户等相关方提供的信息等）。

第三条　本规定适用于安徽省烟草专卖局（公司）（以下简称省局（公司））。各直属单位需根据本单位实际情况，制订相关管理规定。

第二章　管理机构和职责

第四条　省局（公司）信息安全领导小组负责统一领导全省系统信息安全管理工作。

第五条　省局（公司）办公室是全省系统保密工作和对外新闻宣传的主管部门，负责涉密信息和对外新闻宣传信息审核与发布管理。

第六条　省局（公司）政工处是全省系统政企务公开信息的主管部门，负责政企务公开信息的审核与发布管理。综合计划与企业管理处是全省系统招投标工作的主管部门，负责招投标过程中对外信息的审核与发布管理。

第七条　省局（公司）经济信息中心是全省系统信息系统的安全主管部门，负责信息系统安全的技术和管理体系的建设，负责信息系统的日常安全运维管理工作，负责组织开展全员信息安全知识方面的培训。

第八条　省局（公司）机关各部门按照“谁主管谁负责，谁运行谁负责，谁使用谁负责”的原则，负责检查本部门重要信息的安全管理工作；负责本部门主管的有关信息系统的用户安全管理；负责本部门上网文件和信息发布的安全审核；负责本部门涉密信息系统、涉密计算机和涉密移动存储介质的使用管理和监督检查；协助做好信息安全知识的宣贯。

第九条　全省系统重要信息的安全管理工作具有全员性特征，全体员工均担负有对重要信息的安全管理的义务和职责。

第三章　重要信息安全管理范畴

第十条　根据工作职责，各部门对重要信息安全管理的范畴如下：

（一）办公室。影响企业利益及形象的相关信息及舆情；对外发布的新闻稿件的内容；

公文档案信息；内外网网站的内容审核与运行状态的监测；地方烟草志、烟草刊物编纂的内容；行业信访处置信息。

（二）综合计划与企管部门。行业发展规划（计划）、经济运行指标、生产经营计划中涉及的重要资料；工程项目、物资采购投资计划及预算信息、相关招投标文件及资料；工程项目、物资采购过程中内部掌握的价格和标底以及相关方客户资料；对知晓行业敏感信息的供应商及相关方的约束和管理。

（三）专卖管理部门。烟草专卖行动方案、举报线索和举报人信息；零售户经营数据、守法经营情况和地址、电话、生日等客户资料。

（四）烟叶管理部门。烟叶生产经营过程中的包括生产种植、收购、复烤加工、合同、等级、数量等重要信息；烟农个人信息（地址、电话、生日等）。

（五）营销管理部门。卷烟销售网络布局规划及卷烟营销计划；卷烟进销存、销售额、毛利等经营数据；零售户的客户资料和经营数据。

（六）物流管理部门。物流建设规划、物流配送中心建设方案、物流项目技术资料、物流运行主要指标、物流信息系统数据等。

（七）人事管理部门。员工人事档案、干部考察和人事任用资料；员工薪酬、福利等重要信息；对员工招聘、转岗、离职过程中的信息安全管理；员工的相关安全保密合同的签订。

（八）财务管理部门。财务预决算报告、财务报表、统计报表；财务核算中各项费用指标的信息；各类合同的财务审核过程中获悉的包括但不仅限于合同价格、相关方的信息。

（九）审计部门。违反财经法纪行为进行专案审计和专项审计调查的相关资料；各类审计过程中获悉的包括但不仅限于合同价格、相关方信息、案件情况、工程项目信息。

（十）科技部门。对烟草制品与烟草专卖品的关键技术资料、样品及其来源信息；科技发展规划、科研项目资料等。

（十一）法规部门。各类合同的法规审核过程中获悉的包括但不仅限于合同价格、相关方信息；诉讼过程中获悉的案件信息。

（十二）监察部门。行政监察对象违法违纪行为的检举、控告、调查处理材料；举报线索和举报人信息。

（十三）政工部门。政（企）务公开网站公开内容，包括但不局限于拟申请公开或公示的内容、机关员工调查问卷内容、对用户回复、公众留言内容等。

（十四）信息中心。信息系统运维账号、系统管理员账号和数据库管理员账号；相关方的入网行为信息；信息系统建设方案与信息系统数据；统计资料。

（十五）行管中心。行业内外接待、车辆管理、后勤管理中涉及的重要信息；办公采购工作中获悉的包括但不仅限于合同价格、相关方信息；报废和维修的信息资产中重要信息的安全处置。

（十六）整顿办。行业监控过程中获悉的包括但不仅限于合同价格、相关方信息、案件情况、工程项目信息。

（十七）其他。前文中没有提及的部门同样负有对在日常工作过程中获悉的信息的安全管理的义务。

第十一条　不在上述范畴内的信息，各部门应根据管理职责和信息的重要与敏感程度，自觉纳入重要信息安全管理。

第四章　重要信息安全管理规定

第十二条　各部门要根据本部门的工作内容和工作特点对涉及的重要信息进行梳理分析，分类归纳出需要严格保密、避免外泄或者加强内容审核的相关重要信息，制订相关的管理、操作细则，并严格执行。

第十三条　各部门要对本部门主管、使用的信息系统加强安全管理。明确信息系统的系统管理人员和用户操作人员，加强账号、密码和系统权限的分配管理。加强对第三方人员临时分配的账户和权限的撤销管理，加强对离职离岗人员账号的回收管理，防止信息系统中重要信息外泄的安全事故发生。

第十四条　各部门如确因工作需要与外部单位进行交流时，必须强化对外保密的意识和措施。不该说的不说，不该提供的不提供，经营数据、客户资料、员工信息等重要信息，未经批准，一律不得向行业外任何单位和个人透露。

第十五条　各部门在与相关的外部合作单位开展合作时，尽力避免向对方提供相关行业内部的重要信息。如果确实需要提供，如应用系统接口开发、合同法律顾问审查等，则必须与之签订信息安全保密协议，明确规定他们的保密责任（义务），以及泄密后应承担的责任等。

第十六条　各部门要加强办公环境中的安全管理。

（一）第三方来访者只有经过授权审批，才能进入办公环境访问网络。

（二）员工离开座位时要锁定计算机；不要将载有秘密、重要信息的移动存储介质、纸质文件随意摆放；员工下班后应将重要文档放在抽屉或文件柜中加锁。

（三）各部门的复印机、传真机、打印机使用后产生的废弃重要文件应及时取走，及时销毁，不可留做二次用纸。数码相机等电子产品在使用后，内部如有相关的重要信息要及时清除，以防止被他人盗取信息。会议资料等用完后应及时销毁，不可随意丢弃。

（四）未经授权，任何人不允许调换终端计算机；不允许将涉密移动存储介质、实体信息和软件带离办公区。

（五）终端设备需要外单位人员进行维修时，要采取有效措施，防止信息泄露；终端计算机（特别是涉密计算机）及其使用的移动存储介质在变更用途或报废时，要使用专业数据删除工具进行信息删除或进行物理销毁。

第十七条　各部门员工要养成良好的安全工作习惯，要加强自身信息安全意识的培养，避免无意中泄露行业秘密和重要信息。

第五章　附　则

第十八条　本规定由省局（公司）办公室和经济信息中心负责解释。

第十九条　本规定自发布之日起施行。

安徽省烟草专卖局（公司）关于印发《车辆配备使用管理办法》的通知

皖烟办文〔2013〕19 号

行业各直属单位、省局（公司）机关各部门：

现将《安徽省烟草专卖局（公司）车辆配备使用管理办法》印发给你们，请遵照执行、严格管理，确保车辆配备使用行为规范。

安徽省烟草专卖局（公司）

2013 年 8 月 26 日

安徽省烟草专卖局（公司）车辆配备使用管理办法

第一条　为贯彻落实国家局《烟草行业车辆配备使用管理办法》（国烟办综〔2012〕526 号）和《关于进一步严格规范烟草行业车辆配备使用管理的补充通知》（国烟办综〔2013〕375 号）文件精神，结合安徽省烟草专卖局（公司）实际情况，制定本办法。

第二条　本办法适用于安徽省局（公司）机关及直属单位。本办法中所称车辆包括领导干部用车、一般公务用车和生产经营管理用车。领导干部用车是指省局（公司）用于领导干部公务活动的机动车辆。一般公务用车是指省局（公司）机关和所属单位用于办理公务、机要通信、专卖管理等公务活动及后勤服务、离退休干部管理工作的机动车辆。生产经营管理用车是指所属单位用于烟叶生产经营、卷烟市场营销、科技研发推广、业务接待等生产经营管理活动的机动车辆。

第三条　车辆配备使用遵循经济适用、节能环保、保障工作、总量减少、费用降低、管理规范的原则。

第四条　车辆配备实行编制管理。

（一）领导干部用车编制。省局（公司）领导干部用车按照国家局规定要求配备。控股企业领导和市局（公司）、县局（营销部）领导不设“领导干部用车”。

（二）一般公务用车编制。省局（公司）机关一般公务用车、机要通信车辆、专卖管理用车、后勤服务、离退休干部管理用车，按照国家局规定配备。各市局专卖管理用车配备 2 辆，县局专卖管理用车配备 3 辆。此外，根据专卖管理队（所）编制，原则上保证每个队（所）配备 1 辆车。

（三）生产经营管理用车编制。省局（公司）生产经营管理用车，按照国家局规定要求配备。市局（公司）按照卷烟销量 10 万箱以下配备 8 辆，10 万箱以上配备 9 辆，20 万箱以上配备 10 辆的标准执行。拥有宾馆接待任务的市局（公司），原则上配备接待用车 2

辆。县局（营销部）卷烟销量2万箱以下配备2辆，2万箱以上配备3辆。

卷烟配送车辆，原则上从主配送中心至分拨中心，每条线路配备1辆大型配送车辆。从主配送中心或分拨中心至卷烟零售户，根据卷烟配送线路实际需要，由直属单位自行确定配送车辆。

所属控股企业根据生产经营实际需要配备报省局（公司）审批后执行。

第五条　车辆选购，要优先配备使用国产汽车。对自主品牌、自主创新的新能源汽车要优先采购。

第六条　车辆选型，原则上一般公务用车、生产经营管理用车和专卖稽查车由省局（公司）统一选择确定，卷烟配送车辆由直属单位自行确定。

第七条　车辆配备标准。

（一）省局（公司）领导干部用车按照国家局规定标准配备。

（二）一般公务用车配备排气量1.8升（含）以下，购车价格（裸车）18万元以内的轿车。专卖稽查车辆，因地理环境等因素确需配备越野车（含SUV车型）的，要控制在排气量2.5升（含）以下，购车价格（裸车）25万元以内。

（三）生产经营管理用车可以配备排气量1.8升（含）以下，购车价格（裸车）18万元以内的轿车；配备中巴车、商务车等其他类型机动车辆，要遵循经济适用、节能环保的原则，优先选择国产汽车，原则上不超过50万元。

（四）配备卷烟配送车辆，原则上优先选择国产汽车，价格不超过10万元。

第八条　一般公务用车和生产经营管理用车适用年限超过8年或达到40万公里后可以更新。专卖稽查车使用年限超过8年或达到30万公里后可以更新。年审通不过的车辆可以更新。卷烟配送车辆需要更新，由直属单位报告省局（公司）批准后执行。若车况较好，应本着节约原则继续使用。

第九条　需要更新车辆，年初要编制车辆更新计划，列入单位预算。

第十条　更新车辆投资预算经省局（公司）批准下达后，除卷烟配送车履行备案手续外，一般公务用车、生产经营管理用车和专卖稽查车需要申报省局（公司）履行审批手续。

第十一条　对更新下来的车辆，可委托中介机构评估后，按程序公开拍卖，拍卖结果报省局（公司）备案。也可以采取与厂家置换等方式进行，不得以任何理由变相处理。

第十二条　各单位要加强车辆使用管理，严禁公车私用。重视降低车辆使用和维护保养成本，确保车辆使用安全。

（一）建立车辆使用管理制度，加强车辆集中管理，统一调度，严禁分散管理使用。不得对外出租出借车辆，不得借用、占用下属单位或者其他单位车辆。

（二）严格车辆使用登记和公示制度，严格登记和公示用车时间、事由、地点、里程、油耗、费用等信息。严格实行车辆回单位停放制度，节假日期间除特殊工作需要外，车辆要封存停止使用。

（三）实行车辆定点保险、定点维修、定点加油制度，健全车辆油耗、运行费用单车核算和节奖超罚制度，降低运行成本。严禁为车辆增加高档配置或豪华内饰，不得在车辆维修费用中虚列名目或夹带其他费用。

（四）建立车辆配备更新和使用情况统计报告制度。每年12月中旬前，各单位车辆主管部门要上报本单位车辆配备更新和使用情况至省局（公司）综合计划与企业管理处。

第十三条　各单位要加强车辆配备使用管理工作的领导，纪检监察部门要加强对其监督检查，对违规行为依照党纪政纪有关规定予以处理。

第十四条　本办法由安徽省烟草专卖局（公司）负责解释。

第十五条　本办法自印发之日起执行，此前有关车辆配备使用管理规定停止使用。

安徽省烟草专卖局（公司）关于印发《痕迹化管理办法》的通知

皖烟办文〔2013〕20号

行业各直属单位、省局（公司）机关各部门：

为加强基础管理，增强全员责任意识，实现管理科学化、工作精细化、行为规范化、流程痕迹化的工作要求，省局（公司）制定了《安徽省烟草专卖局（公司）痕迹化管理办法》（以下简称《管理办法》），经省局（公司）办公会议审议通过，现印发全省系统贯彻执行。

痕迹化管理是质量管理体系建设的进一步延伸，是对质量管理体系的深化和补充。实行痕迹化管理，便于工作检查、绩效评估及责任追究，推动各项工作由事后结果控制向事前计划和事中控制的转变。为做好《管理办法》的贯彻落实，现提出以下要求：

一、要高度重视痕迹化管理工作，直属单位要结合实际制定相关配套制度，认真组织全体工作人员学习《管理办法》，领会精神实质。通过培训、检查和考核等方式，强化全员痕迹化管理意识。

二、按照《管理办法》的要求，对制度规定的“关键环节”查找要能够体现工作的基本过程，并组织专人审查确定，认真填写《关键控制点痕迹化资料明细表》（见附件），经审核确定后不得随意更改。

三、省局（公司）相关部门要将《管理办法》的实际执行情况作为一项重要内容，列入年度管理规范免检单位考评指标。

安徽省烟草专卖局

2013年8月30日

安徽省烟草专卖局（公司）痕迹化管理办法

第一条　为规范管理，增强全员责任意识，强化工作监督考核、防范风险，实现工作精细化、行为规范化，特制定本办法。

第二条　本办法所称痕迹化管理，是指工作推进过程中，从工作布置到落实全过程的重要步骤、重要环节要保留工作痕迹，保证事后有据可查。

工作痕迹包括各类文件、通知、记录、合同、档案、文字材料、纪要、表格、图片、视频、录音、电子文档或者以其他形式体现工作过程等客观记载。

第三条　痕迹化管理反映了管理由事后结果控制向事前计划和事中监控的转变，是管理科学化的重要体现。

痕迹化管理坚持“流程管理、过程控制、权责明确、分级归档、责任追究”原则，积极推进“工作流程化、流程痕迹化”，各项工作要有据可查、有信息可控、执行落实有考核、过错有追究。

第四条　本办法所称痕迹化管理主要包括：

（一）工作安排痕迹化。各直属单位、省局（公司）各部门要做到工作有目标、有计划、有痕迹，应当根据工作要求、结合工作实际制定工作计划和小结。

（二）工作实施和职责履行痕迹化。各直属单位、省局（公司）各部门工作实施和职责履行过程要有痕迹；贯彻落实上级会议精神、工作部署、学习培训，要有签名、有安排、有记录；工作检查，要有计划、有方案、有报告、有反馈；工作调研，要有计划、有结果、有建议。

（三）工作监督检查痕迹化。依照规定对直属单位、省局（公司）部门和相关工作人员的监督、检查，要有完整工作记录及相关规定材料。

（四）工作考核奖惩痕迹化。依照规定对直属单位、省局（公司）部门、领导班子和干部选拔任用考核，以及对工作人员违规违纪等调查，事前要按制度、有依据、讲程序、有要求，事中要有工作底稿，事后要有结果、有评价、有任用或者奖惩建议。

第五条　痕迹化管理的重点是质量管理体系文件及流程中的关键控制点。关键控制点是指不加控制容易产生工作偏离预定方向或出现严重差错或产生舞弊的环节。

各直属单位、省局（公司）各部门要针对本单位、部门涉及的主要业务过程、综合管理过程和支持过程，结合管理体系文件和流程及工作目标，通过分析，认真查找工作中的关键控制点，填写关键控制点痕迹化资料明细表（详见附录）。明确各关键控制点所需的痕迹化资料、保存期限、责任部门和人员、归档时间等要求。

第六条　各直属单位、省局（公司）各部门要加强痕迹化管理教育，通过培训、检查和考核等方式，强化全员痕迹化管理意识。

痕迹化资料的管理要明确工作重点，结合工作轻重、缓急等状况决定管理强度。对重点工作的痕迹化管理，要覆盖各关键环节，做到细致、准确、无误；对一般工作的痕迹化管理要简化处理，只要在工作的起始、过程和结果方面留下痕迹即可。

第七条　凡是反映各项工作、具有保存价值的痕迹化资料，办理完毕后，应按照档案管理的范围和要求进行归档，或打（复）印留档，或报送办公室归档，或移交相关部门保存。

（一）各直属单位、省局（公司）各部门负责职责范围内痕迹化资料的整理、分类和保存。

（二）痕迹化资料应按类别、保存期限等分类整理，必要时装订、编目，同类痕迹化资料按时间先后顺序排列，便于识别、存取和查阅。

（三）纸质痕迹化资料应妥善保管和维护，存放环境应通风、干燥、防火、防潮、防盗，防止记录损坏、丢失、变质。归档的痕迹化资料，要遵守档案管理的相关要求。

（四）以电子媒介形式贮存的痕迹化资料，应及时作好防磁、备份等工作；当痕迹化资料是传真件等形式，可能会因时间而毁损的记录，应依保存期限要求，转换为复印件或索取手写记录进行贮存保护。

（五）痕迹化资料归档时，上级有明确规定或要求的，按上级规定执行。

第八条　痕迹化资料要真实准确完整，严禁弄虚作假。

各类纸质痕迹化资料应是相关部门或人员签字、盖章的正式材料。

各类按规定需送达的痕迹化资料要有回执并体现已签收或者依法已送达的痕迹。

第九条　痕迹化管理资料列为长期保存资料，不得破损、遗失或擅自销毁。

痕迹化管理资料要内容完整、资料齐全，使用统一的档案盒（袋）保存。

第十条　痕迹化资料产生后，相关人员要及时进行收集整理，确保各环节所产生的痕迹化资料的完整性。

各直属单位、省局（公司）各部门要由专人负责痕迹化管理，并按照相关要求进行分级管理、分类归档。

第十一条　各直属单位、省局（公司）各部门要认真执行本办法，定期进行自查，办公室适时组织相关检查，发现问题及时进行纠正和完善。

第十二条　各直属单位、省局（公司）各部门要结合实际制定相应的痕迹化管理制度，并抓好落实。

第十三条　本办法由省局（公司）负责解释，自发布之日起执行。

关键控制点痕迹资料明细表

文件及流程名称	控制点名称	痕迹资料名称	保存期限	保存部门	存放位置	责任人	归档时间

注：存放位置分为电子资料或纸质资料存放位置，以便获取。

专卖管理类文件

安徽省烟草专卖局（公司）关于成立内部专卖管理监督委员会及印发《内部专卖管理监督委员会工作机制（试行）》的通知

皖烟办〔2013〕138号

行业各直属单位、省局（公司）机关各部门：

为认真贯彻国家局“更加规范、更富效率”的工作要求，充分发挥各相关职能部门的内部监管作用，促进严格自律，全面提升规范化建设水平，保持全省系统持续稳定健康发展，深入推进企业组织成长，经研究决定，成立安徽省烟草专卖局（公司）内部专卖管理监督委员会，并制定了工作机制，现通知如下：

一、组成人员

主　任：卓俭华

副主任：张靖江

成　员：王源、潘光武、程辉、邵伏文、项建安、梁跃华、许萍、杨波、周宏亮、耿利永、王莉

省局（公司）内部专卖管理监督委员会的工作职责是协调解决全省专卖内管重大问题，推动相关业务部门和基层单位认真履行专卖内管职责，加强对日常监管工作的督导，组织定期检查考核，查处重大违法违规案件。

省局（公司）内部专卖管理监督委员会下设办公室，与内部专卖管理监督处合署办公，负责处理内部专卖管理监督日常事务。

办公室主任：王源（兼）

办公室副主任：王天山

办公室成员：邵先上、彭志斌、张冀中、薛宝燕、李洪全、朱宇、徐鹏、林波、李伟、杨希、秦玮

二、工作机制

请各单位结合实际情况，成立内管组织协调机构，建立健全工作机制，并及时将贯彻落实情况报省局（公司）内部专卖管理监督委员会办公室。

安徽省烟草专卖局

2013年5月10日

安徽省烟草专卖局（公司）
内部专卖管理监督委员会工作机制（试行）

为确保省烟草专卖局（公司）内部专卖管理监督委员会工作的有序开展，根据《烟草行业内部专卖管理监督工作规范》等有关规定，并结合我省实际，制定内部专卖管理监督委员会工作机制如下。

一、指导思想

坚持以科学发展观为指导，牢固树立国家利益至上、消费者利益至上的共同价值观，把切实维护国家利益、维护消费者利益作为全省系统一切工作的出发点和落脚点，把内部专卖管理监督制度贯彻落实到各项工作中去，形成“大内管”工作格局，坚持齐抓共管、标本兼治、综合治理，运用法律手段、行政手段、经济手段，对烟草专卖管理各个环节实行监管，对经营、管理和执法行为实行事前、事中、事后全过程监管，努力营造公开、公平、公正的执法环境、市场环境，为推动全省系统持续稳定健康发展提供有力保证。

二、基本原则

1. 依法管理监督原则。对全省系统内执行烟草专卖相关法律法规情况，按照“依法行政、依法管理、依法生产经营”的要求，管理监督到位。

2. 全程管理监督原则。对烟草专卖品生产、经营、流通、烟草专卖执法全过程实施管理监督。

3. 协同管理监督原则。在充分发挥内部专卖管理监督部门职能作用的同时，有效发挥计划、专卖、烟叶、营销、物流、人事、审计、法规、监察（督查）、信息等部门的综合管理作用，调动全省系统干部员工积极参与内部专卖管理监督。

4. 责任和效率的原则。明确管理监督的目标、任务和责任，做到守土有责，确保烟草专卖法律法规和行业内部管理监督制度得到有效落实，注重运用信息化手段，提高管理监督的效率和水平。

三、工作职责

省局（公司）内部专卖管理监督委员会的主要职责是协调解决全省专卖内管工作重大问题，推动相关业务部门和基层单位认真履行专卖内管职责，加强对日常监管工作的督导，组织定期检查考核，查处重大违法违规案件。

内部专卖管理监督委员会各组成部门和广大员工，要树立严格规范意识和“大内管”意识，切实加强自身建设，依法开展生产经营，并结合各自工作职能主动承担以下内部专卖管理监督相关职责：

1. 对卷烟经营活动实施监管。对辖区卷烟购销、访销配送、货源供应、宣传促销等经营活动进行监督，查处卷烟经营单位及有关业务人员的不规范问题。

2. 对烟叶生产经营活动实施监管。对烟叶种植进行监督，查处虚假合同、无计划、超计划种植烟叶以及不严格落实种植面积问题；对烟叶收购活动进行监督，查处烟叶生产经营过程中的不规范问题；对烟叶复烤企业生产流通重点环节进行监督，查处烟叶复烤过程中产生的不规范问题。

3. 对卷烟工业企业生产经营活动实施监管。对卷烟生产计划执行情况、卷烟生产用烟草专卖品使用情况、购销合同、准运证申领、促销烟生产使用情况等进行监督，查处工业生产、经营环节违法违规行为。

4. 对烟草专卖行政执法活动实施监管。对专卖稽查和市管人员依法行政、文明执法情况进行监督，查处专卖执法过程中行政不作为、超越职权、滥用职权等问题。

四、工作内容

1. 卷烟购销渠道监督。对卷烟品牌市场准入、卷烟购销合同的签订环节进行合法合规性监管。对入网销售环节进行监管，防止拆单、分摊、虚拟客户等形式的不规范行为和卷烟体外循环。

主要责任部门：计划管理、营销管理、内部专卖管理监督、专卖监督管理部门。

计划管理部门、内部专卖管理监督部门监督卷烟品牌市场准入是否符合国家局、省局相关规定。

营销管理部门、内部专卖管理监督部门监督各市公司卷烟购销存、合同签订和执行工作情况，督促市公司营销部门每月向内部专卖管理监督部门提供相关材料备查。

专卖监督管理部门对各市局非法渠道卷烟的“一案双查”工作开展情况进行督促，追查可能发生的内部营销环节不规范问题。

2. 货源供应和配送监督。督促各市公司主动向零售户公开货源投放信息，包括品牌、规格、数量等。督促各市公司严格监督营销工作人员，防止利用客户分类、示范店、试销店选取和核量等工作谋取私利。督促各市公司正确执行核量工作制度，严禁压销、捆绑销售、“卖单”及向无证户供货行为，确保卷烟经营做到100%入网销售，100%落地销售，100%落户销售。

主要责任部门：营销管理、内部专卖管理监督、物流（配送）管理、专卖监督管理部门。

营销管理部门监督各市公司涉及货源供应各环节工作，督促市、县营销部门将月度货源供应和核量准确率等情况主动报送同级专卖监督管理部门和内部专卖管理监督部门。

内部专卖管理监督部门对市公司货源供应相关工作情况和入网销售、落地销售工作情况进行监督。

物流（配送）管理部门对各市公司卷烟配送的真实性进行监督；督促基层物流送货人员开展异常订单、异常销售情况登记并及时向内部专卖管理监督部门反馈。

专卖管理部门督促基层市场管理人员对货源供应真实性进行检查。

3. 卷烟到货确认和打码监督。严格执行准运证管理制度，每月不定期地对物流仓库到货确认和打码到条情况进行监督，所有购进的卷烟入库必须扫码、销售必须打码，禁止虚假确认，未经确认、扫码的卷烟不得入库，未经打码的卷烟不得入网销售。

主要责任部门：物流（配送）管理、营销管理、内部专卖管理监督部门。

物流（配送）管理部门监督各市公司卷烟到货确认、入库扫码和打码到条情况。

营销管理部门督促各市公司及所属客户经理检查零售终端卷烟打码情况，禁止无码销售。

内部专卖管理监督部门对各市公司到货确认、入库扫码和打码到条情况进行监督检查。

4. 卷烟宣传促销监督。商业企业卷烟宣传促销活动严格按照相关规定执行。严禁工业企业以宣传促销名义开展卷烟经营活动，开展宣传促销活动要履行报审、报批手续，通知同级内部专卖管理监督部门派员参加并接受监督管理。各工业企业不得向烟草公司及零售终端给回扣、奖金、补贴和提供贵重礼品，不得直接向卷烟零售户开展宣传促销活动。严禁销售“天价烟”，取缔卷烟过度包装。

主要责任部门：营销管理、内部专卖管理监督、专卖监督管理、计划管理部门。

营销管理部门监督各市公司工业企业卷烟宣传促销方案的报审、报批手续。

内部专卖管理监督部门对各市公司宣传促销活动情况进行全面监督检查。

专卖管理部门督促基层市场管理人员对零售终端存在的违规卷烟宣传促销进行检查。

计划管理、营销管理、专卖监督管理部门督促各市公司及基层客户经理、市场管理人员在工作中一并对市场“天价烟”和卷烟过度包装情况进行登记和检查。

5. 烟叶生产经营监督。加强烟叶种植、收购计划管理，严禁无计划、超计划种植烟叶以及不严格落实种植面积；严禁跨区收购烟叶；严禁烟站工作人员弄虚作假、虚开发票、内外勾结、牟取私利；严禁无合同、超合同收购、加工烟叶。严禁违法处置复烤加工过程中产生的未彻底毁形的烟叶废弃品、严禁向未取得相应烟草专卖许可证的单位或个人销售、提供烟叶废弃品。

主要责任部门：烟叶管理、内部专卖管理监督、专卖监督管理部门。

烟叶管理部门检查烟叶生产经营企业烟叶种植、收购活动是否规范。

专卖监督管理、内部专卖管理监督、烟叶管理部门对烟叶生产、经营、流通活动进行监督；对生产经营过程中产生的烟叶废弃品处置进行监督检查，对其非法流通进行查处。

6. 卷烟工业企业生产经营监督。生产所需烟叶、复烤烟叶、卷烟纸、烟用丝束、滤嘴棒、烟草专用机械等烟草专卖品的购进、使用、库存管理及报废处理情况合法合规；生产计划执行、卷烟销售、打扫码、库存管理合法合规；复烤加工、购销合同的签订与执行情况、准运证申领使用、到货确认情况合法合规；促销烟、业务烟、试制烟等无码烟的生产使用情况，残次废弃烟草专卖品的处理情况合法合规。

主要责任部门：内部专卖管理监督、专卖监督管理、营销管理部门。

内部专卖管理监督部门对工业生产经营情况进行全面检查，对废弃烟草专卖品监督销毁；对工业企业准运证、携带证办理情况进行监督。

专卖监督管理部门督促基层市场管理人员对零售终端存在的无码烟等情况进行检查，并追查来源。

营销管理部门督促基层客户经理对零售终端发现的无码烟情况进行登记并及时向专卖监督管理部门反馈。

7. 烟草专卖零售许可证发放和使用监督。严格按照法定程序和条件办理烟草专卖零售许可证，并实行公开、公示制度。

主要责任部门：专卖监督管理、内部专卖管理监督、营销管理、物流（配送）管理、法规部门。

专卖监督管理、营销管理、物流（配送）管理部门督促基层市场管理人员、客户经理和物流送货人员对停业、歇业户和“一户多证”情况做好登记，及时提交同级内部专卖管理监督部门。

内部专卖管理监督部门督促基层内管人员根据反馈的停业、歇业户和“一户多证”等信息，全面检查是否存在“虚拟客户”和“虚假订单”情况。

法规部门督促基层法规人员对辖区新办零售许可证的合法性实施监督。

8. 罚没卷烟和罚没款处理监督。查获的罚没真品卷烟按照国家局专卖涉案卷烟价格管理相关规定办理，由市局估价小组核价后，入网销售。规范罚没假烟、霉变烟管理，规范罚没款收缴、举报奖领用管理，罚没款应及时上缴当地非税收入管理部门。

主要责任部门：专卖监督管理、营销管理、审计、内部专卖管理监督部门。

专卖监督管理部门督促各市县局监督专卖涉案卷烟是否提交核价和入网销售，罚没假烟、霉变烟管理、罚没款收缴、举报奖领用管理是否规范。

营销管理部门对专卖监督管理部门提交销售的罚没真品卷烟做好入网销售并备案。

审计部门对罚没假烟、霉变烟管理、罚没款收缴、举报奖领用管理进行审计监督。

内部专卖管理监督部门对真品罚没卷烟核价和入网销售、罚没烟、罚没款、举报奖领用管理进行检查。

9. 文明执法监督。专卖执法人员必须按照《中华人民共和国烟草专卖法》《中华人民共和国烟草专卖实施条例》赋予的权力进行执法，做到规范、公正、文明开展执法检查活动，不得利用执法之便谋取私人利益。

主要责任部门：专卖监督管理、法规部门。

专卖监督管理部门监督专卖执法人员文明执法、依法依规履行职责情况。

法规部门通过执法检查、案件审查、执法评议、行政申诉、复议对监督烟草专卖文明执法、依法行政情况。

10. 专卖案件处理监督。严格专卖办案管理，在专卖案件办理过程中严格履行法定程序，确保案件证据确凿、定性准确、法律适用正确、执法文书填写合法规范、自由裁量权行使恰当。

主要责任部门：专卖监督管理、法规部门。

专卖监督管理部门主动自查专卖案件办理情况，严禁越权办案，对程序不合法、证据不充分、定性不准确、法律适用错误、文书填写不规范等情况进行记录。

法规部门督促基层法规人员通过执法检查、案件审查、案卷评查、行政复议对辖区烟草专卖案件办理整体情况进行监督；对符合刑事立案标准的案件、由其他行政机关管辖的案件移交情况进行监督。

11. 专卖内管定期检查监督。市级局专卖内管人员每季度、县级局专卖内管人员每月按属地管理的原则对本辖区组织一次全面检查，检查结果存档备查，并在检查结束10日内将结果报上级内部专卖管理监督部门备案。

主要责任部门：内部专卖管理监督部门。

内部专卖管理监督部门对所属及下级内部专卖监督管理人员的内管工作根据内部专卖监督管理各项工作制度进行检查。

五、工作机制

1. 横向协调机制

内部专卖管理监督委员会定期召开会议，研究解决经营和执法重点工作中存在的违法违规问题。省局（公司）每季度的第一个月，召开内部专卖管理监督委员会全体组成人员会议；市级局（公司）每两个月召开一次；县级局（营销部）每个月召开一次。为强化内部专卖管理监督工作协调，县级局（营销部）结合自身实际相应整合专卖、访销、送货线路，建立基层专卖市场管理人员、客户经理、物流送货人员例会制度，对经营和执法过程中的违法违规信息进行交流反馈，并向同级内部专卖管理监督委员会会议汇报有关情况。

内部专卖管理监督委员会全体组成人员会议的主要内容是学习烟草专卖法律、法规和国家局有关内部专卖管理监督文件，通报内部专卖管理监督主要工作情况，研究解决内管工作存在的突出问题，部署下一步工作。每次会议召开的具体时间、地点和议题，由委员会办公室请示委员会主任后，提前5天通知参会人员。

内部专卖管理监督委员会会议研究的问题和议定的事项，由内部专卖管理监督委员会办公室以会议纪要形式下发至各组成部门和下属单位对照检查和贯彻落实。必要时，上级内部专卖管理监督委员会可以指派组成部门相关人员列席下级内部专卖管理监督委员会会议。

2. 纵向报告机制

市县两级在开展内部专卖管理监督相关工作时，要做好检查记录，留存相关痕迹化资料。基层专卖市场管理人员、客户经理、物流送货人员每周向各自主管部门及时汇报工作中发现的违反内部专卖管理监督规定的情况和问题；县级局内部专卖管理监督委员会组成部门每个月将所收集的内部专卖管理监督工作情况上报市级局业务对口部门；市级局内部专卖管理监督委员会组成部门每两个月将所收集的内部专卖管理监督工作情况上报省局业务对口部门。

省局（公司）内部专卖管理监督委员会组成部门认真收集各直属单位定期工作报告，进行分析总结后向省局（公司）内部专卖管理监督联席会议报告。

3. 工作检查机制

各级内部专卖管理监督委员会组成部门，对本级和下级内部专卖管理监督工作同时实施监督。各级专卖监督管理、卷烟营销管理、物流（配送）管理、烟叶生产经营管理等执法和经营部门（单位）应当严格按照规定主动、及时向同级内部专卖管理监督部门提供、报送备案备查的相关文件、报表和资料，并对其真实性负责。

4. 监察（督查）同步参与机制

各级监察（督查）部门通过抽查和督查的形式，对内部专卖管理监督工作进行再监督，会同有关部门对违反内部专卖管理监督相关规定的责任人开展调查和启动行政责任追究程序，并将督查结果和对相关责任人处理意见提交人事部门作为工作绩效考核和人事调整的依据。

5. 信息化监管机制

省市两级信息化管理部门，根据内部专卖管理监督工作需要，不断提升对执法和经营重点工作的信息化水平，通过信息化建设提升规范和效率。

6. 考核和培训机制

由各直属单位结合本单位实际，参照本工作机制的相关内容，建立内部专卖管理监督相关工作考核机制，由同级人事部门会同内部专卖管理监督部门实施考核，与原有的工作绩效考核制度相衔接，并有针对性开展业务培训，让相关部门及其工作人员了解和掌握内部专卖管理监督相关规定，有效开展内部监管工作。

安徽省烟草专卖局关于印发《安徽省烟草专卖行政处罚案卷评查标准》的通知

皖烟法〔2013〕150 号

各市烟草专卖局、省局驻安徽铁路烟草专卖局：

为了强化行政执法监督，促进依法行政，进一步提高全省烟草专卖行政执法水平，根据《中华人民共和国行政处罚法》、《中华人民共和国行政强制法》、《中华人民共和国烟草专卖法》、《中华人民共和国档案法》、《中华人民共和国烟草专卖法实施条例》、《烟草专卖行政处罚程序规定》（工信部 12 号令）、《烟草专卖品准运证管理办法》（国家经贸委 31 号令）等有关法律、法规、规章和国家烟草专卖局有关规定，结合我省实际，对《烟草专卖行政执法案卷评查标准》（皖烟法〔2009〕55 号）有关内容进行了修订，形成《安徽省烟草专卖行政处罚案卷评查标准》。现印发给你们，请各单位要认真组织新案卷评查标准的学习、培训，自 2013 年 7 月 1 日起，新办理的行政处罚案卷的评查执行此标准。原《烟草专卖行政执法案卷评查标准》（皖烟法〔2009〕55 号）中附件二《安徽省烟草专卖行政处罚案卷评查标准》废止。

按照国家局《烟草行业 2013 年度行政处罚案卷评查实施方案》的要求，请各市、县烟草专卖局在 7 月前完成对本单位 2012 年 1 月 1 日至 2012 年 12 月 31 日的行政处罚案卷的自查工作；省局于 9 月底前抽取部分案卷进行集中评查；10 月至 11 月底，国家烟草专卖局将在全国范围内抽取案卷进行集中评查，各单位要做好迎接国家局抽查的准备。

安徽省烟草专卖局

2013 年 5 月 28 日

安徽省烟草专卖行政处罚案卷评查标准

为进一步提高烟草行政处罚案卷制作水平，不断规范全省烟草专卖执法行为，全面推进依法行政，根据《中华人民共和国行政处罚法》《中华人民共和国行政强制法》《中华人民共和国烟草专卖法》《中华人民共和国档案法》《中华人民共和国烟草专卖法实施条例》《烟草专卖行政处罚程序规定》（工信部 12 号令）《烟草专卖品准运证管理办法》（国家经贸委 31 号令）等有关法律、法规、规章和国家烟草专卖局有关规定，制定本标准。

本标准包括三部分：烟草专卖行政处罚案卷评查基础标准、烟草专卖行政处罚简易程序案卷评查标准、烟草专卖行政处罚一般程序案卷评查标准。所有行政处罚案卷首先要符合烟草专卖行政处罚案卷评查基础标准；如不符合其中任何一项，应定为不合格案卷。对符合基础标准的案卷，再按照烟草专卖行政处罚简易程序案卷评查标准或者烟草专卖行政处罚一般程序案卷评查标准进行评查。

一、基础标准部分

（一）主体合法

1. 实施行政处罚的主体为依法能够独立行使行政处罚权并承担法律责任的县级以上烟草专卖局。

2. 实施行政处罚的主体在法定职权范围内实施行政处罚。

3. 被处罚主体认定准确。

（1）被处罚主体必须是依法能够独立行使权利，并承担法律责任的公民、法人或其他组织；

（2）在案卷中应有证明被处罚主体资格的材料；

（3）被处罚主体必须是违法行为的当事人。

4. 法律文书中，处罚主体和被处罚主体使用全称，且前后一致。对外使用的文书必须使用行政机关的印章；设立直属分局的，可以使用所属市局行政处罚专用印章。

（二）违法事实清楚，证据确凿

1. 法律文书所述违法事实是法律、法规、规章规定应当给予行政处罚的事实。

2. 违法事实与情节认定清楚，表述准确。法律文书应当准确记载违法的时间、地点、情节、程度和后果。

3. 认定违法主体和违法行为的证据充分，并且主要证据具有真实性、关联性、合法性。卷内证据应当合法、有效，足以证明违法行为的性质、情节、程度和后果。

（三）定性准确

1. 属于公民、法人或者其他组织违反烟草专卖管理秩序，并应依法给予行政处罚的行为。

2. 符合烟草专卖法及其实施条例关于涉烟案件职能管辖范围的规定。

3. 对当事人违法行为的性质判断准确，与烟草专卖法律法规关于涉烟违法行为构成要件的规定一致。

（四）适用法律正确

1. 实施行政处罚有明确的、有效的法律依据。

2. 适用法律正确，法律文书中，法律、法规、规章的名称应使用全称，且引用条、款、项、目准确、完整。

3. 行政处罚种类和幅度符合法律、法规、规章的规定。

（五）程序合法

1. 行政处罚按照法定的步骤、顺序实施。

2. 在时间顺序上案卷应按照实施行政处罚的步骤记载。

3. 在形式上每一执法活动的内容、过程和结果都应当有相应的法律文书记载。

4. 由两名以上执法人员进行调查取证，并向当事人或者有关人员出示证件。

5. 作出行政处罚决定前必须告知当事人拟处罚的事实、理由和依据。

6. 作出行政处罚决定前必须告知当事人依法享有的陈述和申辩的权利，并听取当事人的陈述和申辩。

7. 对符合听证条件的，告知当事人听证权，当事人要求听证的，依法举行听证。

8. 行政处罚决定经过行政机关负责人批准，重大行政处罚案件履行集体讨论程序，依法应由上一级行政机关批准或决定的行政处罚案件，必须上报。

9. 应当送达的法律文书依照法定程序和法定期间送达，并有送达回证。

10. 对当事人的同一违法行为，不得给予两次以上罚款的行政处罚。

11. 依法应当移送其他机关的案件必须移送。

12. 行政处罚的执行符合罚缴分离或当场收缴罚款的法律规定。

二、烟草专卖行政处罚简易程序案卷评查标准

本标准适用评查行政处罚简易程序案卷，标准采用百分制的评分方法，属于本标准之外的问题或本标准之外的案卷文书种类，暂时不参评、不扣分。

（一）符合当场行政处罚情形（5 分）

（二）使用预定格式、编有号码的当场行政处罚决定书（5 分）

（三）当场行政处罚决定书要素齐全、完整（22 分）

1. 当事人的基本情况详实、准确；（2 分）

2. 违法行为的时间、地点明确、具体；（2 分）

3. 违法事实确凿，法定依据明确，有相关证据证明；（2 分）

4. 处罚的种类、幅度、内容明确、具体；（2 分）

5. 行政处罚依据引用准确、完整；（2 分）

6. 行政处罚履行方式和期限明确；（2 分）

7. 明确告知当事人申请行政复议或者提起行政诉讼的途径和期限；（2 分）

8. 有作出行政处罚决定的行政执法主体的印章、日期；（2 分）

9. 有当场实施处罚的行政执法人员的签名或者印章，并签注执法证号；（2 分）

10. 有被处罚人的签名或者印章；（2 分）

11. 行政处罚决定书当场交付当事人。（2 分）

（四）现场笔录（20 分）

1. 有现场检查的起止时间、场所记载；（2 分）

2. 现场检查的内容清楚；（5 分）

3. 有当事人的基本情况及其违法的事实记载；（3 分）

4. 现场检查情况记录准确、客观、全面，有执法人员表明身份、告知当事人有关权利等程序性事项的记录；（5 分）

5. 有当事人对笔录的意见及签名、日期；（3 分）

6. 有执法人员签名，并注明行政执法证件号。（2 分）

（五）证据提取（15 分）

1. 固定当事人违法事实的影像、照片或其他证据；（5 分）

2. 提取当事人的身份证明及烟草专卖行政许可等信息资料；（5 分）

3. 提取时间、地点、提取人明确具体；（2 分）

4. 影像、图像或文字资料清晰。（3 分）

（六）备案与审核（15 分）

1. 在法定期限内进行备案；（5 分）

2. 备案文书要素齐全、制作规范，案由、备案时间、被处罚人信息、处罚的种类、幅度等信息完整；（5 分）

3. 收到备案材料后七日内审核完毕，备案审核意见明确，签名并注明日期。（5 分）

（七）收缴罚款

当场收缴罚款的，应出具加盖行政处罚机关印章的合法票据，票据填写规范准确、字迹清晰；罚款两日内缴付银行指定账户，存根保存完整。（6 分）

（八）案卷归档（12 分）

1. 案卷归档及时，卷内材料排列有序、装订整齐，按月汇编成册；（2 分）

2. 案卷材料齐全，制作规范；（2 分）

3. 卷内文字应当使用钢笔、签字笔书写；（2 分）

4. 卷内文书采用阿拉伯数字逐页编写页码，正页在右上角，反页在左上角编写，页码之间盖骑缝章；（2 分）

5. 卷内无金属物；（2 分）

6. 破损的文书应修补或复制，文书过小的应衬纸粘贴，文书过大的应折叠整齐。（2 分）

三、烟草专卖行政处罚一般程序案卷评查标准

烟草专卖行政处罚一般程序案卷标准采用百分制的评分方法，案卷中不需要使用某种文书的，该文书所占分值自动累加；属于本标准之外的问题或本标准之外的文书种类，暂时不参评、不扣分。

（一）立案阶段（共 8 分）

立案审批文书，要求如下：

（1）案由表述有法律依据，规范、准确；（1 分）

（2）有案件来源，即注明案件是来自现场检查、举报、交办还是移送等内容；在检查或办案中发现的案件应注明检查的时间、地点，属于举报的应写明举报方式，需要保密的，可以不写明举报人；交办或移送的，应写明交办、移送机关及其意见；(1 分)

（3）有当事人基本情况，且叙述清楚。除无主案件外，当事人基本情况记录完整；(2 分)

（4）有承办人和承办部门意见，应注明当事人可能违反的法律、法规、规章的名称。应注明当事人涉嫌违反的法律、法规、规章的名称、条款，建议立案的意见、两名以上承办人签名及日期。在引用法律依据时只引用相应的法律、法规名称和主要条款，不必引用处罚条款，也不必提出处罚数额；(2 分)

（5）有行政机关负责人的审批意见、签名和日期；(1 分)

（6）在规定时间内立案。(1 分)

（二）调查取证阶段（共 42 分）

1. 检查（勘验）笔录（共 6 分）

（1）有现场检查的起止时间、场所记载；(1 分)

（2）现场检查的内容清楚；(1 分)

（3）有被检查人的基本情况；(1 分)

（4）现场检查情况记录准确、客观、全面；(1 分)

（5）有被检查人对笔录的意见及签名（现场笔录由当事人和行政执法人员签名或者盖章，当事人拒绝的，在笔录中予以注明；当事人不到场的，邀请见证人到场，由见证人和行政执法人员在现场笔录上签名或者盖章）；(1 分)

（6）一个案件有多处现场或一个现场多次被检查的，应分别制作检查（勘验）笔录。(1 分)

2. 询问笔录（共 9 分）

（1）有询问的起止时间、地点；(1 分)

（2）一份询问笔录针对一个被询问人；(1 分)

（3）被询问人基本情况完整；(1 分)

（4）有对案件被询问人表明身份、询问事由，告知其有关权利及不得提供伪证或隐匿证据的义务的记录；(1 分)

（5）询问笔录记录的内容合法、全面；(2 分)

（6）有询问人和记录人的签名；(1 分)

（7）笔录有被询问人逐页签名（被询问人拒绝签名的，有两名以上执法人员签名并说明原因）；(1 分)

（8）笔录中有涂改之处时，应有被询问人压指印、盖章或签名。(1 分)

3. 先行登记保存证据文书（共 5 分）

（1）采取先行登记保存措施须经行政机关负责人批准，注明批准时间；(1 分)

（2）先行登记保存的物品应在 7 日内做出处理决定，并有合法送达文书或相关证据；(1 分)

（3）先行登记保存批准书、先行登记保存通知书和先行登记保存物品处理通知书三种文书中关于先行登记保存物品的品种、规格、数量记录一致、规范；(1 分)

（4）先行登记保存物品的处理方式符合有关规定。(1 分)

（5）先行登记保存通知书应当保护当事人陈述和申辩的权利及行政救济权利，烟草专卖行政管理机关负有告知义务。（1 分）

4. 抽样取证文书（共 8 分）

（1）完整记录被调查取证人的情况；（1 分）

（2）调查取证事由正当；（1 分）

（3）调查取证的时间、地点准确具体；（1 分）

（4）提取的证物应与案件有关；（1 分）

（5）调查取证物品的性状描述完整准确（包括物品名称、规格、数量等），抽样取证物品清单与鉴定结论中关于物品的记录必须一致；（1 分）

（6）应当有两名以上执法人员的签名；（1 分）

（7）有被调查取证人签名或盖章（当事人拒绝确认或者不在场的，应当有两名以上见证人在场确认；见证人不足两名或者拒绝确认的，执法人员应当在物品清单上注明情况并签字）；（1 分）

（8）有行政机关的印章和日期；（1 分）

5. 鉴定文书（7 分）

（1）委托的鉴定机构应具有相应资质；（1 分）

（2）鉴定人员具有相应的鉴定资质和专业知识，能够客观公正地担任鉴定工作，实事求是地作出鉴别和判断；（1 分）

（3）鉴定文书符合法定形式，有明确的结论性意见；（1 分）

（4）鉴定结论应告知当事人并听取当事人的陈述、申辩意见；（2 分）

（5）经鉴定属于真烟的，所造成的样品损耗由鉴定委托人承担，按照进货或者批发价格由烟草专卖行政主管部门购买，有关费用在办案经费中列支。（2 分）

6. 调查终结报告（共 5 分）

（1）案件调查应当在法定期限内完成；（1 分）

（2）案件立案时间、调查人、当事人信息等记录详实；（1 分）

（3）违法事实清楚，详细描述现场检查（勘验）情况、案发时间、地点，执法主体，收集的证据，采取的措施等情况；（1 分）

（4）案件性质准确，处罚依据明确；（1 分）

（5）处理建议合法、适当，有调查人员签章和日期。（1 分）

（三）审查决定阶段（共 20 分）

1. 案件处理的审批文书（共 5 分）

（1）案由和当事人的基本情况记载准确；当事人是公民的，要记载其姓名、性别、年龄、住址、单位、职业等情况。当事人是法人或其他组织的，要记载其单位的名称、法定代表人或负责人姓名、职务；（1 分）

（2）违法事实记录完整，证据确凿、充分，处罚依据明确；（1 分）

（3）承办人的意见明确、具体，有签名和准确日期；（1 分）

（4）有法制机构或者法规员的审查意见；（1 分）

（5）行政机关负责人审批意见明确、具体，有签名、日期；（1 分）

2. 行政处罚事先告知书（共5分）

（1）当事人名称准确；（1分）

（2）载明违法事实和法律依据；（1分）

（3）明确告知拟给予行政处罚的内容；（1分）

（4）依照法定程序，明确告知当事人行使陈述权、申辩权；符合法定条件的，依法告知当事人有申请听证的权利和申请期限；（1分）

（5）处罚机关的印章、日期完整。（1分）

3. 行政处罚决定书（共10分）

（1）有当事人基本情况（公民：姓名、性别、年龄、住址；法人：单位名称、地址、法定代表人）；（2分）

（2）有违反法律、法规、规章的事实和依据；（2分）

（3）有行政处罚的依据和种类；（2分）

（4）有行政处罚的履行方式和期限，并告知若逾期缴纳罚款加处罚款的规定；（1分）

（5）有告知当事人如不服行政处罚决定的，可以申请行政复议或者提起行政诉讼的途径和期限；（1分）

（6）有作出行政处罚决定的处罚机关名称及印章、日期。（2分）

（四）送达和执行阶段（共10分）

1. 送达回证（共3分）

（1）送达文书有编号且编号规范；（0.5分）

（2）载明送达文书名称；（0.5分）

（3）载明受送达人名称（姓名）；（0.5分）

（4）载明送达时间、地点；（0.5分）

（5）送达方式准确：直接送达的，应有被送达人的亲笔签名，不得代签；代收送达的应注明代收理由；留置送达的，应有两名以上的见证人签字；公告送达应将公告文书归档入卷；邮寄送达的，可以将挂号信回执粘贴于备注中；委托送达的，受委托机关应在送达人栏中盖上印章；（0.5分）

（6）有送达人、收件人员的签名、行政机关印章。（0.5分）

2. 罚没款（物）票据（共4分）

（1）处罚机关应当和罚款收缴机关分离，法律规定可以由行政机关当场收缴的除外；（1分）

（2）应使用合法罚没票据；（1分）

（3）票据填写规范、准确；（1分）

（4）缴纳罚款期限正确，加盖处罚机关印章。（1分）

3. 行政处罚强制执行申请文书（共3分）

（1）案件名称准确、被申请人基本情况清楚；（0.5分）

（2）申请执行项目准确；（0.5分）

（3）案情叙述完整准确；（0.5分）

（4）强制执行理由正确；（0.5分）

（5）案件主要材料齐备。（1分）

4. 结案报告（共3分）

（1）案由清楚；（0.5分）

（2）载明结案理由；（0.5分）

（3）载明行政处罚决定及执行情况，未执行部分应有说明；（0.5分）

（4）罚没财物应有处理结果；（0.5分）

（5）有案件调查人员结案意见及签名、日期；（0.5分）

（6）有行政机关负责人同意结案的意见和签名、日期。（0.5分）

（五）案卷归档（共20分）

1. 行政处罚案件一案一卷，涉及国家机密、商业秘密、个人隐私的案件，可以实行一案两卷，即正卷和副卷；（2分）

2. 使用统一规范的卷宗封面、一卷一号；（2分）

3. 卷内文字应当使用钢笔、签字笔或毛笔书写；（2分）

4. 卷内目录和备考表填写规范；（2分）

5. 卷内材料排列有序，行政处罚决定书在前，其余文书按时间顺序排列，装订整齐；（2分）

6. 卷内材料有规范的页号，卷内文书采用阿拉伯数字逐页编写页码，正页在右上角、反页在左上角编写，页码之间应盖骑缝章（2分）

7. 不能随文书装订立卷的证据，应放入证据袋中，随卷归档，并在证物袋上注明证据的名称、数量、拍摄时间、地点等内容；不能随文书立卷装订的录音、录像或实物证据，需在备考表中注明录制的内容、数量、时间、地点、责任人及存放地点等内容；（2分）

8. 卷内无金属物；（2分）

9. 破损的文书应修补或复制，文书过小的应衬纸粘贴，文书过大的应折叠整齐；（2分）

10. 案卷归档及时。（2分）

安徽省烟草专卖局关于印发烟草专卖管理统计工作规定的通知

皖烟办文〔2013〕17号

各市烟草专卖局、省局驻安徽铁路烟草专卖局：

为进一步提升全省烟草专卖管理统计工作水平，根据国家局、省局相关统计工作制度，现将《安徽省烟草专卖管理统计工作规定（暂行）》印发给你们，请认真贯彻执行。各单位在执行中若有问题或建议及时报省局。

安徽省烟草专卖局

2013年6月18日

安徽省烟草专卖管理统计工作规定（暂行）

第一章　总　则

第一条　为进一步加强全省烟草专卖管理统计工作，确保统计数据的真实、准确、及时和完整，为全省烟草专卖管理工作决策提供科学依据，依照国家、行业相关规章制度，制订本规定。

第二条　本规定适用于全省各级烟草专卖管理部门。各级烟草专卖管理部门根据统计工作实际情况，必须制订统计工作制度，运用各种统计方法，系统、准确、及时地对本地专卖管理各项工作进行统计调查，提供统计资料和统计分析。

第三条　各级专卖管理机关及部门负责人必须加强对专卖管理统计工作的领导与监督。各级专卖管理部门统计工作人员要如实提供统计资料，不得提供不真实或者不完整的统计资料，不得迟报、瞒报、漏报统计资料。

第四条　各级专卖管理部门统计管理工作纳入专卖管理工作考核指标体系。

第二章　统计报表规则

第五条　市级专卖管理部门通过国家局 MIS 系统及省局商业管理信息系统定期上报：

（一）全国烟草专卖管理情况月报（表一、表二、表三、表五）；

（二）查获假冒重点品牌卷烟情况月报；

（三）出口回流烟附表月报；

（四）全国烟草专卖管理情况半年报（表四）；

（五）全省专卖管理数据报表。

第六条　县级烟草专卖管理部门通过省局商业管理信息系统定期上报：

（一）全国烟草专卖管理情况月报（表一、表二、表三、表五）；

（二）查获假冒重点品牌卷烟情况月报；

（三）出口回流烟附表月报；

（四）全国烟草专卖管理情况半年报（表四）；

（五）全省专卖管理数据报表。

第七条　县级专卖管理部门定期上报月度专卖统计日期截止到每月 25 日，26 日当月数据上报市级局（26 日至月底数据计入下月统计口径），市级局汇总审查后 27 日上报省局（遇法定节假日顺延）。

第八条　市、县级专卖管理部门不定期上报统计报表包括：10 万元以上大要案件报表、专项行动统计报表、其他有关统计调查资料等。

第九条　市、县级专卖管理部门查获 10 万元以上大要案件必须在案发后 24 小时内上报省局专卖处（案件报表传真）。查获 5 万元以上真品卷烟案件市级局同时上报国家局

MIS 系统。各单位破获符合国家局、省局标准网络案件必须在案件结案当月内通过国家局 MIS 系统（国烟专表二）上报，同时将案情报告及相应证明材料报省局专卖处备查。

第十条　市、县级专卖管理部门上报所有专卖统计数据必须同时打印纸质表格，经统计报表填表人、专卖部门负责人和局负责人签字，由本级局存档备查（保存期三年）。

第十一条　市、县级专卖管理部门负责人及专卖统计工作人员要把好统计数据审核关，避免数据多报、少报、漏报情况发生，对已经上报需要修改的统计数据，由所在单位专卖部门书面申请经市局分管副局长签署意见并加盖单位印章后上报，经省局批准后修改。

第十二条　各级专卖管理部门应规范专卖统计数据来源口径，涉及当地人口等地方有关统计数据须以政府统计部门当年发布数据为准。

第十三条　各级专卖管理部门必须规范应用安徽商业管理信息系统专卖管理软件案件管理模块，完善案件信息化统计台账。

第十四条　各级专卖管理部门要建立专卖管理统计资料审核、签署、交接和归档等统计档案管理制度，妥善保管、调用和移交统计档案。

第十五条　各级专卖管理部门对于所掌握的专卖统计资料负有保密义务。不得违反国家和行业有关信息保密规定，不得随意发布和使用在统计工作过程中掌握的统计资料。专卖管理部门统计人员如遇变动，必须履行统计资料交接制度，办理统计资料移交手续，确保统计资料完整性、连续性和准确性。

第十六条　各级专卖管理部门要确保专卖统计人员的相对稳定，不得随意调整专卖统计人员岗位。对不称职、不合格的专卖统计人员根据上级部门的建议及时进行调整，保障专卖统计工作质量。

第十七条　各级专卖管理部门要制订专卖统计人员年度培训计划，组织好本单位及所属单位的培训，不断提高专卖统计人员业务能力。

第三章　监督检查

第十八条　各级专卖管理部门要完善对专卖管理统计工作的检查、通报制度，县级专卖管理部门每季度开展一次统计情况自查，市级专卖管理部门每半年专项检查一次，省局年度适时进行一次抽查，形成定期通报制度，不断提高专卖统计工作水平。

第十九条　对全面完成上级专卖管理部门规定的统计任务，按照统计工作制度规定准确、及时上报统计资料，按时上报案件情况报表成绩显著的单位和人员给予通报奖励。

第二十条各级专卖管理部门和统计人员因主观原因有如下行为的，进行通报批评，情节严重的对直接负责的主管人员和直接责任人员依规给予相应处分。

（一）拒报、漏报或者屡次迟报统计资料的。

（二）虚报、瞒报、伪造和篡改统计资料的。

第二十一条　各级专卖管理部门违反专卖管理统计工作规定，造成不利影响的，取消其单位专卖管理工作评先获奖资格。

第二十二条　本办法由省局专卖处负责解释。

第二十三条　本办法自下发之日起施行。

安徽省烟草专卖局关于印发 2013 年度内部专卖管理监督考核办法的通知

皖烟内管〔2013〕339 号

各市烟草专卖局：

现将安徽省烟草专卖局（公司）内部专卖管理监督考核办法及 2013 年度全省内部专卖管理监督工作考核评分细则印发给你们，请认真实施。

安徽省烟草专卖局

2013 年 11 月 7 日

安徽省烟草专卖局（公司）内部专卖管理监督考核办法

第一章　总　则

第一条　为持久深入扎实地推进行业内部专卖管理监督工作，实现内部专卖管理监督制度化、规范化、日常化，切实加强对行业内部生产经营活动全过程的有效监管，进一步推动行业注重自律课题的解决，根据省局（公司）内部专卖管理监督委员会工作要求，特制订本办法。

第二条　本办法遵循公平公正、客观评价、正确引导的原则，确定考核内容和考核方式，充分体现依法行政、依法管理、有效监管的要求，推动行业内部专卖管理监督工作整体水平的提高。

第三条　本办法适用于省局（公司）对各直属单位内部专卖管理监督工作情况的考核。

第二章　考核内容

第四条　考核内容主要是内部专卖管理监督各项制度措施的制订、完善、执行情况和内部专卖管理监督的实际效果。内部专卖管理监督各项制度措施的制订、完善和执行情况方面的考核内容根据省局印发实施的制度、流程规范确定。

内部专卖管理监督实际效果方面的考核内容根据行业内部烟草专卖品生产经营企业依法依规组织生产经营情况确定。

考核实行百分制评价形式，省局（公司）每年根据实际情况和国家局新的要求部署，在内部专卖管理监督考核内容及评分标准的基础上研究制定年度考核细则，组织考核工作组对市级局（公司）及其他有关单位内部专卖管理监督工作开展、企业规范经营内控机制的建设、人员落实、配合专卖内管工作和依法依规组织生产经营活动等情况进行考核。

第三章　考核方式

第五条　考核采取定期考核和日常检查相结合的方式进行。定期考核每年进行一次，一般在年底组织；日常检查不定期进行。

第六条　定期考核由省局（公司）内部专卖管理监督委员会办公室组成工作组对各直属单位进行全面考核，采取听汇报、查阅有关文件和工作记录、市场走访、调取生产经营数据、对市级局内部专卖管理监督部门进行现场考察、征求有关单位的意见等形式进行考核，重点解决内部专卖管理监督各项制度措施的制订、完善和执行的问题。

第七条　日常检查由省局（公司）内部专卖管理监督委员会办公室组成工作组采取异地交叉检查方法对企业规范经营情况进行检查，或从市场上查处的案件等方面查找线索责成市级局进行查处，通过检查企业规范经营情况反映内部专卖管理监督的实际效果。

第四章　结果通报和责任追究

第八条　年度考核结束后，省局（公司）在全行业通报内部专卖管理监督考核结果，对考核优秀的单位进行表扬，对存在问题较多的单位进行批评教育并限期整改。考核结果作为对各直属单位领导干部年度业绩评定、奖励惩处的重要依据。

第九条　年度内部专卖管理监督考核纳入省局（公司）对各直属单位年度经济运行考核。

对专卖内管和企业规范经营内控机制建设不到位、人员不落实、对存在的问题整改不到位、屡查屡犯、发生重大违反烟草专卖法律法规问题以及拒不接受专卖监管、拒不提供相关资料、对专卖监管工作设置障碍的，扣减被考核单位领导年度工作业绩考核得分。

第十条　定期考核和日常检查的工作人员营私舞弊、滥用职权、违反有关规定的，根据情节追究有关当事人的责任。

第十一条　本办法由省局负责解释。

第十二条　本办法自印发之日起施行。各直属单位要参照本办法，完善相应的内部专卖管理监督工作考核办法。

2013 年度全省内部专卖管理监督工作考核评分细则

考核对象	序号	项目	考核内容		分值	评分标准
市局	一	长效机制建设	组织机构设置和队伍建设(8分)	1. 按照国烟人〔2007〕186 号文件要求，逐级落实内部专卖管理监督机构，明确内管机构人员岗位和职责，配齐相应内管工作人员 2. 相关业务部门应当配备一名副职为内管工作联络员	20	1. 未按文件要求设置内管机构岗位和职责的扣 1 分 2. 未配备专职副科长的扣 2 分 3. 内管人员配置不齐的扣 2 分 4. 基层专卖队所未配备兼职内管员的扣 1 分 5. 相关业务部门未指定部门副职担任部门内管联络员的扣 2 分
			制度建设（10 分）	1. 落实专卖内管教育培训制度和计划 2. 生产经营业务部门建立并落实内控制度 3. 严格执行国烟办〔2013〕262 号、国烟办〔2013〕293 号、国烟专〔2013〕281 号等文件		1. 无年度教育培训计划的扣 2 分 2. 未执行每年对行业内企业领导和有关业务人员进行一次以上烟草专卖法律、法规及有关规定的培训要求的，扣 2 分 3. 营销部门未建立需求预测、购进计划、购进协议合同、货源分配、订货管理、大户管理、品牌管理、卷烟促销、修改客户信息、调整类别内控管理制度；物流部门未建立扫码入库、到货确认、打码到条、仓储内控内控制度；烟叶部门未建立计划分解，种植收购合同、烟种烟苗管理、移栽、收购、调拨、废弃烟叶处理内控制度的；每少一项扣 0.5 分。经营部门内控制度一项未落实的扣 1 分 4. 国烟办〔2013〕262 号、国烟办〔2013〕293 号、国烟专〔2013〕281 号等文件落实不到位的，一项扣 1 分
			工作保障（2 分）	1. 为内管部门提供必要的办公硬件配置 2. 设立、公布内管举报信箱、举报电话并在醒目位置设置		1. 打印机、照相机、录音笔、电脑办公硬件设备配备不齐的扣 1 分 2. 未公开设立、公布举报投诉信箱、电话的扣 1 分

（续表）

考核对象	序号	项目	考核内容		分值	评分标准
市局	二	工作运行	卷烟非法流通治理（5分）	1. 建立并执行非法流通卷烟案件查处、奖惩制度 2. 准确、及时向上级局报送非法流通卷烟情况	60	1. 未建立相关制度，每少一项扣1分；未认真落实制度的扣1分；报送查扣非法流通卷烟条码、数据、案情等不准确、不及时的，每次扣1分 2. 被查处真烟流出案件一次达到5万元以上的本项不得分
			工作情况通报（6分）	1. 专卖部门发现涉及内部违法违规经营线索的，要在当天通知专卖稽查人员进行查处并将所涉卷烟品牌情况向市级局专卖内管部门报告，市级局专卖内管部门要针对所涉品牌，查找集中时间、集中线路投放或明显超出零售户经营能力提供卷烟等情况，确定为内部违规线索 2. 有关单位按要求上报真烟案件查处情况并抄录每条烟的32位条码 3. 零售户停歇业存在异常情况的，县级局专卖内管部门要在接到报告后3个工作日内确定零售户停歇业的具体时间、停歇业期间是否仍在订购卷烟。对于在停歇业期间仍在订购卷烟的，县级局专卖内管部门当天就要作为内部违法违规线索向市级局专卖内管部门报告		1. 专卖部门未及时向内管部门通报真烟案件查处情况的，每次扣1分 2. 真烟案件查处情况和32位条码未按时上报的每次扣1分 3. 内管部门未及时处理的每次扣1分
			会议制度（5分）	1. 定期（至少每季度）召开内管、专卖、营销、物流、烟叶部门联席会议。会议内容为学习宣传规范经营相关文件、发现问题整改落实情况、相关业务部门工作开展情况等 2. 生产经营相关会议，需邀请内管人员参加 3. 定期（至少每半年）召开辖区工业代表座谈会，驻皖工业营销人员备案资料齐全；对工业企业促销、宣传等市场行为监管手续和记录完整		1. 联席会议每缺少一次的，扣1分。每缺少一个部门参加的，扣1分 2. 营销、物流、烟叶部门研究卷烟购进计划、制订营销策略、烟叶生产经营等会议未通知内管人员参加的，一次扣2分 3. 未定期召开辖区工业代表座谈会的，一次扣1分；对工业企业促销、宣传等市场行为监管手续和记录不完整的，一次扣1分

（续表）

考核对象	序号	项目	考核内容		分值	评分标准
市局	二	工作运行	资料备案备查(5分)	1. 相关业务部门及时提供生产经营材料并整理归档，接受上级局或检查组的检查 2. 相关业务部门定期生产经营资料在每月10日前，不定期形成的资料在形成后及时报内管部门备案。其他报表资料按内部监管要求的时间及时报备 3. 相关业务部门所提供的材料必须真实、详尽	60	1. 未及时将资料整理、上传、归档或提供内管资料不全的，一次视资料不完整性扣0.5分。材料不符的视未提供，一次扣1分 2. 营销部门有关年度购进计划、订货协议汇总备案表、年度卷烟购销存流转计划总量、调整计划报告、批文、货源供应表、品牌引进退出文件、修改客户信息、调整类别未及时提供内管部门备案的，每少一项扣0.5分 3. 物流部门未及时将市级烟草公司卷烟实物扫码入库登记表、卷烟实物扫码到货确认登记表、卷烟准运证过期(无法)确认登记表、卷烟库存核对表提供内管部门备案的，每少一项扣0.5分 4. 烟叶部门未及时将烟叶计划分解、烟叶移栽表、收购登记表、种植收购合同、烟种烟苗管理、移栽、收购、调拨、废弃烟叶处理相关材料递交内管部门的，每少一项扣0.5分 5. 提供虚假材料的每份扣2分
			定期检查、同级监管、日常监管(15分)	1. 认真开展“两烟”生产经营定期检查；严格按照国家局、省局专卖内管工作流程及操作规范，组织对卷烟、烟叶生产经营活动的监督管理，严厉查处各种不规范生产经营行为 2. 认真开展同级监管、日常监管，及时发现不规范经营情况并进行处理 3. 工作底稿完整		1. 未按要求及时开展定期检查的一次扣1分，检查走过场，敷衍了事的每次扣2分。对应该发现的较严重问题未发现的每项扣2分。每月市级局走访不少于20户，县级局走访不少于30户，每少走1户扣0.2分。无痕迹化记录的，扣1分 2. 未参加企业业务经营相关会议的每次扣1分。内管部门接到线索后，2周内没有进行调查核实，并上报核查情况的，每发现一次，扣2分。对不规范经营线索的调查核实，走过场，未查清问题的扣1分。监管不力，出现不规范经营的，每起扣1分；督促整改不到位，或者相同不规范经营再次发生的，一次扣2分。 3. 日常监管相关人员未形成详细的工作底稿，没有相应的工作纪录、记录不全或虚假记录的，未按照要求将资料准时报送每项扣1分；处理投诉举报信息不及时的，每起扣1分。存在无码销售卷烟及打测试码、打通码等问题，扣3分

（续表）

考核对象	序号	项目	考核内容		分值	评分标准
市局	二	工作运行	内管信息系统运用（5分）	完善内部监管信息平台运用，专人负责预警信息分析工作。在规定时间内完成异常情况的登记、调查核实处理及反馈工作；在规定时间内完成预警信息的处理；正确处理异常预警；按省局规定对信息系统进行正常维护	60	1. 未设置专人负责预警信息分析工作的扣1分 2. 未按内管信息系统时限要求上报的，扣1分 3. 未及时对系统预警信息进行有效处理的，扣1分 4. 未按要求对原始文书、表格等资料进行备案的，扣1分 5. 县级局每月针对预警信息开展有针对性的实地调查核实并记录完整，缺少记录或记录不完整的扣1分
			销售终端检查（15分）	省局检查组随机抽查走访辖区零售户，其中城区15户，乡镇15户，检查是否存在脱离本地市场实际需求盲目投放、冲击其他地区市场；以集资、虚假订单等形式，套购倒卖卷烟；虚拟客户、无码销售、捆绑销售；直接向无证单位、个人销售卷烟等问题		发现违规情形的，本项不得分
			沟通协调（4分）	1. 积极配合内管工作，主动提供检查所需资料，安排人员配合检查 2. 为内管部门开放必要的生产经营信息系统，并提供用户名和密码		1. 内管部门查处非法流通卷烟案件，开展日常监管，相关部门不配合的，扣1分 2. 未开放和提供专卖管理信息系统、营销管理信息系统等与内管有关的信息系统用户名和密码的扣1分 3. 无故变更、关闭使用权限的一次扣1分

（续表）

考核对象	序号	项目	考核内容		分值	评分标准
市局	三	问题整改及责任追究	问题整改（10分）	1. 对上级局日常或定期检查发现的问题是否进行了认真、仔细地整改 2. 对内管部门日常检查发现的问题是否进行了认真、仔细地整改 3. 经整改的问题应当杜绝再次发生	20	1. 对上级局检查发现的问题未进行整改的，一次扣3分 2. 对内管部门检查发现的问题未进行整改的，一次扣2分 3. 相关业务部门对整改的问题重复出现的，一次扣5分
			责任追究（10分）	1. 违反规定，对内管调查核实工作拒不配合的，追究有关人员的责任 2. 经查实，存在违法、违规事实的，且涉及到行业内部人员参与的案件，应当对相关人员按规定进行责任追究		1. 未按规定进行责任追究的，每起扣5分 2. 无正当理由，从轻或免予处罚的，每起扣5分
加分项（5分）	1. 积极探索实现日常有效监管的途径和方法，及时总结推广经验的，酌情加分					
	2. 在日常监管中，认真查处违法违规生产经营行为，按规定对有关责任人进行严肃处理的，酌情加分					
	3. 承担辖区内烟叶、工业企业内部专卖监管工作，未发生违规现象的，酌情加分					
	一票否决项	一次被其他单位查获非法流出卷烟达“双80”的单位，全年不得分				
	备　注	“双80”是指一次性查扣价值达80万元或数量达80万支以上的真品卷烟案件				

生产经营类文件

安徽省烟草公司关于印发《卷烟婚庆营销活动实施方案》的通知

皖烟销〔2013〕12 号

各市烟草公司：

为贯彻落实 2012 年全国卷烟销售工作会议精神，通过开展卷烟婚庆营销活动增强市场营销水平，推进“徽映”服务品牌建设，促进重点品牌成长，现将《安徽省烟草公司卷烟婚庆营销活动实施方案》印发给你们，请各单位认真组织学习，遵照执行。

中国烟草总公司安徽省公司

2013 年 1 月 17 日

安徽省烟草公司卷烟婚庆营销活动实施方案

为贯彻落实 2012 年全国卷烟销售工作会议精神，紧紧抓住婚庆这一影响力大、影响力广的事件开展卷烟营销活动，提升卷烟营销水平，促进重点品牌成长，特制定如下方案。

一、目的和意义

婚庆作为一种事件，是在日常生活中固有的、经久不衰的，消费者非常慎重和倾注心力筹办的事件。在当前吸烟与健康话题十分敏感、国家对烟草广告限制日趋严格的情况下，借助婚庆事件宣传卷烟品牌和彰显烟草企业形象将成为一个较好的平台和载体。通过开展婚庆卷烟营销活动，激发和引导卷烟消费，优化产品结构和形象，扎实推进品牌培育，有效服务社会大众；通过不断扩大婚庆卷烟营销活动的影响力和覆盖率，进一步丰富“徽映”服务品牌载体，优化服务品牌工作内容和文化内涵，提升安徽烟草良好的社会形象。

二、工作目标

（一）全省开展婚庆营销活动的覆盖率达100%。

（二）婚庆营销活动的品牌（规格）销量同比增长或占同价位卷烟销量比重得到提升。

（三）总体卷烟销售结构稳步上升。

（四）消费者普遍认可、接受卷烟婚庆营销活动，并积极进行传播，形成良好的品牌口碑和烟草形象。

三、组织机构

（一）为确保婚庆营销工作有效开展，特成立工作领导小组。

组　长：卓俭华

副组长：项建安、王源、梁跃华、王莉、陈荣奖

成　员：郑文宾、蒋跃进、王天山、陈锐、韦强、各市公司分管营销领导

（二）领导组下设婚庆营销办公室，办公室设在卷烟营销管理处。

办公室主任：蒋跃进

成　员：邵先上、朱宇、秦玮、李洪全、吴岭、许超

办公室职责：

1. 在工作领导小组带领下，负责组织、协调、指导、推进全省婚庆营销工作。

2. 负责制订全省婚庆营销活动方案、工作目标、管理办法、工作流程、考核评价等工作。

3. 负责与相关工业企业联系，加强工商协同，共推婚庆营销工作。

4. 负责全省婚庆营销信息数据的收集、统计、整理、分析和通报工作。

5. 根据业务需要，负责开发卷烟婚庆营销信息系统。

6. 负责对卷烟婚庆营销活动开展督查、考核、评价工作。

四、实施步骤

为确保卷烟婚庆营销工作有序推进，将2013年活动开展分为三个阶段。

（一）准备阶段（2013年1月~3月）

省公司成立卷烟婚庆营销工作领导小组和办公室，制订和下发活动实施方案；与相关工业企业沟通婚庆营销事宜；组织人员外出学习，考察其他省份先进做法；草拟婚庆营销活动的管理办法。各市公司根据省公司要求，广泛开展宣传动员，成立组织健全职责；与有关工业企业沟通，确定营销活动的品牌；组织对婚庆用烟市场开展调研。

（二）推进阶段（2013年3月~11月）

省公司建立和完善活动管理办法，明确业务流程、监管流程、促销品管理和考评办法等；定期对全省活动开展情况进行调研、检查、总结，组织和指导好全省推进工作；联合软件公司开发婚庆营销信息系统。各市公司根据省公司的管理办法，结合实际完善相关流程和制度；组织、指导、监督、评估县级局（营销部）工作开展。

（三）总结阶段（2013 年 12 月）

省公司在上半年对活动开展情况进行小结，挖掘先进典型，查摆问题不足，改进工作方式，提升营销水平；下半年组织全省和相关工业企业对婚庆营销工作进行全面总结，梳理全省活动亮点，考核评价工作推进情况，提出 2014 年活动规划。各市公司和县级局（营销部）应分周、分月、分季开展不同规模、不同层次的总结工作，通过计划—执行—检查—调整（PDCA）循环过程，不断提高婚庆营销活动的实效。

五、工作要点

（一）成立组织，保证活动开展

各单位须成立卷烟婚庆营销活动领导小组，分管营销工作的领导要担任组长，明确其为活动实施第一责任人，成员由相关部门负责人及下属区域营销部负责人组成；领导小组下设办公室，由卷烟营销中心负责人担任主任，成员中要有专职人员，负责促销物料管理和信息收集、整理、分析、上报工作。县级局（营销部）是婚庆营销的实施主体，要根据市级公司的相关要求，设立组织健全职责，并确定专职人员。

（二）建章立制，实现顺畅运行

各单位根据省公司有关规定，结合本地实际制定婚庆营销活动管理办法。要建立健全相关岗位职责，形成部门与部门之间、岗位与岗位之间、服务者与服务对象之间信息互通、高效服务的机制；要详细制定开展婚庆营销活动的业务、督查、考评等流程，对活动资金、促销物料使用、卷烟供应等关键点建立操作性强的管理办法。在活动中，严禁通过任何形式以婚庆营销为由套购卷烟、倾斜货源等现象，严禁扣留、挪用促销物料或资金等行为。各单位要牢固树立效率和规范意识，定期对流程进行梳理，对关键环节开展自查，确保卷烟婚庆营销活动在高效、规范中运行。

（三）把握市场，建立信息来源点

一是通过开展专项调查活动，掌握本地婚庆用烟的品牌（规格）、用烟数量和使用方式（如婚宴使用、迎亲使用等）；影响婚庆用烟品牌、结构、数量的关联因素（如家庭收入和背景、从众和攀比心理、朋友或他人介绍品牌等）；婚庆用烟购买渠道（如便利店、超市等）和方式（如赊账购买、婚庆用品整体购买、剩余退货等）。二是对具有承办一定规模婚宴的酒店、宾馆等场所进行摸底，收集其举办酒席规模、档次等信息。三是积极联系本地零售客户、酒店宾馆、婚庆公司、民政部门等，建立良好长期合作关系，及时获取举办婚庆、婚宴的信息。

（四）确定品牌，强化工商协同

目前，省公司指定开展“黄山”品牌婚庆营销活动，重点规格是“黄山（红方印）”，各单位可根据自身市场需求、品牌发展规划、促销物料品种进行产品组合营销，整体推进“黄山”系列。在活动中，工商双方要共同商议婚庆营销活动事宜，确立营销活动方案，明确促销标准，形成信息互通、工作互动机制。商业要及时传递婚庆营销活动的规模和促销物料需求，定期向工业反馈婚庆营销活动开展的情况、品牌培育的效果，公开通报促销物料使用情况和使用效果等内容；工业要关注婚庆需求和活动进展，及时按量补充促销物料，配合商业开展卷烟婚庆营销工作。

（五）增强能力，服务婚庆消费

开展卷烟婚庆营销工作，不仅是培育品牌的有效手段，而且为建设服务品牌提供了载体，各单位要进一步提高服务婚庆消费，打造“徽映”服务品牌，践行“两个至上”的认识。一是提高前台服务水平。各单位要广泛开展培训活动，相关人员须领会活动的意义和目的，熟知活动流程和方式，熟悉活动品牌特点和卖点，同时要掌握有关婚庆、婚宴流程和礼仪等知识，以便与消费者更好沟通。二是增强后台保障能力。要建立服务前、后台顺畅高效的信息沟通、处理制度，做到“前台依据后台能力开展活动，后台按时兑现前台活动承诺”，避免服务能力与服务承诺脱节。随着活动规模不断扩大，各单位要增强和确保后台服务能力。三是尊重消费者意见。在活动中，要以消费者需求为主导。按照与其洽谈的时间将促销品、赠品等送往洽谈地点；在与其进行洽谈确定、赠品给予等活动环节中，避免过于繁杂的手续；消费者对其他品牌（规格）有需求的，可建议其到烟草自营店购买或可为其提供送货服务。

（六）开展考评，确保活动成效

省公司将对卷烟婚庆营销活动目标和效果，进行专项考评与奖励，并纳入各单位全年经济运行考核。各单位要根据省公司总体目标，制订婚庆营销活动目标，细化各阶段、各区域、各岗位具体目标。在活动中，要建立评价考核体系，通过对目标达成进行分析、对活动开展进行回访、对流程执行进行督查等方式，全面考评活动的成效；要与品牌培育“建功立业”活动、“徽映”服务品牌建设紧密联系，通过开展岗位竞赛、树标对标、热点讨论、意见征集、演讲征文等形式丰富活动内容，进一步激发员工热情，提升活动效果，增强营销能力，提升企业形象，促进品牌成长。

安徽省烟草公司关于印发2013年营销网建工作要点的通知

皖烟销〔2013〕69号

各市烟草公司：

现将全省《2013年营销网建工作要点》印发予你们，请按照要求统筹规划、科学安排、认真落实。

附件：2013年营销网建工作要点

中国烟草总公司安徽省公司

2013年2月25日

2013 年营销网建工作要点

2013 年，全省营销战线将深入贯彻党的十八大精神，认真落实全国、全省烟草工作会议精神，紧紧围绕“卷烟上水平”的基本方针和战略任务，继续坚持“四个全面提升”和“加快组织成长”的工作要求，以“四个一流”和“四同”为工作方向，按照“稳中求进、科学营销、重点突破、协调发展”的指导方针，以建设现代卷烟零售终端为中心任务，突出“政治做强、作风做正、业务做精、队伍做硬”，全面提升品牌培育、科学营销、优质服务和队伍建设的能力和水平，顺利完成全年各项目标任务。

一、2013 年营销网建工作目标

1. 全年销售计划 198 万箱，其中上半年计划销售 107 万箱、进度 54%；
2. 销售收入增长 10% 以上；
3. “双低”卷烟销量比重不低于全国平均水平，其中 6 毫克以下卷烟销量比重不低于 1%；
4. 实现责任品牌同比增长的培育目标；
5. 现代卷烟零售终端比重达到 5% 以上；
6. 使用“徽映 e 家”的客户比重达到推广目标；
7. 零售客户毛利率达到 10% 以上；
8. 订单满足率达到 80%；
9. 客户满意度有明显提升；
10. 优秀地市级营销管理中心达标率达到 75%；
11. 年底网上订货率达到 85%、网上订货客户中拥有自有电脑的客户比例达到 80%，全年网上订货成功率达到 95%、网上订货量占比达到 88%、网上订货金额占比达到 92%；
12. 全面完成国家局下达的万宝路等品牌专项任务。

二、大力推进现代卷烟零售终端建设

一是在总结安徽十年网建工作经验的基础上，继续坚持“服务到位、监管有力、全面协调、持续发展”的指导方针，以“加快组织成长”为工作要求，按照“四个一流”的网建发展目标，全面推进以“四同”为核心要求的现代卷烟零售终端建设。

二是建立完善全省现代卷烟零售终端建设制度体系，持续优化营销工作平台，制定实施针对性的终端服务策略，不断提升零售终端的经营能力和盈利水平，力争实现全省现代卷烟零售终端建设的工作目标。

三是以全面推广“徽映 e 家”作为终端建设的重要载体，进一步明确推广目标、完善系统功能、细化推广措施、跟进服务指导，完成推广应用任务。

四是持续完善客户满意度调查机制，大力推广亲情服务和增值服务，有效解决老、弱、病、残、特等困难零售客户脱贫、增收和提升经营水平等问题，实现发展成果共享，树立良好的行业形象。

五是积极构建以网上订货为主、手机订货和电视订货为辅的多样化订货方式，有效引导客户购置自有电脑，不断提升自有电脑的网订客户比重。并且探索建立网上跨行支付平台，实现在线、自主、实时、免费、跨行支付。

六是围绕省局（公司）的整体部署，本着低调、务实、规范的原则，按照全省统一的建设、管理及运行标准，加快推进“感知徽映”中心建设，切实发挥“感知徽映”中心的文化传播、品牌培育及体验营销功能，努力将其打造成为传播“成长”文化，宣贯“徽映”服务品牌，提升服务水平和企业形象的重要窗口。

三、突出抓好品牌培育工作

一是加强在销品牌的评价管理，完善品牌的退出机制，建立梯次化品牌培育体系，持续优化品牌生态。

二是坚持“一高一低”的品牌培育方向，在发挥高端卷烟市场引领作用的同时，突出培育“双低”品牌特别是6毫克以下卷烟规格，加大上柜力度、强化考核措施，积极协调安徽中烟加快推出6毫克卷烟，丰富产品宽度、引导消费导向，力争在双低品牌培育中取得突破。

三是继续加强双喜、娇子、金圣、七匹狼、云烟等责任品牌的培育工作，多措并举，积极营造培育责任品牌的良好氛围，保持责任品牌的稳定增长，完成责任品牌的年度培育目标。

四是坚持“面广、控量”的原则，开展黄山（红方印）品牌建功立业活动，有效提高品牌的销售量和“五率”指标，并且在全省范围内组织活动评比、树立先进典型，不断扩大黄山高端品牌的影响力。

四、持续提升营销管理水平

一是坚持“总量控制，稍紧平衡”的原则，以“保持一二类烟适度增长，重点提升三类烟比重，主动调整四类烟销量，确保五类烟有序退出”为原则，循序渐进优化结构，实现销量的持续发展和结构的渐进式提升。

二是探索建立市场分析与监测的专业队伍，逐步构建以订单满足率、客户毛利率、客户满意度、一价三库为主要指标的市场评价体系，完善市场数据分析与运用的机制，不断提升市场监测水平。

三是切实做好元旦、春节、中秋、国庆等节假日的销售工作，加强节前市场调研，准确预判人口流动、消费特点、结构提升等市场信息，加大货源保障力度，增强节日消费的响应能力。

四是深入推进科学营销、婚庆营销、事件营销，充分利用网上订货、“徽映e家”的平台，提高网上营销培育品牌的质量和效果，并且继续深化精准营销，积极探索数据库营销、文化营销、体验营销，不断丰富营销手段，拓展营销艺术、突出品牌培育实效。

五是继续升级完善“135”工作法平台功能，通过进一步加强学习培训、优化操作流程、细化工作标准、抓好应用检查、完善考核激励、全面推广应用“135”工作法，努力实现工作法的“全流程衔接，全岗位覆盖”，持续提升营销管理水平。

五、全面加强营销队伍建设

一是深入开展“235”教育实践活动，大力宣贯“徽映”服务品牌，使全体营销人员牢固树立“两个至上”行业共同价值观，坚持“潜心做事、低调做人”的行为准则，将实现“三个满意”转变为自觉行为，不断提升政治素养。

二是按照营销队伍专业化建设的要求，统一全省营销组织架构，协调建立品牌经理、终端经理、信息经理队伍。

三是切实抓好优秀营销中心、优秀县级营销部创建工作，认真对照国家局、省局创优工作达标标准，定期开展自查，发现短板及时整改，扎实推进基层营销创优工作取得实效。

四是围绕“知识、技术、能力”三个要素，全面开展以技能鉴定为主的职业教育培训，不断提升营销人员对科学营销、网上营销、服务营销、数据库营销等现代营销知识、技能的掌握与应用水平，继续扩大中、高级营销员队伍力量，力争在一、二级营销师实现新的突破。

五是加快用工分配制度改革，建立激励机制，改进奖惩办法，打通晋升通道，奖励先进、鞭策后进，不断激发广大营销人员创新的活力和干事创业的热情。

六是以提升营销管理人员的组织领导能力为重点，督促他们深入基层、熟悉市场，帮助基层员工解决实际问题和困难，增强他们的横向协调能力和纵向管理能力，提高整个企业的管理执行力。

关于印发《安徽省烟草公司关于推进现代卷烟零售终端建设的实施意见》的通知

皖烟销〔2013〕71号

各市烟草公司：

现将《安徽省烟草公司关于推进现代卷烟零售终端建设的实施意见》印发予你们，请对照建设目标及任务要求，结合本地实际，认真加以贯彻落实。

安徽省烟草公司

2013年2月26日

安徽省烟草公司关于推进现代卷烟零售终端建设的实施意见

为落实《安徽省烟草专卖局（公司）卷烟零售终端建设五年规划》要求，有序推进全省现代卷烟零售终端建设，提出如下实施意见。

一、建设目标

按照《安徽省烟草专卖局（公司）卷烟零售终端建设五年规划》所确定的总体目标，全省现代卷烟零售终端建设年度目标分解如下：

指　标	2013 年度	2014 年度	2015 年度
客户满意度	>85%	>85%	>90%
平均毛利率	>10%	>10%	>10%
现代卷烟零售终端达标比重	>5%	>10%	>20%

二、工作思路

坚持“发展同向、工作同心、服务同步、利益同体”终端建设总体要求，认真贯彻执行国家局有关现代卷烟零售终端建设的工作部署，结合安徽卷烟市场的实际，紧紧围绕全省现代卷烟零售终端建设目标，坚持“整体规划，标准实施；自愿参与，加强互动；分类指导，全面提升；严格管理，规范运作”的基本原则，统一建设标准，加强队伍建设，改进服务效果，保障客户利益，提升客户能力，不断强化终端功能，有效利用终端资源，构建和谐共赢的客我关系。

三、主要任务

全省商业企业开展卷烟零售终端建设工作的主要任务是：完善服务体系，健全激励机制，提升服务水平，发挥终端功能，保障客户利益。

（一）全面建立现代卷烟零售终端建设制度体系

按照《规划》设计的终端发展路径，制定和执行全省统一的有关零售终端公平服务、水平提升、功能强化、动态维护等相关制度，明确建设目标、优化服务流程、规范操作标准。

（二）着力提升营销专业素质和服务水平

围绕公平服务、水平提升、功能强化的要求，各单位根据市场实际，把握客户服务需求，科学制定终端发展计划，优化服务资源配置，不断加强营销队伍的专业培训，合理设定绩效目标，为基层服务岗位提供及时的工作指导。

（三）完善终端建设评估激励机制

通过建立和完善终端建设评估体系，动态评估本单位零售终端建设工作水平、本地市场零售终端发展状态。创新激励机制，改善员工服务绩效。探索客户积分激励机制，有效增强客户的配合度、满意度、忠诚度。

（四）有效发挥零售终端功能

确保货源供应公开、公平，有效满足市场需求。加强客户引导，整体提升店铺的市场形象和客户经营态度。根据市场特点，有目的、有计划、有步骤地实施品牌培育、宣传促销活动，及时总结和考核活动效果。通过“徽映 e 家”的推广，提高市场信息的采集、分析、利用的质量。切实发挥“产品销售、形象展示、品牌培育、宣传促销、信息采集、消费跟踪”的终端功能。

（五）切实保障客户合理利益

牢固树立“以客户为中心”的营销理念，以建立“平等互利、长期合作、共同发展”的客我关系为目标，真心对待、真诚服务，有效帮助客户提升经营能力和盈利水平。

（六）合理开发利用零售终端资源

探索零售终端资源开发、管理、维护、使用的有效方法，建立零售终端资源定期统计、管理制度，引导和支持零售终端建设和维护好零售终端资源，有效利用零售终端资源提升营销效果、改善客户经营。

四、工作措施

（一）建立标准化的终端建设制度体系

1. 省公司统一完善客户分群制度，并在客户分群的基础上，围绕终端优质化评价提升、终端功能化潜力评估和挖掘、现代卷烟零售终端管理和维护等，分别制定评价标准和操作办法。

2. 各单位制订现代零售终端建设年度实施方案，围绕总体目标，安排终端建设目标，考核评价办法。

（二）打造专业化的终端营销服务队伍

1. 深入探索按客户分群配置服务资源的办法，完善营销服务的目标导向和过程控制，丰富客户服务内容，加强服务管理，提高服务质量。

2. 加强学习型营销团队建设，进一步明确营销管理岗位的专业素质要求和工作标准，明确营销岗位专业知识、业务技能、工作能力的梯次化要求，努力探索学习型团队建设在组织、内容、形式、方法等方面的成熟机制。

3. 以有效提升工作效率为出发点，注重理论与实战相结合，坚持技能培训、加强技能训练，通过专业岗位职业技能竞赛和劳动竞赛，有效激励营销人员学习、提升技能的积极性。

4. 指导和帮助营销人员在经营指导、品牌培育、终端建设、客户服务工作中不断总结和积累经验。以此为基础，定期搜集整理优秀营销案例，加强分享与交流。

（三）完善常态化的终端建设激励机制

1. 建立零售终端建设目标考核机制，围绕终端建设五年规划目标，分年度考核市级公司零售终端建设工作目标完成进度。

2. 建立零售终端建设绩效评价制度，准确衡量营销岗位在零售终端优质化、功能化的发展过程中发挥的作用，倡导用心服务、鼓励创新突破、坚持奖优罚劣。

3. 建立零售终端提升激励机制。通过建立和完善客户积分制管理、组织开展多形式互动交流，增强零售客户主动参与终端建设的意愿，为终端提升打好基础。

（四）发挥现代化的卷烟零售终端功能

1. 加强营销基础管理，坚持抓好市场信息采集、需求预测、货源组织和供应工作，严格执行国家局有关卷烟销售的规范要求，保障零售终端经营活动的正常进行。

2. 结合本地市场特点，加强对终端形象展示、品牌陈列、营销活动形式的适应性、有效性研究，注重对零售客户的沟通和引导，不断提升零售终端的营销能力。

3. 加强零售终端信息化建设，推广“徽映 e 家”终端功能平台，构建市场信息采集网络，加强管理和维护，提高企业对市场的把握和响应能力。

（五）保障合理化的零售客户经营利益

1. 坚持平等合作、公平对待、快速响应的原则，发展良好的客我关系。合理安排营销资源，体现服务公平和效率；加强沟通和指导，引导客户自愿参与各项营销活动；关注客户需求，及时发现并帮助客户解决问题，化解客户抱怨、提高满意度。

2. 加强市场管理和服务质量管理。加强对卷烟市场运行状况的监控，依靠有关执法部门加大违法违规行为的整治力度，优化市场卷烟零售终端布局；进一步规范营销人员的服务行为，不断完善各项营销管理制度，制定和经常演练紧急事件处理预案。

3. 加强消费市场研究，完善品牌管理机制。建立消费者信息数据库，分析和跟踪消费市场动态；准确把握市场需求，关注卷烟价格、社会库存、销售趋势等市场动态，积极组织适销对路的卷烟产品投放市场；提高品牌评价、品牌维护工作质量，妥善处理好品牌引入和退出过程中出现的问题。

五、组织保障

成立由省公司卓俭华副总经理为组长，营销处项建安、计划处潘光武、物流处梁跃华、财务处何华月、科技处王新胜、政工处金峰、信息中心王莉为副组长的工作领导小组。领导小组负责整体工作部署、组织、协调和考评。领导小组下设三个工作实施组，负责具体实施和推进工作。

（一）终端建设标准化组

负责制订现代零售终端建设发展规划，完善客户分群办法，建立现代零售终端评价标准，组织现代零售终端分步推进、过程控制、考核评估等工作。

组长：郑文宾

成员：郑雯、吴岭、彭志斌、魏骏、陈祁

（二）系统优化组

根据业务发展需要及客户需求，开发零售商品经营管理系统（以下简称“徽映 e 家”），不断稳定和增强系统功能，逐步实现系统网上订货、网上结算、网上配货、网上营销“四网合一”。

组长：韦强

成员：卢万根、李洪全、张庆毛、朱宇

（三）业务拓展组

负责在卷烟零售终端推行“徽映 e 家”系统；通过系统开展信息发布、信息收集、信息分析、客户维护、产品宣传等网上营销工作；负责搭建和营销“徽映 e 家”电子商务平台，联络与管理非烟商品供应商和零售商。

组长：蒋跃进

成员：徐松林、许超、彭志斌、朱宇、张庆毛、卢万根

六、工作要求

（一）充分认识开展现代卷烟零售终端建设的重要性

零售终端是销售渠道的最末端，是联系企业和消费者的重要纽带，是产品价值实现的关键环节，我省27万多卷烟零售客户，是行业长期合作的战略伙伴和宝贵资源，是培育品牌、服务消费的重要力量。当前，行业发展面临烟草控制、完善体制、构建和谐、国际竞争等压力和挑战，面对新的形势和任务，全面推进和加强现代卷烟零售终端建设，努力打造一流的现代卷烟营销网络，对增强行业整体竞争实力，促进组织健康持续成长，具有重大的现实意义和深远的战略意义。各单位要广泛开展学习和讨论活动，正确认识开展现代卷烟零售终端建设的重要性和紧迫性，把握国家局、省公司有关终端建设的工作部署和要求，深入推进现代卷烟零售终端建设工作。

（二）健全组织、周密安排，保障终端建设推进有力

各单位要按照《意见》的要求，成立工作领导小组，采取有效措施，加强对现代零售终端建设工作的领导和推进工作。一是制定现代零售终端建设实施方案，明确职责、确定目标、分解任务、制订措施、强化考核；二是广泛动员，开展培训，不断提升和激发员工业务技能、工作干劲，全面提升营销队伍综合素质。通过专项培训、经营指导、线上线下交流等方式争取广大客户的理解、认同、配合，不断增强客户现代经营意识和经营能力，逐步形成一支与行业保持稳定合作关系的终端队伍；三是开展终端调研，分析终端现状，根据不同客户群的基础条件、功能短板、客户意愿等因素，采取相应服务策略，进行分类指导，逐步引导优质化终端向功能化终端发展，功能单一终端向功能齐全的现代卷烟零售终端发展；四是定期检查任务完成进度，分析和解决推进工作中的新情况、新问题，稳步推进终端建设工作，保证各项目标顺利实现。

（三）坚持规范、确保质量，整体推进终端建设

现代卷烟零售终端建设要始终坚持规范运作，把提高客户服务水平、提升终端经营能力、增强网络控制力作为目标，引导整体卷烟零售终端向现代卷烟零售终端发展。一是现代终端在选择对象上要严格控制烟酒店数量或比重；二是现代终端在分布上要尽量扩大地理覆盖面，避免过于集中的扎堆现象；三是建设功能终端不是弱化普通终端，要坚持做到大小客户一律平等，在货源投放上制定科学合理、公平公正的货源分配政策，坚决不能依靠大户建设功能终端；四是现代终端建设要注重功能发挥，体现软水平，不能只靠上硬件低层次的建设终端；五是工业企业不准以任何名义（或引入第三方）投资终端建设。

安徽省烟草公司关于印发《现代卷烟零售终端建设管理办法（试行）》的通知

皖烟办文〔2013〕7号

各市烟草公司：

现将《安徽省烟草公司现代卷烟零售终端建设管理办法（试行）》印发予你们，请对照各项标准，结合本地实际认真予以贯彻执行。

安徽省烟草公司

2013年3月12日

安徽省烟草公司现代卷烟零售终端建设管理办法（试行）

第一章　总　则

一、目的

加强对全省现代卷烟零售终端建设工作的指导与管理，增强终端经营能力，保障终端合理盈利；挖掘潜力，发挥零售终端的网络功能；提升卷烟零售终端的优质化、功能化水平，建设和发展现代卷烟零售终端。

二、依据

根据《国家烟草专卖局关于全面加强现代卷烟零售终端建设的通知》《安徽省烟草专卖局（公司）现代卷烟零售终端建设十二五规划（2012—2015）》要求制定。

三、适用范围

本办法适用于规范和指导全省现代卷烟零售终端建设工作，统一管理全省烟草商业企业现代卷烟零售终端建设。各市公司应依据本办法，结合实际制定本单位现代卷烟零售终端建设管理制度、评价标准、实施细则。

第二章　原　则

一、整体规划、标准实施

省公司部署全省现代卷烟零售终端建设工作，构建制度体系，统一工作标准，指导市公司按照“分群管理、对标分析，分类服务、短板提升，分层推进、动态维护”的办法，制定方案、安排进度、稳步实施。

二、自愿参与，加强互动

在现代卷烟零售终端建设工作中，充分尊重零售客户意愿，加强沟通和互动，以优质服务参与和推进终端提升过程，以切实提升终端能力和水平来引导和吸引零售客户自觉参与。

三、分类指导，全面提升

根据市场和客户结构的特点，在科学评价的基础上，实施市场细分、客户群细分、终端达标状态细分，有目的、有计划、有重点、有针对地实施分类指导和服务支持，有效促进卷烟零售终端优质化、功能化水平的全面提升。

四、严格管理，规范运作

全省商业企业认真贯彻落实国家局对现代卷烟零售终端建设提出的规范要求，统一执行本办法的规定和标准，结合实际，进一步充实和细化本单位的工作制度和作业标准，严格执行达标终端审核验收程序，积极探索和创新现代卷烟零售终端建设的推进方法、工作措施，建立公平、公正、公开的激励机制，提高营销队伍专业化水平。

第三章　工作思路

以“发展同向、工作同心、服务同步、利益同体”为核心，以零售客户需求为出发点和落脚点，健全制度、明确标准、提高素质，通过细分市场、科学评价、协同营销、有效服务，构建和完善卷烟营销体系，推动卷烟零售终端向现代化、优质化、功能化、同盟化方向发展，实现全省卷烟商业企业十二五规划设定的现代卷烟零售终端建设目标。

（1）推进卷烟零售终端现代化建设。引导零售终端强化服务意识、完善经营设施、加强经营管理。以推广“徽映 e 家”应用为抓手，进一步完善市场信息采集和利用管理，引入适用技术和装备，提升商业企业市场把握能力和市场响应效率。

（2）推进卷烟零售终端优质化建设。优化营销网络业务模式，提高运行质量。建立优质化评价标准，引导零售终端规范经营、提升短板、持续改进。完善公平服务策略，有效提高卷烟零售终端经营能力，改善卷烟零售终端经营状况。

（3）推进卷烟零售终端功能化建设。以品牌培育为重点，建立功能化评价标准，挖掘卷烟零售终端潜在能力。开发和使用好终端资源，提供有效的营销服务支持，引导和帮助零售客户发挥终端功能，实现卷烟营销网络功能的延伸。

（4）推进卷烟零售终端同盟化建设。准确把握和快速响应终端服务需求，充实“按需服务”的内容、措施和方法，拓展线上线下融合的客我互动形式，注重服务效果改进，加强服务质量管理，提高零售客户的满意度。

第四章　组织与岗位

一、组织

（一）设置

（1）省公司成立全省现代卷烟零售终端建设领导小组。卷烟营销管理处、综合计划处、财务处、科技处、物流处、政工处、信息中心等部门和部分单位负责人参加。负责规划、推进、管理全省现代卷烟零售终端建设工作。

各市公司成立现代卷烟零售终端建设领导小组，负责落实省公司工作要求，抓好目标规划、制度建设、流程优化、标准实施等工作。

（2）省、市公司领导小组下设项目小组，分工开展终端建设标准化、系统优化、业务拓展三个方面的工作。

（3）各市公司组织QC小组成员和业务骨干进行技术创新，抓住关键环节选择课题、组织攻关，破解工作中遇到的难点和问题，为终端建设的深入推进提供技术支持。

（二）职能

1. 省局（公司）

（1）编制全省现代卷烟零售终端建设规划和实施计划，制定终端建设管理办法；

（2）审批各市公司零售终端建设规划、方案和相关制度；

（3）制定全省现代卷烟零售终端评价标准；

（4）开展相关业务培训；

（5）组织开发、升级信息化操作平台；

（6）管理、检查、指导、考核市公司现代卷烟零售终端建设工作。

2. 市局（公司）

（1）制定工作规划、实施方案，安排工作计划，下达工作任务；

（2）落实组织、岗位分工，完善沟通协同机制；

（3）完善制度、优化流程和工作标准，开展员工培训、终端培训；

（4）开展需求调查和分析，建立并优化营销策略库；

（5）实施终端达标评价，考核工作绩效，有效激励员工和客户；

（6）管理、检查、指导、考核县级营销部现代卷烟零售终端建设工作。

3. 县局（营销部）

（1）管理和维护零售终端基础信息；

（2）定期组织营销人员开展对标评价和分析工作，制定和实施终端提升计划；

（3）实施营销策略，组织开展营销活动；

（4）督查终端提升实施过程，严格落实制度要求；

（5）组织开展营销团队活动和终端培训；

（6）评估员工绩效、终端提升绩效，按管理程序兑现激励；

（7）规范服务行为，管理服务质量。

卷烟商业企业是现代卷烟零售终端建设工作的主体。在充分沟通的基础上，协同工业企业整合优质资源实施终端提升。卷烟工业企业不直接参与卷烟零售终端建设。

二、岗位职责

（一）品牌经理

（1）根据本单位品牌发展规划，拟定品牌发展培育计划，定期检查品牌培育工作目标完成进度。

（2）按照《品牌管理制度》的要求，动态维护品牌名录、品牌档案信息。

（3）按照“一品一策”的要求制定品牌营销策略，适当确定品牌目标消费群体、品牌投放的市场类型和目标终端，定期维护品牌营销策略库。

（4）组织收集品牌市场信息，关注“一价三库”动态，及时跟踪和分析，保障货源供应和市场投放的合理性，准确评价品牌的市场状态。

（5）保持与工业企业的联系与沟通，制定营销方案，组织开展卷烟品牌营销活动，保证广告投放和物料支持，及时评价品牌营销活动效果。

（6）动态维护品牌营销工作标准（如终端陈列等）。

（7）指导市场经理、客户经理开展工作。

（8）分项目组织开展面向一线服务人员和卷烟零售终端的业务培训。

（二）终端经理

（1）组织开展客户档案维护工作，检查和管理客户基础信息维护质量。

（2）动态维护客户分群标准、现代卷烟零售终端评价标杆，动态维护零售终端服务策略库。

（3）编制市公司现代卷烟零售终端建设达标工作计划，审核并下达终端达标工作任务。

（4）统计分析零售终端资源，拟定终端资源管理办法，明确使用、维护要求，妥善利用零售终端资源。

（5）检查终端服务过程，跟踪和分析计划执行进度。

（6）指导市场经理、客户经理开展工作。

（7）分项目开展面向一线服务人员和卷烟零售终端客户的专题培训。

（三）信息经理

（1）拟订年度、月度购销计划。

（2）管理和维护终端信息采集样本点、完善信息采集办法，检查和维护终端信息采集设备。

（3）跟踪终端信息采集质量，及时整理分析并提供利用。

（4）组织零售终端和一线服务人员开展消费者信息采集。

（5）定期分析和评价市场状态和服务状况。

（6）指导市场经理、客户经理开展工作。

（7）分项目开展面向一线服务人员和卷烟零售终端客户的专题培训。

（四）市场经理

（1）分析市场状态，定期就辖区市场卷烟营销工作制定计划、分解任务。

（2）跟踪辖区市场的卷烟销售、品牌培育、终端提升、信息采集任务完成情况，及时改进工作质量。

（3）检查客户档案信息维护工作质量，深入市场了解终端经营及功能发挥情况；定期组织开展卷烟零售终端对标评价和分析。

（4）指导和审核所属客户经理掌握服务策略配置的有效性、针对性，指导和帮助客户经理解决服务问题。

（5）组织客户经理开展品牌培育、终端提升、市场跟踪等营销活动，管理工作进度和质量。

（6）分项目开展客户经理和卷烟零售终端客户的专题培训，定期考核客户经理工作绩效。

（五）客户经理

（1）收集和维护客户档案，做好客户日常评价指标的信息更新和维护工作。

（2）对标分析客户资源状况，保持与客户的沟通、互动。

（3）制定终端提升工作计划；根据终端特点和服务需求配置服务策略、制定服务措施。

（4）落实营销策略，有针对性地开展客户提升活动、品牌培育活动、市场信息采集活动。

（5）分项目开展卷烟零售终端客户的专题培训，针对客户特点有计划安排一对一服务计划。

终端经理、信息经理岗位暂设营销中心，由各市公司依据工作开展情况研究决定是否下设至各区域营销部。

第五章　工作流程

一、现代卷烟零售终端建设综合流程

（一）流程图

现代卷烟零售终端建设综合流程图如图 1 所示。

（二）流程说明

1. 省公司制定全省统一的现代卷烟零售终端建设工作制度，内容包括：

——制定零售终端建设规划，明确目标、指导思想、建设路径、实施要点。

——制定现代卷烟终端建设实施意见，明确目标和措施。

——制定全省统一的零售客户分群管理办法、现代卷烟零售终端建设管理办法。

2. 市公司根据省公司要求结合本单位实际建立终端建设制度管理体系，内容包括：

——制定本单位现代卷烟零售终端发展规划。

——细化客户分群操作办法，进一步明确各分群中有关市场细分、客户细分的地域标

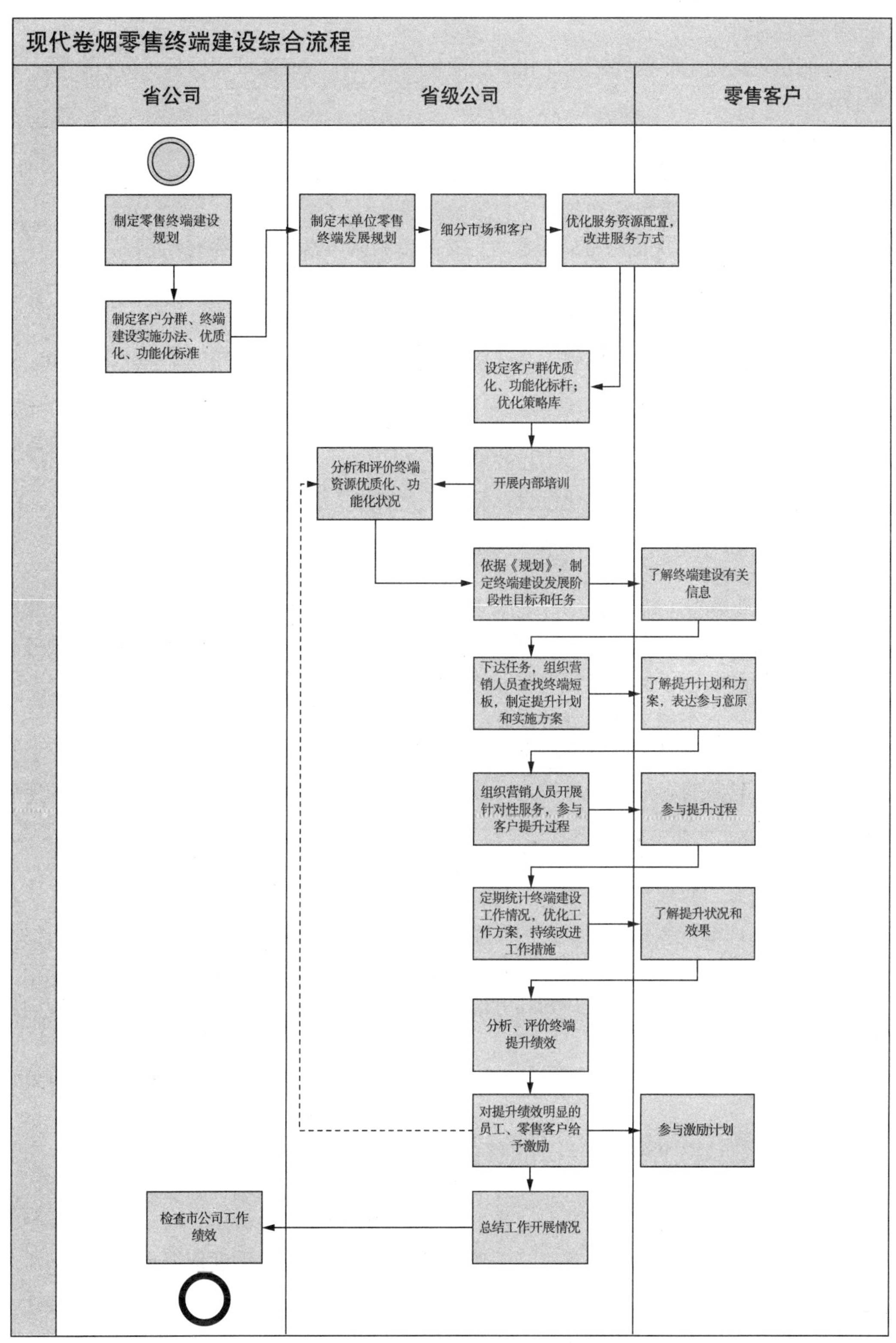

图 1　现代卷烟零售终端建设综合流程图

准和客户属性标准。

——制定现代卷烟零售终端优质化、功能化分群标杆，定义最优标杆、分析标杆，细化评价标准。

——制定年度工作方案。

——建立现代卷烟零售终端建设绩效考评方案。

——建立现代卷烟零售终端建设客户激励办法。

3. 市公司结合实际优化服务资源配置，提升营销队伍素质。内容包括：

——按照客户分群状况合理配置客户经理。

——改进单一拜访的服务方式，拓展客我互动渠道和方式。

——建立团队学习和培训机制，开展业务培训，确保相关人员熟练掌握工作思路、操作办法、工作流程、作业标准。

4. 市公司部署卷烟零售终端建设工作。内容包括：

——分析本单位零售终端建设工作开展情况和工作要求。

——下达现代卷烟零售终端建设目标和任务，安排实施进度计划，提出工作要求。

（1）下达现代卷烟零售终端达标率、优质化达标率、功能化达标率任务。

（2）制定终端建设任务完成情况、工作质量情况考核标准。

（3）制定零售终端达标评价分类办法，明确达标型、在建型、潜力型、普通型识别标准。

（4）建立零售终端营销策略库。明确达标型、在建型、潜力型、普通型的基本服务策略，规范动态维护、短板提升、标准服务的实施方法、主要措施和基本内容。

——营销部结合本地实际，分解任务，落实到岗位。

5. 市公司组织营销人员实施终端提升工作。内容包括：

——分析所辖零售客户现代终端达标情况，按照任务要求，制定终端提升计划和实施方案。

——面向零售客户宣传零售终端建设的意义和措施，帮助客户分析终端发展潜力，激发零售客户自愿参与终端提升的意愿，与客户共同确定努力方向和改进措施。

——市场经理审核客户经理拟定的终端提升工作计划和措施，指导客户经理分析终端现状，找出短板和发展潜力，合理选择营销服务策略，制定针对性服务措施。

——客户经理实施提升工作计划和方案，市场经理及时跟踪计划落实情况，发现问题及时督促整改。

——客户经理按月统计终端提升状况，分析零售终端提升效果，及时将有关信息反馈给零售客户。

6. 开展现代卷烟零售终端建设工作检查和绩效评估，内容包括：

——营销部定期统计终端建设工作开展情况，分析、评价终端提升绩效。营销中心定期汇总终端建设工作开展情况，及时安排下一阶段工作目标和任务。

——营销中心按月组织开展零售终端建设绩效考评工作，按季度依据本单位终端激励办法对产生提升效果的零售客户给予激励。

——营销中心按月总结终端建设工作并上报省公司。

——省公司每半年安排一次全省卷烟零售终端建设工作检查和考评。

二、客户经理终端服务操作流程

（一）流程图

客户经理终端服务操作流程图如图 2 所示。

（二）流程说明

1. 分析

——学习、领会现代卷烟零售终端建设的工作要求，熟练掌握终端提升的方法和各项标准。

——按月检查客户档案，确保客户信息维护的完整、真实、有效，填写《客户档案信息自查情况登记表》。

——按月对照本单位现代卷烟零售终端评价标准，分析所辖客户达标情况，填写《终端分析报告》。

（1）现代卷烟零售终端达标评价：优质化、功能化评价标准得分均不低于 40 分。

（2）优质化达标评价：优质化评价标准得分不低于 40 分。

（3）功能化达标评价：功能化评价标准不低于 40 分。

（4）功能达标评价：每个功能维度得分超出所在客户群平均水平，得分占该维度总分比重为 80% 以上视为合格。

2. 计划

——根据本岗工作任务和单位工作要求，按照对标评价结果划分客户服务类别，编制所辖客户《年度（半年）服务计划》。

（1）确定零售终端达标工作目标，确定达标型、在建型、潜力型、普通型终端占所辖客户总数的比重。

（2）确定服务计划、终端提升基本营销策略预案。

——沟通辖区客户，宣传终端建设，帮助客户了解终端水平，引导客户参与终端提升的自主意愿。

——制定《月度服务计划》。

（1）根据客户意愿，选择本月终端服务对象。

（2）将任务分解到周、客户。

（3）计划经上级审核通过后存档。

——制定《周服务计划》。

（1）选择本周服务对象。

（2）安排各工作日内容。

（3）确定客户服务方式、内容。

（4）计划经上级审核后准备实施。

——制定《XX 客户短板提升专案》。

（1）选择对象。

（2）对标分析状态，评价达标状态、与所在群标杆值存在的差异。

（3）沟通客户，共同分析短板，拟定措施。

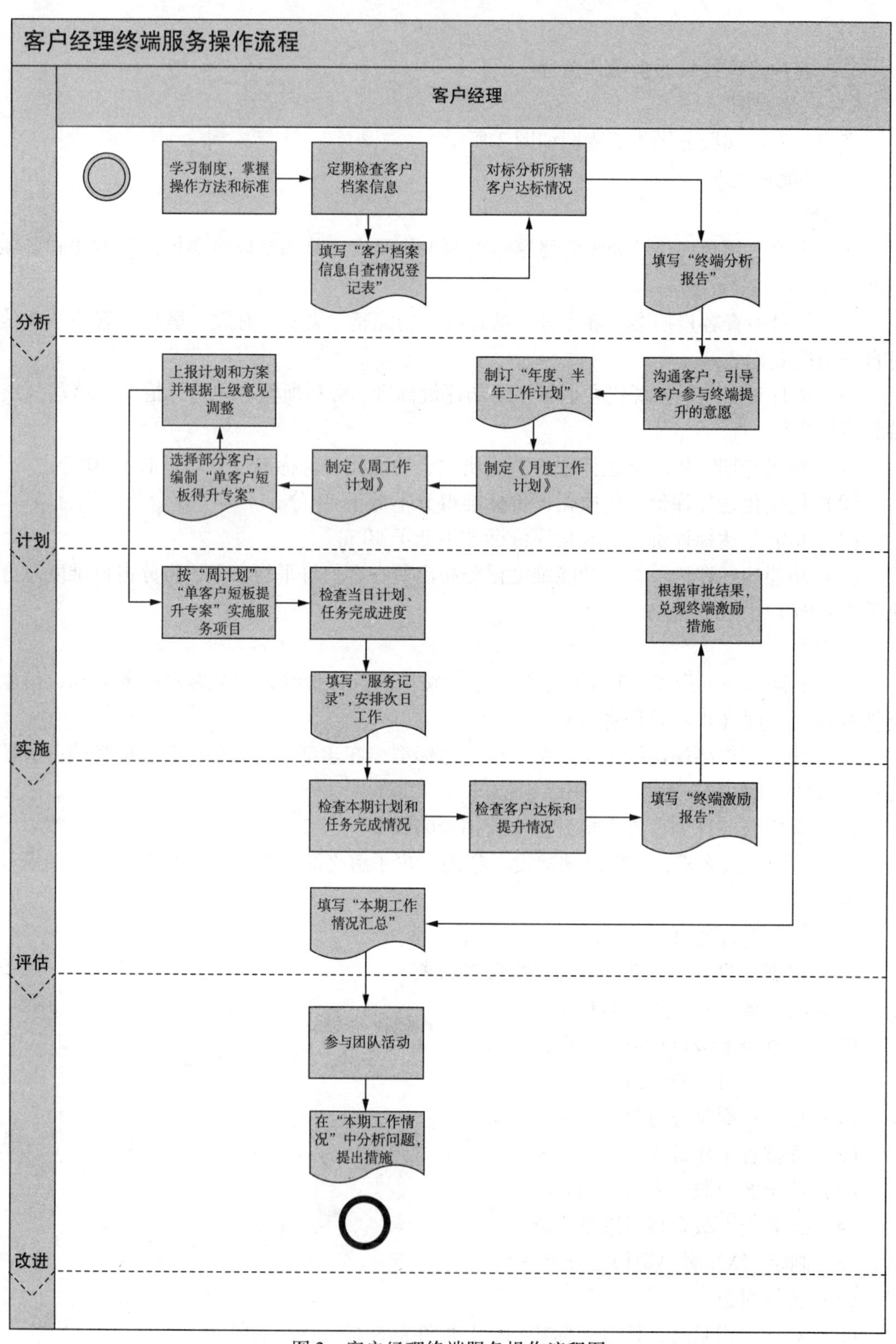

图2　客户经理终端服务操作流程图

(4) 填制《XX 客户短板提升专案》报上级审批。

(5) 审批通过后将项目调整到《月工作计划》《周工作计划》中。

3. 实施

——根据需要选择适当的实施方式。

(1) 门店拜访：与客户在门店现场沟通和互动。

(2) 网络互动：通过网络平台，以视频、语音、文本等形式与客户联系和沟通。

(3) 电话联系：拨打、接听客户电话，沟通情感、联系合作事项。

(4) 集中沟通：以培训、座谈形式，集中多个终端沟通解决共性问题。

——落实工作措施。

(1) 按照《地市级公司卷烟销售网络业务规范》要求实施工作项目。

(2) 实施《周工作计划》配置的客户服务策略和工作措施。

(3) 每日工作结束后检查《周工作计划》实施进度，安排次日工作内容。

4. 评估

——每周检查计划执行情况和任务完成情况。

——每月评估所辖终端达标情况，分析各指标提升状况。

——每月整理达标客户资料，申请验收。

——每季度按市公司终端提升激励制度的要求，选择达标终端以及提升效果显著的终端为激励对象，经上报审批后兑现激励措施。

——每月自我评价工作绩效，填写《本期工作情况汇总》。

5. 改进

——在《本期工作情况汇总》提出下一步打算和措施。

——参与团队总结和分析活动，完善改进思路和方案。

第六章　评价标准

一、绩效评价指标

终端建设工作绩效评价指标参见表 1。

表 1　卷烟零售终端建设工作绩效评价指标

项目	考核指标	考核对象	说明	公式	检查周期
达标情况	现代卷烟零售终端达标率	市公司、营销部、市场经理、客户经理	考核辖区客户现代卷烟零售终端达标绩效	达标客户数/客户数	季度
	终端优质化达标率	市公司、营销部、市场经理、客户经理	考核辖区客户优质化达标绩效	达标客户数/客户数	季度
	终端功能化达标率	市公司、营销部、市场经理、客户经理	考核辖区客户功能化达标绩效	达标客户数/客户数	季度

（续表）

项目	考核指标	考核对象	说明	公式	检查周期
任务完成	现代卷烟零售终端建设任务完成率	营销部、市场经理、客户经理	考核现代卷烟零售终端建设任务完成绩效	本期达标客户数/本期目标任务数	季度
	终端优质化任务完成率	营销部、市场经理、客户经理	考核优质化提升任务完成绩效	本期达标客户数/本期目标任务数	季度
	终端功能化任务完成率	营销部、市场经理、客户经理	考核功能化建设任务完成绩效	本期达标客户数/本期目标任务数	季度
工作质量	月度计划准确率	市场经理、客户经理	考核工作计划制定质量	计划执行客户数/（申报计划客户数+审核调整客户数）	月度
	月度任务完成率	市场经理、客户经理	考核计划完成质量	本月任务完成客户数/本月计划客户数	月度

各单位应将上述绩效指标纳入下属单位、相关部门和岗位的绩效考评。

二、客户分群管理标准

《安徽省烟草公司卷烟零售客户分群管理标准》见附件1。

三、优质化评价标准

在零售终端分群管理的基础上，从销售规模、经营收益、规范经营三个维度选择评价指标，为每个零售终端群体建立量化的优质评价标杆，评估和定位各个群体中零售终端的优质化状态，分析和查找短板（参见表2）。

各市公司依据上述指标制定本单位零售终端优质化分客户群优质标杆和分析标杆，制定操作细则，组织营销人员按季度开展客户优质化评价工作。

按照评价结果，零售终端得分40~50分为达标型，30~40分为在建型，30~25分为潜力型，25分以下为普通型。

四、功能化评价标准

零售终端功能发挥状况从形象展示、宣传促销、品牌培育、市场跟踪、业务方式等五个维护选择评价指标（参见表3）。

表2　现代卷烟零售终端建设优质化客户评价指标

项目	维度	权重	指标	分值	评价办法	标杆值	数据来源
优质化（50%）	销售规模	5	月销量	5	三个月平均销量大于所在客户群平均销量得3分，超额部分由各单位细化评分标准	各单位依据各群最优状态，在综合分析的基础上，经过优化、调整后明确要求	营销系统
优质化（50%）	经营收益	15	销售稳定性	5	月销量环比波动幅度小于±15%（节假日除外）	各单位依据各群最优状态，在综合分析的基础上，经过优化、调整后明确要求	营销系统
优质化（50%）	经营收益	15	月条均价	3	三个月平均条均价大于所在客户群平均水平得1分，超额部分由各单位细化评分标准	各单位依据各群最优状态，在综合分析的基础上，经过优化、调整后明确要求	营销系统
优质化（50%）	经营收益	15	经营毛利	3	三个月经营毛利不低于所在客户群平均水平得2分，超额部分由各单位细化评分标准	各单位依据各群最优状态，在综合分析的基础上，经过优化、调整后明确要求	营销系统
优质化（50%）	经营收益	15	月一、二类烟占总量比重	4	三个月平均销量位列所在客户群平均销量前30%得2分，超额部分由各单位细化评分标准	各单位依据各群最优状态，在综合分析的基础上，经过优化、调整后明确要求	营销系统
优质化（50%）	规范经营	30	明码标价	10	坚持卷烟明码实价（5分），烟签相符（1分），一烟一签（2分），无明显缺损现象（2分）	各单位依据各群最优状态，在综合分析的基础上，经过优化、调整后明确要求	客户档案
优质化（50%）	规范经营	30	守法情况	20	三个月内无违法行为得10分，六个月得20分	各单位依据各群最优状态，在综合分析的基础上，经过优化、调整后明确要求	客户档案

表3　现代零售终端功能化评价指标

<table>
<tr><th>项目</th><th>维度</th><th>权重</th><th>指标</th><th>分值</th><th>评价办法</th><th>最优标杆</th><th>数据来源</th></tr>
<tr><td rowspan="17">功能化（50%）</td><td rowspan="4">形象展示</td><td rowspan="4">10</td><td>门店形象</td><td>2</td><td>店招、外观形象鲜明，特色突出</td><td rowspan="17">各单位依据各群最优状态，在综合分析的基础上，经过优化、调整后明确要求</td><td>客户档案</td></tr>
<tr><td>柜台数量</td><td>2</td><td>不低于各群标准1分，超额部分由各单位细化评分标准</td><td>客户档案</td></tr>
<tr><td>经营面积</td><td>3</td><td>不低于各群标准1分，超额部分由各单位细化评分标准</td><td>客户档案</td></tr>
<tr><td>店内环境</td><td>3</td><td>整齐（1分）、清洁（0.5分）、明亮（1分）、通畅（0.5分）</td><td>客户档案</td></tr>
<tr><td rowspan="4">宣传促销</td><td rowspan="4">10</td><td>促销氛围</td><td>3</td><td>针对促销宣传品牌开展生动化陈列（1分）；有关产品销售、促销信息适当标注（1分）；促销宣传资料摆放醒目，取阅方便（1分）</td><td>客户档案</td></tr>
<tr><td>品牌宽度</td><td>2</td><td>三个月平均宽度组合不低于同群标准</td><td>客户档案</td></tr>
<tr><td>商品陈列</td><td>2</td><td>整条突出主打品牌，整齐美观（1分）；零包100%出样，单包陈列位一个以上；针对卷烟系列设置专区陈列（仅针对一类、二类市场）（1分）</td><td>客户档案</td></tr>
<tr><td>新品上柜</td><td>3</td><td>目标新品上柜方式符合促销方案要求（2分），半年内至少参与一项促销活动（1分）</td><td>客户档案</td></tr>
<tr><td rowspan="4">品牌培育</td><td rowspan="4">15</td><td>宣传设施</td><td>3</td><td>店内促销信息设备配置和使用不低于所在群标准</td><td>客户档案</td></tr>
<tr><td>宣传空间</td><td>4</td><td>墙面或其他可展示面积用于卷烟营销宣传不低于50%</td><td>客户档案</td></tr>
<tr><td>重点品牌销量</td><td>4</td><td>三个月平均条均价高于所在客户群平均水平</td><td>营销软件系统</td></tr>
<tr><td>双低品牌订购量</td><td>4</td><td>三个月平均销量大于所在客户群平均销量</td><td>营销软件系统</td></tr>
<tr><td rowspan="3">市场跟踪</td><td rowspan="3">10</td><td>操作规范</td><td>2</td><td>熟练掌握信息采集设备、工具</td><td>客户档案</td></tr>
<tr><td>信息上传</td><td>5</td><td>定期采集、提供信息</td><td>客户档案</td></tr>
<tr><td>消费者信息</td><td>3</td><td>建立消费者档案</td><td>客户档案</td></tr>
<tr><td rowspan="2">业务方式</td><td rowspan="2">5</td><td>订货方式</td><td>3</td><td>网上订货、网上配货</td><td>营销系统</td></tr>
<tr><td>结算方式</td><td>2</td><td>电子结算</td><td>营销系统</td></tr>
</table>

各市公司依据上述指标制定本单位零售终端优质化分客户群优质标杆和分析标杆，制定操作细则，组织营销人员按季度开展客户优质化评价工作。

按照评价结果，零售终端得分是40～50分为达标型，30～40分为在建型，25～30分为潜力型，25分以下为普通型。

第七章　实施办法

一、提升路径

现代卷烟零售终端建设的过程是零售终端由普通型向潜力型、由潜力型向在建型、由在建型向达标型逐步提升的过程。通过卷烟商业企业的服务和引导，卷烟零售终端从最初的自我发展状态逐渐向优质化、功能化状态发展，最终达到现代卷烟零售终端的标准和要求，实现水平的提升。

1. 普通型（初始化）

普通型指现代卷烟零售终端综合评价得分50分以下，且优质化、功能化均未达到30分的零售终端。基本服务策略以标准服务、稳定经营、培育潜力为主，对特殊群体要实施亲情服务策略。

2. 潜力型（初始化）

指通过达标评价，现代卷烟零售终端综合评价得分60分以下，且优质化、功能化均未达到40分的零售终端。基本服务策略以标准服务、稳定经营、挖掘潜力为主，对特殊群体要实施亲情服务策略。

3. 在建型（优质化）

指达标评价得分情况满足优质化评估标准，可以列入持续提升计划的卷烟零售终端。该类终端的评估标准为：优质化达标但功能化仅部分达标，现代卷烟零售终端综合评价得分为60～80分。基本服务策略：以实施稳定经营、提升短板、强化终端功能为主，对特殊群体要实施亲情服务策略。

4. 在建型（功能化）

指达标评价得分情况满足优质化评估标准，可以列入持续提升计划的卷烟零售终端。该类终端的评估标准为：功能化达标但优质化仅部分达标，现代卷烟零售终端综合评价得分为60～80分。基本服务策略：主要以提升短板、提高经营能力和管理水平为主，对特殊群体要实施亲情服务策略。

5. 达标型（现代卷烟零售终端）

指优质化、功能化达标评价同时满足达标要求。该类终端的基本服务策略：以稳定达标状态，密切营销合作为主，对特殊群体要实施亲情服务策略。

二、提升过程

市公司卷烟零售终端提升过程包括对标分析、短板提升、综合评价、动态维护四个方面：

1. 对标分析

——根据省局（公司）现代卷烟零售终端建设评价指标，结合地方实际，通过分析和权衡，设定各项指标的分群标杆。

——进一步细化标准，为终端建设工作提供衡量区域间终端提升水平、引导零售客户参与、考核工作绩效的依据。分群标杆包括优质标杆、分析标杆两项：其中优质标杆定位于指标的优良状态，用于综合反映本地市场现代卷烟零售终端综合水平；分析标杆定位于本地卷烟零售终端基本合格水平，用于识别综合能力低的终端。

——组织培训，进一步明确现代卷烟零售终端评价标准、提升路径和操作办法，明确对标工作要点、程序和要求，确保营销人员熟练掌握。

——组织开展客户基础信息维护和检查，确认真实完整后对所有卷烟零售终端进行对标测评，及时汇总分析测评结果。在实施过程中，市公司进行抽样检查、审核把关，确保评价结果的准确性。

——对照现代卷烟零售终端建设的总体目标和要求，系统分析当前零售终端达标、在建、潜力、普通类型的结构分布，分析薄弱环节和存在问题，科学制定本单位现代卷烟零售终端建设分段目标，合理安排终端提升任务和计划、配置营销资源，明确提出阶段性工作要求。

——组织客户经理对照现代卷烟零售终端评价标准对零售客户进行短板识别，结合营销目标和工作重点的要求，具体分析终端状况，选择下一阶段的提升对象和提升重点。

2. 短板提升

——根据提升计划和任务的安排，优化营销策略库，细化工作标准和要求。合理配置营销服务资源和目标终端提升方案。优化策略组合，制定服务方案，做好相关数据准备和信息交互。

——组织营销人员实施服务计划，加强对提升过程和计划执行进度的跟踪和管理。

3. 综合评价

——定期评价现代卷烟零售终端达标状况，及时调整计划、任务、策略、措施，优化资源配置，发现问题，及时整改。

4. 动态管理

——加强对零售客户档案信息的管理，及时检查档案信息维护的完整性、准确性、及时性，为评价提供可靠的数据来源。建立现代卷烟零售终端建设工作台账，定期统计终端达标情况和指标提升状况。

——营销中心定期组织优质化、功能化达标验收，组织人员检查客户经理申报的现代卷烟零售终端达标情况，抽样检查已达标客户或指标提升客户的状态，以保证绩效评估依据的真实、可靠。

——在日常监测和重点检查中发现相关指标变化较大，需要调整类型的应及时调整。

三、推进思路

尊重终端现实状况，按照循序渐进，由易到难，逐步推进的方法，不断发展壮大现代卷烟零售终端。

1. 强化一个基础

提升专业化、标准化服务水平，实施公平、公开的营销服务策略，确保零售终端产品销售、形象展示两项基础功能的发挥。

2. 把握两个方向

在确保零售终端发挥产品销售、形象展示功能的基础上，根据工作需要和客户潜力，以培育品牌为重点发挥品牌培育、宣传促销功能，以市场把握为重点发挥信息采集、消费跟踪功能。

3. 实施六星管理

对零售终端功能达标状况实行星标式管理。零售终端达标一项，标记一项，标记信息及时维护到客户档案系统，并可在零售终端柜台突出展示、动态维护。零售终端达标情况定期统计、分析、上报。

4. 注重全面提升

应注重零售终端功能的全面发展，提升零售终端六大功能的综合发挥水平。

第八章 工作要求

1. 科学制定货源供应办法，保障货源分配的公平性。

2. 各市公司要严格按照 180 户/人的标准配置客户经理，条件成熟的可按市场类型、客户群体配置客户服务资源。

3. 终端资源主要包括店面空间资源、店内陈列资源、人力资源、信息资源等：

——各市公司应制订终端资源管理办法，明确终端资源分类标准、资源维护、信息更新和使用规则等内容；

——定期统计终端资源市场分布情况和利用情况，不断改进终端资源挖掘、维护措施；

——按照行业卷烟品牌发展规划和导向，在尊重市场的前提下，科学合理利用终端资源。

4. 各市公司要严格控制直营店建设数量，原则上地市级公司所辖每个区（县）可建一个：

——有效利用现有场所，不得追求超大面积和豪华装修；

——规范直营店经营管理，建立服务标准，严格执行卷烟统一零售价格；

——严禁烟草职工或其他企业、个人入股，严禁以任何形式出租直营店，严禁搞承包经营。

5. 终端建设中应严格坚持“五个不准”：

——工业企业不准以任何名义直接投资终端建设或引入第三方间接投资；

——工业企业不准直接或通过第三方在零售终端开展促销活动；

——商业企业不准利用零售门店开展排他性促销活动；

——商业企业不准利用卷烟销售市场资源做交易；

——卷烟零售价格一律不准超过1 000元/200 支，确保价格管理规定落实到位。

附件 1

安徽省烟草公司卷烟零售客户分群管理标准（试行）

1 总则

1.1 目的

规范和统一全省卷烟零售客户分群办法，准确掌握零售客户资源分布情况、把握零售客户需求、制定针对性的服务策略、有序推进终端建设。

1.2 适用范围

本标准适用于全省烟草商业系统涉及零售客户的卷烟营销活动。

1.3 编制依据

本标准依据国家局《关于进一步规范卷烟零售客户分类工作的通知》（中烟销网〔2008〕52 号），结合省局（公司）关于客户分类管理有关精神和要求制定。

2 方法和标准

2.1 分群原则

（1）规范性：客户分群以执行国家局客户分类标准为基础，科学选择关键指标，在全省商业企业统一实施。

（2）相似性：按客户分群标准评价产生的客户分群结果中，同属一群的客户具有相似特点。

（3）差异性：按客户分群标准评价产生的客户分群结果中，各群之间有明显差异，且每一群的客户数量应形成规模。

（4）实用性：分群标准切合市场实际，能够满足营销工作的需要，操作方法便于掌握。

（5）信息化：通过维护客户基础信息、设置客户分群指标，系统自动产生客户分群结果并应用于相关营销业务功能。

2.2 客户分群方法

2.2.1 市场细分

按照行政区划和经济水平，将市场细分为四类：

（1）一类市场：指地级市所在地的市区、经济社会发展水平较高的县城城关区域、市县辖区中的特殊区域（医院、高校、厂矿、监狱、旅游景区等）；

（2）二类市场：指县城的城关区域、地级市所在地的城乡接合部、经济社会发展水平较高的重点建制镇；

（3）三类市场：指乡镇所在地、县城城乡接合部和人口集中的集市区域；

（4）四类市场：指除前三个类别以外的农村自然村和行政村区域。

各市级公司应结合本地实际，细化各类市场的划分标准，编制市场细分操作说明，进一步明确各区域的范围。

2.2.2 客户细分

参照国家局分类标准，结合市场特点，以细分市场为基础，综合零售客户基础信息中的市场类型、经营业态、商圈、经营规模等属性，商业企业将所属辖区内零售客户按四类市场细分为十五个客户群（见下表）：

安徽省烟草公司卷烟零售客户分群标准

序号	市场	客户群名称	代码	业态成分	备注
1	一类市场	大型商超	1SC	商场、超市	营业面积2 000m^2 以上，位于大型商圈或交通枢纽，规模庞大
2		烟酒商店	1YJ	烟酒店	（略）
3		中型超市	1ZC	超市	营业面积200m^2 以上
4		食杂店/便利店（繁华区）	1FB	食杂店、便利店	位于市区商业区、主干道、火车站和商贸市场等顾客流量密集区域
5		食杂店/便利店（居民区）	1JB	食杂店、便利店、其他	位于居民小区出入口附近
6		食杂店/便利店（特殊区）	1TB	食杂店、便利店、其他	位于医院、高校、厂矿、大型施工现场、监狱、旅游景区等特殊区域
7		餐饮娱乐服务业	1YL	娱乐服务	以提供餐饮、住宿、休闲、娱乐等服务场所的零售业态。主要指餐馆、酒店、宾馆、洗浴中心、电玩、棋牌室、度假村等休闲娱乐场所
8	二类市场	商场超市	2SC	商场、超市	营业面积200m^2 以上
9		烟酒商店	2YJ	烟酒店	（略）
10		食杂店/便利店（规模型）	2GB	食杂店、便利店	卷烟销售数量较多，月销量在同类市场、同类业态中排序前20%以上
11		食杂店/便利店（一般型）	2PZ	食杂店、便利店、其他	卷烟销售数量一般，月销量在同类市场、同类业态中排序前20%以下
12		餐饮娱乐服务业	2YL	娱乐服务	以提供餐饮、住宿、休闲、娱乐等服务场所的零售业态。主要指餐馆、酒店、宾馆、洗浴中心、电玩、棋牌室、度假村等休闲娱乐场所

（续表）

序号	市场	客户群名称	代码	业态成分	备　注
13	三类市场	食杂店/便利店（规模型）	3GB	食杂店、便利店	卷烟销售数量较多，月销量在同类市场、同类业态中排序前20%以上
14		食杂店/便利店（一般型）	3PB	食杂店、便利店、其他	卷烟销售数量一般，月销量在同类市场、同类业态中排序前20%以下
15	四类市场	食杂店/便利店（农村）	4NB	食杂店、便利店、其他	位于行政村或自然村

注：国标零售业态中的“其他类”按照市场细分标准划入相应的食杂店/便利店；
各市公司可结合当地实际情况细化市场和客户群识别标准。

3　客户分群应用

3.1　客户资源信息采集和管理

按照客户分群统计客户资源市场分布情况和动态。

3.2　支持货源供应策略

按照客户分群分析客户经营需求，合理安排货源组织和供应工作。

3.3　支持品牌培育策略

分析市场消费需求，合理选择目标客户群体，开展品牌市场投放和营销工作。

3.4　零售终端信息采集

选择各客户群众中具备代表性的样本，定期采集市场信息，关注消费特征的变化。

3.5　零售终端建设工作

建立各客户群优质标杆，通过比较分析，查找客户短板，提供针对性服务，提升客户经营能力，保障客户盈利水平。

3.6　服务资源配置

分析客户群的市场布局，合理配置营销人员，及时响应服务需求，有效提供服务支持。

4　工作流程

4.1　系统信息设置和维护流程

——省局（公司）营销管理部门根据市场变化情况和工作要求，定期修改完善客户群细分标准。

——省局（公司）营销管理部门协同信息部门做好营销系统客户分群基础属性的维护。

——市级公司组织营销人员及时维护客户基础信息，定期检查客户信息的完整性、及时性，确保客户群细分结果真实、准确性。

4.2 市级公司客户分群工作流程

——营销中心根据本规范联系实际制定本单位客户群细分实施办法，细化客户分群的操作细则、工作标准，制定客户分群工作的质量管理措施。

——营销中心组织营销管理人员、一线服务人员学习客户分群制度，熟练掌握分群办法和工作标准，抓好基于客户分群的市场营销、品牌培育、客户服务工作。

——区域营销部经理、市场经理要对客户经理客户分群情况进行审核，及时调整不合理的细分做法，并对客户分群情况进行分类汇总。

——组织开展面向客户的宣传引导工作，及时告知客户分群结果及相应策略。

——每季度检查维护客户分群结果，编制客户群结构分析报告，备份客户群细分数据。

安徽省烟草公司关于印发《安徽省2013年卷烟婚庆营销活动实施细则》的通知

皖烟销〔2013〕94号

各市公司：

根据《安徽省烟草公司卷烟婚庆营销活动实施方案》的要求，为推进全省卷烟婚庆营销工作，规范婚庆营销活动，确保活动取得实效，现将《安徽省2013年卷烟婚庆营销活动实施细则》印发给你们，请认真执行。

中国烟草总公司安徽省公司

2013年3月26日

安徽省2013年卷烟婚庆营销活动实施细则

为深入推进全省卷烟婚庆营销工作，规范婚庆营销活动，确保活动取得实效，根据《安徽省烟草公司卷烟婚庆营销活动实施方案》和《中国烟草总公司关于加强烟草企业宣传促销管理的意见》（中烟办〔2010〕212号）的要求，制定如下细则。

一、定义

卷烟婚庆营销：指针对举办婚庆活动的新人，主要通过婚宴开展的卷烟营销的活动。

二、目的

通过开展卷烟婚庆营销活动，有效引导卷烟消费，优化产品结构，强化品牌培育、服务社会大众、提升企业形象。

三、职责

（一）省公司职责

1. 成立工作领导组，下设办公室。办公室负责组织、推进、规范全省卷烟婚庆营销工作。

2. 负责制定全省卷烟婚庆营销活动实施方案、活动流程、相关制度等工作。

3. 负责与工业企业联系，协同确定全省卷烟婚庆营销活动相关事宜。

4. 负责对全省卷烟婚庆营销活动信息收集、统计、整理、分析和通报工作。

5. 根据业务需要，负责开发卷烟婚庆营销信息系统。

6. 负责对全省卷烟婚庆营销活动开展督查、考核、评价、指导工作。

（二）市公司职责

1. 成立工作领导组，分管卷烟营销的领导任组长，成员由相关部门及下属区域营销部负责人组成。领导小组下设办公室，负责推进、督查、规范、考评本辖区内的卷烟婚庆营销活动。

2. 根据省局（公司）相关要求，制定卷烟婚庆营销活动方案，明确工作目标、细化工作流程、完善工作制度。

3. 负责向工业企业反馈信息，协同开展卷烟婚庆营销工作。

4. 负责组织开展本公司卷烟婚庆营销活动督查考核、分析评估、修正完善工作。

5. 负责对相关信息收集、记录、整理、上报工作。

（三）区域营销部职责

1. 区域营销部是卷烟婚庆营销活动的实施主体。要按照市公司相关要求，实施本区域卷烟婚庆营销活动。

2. 成立工作小组，营销部负责人任组长。成员由相关人员组成，并确定专职人员。

3. 实施过程中，不断分析总结并持续改进卷烟婚庆营销工作，确保活动顺畅进行。

4. 实施过程中，结合全省服务品牌建设，丰富活动内容，激发员工热情，提高活动效果。

5. 实施过程中，按要求记录、收集、整理、上报相关信息。

四、流程

（一）管理流程

1. 省公司成立卷烟婚庆营销活动组织机构，会同工业企业制定下发活动实施方案和实施细则等。

2. 市公司成立组织机构，制定下发实施方案；区域营销部成立组织机构，制定下发实施方案。

3. 组织开展卷烟婚庆用烟市场调查。

4. 市公司、区域营销部根据工作要求，结合实际建立完善相关工作流程、管理制度等。

5. 市公司、区域营销部开展卷烟婚庆营销业务，工业企业向市公司提供宣传促销品支持，配合市公司开展卷烟婚庆营销活动。

6. 记录、收集、整理、上报和通报活动信息，做好资料归档。

7. 定期对活动进行分析、总结、修正、完善工作。

8. 定期对活动开展督查、评价、考核工作。

（二）业务流程

1. 区域营销部选择信息渠道，确定合适的信息点，通过信息点宣传活动并获取婚庆婚宴信息。

2. 营销人员根据信息点提供的信息，与举办婚宴新人进行洽谈，双方共同确定开展活动事宜。

3. 将新人确定的营销活动品牌（规格）、数量通过系统“应急补货”窗口录入其确定的购烟卷烟零售户处。并及时告之零售户，办理电子结算；告之新人，由新人自行购买。

4. 区域营销部整理即将开展卷烟婚庆营销活动的信息资料上报市公司，申领宣传促销品。

5. 市公司审核审批区域营销部上报的信息资料，发放宣传促销品至区域营销部。

6. 如宣传促销品中，有需在婚宴前或婚宴中使用的，区域营销部提前派发至结婚新人。

7. 营销人员在婚宴现场核实婚宴用烟的品牌（规格）、数量及宣传品摆设等，确认符合活动条件后赠送促销品。

8. 市公司定期整理卷烟婚庆营销活动的相关资料，向工业企业反馈宣传促销品使用情况，工业企业将宣传促销品配送至市公司。

（三）督查考评流程

1. 督查考评人员根据相关要求，开展督查考评工作。

2. 督查考评人员对出现的问题，出具整改通知单，提出需整改的内容和整改的时限。

3. 相关责任部门、相关人员对问题在整改时限内进行修正完善，并将整改结果反馈督查考评人员。

4. 督查考评人员对整改情况进行核实。

5. 督察考评结果应用和公示，有关资料归档。

五、制度

（一）业务管理制度

1. 卷烟婚庆营销活动范围以本辖区内城区和县城市场为主；活动对象为举办婚宴的

新人；活动品牌（规格）为“黄山红方印”“黄山小红方印”“黄山软新概念”。

2. 获取婚庆婚宴信息的渠道以持有卷烟零售许可证的零售户为主，信息点以优质终端和具备筹办一定规模婚宴的酒店（持证）为主。各单位根据活动目标和工作进度，结合自身实际自定信息点建设范围和数量。

3. 每对新人最多可参加两次卷烟婚庆营销活动。如参与活动的新人第二次活动在异地，由第一次办理单位（区域）将相关信息传递至异地单位（区域），异地单位（区域）须主动与新人联系，进行洽谈。相关工作考评算为办理活动单位（区域）。

4. 进行营销活动的品牌（规格），新人可在辖区内任意一户持证卷烟零售店购买卷烟，营销人员可建议其在信息点购买。

5. 各单位为营销活动的品牌（规格）开设“绿色通道”，卷烟供应从“应急补货”窗口录入到相应的零售户。营销中心要做好相关手续备案，“应急补货”窗口只允许录入婚庆营销活动开展的品牌（规格）。

6. 各单位（区域）开展促销活动的赠品配比标准须保持一致。

7. 各单位（区域）要注重对营销活动婚庆用烟零售价格的维护。

8. 活动宣传。各单位根据活动目标和要求，结合自身实际统一营销人员和信息点宣传活动的口径。

9. 信息交互。营销人员与信息点要事前沟通，确定信息交互的主要内容和方式。获取相关信息时，须及时记录基本信息。如在一段时间内，因故无法持续开展卷烟婚庆营销活动的，要及时向信息点反馈，暂时终止信息交互。

10. 业务洽谈。营销人员与新人取得联系进行洽谈，商定活动相关事宜。洽谈中，注重礼仪礼节和沟通方式；要如实告知新人参与活动的条件和促销标准，以及购烟方式和活动核实的要求；要记录洽谈内容。洽谈成功的，现场进行登记，并由消费者签字确定。

11. 活动核实。（1）核实的资料：举办婚宴新人的结婚证书复印件、购买卷烟票据（发票或收据）复印件、婚宴现场照片。（2）现场核实：现场核实人员不得少于2人，于新人举办婚宴当天到婚宴现场核实用烟品牌规格、数量等情况，并拍照留存。

12. 赠品发放。现场核实后，对符合条件的进行记录，赠送促销品，并由新人一方签收。如宣传促销品中有婚宴前、婚宴中使用的，在确认新人按洽谈的数量购买营销活动的品牌（规格）后，发放赠品，进行记录，并由新人一方签收。

（二）促销品管理制度

1. 市公司、区域营销部要指定专人负责宣传促销品管理。

2. 配置专门库区放置宣传促销品，确保完好无损。

3. 建立出入库台账和出入库手续，做到账账相符、账实相符。

（1）促销品入库。市公司接受工业企业发放宣传促销品、区域营销部接受市公司发放宣传促销品，双方当事人须现场核对数量、质量。确认无误后，办理签收手续。

（2）促销品出库。区域营销部提报需求计划，须经营销部负责人签字确认并加盖公章后报市公司（卷烟婚庆营销办公室），办公室负责人审批后，领取宣传促销品。

4. 用于卷烟婚庆营销的宣传促销品，不得用于其他用途。严禁以任何形式截留、调换、挪用、私分宣传促销品。

（三）信息管理制度

1. 严格保密参与婚庆营销活动新人的信息。

2. 建立信息点档案，记录各信息点反馈有效信息次数、洽谈成功次数等，定期对信息渠道、信息点进行综合分析、评价。

3. 区域营销部及时汇总活动开展相关信息，按旬上报市公司；市公司汇总活动开展的相关信息，按月上报省公司；省公司按月对全省活动开展情况进行通报。

4. 市公司至少每季度、区域营销部至少每月组织相关人员，就工作推进，活动效果、督查考评、存在问题等情况召开分析总结会议，并做好会议记录。

5. 完备保存相关数据、记录、资料等信息。

（四）督查考评制度

1. 省公司组织人员每半年开展专项督查考评；市公司应由专卖内管、整顿办等部门组成督查组每季度对促销活动进行督查考评；区域营销部每月对促销活动进行督查考评。

2. 督查考评方式为查看相关资料、回访参与活动的消费者、统计目标达成进度。

（1）查看资料。包括是否成立组织机构、制定活动方案和相应的管理办法、工作制度、考评办法等；宣传促销赠品的账目和出入库手续等；活动开展中的各种资料、数据、分析信息和记录；督查和考评过程的记录等。

（2）回访消费者。市公司每季度对各区域参与婚庆营销的消费者，通过登门拜访、电话拜访的方式进行回访，确保婚庆营销的真实性，回访时间和样本数量由各市公司自定。区域营销部回访工作一般在消费者举办婚宴后两周内。

（3）统计数据。根据考评办法进行统计。

3. 督查与考评结果须反馈和公示。

六、考评办法

1. 省公司把此项工作纳入全省年度经济运行考核。市公司须制定专项考评办法，将工作绩效与相关部门、所属区域、相关人员工资分配挂钩。

2. 省公司考评指标分为活动保障、活动资料、活动规范、活动成效四个部分（附下表）

七、促销标准

1. 参与活动的三个品牌（规格）任意组合，一次性购满 10 条（含）以上赠送价值 300 元的宣传促销赠品。

2. 对信息点的奖励和管理办法由各单位自定。

3. 严禁制作或采购贵重物品作为宣传促销品和奖励物品，不得以价格折让或变相降价、发放现金、卷烟实物作为促销手段。

安徽省局（公司）卷烟婚庆营销活动考评办法

<table>
<tr><th>项目</th><th>考评内容及说明</th><th>减分</th><th>基本分</th><th>加分</th><th>满分</th></tr>
<tr><td rowspan="2">活动保障</td><td>成立组织机构，制定活动方案</td><td>1</td><td>1</td><td>0</td><td>1</td></tr>
<tr><td>针对活动各个环节，制定工作流程、工作制度和督查考评办法等</td><td>1～2</td><td>2</td><td>0</td><td>2</td></tr>
<tr><td rowspan="6">活动资料</td><td>建立卷烟婚庆营销信息来源点档案</td><td>1～2</td><td>2</td><td>0</td><td>2</td></tr>
<tr><td>建立详实的卷烟婚庆营销活动消费者信息资料</td><td>1～3</td><td>3</td><td>1～2</td><td>5</td></tr>
<tr><td>定期对卷烟婚庆营销活动进行信息汇总和总结</td><td>1～2</td><td>2</td><td>1～2</td><td>4</td></tr>
<tr><td>定期召开分析总结会议</td><td>1～2</td><td>2</td><td>1</td><td>3</td></tr>
<tr><td>上报信息资料的时效与质量</td><td>1～2</td><td>2</td><td>1</td><td>3</td></tr>
<tr><td>相关资料完备有序归档</td><td>1</td><td>1</td><td>0</td><td>1</td></tr>
<tr><td rowspan="8">活动规范</td><td>设立专门库区摆放宣传促销品，确保完好无损</td><td>1</td><td>1</td><td>0</td><td>1</td></tr>
<tr><td>建立宣传促销品账本，确保账实相符、账账相符</td><td>1～3</td><td>3</td><td>0</td><td>3</td></tr>
<tr><td>按要求形成出入库手续</td><td>1～3</td><td>3</td><td>0</td><td>3</td></tr>
<tr><td>宣传促销品无用于其他用途，无截留、调换、挪用、私分现象（违反该项，一票否决，该市公司不参与本活动考评）</td><td></td><td></td><td></td><td></td></tr>
<tr><td>按要求对婚宴现场进行核实和兑现宣传促销品</td><td>1～4</td><td>4</td><td>0</td><td>4</td></tr>
<tr><td>针对卷烟婚庆营销开展专项督查工作</td><td>1～4</td><td>4</td><td>1～2</td><td>6</td></tr>
<tr><td>督查考评结果运用</td><td>1～4</td><td>4</td><td>1～2</td><td>6</td></tr>
<tr><td>无泄漏消费者相关信息现象发生</td><td>2</td><td>2</td><td>0</td><td>2</td></tr>
<tr><td rowspan="8">活动成效</td><td>覆盖率达到100%（市公司下属各营销部均开展卷烟婚庆营销工作）</td><td>1～5</td><td>5</td><td>0</td><td>5</td></tr>
<tr><td>成功率达到全省平均水平
成功率=活动场次/（常住人口数×结婚率）×100%</td><td>1～6</td><td>6</td><td>1～4</td><td>10</td></tr>
<tr><td>活动的品牌（规格）总销量同比增长达到全省平均水平</td><td>1～5</td><td>5</td><td>1～3</td><td>8</td></tr>
<tr><td>活动的品牌（规格）总销量占同价位卷烟总量比总达到全省平均水平</td><td>1～5</td><td>5</td><td>1～3</td><td>8</td></tr>
<tr><td>“黄山”品牌结构稳定上升（剔除黄山金皖、普皖调价因素统计）</td><td>1～5</td><td>5</td><td>1～3</td><td>8</td></tr>
<tr><td>信息来源点主动且有效配合卷烟婚庆营销活动开展</td><td>1～3</td><td>3</td><td>1～2</td><td>5</td></tr>
<tr><td>参与活动的消费者评价</td><td>1～3</td><td>3</td><td>1～3</td><td>6</td></tr>
<tr><td>与“建功立业”和“服务品牌建设”活动结合开展情况</td><td>1～2</td><td>2</td><td>1～2</td><td>4</td></tr>
<tr><td>合计</td><td></td><td></td><td>70</td><td></td><td>100</td></tr>
</table>

安徽省烟草专卖局（公司）关于印发《物流项目建设管理规定》的通知

皖烟办文〔2013〕13 号

各市局（公司）：

根据中烟商务物流有限责任公司《关于做好卷烟物流配送中心申建项目前置性审查论证工作的意见》（中烟商物建〔2013〕3 号）文件要求，省局（公司）制定了《物流项目建设管理规定》，现印发给你们，请遵照执行。

安徽省烟草专卖局

2013 年 5 月 10 日

安徽省烟草专卖局（公司）物流项目建设管理规定

第一章 总则

第一条 为进一步加强物流项目建设管理，规范物流项目投资行为，提高物流项目建设科学性，根据国家局有关管理办法，特制定本规定。

第二条 市局（公司）物流项目必须按照本规定有关程序进行建设，主要包括但不限于以下类型：

1. 卷烟配送中心新建或扩建。
2. 中转站建设。
3. 主要物流设备购置。
4. 物流信息化建设。

第三条 物流项目计划管理、前置性审查、工艺方案论证、招标文件审核等环节由省局（公司）物流业务管理部门负责，其他建设程序由相关职能部门负责。

第二章 物流项目计划管理

第四条 物流建设项目计划管理实行统一申报、归口审核。

第五条 直属单位编制项目年度投资计划统一报省局（公司）投资管理部门，其中物流建设项目计划由省局（公司）物流业务管理部门归口审核。

第六条 省局（公司）物流业务管理部门根据全省物流建设规划、行业物流投资政策、全省物流资源分布等因素，结合各单位实际需要，按照统筹规划原则，科学、合理审核全省物流项目计划。

第三章　物流项目前置性审查

第七条　前置性审查是指物流项目在正式上报审批前，对申建项目的必要性、合理性和可行性进行综合评估，提出审查论证意见。

第八条　前置性审查主要依据：

1. 行业投资政策和有关管理规定。

2. 行业现代物流建设有关政策、规范、标准。

3. 全省物流建设规划。

4. 行业生产经营决策系统、数字仓储系统等相关信息系统提供的数据。

5. 专家组对申建项目提出的评审论证意见。

第九条　项目建设必要性主要包括：

1. 企业卷烟物流配送中心采用租赁方式开展卷烟仓储、分拣业务。

2. 无法满足城市规划及交通管制要求（需提供政府相关部门出具的文件）。

3. 仓储、分拣能力不足且无法通过改造或技术升级满足业务需求。

4. 卷烟物流配送中心场地面积狭小，无法满足企业经营发展需要，且周边无拓展余地。

5. 卷烟物流配送中心建筑结构、工艺布局等严重违背《卷烟物流配送中心设计规范》（YC/T335—2010）要求。

6. 其他特殊因素。

第十条　项目建设可行性主要包括：

1. 符合行业“十二五”投资规划总体要求。

2. 项目已列入省局（公司）现代物流建设规划。

3. 具备外部建设条件。

4. 具备一定的项目组织实施能力。

第十一条　项目建设方案合理性主要包括：

1. 建设需求合理性。项目符合全省现代物流发展规划要求，且建设规模符合物流节点的战略布局。

2. 建设指标合理性。主要包括配送规模、实际用地面积、建筑面积、仓储能力、分拣能力、投资强度等方面。

3. 技术方案合理性。主要包括场址选择方案、总体布局方案、工艺设备方案等。

第十二条　项目前置性审查程序：

1. 建设单位编制项目前置性审查申请报告。申请报告内容主要包括：企业经营状况、企业卷烟物流资源及运行管理情况、卷烟物流配送中心存在的主要问题、申报项目的基本情况、建设用地规划及总平面布置、建设面积、设备配置、工艺技术方案，投资估算等。

2. 组织专家组现场核查论证。省局（公司）物流业务管理部门组织专家对申建项目的必要性、合理性和可行性进行综合评估，提出论证意见。

3. 根据专家组论证结论，研究提出审查意见。

4. 省局（公司）根据审查意见予以批复。

第十三条　前置性审查通过的项目，由建设单位编制项目申请报告，按照投资项目管理程序上报审批。

第四章　项目建设过程管理

第十四条　项目批复后，由项目建设单位的基本建设部门和物流部门共同编制初步设计需求并报省局（公司）物流业务管理部门审查。

第十五条　项目初步设计方案由省局（公司）投资项目管理部门组织物流业务管理和相关部门共同审核。

第十六条　项目招标需求文件中有关工艺、设备、技术等有关内容要经省局（公司）物流业务管理部门审核。

第十七条　项目在进行总体验收前，由省局（公司）物流业务管理部门组织设备、信息化、试投产等专项验收。专项验收通过后方可进行项目总体验收。

第五章　附则

第十八条　本规定由安徽省烟草专卖局（公司）负责解释。

第十九条　本规定自印发之日起执行。

中国烟草总公司安徽省公司关于印发安徽省基本烟田土地整理管理办法的通知

皖烟办文〔2013〕14 号

各产烟市烟草公司、皖南烟叶有限责任公司：

为进一步优化烟叶结构，切实提高我省原料供给水平，现将《安徽省基本烟田土地整理管理办法》印发给你们，请遵照执行。

中国烟草总公司安徽省公司

2013 年 5 月 24 日

安徽省基本烟田土地整理管理办法

第一章　总　则

第一条　为规范基本烟田土地整理建设工作，根据《中华人民共和国土地管理法》和《国家烟草专卖局关于印发基本烟田土地整理管理办法的通知》等有关法律、政策规定，结合我省烟区实际，制定本办法。

第二条　本办法所称土地整理，是指根据安徽省基本烟田规划，对利用不充分或已开发但未实现规模种植的土地进行综合整治，建成集中连片、地面平整、土层深厚、土壤肥沃、宜于机械化作业的基本烟田，推动烟叶规模化种植和集约化经营，实现经济效益、生态效益、社会效益的统一，促进烟区农业和农村经济发展。包括规划立项、项目实施、资金管理、竣工验收、档案管理等工作。

第三条　土地整理项目要符合当地土地利用总体规划、基本烟田和基地单元建设规划，并与沟渠、机耕路等烟叶生产基础设施建设项目统一规划、综合配套。土地整理项目体现资金直补烟农政策，管理程序要以《安徽省烟叶生产基础设施建设项目管理办法》为基本准则。

第四条　省局（公司）负责领导、预算审核、计划上报下达、监督土地整理建设工作，对建设计划实行动态管理。

第五条　市级公司在省局（公司）和地方人民政府的领导下，密切联系国土等相关职能部门开展土地整理工作，负责协调、组织和建设管理工作。

第六条　土地整理项目的规划、立项、审批、补贴合同签订、招投标、施工、监理、资金使用、财务处理、纪检监察、资料归档等方面的管理要遵照国家相关法律、法规以及行业关于烟叶生产基础设施建设项目和资金管理的规定执行。

第二章　指导思想和基本原则

第七条　按照建设现代烟草农业“一基四化”的要求，以提高农业综合生产能力、实现规模化种植、集约化经营和增加农民收入为主要目标，优化土地利用结构，合理利用土地资源，保持烟叶可持续发展。

第八条　土地整理应当遵循“做好规划、地方自愿、量力而行、循序渐进、综合配套”的原则。土地整理应当符合环境保护总体规划，注意保护和改善生态环境，防止土地沙化和水土流失。

1. 做好规划原则

按照我省烟叶“重点发展皖南烟叶，皖南烟叶重点发展焦甜香”工作要求，重点做好皖南烟区土地整理项目规划，选择合适土壤区域，为实现我省 2015 年烟叶种植收购目标服务。

2. 地方自愿原则

坚持"政府主导、烟农自愿"的原则。地方政府积极参与，做好土地整理项目的申报审批工作，加强过程协调，为土地整理项目实施提供良好环境；村委会和烟农积极参与，支持认可土地整理项目。

3. 量力而行原则

坚持以基地单元为单位统一规划，集中连片、整村推进，为规模化种植、集约化经营打下基础。整治后的土地平原成片规模在1 000亩以上，丘陵在500亩以上。坡度在25°以上的烟田不得纳入整治范围。

4. 分步实施原则

坚持积极推进，分步实施，坚持先易后难，突出重点，循序渐进，注重实效。优先在交通方便、土层比较深厚、能够就地取材的地方进行。

5. 综合配套原则

坚持项目区内烟水、烟路、烤房等烟基项目的综合配套建设，形成"排灌、交通、育苗、机耕、烘烤"一体化的烟基综合项目，合理利用项目区已有的水利设施，尽量不予损毁。

第三章　项目分类及建设标准

第九条　基本农田土地整理以土地平整为主，分为土地平整、土地复垦、荒地整治、土壤掺砂改良四种。

1. 土地平整、土地复垦、荒地整治

土地整理不得将坡度大于25°的烟田纳入整理项目。土地整理内容以土地平整为主，在土地平整范围内，各单位可根据本地的实际情况增加土地改良内容。土地整理要有效保护耕作层。土地整理过程中经剥离的耕作层表土必须利用回填；耕作层厚度达不到设计要求的，要客土回填。

2. 土壤掺砂改良

选择直径在0.1～1mm的砂粒作为客土，均匀掺入烟田耕作土层，结合稻草还田、白云石粉或生石灰撒施、增施有机肥等技术措施，以使土壤结构疏松、增加土壤有机质和调节土壤酸度，提高孔隙度，增强土壤的通气透水性。掺砂比例按砂和烟田土壤重量比例计算，烟田土壤每亩土重（按耕作层厚0.3米计）约150吨。掺砂标准：

（1）无砂性黏性重土壤：掺砂水平为土重的20%，每亩约掺30吨砂。

（2）砂性弱偏黏性土壤：掺砂水平为土重的10%～15%，每亩约掺砂15～22.5吨。

第十条　按照网格化、条块化、规范化的要求，打破原有田地块界限，小田并大田，取消不必要的田埂地坎，增加耕地面积，便于机械耕种。

第四章　规划与立项

第十一条　根据《中华人民共和国土地管理法》及有关法律的规定，县（区）级人民政府组织相关职能部门编制所属烟区土地整理规划，完成项目可行性研究报告等前期工作，上报土地整理行政主管部门组织项目评审和审批立项。立项后，县（区）级人民政府向地市级公司提出书面建设项目补贴资金申请。地市级公司负责对县（区）级人民政府提出的项目补贴资金申请材料进行审核，审核后逐级上报省级局（公司）和国家局（总公司）审批。

第十二条　规划审核立项烟草行业资金补贴的土地整理项目要按照下列条件进行：

1. 符合基本烟田土地整理规划。

2. 土地相对集中连片，经整理后适于机械化作业。

3. 项目立项须经村民代表大会2/3以上成员或者2/3以上村民代表同意，会议记录和村民代表、烟农签字记录作为重要档案资料进行存档。

4. 与地方政府和村委会签订协议，整理后的土地要全部作为基本烟田，除轮作外，土地规划种植烟叶10年以上，并与村委会和土地承包者签订土地流转合同。

第五章　项目实施

第十三条　县（区）级人民政府是土地整理项目实施主体，其职能部门制订项目实施方案，成立基本烟田土地整理实施领导小组，加强土地整理项目领导工作。

项目实施所在地地方人民政府相关职能部门组建土地整理项目组，由地方人民政府、村委会、受益烟农代表和当地烟草公司工作人员组成项目组，负责项目实施的组织工作。

烟草企业是项目的投资主体，控制项目投资安全，决定项目是否给予补贴。

第十四条　土地整理项目应实行公示。

第十五条　依法通过招投标选定具有资质的施工单位进行工程施工，施工单位应具备房建、市政、公路工程或水利工程三级及以上资质，且在行业内无不良记录；基本烟田土地整理的监理单位应具备地质灾害治理或水利工程乙级或以上资质。

第十六条　加强项目建设过程管理。施工企业的项目经理、主要技术负责人必须与投标文件中拟派人员一致，压证施工。要切实加强工程质量和施工安全的监督检查，做好现场记录，对存在问题及时督促整改。项目开工后，施工单位须先按不低于标段规模10%建设样板工程，经监理单位、市级公司及相关的监督组织验收合格后方可全面开工。市级烟草公司要建立常态监管机制，对工程质量和建设进度进行管理。实行“事前、事中、事后”全程监管，确保项目施工质量。对施工单位和监理单位实行“诚信档案”管理。

第六章　技术要求

第十七条　土地整理要切实保护耕作层，整理过程中剥离的耕作层表土必须回填，达不到厚度的要客土回填。

第十八条　土地整理按照工程内容可分为如下几种：

1. 项目区水系路网配套，原始地貌较为平坦，工程内容以降坡平整、整形并田为主。

2. 项目区水系路网配套，但原始地貌起伏较大，需进行坡改梯作业。

3. 田土内有大量的石块等影响耕作，须拣出的。

4. 土壤贫瘠或有效土层较薄需要土壤改良或客土回填的。

第十九条　不得将坡度大于25°或者土壤厚度小于30cm的烟田纳入土地整理。

第二十条　主要指标

1. 田面规整，无波浪起伏，无坑洼，在田面坡度上的相对高差不应超过20cm。

2. 土层厚度≥70cm，有效土层≥30cm。

第二十一条　凡是纳入土地整理的基本烟田，均应对土壤的肥力、酸碱度、土壤墒情、腐殖质含量、重金属含量等进行检测，并根据检测情况进行土壤改良，以满足烟叶种植的需求。

第二十二条　经过土地整理的基本烟田的耕作层、平整度、灌排水条件及生态保护措施，要符合国家相关标准。

第七章　竣工验收和档案管理

第二十三条　项目完工后，整治后的土地要由农业部门组织专家进行分等定级，编号后纳入基本烟田保护区，并由烟田所在县（市、区）政府对基本烟田保护区予以颁布公告，钉桩标界。完成此项工作后，项目可以申报验收。

第二十四条　工程竣工后，由县级人民政府组织有关职能部门对项目工程进行验收，烟草企业参与验收全过程，并对验收情况签字确认，验收后形成土地整理项目验收报告。被验收单位应出具土地整理规划图、监理报告、竣工报告、结算审计报告、竣工财务决算报告、竣工测量图、土地权属报告等相关档案资料。验收不合格的，施工单位要返工或者返修。省局（公司）验收按照《安徽省烟叶生产基础设施建设项目验收办法》的有关规定进行。

第二十五条　建档要求。根据土地整理档案管理要求，对项目的前期现状勘察、规划设计、申请公示、立项批复、项目实施方案、项目招投标、补贴合同、工程质量评定、施工监理、竣工验收等各环节资料文件规范建档，并做好反映土地整理前情况的图文或视频资料、相关图件及其他工程档案资料的建档备查工作。

第二十六条　档案管理。市级公司要按照行业有关规定，对土地整理按照“一项一档”建立项目档案，真实、完整、准确、系统地保管各类项目建设资料，切实做到项目实施过程的同步建档，加强项目建设的痕迹化管理，确保项目建设的程序规范。

第二十七条　标识。土地整理项目类型代码为TZ，项目编码方式按全国烟叶生产基础设施建设有关文件执行。项目竣工后，要设立标识牌并在标识牌处测定全球卫星定位系统（GPS）信息。

第八章　项目管护

第二十八条　整治后的土地均为基本烟田，不得被非农业建设随意占用，更不允许抛荒弃耕。市级公司代表行业与地方人民政府、村民委员会（或村民小组）签订工程管护协议，明确地方人民政府、村民委员会（或村民小组）对整理后的基本烟田及配套设施进行管理和维护。

第二十九条　因国家重点建设项目经批准占用基本烟田的，除按《中华人民共和国土地管理法》及相关法规缴纳征用土地补偿费外，还应对被占基本烟田上的土地整理和基础设施投入进行一定的补偿，用于基本烟田建设管护费用。

第九章　补贴资金管理

第三十条　市级公司代表行业与县（区）级人民政府、村民委员会（或村民小组）签订资金补贴合同，规定各方权利和义务，明确有关技术要求、资金拨付以及管护责任，规范运作，保障各方权益。

第三十一条　皖北烟区土地整理项目行业补贴标准原则上控制在平均每亩2 000元以内；皖南烟区单纯土地平整项目行业补贴标准原则上控制在平均每亩2 500元以内，复垦、荒地整治、土壤掺砂的土地整理项目行业补贴标准原则上每亩控制在3 500元以内。以上补贴包含勘查、设计、招投标、咨询、监理、审计等费用。土地整理项目实际补贴金额以招标结果为准。因土地整理标准提高，土地整理费用超出以上标准，超出部分由产区自行承担。

第三十二条　亳州、阜阳市公司土地整理项目国家局、市级公司补贴比例为6∶4，即国家局补贴60%，市级公司补贴40%；皖南烟叶公司、池州市公司土地整理项目国家局、省局、市级公司补贴比例为6∶3∶1，即国家局补贴60%，省局补贴30%，市级公司补贴10%。

第三十三条　市级公司根据工程进度拨付补贴资金，但在验收决算前支付进度原则上不超过75%比例。

第三十四条　市级公司要严格控制行业补贴投入标准，加强补贴资金预算管理，强化预算审计，对项目实施过程进行有效监管。对虚报、套取、挪用资金的单位和个人，要严肃查处，并追究有关人员的责任。

第十章　运行管护

第三十五条　按照农村土地承包经营权制度，整理后的土地权属不变、土地性质不变，并纳入基本烟田保护。

第三十六条　土地整理项目完成各级验收后，市级公司应督促施工单位及时将整理后的基本烟田及配套设施移交当地村民委员会或烟农专业合作社，由其进行管理和维护。

第十一章　附　则

第三十七条　本办法由省局（公司）烟叶生产基础设施项目建设领导小组办公室负责解释。

第三十八条　本办法自印发之日起施行。

附表

烟叶生产基础设施土地整理项目现场验收表

项　目　地　址：　　　市　　　县（区）　　　乡（镇）　　　村
项目类型及编号：　　　年　　　月　　　日

验收内容	验收情况	备　注
市级验收情况		
项目地址是否与档案相符		
是否在基本烟田规划区内		
项目建造规格是否与合同相符		
是否经烟农（村组）申请和公示		
是否签订补贴合同		
是否签订土地流转协议		
是否有设计图纸、并按图纸施工		
土地整理施工是否达到设计要求		
是否有项目竣工平面图		
是否钉桩标界		
是否有标识，是否与档案一致		
是否明确项目管护主体		
有无 GPS 定位和数码照片		
项目开工时间		
项目竣工时间		
专业技术人员质量验收意见： 姓名：　　　单位：　　　联系方式：		
省局验收意见： 验收人员签字：		

关于印发《安徽省烟草公司“徽映 e 家”经营管理信息系统推广与运行实施细则（试行）》的通知

皖烟销〔2013〕244 号

各市烟草公司：

为了进一步规范“徽映 e 家”管理流程，提高自动信息监测水平，指导各单位有效推广和维护“徽映 e 家”，制定了《安徽省烟草公司“徽映 e 家”经营管理信息系统推广与运行实施细则》，现印发给你们，请组织学习、遵照执行。

中国烟草总公司安徽省公司

2013 年 8 月 28 日

安徽省烟草公司“徽映 e 家”经营管理信息系统推广与运行实施细则（试行）

第一章　总　则

第一条　为了进一步规范管理“徽映 e 家”经营管理信息系统，提高该系统的运行质量，结合全省实际情况，制订本实施细则。

第二条　本实施细则所称“徽映 e 家”经营管理信息系统下文简称“徽映 e 家”。

第三条　将使用“徽映 e 家”零售客户分为一般型和功能型两种。一般型“徽映 e 家”零售客户主要指正常使用“徽映 e 家”各项功能，充分利用“徽映 e 家”增强自身卷烟经营能力的零售客户。功能型“徽映 e 家”客户特指烟草商业企业市场信息监测点，能为企业提供准确的实际零售价格、社会库存、消费信息等市场信息，充分发挥信息采集的功能。

第四条　“徽映 e 家”推广目标是不断扩大一般型“徽映 e 家”客户的范围，2013 年“徽映 e 家”客户比重不低于 5%，上传成功率不低于 85%。并严格按照信息采集选点要求，实现功能型“徽映 e 家”零售客户占总客户比重达到 1%，上传成功率不低于 90%。

第五条　本实施细则用于指导全省商业企业推广和管理“徽映 e 家”零售客户。

第二章　主要职责权限

第六条　成立组织。各市公司要充分发挥团队作业优势，成立以市局（公司）分管领导为组长，卷烟营销管理中心、信息中心、县局（营销部）等部门分管领导为成员的“徽映 e 家”工作领导小组，全面负责“徽映 e 家”各项工作，确保“徽映 e 家”运行效率和质量。

第七条　主要部门和岗位的职责

1. 卷烟营销管理处：统筹全省“徽映 e 家”推广工作，制定全省推广实施方案，确定推广目标，负责指导、协调各地市公司的“徽映 e 家”的推广运用，监督和考核推广效果。

2. 省局（公司）经济信息中心：负责协调软件公司开发和完善“徽映 e 家”系统功能，确保系统稳定性、安全性、便捷性的不断提升。

3. 市公司卷烟营销管理中心：负责结合市场实际制定“徽映 e 家”推广方案和实施细则，组织开展“徽映 e 家”系统的宣传推广工作；负责建立有效的数据质量监管办法；负责制定激励“徽映 e 家”客户规范、有效使用系统的措施，积极探索系统整合；负责建立“徽映 e 家”信息反馈及问题处理机制，畅通内外部沟通。

4. 市公司营销中心经理：直接负责全市“徽映 e 家”推广，制定全市“徽映 e 家”推广计划，掌握全市“徽映 e 家”系统日常运行情况，负责有计划地解决各区域反映的“徽映 e 家”存在的共性问题，检查、督促、考核基层部门关于“徽映 e 家”工作的落实情况和执行效果。

5. 市公司信息经理：严格把关“徽映 e 家”客户的进退管理；掌握“徽映 e 家”的操作流程和方法，组织内部人员培训；负责日常系统数据监控，关注“徽映 e 家”系统信息上传成功率和数据准确性；具体联系信息中心和上级主管部门，及时处理系统异常情况，保障系统正常运行。

6. 市公司信息中心：负责“徽映 e 家”系统服务器的运行维护，及时协调软件公司解决系统故障，保证系统软件问题的快速解决；协助营销管理中心开展对“徽映 e 家”系统运维的专题培训；负责采购“徽映 e 家”扫码枪、支付实施费、年度服务费等运维费用。

7. 区域营销部：负责具体落实“徽映 e 家”的推广和宣传工作，负责组织客户培训，保证客户的熟练使用；负责系统的软、硬件安装；负责“徽映 e 家”客户上传数据的监控、盘点修正工作；负责系统问题的收集与反馈；检查考核营销人员“徽映 e 家”推广效果。

8. 市场经理：负责分解各阶段营销中心或营销部下达的“徽映 e 家”推广目标。督促客户经理执行市局关于“徽映 e 家”工作的要求；负责审核客户经理拜访计划，检查客户经理拜访到位率，确保“徽映 e 家”工作落实到位；负责日常指导，收集、反馈客户经理反映的相关问题，及时上报信息经理；负责检查和监控客户经理“徽映 e 家”工作质量。

9. 客户经理：负责“徽映 e 家”推广和宣传；负责“徽映 e 家”客户进入申请，系统的软硬件安装，辖区“徽映 e 家”新增客户的培训；负责“徽映 e 家”客户上传数据的及时监控；负责“徽映 e 家”客户的日常拜访；负责“徽映 e 家”客户的变更管理；负责指导“徽映 e 家”客户数据异常情况的实地盘点修正，保障“徽映 e 家”系统客户终端得到及时维护。

第三章　进退管理

第八条　准入条件

1. 一般型“徽映 e 家”准入条件包括经营场所配备电脑、互联网，本身具有一定电脑操作能力，可以在客户经理指导下，正确使用“徽映 e 家”系统。

2. 功能型“徽映 e 家”准入条件除了满足以上条件外，必须符合国家局关于信息采集点的要求，品牌培育能力、形象展示能力、宣传促销能力较强的客户优先。

第九条　准入流程

1. 由零售客户自愿申报，营销人员实地核实，签订“徽映 e 家”合作协议，提报营销中心备案。

2. 市局（公司）信息经理根据营销部提报客户信息，进行后台注册，将注册激活码提供给营销部，由客户经理上门或远程安装、调试。

第十条　退出原因

符合下列条件之一或以上，可以退出和调整。

1. 客户停歇业，无法正常经营；

2. 配合度下降，“徽映 e 家”使用效果差；

3. 其他“徽映 e 家”使用条件不具备的情况。

第十一条　退出流程

1. 零售客户提出退出申请，由营销部进行核实，卷烟营销中心备案，并在后台系统中予以退出。

2. 设备回收：客户退出或者更换时，按照“徽映 e 家”合作协议有关条款，“徽映 e 家”扫码枪由客户经理收回，上交区域营销部保存。

3. 客户调整：信息监测点“徽映 e 家”客户退出应及时替换，并选择与原有业态、规模、市场类型等条件一致，按照准入程序进行新增，并报省公司营销处备案。

第四章　培训管理

第十二条　培训人员要求

（一）建立“徽映 e 家”内训师队伍

营销管理中心由信息经理任内训师，负责制定培训计划，组织全市内训师的培训；以营销部或客户经理团队为单位，设置不少于 1 名“徽映 e 家”内训师，负责本团队营销人员“徽映 e 家”的培训，第一时间解决客户经理反馈的相关问题。

（二）内训师资格

“徽映 e 家”内训师需具备以下条件：熟练掌握电脑操作方法；熟悉“徽映 e 家”系统各项模块功能；能够独立处理系统运维中的常见问题；具有较强协调沟通能力。

（三）产生方式

1. 自愿报名。具备“徽映 e 家”内训师资格的营销人员可自愿报名，经试讲考评合格后，由营销部决定择优录取。

2. 组织推荐。营销部可自行推荐符合“徽映 e 家”内训师条件的营销人员。

3. 内训师任期为半年，期满后按照自愿报名、组织推荐方式重新产生。

（四）公示

各营销部确定“徽映 e 家”内训师后，予以公示，报市局（公司）营销管理中心备案。

第十三条　培训主要内容

（1）系统操作培训。包括“徽映 e 家”系统操作方法、现代卷烟营销平台操作方法。

（2）扫码枪使用培训。包括扫码枪的安装、使用、设置、合理摆放等相关方法。

（3）日常答疑。对“徽映 e 家”日常使用中出现的问题进行答疑。

第十四条　培训形式

（1）“一对一”培训。针对客户操作“徽映 e 家”系统，应由客户经理对其进行现场指导，常见问题由内训师现场、电话、远程等方式进行指导。

（2）集中培训。由营销部安排内训师对客户经理进行集中培训，有条件的单位，可以适当组织零售客户的集中培训。

第十五条　培训要求

（1）培训频次。营销中心每季度开展不少于一次内训师培训，营销部每月开展不少一次客户经理培训，培训时长不少于 1 课时即 40 分钟。

（2）培训效果自查。营销部定期开展“徽映 e 家”培训效果自查，通过书面测试、现场实操等方式检验培训效果。

（3）技能比武。营销管理中心和营销部每半年组织不少于 1 次的“徽映 e 家”操作技能比武。

（4）培训资料管理。营销管理中心及营销部的“徽映 e 家”培训过程及内容，需形成痕迹化资料，进行整理归档。

第五章　服务过程管理

第十六条　服务频率要求

为提高“徽映 e 家”运行质量，客户经理应增加“徽映 e 家”客户的服务拜访频次。

1. 一般型的“徽映 e 家”客户

原则上，要求电话拜访一周不少于一次，并列入月客户拜访计划，其中：乡镇及农村“徽映 e 家”客户实地拜访频率一个月不少于一次，城市及县城“徽映 e 家”客户实地拜访频率一个月不少于两次。

2. 功能型“徽映 e 家”客户

要逐步实现功能型“徽映 e 家”客户与国家局信息采集点重合，客户经理将其纳入周客户拜访计划，实地拜访频率一周不少于一次。

第十七条　服务的主要内容

1. 宣传使用“徽映 e 家”的作用

各市公司应积极宣传“徽映 e 家”，引导零售客户通过“徽映 e 家”及时了解卷烟的经营信息，真正感受到“轻轻松松销售，明明白白算账”的好处。

2. 硬件设备设施维护

（1）“徽映 e 家”安装位置合理性要求

“徽映 e 家”安装位置应选择除系统盘（C 盘）外存储空间较大的硬盘中，方便相关经营数据保存和查阅，避免操作系统崩溃造成数据丢失。

（2）扫码枪摆放位置及使用合理性要求

按照《安装使用说明》将支架与扫码枪进行组装，并与电脑联机共同摆放至经营柜台前，同时保持年幼孩童难以触摸的距离，以确保孩童及设备本身的安全。

（3）“徽映 e 家”及扫码枪正常使用要求

按照《“徽映 e 家”零售客户经营管理系统用户使用手册》和《“徽映 e 家”零售客户经营管理系统常见问题处理》有关内容要求，正确规范使用“徽映 e 家”信息采集工作。

3. “徽映 e 家”系统功能指导

各市公司应按照《“徽映 e 家”零售客户经营管理系统用户使用手册》保持系统正常运行，日常数据上传成功率不低于 85%；指导“徽映 e 家”客户熟练掌握应用“商品销售”“购进管理”“库存管理”“报表分析”“基础资料”“快捷方式”和“系统设定”等主要功能。

4. 价格维护管理

针对功能型“徽映 e 家”客户，各市公司须对当地销售主销规格（销售前十位规格以及中华品牌、玉溪软盒、黄山金皖、黄山新制皖烟）实际销售的包价和条价在“基础资料”模块中进行每周一次维护；对过路客、熟客等卷烟价格与维护价格不一致的，按实际价格进行销售开单。

5. 库存维护管理

针对功能型“徽映 e 家”客户，由客户经理每周送货前一天进行实地库存盘点，比对核实实地盘存与系统显示的库存数，即时修改，在统计完当期库存后，为零售客户下载下周订单数据。主要流程为：

第一步：在“库存管理”中查看库存是否存有负数，并查明原因，做好统计。

第二步：清点实际库存与“徽映 e 家”系统库存总量、各品牌规格的库存数的差异，做好统计。

第三步：对于负库存、库存数差异性进行核实、比对，帮助零售客户在“库存管理”中“库存盘点”窗口下进行集中修改。

第四步：记录实际库存和价格信息，备录国家局信息采集系统。

第五步：帮助零售客户在“基础资料”模块中“数据下载”窗口下，下载零售客户订单。

第六章　检查和跟踪

第十八条　服务过程的检查

1. 拜访计划检查

市场经理按照本细则“第十六条　服务频率要求”查看客户经理“徽映 e 家”服务拜访计划，各市公司营销中心每月进行抽查。

2. 实地拜访到位抽查

市场经理按照本细则“第十七条　服务的主要内容”要求，通过现场询问、实地观察、数据调取等方式检查客户经理拜访到位情况，并在服务手册等痕迹性资料核对拜访痕迹。各市公司营销中心定期利用市场检查、调研等形式对区域营销部拜访落地情况进行抽查。

3. 服务效果检查

各市公司按照本细则“第十七条　（三）‘徽映 e 家’系统功能指导”要求，制定“徽映 e 家”信息采集服务效果的检查办法。内容包括：“徽映 e 家”宣传到位情况、基本功能项目使用状况、营销人员日常维护开展情况等，持续强化“徽映 e 家”服务效果。

第十九条　培训的检查

各市公司营销中心须高度重视“徽映 e 家”培训工作，并负责检查区域营销部的培训工作贯彻落实情况，主要检查内容有：

1. “徽映 e 家”培训机制的建立

（1）打造一支“徽映 e 家”内训师队伍。各市公司结合实际，要对内训师素质、数量、分布、考核、公示应有明确要求。

（2）建立完善的培训计划。各市公司应当结合年度培训计划，补充完善“徽映 e 家”培训计划。

（3）实行动态化培训管理机制。实施“凡训必考”制度，以奖优罚劣的激励机制促进培训工作取得实效，同时根据内训师培训情况实行进退管理制度。

2. “徽映 e 家”培训活动落地实施

按照本细则“第十五条（四）”的要求检查营销部的“徽映 e 家”日常培训、技能比武等痕迹化资料。

3. “徽映 e 家”实操水平的检查

根据实际工作需要，各市公司通过不定期抽查部分客户经理，模拟检测“徽映 e 家”的实操，不断提升应用水平。

第七章　评价考核

第二十条　制定考核细则

省局（公司）应根据“徽映 e 家”总体推进进度，合理制定考核指标，将“徽映 e

家”运行质量纳入到市（局）公司经济运行考核。

市（局）公司要按照省局（公司）的要求进一步细化考核细则，各市公司考核方案中要重点明确“徽映 e 家”内训师月度绩效的奖励和加分政策，引导“徽映 e 家”内训师落实职责、发挥作用。

第二十一条　实施综合考核

各市局（公司）要以考核指标、拜访计划检查、实地拜访到位抽查、服务效果检查、培训的检查等为依据，综合考核各营销部的“徽映 e 家”的运行质量，并将考核结果公示。

第二十二条　定期开展评价

省局（公司）和市局（公司）要定期通过网建专刊、协同办公、工作检查等形式通报“徽映 e 家”的运行情况，督促各单位提高运行质量，不定期开展市场调研，实地评价运行现状。

第八章　激励措施

第二十三条　实现功能型“徽映 e 家”零售客户的网上配货功能。各单位要在功能型“徽映 e 家”零售客户中逐步开展网上配货，按照省局（公司）推进要求，扎实推进网上配货。通过引导零售客户及时、准确的扫码和录入实际销售价格，合理满足零售客户货源需求，初步形成按需求组织货源的网上配货激励措施。

第二十四条　开展“徽映 e 家”的网上营销活动。在严格规范的基础上，有针对性地在“徽映 e 家”零售客户中开展客户积分、网上征文、积盒换奖、有奖问答等丰富多彩的网上营销活动。

第二十五条　探索会员制管理模式。通过会员制、客户和消费者积分等方式，探索会员制管理办法，健全“徽映 e 家”客户会员权利和义务，提高“徽映 e 家”客户的积极性。

第二十六条　优先享受品牌培育政策。在符合培育条件的“徽映 e 家”零售客户中优先进行新品选点、上市推广、宣传促销、新品品吸等活动。

第九章　附　则

第二十七条　本细则由安徽省局（公司）营销管理处制定，最终解释权归安徽省局（公司）营销管理处。

第二十八条　本实施细则自发布之日起实施。

安徽省烟草公司关于印发卷烟配送中心非法人实体化运作实施意见的通知

皖烟物流〔2013〕414号

各市烟草公司：

为贯彻落实行业物流现场会精神，进一步推进市级公司卷烟配送中心非法人实体化建设，有效调动物流队伍的积极性、主动性和创造性，激发管理活力，挖掘发展潜力，提升运行水平，在总结试点经验的基础上，制定本实施意见。

一、指导思想

认真贯彻国家局《关于在工商企业开展物流非法人实体化运作的意见》和行业物流现场会工作部署，在坚持现有物流管理体制的前提下，在卷烟配送中心引入实体化运作的管理方式和运行机制，进一步强化配送中心成本意识、责任意识和竞争意识，转变发展方式，激发内生动力，发挥管理效能，为提升市场控制能力和服务保障水平提供有力支撑。

二、建设目标

按照“授权管理、目标考核”的总体思路，创新物流管理模式，建立“职能定位清晰、权利责任明确、资源配置统一、业务管理自主”的运行机制，实现企业物流资源全面整合、统一管理，物流业务边界清晰、独立运行，物流费用统一核算、自主管控，人员管理适度授权、有效激励，促进卷烟配送中心由“职能部门”向“成本中心”和“责任主体”转变，夯实发展基础，提升管理能力。条件具备时，可探索向“利润中心”和“经营主体”转变。

三、基本原则

为保证卷烟配送中心非法人实体化运作积极稳妥推进，在建设过程中把握以下原则：

（一）注重实效

要正确理解卷烟配送中心非法人实体化运作的目的，把进一步提高物流资源配置效率、物流客户服务质量、物流费用控制能力、物流运行管理水平作为工作检验标准，切实发挥成效。

（二）统一管理

保持市局（公司）市场经营主体地位不变，卷烟配送中心在授权范围内对全市物流资源、业务运行、费用核算、人员管理、绩效考核等进行统一管理，接受市局（公司）相关部门业务指导和管理监督。

（三）责权对等

进一步明确卷烟配送中心在客户服务、成本控制、安全生产、内部管理等方面的责任，科学界定与市局（公司）职能部门的管理边界，合理授予履行职责相应的管理权力，加强目标考核，加大激励约束，有效增强活力。

（四）持续改进

卷烟配送中心非法人实体化运作是行业现有管理体制下的市场化取向改革的有效形式，在探索实践过程中必然会遇到各种困难和问题，需要不断总结，及时改进，逐步完善，持续提升。

（五）鼓励创新

省局（公司）统一制定实施意见，明确总体思路和主要工作内容，并对方案实施提出统一要求。各市局（公司）在推进过程中要紧密结合实际，把握总体方向，积极探索创新，寻求管理突破。有条件的单位，可以进行物流实体运作的探索实践。

四、实施内容

（一）明确职能定位，健全组织体系

确立卷烟配送中心作为市局（公司）物流“成本中心”和“责任主体”的职能定位，对物流业务实行自主运作并承担管理责任。配送中心具体负责市局（公司）物流配送服务、业务运行和内部管理工作，担负物流资源管理、成本控制、安全生产、客户服务等相关职责，在满足客户配送服务需求的前提下，不断优化业务流程，加强资源整合，完善内部管理，持续提高服务质量，降低物流费用，提升运行效率。

进一步健全卷烟配送中心内部机构和岗位设置，配送中心下设综合部、储配部、送货部和安全技术部，无法实现全部直送的可下设若干中转站或对接点；综合部主要负责人事劳资、资产管理、预算管理、成本核算和员工培训等工作；储配部主要负责卷烟仓储、出库入库、分拣打码和现场管理等工作；送货部主要负责卷烟中转、送货服务、资金结算、车辆管理等工作；安全技术部主要负责安全管理、设备维护、信息处理等工作；综合部增设财务管理岗，人员由市公司财务科委派，负责定额管理、预算管理、核算管理、成本分析工作；中转站、对接点由配送中心垂直管理，人、财、物和具体业务由配送中心负责，行政管理和安全管理接受所在县局领导。

（二）实现责权对等，相对独立运行

把卷烟配送中心作为市局（公司）直属单位进行管理，参照县局管理模式，赋予相对自主的用人调配权、相对集中的资产管理权、相对统一的费用开支权和相对独立的业务决策权。

在人事管理上，对配送中心实行定岗定编，规范人员进出管理，建立公开透明的选拔机制，配送中心经理层由市公司任命，其他管理人员以内部培养或选拔为主，基层管理人员和作业人员岗位调整变动由配送中心自主管理；对于绩效考核长期处于末位、经培训仍不能达到岗位要求的员工，配送中心可向市公司申请转岗或待岗处理。

在资产管理上，合理界定物流资产范围，明确配送中心资产使用和管理权力，配送中心按照有关规定健全资产管理，确保账表相符，实时动态更新维护，并做好各类物流资产的日常维护、小型维修和常用物品的领用保管工作。在资产购置和处置等方面，服从市公司统一管理要求。对业务运行常用机油、塑模、标签纸等物料，因业务需要新购或者更换的设施、设备、车辆，由配送中心编制采购预算和处置申请，经市局（公司）审批后统一组织采购和处置。

在费用开支上，卷烟配送中心采用相对独立的财务管理机制，物流费用由配送中心按照预算和定额标准审核使用。在预算范围内，市局（公司）对费用开支实施限额，限额及限额以下部分，由配送中心自主支配；限额以上部分，由配送中心向市局（公司）申请，经批准后按照规定程序开支。涉及物流相关的费用，应经配送中心经理统一审核把关，签字确认。

在业务管理上，实行配送中心经理负责制，赋予配送中心相对独立的生产运行、线路优化、资源调配、绩效考核、薪酬管理等权力。配送中心统筹考虑服务、成本和效率综合因素，在与营销部门和零售客户沟通一致的基础上，充分利用信息技术手段，科学优化送货线路，合理设定配送周期，打破行政区域限制，整合中转站节点，不断提高配送效率。

（三）完善财务体系，加强成本管理

实行单独核算、完善财务体系是卷烟配送中心加强成本控制，由职能部门转变为“成本中心”“责任主体”的关键。

深化定额管理，省局（公司）出台物流定额管理指导意见，统一定额指标，构建定额标准体系。卷烟配送中心根据管理要求及本单位实际，合理确定配送中心内部定额管理项目；依据历史数据，结合全省水平制定物流成本定额标准，作为物流预算和绩效评价的参考依据。

加强预算管理，按照国家局《物流费用预算规程》要求，实行归口管理，配送中心依据业务实际，编制部门年度预算，上报市局（公司）预算委员会审核，经省局（公司）确认后执行。同时，做好中期调整预算、月度预算和执行检查工作。

完善核算管理，严格按照《安徽省烟草公司卷烟物流核算管理实施细则》，做好物流费用的归集、划分、核算，确保物流费用核算的真实性、准确性、可比性和完整性，中转站发生费用全部归入配送中心。配送中心费用核算应按规定细分到环节，费用的发生或入账必须由配送中心经理签字确认。市公司记账方式下，配送中心核算员应自建备查账，定期与市公司财务进行比对。

加强成本分析，卷烟配送中心定期对物流运行指标和费用发生情况进行分析，重点加强燃油费、修理费、包装费、水电费等可变费用控制，通过预算管理、定额管理、对标管理，将控制指标分解落实到各部门、班组、车辆、机台，加强日常检查考核，查找工作中存在的不足和问题，研究工作改进措施，不断提高物流成本控制水平。

（四）实行三级考核，发挥激励作用

将物流作为单独序列进行考核，省局（公司）加大物流业务考核权重，统一考核标准，对市局（公司）进行过程监控和年度评价，考核结果纳入市公司年度绩效评价体系。市局（公司）对配送中心实行目标管理，下达年度配送服务、物流费用、运行效率、安全生产、内部管理等具体目标，签订目标责任书，定期对完成情况进行检查考核，并与配送中心管理团队收入分配挂钩；对于物流自主管理实现挖潜增效，节省的费用，市局（公司）每年可拿出一定数额返还奖励。配送中心将年度目标责任分解落实到部门和岗位，每月考评兑现，适当拉开收入差距，并将考核结果运用到评先评优、晋档晋级上，建立责任与权力相一致、压力与动力相平衡的激励约束机制，充分调动配送中心管理人员和基层员工的积极性，发挥考核导向作用。

五、工作要求

（一）提高思想认识，加强组织领导

国家局把全面推行非法人实体化运作作为行业物流下一阶段改革的重点，各市局（公司）要从打造行业物流“不可替代性”的战略高度，充分认识推行非法人实体化运作是增强核心竞争能力、转变发展方式、激发全员活力、深挖发展潜力的重要举措，最终目的是提升行业对卷烟市场的控制能力和服务保障水平。现行的管理体制不会动摇，市公司的经营主体地位不会变化。在宣传引导上，省市两级都要大力宣传开展该项工作的积极意义，赢得广大干部职工的理解和支持。在组织上，为加强全省系统卷烟配送中心非法人实体化运作工作领导，省局（公司）成立非法人实体化运作领导小组，组长：卓俭华；成员：梁跃华、许萍、何华月、朱祖斌、周宏亮。市局（公司）也要成立相应组织，主要负责人要亲自统筹组织，物流分管领导要全程参与、主抓落实，相关部门要积极配合、加强协作，确保工作顺利推进。

（二）制订实施细则，健全制度体系

省局（公司）制订的实施意见是全省系统推行卷烟配送中心非法人实体化运作的指导性意见，各市局（公司）要对照意见要求，结合本单位实际，制定切实可行的实施方案和细则。在方案实施过程中，要结合非法人实体化运作带来的管理上的变化，制订相应的管理制度，用制度明确配送中心职责权力，规范配送中心经营行为，促进配送中心自主管理，为管理水平提升奠定坚实的基础。各单位实施方案于2014年2月底前报省局（公司）物流管理处。

（三）鼓励探索创新，激发运行活力

卷烟配送中心非法人实体化运作是一项重要的物流管理模式变革，在推进中难免会出现一些问题和障碍。各市局（公司）要以积极的心态对待管理变革，敢于直面问题，勇于探索创新；要给予相关政策支持，增强管理活力，激发发展动力，为配送中心非法人实体化运作营造良好的内外环境。条件具备的单位，可以开展多元化配送探索，谋划非烟物流经营模式，拓展物流业务范围，为客户提供增值服务，进一步增强渠道控制力和物流发展潜力。

（四）加强督促检查，确保取得实效

各市局（公司）卷烟配送中心非法人实体化运作要在2014年上半年全面实施，省局（公司）将在明年下半年重点检查各单位落实情况，并作为物流工作考核的一项重点内容，纳入市局（公司）年度绩效考评体系。各单位要做好方案的实施准备，加大工作推进力度，加强日常督促检查，及时研究解决工作中出现的问题，确保工作取得预期效果。

中国烟草总公司安徽省公司

2013年12月31日

内部监管类文件

中共安徽省烟草专卖局（公司）党组
关于印发党风廉政建设责任制检查考核办法的通知

皖烟党〔2013〕26 号

各直属单位党组（党委）：

为加强对各直属单位领导班子及其成员党风廉政建设责任制执行情况的检查考核，根据《中共国家烟草专卖局党组关于印发行业直属单位党风廉政建设责任制检查考核办法的通知》（国烟党〔2013〕47 号）的要求，省局（公司）党组制定了《党风廉政建设责任制检查考核办法》，现印发给你们，请认真执行。

中共安徽省烟草专卖局（公司）党组

2013 年 7 月 22 日

党风廉政建设责任制检查考核办法

为加强对各直属单位领导班子及其成员党风廉政建设责任制执行情况的检查考核，进一步推进行业党风廉政建设工作，保持行业持续健康发展，根据《中共国家烟草专卖局党组关于印发行业直属单位党风廉政建设责任制检查考核办法的通知》（国烟党〔2013〕47 号），结合全省系统实际，制订本办法。

一、组织领导

根据中共安徽省烟草专卖局（公司）党组《关于实行党风廉政建设责任制的规定》（皖烟党〔2011〕2 号），党风廉政建设责任制检查考核工作在省局（公司）党风廉政建设责任制领导小组的领导下，由党风廉政建设责任制领导小组办公室负责组织实施。

二、检查考核对象

各直属单位领导班子及其成员。

三、检查考核内容

每年根据中央党风廉政建设工作部署及行业工作重点，确定直属单位领导班子及其成员的检查考核内容及评分依据，年初以文件的方式下发。

四、检查考核方式和时间

（一）自查

每年10～11月底，各直属单位对照年初下发的直属单位领导班子及其成员的检查考核内容（年度考核测评表的各考核项目）开展自查，12月15日前，将自查情况与年度贯彻落实党风廉政建设责任制的情况，一并报省局（公司）党组。

（二）专项检查考核

每年10～12月底，省局（公司）党风廉政建设责任制领导小组办公室根据检查考核工作安排，组成检查考核组对部分直属单位进行专项检查考核。专项检查考核除对照年度考核测评表各考核项目检查外，还将要对被考核单位的领导班子及其成员进行测评。

（三）党风廉政建设责任制考核

党风廉政建设责任制检查考核也可与其他检查考核工作结合进行。

五、检查考核程序

（一）自查

各直属单位对照年初下发的直属单位领导班子及其成员的检查考核内容（年度考核测评表的各考核项目）逐项自评打分，认真开展自查工作并将自查情况与年度贯彻落实党风廉政建设责任制情况一并报省局（公司）党组和纪检组。

（二）专项检查考核

1. 考核公示。被考核单位接到考核通知后，要将本单位贯彻落实党风廉政建设责任制的情况和领导班子及其成员述职述廉的报告进行公示，接受干部职工的监督。

2. 听取汇报。被考核单位组织召开汇报会，由单位党风廉政建设责任制第一责任人汇报年度党风廉政建设责任制贯彻落实情况；被考核单位班子成员报告本人年度党风廉政建设责任制、作风建设、廉洁自律等方面的落实情况。

3. 民主测评。检查考核组组织发放测评表，对被考核单位领导班子进行满意度测评，对领导班子成员进行民主测评。参加测评人员范围为各直属单位机关在岗副股级以上人员和县级局领导班子成员。检查考核组认为有必要，也可以采取个别谈话或召开座谈会的方式，进一步听取干部职工的意见和建议。

4. 查阅资料。检查考核组对照年度考核测评表的各考核项目，查阅被考核单位年度贯彻落实党风廉政建设责任制的相关资料。

5. 综合评定。检查考核组对照考核项目，结合测评结果客观公正地对考核情况进行综合评定并形成书面考核报告，报省局（公司）党组。

6. 意见反馈。经省局（公司）党组批准后，检查考核组可向被考核单位反馈检查考核结果并提出整改意见。

六、检查考核等次及评价标准

（一）领导班子考核等次分为优、良、合格、差。考核等次由考核得分结合满意度测评得分确定。

1. 检查考核得分在90分以上，且群众满意度在80%以上的评定为“优”等次；

2. 检查考核得分在75分以上，且群众满意度在70%以上的评定为“良”等次；

3. 检查考核得分在60分以上，且群众基本满意度（满意度与基本满意度之和）在60%以上的评定为“合格”等次；

4. 上述情形之外的，评定为“差”等次。

（二）领导班子成员考核等次分为优秀、称职、基本称职和不称职。考核等次依据民主测评结果确定。

1. 民主测评“优秀”得票率达80%以上的评定为“优秀”；

2. “优秀”“称职”得票率之和在60%以上的评定为“称职”；

3. “优秀”“称职”得票率之和不足60%，但加上“基本称职”得票率在60%以上的评定为“基本称职”；

4. 上述情形之外的，评定为“不称职”。

七、结果运用

（一）直属单位党风廉政建设责任制的检查考核结果，作为省局（公司）党组对直属单位领导班子总体评价和领导干部业绩评定、奖励惩处、选拔任用的重要依据。

（二）年度党风廉政建设责任制检查考核评价为“差”的领导班子和评价为“不称职”的领导干部，经省局（公司）党组同意，对相关当事人及时进行诫勉谈话，责令其限期改正；拒不改正的，可对其进行组织处理。上述措施具体由省局（公司）纪检组、人事处根据权限实施。

八、工作要求

（一）检查考核工作要坚持实事求是，走群众路线，广泛听取各方面的意见，准确了解被考核单位领导班子及其成员贯彻落实党风廉政建设责任制的情况，客观公正地作出评定。

（二）检查考核工作人员要严格遵守工作纪律，注意保密，不得以任何方式向外透露检查考核的有关情况。省局（公司）党风廉政建设责任制领导小组办公室要建立工作档案，保存检查考核资料备查。

（三）被考核单位要按照要求积极做好各项准备工作，确保检查考核工作顺利进行。

（四）被考核单位对检查考核组提出的整改意见，要及时研究分析，督促整改落实，三个月内向省局（公司）党组提交整改落实报告。

（五）党风廉政建设责任制检查考核与其他已完成的检查考核内容重复的，可直接参考、运用该部分考核结论。

附件 1

2013 年度党风廉政建设责任制考核内容及评分标准

被考核单位：　　　　考核时间：　　年　　月　　日　　　　考核总分：　　分

序号	考核内容	考核细项	参考分值	考核得分
一	领导、组织党风廉政建设责任制工作，贯彻落实党风廉政建设的部署和要求	1. 党风廉政建设责任制领导小组组织机构健全（1 分），领导班子主要负责人是单位党风廉政建设工作第一责任人（0.5 分），领导班子其他成员根据工作分工，对职责范围内的党风廉政建设负主要责任，谁主管、谁负责，一级抓一级、层层抓落实（0.5 分）	2	
		2. 落实“一岗双责”，党风廉政建设作为党的建设的重要内容，纳入领导班子、领导干部目标管理，工作责任要分解到位（2 分），与生产经营和业务工作紧密结合，一起部署，一起落实，一起检查，一起考核（2 分）	4	
		3. 贯彻落实党中央、国务院和国家局、省局关于党风廉政建设工作的部署和要求，研究布置本单位年度党风廉政建设工作任务（组织召开年度纪检监察工作会议 1 分，按要求集中组织学习上级党风廉政建设有关文件及精神，会议记录完整，每少一项扣 0.5 分，扣完 3 分为止）	4	
		4. 总结 2008—2012 年惩防体系工作任务完成情况（2 分），做好 2013—2017 年惩防体系工作任务分解、工作部署和自查自纠工作（2 分）	4	
		5. 本单位领导班子及其成员执行党风廉政建设责任制情况，每年按要求专题上报省局（公司）党组纪检组的情况（按时上报 2 分，且无违规违纪行为 4 分）	6	
		6. 建立、健全对所辖各单位党风廉政建设责任制检查考核制度（1 分），把责任制落实情况作为对所辖单位领导班子总体评价和领导干部业绩评定（1 分）、奖励惩处（1 分）、选拔任用（1 分）的重要依据	4	
		7. 落实责任追究制度，对职责范围内党风廉政建设工作领导不力、落实不到位的情况进行责任追究（应追究而未追究的，每次扣 2 分，4 分扣完为止）	4	

（续表）

序号	考核内容	考核细项	参考分值	考核得分
二	开展党性党风党纪和廉洁从业教育，加强廉政文化建设	8. 落实年度党风廉政教育计划（2 分）。党组理论学习中心组每年集中学习反腐倡廉理论 1 次以上（2 分），单位主要负责人或纪检组长每年给干部员工讲授廉政党课，进行党性、党风教育不少于 1 次（2 分）	6	
		9. 贯彻党内监督条例，建立健全纪检负责人同下属单位主要负责人谈话、领导干部任前廉政谈话、诫勉谈话、领导干部述职述廉、函询等制度，重点加强对领导干部特别是主要领导干部的监督（每少一项或一人次扣 1 分，本项分扣完为止）	6	
		10. 按上级要求和程序开好党组民主生活会（1 分），认真检查，自我剖析，开展批评和自我批评（1 分）；对职工群众提出的意见建议，及时进行整改（2 分）	4	
		11. 以明示与承诺制度为载体，扎实开展廉政文化创建活动（成效显现的得 2 分，否则酌情扣分）	2	
三	贯彻落实党风廉政法规制度，强化权力制约与监督，推进权力运行程序化和公开透明	12. 遵守、执行《中国共产党党员领导干部廉洁从政若干准则》《国有企业领导人员廉洁从业若干规定》《关于领导干部报告个人有关事项的规定》等有关规定（出现一人违规违纪被查实的，该项不得分）	10	
		13. 做好“两项工作”自查自纠工作（2 分）。遵守《烟草行业办事公开民主管理工作规范》和省局（公司）相关规定，切实落实职工群众“四权”（2 分）；遵守行业工程投资、物资采购、宣传促销各项工作要求，按程序公开透明操作，规范运行（4 分）；推进行业资金监管工作，保证资金安全（2 分）	10	
		14. 落实国家局《关于进一步深入推进严格规范工作的意见》，做到“六个严禁一个严控”“三个坚决”，治理“天价烟”和卷烟过度包装，规范卷烟生产经营秩序（有布置 1 分，有自查 3 分）	4	
		15. 推行廉政风险防控，廉政风险防控要融入业务工作和管理流程之中（按要求推进 2 分，风险点查找不准确每项扣 0.5 分，2 分扣完为止）	4	

（续表）

序号	考核内容	考核细项	参考分值	考核得分
四	贯彻落实“三重一大”决策制度	16. 建立健全并积极落实“三重一大”决策制度和议事规则（制度齐全每项1分，严格落实2分）	4	
		17. 执行干部选拔任用工作程序，坚决制止拉票贿选、跑官要官等不正之风（每少一程序扣1分，出现不正之风的扣2分，本项分扣完为止）	4	
五	认真落实中央“八项规定”，加强作风建设	18. 贯彻落实《中共国家烟草专卖局党组认真贯彻落实“十八届中央政治局关于改进工作作风、密切联系群众的八项规定”的实施办法》及省局（公司）相关规定，倡导勤俭节约、艰苦朴素作风，反对和制止奢侈浪费的情况（凡违规1次扣1分，本项分扣完为止）	4	
		19. 贯彻落实《烟草行业企业负责人职务消费行为监督管理办法》《烟草行业车辆配备使用管理办法》《关于坚持厉行节约严格控制因公接待费用的通知》及省局（公司）相关规定，完善内部监督制度及其执行情况（凡违规1次扣1分，本项分扣完为止）	4	
六	案件查办情况	20. 按照上级部署要求，开展专项治理工作，查处有关违纪违法案件、纠正出现的问题（按要求开展，每少一项扣1分，本项分扣完为止）	2	
		21. 认真执行案件快报制度，主动、及时上报有关案件（每少报一次扣1分，延报一次扣0.5分，本项分扣完为止）	2	

备注：党风廉政建设责任制检查考核与其他已完成的检查考核内容重复的，可直接参考、运用该部分考核结论。

考核小组成员（签名）：

被考核部门负责人（签名）：

附件 2

2013 年度领导班子满意度测评表

测评表类型：[A]　[B]　[C]

测评项目	领导职责	廉政教育	廉政法规	权力监督	廉洁从业	选人用人	作风建设	生产经营
评价意见	[A] [B] [C] [D]	[A] [B] [C] [D]	[A] [B] [C] [D]	[A] [B] [C] [D]	[A] [B] [C] [D]	[A] [B] [C] [D]	[A] [B] [C] [D]	[A] [B] [C] [D]

注：① 测评表一般按照领导班子成员及同级非领导职务干部（A 类），机关内设机构正副职、同级非领导职务干部及下属单位领导班子成员（B 类）、机关其他人员（C 类）进行分类。

② 评价意见[A][B][C][D]分别代表满意、基本满意、不满意、不了解。

③ 请在相应栏目“[ ]”涂黑。多选、不选为废票。

附件 3

2013 年度领导干部党风廉政建设责任制考核民主测评表

测评表类型:[A]　[B]　[C]

姓名	加强思想政治修养和廉政教育,保持党员先进性、纯洁性情况	分管工作中落实“一岗双责”,业务工作与党风廉政建设一起部署、一起落实	坚持工作原则,按程序办事,执行“三重一大”决策制度的情况	自觉接受党内外监督,虚心接受群众意见建议的情况	执行个人有关事项报告制度的情况	廉洁自律,执行礼品登记制度的情况	严格管理配偶、子女和身边工作人员的情况	落实中央“八项规定”作风建设情况
XXX	[A] [B] [C] [D]	[A] [B] [C] [D]	[A] [B] [C] [D]	[A] [B] [C] [D]	[A] [B] [C] [D]	[A] [B] [C] [D]	[A] [B] [C] [D]	[A] [B] [C] [D]
XXX	[A] [B] [C] [D]	[A] [B] [C] [D]	[A] [B] [C] [D]	[A] [B] [C] [D]	[A] [B] [C] [D]	[A] [B] [C] [D]	[A] [B] [C] [D]	[A] [B] [C] [D]
XXX	[A] [B] [C] [D]	[A] [B] [C] [D]	[A] [B] [C] [D]	[A] [B] [C] [D]	[A] [B] [C] [D]	[A] [B] [C] [D]	[A] [B] [C] [D]	[A] [B] [C] [D]
XXX	[A] [B] [C] [D]	[A] [B] [C] [D]	[A] [B] [C] [D]	[A] [B] [C] [D]	[A] [B] [C] [D]	[A] [B] [C] [D]	[A] [B] [C] [D]	[A] [B] [C] [D]

注:① 测评表一般按照领导班子成员及同级非领导职务干部(A 类),机关内设机构正副职、同级非领导职务干部及下属单位领导班子成员(B 类)、机关其他人员(C 类)进行分类。

② 评价意见[A][B][C][D]分别代表优秀、称职、基本称职、不称职。

③ 请在相应栏目“[ ]”涂黑,对每名同志的测评只能在一个等级内选择。多选、不选为废票。

附件 4

2013 年度领导班子满意度及领导干部党风廉政建设责任制考核测评汇总表

被考核单位：　　　　　　　　　　　　　　统计时间：　　年　　月　　日

<table>
<tr><td>参评人数</td><td></td><td>发出票数</td><td></td><td>收回票数</td><td></td><td>收回率</td><td></td><td>计票人</td><td></td></tr>
<tr><td colspan="8">领导班子满意度测评</td><td>监票人</td><td></td></tr>
<tr><td colspan="2">满意</td><td colspan="2">基本满意</td><td colspan="2">不满意</td><td colspan="2">不了解</td><td rowspan="2" colspan="2">总体评价</td></tr>
<tr><td>票数</td><td>比例</td><td>票数</td><td>比例</td><td>票数</td><td>比例</td><td>票数</td><td>比例</td></tr>
<tr><td></td><td></td><td></td><td></td><td></td><td></td><td></td><td></td><td colspan="2"></td></tr>
<tr><td colspan="10">评价办法详见检查考核办法</td></tr>
</table>

<table>
<tr><td colspan="7">领导干部党风廉政建设责任制考核民主测评</td></tr>
<tr><td>姓　名</td><td>优秀</td><td>称职</td><td>基本称职</td><td>不称职</td><td></td><td></td></tr>
<tr><td></td><td></td><td></td><td></td><td></td><td></td><td></td></tr>
<tr><td></td><td></td><td></td><td></td><td></td><td></td><td></td></tr>
<tr><td></td><td></td><td></td><td></td><td></td><td></td><td></td></tr>
<tr><td></td><td></td><td></td><td></td><td></td><td></td><td></td></tr>
<tr><td></td><td></td><td></td><td></td><td></td><td></td><td></td></tr>
<tr><td></td><td></td><td></td><td></td><td></td><td></td><td></td></tr>
<tr><td colspan="7">评价办法详见检查考核办法</td></tr>
</table>

附件 5

2013 年度党风廉政建设责任制考核工作底稿

单位名称：　　　　　　　　　　　　考核时间：　　年　　月　　日

<table>
<tr><td>考核内容及细项</td><td colspan="3"></td></tr>
<tr><td>考核记录</td><td colspan="3"></td></tr>
<tr><td>存在问题</td><td colspan="3"></td></tr>
<tr><td>工作建议</td><td colspan="3"></td></tr>
<tr><td>检查人</td><td></td><td>组长</td><td></td></tr>
</table>

科技工作类文件

关于印发《安徽省烟草专卖局（公司）2013年科技工作要点》的通知

皖烟科〔2013〕70号

行业各直属单位：

为认真贯彻落实国家局、省局（公司）工作会议精神，紧紧围绕“激发创新活力、增强创新能力、支撑组织成长”工作要求，有针对性地做好科技创新工作，现将《安徽省烟草专卖局（公司）2013年科技工作要点》印发给你们，望认真学习，贯彻落实。各单位对照工作要点，结合实际，制定本单位2013年科技创新工作计划，并于3月30日前报科技处。

安徽省烟草专卖局

2013年2月25日

安徽省烟草专卖局（公司）2013年科技工作要点

2013年，科技工作将认真贯彻落实国家局、省局（公司）工作会议精神，紧紧围绕“激发创新活力、增强创新能力、支撑组织成长”工作要求，努力在创新体系建设、科研开发与应用、标准化工作、群众性创新活动、知识产权创造等方面有新进步，更好发挥科技支撑引领作用。

一、创新体系建设

（一）全面建成以省公司科技处为工作指导主体、省农科院烟草所为知识创新主体、皖南烟叶公司技术中心为技术创新孵化主体、基层烟站为技术推广服务主体的烟草农业技术创新体系。

一是加强与省农科院烟草所、青州烟草研究所、中科大吸烟与健康中心等科研单位的战略合作。重点在特色品种选育、特色优质烟叶开发、烟叶安全性研究、配方施肥等方面合作攻关。

二是加快皖南烟叶公司技术中心建设。切实按照国家局烟草农业技术中心建设要求，完善企业技术中心组织管理体系和运行机制，加大软硬件投入力度。重点建设好皖南特色优质烟叶实验室，沪皖中华原料联合实验室、高科技示范园。

三是加快基层烟站技术推广体系建设。明确基层烟站的技术推广职能职责，积极构建以基层烟站为主体，以烟叶种植大户、烟叶家庭农场和烟农专业合作社为服务对象的技术推广体系。总结完善基层烟站技术服务小组建设，制订技术服务小组建设规范；探索“一站一园、一园一特色”的烟站示范园建设，制订基层烟站示范园建设规范；加强烟农培训学校建设，制订烟农培训学校建设规范。

（二）加强华环公司技术中心建设。立足自主创新和技术创新孵化主体，高标准、严要求落实异地技改后实验室施工设计和施工质量，重点加强化学实验室、恒温恒湿检测室建设。加快产学研合作平台建设，完善对外合作项目、客座研究员管理制度，运用社会技术资源进行基础性前瞻性技术研究。

（三）探索推进市公司创新体系建设。鼓励市公司以科技项目为载体，与高校院所建立产学研技术合作平台。总结马鞍山市公司消费者行为研究工作站建设、宣城市公司与合肥工业大学战略合作方面的经验，试点建立企业管理、卷烟营销、烟草物流等专业研究室，探索开办管理创新论坛，发挥创新平台在聚集各方资源、产出创新成果、培养创新人才上的积极作用。

（四）健全完善创新激励机制。完善科技创新考核指标体系，做好年度科技统计和创新考核工作，组织开展2013年度科技进步奖的评选表彰活动。

（五）继续强化科技基础工作。加强信息化建设，研发科技管理信息系统；完善科技信息数据统计制度，按时编制科技工作简报和向国家局报送科技信息动态；加大科技管理人员培训，提高科技管理人员水平。

二、科研开发与应用

（一）组织开展年度科技项目计划编制工作。以2013年科技项目指南为指导，组织省公司科技项目征集、评审和立项活动。各直属单位要围绕本单位经营管理服务难点和重点，紧扣年度中心工作，组织编制本单位年度科技项目计划，积极开展科技项目的立项研究工作。

（二）继续推进重大专项实施。以科技重大专项为抓手，继续深入推进烟草有害生物调查研究、焦甜香特色优质烟叶开发、生态安全烟叶研究与开发三个重大专项实施，进一步提升技术创新水平和实效。

（三）切实加强科技项目管理。继续坚持项目期中专家评估和项目年报审核制度，完善中期评估、年报审核细则和要求。开展在研科技项目现场检查，指导督促项目实施，按时组织科技项目结题验收。

（四）切实加强科技成果的转化应用。省公司科技主管部门要协同相关业务部门，组织编制科技成果应用推广计划。各单位要认真组织本单位科技成果（包括QC小组活动成果）的应用推广工作，编制年度科技成果应用推广计划，真正发挥科技创新成果的积极作用。

三、标准化工作

（一）加强标准化工作体系建设。成立省局（公司）标准化技术委员会，推进各直属单位建立标准化工作机构，加强华环公司打叶复烤标准研究室建设，有效组织开展标准化工作。

（二）加强标准制修订和宣贯工作。加强烟叶安全标准体系建设，组织制修订一批烟叶安全性控制的企业标准。组织开展重要标准制修订项目申报立项工作，制订并发布一批企业标准。推进标准宣贯工作，组织开展对有关重要标准执行情况的综合评价。

（三）继续推进烟叶标准化生产。按照与现代烟草科技、与现代烟草农业、与现代管理手段、与职业烟农队伍“四个结合”的要求，以科技成果为依托，以基地单元建设为基础，以工业需求为向导，以建设现代烟草农业为目标，以提高职业烟农综合素质为要务，应用现代的管理理念和手段，切实抓好相关工作的落实，切实发挥烟叶标准化生产的支撑和保障作用。

（四）继续推进打叶复烤企业标准化工作。华环公司要以重组组合及技术改造为契机，以打叶复烤标准研究室为依托，大力推进标准化工作，着力加强技术、管理标准的深入研究，围绕重组整合和技术改造后的组织架构重组、业务流程再造，建立科学、全面、适用的企业标准体系。

（五）开展商业企业标准化建设试点工作。马鞍山市公司要完成国家局“烟草商业企业标准体系构成与要求”行业标准的制定任务。以行业标准为指导，构建切合企业实际的系统、完整的标准体系，开展商业企业标准化建设试点，引导推动全省系统标准化工作开展。

四、知识产权工作

（一）健全知识产权工作机制。各单位要加强对知识产权工作的组织领导，制定知识产权管理办法，明确知识产权归属、管理、保护和奖惩细则。要完善知识产权激励机制，开展群众性知识产权宣传和普及活动，对专利、计算机软件著作权、科技论文（专著）的创造者予以奖励，形成浓厚的知识产权文化氛围。

（二）加强知识产权保护和运用。各单位要建立知识产权管理档案，严格科研开发项目涉及知识产权归属的合同约定，及时对本单位在科研开发以及生产经营管理活动中形成的专利权和技术秘密、商标权、著作权及其邻接权、商业秘密等实施保护。提高全省系统知识产权运用效率，鼓励各单位采取自主实施、许可转让等多种方式将知识产权转化应用到生产经营上，产生现实生产力。

（三）提高全省系统核心专利拥有量。提高全省系统发明专利数量，围绕全省系统科技创新发展规划确定的重点领域，加大科研开发力度，将高质量的核心技术专利创造融入科技重大专项和重点项目的实施过程。鼓励更多的专利成果产出，加大对可能有知识产权成果的科技项目的投入力度，积极鼓励专利申报，努力实现知识产权创造质与量同步提升。

五、QC 小组活动

（一）开展 2013 年优秀 QC 小组成果评选发布。按照省公司 QC 小组活动有关管理制度，各单位按时完成本单位 QC 小组评审发布、向省公司及地方质协申报推荐优秀 QC 小组。省公司组织开展 2013 年度优秀 QC 小组成果评选发布，向国家、行业及安徽省主管部门申报推荐优秀 QC 小组。

（二）加强 QC 小组活动过程管理。认真做好 2013 年度 QC 小组重新注册登记。组织开展 QC 小组课题征集和评审，提高 QC 小组活动的选题水平。督促指导 QC 小组按要求开展活动，定期进行检查考评，按时组织结题现场评审。

（三）加强 QC 小组活动创新。要在知识培训创新、活动组织创新上下功夫，及时获取新知识，掌握新工具，运用新方法，要将合理化建议、班组建设、小改小革、技术改造、管理创新等融合在 QC 小组活动中。要通过 QC 小组活动提高班组建设水平，提升工作质量，提升员工素质。

烟草专卖管理

【市场监管】

2013 年，全省烟草专卖部门共查获各类涉烟违法案件20 393起，同比基本持平。案值总计8 012万元，同比增加 36%。5 万元以上大要案件 184 起，同比增加 8%。破获国标网络案件 12 起。共查获各种违法卷烟8 960万支，同比增加 29%。其中，假冒卷烟 611 万支，同比减少 9.5%；非法渠道流入卷烟8 319万支，同比增加 33%；走私卷烟 30 万支，同比增加 222%。移送司法机关判刑 165 人，拘留 224 人，均同比增加。

【联合执法】

7 月，安徽省烟草专卖局与省公安厅联合下发《关于加强和完善打击涉烟违法犯罪活动协作机制的意见》。《意见》提出三大工作目标：建立健全省、市、县三级公安烟草卷烟联合打假协作机制；每年破获 3 ~5 起符合国家局标准制售假冒卷烟网络案件；卷烟零售市场更加规范有序，卷烟市场规范指数 95% 以上。《意见》特别指出，对于情节严重、案情复杂重大、疑难案件，由公安、烟草部门实行联合挂牌督办。

在各级公安、烟草部门共同努力下，该年本省涉烟大要案件侦办取得历史性突破，其中公安部、国家烟草专卖局挂牌督办 5 起，省厅（局）挂牌督办 16 起，一批涉烟违法犯罪分子落入法网，卷烟打假工作取得新突破。

3 月，为贯彻落实《国家烟草专卖局国家工商行政管理总局关于建立烟草市场监管协作机制的意见》，省局与省工商局联合下发《实施意见》，明确烟草市场监管工作重点和目标任务，对烟草、工商职责进行进一步界定，在打击无证经营、案件移送、建立和完善长效监管机制等方面提出指导性意见。文件下发后，全省各地烟草、工商部门结合本地工作实际，分别制定实施细则，积极推进两部门市场监管协作机制建设。

【“打团破网”】

2013 年，全省专卖管理部门紧紧抓住“打团破网”这一重点工作，加强与公安联合办案，破获一批制售假烟网络案件。会同公安部门破获重大涉烟刑事案件 69 起。全省有 5 起涉烟网络案件被公安部、国家烟草专卖局共同挂牌督办，是安徽省有史以来部督涉烟网络案件最多一年。这5起案件分别是马鞍山“2·01”案件、铜陵“3·12”案件、桐城“6·5”案件、蚌埠“2·05”案件和滁州“5·28”案件。除此以外，安徽省公安厅、省烟草专卖局还挂牌督办涉烟案件16起。以上督办案件共查获假烟12.8万余条，抓获各类犯罪嫌疑人138人，涉案价值近亿元，取得初步战果，有力打击涉烟违法犯罪活动。

在2013年全国卷烟打假工作会议上，本省烟草系统分别获得1个先进集体、2名先进个人的荣誉，省公安厅获卷烟打假特别贡献奖并作交流汇报，表明公安部、国家烟草专卖局对本省卷烟打假工作高度肯定。

【市场整治】

针对重点时间段和重点监管对象，2013年开展四次全省性烟草市场整治专项行动。一是“金龙二号”烟草市场整治专项行动收尾工作，维护元旦、春节“两节”期间卷烟市场秩序稳定。二是开展“金秋行动”，重点整治中秋、国庆“两节”期间市场秩序。“金秋行动”自2013年9月1日开始，至2013年10月10日结束，行动主题是“净市场，保增长”，为圆满完成全省卷烟“税利增长不低于10%”的工作任务保驾护航。行动以物流运输环节和城市重点违规零售户涉烟违法行为为打击重点，突出打击火车站、汽车站等交通枢纽地区卷烟违法行为及各种违规经营“名烟名酒店”。行动期间，全省共检查各类场所60 673个；查获涉烟案件2 358起，案值1 148.67万元；查获各类非法卷烟1 536.348万支，其中非法渠道卷烟1 369.734万支，假冒卷烟134.912万支，走私卷烟3.196万支；破获网络案件3起，拘留8人，逮捕3人，判刑2人。三是落实国家局部署，开展走私烟市场整治专项行动和雪茄烟市场治理专项行动。行动中，加强信息检测，确定重点地区，加大对娱乐服务类等重点业态零售户和繁华街区排查，共查获违规雪茄烟和走私卷烟3.196万支，打击涉及雪茄烟、走私烟各种违法行为。四是加强对铁路辖区卷烟市场监管工作。7月，省局召开安徽铁路烟草专卖局辖区烟草市场监管工作座谈会，要求进一步加强联合执法，共同做好铁路烟草市场监管工作。铁路烟草专卖局以会议精神为指导，积极主动开展辖区专卖管理工作。取得蚌埠火车站支持配合，采取集中拆条供应，一户一码加贴防伪标签，形成与蚌埠站联合检查、共同治理新机制。对站区超市、宾馆、名烟名酒店、中铁快运，铁路货场及列车进行全面检查。芜湖市局对火车站区域实行每日一查，长期驻守，行动期间共对该区域经营户检查629户次，对不法经营户保持强大震慑力，假烟案发率显著下降。

【工作试点】

确定2013年为“数字专卖提升年”，依托信息化手段，认真总结近十年来该省市场监管成功做法，全力推进本省专卖管理工作向更高水平迈进。在部分市局先期工作基础上，进一步加强调研论证，完善顶层设计，按照“由下而上、模块组合、相互兼容、全面覆盖”原则要求，省局启动专卖管理信息系统升级扩展项目，全力推进专卖管理工作由粗放型向精细型转变。同时按照国家局要求，省局成立APCD工作法推进工作组。由省局分管副局长任工作组组长，省局专卖处处长和信息中心主任任副组长。在淮南市局、滁州市局、广德县局、巢湖市局、包河区局、泗县局、谯城区局等7家单位开展“APCD”烟草零售市场检查工作法试点。各家试点单位分别成立领导组织，明确人员和职责。淮南、巢湖等单位依托信息化支撑，制定 APCD 试点工作规范书，确定试点线路和人员，取得初步成效。11 月，国家局专卖司到安徽省调研，对本省 APCD 试点工作给予较高评价。

【队所建设】

为进一步优化专卖管理资源配置，提高专卖管服质效，2013 年省局下发《进一步加强和完善基层专卖管理的意见》，统一全省专卖所（队）称谓、形象标识和设施配置，明确专卖所（队）布局设置标准。根据《意见》要求，结合工作实际，省局决定对全省 381 个专卖管理所（队）进行重新规划调整，通过简、并、设、扩，优化所（队）布局。

4～5 月份，省局分别召开皖北、皖中、皖南三个片区专卖管理所（队）规划汇报会，省局主管部门与各市局就所（队）规划、布局、人员和设施装备配套进行深入探讨，进一步明确相关问题。会后，省局对各市局上报所（队）规划进行研究并批复，审定全省专卖管理所（队）308 个，明确之后三到五年所（队）规划路线图，减少所（队）设置随意性和盲目性。充实所（队）人员配置和优化所（队）地理布局，增强基层专卖管理组织的工作效能和市场控制力，提升管理效益，为基层专卖管理工作打下基础。

【评优评先】

2013 年年初，省局组织第四批县级局创优验收，全面完成全省优秀县级局创建达标任务。2～3 月，省局组织优秀县级局标兵单位评选活动，对广德县局等 9 家单位授予 2011—2012 年度优秀县级局标兵单位光荣称号。确定宿州、淮南两市局为 2013 年度创优重点推进单位。5 月下旬，国家局专卖司到本省调研优秀县级局创建工作，给予“三个没有想到”的评价：一是没有想到安徽省各级领导对创优工作如此重视，工作可圈可点；二是没有想到安徽新建所队硬件条件那么好，全国未见；三是没有想到安徽创优工作水平这么高，已达到甚至超过国家烟草专卖局绝大多数试点单位水平。

内部专卖管理监督

【“大内管”建设】

2013 年 4 月份，安徽省烟草专卖局（公司）党组结合行业改革发展新形势和国家烟草专卖局专卖内部监管工作新要求，在淮南市召开部分单位内管座谈会议上提出建设“大内管”工作构想，这是本省创新内部监管工作模式和机制又一次探索，为专卖内管工作开展指明方向，明确思路。全省各单位紧紧围绕省局（公司）这一战略部署，开动脑筋，积极践行，把建设“大内管”作为安徽烟草构建内部监管体系重点工作来推进。一是省局内管、专卖、营销、物流、烟叶部门开展集中专题调研，进一步掌握本省专卖内管工作现状，了解各单位“大内管”工作建设情况，为全面推进“大内管”建设提供有力支持。二是在黄山召开全省专卖内管工作会议，通报省局专卖内管工作集中调研情况，部分单位汇报贯彻落实着力构建“大内管”工作格局开展情况，会议围绕建设与完善“大内管”工作机制进行富有成效的研讨交流。三是在马鞍山市局试点“互联互保”监管机制建设，为“大内管”机制有效运行提供可靠系统支撑，切实发挥市管、稽查、营销、配送四岗互控作用。四是通过召开省局（公司）内管委员会会议，研究解决华环公司专卖内部监管主体调整和合肥市局对双维伊士曼纤维有限公司内部专卖管理监督授权事宜，组织开展两次全省卷烟规范经营专项检查及卷烟打扫码管理专项检查。

在全省各单位、机关各有关部门共同努力下，“大内管”工作格局在我本省得到有效建立，并在较短时间内发挥出积极作用。当下，省、市两级成立内部专卖管理监督委员会，制定内部专卖管理监督委员会工作机制，建立省市两级内管委员会工作例会制度和办公协调会议制度，通过坚持齐抓共管、标本兼治、综合治理，使内部专卖管理监督制度能够贯彻落实到生产经营各项工作中去，专卖内管工作科学化水平得到显著提升。

【落实国家局规定】

2013 年，国家烟草专卖局先后印发“两烟”生产经营五条纪律（国烟办〔2013〕262 号）、卷烟货源供应“六个坚决禁止”（国烟办〔2013〕293 号）及卷烟打扫码管理监督工作要求（国烟专〔2013〕281 号）三个重要规范文件。省局认真传达学习，积极组织，扎实开展卷烟货源供应和卷烟打扫码管理专项检查，并将检查情况及时上报到国家局。此外，省局对产烟区烟叶种植收购合同签订执行情况进行实地抽查。

省局针对专项检查中发现问题，全省通报专项检查情况，督促各单位结合通报问题，认真自查，有针对性整改措施，尤其是对照国家局新印发的文件要求，进一步完善企业生产经营管理制度，更好适应国家局新规定、新要求。

【服务基层工作】

2013 年，省局结合党中央、国家局开展党的群众路线教育实践活动要求，深入基层，突出服务，加强调研，较好解决长期困扰基层生产经营规范工作难点。

一是推动商业企业卷烟打码规范化。在专项检查中发现部分单位卷烟打码不清晰，打码位置不符合规范要求以及异型卷烟人工打码，打码工作量较大，工作效率和打码质量不高，针对这些情况，省局（公司）物流、信息等部门积极落实，有关单位加快改进、更新打码机，配齐所需打码辅助用品，有效解决卷烟打码不规范问题，实现卷烟条码市场监管全覆盖，有力促进该省卷烟非法流通治理工作。

二是有效解决复烤企业下脚料处理问题。复烤企业在生产经营中每年都产生大量烟叶下脚料及废弃烟叶，不仅存在较大仓储安全隐患，也给行业规范管理带来一定压力。省局主管部门多次深入现场调研，广泛征求意见，在华环公司涡阳复烤厂召开烟叶下脚料及废弃烟叶加工有机肥现场专题会议。从废物利用、环境保护等方面综合考虑，在确保安全、规范基础上推动实施复烤企业烟叶下脚料及废弃烟叶加工有机肥项目。

三是积极为企业排忧解难。针对合肥双维伊斯曼公司生产经营中产生废弃丝束处理问题，省局主管部门积极协调联系蚌埠市局，按照国家局废弃品处理要求，圆满解决伊斯曼公司废弃丝束处理难题。

【卷烟非法流通治理】

省局严格落实《国家烟草专卖局关于建立和完善治理卷烟非法流通问题有关工作制度的通知》要求，把治理卷烟非法流通作为一项重要工作来抓，不断加大整治力度。一是认真学习国家局每季度卷烟非法流通情况通报文件，了解全国卷烟非法流通治理情况，寻找本省卷烟非法流通治理工作存在差距，掌握国家局最新工作要求。结合全省卷烟非法流通查扣情况，及时对部分问题突出单位进行调研指导，深入推动全省卷烟非法流通治理工作。二是认真落实查扣卷烟和大要案件上报制度。各级局确定专人负责查扣卷烟和大要案件上报工作，及时按照要求上报本辖区内查处卷烟大要案件。省局通过检查考核来加强对各级局查扣卷烟和大要案件上报工作指导和督促，对各单位上报工作质量进行全面监督，对及时督促问题整改解决，确保查扣卷烟和大要案件信息按要求及时准确上报。

2013 年，全省共查处 5 万元以上卷烟非法流通案件 150 余起，查获非法卷烟8 318. 59 多万支。从国家局每季度卷烟非法流通通报情况看，本省在治理卷烟非法流通方面取得较好成效。

【生产经营活动监管】

一是根据国家局《烟草行业内部专卖管理监督工作规范》（国烟专〔2011〕49 号）

文件要求，省局抽调人员于2013年9月份，对安徽中烟公司本部及所属五家卷烟厂内部专卖管理监督工作进行年度检查。检查工业企业贯彻执行国家局关于“两烟”生产经营五条纪律及卷烟打扫码管理监督工作要求、专卖内管自查和整改、相关资料备案备查、专卖内管长效机制和企业内部控制机制建设、企业生产经营业务规范等情况。在卷烟生产计划执行，宣传促销烟生产使用，不合格及废弃烟草专卖品处理，烟草专卖准运证、携带证申办、使用及管理等方面检查出15个问题。安徽中烟公司根据省局检查反馈意见和要求进行认真整改。

二是根据国家局专卖司有关对薄片厂调研工作部署和要求，对安徽中烟再造烟叶科技有限责任公司开展实地调研和检查工作。并结合国家局要求，从加强思想认识、监管业务衔接、企业内控自律制度建设等方面对企业和属地市局提出具体工作要求，进一步提高企业生产经营规范水平。

三是严格规范工业宣传促销和设备销毁工作。2013年共审核36批次宣传促销申请。对部分卷烟工业企业不符合条件和宣传促销内容违反规定一律禁止，并要求重新制定或修改宣传促销方案。各市局严格跟踪监管，全省没有发现重大违规宣传促销行为，营造开放、有序、公平竞争市场环境。根据国家局批复要求，省局对蚌埠、滁州、芜湖卷烟厂380台（套）烟机专用设备进行三次现场监督销毁，圆满完成国家局交办烟机专用设备监督销毁工作。

【内管队伍建设】

2013年省局根据年度培训规划，狠抓教育培训，努力提升全省专卖内管队伍素质。分两期对全省商业系统专卖内管人员和基层管理所（队）长240余人进行全方位培训。并结合行业专卖内管工作新形势、新要求，对培训内容和方式进行调整优化，注重培训对工业、商业、烟叶、复烤企业日常监管方法与技巧，进一步增强培训针对性和实操性，从学员学习反馈情况看，达到预期培训效果。

卷烟经营

【指标完成情况】

安徽省烟草公司全年累计销售卷烟 197.96 万箱，同比多销 2.35 万箱，增长 1.2%，与全国水平同步，各月度存销比均控制在 0.5 以内，明显优于全国平均水平；累计实现批发含税销售收入 512.53 亿元，同比增长 9.1%，单箱含税批发收入25 890元，同比增长 7.8%，增幅均超过全国平均水平；一、二、三类烟销量分别增长 16.4%、16.5% 和 4.5%，四、五类烟分别下降 10.8% 和 26.2%。

【主要工作开展】

2013 年，全省卷烟营销战线认真贯彻落实国家烟草专卖局、省烟草专卖局（公司）工作部署，紧紧围绕年初确定各项目标任务，按照“四个全面提升”“加快组织成长”工作要求，着力加强品牌培育，稳步推进终端建设，不断夯实管理基础，实现卷烟销售稳定增长和营销工作水平持续提升。

（一）完善培育措施，促进品牌共同发展

保持“黄山”品牌稳步发展。与安徽中烟深度协同，整合多种营销手段，大力培育“黄山”品牌特别是“天都”“红方印”系列新品。实施文化营销，深入挖掘徽州烟叶历史典故，赋予“黄山”品牌丰富历史文化内涵；实施体验营销，依托消费者研究中心、“感知徽映”体验中心、直营店及部分优质零售终端，广泛开展品牌宣讲、产品品吸、意见征集等体验营销活动，使“黄山”新品与消费者见面、让消费者感知；实施婚庆营销，以“家有喜事红方印、印证幸福印证爱”为主题，大力传播“黄山”新品，全省累计开展婚庆营销活动2 597场，推介“黄山红方印”婚庆用烟 2.9 万条，使 56.6 万消费者接触和感受到“黄山”品牌魅力；实施网上营销，依托网上订货平台，深入开展产品推介、有奖竞猜、网络答题等活动，让客户更加了解、关注并支持“黄山”新品；实施精准营销，及时掌握“黄山”新品市场动态，通过“定点、限量、控价”等方式，精准投放货源，确保良好市场状态，为“黄山”品牌规模扩张和价值提升奠定坚实基础。通过工商双方共同努力，三类以上“黄山”品牌销量增长 13%，其中“天都”“红方印”分别销售 558 箱、5 905箱。

扶持特色品牌率先发展。在加强知名品牌培育同时，以服务大品牌、培育大品牌为目标，将“云烟”列为责任品牌，通过引入“云烟（大重九）”发挥高端引领作用，重点培育10元包、22元/包大众消费价位规格，促进“云烟”品牌有效突破，全年全省累计销售4.1万箱，同比增长10.9%。积极培育“娇子”等责任品牌，密切关注品牌市场状态，在计划衔接、新品引入、宣传促销、督查考核等方面提供政策扶持，“娇子”“双喜”销量同比分别增长11.9%、9.4%，实现与知名品牌共同发展。积极探索雪茄烟营销，以合肥市为重点，建立雪茄烟专营店，聚焦有发展潜力零售终端，不断加强雪茄烟宣传、弘扬雪茄文化，努力促进雪茄烟销售快速扩张，全省雪茄烟累计销量400箱。

促进低焦品牌加速发展。以赶超全国平均水平为目标，不断加强低焦卷烟培育力度、丰富培育措施：以“3·15”为契机，向消费者宣传低焦品牌；利用网吧、KTV等娱乐场所开展面向年轻消费群体精准营销；针对“黄山（贵宾松）”“利群”“黄鹤楼”“红双喜”等主销低焦品牌开展大范围、多层次、长时间宣传上柜及促销活动，有效扩大品牌市场影响和接受度，促进低焦品牌加速发展。全省累计销售焦油量8毫克以下卷烟28.6万箱，同比增长42%，居全国第三位，占总销量比重15.2%，同比提高4.1个百分点；其中焦油量6毫克以下卷烟销量增幅达242%。

（二）升级服务手段，终端建设稳步推进

有序推广“徽映e家”。在总结试点经验、规范软硬件采购基础上，组织人员就“徽映e家”后台功能进行完善升级，协调软件供应商开发操作培训平台，帮助基层人员熟练掌握“徽映e家”安装、使用等系统功能。制定“徽映e家”全省推广实施方案，明确上半年每单位100户、全年比重5%推广目标。在推广过程中，密切关注各地进展，及时协调解决问题，定期下发专题通报；指导各地在加强内部培训、广泛沟通宣传同时，通过发放操作手册、一对一培训、驻店指导等方式，主动加强对零售客户操作指导，及时帮助客户解决实际问题，促进“徽映e家”顺利推广。截至2013年底，全省有“徽映e家”用户1.5万，占客户比重5.7%，超额完成5%年度目标，数据上传率达到97%。

稳步推进终端建设。按照“优质化”“功能化”终端提升路径，结合“135”工作法和终端客户分群要求，组织人员梳理完善终端建设信息化需求，为稳步推进终端建设、持续提升服务水平奠定坚实基础。截至12月底，全省优质终端、功能终端、现代终端达标客户分别为2.5万、1.6万、0.98万，占客户比重分别为9.7%、6.0%和3.7%。依据既定标准，对“老、弱、病、残、贫、灾”六类弱势客户群体开展生活关爱、徽映助学、能力提升等亲情帮扶活动，全省累计帮扶困难客户1 674户，有效提升客户经营能力和生活水平，取得良好社会反响，成为履行企业责任、提升行业形象重要载体。

持续深化“两个推广”。以提升城镇客户网上订货率为目标，以订货成功率、订货量占比、订货金额占比为重点，指导各地广泛开展客户宣传及操作培训，密切关注系统运行状况，及时提醒客户足额存款、提前订货，切实加强日常管理。依托网上订货平台，及时发布货源分配、宣传促销、新品上市等信息，安排专人从事问题解答、投诉处理等在线客服工作，持续完善系统功能。截至12月底，全年城镇客户网上订货率、订货量、订货金额比重分别达94%、95%和95%，网上订货工作质量取得明显提升。在加强操作培训、完善跟踪考评基础上，将客户服务、品牌培育、网上订货、“徽映e家”、终端评价等营销重点工作纳入到“135”工作法运行体系，使工作法真正成为改进工作质量、提升管理水平的有效工具。

（三）夯实管理基础，营销水平有效提升

着力夯实管理基础。针对节后市场、婚庆市场、农村市场等开展多维度、大范围市场调研，及时发现问题、挖掘潜力、完善措施。通过召开专题会议、下发通知通报等方式，加强对合同履约情况考核督促，切实履行企业责任、确保市场稳定。对部分动销缓慢、库存偏高品牌规格，及时下达限调令，协调实施商商调剂，努力保持良好市场状态。加强规范管理，严格执行“六个严禁，一个严控”，在宣传促销、品牌引入、货源采供等关键环节加强自律、严格监管。加强投诉处理及满意度调查，全年客户服务投诉率1.2‰，同比下降41%，工业企业满意度99.1分，同比提高1.5分，零售客户满意度达90分。深入开展“天价烟”专项检查和专卖内管工作调研，坚持客户自律、市公司自查、省公司巡查工作机制，切实巩固规范经营成果，使销售增长建立在规范经营基础之上。

积极实施营销创新。以“围绕建设国际一流卷烟营销网络目标，如何完善现行的卷烟营销体系”为主题，在全省范围内开展学术研究活动，共征集学术论文38篇，初选10篇参加全国评比，其中一篇被国家局录入行业“卷烟营销上水平”优秀论文集。指导各地广泛开展营销创新活动，2013年全省营销类科技项目中，省公司计划项目3个、省公司面上项目8个；在2013年全省优秀质量管理小组评比中，2个营销类QC小组获评一等奖，3个获评二等奖，7个获评三等奖。以芜湖市公司为试点，积极探索科学营销工作，集中行业内外专家集体智慧，构建“三层三维三步”科学营销体系，有效解决“卖多少”“卖什么”“卖给谁”的问题。以阜阳市公司为试点，积极探索网上配货工作，通过不断加强客户沟通、完善配货规则、升级信息系统，在提升信息采集质量同时，有效提高网上配货准确性，为网上配货全省推广奠定坚实基础。实施《市场信息自动采集系统推广与应用方法研究》科技项目，顺利通过专家鉴定，全省市场信息采集数据及时性、准确性位居行业前列，受到中国卷烟销售公司充分肯定；完善信息通报机制，下发全省营销动态24期、网建简报12期，引导各地合理把握营销进度、明确工作重点。

不断加强队伍建设。聘请专业机构，对部分优秀营销人员开展封闭式培训和能力测试，通过优中选优，评选出4名营销人员参加全国营销人员技能竞赛，均进入行业前50名，取得较好成绩。与人事、信息等部门协作，对全省营销序列机构、岗位、职数设置等制定统一标准，为进一步规范岗位职责、提升管理效率奠定基础。指导各地通过教育培训、技能鉴定、营销竞赛等方式，不断提升基层营销人员工作能力和业务素质。截至12月底，全省共有2 036名营销人员取得卷烟商品营销师资格，占营销在岗人员比重95%，其中有68人取得二级营销师资格。

物流建设

【概　况】

2013年安徽省烟草物流系统认真贯彻落实全省工作会议和全国物流现场会议精神，围绕“卷烟上水平”战略任务，认真把握“现代、经济、适用、效率”建设方针，深入推进科技物流、精益物流、人本物流建设，加强基础建设、物流管理、效率服务、队伍建设、技术支撑等方面工作，实现物流建设水平进一步提升。

该年全省累计配送卷烟197.96万箱，同比增加2.35万箱，增幅1.20%；物流总费用3.96亿元，同比增加0.17亿元，增幅4.49%；单箱物流费用200.13元/箱，同比增加6.29元/箱，增幅为3.24%；物流费用率为0.90%，同比下降0.04个百分点，降幅4.26%；库存周转次数为26.39次，同比增加5.28次，增幅25.02%；物流从业人员2 148人，同比减少74人，减幅3.33%；人工费用比例71.45%，同比上升4.75个百分点；物流车辆675辆，同比减少37辆，减幅5.33%。

【物流资源统计】

截至2013年底，全省共建有16个卷烟配送中心，5个分库，31个中转站（其中存在过夜库存的中转站23个）。物流规模超过20万箱卷烟配送中心3个，10万~20万箱卷烟配送中心5个，10万箱以下卷烟配送中心8个。表1为全省物流基础资源同期对比表。

表1　全省物流基础资源同期对比表

基础资源	2013年	2012年	对比	变幅
卷烟配送中心（个）	16	16	0	不变
其中：20万箱以上规模（个）	3	3	0	不变
10万~20万箱规模（个）	5	5	0	不变
10万箱以下规模（个）	8	8	0	不变
配送分库（个）	5	5	0	不变
中转站（个）	31	27	+4	+14.81%

全省卷烟配送中心总建筑面积65 525平方米，其中收货区建筑面积2 954平方米、仓储面积23 537平方米、分拣面积15 378平方米、发货暂存区建筑面积7 855 平方米、辅助用房建筑面积15 801平方米。表 2 为全省物流设施资源同期对比表。

表 2　全省物流设施资源同期对比表

物流设施资源	2013 年	2012 年	对比	变幅
配送中心总建筑面积（m^2）	65 525	58 217	+7 308	+12. 55%
其中：收货区建筑面积（m^2）	2 954	3 404	−450	−13. 22%
仓储面积（m^2）	23 537	21 833	+1 704	+7. 80%
分拣面积（m^2）	15 378	15 274	+104	+0. 68%
发货暂存区面积（m^2）	7 855	7 455	+400	+5. 37%
辅助用房面积（m^2）	15 801	10 251	+5 550	+54. 14%

全省卷烟配送中心共装备 16 条半自动分拣线、18 条电子标签分拣线和 45 台包装机，实行 100% 分拣到户，条烟分拣系统设计分拣能力之和达到每小时406 000条。全省自有车辆 686 台，其中终端配送车辆 637 台，中转车辆 49 台，实现对安徽全境 14 万平方公里区域 26. 27 万个零售客户全面覆盖。表 3 为全省物流设备资源同期对比表。

表 3　全省物流设备资源同期对比表

物流设备资源	2013 年	2012 年	对比	变幅
半自动分拣线（条）	16	13	+3	+23. 08%
电子标签分拣线（条）	18	25	−7	−28. 00%
包装机（台）	45	44	+1	+2. 27%
自有车辆（辆）	686	713	−27	−3. 79%
其中：终端配送车辆（辆）	637	665	−28	−4. 21%
中转车辆（辆）	49	48	+1	+2. 08%

全省物流从业人员2 185人。其中：高、中层管理人员 129 人，综合管理人员 91 人，仓储人员 133 人，分拣人员 384 人，配送人员1 380人，信息系统维护人员 19 人，设备维护人员 16 人，其他人员 33 人。表 4 为全省物流人力资源同期对比表。

表 4　全省物流人力资源同期对比表

物流人力资源	2013 年	2012 年	对比	变幅
全省物流从业人员数量（人）	2185	2282	−97	−4. 25%
其中：高、中层管理人员数量（人）	129	132	−3	−2. 27%
综合管理人员数量（人）	91	86	+5	+5. 81%

（续表）

物流人力资源	2013 年	2012 年	对比	变幅
仓储人员数量（人）	133	147	-14	-9.52%
分拣人员数量	384	402	-18	-4.48%
配送人员数量	1 380	1 436	-56	-3.90%
信息系统维护人员数量（人）	19	19	0	不变
设备维护人员数量（人）	16	16	0	不变
其他人员数量（人）	33	44	-11	-25.00%

【物流设施建设】

按照“全省一盘棋”建设思路，安徽省烟草专卖局（公司）统筹物流建设规划，把握建设需求，严格项目管理，控制投资规模，加强物流资源利用，提高业务保障能力。

一是加强项目管理。根据国家局物流项目前置性审查工作要求，省局（公司）制定物流项目管理指导意见，明确物流主管部门管理责任，围绕物流新建、扩建和技改项目，积极参与需求设计、方案审批、项目招标及后期验收全过程，保障行业物流建设思路贯彻落实。

二是基础建设步伐加快。2013 年，滁州、黄山、六安新配送中心先后投入运行，淮南新分拣线完成验收，亳州新配送中心建设完毕，处于设备调试阶段，计划 2014 年初搬迁。阜阳新物流中心 10 月份破土动工，蚌埠新配送中心项目调整方案初步完成，宿州、池州、安庆配送中心改造项目通过审批，芜湖新配送中心建设立项。

三是设备管理逐步统一。省局（公司）主导异型烟分拣线、包装机、打码机、托盘、笼车等物流设备全省统一招标，组织包装机统一维保谈判，降低采购价格，简化工作流程，规范服务内容，提高设备管理和维保质量。

【物流工作部署】

行业物流现场会提出围绕科技物流、精益物流、人本物流工作重点，建设国际一流水平的中国烟草现代物流工作目标，为行业物流发展明确方向。在认真学习全国物流现场会精神基础上，结合全省物流工作实际，年初便对 2013 年物流工作任务进行细化落实，围绕“加快基础建设，夯实发展基础”“完善物流管理，提升运行水平”“加强信息应用，发挥支撑作用”“加强工商协同，落实两个推广”“加强队伍建设，提高业务技能”5 大目标，分解成 18 项任务，形成《2013 年全省系统物流工作要点》，印发全省。物流工作要点及时下发，为全省商业物流系统明确年度目标和工作任务，有序开展工作提供指导。

【物流管理工作】

2013 年，全省系统把精益物流建设作为管理工作重心，突出精益思想在各项工作中的引领作用，结合配送中心非法人实体化运作，在精益物流建设上进行积极探索和实践。

加强基层工作调研。落实作风改进年活动，深入基层开展全面调研。走访池州、宿州市公司，研究配送中心改造方案；实地考察黄山新配送中心建设，针对当前物流建设工作提出建议；根据滁州新配送中心运行现状，就资源整合、流程优化、现场管理等方面不足，提出改进要求；调研六安、淮南分拣设备安装调试情况，协调供应商解决有关问题；前往淮北、宿州就物流整合方案进行研究；深入宣城、马鞍山、合肥市公司，对备货系统改造和试点工作进行部署。深入基层开展调研活动，及时了解处理各单位工作中存在问题，进一步提升部门服务基层能力。

完善物流对标管理。充实对标内容，扩充对标广度，将对标结果作为商业物流绩效考核的重要内容，进一步提高各单位物流对标重视程度；协同财务部门深入合肥市公司研究分析物流对标排名落后问题，针对工业租赁保管费收取过高、人员负担较重、闲置资产较多、管理水平不高等方面原因，提出具体对策，明确改进方向。

落实 GPS 系统应用整改。认真研究解决物流 GPS 系统应用年数较多出现终端设备老化、数据质量不高、地图资料陈旧等对系统正常使用产生较大影响等各类问题，协同信息中心每月召开相关责任单位协调会议，梳理问题，研究措施，落实责任，逐步解决。

做好工商在途系统应用。加强工商在途系统应用情况通报，针对存在问题提出工作要求，及时跟踪检查各单位应用情况，目前，实现全省卷烟到货确认率维持在 100%，同时，积极同工业企业进行协调、沟通，排除各类电子锁故障，将电子开锁率提高到 98% 左右，排名进入行业前十位，促进在途系统应用水平不断提升。

坚持月度工作通报制度。每月定期编制《物流工作动态》及《物流运行分析》，《物流工作动态》通报市公司物流工作开展情况，交流好的经验做法；《物流运行分析》包括物流费用和物流运行两个部分，物流费用主要对总体费用、费用构成、可控费用等费用指标进行分析，物流运行主要对物流用工、用车、库存周转等效率指标进行分析，为基层单位查找差距，改进工作，提供及时、全面的信息。

【精益物流建设】

精益物流深入推进。省局（公司）印发精益物流实施方案，组织全省培训，开展课题研讨，下发精益管理工具书，各单位联系工作实际，不断提升精益物流水平。宣城市局加强物流费用管理，设立专职成本核算员，实施相对独立的二级核算，物流费用预算和开支，需由配送中心经理签字确认，将成本控制纳入配送中心绩效考核；宿州市局制定《零星物资采购及维修管理规定》，明确适用范围，梳理采购流程，建立供应商资料库，加强监督管理，规范物流采购管理。随着精益物流深入推进，物流运行水平得到有效提升。

非法人实体化运作试点运行。为进一步强化配送中心成本意识、责任意识和竞争意识，该年组织开展物流非法人实体化运作试点。宣城市公司在试点工作中，以“部门建制、二级机构管理模式、直属单位性质”来定位，从组织、资源、成本、绩效几方面构建非法人独立运行机制，实现配送中心由“职能部门”向“运行实体”转变，物流运行水平明显提升，多人先后获得“全国工人先锋号”、五一劳动奖章等荣誉。

物流评价体系不断完善。组织开展《商业企业精益物流评价体系》课题研究，引入平衡计分卡理论，通过财务、服务、运营、保障四个维度，分层级设定指标体系，围绕发展战略，合理确定指标权重，结合行业水平和自身发展，构建指标评价标准；对各单位物流运行水平进行综合评价，找出精益物流建设存在问题，并提供关键因素分析功能，对资源合理配置、配送模式优化、送货车型选择、投入产出比较等重点问题给予辅助决策参考。同时，结合物流综合管控平台开发，将评价体系应用到软件系统中，实现数据自动采集，结果自动评价，动因自动分析，为提高物流精益管理水平提供有效支持。

【物流运行和客户服务】

把效率和服务作为提升物流运行水平重要抓手，持续优化送货线路，加强物流资源利用，推进工商物流对接，提升服务工作质量。

物流资源整合持续推进。各单位不断加强送货线路优化，开展物流节点整合，进一步挖掘发展潜力，提高资源利用水平。芜湖市局拓展直送面积，取消芜湖县和南陵县两个中转站，送货线路由36条整合为29条，送货车辆由51台精简至38台，物流从业人员减少19人。阜阳市局通过对农村集镇线路进行整合，减少送货车辆5台，压缩送货线路25条。黄山市局通过推行“单车双班”，整合线路，压缩7条送货线路，减少2台送货车辆，单车服务户数由原来84户提高到95户。

物流一体化进程加快。工商企业继续加强仓储共用、托盘联运、信息互通、两烟物流等工作，不断提高物流一体化水平。蚌埠市公司积极开展同城物流建设，通过供应商管理库存，实现商业同城卷烟基本零库存；通过实行即时同城物流，当日调拨卷烟直接进入分拣，减少出入库环节；通过互通市场订单信息，实现工业按订单组织生产，提高工商共同响应市场需求能力。芜湖市公司工商网上配货持续推进，滁州市公司实现与江苏中烟托盘联运，皖南烟叶公司积极探索仓库资源与华环公司共用模式。

卷烟包装箱循环利用开始提升。贯彻落实国烟办〔2013〕219号文件关于开展卷烟包装循环利用工作要求，配合安徽中烟召开五家烟厂和五家市公司座谈会，进一步统一思想认识，制订工作方案，明确目标任务，完善管理制度，落实分工责任，协调利益关系，加强考核评价，及时研究解决工作中存在问题。在工商同城卷烟包装箱循环利用工作步入正轨以后，及时召开工商座谈会，研究商定向全省范围推广方案，提前做好准备工作。全年共回收纸箱69.7万个，占安徽中烟纸箱产出数量比重63.13%，确保工商同城卷烟包装箱循环利用目标顺利实现，为2014年实现省内循环50%目标奠定基础。

物流服务不断改进。各单位把服务作为物流工作出发点和落脚点，坚持“服务为本”理念，通过规范服务行为、研究服务需求、提升服务效率，不断提升客户满意水平。各市局（公司）成立客户服务需求及满意度调查小组，开展市场走访调查，为促进服务水平不断提升掌握第一手资料；滁州市公司把“次日和隔日送货”模式调整为“全区统一实行次日送货”模式，同时推行“准时制”送货服务工作，提高送货效率；安庆市公司以快速响应应急补货业务为抓手，进一步优化流程，改进工作作风，提高客户服务水平。

【物流信息化建设】

全省物流系统大力开展信息系统建设，加强各类新技术应用，提升科技物流建设水平，为物流建设和运行提供更加有力技术支撑。

组织物流综合管控平台开发。开展需求调研，梳理制度标准，编制需求报告，组织专家评审，完善功能定位，加强项目跟踪，当年项目开发基本完成，次年初实施运行。通过系统开发应用，进一步完善已有物流标准，统一管理制度和流程，促进物流资源、成本核算、客户服务规范化和标准化管理；导入精益管理思想，充分利用系统数据采集和挖掘能力，为绩效评价、运行分析、决策支持等提供数据支撑；提高各级管理层对物流运行监控能力，实现对物流所有环节全面控制。

推广储分一体技术。针对物流备货作业效率低、流程不合理问题，选择滁州、六安两家市公司对备货系统进行改造，应用实时出库技术，实现储分一体要求，优化存储—备货—分拣业务流程，提高分拣作业时间。两家市公司将以往备货通道作为仓储，通道相对固定大中品牌，随时补货，当天入库卷烟可直接补入通道，根据分拣订单适时出库。从应用情况看，出库备货时间减少一个小时，卷烟出入库环节得到精简，补货效率大大提升，员工劳动强度明显降低。该年，安庆、宿州等市公司确定储分一体化改造方案，应用效果将进一步扩大。

加强物流新技术应用。选择六安市公司开展影像技术和条码技术应用探索，以实时监控分拣过程为切入点，通过图像识别卷烟条码与订单数据进行核对，及时发现纠正分拣差错，提高分拣准确性；通过每包卷烟图像记录，为卷烟破损和分拣差错问题质量追溯提供依据；通过二维条码在卷烟包装和送货交接中应用，减少送货员领货时间，提高装车及送货效率，同时提供终端到货电子确认功能，规范送货服务行为，杜绝送货不到位情况发生。

开展周转箱应用试点。响应资源节约、环境友好型社会发展要求，树立责任烟草良好形象，积极开展送货周转箱应用试点。多次召开工作座谈会，统一认识、明确目标、突出重点、积极推进。针对周转箱运用对车载造成的影响，研究解决方案，合理规划送货区域、线路，运用信息技术实现自动分配线路智能配载。该年，六安配送中心应用情况良好，不仅有效提高验货效率，减少卷烟差错，降低卷烟破损，同时也在打造烟草绿色物流方面取得积极影响。

【物流队伍建设】

深入开展“人本物流”建设，大力加强学习培训，开展技能竞赛，激发员工活力，物流队伍素质和业务技能得到提高。

学习氛围更加浓厚。组织参加行业业务流程优化、岗位技能鉴定、物流统计各类培训，举办全省物流精益管理培训，开展“读书与研究”活动，统一必读书目，撰写心得交流。宣城市局利用员工“学习日”举办大讲坛，组织“精益物流”与“物流业务规范”专题培训；蚌埠市局举办“展团队风采、促能力提升”演讲比赛；合肥市局扎实推进“安全生产月”活动，组织全员安全培训，开展安全自查活动，加强安全隐患整改。

岗位技能得到提高。举办第四届全省系统物流送货员岗位技能竞赛，选派人员参加行业物流师技能鉴定考核并全部通过，各单位通过多种形式组织岗位大练兵。蚌埠市局开展分拣岗位劳动竞赛，亳州市局组织安全消防演练，铜陵市局组织送货员情景模拟训练，有效提升员工岗位技能。从全省送货员竞赛结果看，马鞍山、宣城继续保持良好水平，安庆、池州、黄山等单位进步明显。

员工活力有效提升。各单位通过开展形式多样活动，引导员工提出工作改进意见，组织物流课题研究，激发员工积极参与管理的热情。阜阳市局开展“四个三”活动，转变全员思想和工作作风，开展寻宝动员活动，提高现场7S管理水平；马鞍山市局开展“我为徽映物流献一计·金点子”征集活动，宿州市局积极开展“基层岗位需求大家提”活动，激发员工献计献策；合肥市公司持续开展“我为节能降耗献一策”活动，广泛收集员工合理化建议，研究工作改进措施。2013年全省申报物流类QC课题研究39个，同比增加20%，池州市局“降低人工填加不可识别码比例”QC成果获得全省一等奖。

【特事要辑】

1月，参与组织对亳州物流分拣设备和淮南物流包装设备公开招标，确保工艺设计方案、设备选型能符合本省物流发展需要。

下发《精益物流工作实施方案》，细化工作内容，明确工作步骤，选择宣城市公司作为试点单位，做好试点探索和全面推进工作。

对物流工作通报制度进行改进，增加《物流运行分析通报》，促进基层单位找准差距，不断改进工作。

2月，印发全年物流工作要点，明确18项重点工作；召开宣城市公司相对独立运行试点工作推进会；配合做好一号工程运维交接。

3月，组织人员进行物流管控系统建设商务谈判；召开蚌埠工商同城物流研讨会，对即时配货、网上配货、件烟周转箱应用等工作进行研讨；完成2012年全省系统年鉴物流部分编撰上报。

4月，宣城市公司正式实施相对独立运行；在黄山举办物流管理人员培训班，各市公司物流配送中心经理及所属部门负责人近百人参加培训；在马鞍山召开研讨会，研究宣城、马鞍山两家市公司物流备货系统改造工作；制定《省局（公司）物流项目管理规定》，明确物流管理部门职责，对审查范围、内容和程序进行制度规定；参加全国烟草标准化技术委员会物流分技术委员会第二届第二次工作会议，对四个物流送审标准组织评审。

5月，邀请中烟商务物流公司、中国科技大学、福建省局、安徽中烟行业内外专家开展物流管控系统需求评审会；会同省烟草学会在全省系统配送中心开展“读书与研究”活动；在宣城组织召开马鞍山、宣城两家单位有关人员会议，就物流备货系统改造方案进行再次讨论，初步确定改造方案；积极申报，承担商务物流公司指定的“商业企业精益物流评价体系研究”课题。

6月，开展宿州、淮北物流送货区域整合工作调研，根据省局要求，形成初步整合方案；参加福建省局物流综合管理信息平台项目评审；协同中烟公司在合肥召开工商卷烟包装箱循环利用座谈会，围绕工商卷烟包装箱循环利用制定实施方案，组织五家产地公司先行开展试点工作。

7月，参加云南省局精益物流工作法项目评审；开展上半年物流对标工作。

贯彻国家局《关于开展烟草物流师岗位技能鉴定工作的指导意见》，与人事处积极沟通，就物流岗位鉴定有关工作进行协商。

8 月，参加商业企业物流工作推进会；接待国家局中烟商务物流公司吕忠信总经理物流工作调研；下发《关于进一步加强卷烟打扫码管理的通知》，推进异型烟打码项目实施，进一步严格打码管理；开展全省物流服务调查活动；开展烟叶物流工作调研，研究烟叶打包机设备改造方案；组员参加行业物流技能鉴定培训。

9 月，实施异型烟分拣打码项目，对异型烟打码项目公开招标前期工作进行准备。

10 月，在培训中心举办全省系统物流送货员岗位技能竞赛，马鞍山、宣城、安庆总成绩排前三名；协调合肥市公司物流租赁费问题，提出仓库租赁费以全省平均水平计算、取消信息使用费的建议，在办公会议审议后，以公函形式发至安徽中烟公司；完善烟叶物流建设方案，就烟叶物流建设的方案与上海、华环、皖南公司进行沟通，初步形成统一意见；组织宣城市公司对当年试点情况进行总结，分析运行中存在实际问题，为下一步全省推广积累经验。

11 月，参加在云南召开的行业物流建设现场会。

12 月，18 ~ 19 日在六安召开全省系统物流工作现场会，分析物流发展面临的形势，部署 2014 年物流工作任务；24 ~ 26 日在黄山举办全省系统物流内训师培训；接待国家局组织的行业物流师鉴定教材编写研讨会。

烟叶生产与管理

2013 年，全省烟叶工作紧紧围绕“卷烟上水平”基本方针和战略任务，以现代烟草农业建设为统领，以基地单元“三化”融合建设为载体，以焦甜香特色优质烟叶开发为重点，控制总量，优化结构，标准生产，提升水平，烟叶生产保持良好发展态势。

【主要指标】

生产种植：2013 年，全省烟叶种植面积 22.7 万亩，签订种植收购合同5 106份，种植主体户均规模 44.5 亩，同比增加 19.6%，户均规模位于全国前列。皖南烟区户均面积 71.5 亩，处于全国领先水平。

烟叶收购：全省收购烟叶 3.01 万吨（60.1 万担），其中，收购焦甜香特色优质烟叶 1.75 万吨（35 万担），同比增长 34.62%，占皖南烟叶收购总量 65%。烟叶收购均价 22.32 元/千克，同比增长 9.60%。

烟叶销售：全年销售烟叶 2.82 万吨（56.40 万担），其中省内销售 1.62 万吨（32.40 万担），省外销售 1.20 万吨（24 万担）。实现烟叶销售收入 12.52 亿元，实现烟叶税利 3.51 亿元，其中利润7 163万元。

复烤加工：全年打叶复烤烟叶 9.26 万吨（185.11 万担），实现加工收入 2.99 亿元，实现税利7 794万元，实现利润5 063万元。

【烟叶生产经营】

2013 年，全省烟叶生产面临“控”和“增”双重压力，按照国家烟草专卖局严控种植面积要求，各烟叶产区采取有效措施，加大宣传力度，严格分解落实计划，控制烟叶种植面积，转变发展方式，走质量效益型道路，引导烟农把种烟热情转移到提高烟叶质量水平上来，控制盲目增长势头，确保烟叶生产平稳发展。

稳步开展优化结构和适用技术推广。制定下发《2013 年烟叶结构优化工作方案》，通过农业技术措施，田间处理不适用鲜烟叶 3 片，每亩补贴控制在 150 元以内，努力提高上等烟比例。同时，与安徽中烟工业公司合作，开展订单烟叶生产，提高满足工业需求能力。本年度，下低等烟比例 3.12%，控制在 5% 目标以内。加强烟叶一生技术管理，继续加大品种选择、培育壮苗、测土施肥和烘烤工艺等四项重点技术推广工作，提高技术措施到位率；推进烟叶标准化生产、GAP 管理理念，逐步建立优质烟叶生产管理规范和操作规程。

【烟草农业建设】

按照国家烟草专卖局发展现代烟草农业“一基四化”要求，坚持“提质、增效、减工、降本”工作目标，以基地单元为平台，以规模化种植、专业化服务为切入点，以整村开发为抓手，推进现代烟草农业建设，保持烟叶生产稳定发展。皖南烟区原有国家级基地单元4 个，2013 年新增 2 个，同步实施省级基地单元 2 个。省局组织人员对基地单元建设进行田间中期检查评估。上海华阳河烟叶基地单元经国家局验收，被评定为优秀单元。

基础设施建设扎实推进。按照“整村开发、系统设计、完善设施、构建模式、分步实施、提升水平”总体要求，整村推进基础设施建设。坚持持续改进提高，在焦甜香烟叶生产核心示范烟田配套建设基础设施，逐步体现项目累积效益和系统效益。先后组织各烟区人员赴湖北、贵州省学习考察烟叶生产基础设施管理工作，拓宽思路，提升水平。2013 年，统一档案管理标准，提升烤房建造标准和沟渠建造标准，提升总体项目建设水平。加强过程管理，省局（公司）烟叶处组织每月检查，对检查中出现问题，要求各地整改，并对整改情况复验，确保工程质量。组织开展审计监督，重点监督招投标、资金拨付、施工过程管理、项目验收等环节，确保管理规范和资金安全。2012 年度项目建设完成，行业补贴 1. 33 亿元，项目通过验收。2013 年度投入 2. 2 亿元项目资金，完成工程量 80% 。

工商合作进一步深化。加强工商协同，皖南烟叶有限责任公司与上海烟草集团、安徽中烟公司分别联合制定《沪皖现代烟草农业高科技示范园建设规划》和《黄山品牌现代烟草农业科技示范园建设规划》。沪皖现代烟草农业高科技示范园，流转土地3 800亩，2013 年种植烟叶1 700亩。黄山科技示范园流转土地5 000亩，该年种植烟叶2 800亩。

专业合作社建设初显成效。全面启动综合服务型烟农专业合作社建设，全省组建烟农综合服务合作社 21 个，入社农户2 523户，服务面积 13. 2 万亩。在皖南烟叶、池州和亳州烟区建立三个核心示范社，发挥合作社“统分结合，双层经营”作用，实现“种植在户，服务在社”。皖南烟叶公司行业级示范社“宣城市金叶烟稻服务专业合作社”加强对人员管理、成本核算等关键节点研究，为扩大合作社主导服务奠定基础。该合作社覆盖烟农625 户，服务能力 3 万余亩，各类专业服务队 600 余支，专业化服务人员3 000余人，积极开展多种专业服务，承接土地流转，烤烟用煤业务洽谈，并筹备实施烟稻全程服务和信息服务等业务，取得良好社会效益。池州市公司永济合作社组建依法，服务综合，功能完备，运行规范，经营良好，具有较强造血功能和内生动力，以及较强自我发展能力。亳州市公司群发合作社在做好育苗、机耕、烘烤等专业化服务基础上拓展服务功能，开展烟用生产资料采购和育苗设施综合利用，扩展增收渠道。

专业化服务和机械化进程加快。全省积极发展种植专业户、家庭农场和专业合作社。皖南烟区探索建立以规模种植户、“三师一手”为主，以服务经理和其他人员组建为辅服务队组建模式。通过专业化服务发展，促使机械化进程加快，各地在冬耕、整地、起垄、植保环节实现 100% 机械化，机械减工成为现代烟草农业建设主要特征。推进全程机械化试点和减工降本系统工程，把提高农机作业率作为减工降本突破口。认真做好农机科学配置、机械化作业运行模式、机械化基础设施保障与完善等内容试点总结工作，提出烟草农业机械配置标准、运行模式和管理办法。

【特色烟叶开发】

继续按照省局（公司）“做精做强，做成精品”总体要求，全力打造皖南特色优质烟叶品牌。坚持“边研究，边转化，边使用”，专项研究与品牌发展相结合、与规模开发相结合，充分利用阶段性研究成果，形成研究与开发互为验证良性循环体系。加强与工业企业、科研单位深度合作，编制皖南焦甜香烟叶系列标准，完成征求意见稿，通过标准制定，使焦甜香烟叶品质在一定生态范围内可复制、可持续，稳步扩大规模，进一步彰显风格特色，打造焦甜香精品烟叶。

按照《皖南特色烟发展规划（2013—2015年）》，结合整村开发实施意见，从皖南烟区地域、生产实际及工业企业品牌原料质量需求出发，根据适宜特色优质烟叶种植区域分布特点，开展种植布局调整，扩大特色烟开发规模，2013年种植焦甜香特色烟叶12万亩，收购特色烟叶35万担，占皖南总量65%。

【规范烟叶收购】

坚持按合同、按计划组织收购，严禁超计划、超合同收购烟叶，严禁收购合同外烟叶。各烟叶产区加强烟叶专卖市场管理，加强毗邻地区沟通协调，维护烟叶收购秩序。严格执行烟叶收购国家标准，不压级压价、不提级提价，保持收购质量稳定，维护国家利益和烟农利益。认真落实入户预检制度、分部位收购、预约交售和编码收购等制度，推进烟叶收购电子结算。烟叶收购等级结构提升，全省上中等烟比例95.35%，下低等烟比例4.65%，实现将下低等烟叶控制在5%以内目标，有效满足工业企业对上中等烟结构需求，烟叶优化结构工作取得阶段性成效。散烟收购工作得到推进。根据烘烤工场、家庭农场、普通农户采取不同管理制度、作业流程和质量控制手段，优化工作流程和作业工序，严格控制青杂烟，推动烟叶生产方式规模化、流程化和工序化。全省散烟收购量41万担，占全省收购量68%。

【筹备烟叶现场会】

2014年全国烟叶收购暨现代烟草农业现场会（计划）在皖南召开，是皖南烟区发展历史机遇。安徽省珍惜机遇，精心谋划，做好现场筹备前期工作：成立项目领导小组，领导小组由地方政府和行业工商研四方组成，并召开筹备工作领导小组会议；形成工作方案，经过反复研讨、集思广益，基本确立全国会展示主题、内容和方式，同时各工作组分解月度计划，按计划组织推进；建立全国会调度和决策工作机制，每月开展定期调度，解决工作中存在问题和困难，固化全国会筹备工作决策机制，通过小组、公司、行业内外专家三层研讨，最后由公司评审会决策，提高决策科学性；加强内外沟通协调，外部协调方面，积极与政府、工业企业、科研单位保持沟通，协调解决土地流转、基础设施建设、技术方案、工商合作等工作中出现的问题，确保各项工作按照计划执行，内部协调方面，建立公司内部沟通协调机制，明确上下沟通、平行沟通、定期沟通、临时沟通内容、方式和结果处理，确保实现无障碍沟通。

各项前期筹备工作开展紧张有序，各工作组突出重点和难点，按月度计划开展工作。考核督查组按月度目标对各工作组进度和质量进行督查，筹备工作取得阶段性成果。

【复烤技改】

华环国际烟草有限公司签订 2013 年加工合同总量 180. 6 万担，其中上海烟草集团 83. 1 万担，安徽中烟工业公司 59. 5 万担。本年加工烟叶 185 万担，实现加工收入29 594万元，实现利润5 198万元，经济运行持续保持稳中有进良好局面。坚持“高融合，高标准，高起点”，完成异地技改重点项目，重点抓好易地技改项目建设进度和质量，打造“阳光工程”“廉洁工程”“优质工程”。全面完成易地技改工作，新生产线在 11 月份开始试运行，12 月份正式投产运行，总体运行情况良好，质量指标完成较好，从新线检测数据看，烟碱等指标波动性较小，稳定性较好；加强管理监督，坚持源头预防，注重发挥三项工作监管系统、共管账户资金管理系统、项目管理软件信息化支撑，坚持向省局（公司）相关处室定期报告机制，与地方检察院建立职务犯罪同步预防机制，严把工程建设项目监管“五个关口”，提高工程项目规范性、廉洁性和安全性；提高工艺和管理水平，开展新老生产线技术、物流、业务、生产、设备等关键环节技术变化对比，完善技改新线“三标一体”管理体系，加强员工队伍培训，加强生产现场管理，开展新线产品质量预评价工作，确保技改新线设计功能发挥，满足卷烟品牌需求。

加强和上海烟草集团协作，着手醇化库建设准备工作，围绕“中华”品牌卷烟制丝工艺，以柔性化加工、智能化控制、数字化管理为主线，联合设计院和设备制造厂家，吸收打叶复烤最新技术，推动创新成果转化进入技改项目，确保技改技术水平和工艺水平处于领先位置。

企业文化建设

【文化建设概况】

2013年，安徽省烟草专卖局（公司）认真贯彻落实全国烟草行业第八次企业文化建设工作和服务品牌建设现场会精神，制定出台《安徽省烟草专卖局（公司）2013年企业文化和思想政治工作要点》，明确企业文化建设年度工作重点，对全年企业文化建设工作进行周密部署和安排。全省系统各直属单位在构建企业文化理念体系基础上，大力开展企业文化宣贯，企业文化与日常工作紧密结合，开展丰富多彩文化活动，有力推动各项工作上水平。

【“成长”文化体系融合】

按照《安徽省烟草专卖局（公司）关于“成长”文化融合工作的意见》要求，坚持“传承对接、统分结合，彰显特色、创新实践”原则，扎实推进“成长”文化融合工作。其中，省局（公司）做好统筹引导，发挥母文化战略统领作用，以“四统一”（即统一核心理念、统一核心规范、统一服务品牌、统一评价体系）搭建“成长”文化建设与管理平台；直属单位做好传承对接，充分发挥子文化实践主体作用，体现“四自主”（即自主提炼特色理念、自主导入行为模式、自主开展主题活动、自主创新管理实践），促进各直属单位企业文化与“成长”文化实现有机对接。2013年上半年，省局（公司）组织验收组对各单位文化融合情况进行检查验收，完成全省系统成长文化“161”母子文化架构的构建。

【“成长”文化管理模式】

年初，省局（公司）将构建“成长”文化管理模式作为企业文化建设重点工作任务进行立项。遵循文化建设规律，总结全省系统文化建设经验，结合实际，采取以我为主，借助外脑方式，在总结全省系统文化建设经验基础上，开展企业文化调研，初步形成“成长”文化建设和管理体系文件，探索符合安徽省局（公司）文化建设特点的企业文化建设方法、手段、载体和路径，初步建立系统规划、重点突出、载体有效、机制规范、常态推进的文化建设和管理模式，推进文化建设向文化管理迈进。

【“成长”文化宣贯】

进一步加大融合对接后“成长”文化宣贯力度，促进“成长”文化理念传播。完成文化展示中心设计招标，形成初步设计方案；组织创作《成长在春天的故乡》，并拍摄MTV。各单位结合实际，紧紧依托企业文化内训师，广泛开展全员成长文化宣贯活动。先后组织2批次12人参加国家局举办的企业文化师（中级）培训，并通过考试。

【“徽映”服务品牌】

在“徽映”服务品牌试点工作基础上，全面整合试点成果，多次组织专卖、烟叶、营销、物流等业务部门参与论证会、初步形成宣贯传播、行为规范、评价管理体系文件初稿，推进服务品牌一体化建设。继续推广安庆市局（公司）“感知徽映”中心建设典型做法，以“统形象建中心，育文化创品牌，强团队提服务，立制度建体系”为重点，发挥“服务的窗口，宣传的阵地，交流的平台，体验的中心”功能，有力提升“徽映”服务品牌形象。

【文化活动】

与此同时，广泛开展丰富多彩、职工喜闻乐见文体活动，潜移默化，寓教于乐，丰富职工文化生活，营造浓厚文化氛围。由淮南市局（公司）组队代表省局（公司）参加省第四届传统武术比赛，获得二十四式太极拳团体等五块金牌、四块银牌、三块铜牌，并荣获“体育道德风尚奖”荣誉称号；组织“徽映”篮球队集训参加省第五届职工男子篮球邀请赛并获亚军，展现行业风采。还先后开展省局（公司）机关春节联欢会、登山比赛等系列活动，深受机关员工好评。

管理与服务

行政、外事与烟草学会

【政务工作】

改进调查研究。认真总结“235”和党的群众路线教育实践活动经验，按照“三个善于”要求，拟定加强和改进调查研究意见，组织开展改进调研专题研究并形成初步成果。积极做好各类调研协调服务，注重调研结果运用，开展调研报告交流，跟踪解决实际问题。特别是多次协调教育实践活动期间各类调研，协同有关部门做好后续整改、跟踪与反馈。

加强以文辅政。坚持朴实、清新的文风，认真起草各类文稿，梳理工作、总结规律。协调服务行政办公会，配合服务党组会，形成办公会议纪要 21 期，党组会议纪要 8 期，决策议事程序更加完善。严格控制发文数量和篇幅，全年制发各类文件 417 份，同比下降 13%。组织开展机关保密法律法规知识讲座，改进保密工作机制，升级保密工作设备，保密工作水平进一步提升。

【事务工作】

志书基本成型。在各部门大力支持下，克服重重困难，烟草志编纂基本结束，形成《安徽省志·烟草志（1996—2010）》（评议稿），提交省地方志办公室评议。根据方志办要求，开展安徽烟草人物简介、大事记编纂工作。收集安徽省烟草专卖局（公司）2012 年年鉴电子资料。完成向《中国烟草年鉴》《安徽年鉴》等组稿与撰稿任务。

档案达标升级。围绕档案管理达标省级目标，制定达标升级方案。按照规范完备要求，收集整理归档有关档案，全年提供档案查阅 30 余次。统一开展文件档案资料统一收集和废弃资料集中销毁工作，为机关部门提供便利。

切实转变会风。制定会议计划并严格控制各类计划外会议，多采用合并、套开、视频方式召开会议；简朴布置会场，简化会务手册，处处体现精简、节俭办会思想。机关会议费 125 万元，同比下降 45%。组织召开年度工作会议和多次迎接国家局领导考察调研汇报会、服务月度工作计划与协调会 9 次，参与筹备和协调党组中心组学习会议、专题民主生活会、外事交流会、教育实践活动期间各类会议。

调整接待理念。严格执行接待管理规定，厉行节约，反对浪费。按照中央和行业新规定，热情简朴接待国家局、行业单位和其他有关单位来人。

【外事管理】

主动适应当前外事活动新变化，转变观念，做好因公外事报批审核与申报服务。全年组织考察培训团 1 个，费用同比下降 75%。接待韩国人参公社访问团，配合承办中烟菲莫国际法律事务交流。

【信访稳定】

重视并妥善处理各类来信来访。全年共接听接待来电来访 45 批（次），其中集体来访 1 批（次）。办理上级交办信件和举报信件 2 件，件件有回音。处理省局（公司）门户网站局长信箱来信，全年累计收到来信 24 封，对反映的问题分门别类，报主要领导审阅后，交由责任部门分别办理并反馈。加强政务值班，改进节日值班，安排政务值班 700 余人次。

【新闻宣传】

加大正面宣传引导，构建与媒体的良好关系，正式成为《中国烟草》协办单位和《东方烟草报》副理事长单位，全年在行业主流媒体发布各类宣传报道 509 篇。全年编发《烟草速递》12 期，出版《安徽烟草》杂志 14 期。继续加强行业内外网站建设，全年内网发布信息3 030篇。开设教育实践活动专题网页，对直属单位网站进行检查，撤换长期不更新栏目。邀请行业内外主流媒体进行深度采访报道，特别是围绕 2014 年全国现代烟草农业现场会，与有关媒体紧密合作，编发系列稿件，该年在《安徽日报》刊发专稿 6 篇。制定舆情工作方法，理顺工作机制，加强舆论信息监测，先后两次召开全省系统舆情工作座谈会，部署安排舆情应对与处置工作，并开展专题舆情培训。全年共处理舆情事件 11 起。

【烟草学会建设】

组织召开安徽省烟草学会科技工作者代表会议和第五届理事会第二次会议。征集并向中国烟草学会报送 2013 年学术年会论文 59 篇。组织开展全省物流系统和信息化专业论文征集评选。

经济运行与计划投资

【经济运行】

坚持和完善经济运行分析制度，按季度对全省经济运行情况进行全面分析和总结，针对经济运行存在问题，及时提出调控建议。组织召开全省烟草商业经济运行分析视频会议，传达行业2013年经济运行工作会议精神，分析通报1～4月份全省经济运行总体情况，安排部署经济运行工作。

根据省局（公司）关于调整优化经济运行考核方案要求，围绕省局（公司）年初工作重点，在与相关部门充分沟通前提下，制定并下发《2013年度市公司领导工作业绩考核细则》，完成2012年度各项考核指标计算、汇总及提报工作。

在认真分析卷烟产供销计划完成情况基础上，结合对国家宏观经济形势和行业经济发展趋势把握，对2013年全省卷烟生产、销售、库存、市场、结构等情况进行预测，协调相关部门编制2013年卷烟购销计划。

开展卷烟市场调查。调查继续采用三方合作模式开展市场调查。调查直接或间接接触人数达24.3万人，访问家庭户2.4万户，访问卷烟消费者共计13 484人，零售商6 578户，深度访谈16场次。调查问卷最终使用率达99%，置信度98%。调研成果得到省局（公司）领导高度认可，起到认识市场、培育品牌和服务决策的重要作用。

【企业管理】

扎实开展全省系统“管理创一流”活动。组织“管理创一流”活动交叉互评，举办“管理创一流”主题论文评选，在各单位筛选基础上，报送论文55篇，最终评出优秀论文9篇。组织省内企业管理骨干，前后两次对合肥市局（公司）进行预评价，针对所存在不足，及时进行整改完善，认真做好迎检准备，得到国家局检查组充分肯定。

全面完成质量管理体系省级审核。省局（公司）先后分三个批次，组织外部审核专家和行业审核骨干，对各单位质量管理体系建设情况开展一次全面省级审核。

深入推进质量管理体系建设与运行。分别开展省局（公司）机关体系内部审核及管理评审，对管理体系运行水平以及方针、目标的落实情况进行全面评价总结。全力推动质量管理体系信息化建设，开展质量管理体系的应用培训。

召开企业管理现场会。在省局（公司）统一组织协调下，召开全省系统企业管理现场会，展示推广黄山市局（公司）“132”精益目标管理模式，进一步推进“管理创一流”活动有效落地。

坚持对标通报制度，年度共印发四期对标指标及通报，对季度指标进行综合评价，分析对标指标存在问题及改进方向；举办对标管理培训班。

【价格管理】

多次召开会议，对“天价烟”专项治理工作进行全面部署；省局（公司）领导分别带队对16个单位“天价烟”治理情况进行检查和指导；积极宣传引导，建立天价烟日报制度；及时与第三方监测机构沟通，对可能存在超价经营零售客户进行重点监控等。同时，通过扩点增面、加大货源投放力度，发放明码标价承诺牌，签订经营承诺书，建立责任追究制，将治理工作纳入一线管理范围，“天价烟”治理工作形成长效机制。

继续开展对新增品牌价格报备、审批、价格目标更新维护工作；根据国家局价格调整要求，及时调整卷烟调拨价和批发价格；继续搞好罚没卷烟价格鉴证工作，年度共出具价格鉴证结论书155份。

【投资管理】

严格投资项目计划管理。重点抓好计划编制、计划分解、中期调整3个环节，不断提高投资项目执行率。按中央关于严禁建设楼堂馆所项目文件精神，及时停建尚未开工建设13个办公楼项目，重新调整全省系统年度投资计划，并正式分解下达到各项目单位。

严格项目审批管理。重点把握投资项目前置性审查、项目论证、方案设计审查、初步设计技术审查及第三方审核5个节点。对未列入年度计划项目一律不批，确保计划严肃性。对省局（公司）审批权限项目，组织专家组进行项目论证，确保项目建设规模、投资规模符合行业建设标准，符合当地实际情况。

完善招投标管理。加强招投标文件审核，整理出建设工程施工标，设计、监理咨询服务标，货物采购标3大类招标文件审核标准，为落实“真招实招”打下坚实基础。建立定点供应商库，对于零星、应急、常规性法定招标限额以下货物、服务采购，采取集中一次公开招标方式，确定三家及以上中标单位为入选定点供应商。积极探索自行组织招标方式。

加强项目过程管理。建立覆盖项目发起、立项、实施、验收全过程管理制度；建立三项工作管理系统全面固化管理流程，利用信息化手段，保障“应招尽招、真招实招”落实。对超批复投资、擅自调整采购方式设置报警模块，实现对超批复投资、不落实“真招实招”项目有效监控；设立项目管理工作组，对投资项目进行“咨询、服务、督导、考核”，年度共提供项目管理咨询35次，季度常规检查、考评20次，为全省系统项目建设做出贡献。

深入开展投资项目创优达标活动。按季度组织开展全省系统投资项目管理考核及投资项目达标创优活动考评、评比工作，形成相对公平、完整的季度考评报告。

初步构建投资项目管理服务体系。建立以省局（公司）“三项工作”管理委员会为决策机构，投资主管部门为业务指导，项目管理工作组为主要抓手，各直属单位为责任主体，具体项目建设领导小组为实施主体的项目管理运行服务机制，搭建项目管理达标创优活动服务平台，基本建成投资项目管理信息系统服务工具，并实现服务机制、服务平台和服务工具有机融合。

财务管理

【工作标准更趋统一】

2013 年，全省烟草商业系统财务岗位工作标准逐步建立。安徽省烟草专卖局（公司）财务处率先开展部门岗位流程梳理工作，所属各单位陆续建立财务岗位工作标准，工作职责更明确，管理流程更清晰。财务工作考评标准建立健全。在历年考核评价方案基础上，进一步细化考核指标，明确考核方式，制订完成《安徽烟草商业系统年度财务工作评价体系》，以部门文件下发执行。各单位据此合理调整年度工作重点，推动各项工作有序开展。

【会计核算更加规范】

会计核算标准化工作稳步推进。制订烟叶购销业务核算工作指引和酒店宾馆会计核算办法，优化现金流量辅助核算。会计信息质量内部监督机制得到强化。安徽省烟草专卖局（公司）建立会计核算系统在线查账常态化机制，各单位采取岗位间交叉互查、指定专人复核等有效方式，加强对会计核算审核把关。全省系统会计信息质量稳步提升，被国家烟草专卖局授予全国烟草行业 2012—2013 年度会计信息质量先进单位荣誉称号。

【预算管理更加深入】

定额管理工作初显成效。各单位定额标准体系建设工作有序推进，安庆市公司预算定额管理课题顺利结题，定额标准体系发布试运行。合肥市公司组织开展成本费用定额修订工作，构建涵盖 188 项指标的定额标准体系。重点预算指标实现有效控制。分解下达重点费用预算指标，动态关注月度执行情况，加强预算过程管控。2013 年，全省系统业务招待费、会议费、涉外费、广告宣传费同比分别下降 33.24%、40.51%、65.83% 和 3.24%。预算考核管理持续加强。修改完善全面预算考核办法，定期编发月度预算执行与考核结果通报，预算考核导向作用有效发挥。

【税收自查全面彻底】

根据国家税务总局工作安排和行业统一部署，全省系统对 2008—2012 年度涉税事项开展全面自查。自查工作始终坚持高标准、严要求，按照自查软件列示的 872 条自查内容和 40 个税收风险点，逐条逐项开展自查和复核，全面摸清企业纳税义务履行情况。历时近三个月，通过上下合力，内外协调，全省系统税收风险自查及复核工作顺利完成。

【资产监管更加有力】

流动资产专项清查工作圆满完成。按照行业统一安排，全省系统开展流动资产专项清查工作，基本摸清流动资产管理现状。资产处置程序严格规范。全年批复处置资产 197 项，涉及资产净值 796 万元。资产权证整改工作深入推进。截至 2013 年底，全省系统新办权证 27 项，制作资产管理白皮书 187 份，占待整改资产的 77%。

【资金监管持续加强】

卷烟货款网上结算工作有序推进。协同营销、信息等部门稳步做好网上支付结算实施相关事宜，该年在芜湖、阜阳、淮南和宣城等四家单位完成上线试运行。银行账户管理不断加强。组织开展账户年检，核对完备账户信息，监控账户日常使用。资金运营效益稳步提升。2013 年，全省系统平均资金收益率 3.41%，高出全国烟草商业平均水平（2.2%）1.21 个百分点。安徽省烟草商业资金管理工作得到国家局领导充分肯定，并在行业财务审计工作会上作交流发言。

【服务水平稳步提升】

一是服务基层意识不断增强。坚持服务为本，加强调研，更好履行工作职责。深入开展党的群众路线教育实践活动，深刻查摆问题，切实转变作风，深化服务意识。开展年度财务综合调研，深入现场熟悉业务流程，与业务部门座谈、了解服务需求，更好落实财务服务业务的要求；全面了解工作现状，认真听取意见和建议，查找工作不足，为进一步做好服务明确方向。

二是服务保障能力不断提升。坚持围绕中心，服务大局，针对基层单位反映的问题，认真研究制定解决方案。对零售户提出贷记卡额度不足问题，积极与合作银行沟通协调，提出有效解决措施。对调研中各单位反映 NC 系统使用问题，进一步优化系统功能，开展专题培训，确保系统好用、人员会用。针对纳税评估和税收自查中发现涉税存疑问题，积极与各级税务部门沟通协调，在依法诚信纳税同时，合理保障企业利益。

【队伍建设有效落实】

组织开展岗位轮训工作，委托国家税务总局干部进修学院举办两期税务知识培训班，培训取得良好效果。成功举办第六届财务知识竞赛，协同办好会计硕士班，积极参加行业内各类财务培训班，不断提升专业素养。队伍结构更趋优化。截至 2013 年底，全省系统共有财务人员 300 名，其中高级职称 8 名，取得中高级职称人数和通过专业性执业资格考试人员稳步增加。以高端人才为引领，以中青年业务骨干为中坚力量的财务人才梯队逐步形成。

【创新活动更显生机】

坚持走以科技创新驱动队伍成长新路径。财务战线创新活动蓬勃开展。省局（公司）财务处牵头，联合蚌埠、滁州市局（公司）财务部门成立金钥匙 QC 小组，在全省系统首次实现跨单位、跨部门联合开展 QC 活动。科技创新质量稳步提升。宣城市局（公司）财务 QC 小组荣获“安徽省优秀质量管理小组”称号；蚌埠市局（公司）《烟草商业企业对标管理研究与实践》课题荣获全省系统 2013 年度科技项目评选优秀奖。

审计工作

【审计整改】

根据《国家烟草专卖局关于进一步做好审计整改工作有关事项的通知》要求，该年 4 月，制定全省系统审计整改工作方案，成立审计整改工作领导小组，统一整改检查范围、内容、时间，通过三套表格和工作底稿固化主要整改检查程序，并将工作方案正式行文报国家烟草专卖局及印发各直属单位。

8 月份组织开展安徽省烟草专卖局（公司）本级 2010—2012 年审计问题整改检查，重点围绕管理程序方面问题，抽查 2013 年工程及采购项目，关注实施项目是否严格按有关制度执行。

9 月份梳理、汇总、分析各单位近三年审计问题整改情况，重点关注未整改问题和原有类似问题的再次发生，协调相关部门研究整改方案；有重点抽查部分单位，进一步督促未整改问题的解决；修改完善审计整改工作报告，报省局（公司）审定后正式行文上报国家局。

整改过程中，梳理到全省系统各单位 2010—2012 年涉及资产管理、税收等 6 个方面问题，共计 971 条，问题金额54 840万元。截至年末，各单位整改问题 960 条，涉及问题金额54 725. 5万元，未整改到位或在整改问题 11 项，涉及金额 114. 5 万元，整改金额比例达 99%。针对未整改问题，相关单位均制定出整改方案，落实整改责任人，限期整改。

【基础工作】

一是进一步完善相关制度。在充分征求直属单位意见基础上，经省局（公司）局长（总经理）办公会议通过，修改完善《审计派驻办考核暂行规定》和《优秀审计项目评选实施办法》，并下发执行；初步拟定审计成果评比实施办法；根据前期经济责任审计过程中反馈意见，进一步完善经济责任审计方案，修改部分审计内容及相关配套表格；收集、整理汇编国家局、省局多年审计相关制度，供审计人员学习。

二是加快推进审计信息化工作。将 2012 年项目信息全部补充录入系统；进一步扩充完善审计方案库；协调信息中心及用友公司商谈审计信息系统完善及系统整合工作；协助用友公司准备验收材料，牵头组织召开系统验收会，完成系统验收。

三是持续开展优秀审计项目评选工作。连续五年开展全省优秀审计项目评选活动，2013 年主要突出审计成果考核评比，旨在通过评选活动，不断提高审计项目管理质量，促进审计成果利用。

四是继续加强对审计派驻办考核工作。根据《安徽省烟草专卖局（公司）审计派驻办工作质量考核暂行规定》要求，对各单位审计派驻办 2013 年度工作进行综合考核，对考核优秀单位下文通报表彰。

五是大力开展审计工作调研。11 月，审计处组成两个调研组，选择部分单位开展审计工作调研。主要目的是及时掌握基层单位对进一步推进审计委派制、加强审计人员考核的思考，充分了解基层单位审计工作开展中存在的主要问题，为进一步研究加强审计工作、科学合理制定次年审计工作计划做准备。

【项目审计】

一是经济责任审计项目。共组织开展阜阳、宿州、芜湖、铜陵、马鞍山、黄山、池州、宣城 8 家单位原法定代表人离任经济责任审计工作；完成亳州、淮南、华环及皖南烟叶 4 家单位法定代表人任中经济责任审计工作；完成徽州皖韵假日酒店原负责人离任经济责任审计。经济责任审计中，共反映企业生产经营管理过程中存在问题 80 条，针对性提出 82 条审计建议，逐一与被审计单位交换意见，并督促落实整改。

二是重点可控费用及食堂管理审计调研。选取合肥、安庆作为审计调研试点单位，在此基础上，制定全省统一重点可控费用及食堂管理审计方案，由各审计派驻办按方案要求组织审计，并将审计报告报审计处汇总。

三是 2012 年全省烟叶基础设施建设项目审计。按照《国家烟草专卖局关于促进烟叶基础设施建设项目审计常态化的实施意见》，9 月，审计处组织开展皖南烟叶公司 2012 年烟叶基础设施建设项目审计；池州、亳州、阜阳市公司按照交叉审计原则组织实施，并于 10 月底将审计报告报送省局（公司）审计处。

四是市级公司工程建设项目专项审计服务。2013 年，审计处创新工程审计方式，引入以往年度工程造价咨询服务成果复核工作机制，强化对第三方审计中介机构管理，切实提高中介机构审计质量与服务水平。年初，通过随机抽取方式确定三个已审项目进行复核，项目金额共计1 704万元。复审采取审计人员及甲级工程造价咨询单位专家进行集中复核方式，分别形成复核结果与《造价咨询结果审核建议书》，最终复核结果与原审计结果符合 ±3% 的允许误差。

五是直属单位基建审计工作。全年协助完成 16 次基建工程清单控制价编审、跟踪或结算审计单位选定工作，涉及项目金额60 378万元，其中超亿元项目 2 个，均按相关规定行文国家局，由国家局委托省局安排审计。

【科研创新】

开展“烟草商业企业审计评价体系建设与应用”课题研究。抽取基层审计业务骨干及审计处人员共 14 人组成项目组，按照项目合同及实施方案要求开展研究工作。采用“统分结合，分步实施”原则，围绕项目研究内容，全年共召开五次项目集中研讨会，专题研究讨论各业务环节指标及评价模型，共完成四次分业务流程指标的梳理汇总工作。基本建立六种审计评价模型，梳理建立涵盖各业务流程 229 项指标库，初步完成项目总体研究报告。

【队伍建设】

积极组织开展专业培训。按照年度审计培训计划，组织两期审计人员专业技术培训班，培训100人次，主要内容涉及工程投资、烟叶、营销、专卖、物流等业务知识、审计制度和审计沟通等专业技术；协同财务处组织两期税收政策研修班，审计人员29人次参加培训；按照国家局要求，组织审计人员4人次参加国家局经济责任审计审前培训；按照中国内部审计协会烟草分会关于举办审计培训班通知要求，组织安排审计人员2批21人次参加培训。

积极组织赴省内行业外单位学习。积极联系古井集团、皖北煤电、奇瑞集团、马钢集团四家内部审计工作开展较好单位，学习内部审计先进工作经验。

组织审计人员参加会计硕士班学习。协同财务处组织会计硕士班，共安排9名审计人员参加培训学习。

开展第六届财审大赛。协同财务处组织开展第六届财审大赛，共安排15名审计人员参赛，3名审计人员获得“十佳”称号。

组织审计论文评选。组织开展内部审计信息化论文评选，选出5篇优秀论文报省内审协会参评，其中3篇论文分别获得2013年度全省内部审计理论研讨论文评比一、二、三等奖。

其他工作：全年共选派审计人员9人次参加国家局审计项目，得到国家局有关领导好评；配合烟叶基础设施项目验收4人次、免检单位检查42人次，配合内管检查5人次；配合省局（公司）相关部门完成招标采购、商务谈判、招标文件评审等日常性工作51人次。

人事劳资与技能鉴定

【干部人事工作】

组织落实直属单位领导班子及领导干部两年一度的考核工作。根据安徽省烟草专卖局（公司）党组部署，从机关抽调精干力量，对全省系统18家直属单位领导班子及领导干部，2012—2013年度在“德、能、勤、绩、廉”等方面表现进行全面考核。在全面考核工作中，制定全面考核方案，改进考核评价方法，扩大民主测评范围，真实客观评价各单位领导班子和领导干部。在开展全面考核工作同时，开展直属单位领导班子后备干部推荐和调整工作，不断加强后备干部队伍建设。

提高干部人事工作科学化、规范化水平。组织落实省局（公司）领导班子和领导干部年度考核及“一报告两评议”工作，规范开展干部选拔与考察工作，根据省局（公司）党组部署要求，严格程序、规范操作，认真开展干部调整、干部提任和处级干部试用期满考核等工作。

做好全省系统人员招聘工作。为提高基层单位招聘质量，在综合分析各单位人员编制、在岗员工数量前提下，结合各直属单位实际和适度从紧原则，批复下达各单位招聘计划，全省系统2013年实际新聘人员共107人。年中，根据招聘过程中出现或者有可能出现问题，下发《关于员工招聘工作的补充规定》，提出“八个严格”，进一步规范招聘工作。

高度重视高技术人才培养。根据国家局有关文件精神，下发《关于开展2013年度高级专业技术资格申报工作的通知》，积极鼓励、认真审核、严格把关，完成全省系统16名人员高级专业技术资格申报工作，其中高级经济师5人，高级工程师3人，高级会计师3人，高级农艺师4人，高级审计师1人，努力扩大高技术人才队伍规模。

【劳动用工分配】

加强收入分配管控力度。根据人保部、财政部以及国家局“工效挂钩”政策，继续完善全省工资分配工作。及时做好工资预算、审批管理工作，控制关口前移，合理确定各单位月度工资发放上限，对超过预算的、超过发放控制上线的不予拨付，确保良好的工资发放秩序与节奏。

严格规范工资外收入构成。年初，以准备迎接四部委工资内外收入专项检查为契机，积极配合国家局收入分配专题调研，开展全省系统工资内外收入的清理规范工作，重点对照检查福利性收入、补充养老保险、补充医疗保险和住房公积金等是否按国家和行业有关规定执行，严格规范列支渠道和缴费比例。年中，按照国家局会议精神，组织开展全省系统住房公积金和企业年金整改规范工作，严格执行《关于住房公积金管理若干具体问题的指导意见》（建金管〔2005〕5号文）和国家局下发的政策要求整改到位。

进一步规范劳务派遣用工。根据《国家烟草专卖局办公室关于开展烟草行业劳务派遣用工情况调查的通知》，组织开展全省劳动用工现状调查，上报直属单位和省局（公司）机关两张统计表，涵盖辅助性岗位名称、人员数量和工资总额情况；结合7月1日生效的《劳动合同法修正案》要求，召集存在劳务派遣用工混岗在主业单位进行专题研讨，对不符合法律规定用工方式要求立即整改。

做好企业年金受托人招标工作。因安徽烟草企业年金计划合同期届满，采取邀请招标方式，面向受托资产管理数量在全国范围内靠前六家单位开展邀请招标。在组织招标过程中，把重点放在精心准备招标文件，切实加强招标过程监督，合理确定评标委员会人选等方面。经过招标，平安养老保险公司获得安徽烟草企业年金计划新一期企业年金受托资格。

【技能鉴定工作】

以四严为标准开展技能鉴定工作。2013年，技能鉴定工作紧紧围绕质量管理体系运行，采取按区域分批次集中鉴定方式，严格鉴定要求、严格鉴定流程、严格考场纪律、严格评分标准，鉴定过程更加规范，鉴定质量明显提升。2013年共开展各类鉴定14批次，鉴定工种涵盖3个种类4个等级，鉴定报名共计1 920人次，其中合格537人，通过率为

28%。积极参与、支持国家局鉴定中心各项工作，2013 年派出本省专家参加全国题库编写 2 人次，质量督导员 4 人次，高级考评员、裁判员参加国家局组织的技能大赛活动共计 18 人次。

注重把信息化引入鉴定工作。通过 HR 系统中的技能鉴定管理模块正式运行，实现鉴定申报、证书号管理、信息统计信息化。支持考生自行网上报名，并自动生成申报资料；支持反馈证书号批量导入；支持证书数据统计汇总及导出报表等功能，大幅度提升鉴定工作质量。开展鉴定时采用架设录像系统、利用本单位电视电话会议系统补充监控功能设备，实现考场监控无盲点、图像可辨别、数据可存储的目的，对鉴定考试全过程进行监控、录像、存储和备案，为查处考场舞弊行为提供有效证据，对鉴定质量问题事前预防、事中监管和事后处理提供有力技术支撑。2013 年底，省局（公司）技能鉴定站顺利通过人力资源和社会保障部组织的质量管理体系复审。

法规建设

【法制宣传培训】

2013 年，安徽省烟草专卖局（公司）认真开展“深化‘法律六进’、推进烟草行业法治建设”法制宣传教育主题活动。全省系统共开展法律进班子 338 次、进机关 584 次、进企业 335 次、进烟站 28 次、进网点385 585次、进乡村（社区）306 次，其中省局（公司）在党组中心组和机关各组织一次法制培训，到各直属单位开展法制培训 19 期。

在“3·15”“6·29”“12·4”期间常态化开展大规模法律宣传活动。借助短信群发平台，每周向省局（公司）机关全体人员和直属单位处级干部发送普法短信。安排部署各市烟草专卖局开展《烟草专卖办案实用指南》学习使用活动。

在各直属单位开展自查、迎接国家局组织“六五”普法中期检查督导并受到好评基础上，组成 4 个小组对 18 个直属单位“六五”普法工作开展中期检查督导。

组织开展营销、物流管理人员法律知识统一培训考试工作。根据国家局考试指定题库，收集和编辑相关法律法规文本供参考人员学习。在相关人员自学和各直属单位自行培训基础上，组织普法培训师分成 4 个小组分赴 14 个考点开展培训，并组织上机考试，由电脑软件随机生成考题，很好地保障考试秩序。全省系统2 291名营销、物流人员参加统一培训考试，合格率 99.65%，平均得分 87.3，其中 90 分以上1 092 人，占参考人员 47.66%；80 分以上1 905人，占参考人员 83.15%。

【规范执法行为】

认真把好执法资格准入关。配合省政府法制办在阜阳、六安、蚌埠、合肥、安庆举办 2013 年全省烟草专卖行政执法人员资格认证培训、考试，全省共1 143人参加培训和考试，

1 084人顺利通过考试。

开展专卖文明柔性执法试点工作。通过实地走访卷烟零售户、召开一线执法人员座谈会、查看痕迹化资料、听取市、县局汇报等形式，对试点单位宣城市旌德县局、淮南市局柔性执法试点工作进行调研指导。

开展烟草专卖执法案卷评查工作。修订《安徽省烟草专卖行政处罚案卷评查标准》，开展行政处罚案卷评查活动，随机抽取16个市局2013年度形成的80份行政处罚案卷进行评查，对评查出的问题进行全面总结，并反馈给有关单位，作为今后案件办理及案卷归档工作关注重点。

做好卷烟零售点合理布局工作。在深入调研、充分论证和广泛征求意见基础上，制定《卷烟零售点合理布局指导意见》。该指导意见结合全省卷烟零售点布局和相关工作实际，就卷烟零售点合理布局各相关要素进行收集整理、归纳论证，对合理布局提出具体标准、措施和要求，对于推动全省卷烟零售点合理布局产生积极作用。

构建“大内管”工作格局。拟定并印发《内部专卖管理监督委员会工作机制（试行)》，在全省系统设立内部专卖管理监督委员会并建立配套工作制度，初步形成“大内管”工作格局。

【推进制度建设】

做好制度合法合规性审查。全年累计审查制度22项，提出相关修改意见80余条。统计收集2012年度和2013年上半年省局机关新制定管理制度，在协同办公网站公开，方便查阅使用。

做好制度建设工作。在收集、研究与重大决策相关会议制度基础上，拟定《省局（公司）决策性会议议事规则》。做好群众路线教育实践活动第三阶段建章立制工作，对机关与反对“四风”相关制度进行再梳理，通过废、改、立方式提出省局（公司）制度建设目标和工作计划。

大力开展制度宣讲。按照《在全省系统开展法制集中巡回宣讲活动的实施方案》要求，完成计划投资与物资采购等六大类法律制度巡回宣讲，1 313人次参加宣讲培训，覆盖与制度相关所有管理人员和业务人员。宣讲紧密联系当前工作中出现的困难和实践中急需应对问题，在促进制度普及同时，努力为基层单位提供解决问题思路和方法，进一步推动制度执行。

【法规工作创新】

积极参加省政府法制办“法治政府建设理论与实务研究”征文活动，各单位法规人员围绕行业法治工作中重点、难点和热点问题，深入思考，共撰写论文57篇，11篇论文获奖，其中一等奖2篇、二等奖1篇、三等奖5篇，优胜奖3篇，省局（公司）获优秀组织奖。

申报“烟草法治文化理论与建设路径研究”科研课题，成立课题组，进行任务分工，并组织课题研讨，形成初步研究成果。

继续推进普法宣传活动中方法创新，积极探索开展模拟法庭、模拟听证、普法文艺演出等生动活泼和员工喜闻乐见宣传形式，提升普法教育效果。

【防范法律风险】

做好合同审查工作。严格执行合同管理有关规定，坚决杜绝先执行后合同等不合理现象产生，努力避免合同法律风险，全年共审查合同 88 件，同时加强对基层单位合同管理工作指导。

做好依法招投标和法律咨询工作。全年参与招标文件审查 16 次，参与招标评审会 10 次，参加部分采购行为商务谈判。

参与华环公司体改工作；审查修改《皖南烟叶公司章程》，为皖南烟叶公司注册资本变更及股东大会召开提供法律支持；参与劳务派遣规范化管理工作研讨；就亳州烟草集体工安置问题，提供初步法律意见；开展县级局机构设置情况调研，提出县级局机构设置意见。

此外，还完成国家烟草专卖局与菲莫国际法律事务交流、国家局法规司专卖执法有关问题集中调研座谈会及专题调研接待服务工作，受到与会领导和外宾好评。

科技创新

【概　况】

2013 年，科技工作在创新体系建设、科技项目管理、标准制修订、群众性创新活动、质量监督检测等方面取得新进步。皖南烟叶公司加快建设沪皖、黄山两个科技示范园，合作共建“中华”品牌皖南浓香型烟叶原料区域研发中心、“黄山”品牌皖南特色优质烟叶开发研究室。华环公司“中华”品牌原料样品管理中心、理化检测中心、技术研究中心建设取得新进展。在研科技项目 241 个，其中总公司计划项目 16 项，省公司计划项目 108 项，市公司计划项目 117 项。荣获全国优秀 QC 小组 1 个、全国质量信得过班组 1 个，全国烟草行业优秀 QC 小组 1 个，安徽省优秀 QC 小组 24 个、安徽省质量信得过班组 4 个。安徽省烟草专卖局（公司）成立标准化技术委员会，承担行业标准项目 3 项，参与制订行业标准 3 项。申请专利 16 件，授权专利 17 件，登记计算机软件著作权 14 件，公开发表科技论文 75 篇。《数字影像技术在烟草质量检验中的应用》获中国烟草总公司技术发明奖三等奖，“安烟 2 号”通过全国烟草品种审定委员会审定，开展 2013 年度科技进步奖评选活动，共 11 个科技项目获奖。

【创新体系建设】

创新平台建设稳步推进。皖南烟叶公司加快建设沪皖、黄山两个科技示范园，合作共建“中华”品牌皖南浓香型烟叶原料区域研发中心、“黄山”品牌皖南特色优质烟叶开发研究室。华环公司“中华”品牌原料样品管理中心、理化检测中心、技术研究中心建设取得新进展。省烟草研究所不断提升烟草育种、栽培与调制、病虫害防治三个学科创新能力，提高病虫害预测防治中心、分析检测中心服务能力，在烟草育种、重大专项及技术服务等方面取得新成效。

协同创新机制不断构建。加强与高校院所协同创新机制建设，部分直属单位聘请科技咨询顾问，宣城市公司与合肥工业大学管理学院签订科技合作框架协议。省局（公司）组建多个以业务处室牵头，高层次人才领衔，全省系统业务骨干参与的创新团队。淮北市局（公司）打破单位（部门）界限，由业务骨干牵头，跨单位（部门）组建创新团队。

考评激励机制更趋科学。省局（公司）修订市级公司创新考核评价指标体系，实现科技活动全过程、全方位考评。开展2013年度省公司科技进步奖评选活动，共11个科技项目获奖。滁州、合肥、蚌埠、六安等市局（公司）修订科技创新奖励办法，亳州、滁州、马鞍山、宣城、铜陵等市局（公司）设立专项奖励基金，全年各类科技奖励80.5万元。

【科技项目管理】

开展年度科技项目立项。共列入总公司面上项目计划2项，批准省公司2013年科技项目计划38项。省公司资助项目经费591万元，市公司投入项目经费427.5万元。

规范科技项目管理。固化项目管理流程，形成“653”项目管理模式，实现项目申报、过程控制、应用推广三位一体管理。全年，审查整理在研项目年报68份，检查评估在研项目49项，验收鉴定结题项目48项。

科技成果不断涌现。获省部级科技成果2项，市厅级科技成果46项。《数字影像技术在烟草质量检验中的应用》获中国烟草总公司技术发明奖三等奖，“安烟2号”通过全国烟草品种审定委员会审定。申请专利16件，授权专利17件，登记计算机软件著作权14件，公开发表科技论文75篇。

【标准化管理】

标准化工作机制进一步健全。省局（公司）成立标准化技术委员会，部分直属单位健全标准化工作组织机构，成立标准化技术委员会。

标准制修订工作有新进展。组织编制4项省公司企业标准，批准发布《安徽烤烟综合标准体系》，完成45项烟草类国家、行业标准清理。《打叶复烤加工服务规范》行业标准由国家局批准发布，《复烤产品包装内衬聚乙烯袋》行业标准通过国家局审定。

烟叶生产加工标准化建设有力推进。《安徽烤烟综合标准体系》动态更新并有效宣贯，启动皖南焦甜香烤烟系列标准制订，完成烟叶标准化生产实效综合评价。华环公司承担行业标准项目3项，参与制订行业标准1项，完成2项，荣获2013年安徽省质量奖。

商业企业标准化建设试点工作进展良好。马鞍山市公司参与《烟草商业企业标准体系构成与要求》《烟草行业商业企业标准化建设指南》行业标准制订。按照标准化要求，以企业标准体系构建为重点，开展质量管理体系和职业健康安全管理体系文件整合工作，初步实现两个体系中工作标准一体化。

【群众性创新活动】

QC 小组活动深入开展。全省系统注册 QC 小组 510 个，注册 QC 小组课题 513 个，参加人数3 269人，活动普及率 28%。

省局（公司）机关正式开展 QC 活动，组建跨单位、跨部门 3 个 QC 小组。全年坚持活动 QC 小组 505 个，活动率 98.4%。在省市两级成果发布会上，有 236 个优秀成果参加发布，其中 21 个优秀 QC 小组参加省公司发布。全省系统拥有初级诊断师资格以上人员达 162 人。

QC 小组活动收获很多荣誉。荣获全国优秀 QC 小组 1 个，全国质量信得过班组 1 个，全国烟草行业优秀 QC 小组 1 个。11 家直属单位 24 个 QC 小组荣获安徽省优秀 QC 小组称号，4 个班组荣获安徽省质量信得过班组称号，获得安徽省 QC 小组活动优秀企业 2 个，安徽省 QC 小组活动卓越领导者、优秀推进者各 1 人。

烟草质量监督与检测

【质量监督】

2013 年开展卷烟市场监督抽查 4 次，抽查省内外卷烟样品 198 个，覆盖 18 家具有独立法人资格卷烟工业企业。开展重金属监测样品 93 个，挥发性有机物（VOCs）检测样品 38 个，烟叶内在化学成分监测样品 48 个。开展烟叶质量检查 37 批次，其中把烟 8 批次，散烟 29 批次，抽检把数1 848把；参加烟叶收购等级质量监督检查 54 批次。协助国家烟草专卖局完成年度烟草产品监督检测任务 2 人次，完成 372 个卷烟产品监督检测工作，协助完成重金属农残及转基因卷烟和烟叶样品抽样工作。在卷烟辅材抽检方面，全年共抽取烟用接装纸 21 个、香精香料 19 个、水基胶产品 8 个、烟用滤棒产品 6 个、丙烯丝束样品 1 个、条与盒包装纸各 8 个，内衬纸 13 个，卷烟 6 个。全年抽查安徽中烟工业公司 5 个生产企业“黄山”品牌 71 个样品，组织开展感官评吸检验样品 190 个。

【打假检测】

全年共受理省内烟草、工商、公安等 100 余家单位卷烟产品真伪鉴别检验委托，共鉴别检验卷烟样品4 700多个，出具真伪鉴别检验报告1 100余份。该年共赴全省 14 个地市 47 家委托单位开展 60 多起服务专卖打假大案要案现场抽样工作。累计抽取样品 660 多个，涉及“中华”“南京”“利群”“黄山”等境内外 50 余个卷烟品牌，抽取卷烟数量2 496.1 条。抽样过程中，抽样小组根据抽样方案进行现场取样，做好现场过程控制，保证检验结果公正、科学、准确。

【技术服务】

一是提供卷烟真伪鉴别检验技术服务。对来电咨询或上门咨询客户提供卷烟真伪识别咨询解答，为地市局提供多套卷烟真假比对样品，为全省烟草专卖系统、省工商局系统开展卷烟真伪鉴别技术讲座等。二是发布《卷烟真伪鉴别检验通报》12 期，通过对当月省内卷烟市场假冒伪劣卷烟流行趋势、品牌结构分布特点分析，为烟草专卖部门工作开展及相关决策制定提供参考。三是更新样品对照展示柜中真假烟样品，便于客户及时理解最新动态。四是为提升技术服务质量，对技术服务过程中客户意见从电话征询、现场咨询、客户留言等方式进行收集，对获取客户评价信息，及时整理、分析，作为管理评审输入材料进行评价审核，确保技术服务工作持续改进。

【质量能力建设】

一是开展检验项目扩项认证，拓展承检业务范围。2013 年根据《实验室和检查机构资质认定管理办法》《实验室资质认定评审准则》等要求，申请拓展烟草制品重金属检测、常规化学成分检测、有机挥发物（VOCs）检测、接装纸检测 4 个项目 28 个参数的检测能力顺利通过省质监局资质认定。二是通过培训学习和参加能力验证活动，提高员工业务技能。2013 年，质检站参加 5 个类别行业共同实验（卷烟烟气、烟草常规、VOCs、卷烟烟气七项有关成分、卷烟物理指标测试），反馈数据表明检验仪器设备性能、人员操作水平均能满足实验要求。三是加强仪器校检、计量管理工作，严格执行国家、行业等相关标准要求，做到量值可溯源，期间有核查，数据可验证，实验有跟踪。四是对在用仪器设备实现一机一档，通过实验前保养、实验中保养、实验后保养等方式，保证仪器性能满足检测需要。五是开展省产烟叶内存化学成分及重金属含量监测，通过持续跟踪监测和数据积累，分析掌握省产烟叶主要化学成分及其重金属等内在品质特点及差异，为提高省产烟叶的可用性提供数据参考及技术支持。六是利用现有质检资源，开展项目研究，以项目研究带动检验能力和水平提升。开展“皖产烟叶与皖销卷烟品牌中重金属分布规律与烟气转移率研究”项目通过验收。同时，由质检站合作承担研究国家局重点项目“烟叶中不同形态及烟气中不同形态价态重金属分离检测技术”正式启动。

【质量体系建设】

一是结合程序修订推动质量体系宣贯。依据体系要求，对与业务工作密切相关部分程序进行修订，共完成 17 个程序文件修订和宣贯，突出质量体系应用性和时效性，确保质量体系与工作实际贴合度。二是加强过程控制，注重质量目标分析和风险控制。对开展检验及与之相关活动进行监督，做好跟踪记录，收集有关质量活动各方面信息，及时分析总结，提高对问题的预知能力。三是强化内审工作，推动体系持续改进。对质量体系运行活动进行全要素审核，对存在的问题进行分析、整改，确保质量体系持续有效运行。四是加强管理评审后续改进验证工作，使质量管理体系始终处于可控状态，实现体系持续改进，保证体系持续、有效、健康运行。

安全生产

【概　况】

2013年，安徽省烟草专卖局（公司）以党的十八大精神为指导，认真贯彻落实国务院、国家烟草专卖局、省政府有关安全生产工作部署及行业安全生产工作电视电话会议精神，严格落实“安全责任全覆盖、安全监管无缝隙、安全隐患零容忍、安全事故深究责、安全目标严考核、安全服务全方位”要求，严格隐患排查治理，突出抓好道路交通、消防和相关方面的安全，深入推进安全生产标准化达标创建，有效确保全省系统安全平稳。全年接报车辆道路交通事故3起，工伤事故2起，相关方事故1起。其中交通事故减少1起，交通死亡事故和火灾事故继续保持为零。

【安全责任落实】

全省系统认真组织学习习近平总书记、李克强总理和国家局凌成兴局长关于安全生产重要指示批示和讲话，认真学习贯彻国务院、国家局、省政府和省局（公司）安全生产电视电话会议精神，通过不断学习上级批示、指示和要求，进一步强化各级领导干部和员工安全生产“红线”意识。年初下发《2013年安全生产工作要点》。1月和7月，分别组织召开全省系统安全生产工作电视电话会议。8月和12月，分别组织召开省局（公司）安委会会议，调整安委会组织机构，研究当期安全生产工作。

【安全检查】

2013年，省局（公司）接受国家局安全检查3次，接受省政府安全督查1次，组织全省系统安全生产检查4次。检查严格按照“全覆盖、零容忍、严要求、重实效”要求，范围覆盖市级局（公司）、区县局（营销部）、重点烟站、驻点中队、宾馆饭店等重点场所，共形成安全生产检查（评价考核）报告18份，安全生产标准化复评报告2份，安全隐患整改通知书23份，收到隐患整改反馈报告75份。全年共查出各类安全隐患和问题1 954项，查出未整改历史隐患36项，共计1 990项。对待安全隐患“零容忍”，隐患整改率达到98%。

【基础安全】

突出消防安全重点。做到六个“严格”，即严格火灾隐患排查整改，严格消防设施和器材责任管理，严格企业内部禁火管理，严格安全巡查制度，严格确保安全出口、疏散通道和消防通道畅通，严格动火审批、安全用电管理，严格安全专业技术检测和整治。3月完成防雷设施检测工作。9 月完成消防设施及电气防火检测。

突出道路交通安全重点。落实“三交一封”、车辆检查、维护保养和每季度分析一次企业安全行车现状等制度。1 月向全省系统印发《公安部第 123 号、第 124 号令 100 问》《道路交通安全违法行为记分分值》《图解新版驾驶证扣分规则》。2 月针对春季安全驾驶应注意事项，起草印发《致全省系统驾驶员朋友们的一封公开信》。全年组织驾驶员上岗资格考试 4 次，参考 93 人，合格 44 人，合格率 47.3%。

突出相关方安全重点。坚决贯彻《国家局关于印发烟草行业外来施工作业安全管理暂行规定的通知》，结合实际，印发《安徽省烟草专卖局关于进一步加强外来施工和外来作业等相关方安全监管的通知》。

突出为基层服务。受皖南烟叶公司邀请，全年 4 次对其所属 8 个烟站安全设施和安全管理现状进行调研和检查，提出建议和整改意见 90 条；抽调力量帮其进行安标创建工作，深受该公司好评。全年 6 次赴华环公司新线建设调研和检查，借助外力，邀请安徽中烟安全专家对其进行诊断，确保新线建设无事故。

【安全生产标准化】

深入推进安标创建工作，2013 年完成对淮北、六安、芜湖、黄山、安庆 5 个市局（公司）安标复评，确保上述单位顺利通过省安监局组织的安标二级企业达标评审。截至年底，全省系统除皖南烟叶公司外，17 家直属单位全部获得安全生产标准化二级企业资质。

【安全队伍建设】

组织国家注册安全工程师执业资格考试，2013 年有 14 人获得执业资格，截至年底，全省系统共有 76 人具备国家注册安全工程师执业资质，位居全国烟草行业前列。18 个直属单位均聘任 1 至 2 名安全工程师，提前一年完成国家局关于安全工程师配备到位要求。2 月举办两期共 350 人参加安全生产标准化培训班。4 月选派 5 名同志参加国家局在郑州举办安全生产标准化培训班。10 月向市级局（公司）层面部分业务科室 175 位负责人宣讲省局（公司）11 项安全生产管理制度。

党建与思想政治工作

【机关党建】

开展党的群众路线教育实践活动。2013 年 7 月至 2014 年 2 月，安徽省烟草专卖局（公司）机关以为民务实清廉为主要内容，贯彻“照镜子、正衣冠、洗洗澡、治治病”总要求，以领导班子和党员领导干部为重点，围绕反对形式主义、官僚主义、享乐主义和奢靡之风，认真抓好学习教育、听取意见，查摆问题、开展批评，整改落实、建章立制三个环节，深入开展党的群众路线教育实践活动。

抓好学习教育。省局（公司）党组先后组织18次中心组（扩大）集中学习会，认真学习党章和十八届三中全会精神，重点学习习近平总书记等中央领导同志重要讲话和中央、国家局教育实践活动领导小组文件精神，集体原原本本研读中央指定的三本书，集中观看《周恩来的四个昼夜》和《失德之害——领导干部从政道德警示录》等教育片，组织机关党员干部赴渡江战役纪念馆、独秀园等地参观学习，先后开展专家讲座3场、集中学习12场、学习交流84场次。

广泛听取意见。省局（公司）领导分8个组，采取“面对面，背靠背”方式，先后开展4轮次调研大走访，分别召开直属单位领导班子、部门负责人，烟农、零售客户和基层员工代表座谈会；召开驻皖工业企业代表、离退休老同志、机关员工座谈会；开展网上问卷调查；向地方政府对口单位和部门寄发征求意见函，广泛听取各层面意见。累计召开各类座谈会79场次，征求人员达870余人次，走访基层县局、营销部、烟站、队所等69个，走访烟农、零售客户70余户，征集各类意见达219条。

查摆“四风”问题。在前期广泛听取各层面意见基础上，省局（公司）党组分别召开两次听取意见“回头看”党组会，聚焦“四风”，对照“四风”22种表现形式，按照7个类别进行梳理归类，深入查摆出领导班子“四风”方面存在的4个方面、9个突出问题、67条具体意见，切实做到虚心听取群众意见、诚恳接受群众监督。对梳理出“四风”问题不回避、不掩饰，对群众反映比较集中问题和督导组反馈问题都给予积极回应。

积极开展批评。11月12日，省局（公司）党组召开专题民主生活会，党组成员本着对行业、对班子、对同志、对自己高度负责精神，积极开展批评与自我批评。在相互批评时大家信任组织、关心同志，坚持原则，把握实质，真提意见、提真意见，敢于揭短亮丑，对不足和缺点毫不避讳，一针见血，不存私念，既有红红脸、出出汗的紧张与严肃，又有加加油、鼓鼓劲的宽松与和谐。

严格整改落实。省局（公司）党组针对征求意见建议和专题民主生活会查摆的突出问题，研究制订“两方案一计划”，即党组整改方案、专项整治方案和制度建设计划。党组整改方案态度坚决，目标明确，措施具体，责任到位，从4个方面细化22项具体措施，按照分工确定每项任务牵头领导、责任部门和完成时限，明确整改落实任务书、时间表和路线图，召开整改落实情况通报会，全面通报整改落实情况，接受群众监督和评判。

狠抓建章立制。按照于法周延、于事简便和重在管用、长效原则，聚焦解决“四风”方面突出问题，从制度废、改、立入手，认真梳理现有制度，把握制度建设工作重点，研究制订制度建设计划及分解表，建立协调推进机制，不断加大制度执行力度，努力以制度机制巩固作风建设成果，实现改进作风制度化、规范化和常态化。

学习贯彻党的十八届三中全会精神。十八届三中全会闭幕后，省局（公司）把学习贯彻十八届三中全会精神作为当时和之后一个时期重要政治任务，要求开展形式多样的学习宣传贯彻活动，传达贯彻全会精神。省局（公司）党组召开专题学习会，在此基础上组织机关处以上干部集中学习党的十八届三中全会精神，学习《中共中央关于全面深化改革若干重大问题的决定》，习近平总书记《关于〈中共中央关于全面深化改革若干重大问题的决定〉的说明》等重要文件精神。及时下发《关于认真学习贯彻党的十八届三中全会精神的通知》，对全省系统学习贯彻全会精神进行部署和要求。在省局（公司）党组中心组第四季度学习会上，再次学习十八届三中全会精神专题辅导报告。

认真做好机关党建工作。年初，召开机关党委换届选举大会，完成机关换届选举，进一步加强机关组织建设，并举行机关“党员先锋岗”授牌仪式，发挥示范引领作用。组织编写基层党建标准化工作规程，初步形成规范性文本，促进基层党建日常工作标准化、规范化、系统化。采取试点先行，确定蚌埠、六安、池州、黄山市局（公司）为建立党组织建设向党员客户延伸的有效机制和模式试点单位，探索建立党组织建设向党员客户延伸有效机制和模式试点工作，坚持“创先争优引领组织成长”主线，结合“235”教育实践活动，密切与烟农、零售客户的客我关系，把党组织建设向党员客户有效延伸，作为加强基层党员管理和党组织建设有益补充，发挥党员客户作用，建立更加稳固的客我关系。

同时，按照党组中心组学习计划，加强机关党员干部理论学习，坚持党组中心组每季度 2 ~3 天集中学习，不断丰富学习内容，创新学习方式，加强党性修养培训。为组织注入新鲜血液，积极做好党员发展工作，按照“成熟一个发展一个”原则，全年吸收发展 1 名优秀员工入党，2 名党员转正。加强党费收缴工作，按照党费标准及有关要求按时、足额完成 2013 年度党费收缴。机关党委还对 2012 年党费收缴和使用情况进行通报，做到公开透明，接受广大党员和员工监督。完成党员年报等基础性工作。

【思想政治工作】

推进学习型组织建设。年初，确定宿州、亳州、宣城、安庆市局（公司）为建立持续、高效、科学学习系统试点单位。在总结试点单位做法基础上，将学习型组织建设纳入课题研究，开展工作调研，不断丰富内容，创新形式、拓展载体，健全学习组织、运行、考评和保障机制，初步形成学习型组织建设体系。

强化青年工作。充分发挥机关团委作用，发挥“徽映”青年志愿者服务队作用，开展“流动图书馆”志愿服务、机关 QC 小组攻关、举办青年员工座谈会等活动，积极引导和激励青年员工立足岗位成长。其中，向合肥少儿图书馆捐助“流动图书馆”汽车 1 辆。

加强机关文明创建和效能建设。重点贯彻效能建设“八项制度”，积极做好申报“安徽省第十届文明创建”工作，开展效能建设自评，强力推动机关作风改进，提升机关效能。省局（公司）荣获 2011—2013 年度省直文明单位称号。

深入开展政研工作。按照中国烟草政研会统一部署，深入开展 2013 年政研课题研究工作，确定 2013 年度研究参考选题，深入开展课题调研。全省系统共征集 69 篇政研论文，认真组织论文评审会，有力促进政思想政治研究工作上水平，并择优上报华东、东北地区烟草职工思想政治工作研究。

纪检监察

【廉政建设】

全面落实党风廉政建设责任制。2013 年 3 月 18 日，召开全省烟草商业系统 2013 年纪检监察工作会议，深入学习十八届中央纪委二次全会和全国烟草工作会议精神，传达贯彻国家烟草专卖局纪检监察工作会议精神，总结回顾 2012 年工作开展情况，对 2013 年党风廉政建设和反腐败工作安排部署。按照主要领导负总责，分管领导具体负责的原则，全省系统各级纪检监察机构分解细化反腐倡廉各项工作任务，加大党风廉政建设力度。12 月份开始，结合对各直属单位领导班子和领导干部全面考核，省局（公司）纪检组、监察处组织对各直属单位党风廉政建设及贯彻落实“三重一大”决策制度情况检查考核，检查考核结果向省局（公司）党组进行汇报。

【八项规定】

省局（公司）党组坚持把贯彻落实中央八项规定作为工作重点进行部署。制定印发《关于改进工作作风、密切联系群众的实施细则》和《机关公务接待细则》，聚焦反对“四风”，改进调查研究，精简会议活动和文件简报，减少各类评比考核，加强和改进新闻报道，规范公务接待，抓好公积金缴存规范整改，专项清理办公用房和超标车辆，集中力量解决作风方面存在的突出问题。全省系统各级纪检监察机构坚持把维护党的纪律放在首位，加强监督检查，坚决刹风肃纪。2 月份，国家烟草专卖局纪检监察工作会议结束次日，省局（公司）纪检组迅速下发《关于进一步重申改进工作作风厉行勤俭节约有关纪律的通知》，明确“五个严格”。紧盯元旦、春节、五一、中秋、国庆等重要时间节点，提出严格要求，并向各直属单位领导进行廉政提醒，狠刹公款送礼、公款吃喝和奢侈浪费等不正之风。本年度省局（公司）领导多次分组带队对各直属单位落实八项规定情况开展集中调研和检查，针对存在问题及时进行反馈并提出整改要求。

【廉政教育】

2013 年，全省系统党风廉政教育紧紧抓住学习贯彻党的十八大和十八届三中全会精神这条主线，结合党的群众路线教育实践活动，开展各类自学、集中学习、学习交流、专家讲座、观看教育影片、到革命教育基地现场教学等学习教育活动，聚焦作风建设，密切联系群众。传达学习重点案件通报，组织机关全体干部职工集中观看《管好身边的人》《狠刹浪费之风》《失德之害》《四风之害》《坚决反对特权》《严守党的纪律》等警示教育片，强化反腐倡廉学习教育力度。省局（公司）机关本年度开展党风廉政教育 3 次，开展警示教育、廉政文化活动 8 次，合计受教育1 047人次。全省系统合计开展党风廉政教育 140 场，受教育21 814人次，其中两级主要领导讲廉政专题课 24 次；开展廉政文化活动 98 次，参加18 009人次。

【制度建设】

制定印发《党风廉政建设检查考核办法》，促进各级党组履行党风廉政建设主体责任。修订《新任职党员领导干部廉政谈话办法》，对廉政谈话对象、谈话内容、谈话人、谈话实施等方面做出具体要求。制定印发《工作人员违法违纪行为处理规定》，细化违法违纪行为，明确处理标准，填补《烟草行政处分暂行规定》废止后制度空白。各直属单位也按照参考文本制定相应处理规定，完善员工违规惩戒制度体系。制定印发《关于贯彻落实"三重一大"决策制度监督管理实施细则》，进一步明确"三重一大"内容标准、决策程序、决策事项和监督内容，确保"三重一大"决策制度落实到位。

【纪检监督】

以监督落实"三重一大"决策制度为重点，抓住重点领域和关键环节，探索和深化源头治理，实行防范在先，严格规范权力运行。加强对干部选拔任用工作全过程监督，严格审核拟提拔对象廉政情况，本年度对拟提拔处级干部进行廉政审核 12 人次。加强工程投资、物资采购、宣传促销等重点领域和关键环节监管，有效预防和减少腐败问题发生。开展党政干部违规建房和多占住房问题专项清理，省局（公司）机关共 159 人参加。分别组织开展纪检监察人员和领导干部会员卡清退工作，全省系统1 160名干部（其中厅级 7 人，处级 186 人，科级 967 人）和 202 名纪检监察干部（含厅级 1 人）均作出会员卡零持有报告。

【案件查办】

8 月份，举办全省系统纪检监察工作培训班，重点对案件查办工作业务和违法违纪处理规定进行培训，119 名纪检监察干部参加培训。认真受理来信来访举报，发挥 96300 举报电话监督作用，对举报线索逐一研究，按照分类处置标准提出处置意见，做到件件有着落、事事有结果，确保案件线索有效利用。针对案件处理工作中发现的苗头性、倾向性问题，通过约谈、函询等方式经常提醒、警示领导干部，适时向有关单位提出完善制度和加强管理意见建议，防止小问题演变成大问题。本年省局（公司）纪检监察机构共受理信访举报案件 35 件，其中省局（公司）初核 3 件，函询 2 件，督办和转办 25 件，一般性了解 5 件。

工会与民主管理

【工会管理】

完善全省烟草商业系统工会管理体系。2013 年 6 月，通过广泛调研论证，依据相关法律法规，结合工作实际，下发《关于进一步规范直属单位职工代表大会制度和工会工作规程的意见》，从组织机构、工会会员和职工代表、工会和职工代表大会工作程序等方面保障全省系统工会和职工代表大会规范运行，深化公开工作，促进民主管理。编印《民主管理资料汇编》，举办全省系统工会干部培训班，开展专题培训，提高全省系统工会运行规范化、体系化程度。

【办事公开】

制定出台《省局（公司）合理化建议管理办法》，开发员工合理化建议信息平台，确定淮北、马鞍山、滁州市局（公司）为员工合理化建议信息平台上线运行试点单位，开展上线运行试点工作，拓展和疏通干部员工诉求表达和互动渠道，调动员工参与企业民主管理积极性、主动性和创造性。利用网上问卷调查系统，开展员工文化生活、生产经营、行政执法、政务服务、评先评优等问卷调查 200 余次，广泛征求员工意见，实现决策民主化，很多合理化建议得到吸纳和采用。调整完善公开考核指标，更加注重公开质量考评，加大民主管理监督考核力度，发布公开工作监测通报 5 期。本年度，全省系统累计发布各类公开信息 20 万余条，员工日浏览点击量上万人次，评论数十万余条，评论回复数 3 万余次，员工参与民主管理氛围浓厚。

【劳动竞赛】

2013 年，将技能岗位竞赛、技术岗位竞赛、管理岗位竞赛纳入劳动竞赛范围。会同专卖处、营销处、物流处、财务审计、信息等部门，制定各类别劳动竞赛实施方案，完成专卖管理员、物流送货员、财审知识、信息（DB2）数据库、卷烟商品营销职业技能 5 个序列劳动竞赛，决出 14 个优胜团体、40 个优胜个人，鼓励基层员工岗位成长。经省局（公司）推荐，宿州市局（公司）邹连进、马鞍山市局（公司）张媛媛、亳州市局（公司）吴磊获得省劳动竞赛委员会、省总工会授予的 2013 年“安徽劳动竞赛先进个人”称号，安庆市局（公司）信息数据中心获得“安徽省工人先锋号”称号。

【先进推荐】

按照国家烟草专卖局有关全国烟草行业第六届先进集体和劳动模范评选推荐工作要

求，依据规定程序，通过层层推荐选拔，推荐蚌埠市局（公司）参加先进集体评选，推荐亳州市局（公司）李成贵、阜阳市局（公司）孙勇勇、华环公司王斌三位同志参加劳动模范评选。

【社会公益】

省局（公司）向金寨县白塔畈乡金叶希望中学捐款人民币 15 万元；向长丰县下塘镇捐赠人民币 10 万元。全省系统各单位分别在所在地积极参与地方帮扶、救助、扶贫助困等捐款捐物公益活动，树立起烟草良好形象。

离退休人员管理与服务

【概　况】

2013 年，全省烟草商业系统离退休人员服务管理工作坚持“执行好政策、突出好服务、促进好和谐”，牢固树立“围绕中心、服务大局、以人为本”工作理念，落实“两项待遇”，推进“两项建设”，加快老年活动中心建设，注重指导调研，用心用情做好行业离退休人员管理与服务。本年度，全省系统离退休人员队伍稳定，离退休工作稳步发展。

全省烟草商业系统现有离退休人员2 950人（省局机关 166 人），其中离休人员 96 人（省局机关 10 人），退休人员2 854人（省局机关 156 人）。建立离退休人员党支部 45 个，其中省局机关设立离退休党总支，下辖 4 个党支部。

【思想政治建设】

坚持政治上做强，用心推动思想政治和党支部建设。以正面教育引导为切入点，强化思想政治工作，认真学习贯彻党的十八大精神，举办第八期党支部书记（扩大）学习班，所属单位采取不同形式广泛开展学习活动。坚持各项制度，坚持座谈会制度，适时通报行业发展情况，认真听取意见建议，耐心解答老同志关注的热点问题；坚持走访慰问制度，准确掌握老同志思想动态，帮助离退休老同志消除思想上的模糊认识；坚持报刊订阅制度，全省系统各单位为每位离退休人员订阅《东方烟草报》和《中国老年》，各活动（站）室集中订阅党报党刊和各类报纸杂志，保障老同志及时了解党和国家方针政策和社会经济发展情况；坚持听报告制度，各单位组织重大教育活动和重要情况通报，根据需要安排老领导和老同志代表参加；坚持来信来访接待制度，按照政策规定释疑解惑，主动协调有关单位和部门，保证离退休人员队伍稳定。因地制宜丰富教育形式，各单位定期组织老同志就近就地参观学习，了解改革发展新成就、新变化，了解中国共产党领导人民革命和建设光辉历史。省局机关先后组织离退休人员参观合肥卷烟厂和渡江战役纪念馆，安排离休和退休厅级干部以及从事过烟叶工作老同志到皖南烟叶有限责任公司参观考察，使离退休人员感受到时代变革、社会进步、组织成长和行业发展。

【支部作用发挥】

创新活动方式，发挥离退休人员党支部功能作用。各支部在坚持落实会议制度、党课制度、学习交流制度等传统活动方式基础上，部分单位利用网络、手机信息技术，组织实施党员学习活动内容，收到较好效果；省局机关离退休人员党总支从该年元月份起，每月编发一期《离退休人员党总支简讯》（已编13期），宣传党和国家方针政策、解读老同志关心的法律法规、通报行业发展大事喜事，使离退休老同志知上情、知行情、知局情，同时宣传老同志中好人好事，刊登老同志来稿及书画摄影作品，普及社会文明及养生知识，此举受到离退休人员普遍欢迎。开展“老敬老、老爱老、老教老、老帮老”活动，宿州市局、宣城市局、省局（公司）机关组织离退休老党员与在职人员结对子，用老同志亲身经历和工作体会，帮助年轻同志正确书写人生、对待事业，使年轻同志少走弯路、健康成长；部分单位鼓励老党员利用威望高、调解能力强的优势，在处理社会矛盾，调解邻里关系中发挥积极作用，做到老有所为。引导离退休人员参与群众路线教育实践活动，促进行业作风建设，组织老同志通过电视和网络了解学习活动内容；通过各类会议和《简讯》形式，通报省局机关活动开展情况，并通过召开座谈会和个别谈心形式征求老同志对改进作风的意见建议；召开组织生活会，对离退休工作部门和部门领导工作、生活及学习作风进行评议，开展批评与自我批评。

【服务管理工作】

坚持生活上关心，用情做好服务管理工作。

一是在离退休工作人员队伍中开展以“孝心、爱心、耐心”为内容主题教育实践活动。认真学习离退休人员工作相关法规制度，组织参加国家局举办业务知识培训班，做干好老同志工作的明白人。注重形势政策宣传，耐心倾听老同志意见建议，当好老同志知心人。坚持沉下心、扑下身，增强做好老同志工作自觉性和荣誉感，做老同志的贴心人。坚持政策、热情接待、和风细雨、正面引导，认真处理老同志各类各项诉求，做到件件有答复，事事有回音，做老同志的暖心人。

二是真心实意关心老同志生活。各单位在各项行政性开支普遍压缩情况下，用于保障离退休人员基本生活和离退休人员工作费用只增不减，六安市局对离退休人员生活补贴再次调整。各单位坚持定期为老同志安排体检，并建立健康档案，普遍办理医疗补充保险。安庆市局、宣城市局、省局（公司）机关对空巢、高龄、失能老人建立帮扶措施，号召青年志愿者积极开展活动。部分单位还针对患大病和有特殊困难人员，建立帮困基金，实实在在解决困难离退休人员后顾之忧。

三是适时开展走访慰问。各单位每逢春节、重阳节普遍走访慰问老同志，对生病住院和遇到特殊困难人员做到及时看望。省局（公司）领导班子集体，坚持每年春节下基层看望离退休干部，坚持机关对口联系离退休人员制度，经常过问离退休人员思想、生活及医疗情况，使老同志切实感受到组织的温暖和关心。

【老年文化建设】

坚持精神上关爱，用力推进老年文化建设。

一是完善活动中心建设。全省系统现建有活动中心 76 个，总面积约8 000平方米。省局机关新建1 500平方米老龄活动中心 1 个，对门球场进行改造，添置更换一批设施设备及图书。阜阳市局（公司）协调阜阳卷烟厂，解决老同志活动场所问题。黄山市局（公司）改建机关离退休人员活动中心。其他单位也加大投入，改善设施，完善活动室功能。

二是开展健康有益文化活动。省局机关先后组织各类老同志书画摄影展、棋牌、球类比赛、歌咏活动。机关老龄门球队先后获得省委老干局举办的省直三八门球赛三等奖、合肥地区第 26 届“重阳杯”门球赛三等奖，退休老领导汪洋获得全省老同志象棋比赛第三名。各直属单位也组织开展各类适合老同志特点的文体活动。

三是做好老年大学报名组织工作。正确引导、积极选送老同志参加省及各地老年大学兴趣班。退休老领导刘焕荣在合肥之歌征集活动中，选送歌曲《合肥正年轻》获得第 10 名。退休干部潘长华先后为阜阳、芜湖和省局机关退休摄影爱好者举办 4 场摄影知识讲座，刘焕荣、潘长华退休生活受到《合肥星报》报道。

信息化建设与统计服务

【信息化与烟草产业融合】

深入推动全省烟草商业重点项目建设。全省推广应用“徽映 e 家”零售终端系统，客户应用数近 1.4 万户。围绕安徽省烟草专卖局（公司）“数字专卖年”和“大内管”目标任务，启动数字专卖和专卖内管系统需求调研和方案研讨。开展物流综合管控平台系统设计、原型开发和需求评审，项目进入试点运行阶段。组织“三项工作”管理系统设计评审会，推动系统功能模块开发完成。

统筹规划新数据中心建设。大力推进新数据中心机房工程建设，完成机房工程实施和设备安装调试。组织新机房核心网络建设方案论证，明确数据中心网络体系架构，完成核心网络建设。开展全省系统网络设备专项调查，研讨全省广域网带宽升级方案。优化应用系统搬迁方案，明晰实施步骤与应急处置预案。论证全省视频会议系统升级改造方案，组织项目建设。

积极落实行业重点工程建设。组织卷烟生产经营统计应用项目全省终验，开展运维服务满意度调查和市局（公司）业务技能互评。部署实施“一号工程”时间同步锁定第一阶段升级，完成“一号工程”二期运维工作交接，研究制订系统二期运维服务拆分实施办法。部署行业内管系统数据采集模块，完成内管业务数据上报。

有效支撑电子商务和电子政务拓展应用。开发资金监管移动报账审批功能，升级资金电子结算代理程序，实现银行划扣、查询业务代理服务的物理分离。推动网上支付平台建设，确定建设方案并进行试点运行。改造升级网上订货系统，梳理业务流程，调整系统架构，提高系统安全性，截至 2013 年底，全省网上订货客户数达 22.5 万户，占全省总户数 85.0%，全年订货成功率达 94.6%。建设运行统一短信平台，完成机关手机移动办公系统升级，提高机关工作效率。拓展完善协同办公系统功能，增加和改造车辆调度、出差申请等子模块，满足日常业务和管理需求。

【信息安全与运维建设】

全面提升信息安全管理能力。拟定并下发《关于加强重要信息安全管理暂行规定》，制作并分发信息安全手册和电子资料，提升全员信息安全意识和能力。制订“三全”工作指南，编制全面加固方案。实施信息安全等级保护整改系列项目，部署安全设备，开展等级保护测评，初步形成由安全策略、管理制度和操作规程构成的三级信息安全制度体系。组织开展 4 项专题安全检查，全省共查出 300 多个安全问题。建设信息安全管控平台，收集安全设备监测报警信息，处置 222 个高危漏洞。

切实降低系统运行风险。升级全省商业管理信息系统硬件平台，消除硬件平台设备老化带来的隐患。全面加强网上订货系统安全运维保障，进行多节点风险防范，增加监测预警、96300 一键式后台支持等快速响应手段，提高客户满意度。固化每季度一次信息安全演练模式，精心选择演练内容，设计演练场景，总结演练方法和经验，规范应急报告流程，提高应急处理能力。

坚持信息系统常态化运维工作机制。每个季度组织开展全省业务系统巡检，开展巡检和日常运维分析。实现运维人员集中管理和运维事件统一受理、集中派单，年受理服务请求3 500余次。坚持节假日值班制度，积极做好各类系统应急预案、故障处理、重点时段保障等工作。认真抓好视频会议系统、机关程控电话和宿舍宽带管理维护工作，全年共巡检维护 46 次，排除各类故障隐患 40 余次。

【信息化统计服务】

严控统计数据质量。坚持统计日报数据质量“三道关”控制机制，认真细致做好每日数据审核与报送，全年统计上报数据准确无误，保持向国家烟草专卖局零重报成绩。组织开展全省统计应用项目数据质量自查，坚持每周公布全省数据质量，每个季度下发数据质量通报，有力保障数据质量。强化日常数据监控，主动帮助基层整改问题 10 余次，有效促进生产经营行为规范。

精心做好数据资源利用。坚持每月编制统计报表，撰写统计分析报告，并实现报表和分析电子化展示。大力加强专题统计分析研究，全年共提交 5 篇专题分析报告，供领导决策参考。提供数据服务智力支持，先后开展全省卷烟零售终端合理布局、卷烟科学营销、机关 QC 等课题研究。

【信息化服务与管理】

切实提高信息化服务能力。确定基层联系点，明确调研主题，及时了解动态，帮助解决实际问题。组织召开信息化意见征询会，分类梳理整改，问题解决率达94.7%。确定GPS系统使用效果提升为年度“235”活动主题，定期进行现场走访调查和故障解决，共检查车载终端2200台。积极参加党的群众路线教育实践活动，对征求的12条基层单位意见，分类整改落实到位。

着力提高项目规范管理水平。制订印发《信息化项目管理办法》，理顺项目管理程序和职责，明确并规范项目前期管理、过程管理、收尾管理和后评估管理行为。组织完成全省年度信息化投资计划前置性审查，编制年度投资预算。严格项目投资管理程序，做到应招尽招，落实真招实招，实现项目全年公开招标100%。

推动两级信息化协调发展。深化目标过程管理工作法，保障各项工作计划有效落实。加强行业正版化软件管理，探索信息化项目文件档案管理，实行所有经办项目登记造册卷宗管理。积极参与2012年“徽商杯”安徽省信息化十件大事评选，网上订货系统获得优秀项目奖。大力推动信息化科技创新，全省申报专利5项，获得软件著作权15项，省局（公司）信息化科研项目荣获全省系统科学技术进步二等奖。

有力提升信息化队伍素质。修订年度直属单位信息化考核评价细则，全年编制《信息化工作交流》12期，组织举办4个专题培训班，参训人数达300余人。精心组织并成功举办全省系统首届信息技术竞赛，评选出数据库“十佳技术标兵”。持续开展“读书与研究”活动，共收集读书报告128篇，研究论文59篇，在核心期刊发表论文17篇，有效激发队伍创优争先热情。

后勤服务与保障

【后勤服务概况】

2013年，安徽省烟草专卖局（公司）机关行政管理中心贯彻落实中央八项规定，以质量管理体系建设为抓手，以提升管理科学化、规范化水平为目标，落实相关政策，做好专项清理，倡导厉行节约，注重节能减排，规范采购流程，配合服务保障，内部管理、服务保障等各项工作有序开展，有效保障机关各项工作正常运行。

【落实上级政策】

做好专项清理。办公用房在清理腾退工作中，领导率先垂范，各部门通力配合，在较短时间内完成清理腾退工作，共清理腾退出办公用房580m^2。规范车辆配备使用管理，按规定封存一台超标超编车辆。

倡导厉行节约。及时修订公务接待方面管理制度，制定公务用餐标准，改变过去长期存在繁缛的公务接待方式，在餐饮、住宿、会务及车辆保障等方面严格执行相关标准，反对铺张浪费，2013年公务接待批次同比下降38%，业务招待费同比下降60%左右。

注重节能减排。加强机关各项能耗监测与管理，完善公共设施设备巡检制度，发现异常及时排查整改整修，完成宿舍区水管维修改造，及时堵塞“跑冒滴漏”，避免造成更大损失；更换使用太阳能草坪灯和电动车辆，水、电、气、燃油消耗控制在合理水平，节约型机关建设进一步加强。

【行政事务管理】

建章立制抓规范。2013 年，根据国家烟草专卖局、省局最新文件精神，适时修订不符合最新要求公务接待、车辆、食堂、资产等管理制度，参照《中华人民共和国招标投标法》、《中华人民共和国政府采购规定》、行业采购管理办法等拟定《自主招标管理办法》，着力解决规范与效率之间矛盾。

专业介入强管理。为做好机关后勤服务工作，在省局（公司）领导要求下，于 2012 年底启动机关行政管理及服务规范化咨询项目，全面诊断存在问题，梳理关键节点与主要流程，形成《机关行政管理及服务规范化手册》和《后勤服务规范》两本文件，内容涉及 12 个岗位说明书、13 项工作目标、35 个工作流程、5 个后勤服务规范与服务提供规范等。文件通过明确工作职责、理顺工作流程、制订服务规范、完善考核标准，把繁杂事务标准化，使得工作计划性进一步增强、节点控制进一步明确、协调沟通进一步顺畅、工作效率进一步提高。

内外交流促提升。组织召开安徽烟草成立 30 多年首次全省后勤管理座谈会，第一时间学习《党政机关国内公务接待管理规定》，就新形势下如何做好机关后勤工作交流经验、相互启发、集思广益、促进共同提升。积极参加省直机关组织创建活动，创先争优，展现文明窗口、良好形象。

【日常事务工作】

采购与基建工作。采购工作加强与相关部门沟通协调，完成办公电脑公开招标、新办公楼厨房设备公开招标及办公家具采购资格预审工作，建立办公用品、食品百货、生鲜蔬菜、茶叶、车辆维保服务等定点供应商库。全年共实施完成 4 项基建及维修工程，包括老年活动中心装修、门球场及停车场改造工程及两项维修改造工程，按期保质完成各项基建任务。

安全管理工作。牢固树立“安全至上”宗旨，确保机关内部治安、食品卫生及公务车行车安全。通过人防和技防有效结合加强机关内部治安保卫管理，多年一直保持治安刑事案件发生率为零；通过采购、储藏、制作等环节有效监管控制食品卫生安全，连续三年获得食品卫生等级“A 级单位”称号，并顺利完成卫生许可证定期更换工作；通过驾驶员行车安全教育及车辆定期维护保养确保公务车辆行车安全，2013 年累计安全行车 130 万公里，未发生任何责任事故。

后勤服务保障工作。在新的后勤服务外包合同签订过程中，机关行政管理中心、人事处、培训中心历时两个多月，详细测算人工成本，理顺费用支付渠道，进一步规范服务外包管理模式。日常监管中，落实后勤服务外包项目检查、反馈、督促、整改等工作。参照服务业工作标准，制定详细的服务规范和考核标准，使得服务有标准、考核有依据，协助外包方不断提升专业服务水平。

教育培训工作

【计划先行】

2013 年度，安徽省烟草专卖局（公司）共计举办省级局培训班 55 期次，4 511人次参加培训。全年承接国家局培训班 17 期次，2 548人次。

元月份，全面采集行业各直属单位、省局机关各部门培训需求。组织召开省局（公司）机关各部门教育培训管理人员座谈会，就年度教育培训计划、教育管理、课程开发与设计、培训考核等内容进行深入研讨。3 月份，经局长办公会研究确定后，下发 2013 年度省局（公司）教育培训计划。计划以学习贯彻党的十八大会议精神为重点，提高中高级管理人员政治理论水平和综合知识水平；继续开展专业知识理论培训，提升专业技术人员岗位适应能力；加强中高级技能人员岗位培训，满足岗位需要和员工职业发展需求；开展学历教育，为行业发展储备人才。

【干部培训】

3 月，下发《关于举办安徽烟草商业系统处级以上领导干部学习贯彻党的十八大精神专题培训班的通知》，分两期对除参加过国家局轮训班以外的全省处级干部（含正副调研员、高级专业技术职务干部）进行轮训，参训人员 170 名。按照科级干部轮训工作总体部署，分别组织四期为期一个月的培训班，继续对全省系统科级干部进行以党性修养为主要内容综合知识培训。2012—2013 年，为期两年科级干部轮训工作，全省系统 924 名科级干部参加培训，基本实现科级干部培训全覆盖。8 期培训班累计聘请现场授课老师 182 人次，播放视频 31 次，平均每期聘任现场授课老师 23 人，开设课程 27 门。累计使用培训经费 833. 4 万元。

【技能培训】

4 月和 7 月，自主完成两期全省专卖管理高级技能人员技能鉴定考前辅导工作。其中 4 月份 131 名学员参加培训，129 名学员参加三级考试；7 月份 245 名学员参加培训。5、7 月份，完成两期全省营销管理高级技能人员技能鉴定考前辅导工作，一期 96 名、二期 135 名学员参加培训。培训期间，通过严格班级管理，引入教师考核机制等手段，考试通过率明显高于未参加培训学员自主考试通过率，培训效果显著。

【业务培训】

协同机关相关部门落实计划内其他岗位适应性培训，举办安全标准化管理、新闻摄影、物流管理、数据库运维、烟叶管理、法制宣贯、综合统计等培训班。按照国家烟草专卖局统一要求，在全省系统部署开展网络远程教育的运用，实现业余时间自主学习，有效解决从业人员特别是一线人员工学矛盾问题。

【学历教育】

3 月份，完成与江西财经大学合作办学的会计硕士班招生和开班工作，全省系统 55 名学员录取并进行正常学习。积极与安徽大学协商，初步达成合作开设法律硕士班意向。6 月份，在集中组织报名基础上，遴选 51 名学员参加法律硕士考前辅导。10 月份，参加全国统考，安徽大学录取 24 名，安徽财经大学录取 17 名，录取率 80%。与中国科技大学合作办学的物流工程硕士班按照既定培养计划开展教学，2013 年 12 月份课程讲授完毕，进入毕业论文撰写阶段。

【承接培训】

2013 年，共计承接国家局培训班 17 期次，2 548 人次。其中行业多元化经营管理评价组织实施培训班 2 期次，326 人次；行业工程审计业务培训班 2 期次，338 人次；行业国有资产管理培训班 2 期次，308 人次；行业会计知识培训班 6 期次，893 人次；行业税收风险检查工作培训班 1 期次，158 人次；行业预算管理培训班 4 期次，525 人次。培训中心较好完成国家局交办培训任务，树立良好服务形象。

【内部管理】

借助贯标契机，完善教育培训管理制度。按照整体贯标要求，完成对教育培训管理、培训组织实施等环节流程梳理，查找存在不足，明确管理制度、作业指导书及作业标准，组织人员参加培训，全面落实贯标工作，不断完成教育培训管理流程，提升以“服务”为导向的培训质量和效果。

落实国家局教育培训系统使用要求，不断提升信息化水平。加强对全省系统教育培训管理信息系统使用情况指导和检查，特别是相关基础资料录入和适时更新，基本实现教育培训组织实施的信息化，提高培训档案电子化水平。

加强对培训班级现场管理，确保培训效果。重点加强对培训工作现场管理力度，特别是在领导干部培训期间，严格落实《中组部关于在干部教育培训中进一步加强学员管理的规定的通知》要求，通过培训签到、适时点名、违规通报等形式，不断加强培训现场管理，提升学员培训主动性。

内部监督与整顿规范

【制定严格规范方案】

2013 年年初，召开全省系统整顿规范工作会议，安徽省烟草专卖局（公司）主要领导和分管领导明确年度整顿规范工作总体要求。及时下发《关于进一步深入推进严格规范工作方案》，明确年度主要任务，并细化制定推进严格规范管理措施和工作要求。

【落实采购管理规定】

抓好培训。省局（公司）将学习《烟草企业采购管理规定》（以下简称 313 号文件）列入一季度党组中心组学习会议议程，邀请国家烟草专卖局整顿办对贯彻落实好 313 号文件进行专题培训；强化督导。按照 313 号文件规定流程，督导各直属单位采购工作从决策到验收全过程规范运作。指导“三项工作”管委会履行集体决策职能；指导成立采购办，建立相应运行规则；强化《采购目录》编制、年度采购计划制定与执行等基础性工作。抓好试点。先后在宣城市局（公司）试点自行招标采购管理办法，在合肥市局（公司）试点定点供应商采购管理办法，在安庆市局（公司）试点全面规范落实 313 号文件，有效解决贯彻落实 313 号文件存在的重难点问题。注重考核。把 313 号文件各项要求纳入免检指标，关进免检考评“笼子”，严格落实。

【公开招标】

省局（公司）以七项措施推进公开招标：建立不公开招标报告审批制。按国家局要求取消公开招标限额，无论项目采购金额、投资规模大小，一律公开招标，因特殊原因不能公开招标需报省局（公司）“三项工作”委员会审批；将公开招标金额比例达 90%，作为关键性指标，纳入免检考评，实行一票否决；积极稳妥推进自行招标；建立定点供应商管理办法。组织联合招标，省局（公司）机关和市局（公司）联合，市局（公司）之间相互联合；借助平台，借用省局（公司）机关、市局（公司）同类公开招标成果，借助政府招标平台实施公开招标。严格规范和减少职工福利性采购项目。

全省系统全年实施采购项目1 654项，总金额11. 065 5亿元，其中公开招标金额为10. 531 1亿元，占比 95. 17%。

【免检工作】

年度免检工作质量大幅提升，退出渠道进一步顺畅；以规范管理评价与认证为核心免检制度得到国家局认可，省局（公司）领导在行业贯彻落实 313 号文件视频会议上作经验交流发言。具体做法有：一是考评指标有提升。以规范化管理为主线，以“高门槛”为原则，指标难度有所上升。基本性和提高性指标分为四级指标体系，将年度 12 项重点规范事项纳入关键性指标。二是严格初审。牵头组织 13 个部门对 9 家免检期届满单位和 1 家缓报 1 年后重新申报单位进行资格审核，根据相关部门初审意见，1 家单位初审未能通过。三是扩大考评人才支撑。依据《管理规范免检单位现场考评人员管理细则（试行）》，从基层单位抽调专卖、财务、审计、人事、政工 5 个专业 12 人次，从反馈情况来看，从基层抽调专业参与考评得到普遍认可。四是严格现场考评。组成两个考评组对 9 家初审合格单位和 5 个年检单位，进行现场考评，经综合评定，一家单位不满 90 分，未能通过考评。省局（公司）研究决定：2013—2014 年度管理规范免检单位为 8 家。5 家 2012—2013 年度管理规范免检单位年度复审合格。六是提升免检制度。免检制度实行 6 年，取得重大成绩，但也暴露出一些问题，为进一步完善提升，申报科技创新项目进行专题研究，并列入省局（公司）党的群众路线教育实践活动五大课题之一，目标是在更高水平上提升免检工作。

【专项检查】

5 月份，国家局整顿办对省局（公司）上年专项检查中发现有关问题整改落实情况，以及 313 号文件精神贯彻落实情况进行检查，并给予充分肯定，认为在整改问题方面，认识到位、措施到位、整改到位；贯彻 313 号文件方面，能迅速组织学习教育，完整准确理解和领会新规定、新要求，及时制定配套制度，完善采购机构建设，严格决策与执行流程。检查组认为，省局（公司）严格责任制考核，把贯彻落实 313 号纳入“免检制度”笼子，有效提高采购管理规定落实。

11 月份，国家局整顿办到本省调研办事公开民主管理工作和卷烟规范经营“六个严禁、一个严控”开展情况。省局（公司）整顿办按照调研工作要求，牵头相关部门和直属单位认真准备，并提出相关意见和建议。调研组一行在认真听取汇报、查看相关痕迹资料后，对省局（公司）办事公开民主管理和规范卷烟经营秩序工作给予充分肯定。认为规范管理工作基础好、起步早、成效大、业绩突出，提出诸多富有建设性意见和建议，为行业规范工作提供帮助。

【规范现状】

一是开展专题调研。2 月初，组织开展对部分单位调研，了解直属单位规范管理现状；二是开展专项调查。根据省局（公司）领导要求，开展对全省系统各商业公司卷烟包装纸箱出售情况进行调查统计，并对统计要素做出科学分析，为规范卷烟包装纸箱出售和再利用提供可靠数据。

【队伍建设】

10 月份，举办一期全省系统整顿规范工作业务培训，重点是如何解决贯彻落实 313 号文件中存在的实际问题，各直属单位整顿办主任、专职从事整顿规范工作人员，省局（公司）机关相关部门共 60 余人参加培训。

【规范氛围】

为加强全省系统规范化管理理论研究，发挥理论引领实践作用，推动实践创新，进一步提升全省系统企业规范化管理上水平，加快企业成长，在全省系统征集“企业规范化管理”论文 110 篇，评选出 30 篇优秀论文，在公开刊物上发表 6 篇。

围绕年度规范管理重点工作，做好专题网页日常更新和维护，更新各类信息 300 余条（篇）。向国家局网站、国家局整顿办报送工作动态和材料近 20 篇。

【专项工作】

按省局（公司）工作部署，牵头制定出台《痕迹化管理办法》。积极配合兄弟部门完成“作风年建设”、党的群众路线教育实践活动、专题调研等多项工作。

全省系统各单位

合肥市烟草专卖局（公司）

【概　况】

合肥市烟草专卖局、安徽省烟草公司合肥市公司，2000 年由原“合肥市烟草专卖局（厂、分公司）”实行工商分设，成立隶属于安徽省烟草专卖局（公司）二级机构的“合肥市烟草专卖局、中国烟草总公司安徽省公司合肥分公司”；2006 年 1 月，成为独立法人实体“合肥市烟草公司”；2006 年年底，成为中国烟草总公司安徽省公司的全资子公司“安徽省烟草公司合肥市公司”，合肥市烟草专卖局、安徽省烟草公司合肥市公司下辖巢湖市烟草专卖局（营销部）、庐江县烟草专卖局（营销部）、肥东县烟草专卖局、肥西县烟草专卖局、长丰县烟草专卖局、瑶海区烟草专卖局（营销部）、包河区烟草专卖局（营销部）、庐阳区烟草专卖局、蜀山区烟草专卖局，共计 9 个直属单位，并保留有卷烟营销中心肥东营销部、卷烟营销中心肥西营销部，卷烟营销中心长丰营销部，卷烟营销中心蜀山营销部，卷烟营销中心庐阳营销部；多元化经营 1 个徽映服务部，庐阳、蜀山、巢湖、巢湖草城街、巢湖城市之光、庐江 6 个直营店。截至 2013 年底，合肥市局（公司）总资产320 812万元、固定资产38 145万元、流动资产275 997万元、资产负债率 3. 26%。从业人员总数1 350人，其中老员工 423 人，聘用员工 927 人。

【生产经营】

2013 年实现利润120 372万元，同比增加3 390万元，增长 2. 9%；利税199 076万元，同比增加6 513万元，增长 3. 38%。全市累计销售卷烟 27. 75 万箱，同比增销 0. 54 万箱，增长 1. 99%；一、二、三类烟销售同比分别增加 0. 62 万箱、0. 30 万箱和 0. 08 万箱，增幅分别为 9. 35%、3. 69% 和 1. 34%。一类烟销量比重 25. 9%，同比提高 1. 7 个百分点，一、

二、三类烟销量比重合计77.9%，同比提高2.1个百分点。全市卷烟销量前三位是“黄山”“红塔山”“玉溪”，贡献毛利分别为11.64亿元、0.38亿元、2.67亿元，占总毛利比重分别为59.5%、0.2%、13.7%；全市重点品牌（20+10）累计销售24.42万箱，同比增长5.11%，占总量比重87.99%，同比上升2.6个百分点。行业三类以上卷烟销量前15的品牌累计销售20.62万箱，同比增长5.49%，占三类以上卷烟销量比重为95.38%，同比上升0.6个百分点。全市共实现卷烟销售收入（不含税）76.02亿元，同比增加3.77亿元，增长5.22%；实现卷烟毛利19.55亿元，同比增加0.54亿元，增长2.84%；实现利润12.03亿元，同比增加0.33亿元，增长2.86%；利税19.96亿元，同比增加0.65亿元，增长3.36%。公司三项费用率4.01%。

品牌培育：建立“E家一特，一品一策”终端经营特色和品牌培育模式，实施婚庆营销、文化营销、网络营销，筹建“徽映·雪茄”专营店，构建“工商协同、客我互动、一品一策、精准营销”品牌营销体系，实现客户服务、终端经营、客户经理与零售客户队伍“三个转型”。

网络建设：将全市客户整合为四类市场、十五个群体，对服务资源进行有效配置，分类实施标准化、个性化、亲情式、增值性“四大服务”，实现客户服务转型；全市大力推广应用“徽映e家”和“网上配货”，实现零售终端线上、线下服务同步、功能发挥，实现终端经营转型；坚持“软实力、硬标准”并重，着力提升终端形象，促进客户经理和零售客户两支队伍同步转型。

营销管理：加快营销组织成长，完善各类控制程序，推进卷烟明码标价，实时监控市场动态，深入强调规范经营；以创建优秀营销中心和县级营销部为契机，完善营销部工作例会制度，开展内部交叉督查，组织内训师开展技能鉴定培训，培养高技能人才，深入建设基层营销队伍；深入推进科技创新，科技项目、QC小组等群众性创新活动蓬勃发展，五大课题研究与应用得到省局（公司）充分肯定，QC小组活动取得全省系统评选三等奖、合肥市质协一、二等奖及安徽省优秀质量管理小组称号。

【物流建设】

2013年，物流中心积极探索推进“精益物流”试点工作，全面启动卷烟包装纸箱循环利用工作，制订相应实施方案，规范储配烟箱操作标准和质量控制操作环节，下半年同城纸箱循环利用率达60%以上。优化配送线路，着力降低配送运行成本，单箱物流费用为209.78元/箱，同比下降4%；物流费用率为0.76%，同比下降7.3%。

【专卖管理】

2013年，全市累计查获涉烟违法案件3 233起，同比增长29.22%；其中5万元以上大要案48起，同比下降14.28%；查获各类违规卷烟8.59万条，同比增长110.07%，完成申报符合省标网络案件2起，申报符合国标网络案件1起。

内部监管：建立完善市、县、所三级内管监督体系，出台合肥市烟草专卖局内部专卖管理监督工作规范实施细则、工业企业内部监管制度及流程、《合肥市局（公司）规范企业员工及其亲属经营卷烟零售业务的规定》；加强日常检查，组织开展专卖内管考核，规范零售户业态，开展对零售大户监管，排查辖区内一户多证、停歇业户、证照不符及宣传促销中不规范问题。

长效机制：落实市管、稽查分设，出台《合肥市烟草专卖局专卖管理所（队）工作规范》，进一步整合稽查力量，构建“打、管、疏、服”综合性市场监管体系；积极推进专卖管理 APCD 工作指引法，转变市场监管模式，其中，巢湖市局 APCD 工作法在国家局、省局检查中获得好评；强化专销协同，完善零售市场信息监测、交流和互通机制，推进“三员”互控；强化许可证使用后续监管，重点解决一户多证、代收代订、证址不符、非法转让等问题。

队伍建设：开展“数字专卖提升年”活动、基层 QC 攻关小组、评比竞赛、文化活动等，提升专卖人员执法能力和执法水平。3 月份完成全市基层专卖所队长公开竞聘，5 月份完成全市专卖中、高级技能岗位评聘，7 月份，出台《合肥市烟草专卖局星级标杆所（队）评比方案》。

【多元化经营】

2013 年实现销售额6 086. 9万元，同比增长 172%，销售毛利1 426. 1万元，同比增长 185. 7%，年费用率 1%，其中，卷烟销售额5 450. 6万元，同比增长 183. 3%，酒类销售额 633. 6 万元，同比增长 102. 3%；其他类（大闸蟹礼品卡、烟具等）销售 2. 66 万元。

【企业管理】

基础管理：通过健全企业机制、完善绩效管理，扎实开展“管理创一流”活动；建立完善目标运作系统，加强目标过程管理；不断完善体系架构，提高文件质量，夯实体系基础；建立完善运行、动力、约束、改进四个机制，创新解决思路，发挥机制作用；开展绩效管理，设立较为科学、合理 KPI 月度考核、年度经济运行考核、年度员工绩效评估和宽带薪酬体系，有效调动各级人员工作积极性。

财务管理：按照省局（公司）年度财务报告审验工作通报，及时总结决算工作，规范财务报告编报流程，完善凭证摘要编制，规范会计档案管理；开展核算规范化在线检查，建立零差错核算质量月度通报机制；加强重点费用控制及资本性支出管理，控制预算差异率；开展银行账户日监管工作，重点关注货款回笼，做好资金监管系统运维工作，加强备用金使用过程监督；选取庐江县局房产作为资产白皮书制作典型，得到省局（公司）及兄弟单位肯定，在全省烟草商业系统内推广。

对标贯标：成立标准化委员会，建立企业标准化工作机制，逐步健全企业管理标准、技术标准和工作标准，发布 2013 版标准文件，使标准覆盖所有管理活动和流程。实现文件管理信息化，将全部标准化文件、记录表格样式导入到管理体系系统中，便于员工学习、查阅。开展目标管理，制订 20 个 2013 年一级质量目标，并制订完成目标计划措施，将目标和计划措施分解到各部门、各岗位。

【技术创新】

2013 年共立项科技项目 24 项，注册 QC 小组 46 个，QC 小组普及率达 22%；召开

2013年度QC成果发布暨评审会，16项QC成果获得优秀QC成果，部分优秀成果在省局获三等奖，在市质量协会获得一个一等奖，两个二等奖；全年共组织4次科技工作类培训；首次将优秀QC小组选送参加省、市级发布评选，获得安徽省优秀质量管理小组称号。

【法规工作】

持续推进制度建设，督促机关各部门下发执行市级局（公司）制度11个类别200余项，成功搭建与省局（公司）制度互为补充的市局（公司）制度体系；制定下发《员工违纪行为处分暂行规定》；对全市案值在1万元以上行政处罚案件进行事中审查，共审查此类案件23起，出具改进建议40余条；利用“3·15”国际消费者权益日和“6·29”烟草专卖法颁布纪念日进行集中宣传；组织开展生产经营管理人员法律知识培训；面向全体执法人员每月组织一次“六五”普法法律知识测试活动；全年处理市局（公司）1起行政诉讼案件和3起交通事故案件。

【信息化建设】

补充完善《合肥烟草十二五信息化规划》；利用“三全”自查工作，进一步完善各类信息化基础资料；完成“安徽商业信息系统”硬件平台升级工作，有效提升业务系统运行效率，降低业务等待时间，为全省工作起到示范模板作用。

【人事与劳资】

对全区基层专卖管理所（队）长岗位实施公开竞聘上岗，出台《基层专卖管理所（队）长岗位公开竞聘实施方案》；制定《员工招聘管理办法》和《2013年普通高校毕业生招聘实施方案》；制定《月度绩效考核实施方案（暂行）》和《2013年度员工绩效评估管理办法》《劳动纪律管理规定》；编制《合肥市烟草专卖局（公司）2013年度教育培训计划》《内部培训师管理办法（试行）》。

【思想政治工作】

理论学习、贯彻落实十八大精神情况：在党组、中心组、党支部、部门各层面开展贯彻落实十八大精神专题培训，分别围绕“执行力”“改进作风”“有效沟通”“管理”四个重点牵头开展四个季度党组中心组学习，党组书记、局长、经理做专题党课报告，邀请专家做专题讲座。

“235”主题实践活动：将扎实开展“改进作风年”活动作为“235教育实践活动”的延续，抓好学习讨论剖析整改。召开党组民主生活会、中层干部剖析评议会、党支部组织生活会，开展深刻剖析。通过多种形式收集意见建议228条，梳理后为110条，并进行整改。举办道德讲堂、演讲赛、文化大讲堂等交流活动；成立“徽映”志愿者服务队，开展志愿服务；开展“亲情帮扶，徽映你我”活动，对全区578户困难零售户现场走访3 053次，制订出台相关货源投放政策，提供店面形象改善、生活困难帮扶等30余项亲情服务，端午节前夕对578户特别困难零售户给予帮扶12万余元。

【党风廉政建设】

召开全市纪检监察整顿规范工作会议，实行一岗双责，落实党风廉政建设责任，全年自办案件2起，受理省局转办案件1起；定期开展季度警示教育，观看电教片，邀请专家作专题讲座，组织中层干部到合肥监狱听取服刑人员现身说法，参观廉政图片展；自主创作、精心编纂《合肥烟草廉政漫画》，利用漫画开展廉政文化建设，全面推行“廉政文化进企业”，推进廉政文化进队所示范点创建。积极申报省级廉政文化示范点。

【企业文化】

“成长·融”文化通过省局（公司）母子文化验收。针对企业文化对接、宣贯做出三年规划。即：第一年为融入年，通过宣传、培训来提升形象，深植内心；第二年为融合年，通过完善体系、提高自律来践行理念，养成习惯；第三年为融成年，通过自我诊断、吸取经验、不断创新来全面总结，规划发展；努力使“成长·融”文化在每位员工心中从熟悉、了解，直至最后自觉习惯维护。完善企业文化内训机制，不断加强文化内训“选、宣、评”三层联动。“优选”，建立起一支涵盖各单位（部门）、各级别、各序列的103人企业文化内训师队伍。利用多种渠道开展文化宣贯。“宣贯”，举办企业文化“三级培训”（党组中心组培训、全市系统企业文化内训师培训、各单位（部门）企业文化内训），通过“三统一”（统一课件、统一讲稿、统一测试），确保内训师专业素质“三涵盖”（涵盖国家局、省局、市局企业文化体系）。“评价”，完善考核激励机制。开展企业文化内训师听课测评，科学设定评分细则，充分吸取各位内训师宣贯中闪光点，优化文化传播课程。开展科技创新课题研究。针对年初上报课题项目《“成长·融”文化的对接与传播》开展相关讨论与研究，探索研究企业文化对接传播的途径与方法。

【文化活动】

2月6日，举办2013机关迎春联欢会。

3月3日，参加合肥市党政机关第四届乒乓球赛；7日，参加全市女职工健身舞比赛，荣获一等奖；25日，举办“第五届工会会员暨职工代表大会”；26日，举办“安全你我他，责任靠大家”为主题大讲堂活动。

4月13日，参加市直工委登山比赛，多人获奖；24日，参加市直工委“大湖名城、创新高地”演讲比赛，获三等奖。

5月上旬，组织人员参加“市直机关学习十八大报告和党章知识竞赛活动”；5月~9月，参加合肥市直机关第四届职工运动会7个大项，3个小项比赛，多人取得优异成绩。

6月24日，举办“改进作风年”为主题大讲堂活动；6月至7月牵头组织省局（公司）“徽映”篮球队集训比赛任务，参加全省“大企业”篮球赛，荣获亚军。

7月至9月，举办“第二届职工运动会”活动，9月28日闭幕；9月15日，举办“沟通”为主题的大讲堂活动；9月，牵头组织省局（公司）“徽映”篮球队集训比赛任务，参加全省“双拥杯”篮球赛，荣获亚军。

【特事要辑】

8 月 7 日，中烟商务物流公司总经理吕忠信到合肥市公司配送中心调研，详细了解工商物流协同情况和卷烟分拣流程，并对配送中心正在运行的烟箱循环利用进行深入了解和充分肯定。

9 月 9 日，国家烟草专卖局局长凌成兴到安徽安泰物流调研，实地查看合肥市公司物流中心。

12 月 3 日，国家局党组成员、纪检组长高林到合肥市公司物流中心调研。

2013 年合肥市烟草商业系统主要情况统计

地市级局（公司）名称		合肥市烟草专卖局（公司）
主要负责人/法人代表		张丙利
总资产（万元）		320 812
资产负债率（%）		3. 26%
所属县级局（个）		9
所属县级营销部（个）		9
从业人员（人）		1 350
所属业务机构	营销机构	1 个营销中心
	物流配送机构	1 个物流中心、2 个配送站
	专卖稽查机构（需列出稽查队、专卖管理所）	9 个稽查队、32 个专卖管理所
	烟叶机构	—
销售卷烟	亿支	138. 75
	2013 年比 2012 年增加（%）	1. 98
卷烟销售收入（万元）		760 248
实现税利	万元	199 076
	2013 年比 2012 年增加（%）	3. 38
实现利润	万元	120 372
	2013 年比 2012 年增加（%）	2. 90
查处涉烟违法案件（起）		3 233
查处涉烟违法案件案值（万元）		1 087. 22
2013 年度烟草行业投入烟叶生产基础设施建设资金（万元）		—
全年烟叶生产基础设施新增受益面积（万亩）		—
烟叶种植（万亩）		—

（续表）

烟叶收购（万担）	—
烟农户数（户）	—
实现烟农总收入（万元）	—
零售户数（户）	32 490
零售户销售毛利率（%）	11.08

淮北市烟草专卖局（公司）

【概　况】

淮北市烟草专卖局（公司）成立于1981年，隶属于安徽省烟草专卖局（公司），下辖濉溪县烟草专卖局（营销部）、直属分局（营销部），属政企合一国有独资单位。总资产（年末值）58 966.99万元、固定资产（年末净值）2 957.93万元、流动资产为49 381.07万元、资产负债率为5.82%。从业人员总数315人，其中在岗职工302人，其他从业人员13人。

【生产经营】

2013年，实现销售收入119 814.3万元，同比108 271.36万元，增加11 542.94万元，增加10.66%；利税27 349.74万元，同比25 204.39万元，增加2 145.35万元，增加8.51%；利润15 141.61万元，同比14 103.88万元，增加1 037.73万元，增加7.36%。

2013年，共销售卷烟6.33万箱，同比增长1.49%。一类烟销售5 747.5箱，同比增长8.74%；二类烟销售11 436.94箱，同比增长23.71%；三类烟销售23 469.99箱，同比增长25.88%；四类烟销售11 314.75箱，同比下降18.98%；五类烟销售11 338.41箱，同比下降25.59%。卷烟销量前三位品牌："黄山"品牌销售37 323.72箱，同比增长12.30%；"红三环"品牌销售8 185.66箱，同比下降33.39%；"红梅"品牌销售2 073.73箱，同比下降1.68%。责任品牌销售1 162.35箱，同比增长8.85%；双低品牌销售8 804.42箱，同比增长62.37%；6毫克及以下卷烟销售458.02箱，增长57.71%；"黄山红方印"系列卷烟销售223.74箱，"万宝路"品牌销售35.18箱。重点品牌销售4 8679.76箱，同比增长11.04%。公司三项费用率6.06%。

【工作开展】

开展"百名零售户千名消费者调查""社会卷烟库存调查""年末卷烟市场调查"，全面掌控市场卷烟需求。召开卷烟销售周投放会、月度卷烟购销存讨论会、季度专销联动会，分解投放任务，制定投放策略，组织货源投放。以“三率三比”为重点，加强网上订货，增强网络运行能力。强化终端建设，推广“徽映 e 家”453 户，数据上传率 97.42%。突出品牌培育，加强品牌分析，注重品牌成长，有力促进结构提升、价格上扬、规格做精。

【物流建设】

认真贯彻落实省公司关于物流中心非法人实体运作实施意见要求，明确职能定位、统一资源配置、明晰核算标准、扁平组织结构、减少流程环节，逐步建立责、权、利相匹配的实体运作机制。协调宿州制定区域物流建设方案，优化整合淮北、宿州区域交叉重合线路，落实宿州驻点人员送货线路，区域物流建设取得新进展。

【专卖管理】

充分发挥政法烟草联席会议和烟草市场行政执法联席会议机制优势，开展“金龙二号”“金秋行动”“天价烟”治理等专项行动，切实加强市场监管力度。2013 年，查获 5 万元以上案件 6 起，移交公安机关案件 6 起，“国标”网络案件 1 起，“省标”网络案件 1 起，捣毁藏匿窝点 8 个，拘留 8 人，判刑 6 人，批捕 2 人。召开专销协同座谈会，增强专销结合力度，确保卷烟市场净化和销售稳定。全市无证无照经营户数量从1 137户下降到 394 户。成立淮北市局（公司）内部专卖管理监督委员会，配置专职分管内管副科长及专职内管员。建立内部专卖管理监督联席会议机制，完善内部专卖管理监督机制。建立市场异动信息上报制度，以定期检查和不定期抽查相结合，密切关注畅销品牌和非畅销品牌异动，严厉打击卷烟经营违法犯罪行为。组织开展夏季集训营，开设业务技能培训班，开通真假烟鉴别大讲堂，积极构建“四个一、四结合”培训模式。召开全市卷烟零售点合理布局规定听证会，广泛听取社会各阶层意见和建议，及时出台《淮北市卷烟零售点合理布局规定》。2013 年，共出动执法人员7 867人次；查处各类案件 649 起，同比下降 21.6%；查获各类非法卷烟10 813.1 条，同比下降 11.7%；其中假冒卷烟 284.5 条，同比下降 83.9%，非法流入卷烟10 528.6条，同比上升 0.5%；查获实物涉案值 144.1 万元；罚没款 11.3 万元。

【企业管理】

对照省局（公司）免检考评指标，开展自查与互查，顺利获得免检单位荣誉称号。完善预算执行管理办法，推行预算执行全过程动态监控机制，提高预算执行准确率。梳理定额标准 226 项，构建成本费用定额标准体系，实现成本费用精细化管理。加大安全投入，落实安全生产标准化规范，顺利通过省安监部门组织二级安全生产标准化达标验收。开展“全员学习”体系文件，完善标准体系，通过省局（公司）质量管理体系审核。强化科技创新人员队伍培训，选拔 4 名科技领军人物，组成 4 个科技创新团队，25 名青年业务骨干开展 4 个创新课题研究。通过悬挂宣传条幅、设立宣传点、上门走访宣传等形式开展一系列法制宣传教育活动。推进一卡通考勤软件、视频会议系统、物流监控中心、网络入侵检测系统项目建设。积极与淮北电大联系，推进校企联合办学研究，开展 34 名基层一线员工首批大专班教育，提高员工素质与能力。

【思想政治工作】

开展机关下基层走访工作，共查摆89个问题，制定整改措施112条。召开以“五问五查”为主要内容专题民主生活会和组织生活会。建立领导接待日制度，切实做好职工来访接待，帮助解决实际问题。

【企业文化活动】

成立机关团委，选举产生淮北烟草第一届共青团委。成立14个文体协会，开展21项协会活动。创办淮北烟草文化报，召开“成长·立”杯职工运动会，推进“成长·立”文化宣贯。

10月29日，举办淮北市局（公司）第四届职工运动会开幕式，历时近一个半月，12月11日，运动会闭幕。

10月31日，开展爱心助学捐赠活动。

11月1日至12月1日，淮北市局（公司）14个协会开展各类活动。

【特事要辑】

4月14~16日，省局（公司）免检考评组到淮北市局（公司）开展免检申报现场考评。

6月4~5日，省局（公司）副总经理董建江到淮北市局（公司）开展党的群众路线暨“改进作风年”活动集中调研。

7月16日，省局（公司）局长、总经理问武到淮北市局（公司）调研指导工作。

2013年淮北市烟草商业系统主要情况统计

地市级局（公司）名称		淮北市烟草专卖局（公司）
主要负责人/法人代表		张雪松
总资产（万元）		58 966.99
资产负债率（%）		5.82
所属县级局（个）		2
所属县级营销部（个）		2个营销部
从业人员（人）		315
所属业务机构	营销机构	1个营销中心
	物流配送机构	1个物流中心、1个中转站
	专卖稽查机构	2个稽查队、6个专卖管理所
	烟叶机构	—

销售卷烟	亿支	31.65
	2013 年比 2012 年增长（%）	1.49
卷烟销售收入（万元）		119 814.3
实现税利	万元	27 349.74
	2013 年比 2012 年增长（%）	8.51
实现利润	万元	15 141.61
	2013 年比 2012 年增长（%）	7.36
查处涉烟违法案件（起）		649
查处涉烟违法案件案值（万元）		144.1
2013 年度烟草行业投入烟叶生产基础设施建设资金（万元）		—
全年烟叶生产基础设施新增受益面积（万亩）		—
烟叶种植（万亩）		—
烟叶收购（万担）		—
烟农户数（户）		—
实现烟农总收入（万元）		—
零售户数（户）		9 136
零售户销售毛利率（%）		11.51

亳州市烟草专卖局（公司）

【概　况】

亳州市位于安徽省西北部，黄淮平原南端，其西部、北部与河南省接壤，西南部与阜阳市毗邻，东部与淮北市、宿州市相倚，东南部与蚌埠市、淮南市为邻。2000 年建立地级亳州市，辖谯城区（原县级亳州市）、涡阳县、蒙城县和利辛县。

亳州市烟草专卖局（公司）坐落于亳州市谯城区。其前身为安徽省烟草公司亳县分公司，成立于 1981 年 5 月。1985 年 3 月，亳县烟草分公司改称亳州分公司。1998 年 5 月，更名为安徽省烟草公司亳州市公司，同时成立亳州市烟草专卖局与安徽省烟草公司亳州市烟草公司一套机构、两个牌子。2000 年 5 月地级亳州市成立后，下辖涡阳县烟草专卖局、蒙城县烟草专卖局、利辛县烟草专卖局和谯城区直属分局四个县、区局（2013 年无变化）。企业总资产50 719万元、固定资产8 385万元、流动资产32 377万元、资产负债率8.75%。在岗员工总数1 011人，内退员工227人，离退休350人。

【生产经营】

2013年实现税利45 573万元，同比增加8 400万元，增幅18.43%，实现利润19 299万元，同比增加4 137万元，增幅21.43%。

全年卷烟实现销售收入237 841万元，同比增加28 212万元，增幅13.45%；实现卷烟税利44 364万元，实现卷烟利润20 040万元，同比增加3 866万元，增幅19.29%。

烟叶实现销售收入12 838万元，同比增加8 818万元，降幅219.35%；实现烟叶税利1 209万元，同比增加1 031万元，增幅575.98%；公司三项费用率11%，同比下降1.6个百分点。

2013年，实现卷烟销量66.1亿支（13.2万箱），上年同期为65.1亿支，同比增长1亿支，增幅1.6%；一类卷烟销量8.2亿支，上年同期为6.2亿支，同比增长2.0亿支，增幅31.3%；二类卷烟销量9.4亿支，上年同期为6.7亿支，同比增长2.7亿支，增幅40.0%；三类卷烟销量20.2亿支，上年同期为19.7亿支，同比增长0.5亿支，增幅2.6%；四类卷烟销量20.5亿支，上年同期为22.7亿支，同比减少2.2亿支，降幅9.7%；五类卷烟销量7.7亿支，上年同期为9.7亿支，同比减少2.1亿支，降幅19.9%。

2013年销量前三位卷烟品牌是“黄山”“红三环”和“雄狮”，分别销售32.8亿支、8.4亿支和4.4亿支；“532”品牌卷烟销量35.9亿支，同比增长5.0亿支，增幅16.0%；“461”品牌卷烟销售收入254 210万元，同比增长35 603万元，增幅16.3%；2013年卷烟实现销售收入（含税）278 274万元。

【营销网建】

2013年，亳州市局（公司）准确把握“稳中求进”总基调，严格按照“稳状态、促增长、建终端、强管理”要求，支持特色品牌共同发展，狠抓规范经营不放松，尊重市场需求，抓好旺季销售，合理调控市场，实现销量持续增长、零售价格基本稳定、市场需求较好满足，市场掌控能力显著提升，客户满意度持续提升。积极探索网上配货，大力建设现代零售终端，稳步推进“徽映e家”，切实发挥现代终端“六大功能”。

【专卖管理】

2013年，全市共查处各类涉烟案件1 817起，同比增加19.9%；查获各类涉案卷烟779.8万支，实物标值382.6万元；破获5万元以上大要案8起；查获涉烟网络案件7起，其中，国标3起，省标2起，市标2起。刑事拘留12人，逮捕11人，判刑17人，罚没款21.5万元。主要做法：一是强化市场监管，打团破网立新功；坚持“端窝点、断源头、打网络、抓主犯”，开展联合检查、专项行动，联合公安部门强化案件经营意识，加大案件追刑力度；协同工商部门加强无证户治理，管服结合强化宣传，试点运行APCD市场监管工作法，突出创新提高监管效率，为两烟生产营造良好市场氛围。二是强化内部监管，规范自律见成效。以合同监管为主线，规范烟叶生产经营行为，以治理非法流通为重点，严把货源投放关，夯实基础，促进内管机制高效运行。

【烟叶产销】

2013 年，亳州市局（公司）烟叶生产经营工作紧紧围绕“调整种植布局、提升烟叶质量、优化烟叶结构、打造特色品牌”工作思路，把提质增效摆在首位，坚持优化烟叶生产区域布局和种植品种，加快推进现代烟草农业和烟叶基础设施建设，着力提升亳州烟叶内在质量和外在形象，保证亳州烟叶生产可持续发展。

2013 年，全市共收购烟叶3 821.4吨（76 428担），圆满完成生产、收购任务。全年共落实烟叶种植面积24 892亩，签订合同2 096户，户均面积 11.88 亩，平均合同亩产 150.65 公斤；生产中建造育苗大棚 232 座、育苗工场 1 座；在生产规划范围内，新建 195 座密集烤房，新打机井 70 个，新修机耕路长达 14 公里；组建一个烟叶种植专业合作社，引进烟草农用机械 12 台，积极开展烟叶生产机械化作业试点工作。

【企业管理】

坚持严格规范，基础工作有突破。整顿规范有序进行，严格按照“三重一大”和整顿规范工作要求，加强“三项工作”项目监督管理。2013 年，实施“三项工作”项目 59 项，实施金额7 008万元，公开招标比例达 97.1%；稳步推进标准化建设和制度建设。本着“求实用、抓实效”原则，新增制度 114 项、修订制度 21 项，完善各项经营管理制度，并自主开发“烟草制度库”系统；在质量管理体系改版修订基础上，发布 487 个标准化文件；加强财务管理，注重审计监督。完善《费用管理办法》等制度，进一步规范财务管理工作流程，加强过程控制，切实发挥预算管控作用和审计监督作用，全年工程项目结算审计 71 项，送审金额 382.13 万元，审减 32.56 万元；修订完善绩效考核体系，稳步推进“管理创一流”；科技创新和 QC 小组活动取得成效。2013 年，申报并启动 4 项科技创新项目，一项 QC 成果荣获全省三等奖；严守规范推进基本建设，进一步提升信息化应用水平。

打造四型四力，队伍建设有突破。进一步打通三条通道，增强队伍活力。2013 年，按规定程序聘任专业技术和技能岗位 191 人，其中专业技术 3 人，二级技能岗位 5 人，三级技能岗位 39 人，四级技能岗位 144 人；围绕全面提升素质，加大员工教育培训力度。开展机关大讲堂和读书活动，大力开展业务骨干培训，出台《教育培训管理办法》，促进教育培训制度化、规范化、体系化。全年举办各类培训班 256 个，参训人员8 000余人次，外出培训 290 人次；加大技能鉴定力度，提高鉴定通过率。2013 年全市共申报鉴定 3 个批次 143 人次，通过率排全省前列。

优化发展环境，安全维稳有突破。以推进“平安工程”建设为抓手，以强化安全主体责任为核心，狠抓防火安全、车辆安全和施工安全，强化安全培训教育；强化各类应急演练，大力开展安全生产月活动，营造“关爱生命，关注健康”安全文化氛围；建立重要危险源动态管理和风险控制，从抓好“五个环节”和“五个重点”入手，严格内保管理，健全预防检查机制。2013 年，全市开展各类安全大检查 107 次，累计查出各类事故隐患 202 项，整改率达 100%；开展各类安全教育 92 场次，累计参加人数3 718人次，举办消防、交通等应急演练 14 次，累计参加人数 763 人次。在维稳方面，坚持以排查化解矛盾纠纷为主线，全面提高维稳工作能力，力争把历史遗留和发展中问题消化、解决在基层，维稳形势渐趋主动。在实际工作中，抓群体骨干，抓主要矛盾，面对面沟通交流，坚持原则，耐心疏导，情理交融，化解矛盾，全力以赴推进问题解决，发展环境日趋优化。

【文化活动】

1月10日，全体机关干部职工在“烟草机关大讲堂”上，观看红色经典党史纪录片《复兴之路》；16日，召开离退休老干部迎春座谈会。

2月6日，举办辞旧迎新蛇年春节联欢会；21日，组织全体机关人员观看央视2012年度感动中国十大人物颁奖晚会。

3月15日，开展“徒步普法行”活动。

4月6日，市局（公司）组织团员青年赴涡阳县新兴镇新四军纪念馆缅怀革命先烈。

5月2日，召开纪念“五四”青年节九十四周年座谈会。

6月4日，参加亳州市委市政府组织开展的2013年亳州市“江淮普法行”活动启动仪式及普法宣传；13日，举办企业文化内训师培训；15日，参加市委市政府组织开展“喜看亳州新变化”健身走活动；30日，亳州市局合唱代表队参加全市“颂歌献给党，激情展风采”迎“七一”合唱比赛活动。

7月1日，举办庆祝中国共产党成立92周年活动，组织党员干部观看党史教育片《风声》；7日，市局机关孙自强摄影作品“古城一角”在“美丽中国”安徽之旅摄影大赛中荣获优秀奖。

9月3日，举办“我的亳烟梦”演讲比赛；5日，亳州烟草五禽戏代表队参加2013年首届中国（亳州）国际健身气功博览会暨第五届中国（亳州）华佗五禽戏养生健身节开幕式“传统五禽戏”演出活动。11日至12日，与亳州市总工会联合举办亳州市职业技能大赛“徽映杯”真假烟鉴别竞赛。

10月15日，亳州烟草选送苏维娜、王国玺两名选手在全市廉政诗文诵读大赛中取得优胜奖；24日，通过唱歌曲、学模范、诵经典、倡爱心、学礼仪、送吉祥等六个环节内容，开展道德讲堂活动。

12月4日，在亳州市魏武广场参加全市大型普法宣传文艺汇演和法律咨询活动；5日，市局“徽映”志愿者服务队参加团市委“美丽亳州　志愿同行”青年志愿者服务活动；20日，举办“点燃智慧　开启情商”快乐沟通培训班。

【特事要辑】

1月8～9日，安徽烟草商业系统第一期法制巡回宣讲（北片）培训在亳州举行；16日，省局（公司）副巡视员曹永钦一行到亳州烟草开展春节慰问活动；25～26日，省局（公司）副巡视员陈爱群一行到亳州检查“天价烟”治理工作开展情况。

2月26～27日，省局（公司）副局长张靖江到亳州烟草调研指导工作。

3月12日，省局（公司）企业文化融合验收组到亳州烟草审核验收“成长·爱”文化融合工作；18～22日，省局（公司）审计组进驻亳州市局（公司），对法定代表人任期经济责任履行情况进行现场审计。

4 月 11～12 日，省局（公司）管理规范免检单位考评组到亳州市局（公司）开展管理规范免检单位年度考核评审工作。

5 月 29～30 日，省局（公司）副总经理董建江到亳州市局（公司）调研指导工作。

6 月 3～5 日，省局（公司）安全检查组到亳州烟草检查指导安全生产管理工作；8～9日，省局（公司）副总经理卓俭华到亳州市局（公司）调研“改进作风年”活动开展情况；14 日，亳州市局（公司）召开全市系统“改进作风年”活动转段动员大会。

6 月 27 日，省局（公司）调研组一行对亳州市局专卖内管工作调研指导。

7 月 3 日，省人大常委会执法检查组到亳州烟草视察指导“六五”普法工作；16 日，省局（公司）局长问武到亳州烟草慰问基层一线员工并进行工作调研。

8 月 1 日，省局（公司）信息安全专项检查组到亳检查指导“三全”工作；6～7 日，省局（公司）副总经理董建江到亳州市局（公司）听取开展党的群众路线教育实践活动意见，并对烟叶收购工作进行调研指导。

9 月 24 日，省局（公司）“六五”普法中期检查组到亳州烟草检查指导“六五”普法工作；26 日，市局（公司）召开全市系统“改进作风年”活动推进会。

11 月 24～25 日，全省系统（皖北片区）烟叶分级工职业技能鉴定在亳州市局（公司）举行。

2013 年亳州市烟草商业系统主要情况统计

地市级局（公司）名称		亳州市烟草专卖局（公司）
主要负责人/法人代表		李成贵
总资产（万元）		50 719
资产负债率（%）		8.75%
所属县级局（个）		4
所属县级营销部（个）		4
从业人员（人）		1 011
所属业务机构	营销机构	1 个营销管理中心、1 个订单部、4 个营销部
	物流配送机构	1 个卷烟配送中心、3 个中转站
	专卖稽查机构（需列出稽查队、专卖管理所）	1 个稽查支队、4 个稽查大队（包括 5 个稽查机动队、14 个专卖管理所）
	烟叶机构	1 个烟叶经理部、5 个烟叶工作站、1 个烟叶物资库
销售卷烟	亿支	66.1
	2013 年比 2012 年增加（%）	1.47

（续表）

卷烟销售收入（万元）		237 841
实现税利	万元	45 573
	2013 年比 2012 年增加（%）	18.43
实现利润	万元	19 299
	2013 年比 2012 年增加（%）	21.43
查处涉烟违法案件（起）		1 817
查处涉烟违法案件案值（万元）		382.6
2013 年度烟草行业投入烟叶生产基础设施建设资金（万元）		1 048.07
全年烟叶生产基础设施新增受益面积（万亩）		14 318
烟叶种植（万亩）		2.49
烟叶收购（万担）		7.64
烟农户数（户）		2 096
实现烟农总收入（万元）		8 144
零售户数（户）		19 891
零售户销售毛利率（%）		11.86

宿州市烟草专卖局（公司）

【概　况】

安徽省宿州市烟草专卖局、安徽省烟草公司宿州市公司成立于 1981 年，下辖灵璧、泗县、萧县、砀山四个县局及一个直属分局，辖灵璧、泗县、萧县、砀山、埇桥五个县（区）营销部。2013 年末总资产96 785.63万元、固定资产（年末净值）5 429.99万元、流动资产88 172.74万元、资产负债率 8.63%；从业人员总数 847（其中原聘用员工 600人）。

【生产经营】

2013 年卷烟实现销售收入274 004万元，同比增幅 11.69%；实现税利60 776万元、实现利润32 557万元，同比分别增加5 732万元、2 149万元，增长率分别为 10.41%、7.07%。

2013 年全市共销售卷烟79. 875 亿支，同比增量0. 557 亿支，增幅0. 7%。其中一类烟销售7. 789 5亿支，同比增量1. 830 5亿支，增幅 23. 5%；二类烟销售8. 726 5亿支，同比增量3. 002 亿支，增幅 34. 4%；三类烟销售 26. 83 亿支，同比增量3. 461 1 亿支，增幅 12. 9%；四类烟销售24. 456 5亿支，同比减少2. 323 4亿支，同比下降 9. 5%；五类烟销售12. 072 5亿支，同比减少2. 800 1亿支，同比下降 23. 2%。

2013 年全市销量居前三位卷烟品牌依次为“黄山”“玉溪”“红塔山”。其中“黄山”品牌销售 45. 2 亿支，同比增幅 9. 9%；“玉溪”品牌销售 1. 7 亿支，同比增幅 17%；“红塔山”品牌销售 1. 625 亿支，同比增幅 3. 8%。公司三项费用率 6. 49%。

【物流建设】

实施部门协同机制，多方联动，多措并举，全力以赴，积极应对，顺利经受住分拣和配送高峰期考验。利用一号工程机、喷码机等现有备用设备，重新设计组装异型烟分拣线1 条，实现异型烟分拣到户，打码到条。整合物流资源，探索开展跨区域送货和四改二、弹性送货、“代收”、“代送”等送货模式可行性试点工作。导入精益管理理念，制作“精益管理”现场看板，建立多层次、多角度 7S 现场管理考核评价体系，推行“六西格玛”管理，增强现代烟草物流建设发展后劲。

【专卖管理】

以市场整治、内部监管、优秀县级局提升、队伍建设四项工作为重点，夯实基础，完善机制，专卖管理水平得到进一步提升。强化市场整治。先后开展“金龙二号”“无证户整治”“金秋”“金秋二号”“清无”等专项行动，市场监管力全面提升。巩固完善政法、行政烟草联席会议机制，增强部门协作深度和广度，成功侦破案值百万元“4・02”无证运输案。完善内部监管体系。结合 APCD 工作法、3H 工作法及“四有、四查”工作法，制定《全市专卖稽查市管工作指导意见》和《内部专卖管理监督实施办法》，有效促进内部规范经营。推进优秀县级局创建。作为省局创优工作重点推进单位，明确“12345”创优目标，抓住基建、队伍、考核三大创优关键，优秀县级局创建工作全面有序铺开推进。加强专卖队伍建设。注重技能结构提升，定期组织培训竞赛，营造比学比优的氛围。加大基层人员轮岗换防力度，灵活检查频率、检查时间，增加错时稽查与突击检查，保持队伍工作活力。全年共查处案件2 361起，其中万元以上大案 47 起，查获各类违法卷烟45 202. 8条，刑事拘留 8 人，批捕 5 人，判刑 1 人。

【企业管理】

以创建优秀地市级局（公司）为契机，不断加大基础管理力度，贯标、安全、财务、审计、整顿规范等工作都有新提升。开展质量体系运行自查，持续改进体系运行水平，顺利通过省局（公司）“管理创一流”评价互查和质量管理体系省级行业审核。继续落实安全生产责任制，强化管理监督，推进岗位达标，深化隐患排查治理，全年安全无事故，顺利通过企业安全标准化二级达标认证、职业健康安全管理体系年度监督审核。强化预算审核和过程控制，修订《费用管理暂行规定》，制定费用定额标准体系，加强财务指标分析，财务部门当家理财、决策参谋作用有效发挥。加强项目审计，组织开展近三年来各类审计、税务检查发现问题专项整改，审计领域监督服务功能进一步拓宽和延伸。加大对整顿规范工作宣传与教育，与十六家驻宿工业企业签订《规范宣传促销承诺书》，组织开展卷烟规范经营自查、采购活动“回头看”“天价烟”“虚拟客户”和“‘网上订货’代订户”专项治理等一系列活动，规范经营意识与管理水平得到强化和提升。

【技术创新】

加强科技项目研究和自主创新，全面推进 QC 群众性创新活动，学习型组织建设、手机一卡通两个科技项目顺利通过省局（公司）组织项目验收，自主研发“宿州烟草专卖管理基础平台系统”获得国家版权局颁发计算机软件著作权登记证书，泗县虹栋 QC 小组获全省系统质量管理成果发布三等奖。

【法规工作】

面对不同普法对象，采取业余自学、集中培训、专题讲座、统一考试、参加案件庭审旁听等多种形式进行法制宣传教育，受到省局和地方“六五”普法中期检查督导组充分肯定。丰富宣传载体，继续办好《法治宿烟》期刊，制作依法行政宣传漫画，充分利用“3·15”“6·29”“12·4”“综治宣传月”和“江淮普法行”等活动契机，进一步提高普法宣传实效性和针对性。加强对经济合同、规范性文件、制度体系等审查力度，加强对行政执法责任制落实、案件办理、案卷制作等监督和审查，切实做到依法治企、依法行政。

【信息化建设】

深化集成整合，利用“云计算”思维，探索建立烟草零售客户信息分析模型。实施全市信息网络升级机关办公楼综合布线改造，市县专线带宽由 2M 全面提升至 20M，基层到市局（公司）由 VPN 接入全面实现 10M 专线接入。

【人事与劳资】

自主设计开发机关和基层考核系统，重新划定考核单元与层次，建立考核指标库和考核人员库，完善相关配套制度，以业绩为导向绩效考核体系初显成效。进一步规范管理、技术与技能三条薪酬通道，合理设计层级关系与收入水平，拓宽员工职业生涯发展通道。对全市劳动用工及需求进行检查、摸底，规范全市系统劳动用工编制，对保洁、保卫、餐饮服务等业务实行外包。创新组织管理模式，重新设计县级局组织机构图，对相关业务流程再造，真正推进专销一体化。创新教育培训模式，以电子学习机为载体，开发员工在线学习平台系统，积极开展“读书与研究”活动和《全省系统学习型组织建设模式》课题研究，健全和完善员工教育培训激励约束机制，增强培训针对性和有效性。

【思想政治工作】

以增强和培养员工“六感”为核心，开展员工思想动态调研，举办“面对变革，我们该怎么做”培训宣讲会，“我们要到哪里去，我们未来是什么样的，我们未来的目标是什么”大讨论，以“凝心聚力·共促成长”为主题新老员工“传帮带”等活动，全体员工危机感、责任感、紧迫感、自豪感、成就感、归属感等“六感”明显增强。采取中心组学习、民主生活会、专题报告、交流座谈等多种形式，组织干部职工认真学习领会党的十八大和十八届三中全会精神。开设“改作风提效能”意见征求网上互动平台，召开群众路线专题民主生活会，印发《关于改进工作作风密切联系群众的具体要求》，开展“改进工作作风、密切联系群众”，“四风”问题大讨论和网上问卷调查、干部作风“大家评”“点燃激情、提升效能”“找问题、促整改、谋提升”等活动，狠抓作风转变，提升工作效能，彰显行业形象。

【企业文化活动】

结合宿州烟草30年辉煌历史和发展现状，组织开展“企业愿景、企业使命、企业核心价值观”用语征集活动，进一步突出企业文化导向、凝聚和规范功能，以企业文化引领企业发展。丰富载体，组织开展春季和秋季职工运动会，“提高思想认识、规范工作行为、塑造阳光心态”大讨论，员工大讲堂和道德大讲堂等丰富多彩文体活动。加强“成长·凝”文化宣贯和“徽映”服务品牌建设，在全市系统开展六场员工行为规范巡回宣贯培训，使广大员工在参与中认知、认可、认同“成长·凝”文化。

1月31日，宿州市局（公司）机关各部门与基层员工“结对”开展新春联欢；同日，宿州市局（公司）召开离退休老干部迎新春茶话会。

5月20～26日，宿州市局（公司）举办“徽映”杯2013年春季职工运动会。

6月13日，宿州市局（公司）举办主题为“面对变革，我们该怎么做”培训宣讲会；6～12月份，宿州市局（公司）2013年“读书与研究”活动取得明显成果，全市系统共撰写读书心得435篇、学术论文43篇。

“七·一”前夕，宿州市局（公司）组织开展新《党章》知识测试暨观看《廉政中国》警示教育片系列活动，纪念中国共产党成立92周年；中下旬，宿州市局（公司）开展“塑造阳光心态”大讨论优秀征文评选表彰活动，从61篇征文中评选出11篇优秀征文进行通报表彰。

8月29日，宿州市局（公司）召开职工子女代表座谈会，关心下一代健康成长。

9月1日，宿州市局（公司）开展“员工心态与职业状态”主题培训，特邀国学名家张诚笃先生主讲；3日，宿州市局（公司）召开新进员工座谈会；4日，宿州市局（公司）召开“结对传帮带”工作座谈会。

9～11月份，宿州市局（公司）开展“我们要到哪里去，我们的未来是什么样的，我们未来的目标是什么”主题征文活动，收到征文48篇，评选表彰优秀征文10篇。

10月11日，宿州市局（公司）召开“迎重阳”老干部茶话会；16～17日，宿州市局（公司）举办“徽映”杯2013年秋季职工运动会决赛；10月20日至11月10日，宿州市局（公司）开展“企业愿景、企业使命、企业核心价值观”表述用语征集活动。

12月27日，宿州市局（公司）举办宿州烟草、宿州移动青年员工联谊会，共话友谊、喜迎新年。

【特事要辑】

1月15日，省局（公司）总会计师贾零霓到宿州市局（公司）开展春节前走访慰问；16日，省局（公司）副总经理董建江受邀到宿州市局（公司）做企业成长专题报告；25日，召开“天价烟”专项治理专销联席会，安排部署节日期间“天价烟”专项治理工作；29日，省局（公司）问武局长到宿州开展调研。

2月4日，宿州市政法、行政烟草联席会议暨全市卷烟打假工作第十次联席会议、烟草市场行政执法第五次联席会议在宿州市烟草局召开，市政府副秘书长叶立民、市政法委副书记史耘出席会议；28日，宿州市局（公司）召开2013年工作会议。

3月14日，宿州市局（公司）对工业企业驻宿人员开展规范宣传促销行为专题培训，并签订《规范卷烟宣传促销承诺书》；27日，宿州市局（公司）顺利通过安全生产标准化二级企业达标认证。

4月22日，召开“凝心聚力·共促成长”结对传帮带座谈会，讨论交流离退休老干部与青年员工结对传帮带具体实施办法。

5月14~16日，组织开展干部作风“大家评”活动。

6月17~25日，宿州市局（公司）围绕“改革、规范、成长”行业发展主题，在全市系统范围内开展员工思想动态调研。

7月10日，宿州市局召开优秀县级局重点推进动员会；18日，省局（公司）纪检组长鹿军到宿州开展慰问调研。

8月7日，省局（公司）副局长张靖江到宿州市局（公司）调研党的群众路线教育实践活动。

9月5日，召开黄山（喜庆红方印）上市启动会。

11月19~20日，召开2013年党员领导干部专题民主生活会。

12月11~12日，省局（公司）副巡视员时玉玲到宿州市局（公司）调研；20~27日，开展《物权法》巡回培训。

2013年宿州市烟草商业系统主要情况统计

地市级局（公司）名称	宿州市烟草专卖局（公司）
主要负责人/法人代表	丁惠萍
总资产（万元）	96 785. 63
资产负债率（%）	8. 63
所属县级局（个）	5
所属县级营销部（个）	5个营销部

（续表）

从业人员（人）		847
所属业务机构	营销机构	1 个营销中心
	物流配送机构	1 个物流中心、5 个配送站
	专卖稽查机构（需列出稽查队、专卖管理所）	5 个稽查队、17 个专卖管理所
	烟叶机构	—
销售卷烟	亿支	79.875
	2013 年比 2012 年增长（%）	0.7
卷烟销售收入（万元）		274 004
实现税利	万元	60 776
	2013 年比 2012 年增长（%）	10.41
实现利润	万元	32 557
	2013 年比 2012 年增长（%）	7.07
查处涉烟违法案件（起）		2 361
查处涉烟违法案件案值（万元）		487.3
2013 年度烟草行业投入烟叶生产基础设施建设资金（万元）		—
全年烟叶生产基础设施新增受益面积（万亩）		—
烟叶种植（万亩）		—
烟叶收购（万担）		—
烟农户数（户）		—
实现烟农总收入（万元）		—
零售户数（户）		26 509
零售户销售毛利率（%）		11.46

蚌埠市烟草专卖局（公司）

【概　况】

蚌埠市烟草专卖局、安徽省烟草公司蚌埠市公司于 2000 年 3 月分设成立，辖怀远、五河、固镇三个县局和一个直属分局。2013 年末总资产76 143.67万元、固定资产（净值）4 211.13万元、流动资产64 082.56万元、资产负债率 7.41%。在岗员工总数 515 人。

【生产经营】

2013 年，蚌埠市局（公司）实现税利 5.14 亿元，同比增长 15.61%；实现利润总额 2.80 亿元，同比增长 19.03%。

全市销售卷烟 57.98 亿支，同比增长 1.45%，其中：8 毫克以下卷烟销售 8.16 亿支，同比增长 96.2%；“黄山”品牌销售 33.28 亿支，同比增长 11.3%。

2013 年，销量居前三位卷烟品牌分别为：“黄山”“红三环”“雄狮”，三个品牌全年销售总量为 42.92 亿支，其中：“黄山”销量 33.28 亿支，同比增长 11.29%；“红三环”销量 6.27 亿支，同比下降 31.45%；“雄狮”销量 3.37 亿支，同比增长 40.32%；

2013 年，卷烟实现销售收入 22.93 亿元（不含税），同比增长 13.44%。三项费用率 6.77%。

【营销网建】

一是网络建设优化升级。坚持“一日一提升”策略，紧扣建设、服务、货源等标准，出台美好终端配套制度，分别打造优质、功能及现代终端达标客户4 828户、360 户和 135 户，形成以美好终端为主体、普通终端为基础，工商零共同面向消费者的现代服务营销体系。围绕货源投放、卷烟需求、工作质量等客户关注焦点，以“徽映服务工作标准体系”为核心，开展“亲情帮扶，徽映你我”服务主题实践活动、服务提升专项行动和农村卷烟市场“百名零售户千位消费者”调查活动。全年客户卷烟毛利保持在 10% 以上。二是科学营销扎实推进。推进网上订货、电子结算，推广“徽映 e 家”终端功能平台和“烟草贷记卡”业务，探索建立以客户成长为主导的货源分配策略。全年网上订货户9 856户，城镇网上订货率和订货成功率分别为 93.06%、97.77%，大幅超过预定目标；开通“借转贷”业务客户2 097户，占总户比 15.11%。

【物流建设】

实施分拣线整合和“6+1”柔性送货工作模式，推进“7S”管理和精益物流，单箱可控费用、万箱物流用工及用车、人均配送量和单车配送量等效率指标居全省前列。大力开展科技创新、节能降耗、岗位演练等竞赛活动，以“五型创建”深化卓越班组建设体系，相关经验在全省会议上作书面交流发言。率先在全省同城间实现硬盒“黄山”“黄山一品”两规格的包装箱循环利用，同城卷烟包装箱交付率 98% 以上，循环利用率达 59%。积极推进同城即时物流，探索工商一体库及运行新模式。

【市场监管】

一是卷烟打假态势高压。健全政府主导打假打非协作机制，密切行政执法联席部门协作，形成打击合力。立足“三个转变”，推行网格化管理，以“APCD”工作法优化监管模式，密集开展各类针对性专项行动。二是监管长效机制继续完善。全面开展零售户轮训，创新开展“送法律上门”活动，提升终端依法、诚信经营意识。继续推进打假进社区（乡村）工程，对 15 个进驻社区、10 个进驻制假村进行综合考评，评选先进单位各 3 个，优秀联络员和协管员各1名，社会参与打假积极性进一步调动。利用“3·15”“6·29”“12·4”契机，面向社会做好“六五”普法宣传。强化许可证审批发放管理监督，有序推进新版许可证换发工作。三是内管力度不断加大。成立组织，建立机制，科学运作，以“大内管”工作思维带动专卖内管工作上水平。围绕同级监管、信息化监管和下脚料监管等重点，通过季度辖区工商企业全面检查、基层单位季度互查、召开工业驻蚌代表联席会、加强天价烟治理、组织专项治理等形式，不断提高规范生产经营意识。四是优秀县级局创建创新推进。优化队所布局，加强基础建设，扎实开展月考、季赛、年度大比武、专卖“一口清”等岗位练兵活动，以执法人员素质全面提升，带动基层行政执法主体建设，促进优秀县级局创建持续深入开展。开展“法律六进”活动，开办“与法同行”电视栏目，五河县局“执法辩论赛”深化规范行政执法良好氛围。

2013年查获各类涉烟违法案件1 016起，查获各类非法卷烟946万支，实物案值611万元，判刑8人，拘留25人，20万元以上大要案9起，其中符合省局标准网络案件3起，“2·05”国标案件案值达325万元，被列为公安部挂牌督办案件。

【规范管理】

一是一流管理收效初显。完善质量建设体系文件，以“一流的目标管理机制的研究与应用”课题研究为引领，探索构建全面覆盖、自上而下、层级支持的三级目标指标体系，实现质量目标层级管理、梯次推进、循环控制和持续改进。实施管理、岗位对标，健全指标体系、运行体系、考核体系“三大对标体系”，人均劳动生产率、人均销售收入等效率指标适度递增，三项费用率、人工、物流等费用指标得到有效控制。二是创新驱动持续发力。实施项目带动战略，2013年，公开发表科技论文4篇，共开展科研项目38项，被列为省局面上项目2项，取得科技成果17项。成立QC小组24个，自主发布成果12个，获省公司2013年科技进步奖3项，省优秀QC小组1个，其中，“廉政风险预警防控体系研究”课题荣膺“科学技术进步三等奖”，“提高责任品牌销量目标完成率”课题获“安徽省优秀质量管理小组”称号。三是规范管理水平提升。正确摆正规范与发展关系，夯实干部员工规范从业意识。健全规范管理制度体系，加大监督检查力度，被省纪委、监察厅授予“廉政文化建设示范点”称号，连续第四次被省局评为“管理规范免检单位”。对金额小、频次高的采购项目，实行合理打包、归类整合，采购由分散变集中招标、由零星变批量招标，全年采购金额0.59亿元，公开招标金额占比91.53%。以全面预算管理、成本费用控制为财务管控重点，构建以主要可控费用标准、资产配置标准、归口部门定额标准三层重点预算定额标准体系。完成审计项目6项。创新督查模式，加强四岗互控，发挥96300热线实效，省公司订货录音监好评率保持100%。改版《蚌烟实报》，升级企业网站，编印《成长参考》，强化稿件编审和舆情监督，完善宣传考核、奖评制度。安全生产责任制全面落实，通过省安监局安全生产标准化二级达标验收，省局复评名列首位，并代表全省以第一名成绩通过国家烟草专卖局下半年安全检查。四是办事公开民主管理再添殊荣。围绕“七类十三项”重点节点，细分形成二、三级目录和面向全省13类36项可公开内容，及8个公开“监督点”，延伸推动基层民主公开。规范合理化意见建议管理和职工代表大会程序，实行“一议一案一反馈”，先后召开职代会、议事会5

次，组织49名职工代表，参与23项重要决策、重大事项过程监督，职权行使和参与监督渠道得到保障。

【人力资源】

一是人事制度改革深化。分析核定基层单位内设机构、干部职数及人员编制，人员实行跨区域、部门调配。加强对科级、股级干部日常管理和考核，鉴定结果作为调配依据，全年公开选拔科级干部2人、选聘机关管理人员5人，提拔基层股级干部及股级后备各2人、安全工程师1人。二是员工素质切实提高。依托分类分级分层培训模式和“实映”职工学校，探索校企合作培训模式，加大技术技能人才聘任力度。大专以上学历人数占总人数54%，干部大专以上学历占94%以上，其中研究生学历占10%；4名同志被续聘、聘任为中级专业技术职务，1名基层员工聘任为技师，聘任高级工、中级工人数达到持证人数81.4%和80%。三是竞赛练兵狠抓不懈。分类明确岗位练兵重点，六大序列日常技能训练和季赛、半年赛经常性开展，专卖、营销、文化、安全信息工程等师级人才数量逐年递增。固镇县局“学习型组织”创建取得明显进步。2013年全省技能大赛中，财审、专卖和信息序列分别取得团体第一、二、三名佳绩，共计5人登榜“十佳”。四是绩效体系更为完善。完善年度绩效管理实施办法，新修订月度绩效考核办法，更注重关键绩效指标设计，将月度和季度绩效考核指标有机结合，突出重点难点，实现重心下移，二次绩效考核分配有效提升全员参与管理积极性。

【文明创建】

一是工作作风全面加强。出台《加强作风建设促进企业健康发展实施意见》长远规划，开展“改进作风年”、“弘扬‘六实’精神，强责任转作风”两大主题教育实践活动及作风整顿专项活动，并进行“回头看”。成立专项机构，修订实施细则，规范公务接待，清理办公用房，封存公务用车2辆，业务招待费、会议费和公车费同比降幅为38.5%、71.2%和7.2%。领导干部带头与基层同吃同住，每周公示工作日志，季度撰写调研报告，帮助员工、客户解决实际问题。二是大力宣贯“成长·实”文化。制定文化及思想政治工作推进实施方案和“我的价值观”大讨论活动方案，开展示范标兵先进事迹巡回宣讲、“亲近基层、感受成长”主题宣传、“心存感恩、爱岗敬业”员工大讲堂等活动。举办企业文化周活动，中华经典诵读、歌唱公民道德之歌、社区友情演出和标杆员工、优秀客户表彰等系列主题，集中展示文化建设、文明建设和“徽映”服务品牌推广成果。三是创新推进党建共建。加强党支部自身建设，推广党建三级管理模式，筹办中国共产党成立92周年纪念活动。以提升零售终端建设能力为目标，以丰富党员客户“双重组织生活”为载体，以创争“一店三区”为手段，建立健全基层党组织与卷烟零售终端党员客户共建互动机制。

【文化活动】

2月5日，市局（公司）举办“共创美好未来”2013年迎新春职工联欢会。

3月14日，市局（公司）参加保护母亲河——2013年“齐心植树添绿　共建生态蚌埠”青年义务植树活动。

5 月 30 日，蚌埠市局（公司）举行“徽映”爱心基金成立仪式。

6 月 28 日，市局（公司）召开中国共产党成立 92 周年庆祝大会。表彰先进基层党组织和优秀党员及领导干部专题党课教育活动。

8 月 21 日，市局（公司）积极响应市总工会关于“金秋助学”活动号召，慰问市贫困职工和贫困农民工家庭中当年考取大学 10 名学子，为每位学生送去3 000元慰问金。

10 月 20 日，市局（公司）举办第十二届职工运动会。

12 月 20 日，蚌埠市局（公司）举办“成长·实”企业文化周暨结对共建慰问演出活动。

【特事要辑】

1 月 18 日，省局（公司）副总经理董建江到蚌埠市局（公司）走访慰问；1 月 22 日，蚌埠市 2013 年烟草专卖管理领导小组会议在市烟草专卖局顺利召开。

5 月 15 日，省局（公司）局长、总经理间武到蚌埠市局（公司）调研指导工作。

10 月 9 日，省局（公司）科技处邀请行业相关领域专家，在蚌埠组织召开科技项目验收会，对淮北、宿州、蚌埠市烟草公司 6 项科技项目进行验收。

10 月 25 日，安徽省总工会民管部负责人，到蚌埠市局（公司）指导办事公开民主管理工作；31 日，国家局第四安全检查组到蚌埠市局（公司）开展下半年安全检查。

11 月 7 日，国家局整顿办到蚌埠市局（公司）进行专题调研。

12 月 6 日，省总工会厂务公开民主管理调研检查组到蚌埠市局检查指导厂务公开民主管理工作。

2013 年蚌埠市烟草商业系统主要情况统计

地市级局（公司）名称		蚌埠市烟草专卖局（公司）
法人代表/主要负责人		童学根
总资产（万元）		76 143.67
资产负债率		7.41
所属县级局数量（个）		4
所属县级公司数量（个）		—
所属县级营销部（个）		4
从业人员（人）		515
所属业务机构	营销机构	1 个本级营销部、1 个订单部
	物流配送机构	1 个配送中心
	稽查机构	4 个稽查队、10 个烟草专卖管理所
	烟叶机构	—

销售卷烟	亿支	58.0
	2013 年比 2012 年增加（%）	1.5
卷烟销售收入（万元）		229 343.98（不含税）
实现税利	万元	51 311
	2013 年比 2012 年增加（%）	15.61
实现利润	万元	28 043
	2013 年比 2012 年增加（%）	19.03
查处涉烟违法案件（起）		1 016
查处涉烟违法案件案值（万元）		611
2013 年度烟草行业投入烟叶生产基础设施建设资金（万元）		—
全年烟叶生产基础设施新增受益面积（万亩）		—
烟叶种植（亩）		—
烟叶收购（担）		—
烟农户数（户）		—
实现烟农总收入（万元）		—
零售户数（户）		13 913
零售户销售毛利率（%）		10

阜阳市烟草专卖局（公司）

【概　况】

阜阳市烟草专卖局、安徽省烟草公司阜阳市公司建立于 1981 年，2000 年与阜阳卷烟厂分设。下辖临泉、阜南、太和、颍上、界首 5 个县级烟草专卖局、营销部和 1 个直属分局、营销部。2013 年底总资产（年末值）12.23 亿元、固定资产（年末净值）1.10 亿元、流动资产 9.28 亿元、资产负债率 7.93%。从业人员总数1 218人，其中聘用员工 586 人。

【生产经营】

2013 年全市销售卷烟 115.34 亿支（23.08 万箱），同比增长 1.4%。其中一类烟 12.01 亿支（2.4 万箱），同比增长 31.46%；二类烟 19.24 亿支（3.85 万箱），同比增长

40. 5%；三类烟 31. 76 亿支（6. 35 万箱），同比下降 2. 55%；四类烟 34. 15 亿支（6. 83 万箱），同比下降 5. 55%；五类烟 18. 18 亿支（3. 64 万箱），同比下降 18. 21%。

全年销量前三位卷烟品牌为："黄山""红三环" 和 "红梅"，销量分别为：57. 25 亿支（11. 45 万箱）、12. 46 亿支（2. 49 万箱）、7. 12 亿支（1. 42 万箱）。

全年实现卷烟（不含税）销售收入400 511. 97万元，同比增长 13. 3%；实现税利92 832. 35万元，同比增长 15. 5%；实现利润51 122. 72万元，同比增长 16. 99%。

2013 年，实现烟叶销售收入 1792. 87 万元，同比增长 86. 02%；三项费用率 5. 68%。

【市场营销】

积极实施品牌生态管理，加大重点品牌、责任品牌、"双低" 品牌和 "黄山" 品牌培育力度。"532" "461" 重点品牌增长势头强劲：累计销售 "532" 重点品牌 61 亿支（12. 2 万箱），同比增长 14. 7%，高于全省平均水平 3. 2 个百分点；占一至三类烟销售比重 96. 5%，同比提升 0. 8 个百分点。实现 "461" 品牌销售收入 42. 6 亿元，同比增长 15. 5%，高于全省平均水平 4. 7 个百分点；占总收入比重 90. 8%，同比提升 1. 7 个百分点。"双低" 品牌引领作用增强：累计销售焦油含量 8 毫克（含）以下卷烟 17. 5 亿支（3. 5 万箱），增长 68. 2%；占总销量比重 15. 3%，低于全省平均水平 0. 2 个百分点。累计销售 6 毫克（含）以下卷烟 0. 85 亿支（0. 17 万箱），同比增长 452. 4%；占总销量比重 0. 7%，低于全省平均水平 0. 2 个百分点。"责任品牌" 市场基础不断巩固："责任品牌" 累计销量7 822. 3 箱，同比增长 12. 6%，各品牌均实现增长。 "双喜 + 红双喜" 增长 11. 32%（"红双喜" 增长 13. 4%、"双喜" 增长 8. 6%）、"七匹狼" 增长 9. 5%、"金圣" 增长 16. 4%、"娇子" 增长 3. 3%、"云烟" 增长 15. 9%。"黄山" 品牌优势地位更加凸显：累计实现 "黄山" 品牌销量 11. 5 万箱，同比增长 7. 6%，占销量比重 49. 6%，同比提高 2. 9 个百分点；其中，销售三类以上黄山卷烟 7. 4 万箱，同比增长 11. 8%。

持续深化网上订货、网上配货、网上结算、网上营销 "四网合一" 现代营销网络建设，发展网上订货客户24 707户，网上订货率 90. 1%，订货成功率 97. 6%。网上订货量和订货金额比重分别达 93. 65%、94. 34%。发展网上配货客户 650 户，发展 "徽映 e 家" 客户1 399户，选取 9 名客户试点推行网上结算。2013 年终端达标客户 173 户，优质化在建客户、功能化在建客户分别为1 132户、28 户，占总零售客户 5. 04%。以提升服务为核心，积极开展亲情帮扶，实施差异化、个性化服务，着力构建新型客我关系，零售客户满意度和盈利水平不断提升。

【物流建设】

全面推进 "精益物流、科技物流、人本物流" 建设，不断优化业务模式，提升客户订单响应速度。继续整合送货线路、优化资源配置，物流成本费用大幅下降，物流运行质量和保障能力明显提升。"单箱人工费用" 和 "单箱物流费用" 两项指标位居第 1 位。与安徽中烟阜阳卷烟厂协作开展卷烟包装箱循环利用，省产卷烟包装箱回收率突破 90%。新卷烟物流中心开工建设。

【专卖管理】

深化优秀县级局创建，加强和完善基层专卖管理，在全市范围内设置6个稽查队，24个专卖管理所。探索建立柔性执法环境下专卖市管“136”工作模式。与工商部门建立烟草市场监管协作机制，加大对无证经营行为治理；与交通部门联合开展道路和物流运输环节专项治理。发挥政法烟草和行政执法联席会议机制作用，组织开展系列专项行动。加强与公安治安部门协作，加大案件经营和追刑力度。全年查处案件1 440起，其中5万元以上案件22起。查获各类卷烟0.2亿支（0.04万箱），同比增长30%。案值808万元，罚没款72万元，刑事拘留10人，判刑16人。内部监管全面加强，健全内管组织机构，完善制度体系，做好“两烟”生产经营日常监管，组织开展卷烟规范经营专项检查。对阜阳烟厂生产经营活动进行专卖管理监督。积极稳妥做好零售许可证延续换证工作。通过开展业务培训、技能比武和月度测试，提升队伍素质，激发队伍活力。

【烟叶产销】

继续加强烟叶种植基础，严格规范管理，降低生产投入，优化烟叶结构。全面推广应用漂浮育苗、单株定量施肥、密集烘烤等关键技术，从冬翻、起垄、覆膜到移栽、剪叶全程机械化生产，烟叶生产模式、机械化应用和技术创新方面扎实推进，烟叶产量、质量较往年有较大提高，烟农队伍建设进一步加强。2013年种植烟叶0.58万亩，主要分布于太和县苗集、宫集、坟台、三堂4个乡镇。签订种植合同65户，户均面积90亩。收购烤烟0.104万吨（2.08万担）。其中：上中等烟占比86.95%。收购均价15.93元/公斤，亩产突破350斤，烟农总收入1 839万元，户均收入28万元。2013年新建密集烤房100座，机灌井67眼，机耕路13.2公里，投入烟叶生产基础设施建设资金414万元。

【企业管理】

积极开展“管理创一流”活动，参与并接受省局交叉检查。在全省管理创一流学术论文评选中，申报3篇论文全部获奖，其中1篇获得第二名。健全目标体系，发挥目标引领作用，加强痕迹化管理，持续改进体系建设。科技创新取得突破，自主立项课题2项，公开发表科技论文6篇，申报注册QC小组23个。深化对标管理，前三季度，对标指标综合评价在全省系统排名第6位，前进1位。加强资产管理，有效解决权证不齐问题。强化预算管理和资金监管，重点费用控制在省局批复数之内，组织开展税收风险自查。审计监督服务作用充分发挥，全年完成审计项目26项，取得直接经济效益128万元。法制建设继续推进，普法宣传、行政执法监督力度继续加大，评查案卷180份，审查合同138份，清理规范性文件3件，修订废止2件，企业依法管理水平进一步提升。以完善和深化信息技术应用为重点，不断增强信息技术对各项业务的保障和支撑作用。严格规范程序运作，加快基建项目建设，新物流中心和职工住宅项目顺利开工建设。安全维稳、新闻宣传、舆情监控、后勤服务有序运转，充分发挥各自职能作用，助推企业全面协调发展。

【队伍建设】

按照"政治做强"要求，加强领导班子和干部队伍建设，坚持党组中心组学习制度，认真学习贯彻党的十八大、十八届二中、三中全会和习近平总书记系列讲话精神。严格执行中央"八项规定"和一系列禁令，切实抓好企业年金、住房公积金规范整改工作；认真做好会员卡、违规车辆和超标办公用房清理腾退；坚持厉行节约，反对铺张浪费，差旅费下降12%，会议费下降85%，业务招待费下降33%。狠抓作风建设，以"四个三"活动为载体，推进"改进作风年"活动深入开展，做实"规定动作"，突出实践特色，培养"六实"作风，以实际成效助推企业成长，得到省局充分肯定。完成支部改选和机关党委换届工作，健全廉政风险防控机制，开展"廉政文化进企业"活动，党的基层组织建设和党风廉政建设深入推进。继续深化人事用工分配制度改革，规范劳动用工关系，做好工资普调，认真落实离退休人员"两项待遇"。深入开展"成长·蕴"文化和"徽映"服务品牌宣贯活动。市局（公司）连续两届荣获市级文明单位，被省妇联、省文明办等四部门联合授予"安徽儿童公益慈善爱心奉献奖"，被国家绿化委授予"全国绿化模范单位"，彰显行业形象。

【文化活动】

3月29日，"成长·蕴"环保徒步拉练活动。

6月中下旬，"成长·蕴"职工掼蛋比赛。

7月25～31日，开展"追梦阜阳"理论研讨征文及"好书伴我行"主题征文。

8月下旬，举办全市系统"成长·蕴"文化乒乓球赛。

9月24～29日，举办"蕴·文化"全市系统篮球赛。

10月29～31日，举行"蕴·文化"杯职工羽毛球赛。

11月27日，全市系统开展"成长·蕴"文化拔河比赛。

【特事要辑】

1月16日，省局（公司）副巡视员陈爱群到阜阳市局（公司）走访慰问老党员、老干部、一线员工、烟农和零售户；21日，市局（公司）召开2012年度中层干部述职大会。

2月2日，市局（公司）召开2013年工作会议；25日，市局（公司）开展"三比、三学、三讲、三真"活动，学习贯彻十八大精神，加强作风建设。

4月19日，市委常委、副市长刘辉携土地、规划、监察、财政等部门负责人一行到市局（公司）调研指导工作。

5月13日，阜阳市委副书记、市长李平深入阜阳卷烟物流配送中心项目建设现场，实地调研指导项目建设。

6月5日，市局（公司）党组成员、纪检组长李海峰带队走进市纪委、市监察局、市纠风办和市广播电台联合举办的"政风行风热线"栏目，就社会各界普遍关注的行业热点问题，接听群众投诉、咨询和建议，与群众直接进行交流。

6 月 7 日，省局（公司）副总经理卓俭华到阜阳市局（公司）开展党的群众路线暨“改进作风年”活动调研。

6 月 28 日，中国烟草销售公司信息部主任李念庆率调研组，到阜阳市公司重点调研“徽映 e 家”零售客户经营管理系统运行情况。

7 月 15 日，全省系统皖北片 2013 年度第四期（卷烟营销类）法制巡回宣讲在阜阳举办。

7 月 17 日，省局（公司）副局长张靖江到阜阳市局（公司）调研指导工作。

8 月 6 日，国家局副局长何泽华到阜阳市局（公司）调研指导工作。

8 月 8 日，省局（公司）巡视员、副总经理卓俭华到阜阳市局（公司）开展党的群众路线教育实践调研活动。

11 月 4 日，由省政府法制办和省局法规处组织的 2013 年烟草专卖行政执法资格认证培训考试在阜阳市局举办。

11 月 25 日，市局（公司）召开专题会议认真学习贯彻十八届三中全会精神。

12 月 2 日，市局（公司）党组召开 2013 年“改进作风年”专题民主生活会。

12 月 9 日，省局（公司）副巡视员陈爱群到阜阳市局（公司）开展综合调研。

2013 年阜阳市烟草商业系统主要情况统计

地市级局（公司）名称		阜阳市烟草专卖局（公司）
主要负责人/法人代表		胡志刚
总资产（万元）		122 257. 19
资产负债率（%）		7. 93
所属县级局（个）		6
所属县级营销部（个）		6
从业人员（人）		1 218
所属业务机构	营销机构	1 个营销中心
	物流配送机构	1 个物流中心、3 个配送站
	专卖稽查机构（需列出稽查队、专卖管理所）	6 个稽查队、24 个专卖管理所
	烟叶机构	1 个烟叶生产经营中心（下设 1 个烟叶站）
销售卷烟	亿支	115. 34
	2013 年比 2012 年增加（%）	1. 4
卷烟销售收入（万元）		468 599（含税销售收入）
实现税利	万元	92 197. 32
	2013 年比 2012 年增加（%）	14. 41

<table>
<tr><td rowspan="2">实现利润</td><td>万元</td><td>50 191.78</td></tr>
<tr><td>2013 年比 2012 年增加（%）</td><td>16.04</td></tr>
<tr><td colspan="2">查处涉烟违法案件（起）</td><td>1 440</td></tr>
<tr><td colspan="2">查处涉烟违法案件案值（万元）</td><td>807.93</td></tr>
<tr><td colspan="2">2013 年度烟草行业投入烟叶生产基础设施建设资金（万元）</td><td>414</td></tr>
<tr><td colspan="2">全年烟叶生产基础设施新增受益面积（万亩）</td><td>0.06</td></tr>
<tr><td colspan="2">烟叶种植（万亩）</td><td>0.58</td></tr>
<tr><td colspan="2">烟叶收购（万担）</td><td>2.08</td></tr>
<tr><td colspan="2">烟农户数（户）</td><td>65</td></tr>
<tr><td colspan="2">实现烟农总收入（万元）</td><td>1 839</td></tr>
<tr><td colspan="2">零售户数（户）</td><td>26 449</td></tr>
<tr><td colspan="2">零售户销售毛利率（%）</td><td>12.95</td></tr>
</table>

淮南市烟草专卖局（公司）

【概　况】

淮南市烟草专卖局、安徽省烟草公司淮南市公司成立于 1983 年 4 月，下辖风台县局（区域营销部）、田家庵大通分局（区域营销部）、谢家集八公山分局（区域营销部）、潘集分局（区域营销部）、毛集分局、山南分局。2013 年总资产（年末值）90 122.79万元；固定资产（年末净值）8 576.82万元；流动资产80 604.10万元；资产负债率 3.88%。

在岗员工总数 409 人，其中原聘用员工 288 人。

历史沿革：1982 年 4 月，淮南市烟草公司从淮南市糖业烟酒公司分离并正式成立，1983 年 4 月，淮南市烟草专卖局（公司）成立。1985 年，凤台县烟草专卖局（公司）划归淮南市局（公司）管理。1990—2000 年，淮南市局（公司）大规模开展农网和城网建设，逐步取消各地批发部。1995 年，成立稽查大队与烟草专卖分局。2001 年，在全省率先取消县级烟草公司法人资格，确立市级公司市场主体地位。2005 年，兴建新卷烟物流仓库。2006 年，完成产权划转，建立现代产权制度。2008 年，机关新办公楼建成使用。2013 年，田大分局、毛集分局新办公楼建成使用。

【生产经营】

2013 年实现税利52 621.90万元，同比增加 10.32%，其中利润31 509.14万元，增长 10.3%。

全年累计销售卷 43.31 亿支，同比增长 1.04%，实现卷烟销售收入203 686.04万元，同比增长 9.95%；（注：1 万箱=5 亿支）。（备注：2012 年系统内淮南市公司调剂给马鞍山市公司 200 箱卷烟未计入以上数据内）

各类卷烟销售情况：一类卷烟销售 8.97 亿支，同比增长 12.99%；二类卷烟销售 10.55 亿支，同比增长 15.24%；三类卷烟销售 12.63 亿支，同比增长 8.03%；四类卷烟销售 8.24 亿支，同比下降 10.96%；五类卷烟销售 2.92 亿支，同比下降 39.47%；销量前三位卷烟品牌："黄山" 销售 29.26 亿支，同比增长 8.11%；"红三环" 销售 2.29 亿支，同比下降 33.86%；"红梅" 销售 1.52 亿支，同比下降 16.55%；公司三项费用率 3.83%。

品牌培育：销售 "双低" 卷烟16 734箱，增幅 44.4%，比重 19.3%；6 毫克以下卷烟销售 450 箱，占总量比重 0.52%。销售 "532" 品牌62 435箱，增幅 12.3%，销售比重为 72%、较同期增加 7.2 个百分点；销售 "461" 品牌 22.9 亿元（含税）、增幅 12.1%，比重 96.1%、较同期增加 1.6 个百分点。

零售终端建设：完善提升网上订货，积极开展网上配货，大力推进网上支付，网订客户比例 85%，月均网订成功率 98%，平均订单满足率超过 90%，客户满意度 92%，优质终端、现代终端达标 490 户。大力推广 "徽映 e 家" 管理平台实施应用，2013 年底发展 500 余户，平均上传率 98%，保持全省前三位。

【物流建设】

精益物流建设。完成半瀑布式分拣线、伸缩式仓储装卸平台项目建设，取消卷烟备货暂存区，取消零烟配货环节，开发件烟出库系统，实现整托盘卷烟仓储分拣一体化。严格物流费用成本管理，2013 年单箱物流费用、单箱可控费用、万箱物流用车、库存周转次数等 8 项指标均位列全省第一。

【专卖管理】

市场监管。积极开展 "天价烟整治" "金龙二号" "金秋行动" "秋风行动" 等专项治理行动，全年查处涉烟案件 508 起，查获各类非法卷烟20 163.4条，其中假冒卷烟 793.8 条，上缴财政罚没款 18.31 万元；破获国标、省标网络案件各 1 起；刑事拘留 12 人，判刑 10 人，逮捕 2 人。坚持两个联席会议制度，建立完善烟草工商查处取缔无证无照经营协作机制，全年清理无证户 142 户，移交工商处理无证户 20 户。

优秀县级局标兵单位创建。推行 "三个一" 学习培训模式，开展作风纪律整顿活动。理顺大队建制，实行市管稽查职能分离，大队长实行竞争上岗和双向选择交流，有效激发队伍成长活力。稳步推进零售许可证换发工作，积极开展 "六五" 普法活动，宣传 "天价烟" 治理、烟草法律法规、换发许可证、真假烟识别等政策信息。

【企业管理】

认真执行《烟草企业采购管理规定》。起草完善《自行招标暂行办法》《“三项工作”考核办法》《痕迹化管理办法》等配套制度。坚持以“能招尽招、应招必招、真招实招”为标准，认真执行“三项检查”“一月一审计、一月一回头、一月一汇总”，发布市局（公司）《预算定额标准管理办法》《成本费用预算定额标准》，预算、资产、资金、“三项工作”监管信息系统运行良好，重要步骤和关键节点及时公开公示，全年公开招标金额比例93.7%。

稳步推进安全生产标准化建设。组织应急消防演练、开展安全隐患排查，加强安全队伍建设、健全安全管理制度，通过安全生产标准化二级企业达标评审，连续八年安全无事故。

【科技创新】

专卖管理创新试点。坚持专卖管理向精益化、智能化转型思路，全力推进“专卖零售市场检查APCD工作法”试点，精简形成“四有四步”工作标准。试行市管线路网格化管理模式，线路管理更加清晰，信息采集更加便利。深化公正文明柔性执法试点建设，努力探索烟草专卖行政执法新机制。积极构建“大内管”工作格局，定期对卷烟营销、物流配送和景丰纸业开展监督检查，确保监管有效，规范有序。

推动群众性创新。取得两项国家实用新型专利，三个QC小组获得“安徽省优秀质量管理小组”荣誉称号。

【信息化建设】

“专卖数字执法工作台”应用开发。以实施应用专卖市场检查APCD工作法为目标，明确“带着问题上市场，制定计划查市场，综合情况管市场”工作思路，通过方案设计、信息化支撑和试点论证三个层面，突出信息采集、数据分析和实时监管功能，进一步建立更加全面信息数据分析模块，设置科学合理的分析维度和预警值，完成“专卖数字执法工作台”预览版本开发。

“目标绩效管理体系”应用开发。以“三阶段”“三维度”“四层级”目标指标体系建设为目标，探索建立动态化目标绩效管理软件，完成项目开发部署工作，进入流程优化阶段。

【人事与劳资】

提升基层队伍建设活力。出台《基层公开选拔与双向选择实施方案》，公开选拔基层专卖队（所）长。公开招聘择优选拔4名大学生，招聘工作公开、公平、公正。加大技能培训、学历教育工作力度。中高级职业技能员工比例88.8%，专业技术人员比例5.6%，大专以上文化程度比例60%。

【思想政治工作】

开展改进作风年活动。深入学习党的十八大、十八届三中全会精神和习近平总书记系列讲话，严格落实中央“八项规定”，开展改进作风年活动，清理办公用房、公务用车、会员卡，精简会议接待、严控三公费用，公务接待费用同比减少近50%，办公用房面积减少约1 500平方米，封存2辆超标公务车。深入基层调研走访，开展2次网上问卷调查，召开领导班子“改进作风年”专题民主生活会。

【企业文化】

坚持“两移三访”长效机制。落实领导班子“办公桌前移、工作重心下移”和“访基层、访客户、访一线”的“两移三访”长效机制，积极开展“亲情帮扶、徽映你我”活动，建立“职工休假干部顶岗”机制，安排发放防暑降温用品，组织开展爱心捐款。举办道德讲堂、开展党员干部志愿者活动，推进企业文化建设融合提升，“成长·诚”文化理念体系通过省局评价验收。

【文化活动】

3月10～12日，市局（公司）开展“建设五彩淮南，我为淮南献一绿”建设“工会林”基地活动。

4月27日，市局（公司）开展“情系雅安”爱心捐款活动。

5月22日，市局（公司）与淮南市大通区人民检察院联合举行“检企共建基地”揭牌仪式。

6月10～11日，市局（公司）代表队参加淮南市太极拳锦标赛获佳绩。

6月25日～7月1日，市局（公司）各党支部开展红色教育等纪念建党92周年系列活动。

9月25日，市局（公司）联合淮南市大通区人民检察院等单位举办“廉洁、敬业、幸福”主题演讲比赛。

9月30日～10月30日，市局（公司）举办四期“道德讲堂”倡导诚信美德。

10月20～30日，市局（公司）组织党员开展文明交通劝导志愿服务活动。

10月26～28日，市局（公司）代表安徽省局（公司）参加安徽省第四届传统武术比赛获五金。

11月24日，市局（公司）代表队参加安徽省首届健身气功五禽戏大奖赛获二等奖。

【特事要辑】

深化反腐倡廉建设。制定完善《党风廉政建设责任制实施细则》《工作人员违法违纪行为处理规定》等相关制度。发布《廉政风险防控管理工作手册》，形成“三色预警、三级管理”防控工作机制。联合淮南市大通区检察院创建“检企共建”教育基地，举办“廉洁、敬业、幸福”主题演讲比赛，观看警示教育片，发送廉政短信，发放学习读本，组织干部参观市看守所。切实加大惩治腐败力度，将2名违反党纪国法中层干部严格按照法定程序开除党籍、解除劳动合同。

丰富全民健身活动。淮南市局（公司）代表全省系统组队参加安徽省第四届传统武术比赛获五金、四银、三铜优异成绩，并获得省局通报表彰。

1. 报刊简介

报刊名	《淮南烟草报》
报刊号/准印证号	无
刊期	月刊
创刊日期	2008 年 12 月
联系电话	0554-2519952
主办单位	淮南市烟草专卖局（公司）

2. 门户网站网址

单位名称	门户网站网址
淮南市烟草专卖局（公司）	http：//ah. tobacco. com. cn/cms/cms/website/hnsgs/index. jsp

2013 年淮南市烟草商业系统主要情况统计

地市级局（公司）名称		淮南市烟草专卖局（公司）
主要负责人/法人代表		孙太勇
总资产（万元）		90 122. 79
资产负债率（%）		3. 88
所属县级局（个）		1
所属县级营销部（个）		4 个营销部
从业人员（人）		409
所属业务机构	营销机构	1 个营销中心
	物流配送机构	1 个物流中心
	专卖稽查机构（需列出稽查队、专卖管理所）	4 个稽查队、6 个管理所
	烟叶机构	—
销售卷烟	亿支	43. 31
	2013 年比 2012 年增加（%）	增长 1. 04
卷烟销售收入（万元）		203 686. 04
实现税利	万元	52 621. 90
	2013 年比 2012 年增加（%）	10. 32
实现利润	万元	31 509. 14
	2013 年比 2012 年增加（%）	10. 3

（续表）

查处涉烟违法案件（起）	508
查处涉烟违法案件案值（万元）	274.19
2013 年度烟草行业投入烟叶生产基础设施建设资金（万元）	—
全年烟叶生产基础设施新增受益面积（万亩）	—
烟叶种植（万亩）	—
烟叶收购（万担）	—
烟农户数（户）	—
实现烟农总收入（万元）	—
零售户数（户）	9 916
零售户销售毛利率（%）	11.5

滁州市烟草专卖局（公司）

【概　况】

滁州市烟草专卖局、安徽省烟草公司滁州市公司于 2000 年 3 月与滁州卷烟厂“工商分设”，主要职能是对辖区卷烟市场依法进行烟草专卖行政管理和卷烟销售。2003 年 12 月取消县级公司法人资格，确立市公司市场营销主体地位。

总资产（年末值）121 032.35万元、固定资产（年末净值）10 997.68万元、流动资产 104 681.56万元、资产负债率 9.71%。

2013 年从业人员总数为 700 人，其中原聘用员工 322 人。

【生产经营】

2013 年，全市系统累计销售卷烟 13.98 万箱，同比增长 1.23%；实现销售收入 31 亿元，同比增长 9.86%；单条均价 104.09 元/条，同比增长 8.17 元/条；实现税利 7.33 亿元，同比增长 9.63%，其中利润 4.07 亿元，同比增长 6.8%。坚持以“重点培养、提升结构”为目标，积极营造滁州卷烟市场“品牌生态”环境，实现重点品牌销量稳步提升，“双低”品牌继续快速成长，其中重点品牌销量同比增长 5.9%，“双低”品牌销量同比增长 60.9%。其中，销量居前三位卷烟品牌分别是“黄山”“红三环”“南京”，分别为 39 万箱、4 万箱、4 万箱，同比增加 4.6%、-27%、3.2%；销售前三位重点品牌分别是“黄山”　“南京”　“红塔山”分别为 39 万箱、4 万箱、4 万箱，同比增加 4.6%、

3.2%、6.9%。

全年各项费用率6.06%，同比下降0.09个百分点。

品牌培育方面，坚持品牌生态管理理念，科学规划，优化结构，搭建平台，创新方法，品牌格局持续优化，培育效果初步显现。一是运用品类分析法，确定销量增长、结构提升最佳切入点，通过考查品类销量分布和需求满足状况，梳理价类品牌在销规格，调整计划资源配给，进一步优化品牌格局，提升计划资源利用效率。二是借助科技创新成果，利用主导开发“卷烟品牌培育体系构建研究”体系，通过卷烟产品“选取、培育和退出”熵函数数学模型分析，评价卷烟产品竞争力和后续发展能力，为公司卷烟产品“选择、培育和退出”提供参考，品牌培育做到有章可循，品牌引退更加科学。三是按照省公司年度工作要点，结合本地实际，先后制定品牌建功立业、婚庆营销、亲情服务、品牌策划、“黄山红方印”建功立业等多个工作方案，科学规划品牌对全年开展工作提供支撑。四是以婚庆营销、宣传促销、精准营销等为抓手，丰富黄山品牌培育手段，细化市场营销策略。坚持“引导消费、稳定市场”原则，对卷烟消费者开展宣传集烟盒兑奖活动、征文活动、品牌展示、终端广告宣传等活动，逐步培养消费者“双低消费”理念；坚持“重点培养、提升结构”为原则，开展以“乔新居”“结良缘”“得贵子”“开新业”“提新职”“庆佳节”“贺寿辰”“祝学业”为内容“新8喜”喜庆营销活动。

2013年，实际销售双低卷烟15 093箱，同比10 375箱增加4 730箱，增幅45.6%；销量占比11.4%。实际销售6毫克卷烟1 227箱，销量比重0.901%，高出0.7%标准0.2个百分点；销量增幅141.5%。实现责任品牌同比增长，其中，“七匹狼”271.708箱，“金圣”109.916箱，“双喜”144.156箱，“娇子”123.072箱，“云烟”6 771.08箱。实现雪茄烟收入188.864 5万元，收入占比0.051 9%，销售比重增加0.037个百分点。

在网络建设方面，坚持以“四个一流”为目标、以“四同”为核心、以“四个聚焦”为抓手，按照“服务到位、监管有力、全面协同、持续发展”网建工作要求，不断推进零售终端建设进度，持续提升客户服务能力与水平。一是围绕“六大功能”，推进现代卷烟零售终端建设，进一步加强“工商零联动”“专销协同”，加快现代终端建设步伐，做到硬件改造与终端广告制作同时开展，“六大功能”与终端实际紧密结合。2013年，建成现代卷烟零售终端288户。二是严格按照“感知徽映中心建设标准化手册”要求，开展“感知徽映中心”建设，进一步丰富营销手段，实现“体验营销”“文化传播”等多种功能。三是坚持“加快进度提数量、持续跟进保质量”原则，积极开展“徽映e家”建设工作。2013年注册零售客户900户，通过提升扫码、上传质量和销量，进一步发挥“徽映e家”终端管理信息系统自动采集信息功能和作用，全面提升市场信息监测水平。四是加大客户培训力度，提升网上订货运行质量，2013年，实现网上订货率87.7%，网上订货成功率达98.4%。

【物流建设】

2013年，滁州烟草新物流中心正式投入使用，物流配送资源实现优化整合，管理和服务能力得到提升，大物流配送格局基本形成。全区分拣线路40条，其中，直送15条，中转25条。开展技术创新，探索储分一体，实现实时出库扫码，分拣效率大幅度提升。

【专卖管理】

持续将卷烟打假工作列为全市社会综合管理项目考核，积极组织市场整治活动和专项行动，推行试点“APCD”工作法，市场监管效率有效提升，市场净化率始终保持较高水平。全年共查获万元以上案件135起、网络案件2起，其中，涉案金额600多万元的定远“5·28”销售假冒卷烟案件受到国家局通报表彰。增设内管机构，配备专职人员，坚持“三个转变”（即从“要我规范到我要规范”转变，从“落地销售到落地消费”转变，从“被动检查到主动防控”转变），加强监督管理，确保滁州烟草工商企业生产经营活动零违规。加快基础建设步伐，三个县级局综合楼主体工程基本完工，基层所（队）建设基本完成。转变执法方式，推广“说理式”执法，实施“一对应、三固化、五同步”工作方法，开发运用案件处理系统、单兵执法信息传输系统。上年10月底，在定远成功召开全省系统优秀县级局创建工作推进现场会，滁州市局作为试点单位作交流发言，做法和经验受到省局领导和兄弟单位肯定。

【企业管理】

一是着力管理质量提升，推进目标管理建设。坚持以“管理创一流”为抓手，开发“目标管理”系统模块，梳理主要业务流程，实现管理目标与工作目标管理有机结合，从而使工作质量管理更加具体，目标更加明确，考核依据也更加充分。召开2次内部审核和1次管理评审会议，修订完善30项规章制度，文件覆盖面继续得到延展，文件执行率达到95.5%，从而使质量管理意识得到加强，企业管理持续改进也得到很好体现。

二是着力加强精益管理，促进管理效率和效益提升。坚持优化资源配置，坚持瞄准先进标杆找差距，坚持创新管理找思路，坚持控制耗能抓节支，努力提高经营管理效率和效益。滁州市局（公司）大部分经济运行指标持续向好，处于全省中上水平，一些较优指标还走在前列。切实发挥对标管理在企业管理中导向、控制和促进作用，推动企业精益化管理水平进一步提升。

三是着力加强预算管理，增强财务管理控制能力。始终把预算管理和定额管理作为强化财务管理重点，通过培训指导，完善制度，强化考核等措施，预算编报、监控和执行水平不断提升；通过精准核算，合理筹划，落实定额费用开支控制；通过加强财务监控预警机制，形成一套规范化、精细化和科学化财务管理体系。

四是着力加强风险管理，发挥审计监督保障作用。更加重视审计工作严肃性、有效性，认真开展行业内部审计工作回头看和整改落实工作，坚持从源头抓好风险防范和关键节点控制。全年共完成内审项目6个，出具各类审计报告24个，审减金额717万元，审减率达17%，审计监督作用得到很好发挥。

五是着力加强规范管理，促进管理行为更加规范。严格规范经营行为，认真贯彻执行行业“六个严禁、一个严控”以及严格规范工商交易行为等系列文件精神，健全和完善市场准入和退出机制，品牌培育完全交由市场评价和选择。充分发挥内部监管信息平台以及基层岗位互控和市场信息预警机制作用，加强监督和检查，坚决杜绝人为因素干扰卷烟经营活动，确保规范经营各项要求落到实处；严格规范企业管理行为，强化对权力行使过程监督。继续发挥“三项工作”监督管理系统作用，积极推进痕迹化管理，按制度办事，按程序办事形成习惯，真招实招、应招尽招基本要求得到很好贯彻落实，2013 年公开招标比例达到 98%，高于免检指标规定 8 个百分点。

六是着力加强安全管理，全面推进安全标准化建设。坚持以强化教育培训和推进安全标准化建设为重点，以落实安全责任为抓手，不断增强安全防范能力，加大安防设施投入，强化安全监督检查，落实安全隐患整改，确保全年未发生任何安全责任事故。

七是着力加强监督管理，推进办事公开、民主管理进程。坚持方便员工知情、便于员工监督原则，及时公开企业重大事项，特别是事关职工切身利益和企业管理重大事项，全部以职代会形式审议通过。员工知情权、参与权、表达权和监督权得到有效保证，从而进一步加快企业民主管理进程。

【技术创新】

倡导创新精神，加强创新激励，积极申报各层面项目，组织 QC 成果发布会，突出项目实践应用，群众性创新工作取得显著成效。2013 年，《IT 资产及运维管理研究与应用》项目获得软件著作权证书，并荣获全省系统科技进步优秀奖，另有 1 项 QC 成果获得全省系统三等奖，2 个 QC 小组获得全省系统“优秀质量管理小组”称号。

【法规工作】

围绕实现“依法行政、依法经营、依法管理”目标，认真梳理烟草商业企业面临主要法律风险，通过加强事前预防、过程控制和事后监管，确保各项经营管理活动依法依规、公平公正。加强合同管理，保证经营活动合法有效。做好制度审查，确保决策合法、合规。强化行政执法责任追究，狠抓专卖队伍作风建设，形成“依法行政、文明执法、善于管理”执法理念，多年未发生一起执法人员违纪违法案件。研究制定《开展“法律六进”法制宣传教育主题活动实施方案》，通过深入开展法律“进班子、进机关、进企业、进乡村、进社区、进网点”活动，进一步提高广大干部职工、零售户、社会公众法制观念和法律素质，为保持全市系统持续健康发展、促进成长文化建设营造良好法治环境。

【信息化建设】

以信息化项目为重点，以运维管理为抓手，不断提升信息化建设水平。一是强化信息化在企业管理中支撑保障作用，利用 IT 运维系统资产管理模块，对信息化软件、信息化设备资产进行梳理绑定，规范信息化资产管理，强化网络安全。二是继续加大信息化建设投入，完成新配送中心园区中心机房项目建设与搬迁工作，并实现省局“一期工程”和国家局“一号工程”数据级、应用级同城异地灾备，提高数据安全和应用安全。三是进一步增强信息安全防范能力。在强化网络核心设备防护，统一全市互联网出口基础上，通过自主研发 IT 运维管理系统，进一步提高网络信息接入安全，并且该项目获评全省系统 2013 年科学技术进步优秀奖。

【人事与劳资】

重视员工队伍建设，通过多种教育培训，员工受训面达100%。2013年，全市系统在职人员大专以上学历达55%，专卖、营销、配送岗位持证率均达90%以上。继续构建员工成长通道，聘任二级营销师1名、三四级技能人员86名，公开竞聘和民主推荐科级干部6名，公开招聘4名大学生。

【思想政治工作】

贯彻落实党风廉政建设责任制，坚持民主集中制，加强反腐倡廉教育，强化权力约束监督，加大巡视力度频率。认真贯彻执行中央八项规定和行业相关要求，及时出台制度，开展自查自纠，大力整治在公务接待、公务用车、办公用房、办公家具等方面存在的问题。该年，会议费和招待费分别同比减少31%和32%，清理腾退办公用房1 300余平方米，减少工程装饰和办公家具费用110余万元，公务车配置数量比省局（公司）规定标准少14辆。

【企业文化活动】

积极宣贯“成长·行”文化和“徽映”服务品牌，以企业文化引领基层创建工作。选树宣传“中国好人榜”典型，弘扬助人为乐传统美德。开展“青年志愿者”等活动，不断增强党团组织影响力。机关党委、机关团委分获市级“先进机关党委”和“五四红旗团委”称号。

2月22日，滁州市局（公司）举办元宵灯谜会活动。

3月7日，滁州市局（公司）组织开展机关人员植树活动。

10月12日，滁州局（公司）举办“成长·行”杯全员健身比赛活动。

1. 报刊简介

报刊名	《皖东烟草报》
报刊号/准印证号	—
刊期	月刊
创刊日期	2003年
联系电话	0550-3216312
主办单位	滁州市烟草专卖局 安徽省烟草公司滁州市公司

2. 门户网站网址

单位名称	门户网站网址
安徽省烟草公司滁州市公司	http：//www. ahyc. com. cn/cms/cms/website/czsgs/index. jsp

2013 年滁州市烟草商业系统主要情况统计

地市级局（公司）名称		滁州市烟草专卖局（公司）
主要负责人/法人代表		程旭东
总资产（万元）		121 032.34
资产负债率（%）		9.71
所属县级局（个）		7
所属县级营销部（个）		7 个营销部
从业人员（人）		700
所属业务机构	营销机构	1 个营销中心
	物流配送机构	1 个物流中心、4 个配送站
	专卖稽查机构（需列出稽查队、专卖管理所）	烟草专卖稽查支队 1 个、烟草专卖稽查队 7 个、烟草专卖管理所 16 个
	烟叶机构	—
销售卷烟	亿支	180.50
	2013 年比 2012 年增加（%）	3.49
卷烟销售收入（万元）		395 322
实现税利	万元	98 900
	2013 年比 2012 年增加（%）	19.85
实现利润	万元	20 546
	2013 年比 2012 年增加（%）	14.32
查处涉烟违法案件（起）		848
查处涉烟违法案件案值（万元）		453.76
2013 年度烟草行业投入烟叶生产基础设施建设资金（万元）		—
全年烟叶生产基础设施新增受益面积（万亩）		—
烟叶种植（万亩）		—
烟叶收购（万担）		—
烟农户数（户）		—
实现烟农总收入（万元）		—
零售户数（户）		15 702
零售户销售毛利率（%）		9.95

六安市烟草专卖局（公司）

【概　况】

六安市烟草专卖局、安徽省烟草公司六安市公司成立于 1985 年，是一个集卷烟销售经营与专卖执法管理于一体的政企合一单位。下辖寿县、霍邱、舒城、金寨、霍山五个县局和皋城、叶集两个直属分局。2013 年底，全市系统资产总额158 524. 5万元，固定资产总额10 187. 9万元，流动资产总额144 733. 3万元，资产负债率 3%，年末从业人员 798 人，其中在岗员工 768 人，劳务派遣用工 30 人；在册在岗 209 人，聘用在岗 559 人。

2013 年，在全省系统年度工作排序中，法规、安全和信息等工作得到省局（公司）“最好水平”评价。

【生产经营】

2013 年实现含税销售收入 42. 67 亿元，增幅 8. 34%；实现税利 9. 21 亿元，同比增加 0. 85 亿元，增幅 10. 20%；实现利润 5. 64 亿元，同比增长 0. 38 亿元，增幅 7. 20%；三项费用率 3%，同比下降 0. 66 个百分点。

2013 年，全市累计销售卷烟 82. 90 亿支（16. 58 万箱），同比增长 0. 96%；其中一类烟销售 13. 62 亿支（2. 72 万箱），同比增长 21. 36%；二类烟销售 24. 51 亿支（4. 90 万箱），同比增长 8. 18%；三类烟销售 20. 06 亿支（4. 01 万箱），同比增长 8. 91%；四类烟销售 18. 93 亿支（3. 79 万箱），同比下降 10. 63%；五类烟销售 5. 78 亿支（1. 16 万箱），同比下降 32. 23%。全市销量前三位卷烟品牌为“黄山”“红三环”“红梅”，销量分别为 56. 37 亿支（11. 27 万箱）、5. 12 亿支（1. 02 万箱）、3. 19 亿支（0. 64 万箱）。

品牌培育情况：完善品牌培育发展规划，规范品牌引入和退出管理，为品牌健康发展营造公正公平竞争环境。建立工商信息交流双向互通机制，深入推进精准营销工作。突出品牌培育共同效应，开展“红方印（映）老区”建功立业活动，使品牌培育和本地特色相呼应、品牌文化与红色文化相结合。通过体验品吸、文化宣贯、婚庆营销、主题征文、网络有奖知识答题等形式，努力扩大活动效果。全年累计销售“532”品牌 56. 48 亿支（11. 30 万箱），同比增幅 11. 6%，占一至三类卷烟销量比重 97. 04%，全市销售“461”品牌 40. 84 亿元，同比增幅 10. 5%，占总销售收入比重 95. 7%。全市焦油含量 8 毫克以下卷烟累计实现销量 14. 99 亿支（3. 00 万箱），同比增长 50%，占总量比重 18. 08%，6 毫克以下卷烟实现销量 0. 65 亿支（0. 13 万箱），同比增长 629. 17%。全市“双喜”“七匹狼”“娇子”“金圣”“云烟”五个责任品牌分别销售 0. 21 亿支（0. 04 万箱）、0. 11 亿支（0. 02 万箱）、0. 11 亿支（0. 02 万箱）、0. 06 亿支（0. 01 万箱）、1. 28 亿支（0. 26 万箱），同比去年均有所增长。

网络建设情况：努力打造现代卷烟零售终端，增强卷烟营销网络竞争实力，发挥功能终端作用，逐步提升零售客户电脑自有量。推广“徽映 e 家”，推进“感知徽映”中心建设，六安烟草首家“感知徽映”中心正式启动。启动全市零售客户自律小组互助建设推广工作，促进零售客户经营能力自我提升、经营行为自我规范、经营利润得到提高。开展“亲情帮扶，徽映你我”服务主题实践活动，通过制定实施生活关爱、技能帮扶、形象提升等一系列配套措施，切实提升弱势客户群体经营能力和生活水平，实现行业与社会、企业与客户和谐发展、共同成长。以“徽映 e 家”信息采集系统推广为依托，扎实推进“网上订货、网上配货、网上结算、网上营销”工作，全面构建电子商务平台，积极运用电子商务平台促进零售客户经营理念、经营方式、经营手段、终端形象“四个提升”，推动信息流、商流、资金流、物流在供应链流程上“四流合一”，全面建设现代终端。

科学营销工作：以增强把握市场真实需求能力，提高零售客户和消费者满意度为切入点，用科学发展观理念确定卷烟营销各项任务，积极推进卷烟营销市场化取向改革，强化“按客户订单组织货源”工作，增强对市场真实需求预测手段和把握能力，提高货源采购、供应和分配水平进一步完善业务流程，用科学方法和有效手段准确把握市场真实需求，全面推进现代零售终端建设，发挥六大功能，统一建立消费者档案，掌握消费者需求信息，注重零售客户信息研究和开发利用。始终坚持“稍紧平衡”调控政策，掌控好卷烟货源投放节奏，保证零售价格持续稳定，提升零售客户盈利水平和满意度。

【物流建设】

积极稳妥推进基础建设，科学合理运用新技术、新设备，整合优化资源，费用管控精打细算，物流队伍整体精神面貌焕然一新。以新配送中心启用为契机，通过全面模式调整和流程再造，实现整个物流资源整合优化，努力控制物流费用，在现代物流建设上进行努力实践和务实创新。成功举办全省系统物流工作现场会，展现六安烟草物流建设最新成果。积极稳妥推进卷烟配送中心非法人实体化建设，以相对独立运行为契机，以组织管理、人财物资源管理、绩效管理为抓手，通过明确职能定位，健全组织体系，完善财务体系，把握实施进度，不断完善管理机制，优化资源配置，提升运营质量。

【专卖管理】

加强市场监管，深入开展卷烟打假打私，持续开展清理整顿非法回收礼品烟市场、“金龙二号”、“天价烟”治理、“金秋行动”等专项行动，积极推进争创“卷烟打假守法经营文明社区”活动。严格内部专卖管理监督，规范经营管理。加强专卖队伍建设和基层基础建设，锐意创新管理，改进工作方法，量化工作内容，扎实推进各项工作稳步有序开展，圆满完成年度目标任务。2013 年，全市共查处各类涉烟违法案件1 875起，其中案值 1 万 ~5 万元案件 41 起，案值 5 万 ~10 万元案件 4 起，案值 10 万元以上案件 2 起；查获违法卷烟 596. 214 件，其中假冒卷烟 20. 944 件，非计划卷烟 575. 25 件，走私烟 0. 02 件；移送涉烟案件 9 起，治安拘留 7 人，刑事拘留 8 人，逮捕 9 人，判刑 7 人，判处罚金 6 人（累计罚金 7. 8 万元），捣毁窝点 10 个；案值1 154. 07万元；罚没款 23. 69 万元；破获符合国标网络案件 1 起（即舒城“1·23”案件），涉案金额高达 812.65 万元（其中实物涉案金额为 8.08 万元，相关证据涉案金额为 804.57 万元），抓捕主要犯罪嫌疑人 5 人（其中逮捕 3 人），端掉假烟仓储窝点 4 个；直接查获 16 个品牌假冒卷烟共计 206.7 条，货值 8.08 万元；破获符合省标网络案件 1 起（即霍邱“8·11”案件）。

【企业管理】

认真贯彻落实国家烟草专卖局企业管理现场会及省局（公司）“管理创一流”活动启动会等会议精神，深入开展“管理创一流”暨“管理创优年”活动，按照“抓基层、打基础、强素质、树形象、增活力”总体要求，明确创优标准、找准创优思路，延伸创优内容，丰富创优载体，逐步构建“12466”管理创优模式，努力打造“规范型”“精细型”“效能型”“创新型”“学习型”“服务型”六型组织，企业管理水平得到新提升。

【信息化工作】

围绕“夯实基础、加强服务、抓好运用”工作要求，推动六安烟草信息化水平稳步提升。强调射频 RFID、物联网、影像识别等信息化新技术在物流工作中的应用，推动六安烟草现代物流建设。自主研发《在线培训考试系统》，取得软件著作权等级证书，并被省局（公司）在全省系统法规考试中应用推广。强调信息化在科技创新工作中作用，完成《交互式移动办公系统的开发和应用》项目研究，获 2013 年度全省系统科技创新优秀奖。开展第三届信息化“读书与研究”活动，进一步提高信息技术人员理论水平和研究能力。加强信息安全管理，开展“三全”工作，提高六安烟草信息化安全水平。开展商业系统升级、探索服务器虚拟化在六安烟草应用等项目建设，以项目为带动，进一步提高六安烟草信息化水平。

【思想政治工作】

认真贯彻落实党的十八大精神，推动学习型党组织建设。全面总结“235”教育实践活动成果，树立先进典型，扩大活动成果，进一步构建长效机制。扎实开展“改进作风年”活动，狠抓宣传教育，丰富活动载体，围绕“三大课题”深入开展市场调研和大讨论活动，切实推进作风转变。严格落实中央八项规定，严格开展办公用房、违规车辆和会员卡清理工作。

【企业文化建设】

以“成长·韧”文化宣贯为重点，以打造“成长·韧”文化学习型组织为核心，深入推进企业文化建设，营造积极主动工作氛围，建成六安烟草企业文化七大载体，形成“人人树烟草形象，处处是宣传阵地”良好局面，全面提升六安烟草企业管理软实力。

1 月 31 日，举办 2013 年迎春联欢会。

3 月 8 ~31 日举办“成长·韧”文化巡回宣贯培训活动。

5 月 23 日，举办组织开展“改进工作作风、密切联系群众”专题演讲比赛。

4 月 15 日 ~5 月 20 日，举办“学习新党章，贯彻十八大”主题征文活动。

10 月 18 ~ 19 日，举办 2013 年“徽映”杯秋季职工运动会。

11 月 25 日，组织开展“慈善一日捐”活动。

12 月份，组织开展职工拓展训练活动。

门户网站

单位名称	门户网站网址
六安市烟草专卖局（公司）	http：//www. ahyc. com. cn/web/lasgs/index. html

【特事要辑】

1 月 22 日，六安市召开政法烟草联席会议。

9 月 25 日，省局（公司）局长、总经理问武到六安市局（公司）调研。

12 月 18 ~ 19 日，全省系统物流工作现场会在六安召开。

2013 年六安市烟草商业系统主要情况统计

地市级局（公司）名称		六安市烟草专卖局（公司）
主要负责人/法人代表		王世华
总资产（万元）		158 524. 51
资产负债率（%）		3%
所属县级局（个）		7
所属县级营销部（个）		6
从业人员（人）		798
所属业务机构	营销机构	1 个营销中心、1 个电访中心
	物流配送机构	1 个物流中心、5 个中转站
	专卖稽查机构（需列出稽查队、专卖管理所）	1 个稽查支队、8 个稽查中队、20 个管理所
	烟叶机构	—
销售卷烟	亿支	82. 90
	2013 年比 2012 年增加（%）	1. 08%
卷烟销售收入（万元）		426 692. 02
实现税利	万元	92 050. 77
	2013 年比 2012 年增加（%）	10. 2%
实现利润	万元	56 423. 07
	2013 年比 2012 年增加（%）	7. 2%
查处涉烟违法案件（起）		1 875

（续表）

查处涉烟违法案件案值（万元）	1 154.07
2013 年度烟草行业投入烟叶生产基础设施建设资金（万元）	—
全年烟叶生产基础设施新增受益面积（万亩）	—
烟叶种植（万亩）	—
烟叶收购（万担）	—
烟农户数（户）	—
实现烟农总收入（万元）	—
零售户数（户）	28 174
零售户销售毛利率（%）	10.49

马鞍山市烟草专卖局（公司）

【概　况】

马鞍山市烟草专卖局、安徽省烟草公司马鞍山市公司（以下简称“马鞍山市局（公司)”）始建于 1981 年 10 月。2000 年 10 月取消当涂县烟草公司法人资格。2005 年 11 月成立马鞍山市烟草专卖局钢城分局。2011 年 11 月，因安徽行政区划调整后烟草组织机构相应调整，原巢湖市烟草专卖局（公司）所辖含山县烟草专卖局（营销部）、和县烟草专卖局（营销部）（不含沈巷镇烟草卷烟经营和烟草专卖管理）成建制划归马鞍山市烟草专卖局（公司）管辖。2013 年，总资产（年末值）105 607.93万元，固定资产（年末净值）11 639.48万元，流动资产92 247.18万元；资产负债率 2.8%。共有从业人员 437 人（其中原聘用员工 303 人）。2013 年市局（公司）进入“2013 年度马鞍山企业 100 强”第 16 位和“2013 年度马鞍山服务业企业 20 强”第 4 位，荣获全市劳动关系和谐企业等称号。

【生产经营】

2013 年累计销售卷烟38.767 8亿支（7.753 6万箱），同比增幅 1.2%（其中：省产卷烟和省外卷烟各占销量比重 50.5% 和 49.5%）；实现含税销售收入 25.04 亿元，同比增幅 9.6%；实现卷烟毛利 5.63 亿元，同比增加 0.41 亿元；实现含税销售收入 25.04 亿元，同比增幅 9.7%；实现卷烟毛利 5.63 亿元，同比增加 0.4 亿元；实现利税 5.51 亿元，同比增加 0.15 亿元（其中：税金 3.02 亿元，同比增幅 0.4%）；单条均价 129.2 元，同比增加 10 元/条；费用率为 4.7%；国有资产保值增值率为 125.94%。安全生产零事故。在销 22

个重点品牌销量35.934 5亿支（7.186 9万箱），同比增幅4.3%，品牌集中度达到92.7%。销售“532”知名品牌三类以上卷烟29.85亿支（5.97万箱），同比增幅7.1%，占总销量比重77%；“461”知名品牌销售收入达24.3亿元，同比增幅11%，占总销售收入比重97.1%。深入开展“‘黄山（红方印）’建功立业”等活动，加大对省产卷烟品牌培育力度。“黄山”卷烟销量占总销量比重45.1%（其中一至三类烟占34.8%）。销售“责任品牌”卷烟1.571 5亿支（0.314 3万箱），同比增幅5.5%；销售“双低”卷烟6.222 5亿支（1.244 5万箱），同比增幅21.6%，占总销量比重16.8%；销售低档烟1.461亿支（0.292 2万箱），基本满足低收入消费者需求。通过市场调控，保持合理库存和价格坚挺。市场单包和整体零售价格指数保持在98和94以上。严格执行“六个严禁、一个严控”，没有违规销售高价位卷烟现象。加强和完善营销网络建设，网上订货达9078户，网订覆盖面为85.3%，网上订货成功率为96.5%，网上订货量比重为90.1%；电子结算面和网上结算销量比重均达100%，网上结算资金比重达90.8%。发展“贷记卡”用户1 434名。“徽映e家”零售客户经营管理系统已经应用908户。深入应用“135”工作法等营销手段，提升市场营销水平，销售预测准确率达100.2%，月库存控制在省公司控库指标以内。零售毛利率11.5%，同比提高0.2个百分点。被省局（公司）确定为精益营销试点单位。

【物流建设】

按照“科技物流、精益物流、人本物流”工作要求，加快市局（公司）现代物流建设。在基础设施建设方面，增置的志恒达异型烟打码线于1月正式投入使用，为市局（公司）严格落实国家局“一号工程”卷烟打码到条要求奠定设备基础，进一步提升规范经营水平。购置林德E16C叉车一辆，提高卷烟装卸效率。在物流费用管控方面，持续开展物流成本对标管理，将物流成本、效率、服务等指标与全省乃至全国先进单位进行对比分析，深挖内在因素，查找管控短板，拓展改进空间。单箱可控费用同比下降27.2%，降幅位列全省第一，物流费用率0.63%，与上年同期持平，位列全省第一，单箱包装费降幅、单箱燃油费等多项指标位列全省第一方阵，实现全年顾客零投诉服务目标。加强技术革新，按照PDCA程序开展提高配送车辆装载率、降低分拣设备故障率、降低单箱物流耗材等多个QC课题活动。活动开展取得显著成效，设备故障停机时间下降64.6%，单箱物流耗材费用明显降低。工商协同方面，充分发挥自身地理优势，在与浙江中烟、安徽中烟开展工商托盘联运基础上，积极协同江苏中烟，推进工商物流托盘联运工作。在前期制定方案、研讨试行基础上，2013年11月，马鞍山与江苏中烟托盘联运工作正式实施。工商物流托盘联运工作，有效降低重复搬运次数，大幅降低装卸劳动强度和卷烟皱损率，提高仓储效率。深入推进精益物流建设，发挥全国烟草行业现代卷烟配送中心示范单位作用。

【专卖管理】

探索“大内管”体系。围绕“四早、四全、四相互”建设思路（“四早”即：“早发现、早预防、早处理、早整改”；“四全”即：“全员参与、全程控制、全面覆盖、全部关联”；“四相互”即：相互监督、相互提醒、相互提高、相互保障），探索“大内管”联责联控管理机制建设。成立“大内管”管委会及办公室，明确工作规则，落实奖惩机制。完善内部监管风险点，运行数字内管系统，发现并处理1 408条有价信息，有效发挥预警作用。钢城分局在“大内管”体系建设中发挥试点先行作用，做出积极探索。强化市场综合整治。巩固政法烟草、行政执法和毗邻地区联席会议工作机制，卷烟打假进社区（村）工作覆盖到350个社区（村），被市委、市政府全面纳入县（区）、乡镇（街道）工作职能，并列入年度社会管理目标责任制考核。含山县局试点开展烟草市场网格化管理，做到管理有网、网中有格、格中有人、人人有责。开展“维权”杯真假卷烟鉴别大赛，通过报纸、移动电视等媒体强化“六五”普法宣传。把“金秋”等专项行动与日常监管相结合，加大与政法机关和行政执法部门联合执法，查处各类案件644起（其中：国标、省标案件各1起），查获非法卷烟23 756条，移交政法机关拘留5人，判刑2人。“2·01”案件被列为公安部、国家局督办案件，抓获犯罪嫌疑人10人（其中，本地抓捕涉案4人，拘留2人，批捕3人，取保候审3人；省外协助抓捕5人），案值超过310万元，案情涉及12个省和23个地市。市场规范指数位于全省第一方阵（平均水平居于全省第二名）。提升专卖管理水平。按照省局（公司）规定，结合马鞍山市两次行政区划调整实际情况，统一专卖管理机构设置，完善基础设施和配套制度，优化队伍建设。贯彻国家局关于专卖管理科学化和省局“数字专卖提升年”活动部署，落实国家局《烟草零售市场检查工作指引（试行）》规定，推广APCD工作法；围绕创建优秀地市局和优秀县级局标准，开展“军营型、院校型、家园型”队所建设，推进“标兵县级局、标兵管理所（稽查队）、标兵市管（稽查）线路、标兵市管员（稽查员）”联创活动，探索“规范高效之班、成长发展之校、和谐凝聚之家”的“班校家”班组建设；推广烟草专卖执法工具箱，提升现场办公水平。优化卷烟零售许可证办理流程，压缩办证时限，落实一次性告知服务，顺利完成2014版零售许可证换发工作。

【企业管理】

严格规范落实到位。坚持确责清权、阳光示权、全程控权，规范运行各项职权。强化廉政风险防控，明确635项廉政风险点，制定1 905条廉政风险防控措施。严格落实办事公开、民主管理各项要求，公开事项1.1万多条，从行业外聘请13名行风监督员。严格落实集体决策制度，3 000元以上开支必须经过会议集体研究。严格执行费用定额管理和预算管理规定，除安全隐患整改等特殊事项之外，其他无预算开支一律不予研究开支，预算执行差异率控制在±3%以内。积极发挥法规、审计整顿等部门在经济业务活动中审查和监督作用，严格执行经济业务审批流程，所有超预算项目不得进入审计环节，实行预算考核一票否决制度。强化规范自查自纠工作，对三年来各项审计中发现问题进行整改，对2008年至2012年各项税收规范情况进行自查自纠。清查流动资产，应用固定资产数字化标识，提升资产管理能力。严格规范招投标采购等工作，实施“三项工作”项目95个，涉及金额3 308万元，其中公开招标项目78个，涉及金额3 239万元，公开招标比例达98%。顺利通过省局（公司）管理规范免检单位复审工作。巩固提升管理质量。深入开展对标工作，18个指标中有4个指标同比水平提升，11个指标位于全省前6位。深化标准化管理，质量管理体系文件执行率97.28%，通过省安全标准化企业认证。建立安全第一责任人和安全联保互保责任制，及时补充安全风险点，严格过程控制。加大“管理创一流”和创建优秀地市局（公司）工作力度，多项指标处于全省前列水平。落实痕迹化管理要求，真实完整记录管理活动运行轨迹。继续深化群众性创新活动，注册 28 个 QC 小组课题，活动普及率 50%，市局（公司）被评为安徽省质量管理小组活动优秀企业，1 人被评为安徽省质量管理小组活动优秀推进者，5 个 QC 小组被评为安徽省优秀质量管理小组，2 个课题分别获省局（公司）优秀 QC 成果一、二等奖。累计培养 2 名中级 QC 诊断师、24 名初级 QC 诊断师。大力倡导科技创新。开展一批创新课题探索活动，加强学习与交流，完善配套措施。参与国家局标准化项目 3 项、省局（公司）重点项目 2 项、省局（公司）面上项目 3 项，自主立项创新课题 6 项。市局（公司）参与《烟草商业企业标准体系构成与要求》行业标准于 2013 年 10 月份发布。1 个课题成果荣获省局（公司）科技进步优秀奖，3 个课题成果通过省局（公司）验收，6 个课题成果通过市局（公司）验收，获得国家计算机软件著作权 3 项，发表科技论文 8 篇。

【队伍建设】

深入开展“五人双荣”活动（“五人”是：关爱人、尊重人、激励人、培养人、发展人；“双荣”指：我以马烟为荣、马烟以我为荣），搭建学习平台，拓宽成长通道，构建文化家园。开设“学分银行”，精读《卓有成效的管理者》一本书，组织读书研讨，开展各类培训 180 期8 000人次，投入教育经费 86. 8 万元。和县局（营销部）创新方法，把业务培训延伸到零售终端，同步提升客户经理与零售客户素质能力。启动员工职业生涯规划工作，开展职业生涯规划大赛，提升员工成长规划水平。累计培养 160 名营销师和 187 名专卖管理师，中高级营销员和专卖管理员分别占 78. 5% 和 86. 4%。持有经济、信息等方面专业技术职称 45 人（其中高级职称 13 人）。

【企业文化】

加强文化建设，完成企业文化园升级改造，图书馆藏书达2 400多册，开设员工爱心书柜，成立 5 个文化体育协会 16 个兴趣小组。设立员工互助保障基金，建立“馨”卡 24 小时服务制度。组建 200 多名成员的志愿者服务总队，开展各类志愿活动，并通过企业网站等媒体加大对先进典型宣传力度，当涂县局（营销部）组织多个志愿服务小组，延伸志愿服务触角。完善薪酬分配体系，改进评先评优方式，提升员工满足感、成就感和自豪感，不断推动“成长·馨”文化落地。

【文活动化】

3 月 21 日，市局（公司）“成长·馨”文化大讲堂举办春季健康养生讲座。

3 月 29 日，市局（公司）机关登山小组开展主题为“绿色运动，美化环境”登山活动。

4 月 19 日，市局（公司）读书兴趣小组在市图书馆马鞍山烟草分馆组织开展首次读书活动。

7 月 26 日，市局（公司）“我以马烟为荣，马烟以我为荣”主题教育活动演讲比赛圆满落下帷幕。

8 月 14 日，市局（公司）志愿服务机关二大队和三大队联合启动“早到一小时感恩送货员”活动，安排志愿者在送货车装车时间内赶到卷烟配送中心，协助送货人员装配卷烟。

8 月 17 日，在市局（公司）主要领导、马鞍山烟草“徽映”志愿服务总队总队长施书林倡议下，市局（公司）机关第一志愿服务大队深入花山区环卫垃圾中转站，为一线环卫工人送去由志愿者购买的矿泉水等，给辛勤工作的环卫工人送去清凉。

9 月 29 日，市局（公司）读书兴趣小组举办读书心得交流会。

10 月 12 日，由马鞍山市花山区团委主办，市烟草专卖局（公司）、安徽黄山文化传播有限公司等单位协办，以“浪漫青春，爱在金秋”为主题的“红方印”杯花山区首届青年公益集体婚礼隆重举办。

10 月 17 日，市局（公司）召开黄山品牌文化感知消费者座谈会。

10 月 9 日，一年一度的重阳节和我国首个法定老年节到来之际，市局（公司）专门召开市区离退休老同志座谈会，喜迎重阳佳节，共话企业发展。

门户网站网址

单位名称	门户网站网址
马鞍山市烟草专卖局（公司）	http：//10. 49. 152. 102/

2013 年马鞍山市烟草商业系统主要情况统计

地市级局（公司）名称		马鞍山市烟草专卖局（公司）
主要负责人/法人代表		施书林
总资产（万元）		105 607. 93
资产负债率（%）		2. 8%
所属县级局（个）		4
所属县级营销部（个）		4
从业人员（人）		437
所属业务机构	营销机构	1
	物流配送机构	1
	专卖稽查机构（需列出稽查队、专卖管理所）	1 个稽查支队、4 个稽查大队、10 个专卖管理所
	烟叶机构	—
销售卷烟	亿支	38. 767 8
	2013 年比 2012 年增加（%）	1. 2
卷烟销售收入（万元）		250 418

实现税利	万元	55 130
	2013 年比 2012 年增加（%）	2.9
实现利润	万元	33 494
	2013 年比 2012 年增加（%）	6.1
查处涉烟违法案件（起）		644
查处涉烟违法案件案值（万元）		358.24
2013 年度烟草行业投入烟叶生产基础设施建设资金（万元）		—
全年烟叶生产基础设施新增受益面积（万亩）		—
烟叶种植（万亩）		—
烟叶收购（万担）		—
烟农户数（户）		—
实现烟农总收入（万元）		—
零售户数（户）		10 701
零售户销售毛利率（%）		11.5

芜湖市烟草专卖局（公司）

【概　况】

芜湖市烟草专卖局、安徽省烟草公司芜湖市公司（以下简称芜湖市局（公司））于 2000 年 4 月从芜湖卷烟厂工商分设，承担全市烟草市场专卖管理与卷烟批发销售职能。

芜湖市局（公司）下辖两个直属分局、四个县级烟草专卖局：无为县烟草专卖局（营销部）、芜湖县烟草专卖局（营销部）、繁昌县烟草专卖局（营销部）、南陵县烟草专卖局（营销部）、直属分局（营销部）、江北分局（营销部）。其中，2013 年 8 月撤销营销管理中心市区营销部，成立直属分局（营销部）；2013 年 9 月应对芜湖市拥江发展需要，成立江北分局（营销部）。

截至 2013 年年末，总资产（年末值）150 944.69 万元、固定资产（年末净值）5 525.46万元、流动资产141 758.24万元、资产负债率 1.65%。

从业人员总数 539 人，其中原聘用员工 393 人。

【生产经营】

经济效益总体情况：2013 年全年实现利税80 412万元，同比增长 5.37%，实现利润总额48 563万元，同比增长 4.05%。

2013 年全年销售卷烟 62.34 亿支（12.467 8万箱），同比增幅 1.5%。其中，一类烟销售 14.55 亿支（2.91 万箱），同比增长 17.8%；二类烟销售 14.07 亿支（2.814 万箱），同比增长 21.0%；三类烟销售 21.49 亿支（4.298 万箱），同比下降 5.6%；四类烟销售 9.70 亿支（1.94 万箱），同比下降 14.8%；五类烟销售 2.53 亿支（0.506 万箱），同比下降 23.3%。

全年销量排名前三品牌依次为“黄山”“云烟”“利群”，分别销售 36.69 亿支（7.338 万箱）、3.33 亿支（0.666 9万箱）、2.80 亿支（0.559 5万箱）。

2013 年，芜湖市局（公司）坚持行业品牌发展导向，始终把品牌培育作为营销重点工作之一，努力推动在销品牌共同成长、协调发展。一是重点品牌保持稳定。“532”品牌累计销售 48.91 亿支（9.782 万箱），同比增长 6.9%；“461”品牌累计销售 33.96 亿元，同比增长 10.1%；二是低焦品牌快速发展。全年 8 毫克以下低焦卷烟累计销售 12.11 亿支（2.422 万箱），同比增长 28.3%；6 毫克以下低焦卷烟累计销售 0.87 亿支（0.174 万箱），同比增长 1.4%。三是责任品牌健康成长。全年除“七匹狼”外，其他四个责任品牌均实现较大增幅，其中，其中“金圣”“娇子”“云烟”“双喜”较去年增幅分别为 6.2%、8.8%、5.6%、4.5%。

全年实现含税销售收入 35.26 亿元，同比增长 9.3%；实现利税80 412万元，同比增长 5.37%，实现利润总额48 563万元，同比增长 4.05%。

2013 年芜湖市局（公司）三项费用率 3.18%，位于全省最低水平。

卷烟营销特色工作；一是市场调控成体系。系统把握市场消费容量，实时监控、分析零售市场信息，合理组织、投放和调控货源，优化卷烟结构，稳定零售价格，实现经济运行健康平稳。二是品牌培育有机制。完善品牌进退机制，加强品牌梯次管理；量身定制“黄山（红方印）”培育方案；加大对重点骨干品牌、低焦品牌、责任品牌培育力度，提高品牌集中度。三是科学营销稳推进。构建“五体系、三平台”科学营销架构，形成以信息为导向科学营销新模式，工商零三位一体共同面向市场、消费者的卷烟营销新局面逐步打开。12 月成功承办全省卷烟营销网络建设工作会，科学营销工作得到省局（公司）充分肯定，科学营销体系荣获 2013 年安徽省局（公司）“企业成长十大进展”之一。四是网建工作新突破。推广1 400户“徽映 e 家”，推广比重达 10%，位居全省第一；在工商网上配货基础上，优选 500 户“徽映 e 家”实施批零网上配货；以“徽映 e 家”升级版为载体，试点推广 200 户网上结算客户，探索开发网上营销业务，形成集网上营销、订货、配货、支付四项功能为一体“四网合一”现代营销业务模式；在市区试点打造“一店一特色、一店一品类、一店一卖点”27 户特色终端。五是队伍建设重创新。科学优化服务机制，拓展服务形式，完善管理模式。调整各区域基层服务布局；繁昌县局规范服务内容，完善客户分类，优化服务匹配，构建“标准化、增值化、个性化、亲情化”四层服务体系；芜湖县局打造专销一体化，提升管服效率，形成专销合力；建立“五个定制”，提升服务效率，促进客户满意；探索客户经理分级管理，通过六星管理加强一线营销人员队伍建设，打造能上能下、互通有无的晋升与交流通道，提升营销岗位素质与水平。

【物流建设】

一是减少物流节点。取消芜湖县、南陵县中转站并对无为沿江和无为县城客户实施直送，直送面积达77%。二是优化送货线路。将原有线状送货模式调整为片状送货模式，降低万箱物流用工、万箱物流用车，单箱燃油等费用，共优化送货线路7条，精简送货车辆12台，人员23人。三是实现“次日配送”。调整配送模式，改“隔日送货”为“次日送货”，将原先送货响应时间由48小时调整为24小时。四是实施精益管理。围绕“五精”开展作业现场流程优化、管理制度职责梳理、卷烟破损控制管理。五是推行7S现场。重新修订7S现场管理实施方案和7S现场管理作业标准，运用定点摄影和目视管理现代管理方式，定期检查，查摆问题。六是加强班组建设。建立“重基础、重考核、重竞争”班组建设机制。七是探索运用新技术。将塑封PE包装膜由5S降到4.5S，在保证卷烟包装和送货要求前提下降低包装费用；调节滚筒与传输带间距，调整光电感应计数器位置，解决现有分拣设备缺陷，实现设备设施异型卷烟打码到条。八是加强物流费用管控。推进物流对标管理工作，定期开展对标工作检查，分环节分解指标，开展差距分析，落实改进措施；加强预算管理，步步控制，规范预算执行。

【专卖管理】

一是市场监管不断加强。坚持、完善和运用两个联席会议制度，充分发挥多部门联合执法优势，先后开展“金龙二号”“猎鹰行动”“金秋行动”“天价烟”整治等系列专项行动，全年共查获各类案件769起，同比增长7.8%；查获各类违规卷烟23 689.7条，涉案金额502万元，刑事拘留19人，判刑22人，破获省标网络案件3起；一起符合国家局标准网络“730”案件在进一步深挖中。二是社会化宣传不断加大。综合应用出租车和公交车LED显示屏、广播电台、手机短信、社区宣传栏等平台宣传打假投诉举报电话，在卷烟零售户柜台张贴卷烟条烟码告知牌，举办“维权杯”真假烟识别比赛，开展“诚信经营放心店”评比工作。三是行政服务水平持续提升。优化全区许可证申办流程，努力将许可证办理时间从原来20个工作日缩短为2个工作日，精简营销、配送业务绑定时间，确保证件办结后一个电访周期内实现首次送货上门。四是市场监管模式不断创新。南陵县局深入研究“3S2C”卷烟市场管服抽样调查工作法，把握系统分类、科学抽样、高效监管三个重点，通过对客户分类区间、抽样层级、调查类型不断重组归类，实现“精准高效到市场找问题”和“带着问题到市场”双管齐下监管市场。五是内管监督深入推进。强化组织保障，加强日常监管；建立工业、商业、烟叶企业分类监管机制，健全内部监管制度体系，确保销量管理、货源分配、打码到条等内控制度有效落实，2013年规范经营全省排名第一。

【企业管理】

把握规范主线，加强内部监督。认真落实民主集中制和党组议事规则，严格执行“三重一大”决策程序；加强基建工程项目、招标采购活动等重点领域关键节点风险防控和过程监督，推行自行招标采购和定点供应商采购管理办法，强化定点供应商管理，加强痕迹化管理，2013 年公开招标项目占总项目比重 97.2%，连续第四届被省局授予“年度管理规范免检单位”称号；夯实财务基础，加强财务收支管理，提高资金、资产监管水平，加强成本费用管理和控制；完善预算定额标准体系，提高预算编制水平；健全对标指标体系，2013 年芜湖市局（公司）对标指标总体水平首次攀居全省第一；狠抓审计基础工作，做精专项审计，实施实时在线审计；提高企业法制化水平，加大经济合同、招标文件审查力度。

提高工作效能，强化内部控制。成立企业管理办公室，将分散于各部门绩效考核、质量体系、科技创新、对标等工作统一归口管理；运用目标管理和绩效考核两个有效载体，形成新的目标评价考核体系；狠抓安全生产责任制落实，加大安全投入和管理，健全隐患排查治理动态机制，通过安全生产标准化二级达标，全年未发生任何安全生产事故。

【技术创新】

围绕关键技术和管理难题，突出科技项目管理，科技项目取得新进展，深入开展群众性创新活动，活动普及率达 31%，全年获省优秀 QC 小组 2 个，专利申请实现零突破，同年获计算机软件著作权一件。

【人事与劳资】

严格规范干部人事用工管理，规范员工招聘，加大专业技术及技能人员鉴定和聘任力度；全面开展在岗人员交流、股级岗位竞聘、新进人员招聘工作；探索分级分层分岗培训模式，开发员工培训管理系统，健全内训师培养体系，全年共计开展一级培训 16 期 161 学时，参训人数 900 人次，二级培训 200 余次，参训人数3 000余人次。

【思想政治工作】

以“反四风”为准则，大兴律己之风。组织广大党员学习党的十八大会议精神；落实党风廉政建设责任制，组织签订《党风廉政建设责任状》和《廉洁自律承诺书》，开展会员卡专项清退等专项治理活动；贯彻中央和省局相关规定，出台市局（公司）《实施细则》，对各项要求作出明确规定并严格执行，全年业务招待费、业务宣传费、会议费、福利费、涉外费、捐赠支出费六项重点费用均控制在省局预算批复范围以内，其中业务招待费同比下降 20.93%；落实办公用房、公务用车相关文件要求，取消“领导干部用车”，将原领导用车纳入一般公务用车实行统一管理，市县两级领导干部办公用房全部按标准配置。

以“下基层”为抓手，大兴调研之风。领导班子结合各自分管，带头下基层，科级干部每月下基层一次，月末提交调研报告并接受群众评议，全年共收集调研报告 272 份近 35 万字，涉及基层部门 42 个、零售客户3 000余户，发现和解决各类问题 600 余个；推行营销、专卖、配送三个序列“领导带班制”。

以“235”为载体，大兴服务之风。围绕多项热点、难点工作展开大讨论，收集群众建议，解决基层一线诸多遗留难题；完善《合理化建议管理办法》，通过专题民主生活会和组织生活会查摆问题；大力推进政（企）务公开，加强民主监督；健全职代会制度，完成工会换届选举；修订出台一系列管理办法。

【企业文化活动】

开展“成长”文化融合对接，市局（公司）确立“成长·进”文化体系；举办芜湖烟草首届职工（客户）运动会，创立企业内刊《共进号》，建立文化长廊与企业文化活动中心，开展各类业余文体协会活动，新建各类职工体育活动场地，丰富员工文化生活。

5 月 21 日，举办第一届职工（客户）运动会。

7 月 9 日，举办“中国梦·芜烟梦”主题演讲比赛。

8 月，参加芜湖市直属机关第四届职工运动会（足球、乒乓球、羽毛球、广播体操）。

12 月 26 日，参加芜湖市“政风行风热线”直播活动。

1. 内部报刊：

报刊名	《共进号》
报刊号/准印证号	
刊期	月刊
创刊日期	2013 年
联系电话	0553-4836086
主办单位	芜湖市局（公司）政工科

2. 门户网站网址：

单位名称	门户网站网址
芜湖市烟草专卖局（公司）	http：//10. 49. 32. 24/Index. aspx（内网）
	http：//www. ahyc. com. cn/web/whsgs/index. html（外网）

【特事要辑】

2 月 25 日，省局（公司）巡视员、副总经理卓俭华一行到芜湖市局（公司）调研。

4 月 27 日，省局（公司）局长、总经理问武一行到芜湖市局（公司）调研。

6 月 7 日，省局（公司）副局长张靖江到芜湖市局（公司）开展党的群众路线暨“改进作风年”活动调研。

6 月 27 日，中国卷烟销售公司总经理助理杨荣生一行到芜湖市局（公司）调研指导科学营销工作。

7 月 31 日，省局（公司）党组书记、局长、总经理问武到芜湖市局（公司）调研党的群众路线教育实践活动。

9 月 28 日，芜湖市局（公司）江北分局揭牌成立。

12 月 10 日，省局（公司）巡视员、副总经理卓俭华到芜湖市局（公司）开展综合调研。

12 月 23 ~ 24 日，全省系统卷烟营销网络建设工作会议在芜湖召开。

2013 年芜湖市烟草商业系统主要情况统计

地市级局（公司）名称		芜湖市烟草专卖局（公司）
主要负责人/法人代表		胡家木
总资产（万元）		150 944. 69
资产负债率（%）		1. 65%
所属县级局（个）		6
所属县级营销部（个）		6
从业人员（人）		539
所属业务机构	营销机构	1 个营销中心
	物流配送机构	1 个物流中心、1 个配送站
	专卖稽查机构（需列出稽查队、专卖管理所）	6 个稽查队、13 个专卖管理所
	烟叶机构	—
销售卷烟	亿支	62. 34
	2013 年比 2012 年增加（%）	1. 5%
卷烟销售收入（万元）		352 577
实现税利	万元	80 412
	2013 年比 2012 年增加（%）	5. 37%
实现利润	万元	48 563
	2013 年比 2012 年增加（%）	4. 05%
查处涉烟违法案件（起）		769
查处涉烟违法案件案值（万元）		502
2013 年度烟草行业投入烟叶生产基础设施建设资金（万元）		—
全年烟叶生产基础设施新增受益面积（万亩）		—
烟叶种植（万亩）		—
烟叶收购（万担）		—
烟农户数（户）		—
实现烟农总收入（万元）		—
零售户数（户）		13 781
零售户销售毛利率（%）		11. 6

宣城市烟草专卖局（公司）

【概　况】

宣城市烟草专卖局、安徽省烟草公司宣城市公司成立于1984年10月，现下辖宣州、郎溪、广德、宁国、泾县、绩溪、旌德七个县级局。截至2013年末，总资产116 216万元，固定资产净值19 984万元，流动资产86 950万元，资产负债率5.6%。截至2013年底，共有从业人员554人，其中原聘用员工391人。2013年，市公司卷烟配送中心被中华全国总工会授予"全国工人先锋号"；市局（公司）被国家质检总局、工信部、全国总工会、中国科学技术协会和中国质量协会授予"全国优秀质量管理小组"。

【生产经营】

经济效益。2013年企业实现税利5.46亿元、同比上升6.11%，其中利润3.03亿元、同比上升3.94%。

卷烟销售。2013年全市共销售卷烟49.51亿支（9.9万箱），同比增长0.57%。其中一类烟销售10.762亿支（2.152万箱），同比增长7.68%；二类烟销售6.147亿支（1.229万箱），同比增长2.65%；三类烟销售18.444亿支（3.689万箱），同比增长3.72%；四类烟销售12.008亿支（2.402万箱），同比下降5.10%；五类烟销售2.146亿支（0.429万箱），同比下降23.63%。销量居前三位卷烟品牌为"黄山""利群""云烟"，其中销售"黄山"品牌27.554亿支（5.511万箱）、"利群"3.907亿支（0.781万箱）、"云烟"2.504亿支（0.501万箱）。累计销售行业重点骨干品牌89 392箱、同比增长3.97%，比重为90.28%；累计销售"532"潜力品牌68 405箱、同比增长5.2%，占三类以上卷烟销量比重为96.7%；"461"潜力品牌实现销售收入25.62亿元、同比增长7.1%，比重为96.5%。"双低"品牌快速发展，全年销售低焦卷烟16 663箱、同比增长37.4%，比重为16.8%；6毫克（含）以下卷烟累计销售1 227箱、同比增长109.5%，比重为1.2%。销售"黄山"品牌卷烟27.554亿支（5.511万箱），其中一至三类烟销售18.21亿支（3.642万箱）、同比增长4.36%，"黄山金皖"累计销售0.706亿支（0.141万箱），同比增长3.38%。卷烟实现销售收入226 948.46万元、同比增长5.72%，实现税利5.46亿元、同比上升6.11%，其中利润3.03亿元、同比上升3.94%。

公司三项费用率。年度公司三项费用率6.36%，同比增长0.15个百分点。

营销管理重点工作。品牌培育：多次开展以黄山品牌为核心品牌培育主题活动，两级机关上市场，召开多场推介会，组织百余次上街与乡镇行。27个重点品牌累计实现销量89 392箱，同比增幅3.97%，品牌集中度达到90.28%，同比上升2.95个百分点，高于全省平均水平（85.28%）5个百分点。终端建设：制定三年建设规划，围绕六大功能建设，推进“1113”工程，有序推进以功能终端为标志的现代零售终端建设，建成现代终端10户、优质终端516户、功能终端750户。全面运行感知徽映中心，推广“徽映e家”经营管理系统，完成750户“徽映e家”推广工作，10户实现网上配货，10户统一安装“徽映”标识店招，500户配备标准柜台。推进“135”工作法：以“时间、区域、分类”为三个维度，实施覆盖率、铺货率、动销率、断货率、成长率“三维五率”精确分析，为把握市场服务客户提供依据。客户服务：制定标准、个性、亲情式三项服务内容，满足客户差异化服务需求。开展“亲情帮扶，徽映你我”服务主题活动，开展店面形象提升、货源供应、真情助学、贷记卡办理等多形式帮扶活动，切实解决弱势群体部分困难，参与人员654人次，亲情帮扶困难客户183人次。全年累计客户投诉13起，同比下降10起，客户满意度88.6分。

【物流建设】

物流非法人实体化运作试点：形成配送中心《制度单行本》，基本做到业务运行独立，财务收支相对独立，实行单列考核，机构人事按权限明确划立，党团工会二级建制单立。精益物流试点：以“优服务、提效率、降成本、增效益”为核心要求，做好“精到服务、精化流程、精准运营、精确核算、精细管理”五个“精”文章。7S管理、定置管理、GPS、GRS有效运行，配送服务效率不断提升。开展“先锋岗评选”、“服务主题实践”、绩效管理等一系列创先争优活动，物流绩效不断提升。2013年物流费用率0.81%、同比下降7.96%；可控物流费用263.34万元、同比下降20.44%；万箱物流用工12.2人，同比下降5%。

【专卖管理】

持续开展“金龙二号”“利剑四号、五号、六号”和规范经营自查等市场治理专项行动。全年共查获各类涉烟案件740起、同比上升2.2%，其中5万~10万元案件10起、10万元以上案件7起，破获省标案件4起，查获各类卷烟499.1件、同比上升12.75%，罚没款94.2万元、同比上升57.6%，刑事拘留30人，批捕5人，判刑13人，罚金114.5万元。扎实开展基层示范队所评比活动，全面推进优秀县级局创建工作。全市7家单位全部通过优秀县级局创优达标验收。加大内部监管力度，烟叶抽查面总体达到20%以上，废弃烟种烟苗处理监管率达100%。预警信息进行及时处理。开展“天价烟”和卷烟过度包装专项治理行动，确保辖区内无超千元价格卷烟出现。在全省系统专卖（内管）暨法规工作会议上分别围绕专卖、法规工作做交流发言。

【企业管理】

管理体系建设持续推进。2月份获颁质量管理体系认证证书，质量、职业健康安全两管理体系均通过外部监督审核。积极推进“两项工作”，2月初被确定为全省系统自行招标试点单位，研究制定《自行招标暂行办法》在全省系统推行。2013年共实施重大投资采购项目46项，共计金额2 800.36万元。2013年公开信息超过3 000条。高效推进重点基建工程项目。档案管理在全省系统率先达标省特级。档案、公文管理在省局办公室会议上作交流发言，新闻宣传工作荣获全省系统三等奖。《宣城烟草志》编纂顺利推进。出台《成本费用定额管理办法》。建立审计委派工作机构。深入柔性执法试点和六五普法教育。持续完善廉政风险防控体系，反“四风”，转作风，有效推进防腐倡廉建设。认真开展安全生产标准化提升年活动，一年来未发生不稳定事件或安全责任事故。

【技术创新】

与合肥工业大学合作，初步构建科技创新与管理战略合作框架。“便携式烟草价格标签存放册”获准实用新型专利，“新皮匠”QC 小组获全国优秀质量管理小组称号，“地市烟草商业主体管理体系信息系统研究”项目获全省系统年度科学技术进步奖三等奖，“便携式卷烟价格标签存放工具的研制”“降低市局机关网络故障率”两 QC 课题分别荣获全省系统一、二等奖。

【人事与劳资】

大幅度开展科级干部岗位交流，稳妥实施县级局副局长岗位竞聘，继续安排青年员工上挂下派。2013 年开设一级培训班 32 个，教育培训使用经费 142.36 万元。

【企业文化】

全员演练行业行为规范。举办首届文化周活动。评选第二届“徽映青檀”十大学习标兵并举办巡回演讲。“成长 · 源”文化体系及 LOGO 正式发布启用。持续开展“将‘3 · 5’变为‘365’学雷锋常态化”活动。认真抓好并活跃党团工群工作，稳妥做好机关党委、职代会换届工作，组建市局机关团委。多次举办技能培训、野外拓展、器乐学习、内训师营等，组建摄影、书画、足球等十余个兴趣团体，在行业和地方大型综合运动会中屡创佳绩。

1. 内部报刊

报刊名	《员工文苑》	《徽映敬亭》
报刊号/准印证号	无	无
刊期	季刊	月刊
创刊日期	2012 年	2009 年
联系电话	0563-2615100	0563-2615100
主办单位	宣城市局（公司）	宣城市局（公司）

2. 门户网站网址

单位名称	门户网站网址
宣城烟草信息网（内网）	http：//10.49.96.12/
宣城市烟草专卖局（公司）（外网）	http：//ah.tobacco.com.cn/cms/cms/website/xcsgs/index.jsp

【特事要辑】

5 月，宣烟卷烟配送中心被中华全国总工会授予“工人先锋号”荣誉称号；配送中心送货员李梅被安徽省总工会授予“五一劳动奖章”；市局副局长胡守华荣获“省优秀工会工作者”称号。

11 月，宣城烟草被公安部、国家烟草专卖局联合授予“全国卷烟打假工作先进集体”荣誉称号。

2013 年宣城市烟草商业系统主要情况统计

地市级局（公司）名称		宣城市局（公司）
主要负责人/法人代表		齐美生
总资产（万元）		116 216
资产负债率（%）		5. 6
所属县级局（个）		7
所属县级营销部（个）		7
从业人员（人）		554
所属业务机构	营销机构	1 个营销中心、7 个县级营销部
	物流配送机构	1 个物流配送中心、下设一个中转站
	专卖稽查机构（需列出稽查队、专卖管理所）	稽查队 8 个、管理所 19 个
	烟叶机构	—
销售卷烟	亿支	49. 515 9
	2013 年比 2012 年增加（%）	0. 57
卷烟销售收入（万元）		265 529. 7
实现税利	万元	54 632
	2013 年比 2012 年增加（%）	6. 11
实现利润	万元	30 321. 17
	2013 年比 2012 年增加（%）	3. 94
查处涉烟违法案件（起）		740
查处涉烟违法案件案值（万元）		322. 69
2013 年度烟草行业投入烟叶生产基础设施建设资金（万元）		—
全年烟叶生产基础设施新增受益面积（万亩）		—
烟叶种植（万亩）		—
烟叶收购（万担）		—

（续表）

烟农户数（户）	—
实现烟农总收入（万元）	—
零售户数（户）	14 785
零售户销售毛利率（%）	12

铜陵市烟草专卖局（公司）

【概　况】

1981 年，安徽省烟草公司铜陵市公司成立。1984 年，铜陵市烟草专卖局成立。同年合署办公，实行一套机构两块牌子的机构体制。2013 年，市局（公司）下辖铜陵县烟草专卖局与市烟草专卖局铜都分局，内设 13 个职能部门。

截至 2013 年底，市局（公司）总资产49 670万元，固定资产（净值）4 138万元。流动资产44 531万元，资产负债率 2. 54%。在岗员工 175 人（其中聘用员工 107 人），辖区零售客户4 416户。

【生产经营】

2013 年，全市共完成辖区卷烟销售 15. 28 亿支（3. 06 万箱），比上年减少 0. 171 亿支（0. 034 2万箱），同比下降 1. 1%。其中，一类烟销售10 152箱，占总销量的 33. 2%，同比10 082箱增长 0. 7%。二类烟销售6 121箱，占总销量的 20%，同比5 278箱增长 16%。三类烟销售9 294箱，占总销量的 30. 4%，同比9 695箱下降 4. 1%。四类烟销售4 039箱，占总销量的 13. 2%，同比4 724箱下降 14. 5%。五类烟销售 961 箱，占总销量的 3. 1%，同比1 130箱下降 14. 9%。销量居前三位卷烟品牌分别为：“黄山”品牌销量16 108. 34箱，同比增长 3%；“玉溪”品牌销量2 379. 12箱，同比增长 0. 3%；“利群”品牌销量2 240. 22箱，同比增长 1. 2%。

全年市公司实现销售收入（含税）10. 54 亿元，同比增长 2. 2%；利税 2. 42 亿元，同比下降 3%；实现利润 1. 47 亿元，同比下降 7%。

【品牌培育】

围绕省局（公司）品牌培育规划，结合铜陵市局（公司）“9+1”战略品牌规划，大力推进“532”“461”和责任品牌、“双低”品牌的培育。2013 年，铜陵“532”品牌累计销量 2. 48 万箱，同比增幅 13. 2%；“461”品牌累计销售收入 10. 29 亿元，同比增幅

2.5%；双低卷烟销售4 330.9箱，同比增幅16.8%，其中，6毫克以下双低品牌销量428.2箱，同比增幅24%。

【网络建设】

根据全省营销网建工作会议精神及省局问武局长到铜陵市局（公司）调研时提出“实现客我关系由‘背靠背’‘手拉手’升华至‘心连心’”指示要求，以打造“心连心”客我关系为目标，结合省局（公司）终端建设十二五规划，积极落实“22-35”的网络终端建设工程，即努力打造“两节柜台、两个货架”的“2+2”卷烟陈列规范、月均销量达到300条、月均毛利达到5 000元的终端店。全年，累计完成300多户终端店建设。

【物流建设】

以推进现代物流建设为目标，持续开展物流结构规范、管理规范、服务规范等工作，控制物流运行成本。在2012年加快物流GPS建设和应用工作基础上，2013年加大物流资源整合，深化物流贯标对标，有效提升物流配送整体工作水平。

【专卖管理】

依托两个联席会议，变“单兵种”为“集团军”，切实做好行政执法与刑事司法有效衔接，加大对已查获涉烟大案快侦、快诉与快判。加强外部协作，联合公安、工商、质监等部门通过“拉网检查、错时检查、突击检查”等方式，开展全方位市场监管：重点监控货运集散点、名烟名酒店、大型商超等区域，重点打击网络售假等违法行为，全面构建立体化专卖监管体系。根据省局要求，将专卖执法、内部监管和主营业务有机结合，成立市局内管委员会，建立机制，组织定期检查考核，形成“大内管”工作格局，全年，市局未发现一起违规事件。立足“小市场破获大案件”，加强情报网络建设，提高成案率。2013年，依靠铜都分局全体干部员工共同努力，精心经营，成功破获“3·12”网络案件，该案案值达3 000多万元，涉案假烟3万件以上，被公安部列为挂牌督办案件。

2013年，市局共查处各类案件259起（其中万元以上案件23起，破获5万元以上涉烟案件5起，侦破国标网络案件1起），共查获各类违法违规卷烟4 501.2条，上缴行政罚没款11.45万元，刑拘7人，逮捕5人，判刑8人。

【企业管理】

发挥“三项工作”管理委员会作用，全面做到“应招尽招、能招尽招、真招实招”，顺利通过全省行业2012—2013年“规范管理免检单位”复检。聘请第三方中介机构辅助，完善定额体系内容，健全预算定额标准体系。突出对标与质量管理体系建设有效结合，提升工作质量，2013年，市局（公司）顺利通过省局（公司）组织的质量管理体系省级审核与“管理创一流”检查工作。深入推进群众性创新活动，1项QC小组成果荣获全省行业优秀QC成果“三等奖”，两项科技项目成果顺利通过省局（公司）验收，成功申请计算机软件著作权1件。继续推进市局（公司）“六五”普法规划各项工作，扎实开展法制教育培训、案件评议、合同审查等工作。制定实施机房线路整改方案，提升信息安全水平。开展“成长·熔”文化宣贯三十余次，宣贯覆盖面100%。完成“感知徽映”中心建设，发挥“感知徽映”中心功能，实现“徽映”服务品牌宣传落地。持续抓好职业健康安全管理体系运行控制，推动安全标准化建设工作，顺利通过全省安全标准化行业复评验收。重点实施三个“一百万”改造，加大安全硬件设施与软件管理投入，全面提升企业安全管理水平，市局（公司）圆满实现“连续十二年安全生产无事故”。

【人事与劳资】

实施开展“管理创一流之目标管理与督察考核体系”建设工作，逐步建立起一套科学有效的目标管理和督察管理体系，制定工作素养表、月底绩效考核表共同作为市局（公司）员工工作态度考评、年底综合考核、岗位晋升重要依据，实现对干部员工“德、政、勤、绩、廉”全方位考核。以省局（公司）、市局（公司）开展各类竞赛活动为抓手，成立多个竞赛筹备小组，组织参赛员工进行封闭式训练，参训覆盖率达90%以上。全年共组织安排3期、7名科级干部参加省局（公司）干部培训，有效提升干部履职履责能力。

【企业文化】

不断延伸创建学习型机关活动范畴，采用集中学习、座谈讨论、主题讲座、观看电教片、读书活动等多种学习形式，真正提高干部员工思想政治素质，促进各项工作任务圆满落实，党组织建设显著增强，良好学习氛围逐渐形成。2013年，市局（公司）蝉联全市“书香机关”荣誉称号。

积极响应地方号召，全年先后开展“学雷锋”志愿服务活动、文明交通劝导、社区卫生治理、城乡结对共建、军警民共建等多种形式文明创建活动，同时热心支持社会公益事业，持续开展“两节”送温暖、“慈善一日捐”、捐助贫困大学生、资助特教学校等多种形式捐助慰问活动，不断树立企业社会责任意识，维护铜陵烟草良好社会形象。在2010年取得第九届省级文明单位基础上，2013年市局（公司）申报安徽省第十届省级文明单位已获公示通过。

2013年铜陵市烟草商业系统主要情况统计

地市级局（公司）名称	铜陵市烟草专卖局（公司）
主要负责人/法人代表	王凯
总资产（万元）	49 670
资产负债率（%）	2.54
所属县级局（个）	2
所属县级公司/分公司（个）	—
所属县级营销部（个）	1个营销部
从业人员（人）	175

所属业务机构	访销机构	1 个营销中心、1 个电访中心
	物流配送机构	1 个物流中心、1 个配送中心
	稽查机构	2 个稽查队、4 个专卖管理所
	烟叶机构	—
销售卷烟	亿支	15. 28
	2013 年比 2012 年增加（%）	-1. 1
卷烟销售收入（万元）		105 362. 68
实现税利	万元	24 241. 96
	2013 年比 2012 年增加（%）	-4. 23
实现利润	万元	14 686. 73
	2013 年比 2012 年增加（%）	-7. 11
查处涉烟违法案件（起）		259
查处涉烟违法案件案值（万元）		802. 96
2013 年度烟草行业投入烟叶生产基础设施建设资金（万元）		—
烟水配套工程累计受益面积（万亩）		—
烟叶种植（亩）		—
烟叶收购（担）		—
零售户数（户）		4 416
零售户销售毛利率（%）		13. 62

池州市烟草专卖局（公司）

【概　况】

池州市烟草专卖局、安徽省烟草公司池州市公司成立于 1981 年，下辖贵池区、东至县、石台县、青阳县 4 个县级烟草专卖局（营销部）及九子山宾馆。2013 年末总资产 55 515万元、年末固定资产净值13 010万元、流动资产37 648万元、资产负债率 5. 12%；截至 2013 年底，共有在岗从业人员 572 人，其中原聘用员工 467 人。2013 年，先后获省先进基层党校，省国税、地税 A 级纳税信用等级单位，省优秀质量管理小组和市安全生产工作先进单位等荣誉称号。

【生产经营】

2013 年企业实现税利29 586万元，同比增长1 170万元，增幅 4. 12%；利润13 082万元，同比减少1 191万元，降幅 8. 34%。全市共销售卷烟 27. 01 亿支（5. 401 万箱），同比增长 0. 3%。其中一类烟销售 5. 57 亿支（1. 115 万箱），增长 9. 0%；二类烟销售 8. 12 亿支（1. 624 万箱），增长 26. 0%；三类烟销售 7. 46 亿支（1. 493 万箱），增长 7. 6%；四类烟销售 4. 90 亿支（0. 980 万箱），下降 27. 8%；五类烟销售 0. 95 亿支（0. 190 万箱），下降 41. 2%。销量居前三位卷烟品牌为“黄山”“利群”“中华”，其中销售“黄山”品牌 19. 08 亿支（3. 815 万箱）、“利群” 1. 13 亿支（0. 227 万箱）、“中华” 0. 88 亿支（0. 176 万箱）。全年“532”潜力品牌销售 20. 74 亿支（4. 147 万箱），增幅 15. 0%；“532”潜力品牌销量占一至三类烟比重的 98. 1%，同比提高 0. 4 个百分点；全年实现“461”潜力品牌销售额 15. 44 亿元，同比增收 1. 49 亿元，增幅为 10. 7%，占总销售额比重的 98. 3%，增加 1. 4 个百分点；全年实现“双低”卷烟销量 7 亿支（1 万箱），占总销量的 24. 5%。卷烟实现销售收入 15. 7 亿元，同比增长 1. 3 亿元，增幅 9. 1%。烟叶种植实现收购总值8 825万元，同比上涨 69. 5%。上缴烟叶税1 751. 69万元，同比上涨 71. 7%。收购金额7 962. 24万元，同比上涨 71. 7%。全年三项费用率 8. 07%，同比下降 0. 79 个百分点。

【物流建设】

着力打造精益现代物流，持续探索降本增效新路径，动态优化整合送货线路，提高车辆装载率，实现对城区重点线路“次日送货”，加强现场管理，统筹规划仓储一体化改造。开展物流非法人实体运作前期筹备工作。全市仓储区1 800m^2、分拣区 637m^2；拥有 ZT-M4802 型号分拣线 2 条、志恒达激光打码机 2 台、科盛包装机 2 台，空压机 2 台；共有送货车辆 29 辆。利用物流数字仓储及物流在途系统，实时监控并查询工业车辆行驶状态，预判到货时间，提前做好卷烟入库准备，确保工业卷烟及时入库。全年实现配送卷烟 5. 4 万余箱，配送户数 42 万余户次，差错率为零。物流费用 204. 36 元/箱，同比增加 27. 29 元/箱；物流费用率 0. 82%，较去年同期增加 0. 05 个百分点；单车配送量2 159. 66箱/车，同比增加 7. 93 箱/车；人均配送效率 586. 86 箱/人，同比增加 8. 44 箱/人。

【专卖管理】

围绕“两抓一管一提升”（狠抓打团破网与日常市场管理，做实内部监管，提升行政执法能力），深化联席机制，圆满完成“打团破网”目标任务。优化监管重点，开展净化及许可证清理、“天价烟”治理系列专项行动，保持高压态势。创新推广“三维四频”记分监管法，探索实行柔性执法与“APCD”工作法，实现市场监管“三个转变”。强化内部监管，加强“两烟”重点环节管控，坚持做到“一案双查”，从源头上保障规范经营。加大优秀县级局创建、练兵比武、五好队所（标兵）评比，构建三层评比考核体系。优化调整基层布局，细划工作、生活、文化三大功能区，全力打造“军营型、院校型、家园型”队所，贵池区局先行试点成效显著，在全省系统率先开展二级专卖管理师公开选聘工作，有力提高专卖队伍战斗力。

2013 年共查处涉烟违法违规案1 823起，捣毁窝点 25 个，查获涉案卷烟 1.3 万条，案值 375.4 万元。刑事拘留 30 人，批捕 14 人，判刑 3 人。其中青阳县局“12·25”案达国家局网案标准，贵池区局“6·07”案件达省局网案标准。

【烟叶产销】

力克恶劣自然天气及病虫害影响，加强基地单元建设，构建标准化生产模式。全市烟叶共签订种植收购合同 585 份，种植 2.89 万亩，收购 0.371 万吨（7.41 万担），亩均产量 128.24 公斤/亩；实现烟叶税1 752万元，亩均产值3 053.13元，同比上涨 23.3%，综合均价 23.81 元/公斤，同比上涨 16.6%。烟叶品质良好，上等烟比例达 40% 以上。坚持“种植在户、服务在社”发展方向，引导推进综合服务型烟农专业合作社建设；建立管服小组工作制，实施小组长竞聘上岗、烟技员双向选择用人机制；探索井窖式移栽，推广“采、烤、分、收”一体化烟叶生产模式，提升散烟收购比例；率先实行下炕解竿分级，优化烟叶结构，降工增效，烟农收益显著提高。统筹项目建设，加大烟基设施投入，累计投入4 338万元，新建密集型烤房 660 座，烟水、烟路项目 121 个，购置农机设备 174 套，辖区生产环境明显改善。

【多元化经营】

九子山宾馆沉着应对宏观形势变化，千方百计创新营销模式，稳定客源市场，为宾馆减少亏损做出积极贡献。

【企业管理】

突出制度抓管理，体系建设持续改进。全年梳理论证制度 12 大类 209 项，修订完善 45 项，上线运行内部管理制度查询系统，开展全员制度学习测试，提升执行力。推进法律风险防控体系建设，举办行政诉讼（行政许可）案件模拟法庭，出台《员工 22 条行为准则》，依法经营、规范管理意识明显提升。以精益管理为载体，启动“管理创一流”和标准化建设。完善三层督查机制，推行四岗互控。强化内部审计监督职能，使用“回弹法”提高工程审计核减率，并与工程质量挂钩，全年共开展审计项目 4 项，基建维修结算审计 144 项，核减 515 万元，平均核减 10.7%。完善全面预算考核机制，推进对标、定额管理，预算执行刚性增强，强化发票真伪认证管理，防范财务风险，提升财务基础管理水平。坚持“三重一大”议事规则，发挥党、团、工会作用，完善政（企）务公开制度，民主管理务实高效。“物资采购、工程投资、宣传促销”三项工作着力完善机制、规范运作，公开招标金额比达 98%。严格落实安全生产标准化，建立驾驶员健康动态监测机制，完善安全生产动态监控及预警预报体系，抓实隐患治理，安全形势持续平稳。

【技术创新】

科技创新成效突出，QC 活动蓬勃开展，再获全省系统优秀 QC 成果一等奖及国家二等奖，自主设计、完全拥有独立知识产权专利达 6 项。度量衡 QC 小组攻克《降低不可识别码比例》课题，实现池州、铜陵两条分拣线同时运作、同时打码目标，大大降低仓储用工数量和劳动强度，实现出、入库不可识别码为“零”的目标，年度创造经济效益 28 万余元。自主设计开发“积分制考核系统”获得“国家版权局计算机软件著作权证书”。

【信息化建设】

坚持建设、应用、管理三同步，开发客户价值提升系统、廉政风险防控管理系统、人力资源积分制管理软件，集成整合商业管理信息系统（营销、专卖）；对商业管理信息系统硬件平台升级及测试，实现业务平滑过渡。完善终端计算机访问互联网制度，双机备份核心路由器。对时间同步锁定项目、档案管理软件及合同管理模块先后上线，形成“四纵两横”统计信息化格局。

【法规工作】

开展“3·15”“6·29”“12·4”系列法制宣传和企业法律风险防范培训，参与撰写全省系统《卷烟零售点合理布局规划工作指导意见》《罚没真品卷烟处理办法》，完善专卖罚没卷烟的科学管理。加强对重大决策和经营活动合法合规性审核，完善合同审查制度。组织编排行政许可案件模拟法庭演示，深受省局（公司）肯定。

【人事与劳资】

完善干部人事管理制度，规范干部选拔任用程序，严格程序提任 2 名正科级干部。拓宽员工晋升通道，加大技术技能评聘力度，聘任二级专卖管理师 2 名。规范劳动合同签订和人事档案管理，强化用工管理。全年共举办党组中心组季度及科级干部月度学习会和“徽香”讲堂学习近 20 期。开展“六个一”学习活动，发放各类学习书籍2 500余册，开展市局层面各类专题培训 28 次，近 40 学时（天），参加人数1 300余人次。强化技能鉴定工作，全年组织 95 人参加技能鉴定。

【思想政治工作】

坚持“六个一”学习机制，借助党组中心组学习、科干集中学习会、徽香讲堂等多种形式认真学习贯彻党的十八大精神、中央八项规定。开展“三亮三比三评”教育实践活动及“党组织向党员客户延伸”试点工作，大兴求真、务实、清正之风，开展“基层活动月”，出台《改进工作作风、密切联系群众实施细则》，创新开展“转三风（改文风、转会风、提作风）、促成长”“三送三慰问”活动；出台《机关公务接待细则》，规范公务接待行为，全年业务招待费同比下降 25. 5%，会议费同比下降 32. 7%。开展党员干部“八小时以外”专项督查，落实办理来信来访工作。制定、细化党风廉政建设责任制任务分解，突出一把手“一岗双责”，规范清理办公用房、公务用车。观看警示教育片，编发廉政公开信和节日廉政短信，开发岗位廉政风险点查询系统，开展第二届廉政文化周系列活动，建立全市首家廉政文化长廊和廉政文化教育专栏。

【企业文化】

利用《徽映九华》《池烟之声》及时宣传池烟动态，扩展“徽映”服务品牌社会影响力；开展“徽映服务之星”评比。举办“欢歌十八大·徽映四方春”文艺汇演，举办“一月一活动”之各种文娱活动。顺利通过省局（公司）母子文化融合验收，编印《池州烟草“成长·仁”文化理念体系手册》；出台《池州烟草“成长·仁”文化宣贯方案》，强化内训师打造，构建骨干化宣贯力量。积极参与文明创建，投入“美好乡村”建设，关爱弱势群体。

2013 年池州市烟草商业主要情况统计

地市级局（公司）名称		池州市烟草专卖局（公司）
主要负责人/法人代表		吴兰田
总资产（万元）		55 515
资产负债率（%）		5.12
所属县级局（个）		4
所属县级营销部（个）		4 个营销部
从业人员（人）		572
所属业务机构	营销机构	1 个营销中心
	物流配送机构	1 个物流中心、1 个配送站
	专卖稽查机构（需列出稽查队、专卖管理所）	4 个稽查队、11 个专卖管理所
	烟叶机构	1 个烟叶工作站
销售卷烟	亿支	27.01
	2013 年比 2012 年增加（%）	0.3
卷烟销售收入（万元）		134 289
实现税利	万元	29 586
	2013 年比 2012 年增加（%）	4.12
实现利润	万元	13 082
	2013 年比 2012 年增加（%）	-8.34
查处涉烟违法案件（起）		1 823
查处涉烟违法案件案值（万元）		375.44
2013 年度烟草行业投入烟叶生产基础设施建设资金（万元）		4 459
全年烟叶生产基础设施新增受益面积（万亩）		0.79
烟叶种植（万亩）		2.89
烟叶收购（万担）		7.41
烟农户数（户）		585
实现烟农总收入（万元）		9 737.1
零售户数（户）		8 716
零售户销售毛利率（%）		10.87

安庆市烟草专卖局（公司）

【概　况】

安庆市烟草专卖局、安徽省烟草公司安庆市公司成立于1981年。下辖宜城烟草专卖局和桐城市、怀宁县、枞阳县、潜山县、岳西县、太湖县、望江县、宿松县烟草专卖局以及9个驻地营销部。截至2013年末，总资产174 400万元，固定资产净值22 578万元，流动资产149 134万元，资产负债率3.25%。截至2013年末，从业人员1 071人，其中在册在岗269人，聘用在岗620人，劳务派遣人员182人。

2013年，安庆市局（公司）相继获得省政府安全生产委员会授予安徽省安全文化建设示范企业、省安全生产协会授予安全生产标准化二级企业、省纪委、省监察厅授予省级“廉政文化建设示范点”、省审计厅授予2012年全省内部审计先进单位等荣誉称号。其中下辖潜山县烟草专卖局（营销部）客服中心还获得国家质检总局、工信部、全国总工会、中国科学技术协会和中国质量协会联合授予的2013年度全国质量信得过班组称号。

【生产经营】

2013年累计销售卷烟84.74亿支（16.95万箱），同比增长0.86%。一至五类烟分别销售15.56亿支（3.11万箱）、23.38亿支（4.68万箱）、24.71亿支（4.94万箱）、17.06亿支（3.41万箱）、4.03亿支（0.81万箱），同比分别增长11.79%、15.83%、5.88%、-13.52%、-41.22%。本地区销量居前三位卷烟品牌为“黄山”“盛唐”和“白沙”，其销量分别为55.33亿支（11.07万箱）、4.22亿支（0.84万箱）、3.30亿支（0.66万箱）。全年实现卷烟销售收入382 173万元，同比增长8.42%；利税93 097万元，同比增长7.31%，其中利润53 895万元，同比增长5.09%；缴纳税金39 202万元，同比增长10.53%，三项费用率4.92%，同比下降0.26个百分点。

全年“532”知名品牌三类以上销量12.30万箱，同比增幅11.3%，占一至三类销量比重96.6%，比重增加0.4个百分点。全年8毫克（含）以下卷烟销量3.09万箱，同比增幅54.8%，占总销量比重18.2%；全年6毫克（含）以下卷烟销量0.76万箱，同比增幅301.8%，占总销量比重0.5%。

全年责任品牌（即“七匹狼、金圣、娇子、云烟、双喜”）销量0.43万箱，同比增幅11.85%。重点品牌（即“双15+鼓励培育”品牌）共销售77.70亿支（15.54万箱），同比增长7.14%；重点品牌集中度为91.69%，同比86.32%，提高5.38个百分点。经济效益稳步提升。

【物流建设】

卷烟配送中心积极开展现代精益物流建设，全年单箱物流费用174.16元，低于全省平均水平，物流费用占销售收入比重下降0.02%。在资源整合方面，实施柔性配送，将次日送货延伸至距离中心半径60公里，覆盖400客户左右，共减少送货线路10条，日均减少出车2车次。在信息化方面，研发物流综合管控系统。完善系统建设需求，做好系统开发工作，召开相关会议，总结经验，进行部署实施，确保系统建设发挥应有作用，为加强物流管理提供有效手段。探索条码技术应用工作，有效减少卷烟中转配送交接时间，提高物流运行效率。

【专卖管理】

市场管控更加有力，专卖高压态势一以贯之，“两个联席会议”机制得以加强，系列整治行动有效开展。实施“挂牌警告”管理，一批国家局、省局网络案件成功告破。“大内管”持续推进，严处各类不规范问题，天价烟得到有效治理。其中，安庆桐城市局成功破获公安部、国家烟草专卖局挂牌督办“6·5”特大假烟网络案件，5名被告人分别以销售伪劣产品罪和非法经营罪被判处3年至7年不等有期徒刑或缓刑，并处罚金总额147万元。

【企业管理】

持续开展“管理创一流”、基层创优、目标管理和对接标活动，深化质量体系建设，跟进科技创新项目管理，QC小组活动遍及机关基层，潜山县营销部客服中心荣获全国质量信得过班组荣誉称号。建立健全实物资产协同管理机制，签订资产管理责任书，资产管理日趋精细。预算定额管理体系正式发布并实施，文化建设深入推进，“和”文化顺利融入省局（公司）“成长”文化，系列文化实践活动有效开展，从文化自觉迈入文化自信。党政工团妇工作有声有色，文明创建水平有新提高。

【特事要辑】

开展感知徽映五项增值服务。依托感知徽映中心平台，开展“感知徽映、亲情服务”五项增值服务，让广大零售客户与安庆烟草共享发展成果。具体包括法律服务、民生服务、政策咨询服务、亲情帮扶服务、专卖专营特色服务。全年共受理诉求事宜1 977起，诉求达成1 619起，达成率82%。同时，还积极发动全员自愿且定期捐款，成立“徽映”救助基金，帮扶困难客户，累计帮扶40名困难客户及其家庭，计发放救助款6.58万元。此举受到广大卷烟零售户称赞和好评，在社会上引起较大反响，极大提升行业形象。

烟草商业企业预算定额标准体系构建与应用。安庆烟草以国家局《烟草行业全面预算管理应用指南——预算定额标准》为指导，紧密结合工作实际，总结经验，完善理论支撑，成功构建安庆烟草预算管理体系。2013年1月开始试运行，全年可控费用同比下降

13. 34%。本项目通过省公司组织鉴定评审，同时对推进全省商业企业预算定额标准具有一定示范引领作用。

2013 年安庆市烟草商业系统主要情况统计

地市级局（公司）名称		安庆市烟草专卖局（公司）
主要负责人/法人代表		范家福
总资产（万元）		174 400
资产负债率（%）		3. 25
所属县级局（个）		9
所属县级营销部（个）		9 个营销部
从业人员（人）		1 071
所属业务机构	营销机构	1 个营销中心
	物流配送机构	1 个配送中心
	专卖稽查机构（需列出稽查队、专卖管理所）	9 个稽查队、29 个专卖管理所
	烟叶机构	—
销售卷烟	亿支	84. 992
	2013 年比 2012 年增加（%）	1. 15
卷烟销售收入（万元）		382 173
实现税利	万元	93 097
	2013 年比 2012 年增加（%）	7. 31
实现利润	万元	53 895
	2013 年比 2012 年增加（%）	5. 09
查处涉烟违法案件（起）		3 242
查处涉烟违法案件案值（万元）		722. 98
2013 年度烟草行业投入烟叶生产基础设施建设资金（万元）		—
全年烟叶生产基础设施新增受益面积（万亩）		—
烟叶种植（万亩）		—
烟叶收购（万担）		—
烟农户数（户）		—
实现烟农总收入（万元）		—
零售户数（户）		26 172
零售户销售毛利率（%）		11. 80

黄山市烟草专卖局（公司）

【概　况】

黄山市烟草专卖局、安徽省烟草公司黄山市公司，组建于1981年。内设12个职能部门，下辖屯溪区、徽州区、歙县、休宁县、祁门县、黟县和黄山区7个区、县烟草专卖局（营销部）。截至2013年年底，全市持证经营卷烟零售户9 453户，其中城镇卷烟零售经营户4 838户，乡村卷烟零售经营户4 615户，电子结算率99%，网上订货率89.1%。截至2013年年底，全市行业从业人员总数388人（其中劳务派遣26人，聘用员工234人）。总资产81 019.83万元（年末值）、固定资产11 923.10万元（净值）、流动资产63 353.96万元、资产负债率2.00%、三项费用率6.67%。

【生产经营】

2013年共销售卷烟53 005箱，同比增长0.76%；卷烟收入13.19亿元，同比增长9.63%；卷烟毛利3.43亿元，同比增长8.02%；三项费用率6.77%，同比下降0.39个百分点；实现利税3.08亿元，同比增长7.77%。全年如期完成12期1 200名二类以上等级零售客户培训，共有958户零售客户达到“靓化”标准；共建成优质终端2 599户，现代终端503户；“徽映e家”系统应用客户500户，上传成功率达97.87%；全市网订率为89.12%，其中城镇客户网订面达到97.4%，位于全省前列。积极开展10S现场管理研究应用，深入推进物流对标工作。配送线路优化取得新进展，合并送货线路35条，减少7条送货线路，减少2台送货车辆。实行淡季“单车双班”送货，单车日均配送户数达到95户以上，同比增长9.2%。

【物流建设】

代送线路整合。配送中心先后对歙县区（坑口、新溪口、深渡），休宁（璜尖、白际），黄山区（新明、龙门、风景区）共8条代送线路共计220户逐户进行实地摸底，代送点从原来8个，整合压缩为1个。

送货线路优化。配送中心在对全市送货线路客户基本情况摸底调查基础上，经过认真研究，反复论证，将原有22台送货车辆，107条送货线路的零售户进行重新调整，压缩送货车辆和精简送货线路，共减少7条送货线路，2台送货车辆，单车日均配送户数达到95户以上，同比增长9.2%。

节能降耗明显。开展节油降耗竞赛，制定送货车辆管理档案，每辆车维修、行车公里、耗油量等情况都会如实记录在案。每月对每一台送货车辆百公里油耗、修理费等重要指标进行排名。

【专卖管理】

深入推进“三个体系”建设，精心组织开展“金龙二号”“雷霆-13”“金秋行动”三次专项行动。全年共查处各类违法案件225起，同比上升29.3%。判结省标网络案件2起、系列卷烟调包案1起，在侦案件2起，判刑3人，刑拘1人，逮捕1人。建立和完善黄山市局内部专卖管理监督委员会工作机制。着力加强网订代订、定点取货、卷烟零售大户监管，规范工业企业宣传促销监管，强化烟叶种植、收购环节监管，加大内管信息平台预警核查力度，逐步形成“全面监管、网络监管、数字监管、科学监管”新格局。

【企业管理】

体系建设强化。深入开展“管理创一流”活动深入开展。按照“1125”管理创优思路，突出重点，着力加强“一流的目标管理”和“一流的体系建设”创建，在全省系统交叉互评和省局（公司）复查中均获好评。积极开展目标与绩效管理课题研究，建立“132”精益目标管理模式，并成功开发运行“徽映e管通”和“徽映文件宝”两个信息平台，形成“战略引导、过程管控、绩效可考”的企业管理经验，成功协办全省系统2013年度企业管理现场会，“132”精益目标管理被评为省局（公司）2013年“企业成长十大进展”之一。

整顿规范巩固。始终严守规范“生命线”，扎实开展规范免检工作，“两项工作”“六禁一控”“天价烟”治理等方面监管长效机制得到进一步巩固。以贯彻落实《烟草企业采购管理规定》为抓手，进一步完善决策管理机制和招标采购规程，积极推行自主招标采购，全面落实“应招尽招、真招实招”。全年共实施公开招标项目66个，招标金额占比达到96.78%，高出上年12个百分点。被省局（公司）授予2013—2014年度管理规范免检单位。

预算审计严格。建立动态完善预算定额管理体系，严格费用标准，加强月度分析，注重厉行节约，重点费用得到有效控制。严格执行资产处置预案，加强资产出租管理，规范招租、竞拍、谈判程序，确保国有资产保值增值。加强税收风险管理，进一步理顺税收征纳管理流程。推进零售客户贷记卡结算，实现银企合作共赢。全面落实“审计整改年”工作要求，以重点费用审计、区县局（营销部）经济责任审计两个项目为抓手，严格执行基建项目“概算预审”“跟踪审计”和“结算审计”三审制度，严格工程变更管理，实行分级授权与集体会审相结合，有效控制工程造价，新物流中心项目建设，实际投资比批文投资额节约资金700余万元。

法制建设加强。深入开展“六五”普法工作，注重宣传教育形式和实效。强化法律监督，严格经济合同审查、执法案卷审查、企业制度审查，最大限度降低企业运行风险。持续开展制度巡回宣讲活动，推动企业制度落地生根、入脑入心，有效提升制度执行力。

安全维稳提升。以安全标准化二级达标为创建主线，着力加强“六无一预防”安全风险控制，强化责任落实，强力推进各项安全管理活动。全年隐患排查治理161项，有效整改率达98%，顺利通过“安全标准化二级企业”达标验收。高度关注舆情监测控制和信访稳定工作，全年未发生群体性上访以及其他网络舆情事件。

【文化活动】

2月1日，市局（公司）派员参加全市文明创建卫生大扫除活动；28日，市局（公司）机关全体人员在休宁海阳庄园开展企业文化主题实践活动；2月开始，接待办（机关服务中心）职工食堂开展以“优美黄烟、拒绝‘剩’宴”为主题的宣传活动。

3月4日，4名屯溪分局业务骨干担任志愿者开展“3·5学雷锋”集中行动，为广大市民讲授真假卷烟鉴别技巧，并对消费维权、涉烟举报、预防涉烟违法违规行为做现场宣传；7日，市局（公司）工会邀请市人民医院妇产科副主任医师曾令芳为大家讲解妇女健康保健知识；9日，黄山烟草徽映垂钓小组组织成员在屯溪区郊区溪南庄园开展首次垂钓活动，来自市局（公司）、屯溪分局（营销部）、徽州分局（营销部）48名小组成员参加此次活动。

4月20~21日，市局（公司）本级羽毛球兴趣小组组队参加全市羽毛球混合团体比赛。

5月2日，市局（公司）隆重召开“我与企业共成长”青年员工座谈会；13日，市局（公司）党总支、团支部联合组织，对结对共建对象祁门县柏溪乡白塔村开展帮扶活动。现场向村小学捐赠课桌20张以及价值近2 000元的书包、学习用品等，并转交黄山烟草员工捐赠图书335册（件）、玩具等物品；25日，市公司机关三支部利用周末组织部分党员到屯溪区社会福利院看望孩子们，送去糕点、糖果、水果和慰问金；5月份，市局（公司）开展“亲情帮扶”活动，活动领导组向全市系统发起向帮扶对象募捐倡议，市公司召开专题动员会，区县局（营销部）进行属地捐款，短短几天，全市系统355名干部员工捐款48 210元；市局（公司）组织全员学做广播体操活动，活动得到市局（公司）领导、各部门大力支持和积极参与。

6月15日，市局（公司）羽毛球兴趣小组首次男女单打比赛在市体育局圆满举行。

7月1日，市局（公司）举办庆“七一”第九套广播体操比赛活动。

8月12日，市局（公司）“徽映”志愿者服务队部分志愿者顶着烈日走上街头，帮助交警维护交通秩序，开展“文明交通志愿服务”活动；26日，黄山烟草三届一次职工代表大会召开，来自全市系统50名职工代表参加会议，会议圆满完成各项议程。

9月22日，市局（公司）广播体操代表队参加市第六届运动会第九套广播体操比赛，来自全市12支代表队240名运动员参赛，市局（公司）代表队取得第八名；23~25日，市局（公司）乒乓球队参加市第六届运动会乒乓球比赛；26~29日，市局（公司）组队参加市第六届运动会成人组羽毛球比赛，参加男子团体、男女双打、男女单打共五个项目比赛，配送中心楚雷在男子单打比赛中取得第四名；29日，黄山烟草代表队在市六运会篮球赛中，以全胜骄人战绩在16支球队中脱颖而出，勇夺区县组一等奖；30日，市局（公司）开展员工讲故事比赛活动；同日下午，市局（公司）召开企业文化宣贯载体建设主题讨论会。

11月8日，市局（公司）组织市直本级人员到徽州区拓展基地开展户外拓展训练活动。

12 月 14 日，机关三支部到屯溪区康乐老年公寓慰问，为老人们送上米、油、面条、奶粉、糕点等物品。

门户网站网址

单位名称	门户网站网址
黄山市烟草专卖局（公司）	http：//ah. tobacco. com. cn/cms/cms/website/hssgs/index. jsp

2013 年黄山市烟草商业系统主要情况统计

地市级局（公司）名称		黄山市烟草专卖局（公司）
主要负责人/法人代表		刘新华
总资产（万元）		81 019. 83
资产负债率（%）		2. 00
所属县级局（个）		7
所属县级营销部（个）		7 个营销部
从业人员（人）		388
所属业务机构	营销机构	1 个营销中心
	物流配送机构	1 个物流配送中心
	专卖稽查机构（需列出稽查队、专卖管理所）	7 个专卖稽查大队、13 个专卖稽查中队、1 个专卖稽查支队
	烟叶机构	—
销售卷烟	亿支	26. 50
	2013 年比 2012 年增加（%）	0. 76
卷烟销售收入（万元）		131 900
实现税利	万元	31 198. 66
	2013 年比 2012 年增加（%）	8. 33
实现利润	万元	17 244. 35
	2013 年比 2012 年增加（%）	8. 46
查处涉烟违法案件（起）		225
查处涉烟违法案件案值（万元）		96. 416
2013 年度烟草行业投入烟叶生产基础设施建设资金（万元）		—
全年烟叶生产基础设施新增受益面积（万亩）		—
烟叶种植（万亩）		—

（续表）

烟叶收购（万担）	—
烟农户数（户）	—
实现烟农总收入（万元）	—
零售户数（户）	9 453
零售户销售毛利率（%）	12.77

华环国际烟草有限公司

【概　况】

华环国际烟草有限公司成立于 1994 年 5 月 28 日，位于安徽省凤阳县门台工业园区。公司隶属安徽省烟草专卖局（公司），下设华环加工中心和涡阳烟叶复烤厂两个分支机构，是由安徽省烟草公司蚌埠储运公司、上海烟草集团有限责任公司和安徽中烟工业有限责任公司共同投资建设、共同经营的现代化打叶复烤企业。截至 2013 年底，公司总资产（年末值）126 899.33万元，固定资产（净值）53 403.31万元，流动资产65 932.48万元，资产负债率 12.17%。公司现有从业人员 405 人。

华环加工中心拥有两条打叶复烤生产线，其中一条从美国引进9 000kg/h 打叶复烤生产线，年设计生产能力 2.25 万吨（45 万担）；一条12 000kg/h 打叶复烤生产线，年设计生产能力 3 万吨（60 万担）。

涡阳烟叶复烤厂位于安徽省涡阳县，占地总面积 19 万平方米，拥有6 000kg/h 打叶复烤生产线和年中转能力 100 万担烟叶的铁路专用线各一条。

【生产经营】

2013 年打叶复烤烟叶 185.11 万担，同比减少 6.94 万担，降幅 3.1%；产出片烟量60 612.41吨，同比减少2 105.83吨，降幅 3.36%；实现主营业务收入 2.99 亿元，同比减少1 470万元，降幅 4.7%；实现利润总额5 063万元，同比减少1 544万元，降幅 23.4%；实现可比利润总额 6 831 万元，同比增加 224 万元，增幅 3.4%；全年费用率 29.08%，同比增加 1.56 个百分点。

【企业管理】

基础管理取得新成效。开展管理体系一体化整合完善，推行卓越绩效管理，加快与重点卷烟企业先进管理模式接轨。印发《精益管理实施方案》，系统推进 6S 管理，营造精益氛围，形成精益文化。以标准研究室为平台，加快行业标准研制进度，《打叶复烤委托加工服务规范》正式发布，《复烤产品包装内衬塑料袋》通过行业评审。积极开展管理对标。涡阳复烤厂针对与先进指标差距，制定改进措施，吨烟综合能耗同比下降 13.3%，吨烟电耗同比下降 20.8%。加大隐患排查整治力度，隐患整改率 100%，提高安全标准化体系运行绩效，安全管理水平得到持续提升，国家烟草专卖局安全检查组给予高度评价。

信息建设取得新进展。推进技改新线信息化建设，按计算机房标准建设新线中控室，以数据采集为基础，引入 SPC 技术，完成中控制系统建设，生产过程监视和控制水平明显提升，成为全国烟草行业第一条与重点卷烟品牌相配套的打叶复烤生产线，全国复烤领域第一家实现中控室质量控制、实现在线配方库加工生产线。配合高架库物流系统，按均匀性试验和信息链要求，改造提升 MIS 系统。完成新老厂区网络融合，实施车间无线通信、工业显示等信息系统建设，生产经营信息化支撑作用更加明显。

人力资源展现新面貌。加强科级干部管理监督制度建设，印发《科级干部考核评价办法》《科级干部问责暂行办法》等制度；坚持中层干部个人业绩承诺制，全面分析干部德能勤绩廉总体状况，干部队伍建设扎实推进。规范劳动用工和劳务外包管理，优化薪酬管理体系，提高绩效考核严肃性、公正性。招聘机电一体化等专业大学生 13 名，公司大专以上学历 209 人，占在岗员工总数 60%，员工文化结构不断优化。强化两加工点人才交流，共交流各类技术和管理人员 280 人次，进一步加深两厂技术人员在生产工艺、质量控制等方面交流共享。结合卷烟工业需求，强化学习型组织建设，培训员工5 650人次。开展技能岗位中高级工聘任工作，聘任 9 类岗位技师 2 人，高级工 40 人、中级工 97 人；开展中级职称岗位聘任工作，构建多轨制员工晋升通道。

企业文化彰显新形象。加大“成长·搏”文化宣贯力度，激发干部员工爱岗敬业正能量，完成企业文化歌曲创作工作，有序推进年鉴志书编纂和精神文明单位创建工作，开展“感动华环”先进人物评选等活动，以文化融合推进制度融合、管理融合、行为融合，逐步推进深层次融合和全方位发展。

技术创新取得新提升。以新建技术中心投入运行为契机，着力提升新建技术中心硬件水平和软件实力。对接“中华”“黄山”品牌技术关注焦点，与上海烟草集团、安徽中烟合作申报 4 个科研项目，围绕特色烟叶加工、保香保润、降焦减害等开展专项研究。坚持科研项目负责制、项目周例会制度和立项评审机制，完成《打叶复烤质量信息数据链研究与构建》等 8 个项目结题验收工作，《近红外光谱分析在线应用研究》项目获省局（公司）科技进步优秀奖。向省局（公司）申报科技项目 6 项，其中省局（公司）立项项目 1 项、面上项目 1 项。开展 QC 小组活动，注册 QC 小组 28 个，开展课题研究 29 个。

改进作风取得新实效。扎实推进“改进作风年”活动，引导全体干部员工保持良好精神状态，努力践行担当精神，树立使命感和责任感，进一步将全体员工心智凝聚到华环公司发展上来。严格贯彻落实“八项规定”，研究制定《华环公司公务接待管理规定》，简化接待工作，加强车辆管理，最大程度降低费用，杜绝铺张浪费现象，全年业务招待费同比下降 31.2%、燃油费同比下降 17.5%。

【特事要辑】

4 月 1 日，安徽省委副书记、代省长王学军一行深入华环公司易地技改项目建设现场调研指导项目建设情况。

5 月 14 日，安徽省烟草专卖局（公司）局长、总经理问武，总会计师贾零霓一行深入华环公司易地技改施工一线，实地考察了解项目建设和设备安装情况。

10 月 17 日，国家税务总局大企业司处长黄树民、安徽省国税局总审计师倪廷辉一行到华环公司开展税收风险检查前期调研工作。

2013 年华环国际烟草有限公司主要情况统计（略）。

安徽皖南烟叶有限责任公司

【概　况】

安徽皖南烟叶有限责任公司位于安徽省宣城市，成立于 2004 年 12 月 31 日。作为全国烟草行业唯一跨地区股份制专业化烟叶生产企业，公司统一整合皖南地区宣城、芜湖、黄山三地市自然资源、人力资源、对烟叶生产、技术研发、人员培训、烟叶购销、品牌塑造和市场拓展等工作进行统一管理。截至 2013 年度，总资产94 532. 05万元，固定资产5 257. 92万元，流动资产86 616. 7万元，资产负债率 49. 66%。共有在岗员工 434 人（全员聘用制），其中大专以上学历 164 人。

【烟叶产销】

2013 年共落实种烟面积 16. 78 万亩，收购烟叶 2. 15 万吨（42. 99 万担），同比增长 16. 82%；收购综合均价 25. 02 元/千克，同比增加 1. 57%，烟农2 369 名，户均规模 70. 85 亩。

2013 年企业实现总利润12 893. 72万元，同比增加 48. 05%，烟叶实现税利17 834. 62万元，同比增加 56. 8%，三项费用率为 11. 07%。与省内外工业企业签订购销合同 2. 185 万吨（43. 7 万担，含池州烟区），实际调拨 2. 185 万吨（43. 7 万担），其中省内 0. 895 万吨（17. 9 万担）、省外 1. 29 万吨（25. 8 万担），与安徽中烟工业有限责任公司、上海烟草集团有限责任公司、湖南中烟工业有限责任公司、浙江中烟工业有限责任公司、湖北中烟工业有限责任公司、甘肃烟草工业有限责任公司六家国内重点卷烟工业企业建立长期合作关系，初步形成省内和省外市场并重的合理布局。

【企业管理】

2013 年，公司紧紧围绕省局（公司）提出“做精做强，做成精品”战略总体要求，以现代烟草农业为统领，以特色烟开发为中心，充分挖掘规模、科技、管理、服务四大潜力，强抓机遇，加强技术创新，进一步挖掘和发挥质量优势和品牌优势，为民族卷烟品牌配套服务。一是加强队伍建设。以绩效管理、烘烤、分级和计算机四项技能达标为重点，开展技能达标理论及实操测试。建立公司领导带中层、中层带员工、小组长带组员的三级带人模式，确定“四定一卡一评估”带人机制。二是全面推行绩效管理。构建公司、机关和烟站、小组和组员的四级目标体系；定期召开公司和烟农两个层面策略研讨会；制定月度重点工作管理办法，加强机关和基层月度重点工作管理；实施对标管理，机关每月召开评标定标会议，基层采取随机随意方式组织三级对标评估。三是加强内部管理。严控三项工作项目招标范围，公开招标超过90%；严把定点供应商采购管理，建立完善定点供应商评审和进出管理机制；完善审计监管制度，对重大基建项目开展全过程跟踪审计，强化审计监督作用；加强预算指导和管控，现金预算差异率和两项费用预算差异率大幅下降。以车辆安全管理为重点，开展2期交通安全警示教育，启动安全生产标准化工作。

【技术创新】

进一步优化特色烟开发布局，着力开展特色烟叶研究与开发。重点在华阳河、青弋江、水阳江流域及其支状水系两岸的冲击面砂土、砂壤土上精心选择种植区域。加大郎溪、广德、泾县、旌德、南陵、绩溪等新区发展力度，进一步提高焦甜香烟叶产出比例。2013年种植特色烟10.8万亩，收购32万担。大力推进现代烟草农业示范村建设，配套制定烟稻轮作补贴政策，集中长期流转西扎和黄渡等13个行政村3.5万亩土地，采取烟稻同户发包，收取种植保证金，建立田块档案和种植档案等综合措施，确保轮作区域严格落实1∶1轮作模式。持续推进QC小组活动，2013年成立60个QC小组，顺利结题47个，结题率78.33%。

【现代烟草农业建设】

全年新建南陵、郎溪2个烟叶工作站，设立19个散叶成件点，并在金坝、黄渡、团山、泾县、郎溪、黄山试点散叶成件收购4.1万担，2013年规划实施2012年度烟基项目3 598个。其中修建烟水配套项目405个，包括小塘坝196个，行业补贴432.38万元。沟渠188条，长55.51km，行业补贴1 087.35万元。提灌站21个，行业补贴98.17万元。烟路739条，长度333.48km，行业补贴2 660.68万元。烤房1 200座，行业补贴3 600万元。购置农机1 248台（套），行业补贴1 226.23万元。育苗工场6处，行业补贴528.5万元。2013年度烟草行业总投入烟叶生产基础设施建设资金9 633.31万元，全年烟水配套工程受益面积16.78万亩，较之2012年受益面积12.2万亩，新增受益面积4.58万亩。全年，共培育现代烟农1 319名（含职业烟农），户均规模99亩，培养三师一手队伍2 960人，合作社自营专业化育苗、双打、采收、烘烤和分级服务比例分别为87%、20.7%、16.7%、18.1%和42.2%。

【文化建设】

主动融入省局公司“成长”文化，做好公司企业文化理念体系完善和与省局“成长”文化对接，建立起具有鲜明时代特征、行业特色和企业特质的皖南烟叶“创文化”体系。突出人的主体地位，着力在改进工作作风、保持良好状态上下功夫，进一步落实公司“创”文化。坚持以科学发展观为指导，将“解放思想、实事求是、创新发展”指导思想、“认真、细致、务实、创新”工作作风，融入“创”文化体系，进一步完善提升公司“创”文化，实现工作上统筹兼顾，发展上全面协调可持续。3月27日，省局（公司）企业文化验收组到皖南烟叶公司审核验收“成长”文化融合工作，对皖南烟叶公司“成长·创”文化体系一致予以通过。

【多元化经营】

2013年，春季多元化经营品种由省农科院专家推荐，宣州区3个合作社分别种植西瓜（分金绿红绫和秀丽两个品种）、甜瓜（鲜果品种）、黄瓜（分中农16和金碧春秋两个品种），西红柿（分为黄圣女果和红圣女果两个品种）、辣椒（皖椒4号品种）、菜用玉米（香紫糯和甜玉米两个品种）、小南瓜（青栗优和红栗优两个品种）和秋葵（黄秋葵品种）等8大类13个小品种。种植区域主要集中在宣州区黄渡、团山、金坝3个烟站4个点片，种植大棚56个，露天种植18.7亩，合计大棚91个。黄渡、孙埠两个点片多元化经营烟农收入与成本持平，文昌福川和杨柳新龙两个基地遭受特大暴雨袭击，导致多元化经营田块和大棚遭受不同程度损失，团山、杨柳烟农由于受灾，直接经济损失分别为17 640元和33 343元，影响收益13.65万。秋季多元化经营经省农科院推荐，种植品种分别为小西瓜、甜瓜、水果黄瓜、西兰花、辣椒等5个品种，在黄渡烟站十亩塘育苗基地进行生产，规模为16个大棚。食用菌包括平菇和金针菇两个品种，共利用烤房36支。

2013年安徽皖南烟叶有限责任公司主要情况统计

地市级局（公司）名称		安徽皖烟叶有限责任公司
主要负责人/法人代表		王道支
总资产（万元）		94 532.05
资产负债率（%）		49.66
所属县级局（个）		—
所属县级营销部（个）		—
从业人员（人）		434
所属业务机构	营销机构	—
	物流配送机构	—
	专卖稽查机构（需列出稽查队、专卖管理所）	—
	烟叶机构	8个烟叶工作站
销售卷烟	亿支	—
	2013年比2012年增加（%）	—
卷烟销售收入（万元）		—

实现税利	万元	17 834. 62
	2013 年比 2012 年增加（%）	56. 8
实现利润	万元	12 893. 72
	2013 年比 2012 年增加（%）	48. 05
查处涉烟违法案件（起）		—
查处涉烟违法案件案值（万元）		—
2013 年度烟草行业投入烟叶生产基础设施建设资金（万元）		9 633. 31
全年烟叶生产基础设施新增受益面积（万亩）		4. 58
烟叶种植（万亩）		16. 78
烟叶收购（万担）		42. 99
烟农户数（户）		2 369
实现烟农总收入（万元）		53 571. 82
零售户数（户）		—
零售户销售毛利率（%）		—

光荣榜

受表彰奖励集体

1. 安徽省烟草专卖局（公司）荣获国家烟草专卖局颁发的“全国烟草行业2012—2013年度会计信息质量考核”三等奖。

2. 安徽省烟草专卖局（公司）荣获安徽省人民政府法制办公室颁发的“法治政府建设理论与实务研究征文活动”优秀组织奖。

3. 安徽省烟草专卖局（公司）被安徽省城管协会授予“2013年度安徽省城管协会优秀理事单位”荣誉称号。

4. 合肥市烟草专卖局（公司）被安徽省总工会、安徽省安全生产监督管理局授予“安徽省‘安康杯’竞赛优胜单位”荣誉称号。

5. 合肥市烟草专卖局（公司）安全保卫科被安徽省劳动竞赛委员会、安徽省总工会授予“安徽省工人先锋号”荣誉称号。

6. 合肥市烟草专卖局（公司）被合肥市总工会授予“省级职工书屋标准化建设示范单位”荣誉称号。

7. 合肥市烟草专卖局（公司）物流中心团支部被共青团合肥市委员会授予“合肥市青年文明号”荣誉称号。

8. 合肥市烟草专卖局（公司）包河区烟草专卖局被中共安徽省委政法委、安徽省烟草专卖局（公司）授予“先进集体”荣誉称号。

9. 合肥市烟草专卖局（公司）审计派驻办被安徽省烟草专卖局（公司）授予“2013年度内部审计优秀审计派驻办”荣誉称号。

10. 合肥市烟草专卖局（公司）审计派驻办被合肥市审计局、合肥市总工会授予合肥市“内部审计先进集体”荣誉称号。

11. 合肥市烟草专卖局（公司）被安徽省烟草专卖局（公司）授予“全省系统新闻宣传工作先进单位”荣誉称号。

12. 淮北市烟草专卖局（公司）被淮北市人民政府授予“2013 年度全市安全生产工作先进集体”荣誉称号。

13. 淮北市烟草专卖局（公司）完美 QC 小组在全省烟草商业系统 QC 成果发布中荣获三等奖。

14. 亳州市烟草专卖局（公司）被亳州市人民政府授予“2013 年度亳州市安全生产工作先进单位”荣誉称号。

15. 亳州市烟草专卖局（公司）被亳州市人民政府授予“2012 年度全市社会主义核心价值观主题教育实践活动先进单位”荣誉称号。

16. 亳州市烟草专卖局（公司）团委被共青团亳州市委员会授予“2012 年度全市共青团先进单位”荣誉称号。

17. 亳州市烟草专卖局（公司）谯城分局被安徽省烟草专卖局（公司）授予“2011—2012 年度优秀县级局标兵单位”荣誉称号。

18. 亳州市烟草专卖局（公司）被安徽省烟草专卖局（公司）授予“2012 年度内部审计先进单位”荣誉称号。

19. 亳州市烟草专卖局（公司）被安徽省烟草专卖局（公司）授予“2013—2014 年度规范管理免检单位”荣誉称号。

20. 亳州市烟草专卖局（公司）审计派驻办在全省系统审计派驻办 2012 年年度考核中荣获第一名。

21. 宿州市烟草专卖局（公司）人力资源科被安徽省劳动竞赛委员会、安徽省总工会授予“安徽省劳动竞赛先进集体”荣誉称号。

22. 宿州市烟草专卖局（公司）被安徽省烟草专卖行政执法联席会议领导小组授予“2012 年度全省烟草市场管理行政执法工作先进集体”荣誉称号。

23. 宿州市烟草专卖局（公司）灵璧县局（营销部）被中共安徽省烟草专卖局（公司）党组授予“先进基层党组织”荣誉称号。

24. 宿州市烟草专卖局（公司）萧县局（营销部）被中共安徽省烟草专卖局（公司）党组授予“先进基层党组织”荣誉称号。

25. 宿州市烟草专卖局（公司）泗县局（营销部）“虹栋”QC 小组在全省烟草商业系统优秀 QC 小组成果发布中荣获三等奖。

26. 蚌埠市烟草专卖局（公司）被安徽省烟草专卖局（公司）授予“2013—2014 年度管理规范免检单位”荣誉称号。

27. 蚌埠市烟草专卖局（公司）被全国厂务公开协调小组授予“全国厂务公开民主管理先进单位”荣誉称号。

28. 蚌埠市烟草专卖局（公司）被中共蚌埠市委、蚌埠市人民政府授予“蚌埠市第十五届文明单位”荣誉称号。

29. 阜阳市烟草专卖局（公司）被国家绿化委员会授予“全国绿化模范单位”荣誉称号。

30. 阜阳市烟草专卖局（公司）荣获安徽省妇联、安徽省民政厅、安徽省文明办、安徽省儿童少年基金会颁发的“安徽儿童公益慈善爱心奉献奖”。

31. 阜阳市烟草专卖局（公司）机关第四党支部被中共安徽省烟草专卖局（公司）党组授予“全省系统先进基层党组织”荣誉称号。

32. 阜阳市烟草专卖局（公司）界首市局党支部被中共安徽省烟草专卖局（公司）党组授予“全省系统先进基层党组织”荣誉称号。

33. 阜阳市烟草专卖局（公司）太和县局（营销部）“开拓”QC 小组被安徽省烟草专卖局（公司）授予“安徽省烟草公司 2013 年优秀质量管理小组”荣誉称号。

34. 淮南市烟草专卖局（公司）被淮南市人民政府授予“淮南市先进集体”荣誉称号。

35. 淮南市烟草专卖局（公司）被中共淮南市委、淮南市人民政府授予“淮南市 2012 年度目标管理考核优秀单位”荣誉称号。

36. 淮南市烟草专卖局（公司）被中共淮南市委授予“淮南市 2013 年度保密工作考核优秀单位”荣誉称号。

37. 淮南市烟草专卖局（公司）被中共淮南市委、淮南市人民政府授予“淮南市人口和计划生育工作标兵单位”荣誉称号。

38. 淮南市烟草专卖局（公司）被淮南市劳动竞赛委员会授予“淮南市劳动竞赛先进单位”荣誉称号。

39. 淮南市烟草专卖局（公司）潘集分局党支部被中共安徽省烟草专卖局（公司）党组授予“全省系统‘235’教育实践活动先进集体”荣誉称号。

40. 淮南市烟草专卖局（公司）“活塞”QC 小组被安徽省经济和信息化委员会、安徽省质量管理协会、安徽省总工会、共青团安徽省委员会、安徽省妇女联合会、安徽省科学技术协会联合授予“2013 年安徽省优秀质量管理小组”荣誉称号。

41. 淮南市烟草专卖局（公司）“分秒必争”QC 小组被安徽省经济和信息化委员会、安徽省质量管理协会、安徽省总工会、共青团安徽省委员会、安徽省妇女联合会、安徽省科学技术协会联合授予“2013 年安徽省优秀质量管理小组”荣誉称号。

42. 淮南市烟草专卖局（公司）“天赐”QC 小组被安徽省经济和信息化委员会、安徽省质量管理协会、安徽省总工会、共青团安徽省委员会、安徽省妇女联合会、安徽省科学技术协会联合授予“2013 年安徽省优秀质量管理小组”荣誉称号。

43. 淮南市烟草专卖局（公司）“活塞”QC 小组在全省系统第四次优秀 QC 小组成果发布中荣获二等奖。

44. 滁州市烟草专卖局（公司）获得国家烟草专卖局通报表彰。

45. 滁州市烟草专卖局（公司）被安徽省烟草专卖局（公司）授予“全省系统信息技术竞赛团体优胜单位”荣誉称号。

46. 滁州市烟草专卖局（公司）在全省系统第六届财审知识竞赛中荣获团体优秀奖。

47. 滁州市烟草专卖局（公司）在全省系统新闻宣传工作中荣获三等奖。

48. 滁州市烟草专卖局（公司）被滁州市总工会授予“模范职工之家”荣誉称号。

49. 滁州市烟草专卖局（公司）被中华全国总工会授予“模范职工小家”荣誉称号。

50. 滁州市烟草专卖局（公司）被滁州市总工会授予“工会财务工作先进集体”荣誉称号。

51. 滁州市烟草专卖局（公司）荣获安徽省烟草专卖局（公司）颁发的“全省系统科学技术进步奖优秀奖”。

52. 滁州市烟草专卖局（公司）定远县局被安徽省烟草专卖局（公司）授予“2011—2012 年度优秀县级烟草专卖局标兵单位”荣誉称号。

53. 滁州市烟草专卖局（公司）定远县局被安徽省烟草市场行政执法联席会议办公室授予“2012 年度全省系统烟草市场管理行政执法先进集体”荣誉称号。

54. 六安市烟草专卖局（公司）被六安市人民政府、六安市安全生产委员会授予“六安市 2013 年度安全生产工作先进单位”荣誉称号。

55. 六安市烟草专卖局（公司）被国家安全生产监督管理总局授予“全国企业应急救援知识竞赛优胜单位”荣誉称号。

56. 六安市烟草专卖局（公司）卷烟配送中心被六安市总工会授予“六安市工人先锋号”荣誉称号。

57. 六安市烟草专卖局（公司）“映山红”QC 小组被安徽省经济和信息化委员会、安徽省质量管理协会、安徽省总工会等联合授予“2013 年安徽省优秀质量管理小组”荣誉称号。

58. 六安市烟草专卖局（公司）皋城（营销部）金安组被安徽省经济和信息化委员会、安徽省质量管理协会、安徽省总工会等联合授予“安徽省质量信得过班组”荣誉称号。

59. 六安市烟草专卖局（公司）皋城（营销部）裕安组被安徽省经济和信息化委员会、安徽省质量管理协会、安徽省总工会等联合授予“安徽省质量信得过班组”荣誉称号。

60. 六安市烟草专卖局（公司）皋城分局城区专卖管理所被安徽省烟草专卖局（公司）授予“2012 年度全省系统烟草市场管理行政执法先进集体”荣誉称号。

61. 六安市烟草专卖局（公司）被安徽省烟草专卖局（公司）授予“2013—2014 年度管理规范免检单位”荣誉称号。

62. 六安市烟草专卖局（公司）机关第三党支部被中共安徽省烟草专卖局（公司）党组授予“全省系统先进基层党组织”荣誉称号。

63. 六安市烟草专卖局（公司）霍邱县局（营销部）党支部被中共安徽省烟草专卖局（公司）党组授予“全省系统先进基层党组织”荣誉称号。

64. 六安市烟草专卖局（公司）荣获安徽省烟草专卖局（公司）颁发的“全省系统科学技术进步奖优秀奖”。

65. 六安市烟草专卖局（公司）被安徽省烟草专卖局（公司）授予“2012 年度‘读书与研究’活动优秀组织单位”荣誉称号。

66. 六安市烟草专卖局（公司）在 2012 年全省系统新闻宣传工作中荣获一等奖。

67. 马鞍山市烟草专卖局（公司）被中共马鞍山市委、马鞍山市人民政府授予“全市模范劳动关系和谐企业”荣誉称号。

68. 马鞍山市烟草专卖局（公司）被中共马鞍山市委、马鞍山市人民政府授予“2013 马鞍山企业 100 强”荣誉称号。

69. 马鞍山市烟草专卖局（公司）被中共马鞍山市委、马鞍山市人民政府授予“2013马鞍山服务业企业20强”荣誉称号。

70. 芜湖市烟草专卖局（公司）被安徽省烟草专卖局（公司）授予“2013—2014年度管理规范免检单位”荣誉称号。

71. 芜湖市烟草专卖局（公司）繁昌县局（营销部）被中共芜湖市委、芜湖市人民政府授予“第十一届芜湖市文明单位标兵”荣誉称号。

72. 芜湖市烟草专卖局（公司）繁昌县局被安徽省烟草市场行政执法联席会议办公室授予“2012年度全省烟草市场管理行政执法先进集体”荣誉称号。

73. 芜湖市烟草专卖局（公司）无为县局（营销部）被中共芜湖市委、芜湖市人民政府授予“第十一届芜湖市文明单位标兵”荣誉称号。

74. 芜湖市烟草专卖局（公司）无为县局党支部被中共安徽省烟草专卖局（公司）党组授予“优秀基层党组织”荣誉称号。

75. 芜湖市烟草专卖局（公司）“徽映”QC小组在2013年度全省烟草商业系统优秀QC成果发布中荣获二等奖。

76. 芜湖市烟草专卖局（公司）“徽映”QC小组被安徽省质量管理协会授予“2013年度安徽省优秀QC小组”荣誉称号。

77. 芜湖市烟草专卖局（公司）“三新”QC小组被安徽省质量管理协会授予“2013年度安徽省优秀QC小组”荣誉称号。

78. 宣城市烟草专卖局（公司）被国家烟草专卖局授予“全国卷烟打假工作先进集体”荣誉称号。

79. 宣城市烟草专卖局（公司）被国家质检总局、工信部、中华全国总工会、中国科学技术协会、中国质量协会联合授予“全国优秀质量管理小组”荣誉称号。

80. 宣城市烟草专卖局（公司）卷烟配送中心被中华全国总工会授予“全国工人先锋号”荣誉称号。

81. 宣城市烟草专卖局（公司）被宣城市总工会授予“2012年度市直单位工会工作目标责任制考核先进单位”荣誉称号。

82. 铜陵市烟草专卖局（公司）被安徽省烟草专卖局（公司）授予“2013—2014年度管理规范免检单位”荣誉称号。

83. 铜陵市烟草专卖局（公司）“螺丝钉”QC小组被安徽省烟草专卖局（公司）授予“全省系统2013优秀QC小组”荣誉称号。

84. 池州市烟草专卖局（公司）被池州市人民政府授予“2013年度全市安全生产工作先进单位”荣誉称号。

85. 池州市烟草专卖局（公司）机关党委被安徽省委宣传部授予2013年“安徽省先进基层党校”荣誉称号。

86. 池州市烟草专卖局（公司）被安徽省烟草专卖局（公司）授予“2012年度全省系统卷烟打假工作先进集体”荣誉称号。

87. 池州市烟草专卖局（公司）被安徽省烟草专卖局（公司）授予“2013年度专卖管理员岗位技能竞赛团体优胜单位”荣誉称号。

88. 池州市烟草专卖局（公司）贵池区局被安徽省烟草专卖局（公司）授予“2011—2012 年度优秀县级烟草专卖局标兵单位”荣誉称号。

89. 池州市烟草专卖局（公司）“度量衡”QC 小组在国家烟草专卖局组织的优秀 QC 成果发布中荣获二等奖。

90. 池州市烟草专卖局（公司）“度量衡”QC 小组在全省烟草商业系统优秀 QC 成果发布中荣获一等奖。

91. 池州市烟草专卖局（公司）“度量衡”QC 小组被安徽省经济和信息化委员会、安徽省质量管理协会、安徽省总工会、共青团安徽省委、安徽省妇联、安徽省科学技术协会联合授予“安徽省优秀质量管理小组”荣誉称号。

92. 池州市烟草专卖局（公司）信息中心被共青团池州市委授予“青年文明号”荣誉称号。

93. 安庆市烟草专卖局（公司）被安徽省人民政府、安徽省安全生产委员会授予“安徽省安全文化建设示范企业”荣誉称号。

94. 安庆市烟草专卖局（公司）潜山县局（营销部）客户服务中心被国家质检总局、工信部、全国总工会、中国科学技术协会和中国质量协会联合授予“2013 年度全国质量信得过班组”荣誉称号。

95. 安庆市烟草专卖局（公司）被安徽省烟草市场管理行政执法联席会议办公室授予“2012 年度全省烟草市场管理行政执法工作先进集体”荣誉称号。

96. 安庆市烟草专卖局（公司）枞阳县烟草专卖局被安徽省烟草市场管理行政执法联席会议办公室授予“2012 年度全省烟草市场管理行政执法工作先进集体”荣誉称号。

97. 安庆市烟草专卖局（公司）宜城烟草专卖局被安徽省烟草市场管理行政执法联席会议办公室授予“2012 年度全省烟草市场管理行政执法工作先进集体”荣誉称号。

98. 安庆市烟草专卖局（公司）宜城烟草专卖局党支部被中共安徽省烟草专卖局（公司）党组授予“2012 年度先进基层党组织”荣誉称号。

99. 安庆市烟草专卖局（公司）被安徽省烟草专卖局（公司）授予“企业管理规范免检单位”荣誉称号。

100. 安庆市烟草专卖局（公司）岳西县局被安徽省烟草专卖局（公司）授予“2011—2012 年度优秀县级烟草专卖局标兵单位”荣誉称号。

101. 安庆市烟草专卖局（公司）在 2012 年度全省系统新闻宣传工作中荣获二等奖。

102. 安庆市烟草专卖局（公司）潜山县局（营销部）“步步高”QC 小组在全省烟草商业系统优秀 QC 成果发布中荣获三等奖。

103. 黄山市烟草专卖局（公司）被黄山市人民政府、黄山市安全生产委员会授予“黄山市 2012 年度安全生产工作目标管理优秀单位”荣誉称号。

104. 黄山市烟草专卖局（公司）卷烟配送中心被黄山市总工会授予 2012 年度黄山市“工人先锋号”荣誉称号。

105. 黄山市烟草专卖局（公司）休宁县局市场服务部被黄山市总工会授予 2012 年度黄山市“工人先锋号”荣誉称号。

106. 黄山市烟草专卖局（公司）“金字塔”QC 小组被安徽省烟草专卖局（公司）授

予“2013 年度优秀质量管理小组”荣誉称号。

107. 黄山市烟草专卖局（公司）被安徽省经济和信息化委员会、安徽省质量管理协会、安徽省总工会等联合授予“2013 年安徽省优秀质量管理小组”荣誉称号。

108. 黄山市烟草专卖局（公司）被安徽省经济和信息化委员会、安徽省质量管理协会、安徽省总工会等联合授予“安徽省质量信得过班组”荣誉称号。

109. 黄山市烟草专卖局（公司）“132”精益目标管理模式入选“安徽省烟草专卖局（公司）2013 年企业成长十大进展”。

110. 黄山市烟草专卖局（公司）被安徽省烟草专卖局（公司）授予“2013—2014 年度管理规范免检单位”荣誉称号。

111. 安徽皖南烟叶有限责任公司荣获安徽省烟草专卖局（公司）颁发的“科学技术进步奖”。

112. 华环国际烟草有限公司被蚌埠市总工会授予“蚌埠市厂务公开民主管理示范单位”荣誉称号。

113. 华环国际烟草有限公司在全省系统新闻宣传工作中荣获三等奖。

114. 华环国际烟草有限公司被中国文化管理协会企业文化管理专业委员会授予“企业文化管理创新典范单位”荣誉称号。

115. 华环国际烟草有限公司涡阳复烤厂生产科挑拣班被亳州市总工会授予“亳州市五一巾帼”荣誉称号。

116. 华环国际烟草有限公司涡阳复烤厂维修工段被亳州市总工会授予“亳州市工人先锋号”荣誉称号。

受表彰奖励个人

1. 安徽省烟草专卖局（公司）法规处李伟被安徽省城管协会授予“2013 年度安徽省城管协会先进个人”荣誉称号。

2. 安徽省烟草专卖局（公司）赵家宏被安徽省直机关事务管理局授予“省直机关后勤工作六项竞赛优秀管理工作者”荣誉称号。

3. 合肥市烟草专卖局（公司）梅丽被安徽省烟草专卖局（公司）授予“全省十佳送货员”荣誉称号。

4. 合肥市烟草专卖局（公司）李松林在安徽省烟草学会组织的 2013 年度“读书与研究”活动中荣获优秀论文三等奖。

5. 合肥市烟草专卖局（公司）周伟毅在“徽映杯”2013 年全省系统第六届财审知识竞赛中荣获“十佳”荣誉称号。

6. 合肥市烟草专卖局（公司）汪海涛被中共安徽省委政法委、安徽省烟草专卖局（公司）授予“先进个人”荣誉称号。

7. 合肥市烟草专卖局（公司）许森被合肥市审计局、合肥市总工会授予合肥市“内部审计能手”荣誉称号。

8. 合肥市烟草专卖局（公司）干操被安徽省烟草专卖局（公司）授予“全省系统新闻宣传优秀通讯员”荣誉称号。

9. 淮北市烟草专卖局（公司）陈峰被安徽省审计厅授予“安徽省内部审计先进工作者”荣誉称号。

10. 亳州市烟草专卖局（公司）刘飞荣获亳州市总工会颁发的“亳州市五一劳动奖章”。

11. 亳州市烟草专卖局（公司）刘飞被亳州市总工会授予“亳州市技术标兵”荣誉称号。

12. 亳州市烟草专卖局（公司）刘飞在亳州市总工会组织的亳州市职业技能大赛“徽映杯”真假烟鉴别竞赛中荣获第一名。

13. 亳州市烟草专卖局（公司）李伟荣获安徽省烟草专卖局颁发的“安徽省烟草市场管理行政执法突出贡献奖”。

14. 亳州市烟草专卖局（公司）刘钰泽被安徽省烟草专卖局（公司）授予“全省卷烟打假先进个人”荣誉称号。

15. 亳州市烟草专卖局（公司）吴磊在全省系统专卖技能竞赛中荣获第一名。

16. 亳州市烟草专卖局（公司）朱亚丹在全省系统专卖技能竞赛中荣获第三名。

17. 亳州市烟草专卖局（公司）朱普宇被安徽省烟草专卖局（公司）授予“全省系统内部审计先进个人”荣誉称号。

18. 亳州市烟草专卖局（公司）宋佳音被安徽省烟草专卖局（公司）授予“2013 年度全省系统优秀通讯员”荣誉称号。

19. 亳州市烟草专卖局（公司）李令闯在全省系统 2013 年度专卖管理学术论文评比中荣获一等奖。

20. 亳州市烟草专卖局（公司）梁云飞在全省系统 2013 年度专卖管理学术论文评比中荣获三等奖。

21. 亳州市烟草专卖局（公司）曹小钟在全省系统“读书与研究”活动中荣获优秀论文三等奖。

22. 亳州市烟草专卖局（公司）米占刚在全省系统内部审计理论研讨论文评比中荣获三等奖。

23. 亳州市烟草专卖局（公司）李丽被安徽省烟草专卖局（公司）授予“2013 年品牌建功立业活动能手”荣誉称号。

24. 亳州市烟草专卖局（公司）谷学志在安徽省烟草学会“市场营销上水平”学术论文评比中荣获二等奖。

25. 宿州市烟草专卖局（公司）许连生被中共安徽省烟草专卖局（公司）党组授予“全省系统‘优秀党务工作者’”荣誉称号。

26. 宿州市烟草专卖局（公司）邹连进被安徽省烟草专卖局（公司）授予“全省系统会计十佳”荣誉称号。

27. 宿州市烟草专卖局（公司）苏金平被安徽省烟草专卖局（公司）授予“全省系统

送货员十佳”荣誉称号。

28. 宿州市烟草专卖局（公司）盛文在全省系统2012年度“读书与研究”活动中荣获优秀论文二等奖。

29. 宿州市烟草专卖局（公司）钟成在全省系统2012年度“读书与研究”活动中荣获优秀论文二等奖。

30. 宿州市烟草专卖局（公司）唐桂平在全省系统“我为红方印献一策”有奖征文评比中荣获一等奖。

31. 宿州市烟草专卖局（公司）赵晓燕在全省系统“我为红方印献一策”有奖征文评比中荣获三等奖。

32. 宿州市烟草专卖局（公司）付振海被安徽省政法烟草联席会议领导小组办公室授予“全省系统卷烟打假工作先进个人”荣誉称号。

33. 阜阳市烟草专卖局（公司）王超被中共安徽省烟草专卖局（公司）党组授予“全省系统优秀党务工作者”荣誉称号。

34. 阜阳市烟草专卖局（公司）刘刚被中共安徽省烟草专卖局（公司）党组授予“全省系统先进工作者”荣誉称号。

35. 阜阳市烟草专卖局（公司）陈学武被中共安徽省烟草专卖局（公司）党组授予“全省系统优秀共产党员”荣誉称号。

36. 阜阳市烟草专卖局（公司）齐德林被中共安徽省烟草专卖局（公司）党组授予“全省系统优秀共产党员”荣誉称号。

37. 阜阳市烟草专卖局（公司）卢万根在全省系统信息技术（DB2数据库）竞赛中荣获“十佳个人”荣誉称号。

38. 淮南市烟草专卖局（公司）孙太勇被中共淮南市委、淮南市人民政府授予“淮南市创建全国绿化模范城市先进个人”荣誉称号。

39. 淮南市烟草专卖局（公司）井多明被淮南市人民政府授予“淮南市劳动模范”荣誉称号。

40. 淮南市烟草专卖局（公司）井多明被安徽省烟草专卖局（公司）授予“全省系统卷烟打假先进个人”荣誉称号。

41. 淮南市烟草专卖局（公司）井多明被国家烟草专卖局（公司）授予“全国卷烟打假先进个人”荣誉称号。

42. 淮南市烟草专卖局（公司）张春艳被国家烟草专卖局（公司）授予“全国烟草技术能手”荣誉称号。

43. 淮南市烟草专卖局（公司）秦克玉被中共安徽省烟草专卖局（公司）党组授予“全省系统优秀党务工作者”荣誉称号。

44. 淮南市烟草专卖局（公司）张季杰被中共安徽省烟草专卖局（公司）党组授予“全省系统优秀共产党员”荣誉称号。

45. 淮南市烟草专卖局（公司）高建中被安徽省烟草专卖局（公司）授予“2012年度全省系统优秀通讯员”荣誉称号。

46. 淮南市烟草专卖局（公司）张骥在安徽省烟草学会2013年度专卖管理学术论文

评比中荣获一等奖。

47. 淮南市烟草专卖局（公司）徐刚在安徽省烟草学会2013年度专卖管理学术论文评比中荣获三等奖。

48. 淮南市烟草专卖局（公司）蒋宁宁在全省系统“我为红方印献一策”征文评比中荣获三等奖。

49. 淮南市烟草专卖局（公司）邹成强在2013年全省系统“企业规范化管理”学术论文评比中荣获二等奖。

50. 淮南市烟草专卖局（公司）杨晓璐在2013年全省系统“企业规范化管理”学术论文评比中荣获二等奖。

51. 淮南市烟草专卖局（公司）张晓侠被中共淮南市委授予“淮南市2013年度保密工作考核先进个人”荣誉称号。

52. 淮南市烟草专卖局（公司）王敏被中共安徽省烟草专卖局（公司）党组授予“全省系统‘235’教育实践活动先进工作者”荣誉称号。

53. 滁州市烟草专卖局（公司）程旭东被滁州市总工会授予“优秀工会之友”荣誉称号。

54. 滁州市烟草专卖局（公司）周发泉被滁州市总工会授予“优秀工会工作者”荣誉称号。

55. 滁州市烟草专卖局（公司）周立刚被安徽省政法委、安徽省烟草专卖局（公司）授予“全省系统卷烟打假工作先进个人”荣誉称号。

56. 滁州市烟草专卖局（公司）王平聪被安徽省烟草专卖局（公司）授予“全省系统烟草市场管理行政执法突出贡献先进个人”荣誉称号。

57. 滁州市烟草专卖局（公司）万小伟被安徽省烟草专卖局（公司）授予“全省系统烟草市场管理行政执法突出贡献先进个人”荣誉称号。

58. 滁州市烟草专卖局（公司）赵红岭在全省系统财审知识竞赛中荣获“十佳个人”荣誉称号。

59. 滁州市烟草专卖局（公司）刘阳在全省系统信息技术竞赛中荣获“十佳个人”荣誉称号。

60. 滁州市烟草专卖局（公司）李旻在安徽省烟草学会举办的“读书与研究”活动论文评比中荣获二等奖。

61. 滁州市烟草专卖局（公司）杨建东被安徽省烟草专卖局（公司）授予“十佳专卖管理员”荣誉称号。

62. 滁州市烟草专卖局（公司）陈涛被共青团滁州市委授予“滁州市优秀共青团干部”荣誉称号。

63. 滁州市烟草专卖局（公司）何娟娟被共青团安徽省委授予“安徽省优秀共青团员”荣誉称号。

64. 滁州市烟草专卖局（公司）钮广学荣获2012年度安徽省烟草商业系统优秀新闻作品奖。

65. 滁州市烟草专卖局（公司）李刚被东方烟草报社授予“2012年度优秀通讯员”

荣誉称号。

66. 六安市烟草专卖局（公司）徐仁禄被安徽省烟草专卖局（公司）授予“2012 年度优秀通讯员”荣誉称号。

67. 六安市烟草专卖局（公司）徐仁禄在 2013 年全省系统企业规范管理论文评比中荣获三等奖。

68. 六安市烟草专卖局（公司）苏世杰在 2013 年全省系统企业规范管理论文评比中荣获三等奖。

69. 六安市烟草专卖局（公司）彭晖被安徽省政法烟草联席会议领导小组办公室授予“2012 年度全省系统卷烟打假工作先进个人”荣誉称号。

70. 六安市烟草专卖局（公司）孟祥兵被安徽省烟草专卖局（公司）授予“2012 年度全省系统烟草市场管理行政执法先进个人”荣誉称号。

71. 六安市烟草专卖局（公司）李昊在安徽省烟草学会 2013 年度专卖管理学术论文评比中荣获三等奖。

72. 六安市烟草专卖局（公司）赵书生被中共安徽省烟草专卖局（公司）党组授予“全省系统优秀共产党员”荣誉称号。

73. 六安市烟草专卖局（公司）易成保被中共安徽省烟草专卖局（公司）党组授予“全省系统优秀共产党员”荣誉称号。

74. 六安市烟草专卖局（公司）管华被中共安徽省烟草专卖局（公司）党组授予“全省系统优秀党务工作者”荣誉称号。

75. 六安市烟草专卖局（公司）王明礼被安徽省烟草专卖局（公司）授予“全省系统先进工作者”荣誉称号。

76. 六安市烟草专卖局（公司）陈力在全省系统“市场营销上水平”学术活动中荣获论文二等奖。

77. 六安市烟草专卖局（公司）赵新在全省系统 2013 年信息化序列“读书与研究”活动中荣获优秀论文二等奖。

78. 六安市烟草专卖局（公司）陈浩在全省系统 2013 年信息化序列“读书与研究”活动中荣获优秀读书报告一等奖。

79. 六安市烟草专卖局（公司）刘毅明在全省系统“我为红方印献一策”有奖征文评比中荣获二等奖。

80. 六安市烟草专卖局（公司）李静在全省系统“我为红方印献一策”有奖征文评比中荣获三等奖。

81. 马鞍山市烟草专卖局（公司）刘剑锋被安徽省委政法委、安徽省烟草专卖局（公司）授予“全省卷烟打假工作先进个人”荣誉称号。

82. 马鞍山市烟草专卖局（公司）郭峰被安徽省委政法委、安徽省烟草专卖局（公司）授予“全省卷烟打假工作先进个人”荣誉称号。

83. 马鞍山市烟草专卖局（公司）姜可文被安徽省委政法委、安徽省烟草专卖局（公司）授予“全省卷烟打假工作先进个人”荣誉称号。

84. 马鞍山市烟草专卖局（公司）蒋伟被安徽省烟草专卖局（公司）授予“全省系统

行政执法先进个人”荣誉称号。

85. 马鞍山市烟草专卖局（公司）秦国毅被安徽省经济和信息化委员会等单位联合授予“全省质量管理小组活动优秀推进者”荣誉称号。

86. 马鞍山市烟草专卖局（公司）张庭在安徽省人民政府组织的全省依法行政知识竞赛中荣获三等奖。

87. 马鞍山市烟草专卖局（公司）张媛媛被安徽省烟草专卖局（公司）授予“全省系统十佳送货员”荣誉称号。

88. 马鞍山市烟草专卖局（公司）韩梅被安徽省烟草专卖局（公司）授予“全省系统十佳送货员”荣誉称号。

89. 马鞍山市烟草专卖局（公司）王令梅被安徽省烟草专卖局（公司）授予“全省系统十佳送货员”荣誉称号。

90. 马鞍山市烟草专卖局（公司）杨洋在全省系统信息技术竞赛中荣获“十佳个人”荣誉称号。

91. 马鞍山市烟草专卖局（公司）章芳被安徽省烟草专卖局（公司）授予“黄山（红方印）品牌建功立业活动能手”荣誉称号。

92. 马鞍山市烟草专卖局（公司）郭鑫被安徽省烟草专卖局（公司）授予“全省系统优秀新闻通讯员”荣誉称号。

93. 马鞍山市烟草专卖局（公司）刘永传在2013年度全省烟草物流系统“读书与研究”活动中荣获一等奖。

94. 宣城市烟草专卖局（公司）胡守华被安徽省总工会授予“安徽省优秀工会工作者”荣誉称号。

95. 宣城市烟草专卖局（公司）李梅荣获安徽省总工会颁发的“安徽省五一劳动奖章”。

96. 铜陵市烟草专卖局（公司）张琪被共青团铜陵市委授予“铜陵市优秀共青团员”荣誉称号。

97. 池州市烟草专卖局（公司）王鸿被安徽省烟草专卖局（公司）授予“全省系统卷烟打假工作先进个人”荣誉称号。

98. 池州市烟草专卖局（公司）俞育波被安徽省烟草专卖局（公司）授予“全省系统卷烟打假工作先进个人”荣誉称号。

99. 池州市烟草专卖局（公司）张伟被安徽省烟草专卖局（公司）授予“2013年度劳动竞赛十佳专卖管理员”荣誉称号。

100. 池州市烟草专卖局（公司）杜宇被安徽省烟草专卖局（公司）授予“2013年度劳动竞赛十佳专卖管理员”荣誉称号。

101. 池州市烟草专卖局（公司）藕国庆被安徽省烟草专卖局（公司）授予“2013年度劳动竞赛十佳送货员”荣誉称号。

102. 安庆市烟草专卖局（公司）罗锋被安徽省烟草市场行政执法联席会议办公室授予“2012年度安徽省烟草市场管理行政执法突出贡献个人”荣誉称号。

103. 安庆市烟草专卖局（公司）齐继龙被安徽省烟草市场行政执法联席会议办公室

授予“2012 年度安徽省烟草市场管理行政执法突出贡献个人”荣誉称号。

104. 安庆市烟草专卖局（公司）郝强被安徽省委政法委、安徽省烟草专卖局（公司）授予“2012 年度全省系统卷烟打假工作先进个人”荣誉称号。

105. 安庆市烟草专卖局（公司）曾细莉被安徽省审计厅授予“2012 年全省内部审计先进工作者”荣誉称号。

106. 安庆市烟草专卖局（公司）张少红荣获共青团安徽省委颁发的“第九届安徽省青年志愿者优秀个人奖”。

107. 安庆市烟草专卖局（公司）李力被安徽省烟草专卖局（公司）授予“2012 年度新闻宣传先进个人”荣誉称号。

108. 安庆市烟草专卖局（公司）许全宏被安徽省烟草专卖局（公司）授予“全省系统先进工作者”荣誉称号。

109. 安庆市烟草专卖局（公司）叶安荣被安徽省烟草专卖局（公司）授予 2012 年度“十佳卷烟商品营销师”荣誉称号。

110. 黄山市烟草专卖局（公司）王志勇荣获共青团安徽省委员会、安徽省青年志愿者协会颁发的 2012 年度“安徽省青年志愿者优秀个人奖”。

111. 黄山市烟草专卖局（公司）吴高鹏被安徽省烟草专卖局（公司）授予“2012 年度全省系统卷烟打假工作先进个人”荣誉称号。

112. 黄山市烟草专卖局（公司）程俊峰被安徽省烟草市场管理行政执法联席会议办公室授予“2012 年度全省烟草市场管理行政执法工作先进个人”荣誉称号。

113. 安徽皖南烟叶有限责任公司鲁先林荣获宣城市总工会颁发的“宣城市五一劳动奖章”。

114. 安徽皖南烟叶有限责任公司杜军在安徽省烟草学会关于烟叶工作学术论文评比中荣获一等奖。

115. 安徽皖南烟叶有限责任公司林硕在安徽省烟草学会关于烟叶工作学术论文评比中荣获二等奖。

116. 安徽皖南烟叶有限责任公司郭建在安徽省烟草学会关于烟叶工作学术论文评比中荣获三等奖。

117. 安徽皖南烟叶有限责任公司董祥洲在安徽省烟草学会关于烟叶工作学术论文评比中荣获三等奖。

118. 安徽皖南烟叶有限责任公司张国在安徽省烟草学会关于烟叶工作学术论文评比中荣获三等奖。

公益事业

公益事业（2013 年度）

2013 年，安徽省烟草商业系统共捐款 493. 85 万元，用于各项社会公益活动。

安徽省烟草专卖局（公司）机关：资助教育事业，向金寨县白塔畈乡金叶希望中学捐款 15 万元。资助乡村建设，向长丰县下塘镇捐款 10 万元。

合肥市烟草专卖局（公司）：扶贫济困，开展“亲情帮扶，徽映你我”活动，捐赠价值 11. 56 万元生活必需品；向困难卷烟零售客户捐款 9. 99 万元；开展“慈善一日捐”活动，员工个人捐款 3. 22 万元；参加无偿献血活动，献血 4. 83 万毫升。资助教育事业，捐款 7. 6 万元。资助社区、乡村建设，向荻港社区等 7 个结对社区捐款 8. 3 万元；向散兵镇美好乡村捐款 2. 85 万元。

淮北市烟草专卖局（公司）：扶贫济困，向市社会福利院孤儿捐赠价值 1 万元生活必需品。

亳州市烟草专卖局（公司）：扶贫济困，向困难烟农、卷烟零售客户子女等捐款 1. 19 万元。资助教育事业，参加“金秋助学”“春蕾 10 元捐”等活动，捐款 1. 6 万元；向芦苗镇小学捐款 10 万元。支援乡村建设，向古井镇等捐款 15. 8 万元，用于乡村建设。

宿州市烟草专卖局（公司）：扶贫济困，开展“博爱在江淮”活动，员工个人捐款 1. 23 万元。资助教育事业，向泗县屏山第二小学捐赠图书 400 余册、电脑 30 台。资助乡村建设，向萧县大屯镇瓦房村、泗县丁湖镇吴圩村捐款 1 万元。

蚌埠市烟草专卖局（公司）：扶贫济困，员工个人向“徽映”爱心基金捐款 8. 03 万元。其他捐款 50 万元。

阜阳市烟草专卖局（公司）：扶贫济困，帮扶困难群众、参加“送温暖”活动，捐款 3. 94 万元；向患艾滋病病人捐款 1 万元。资助教育事业，参加“关心下一代”图书捐赠活动，捐赠图书2 400册，价值 3 万元；开展“金秋助学行动”，捐款 2 万元。资助乡村建设，派出干部 1 人到太和县赵集乡草北村挂职；向草北村捐款 3. 2 万元。

淮南市烟草专卖局（公司）：扶贫济困，向安徽省道德基金会捐款2万元；开展“情系雅安”爱心捐款活动，员工个人捐款2.33万元。资助农村建设，向上窑镇上窑村等捐款8.9万元，用于道路修建。

滁州市烟草专卖局（公司）：扶贫济困，参加“关爱留守儿童”“爱心助学”等活动，捐款31.6万元。资助卫生事业，向“生育关怀我尽力”等活动捐款1.58万元。资助乡村建设，捐款22.3万元。

六安市烟草专卖局（公司）：扶贫济困，捐款10.98万元。支援乡村建设，向金寨吴家店飞机场村等捐款29.2万元。

马鞍山市烟草专卖局（公司）：扶贫济困，开展“慈善一日捐”活动，捐款1.98万元。资助农村建设，捐款31.8万元。

芜湖市烟草专卖局（公司）：扶贫济困，开展“亲情帮扶”活动，捐款2.98万元；向困难卷烟零售客户捐款22.39万元；参加“文明传爱心，温暖你我他”等活动，捐款5.06万元。资助教育事业，捐款4.13万元。资助乡村建设，向津元村等捐款10.3万元。

宣城市烟草专卖局（公司）：扶贫济困，向困难卷烟零售客户等捐款2.05万元；向团市委捐款8.8万元。资助教育事业，向王直助教中心捐款、捐物共计5.04万元；开展“亲情帮扶·徽映你我”活动，捐款3万元。资助社区建设，向石板桥社区捐款1万元。资助文化建设，捐款9.8万元。

铜陵市烟草专卖局（公司）：扶贫济困，参加“慈善一日捐”活动，捐款2万元；向困难群众等捐款1.7万元。资助教育事业，向铜陵市特教学校捐款4万元。资助农村建设，向钟仓村捐款4万元。救助灾害，向四川雅安地震灾区捐款5万元。其他捐款3.5万元。

池州市烟草专卖局（公司）：扶贫济困，向涓桥敬老院捐款1万元；开展“送温暖、献爱心”活动，捐款2.49万元；向困难卷烟零售客户子女捐款3万元。资助教育事业，向特教儿童捐款1万元。

安庆市烟草专卖局（公司）：扶贫济困，向困难卷烟零售客户捐款3.78万元；向困难零售客户子女捐款3.12万元。资助教育事业，向茅岭民族村捐赠图书128册；向贫困地区小学生捐赠价值1万元“爱心包裹”。

黄山市烟草专卖局（公司）：扶贫济困，向歙县桂林镇竦口村捐款3万元；参加无偿献血活动，献血7 800毫升。资助教育事业，向祁门县柏溪乡白塔村和中心小学捐款5.9万元。其他捐款2.55万元。

华环国际烟草有限公司：资助教育事业，向门台中心小学捐款2万元。

安徽皖南烟叶有限责任公司：扶贫济困，捐款6万元用于修建黄渡乡敬老院。资助教育事业，向旌德县三溪镇小学等学校捐款5.73万元。资助乡村建设，向乔亭村、寒亭村、杨柳镇、周王镇等捐款25万元。

报刊集萃

用文化引领成长

文/问　武

激发员工潜在能量，挖掘队伍潜在能力，是成长型企业的必然课题。要做到企业人力资源的精干、高效，必须善于和有效激发员工潜力，最大限度发挥员工作用。文化激发潜能、引领成长。通过企业文化建设激发员工潜能，是企业文化建设的使命和目标之一。近年来，行业大力推进企业文化建设，为激发员工潜能提供了有效途径。把员工作为立足点和出发点，通过企业文化的无形力量，提炼形成核心价值理念，凝聚成感染力、向心力、鼓舞力，有效激发员工潜能，在建设成长型企业过程中，发挥了不可替代的作用。

一、在理念层面科学构建理念体系

企业文化是一种管理思想、管理理念、管理方式，其形成既源于企业实践，又服务于企业实践。在构建理念体系的过程中，需要全方位、多角度考量企业历史、现状与未来，构建员工认同、乐于接受的理念，使员工自觉地实践理念，愿意为实现自己认同的理念发挥潜能。安徽烟草在构建“成长”文化理念过程中，充分考虑到员工因素，通过发放问卷、座谈交流等方式收集员工意见和建议，定位“成长”文化，突出“明确愿景、推动实践、持续创新、体现价值”四大作用，力求实现“融心、融智、融情”三大功能，明确“人的成长”这一核心，强化“管理进步、优质服务、战略协同、科技领先”的支撑力量，总体上实现历史、现状、未来与员工思想的统一，有助于在企业文化后续建设中得到员工高度认同。

二、在实践层面追求实际效果

企业文化建设激发员工潜能，关键要落实在实践中。依靠企业文化所倡导和鼓励的理念引领员工融入实践、推进实践、乐于实践。

激发创新活力。创新是活力之源、成长之魂，创新驱动企业实现发展战略。首先，要发扬创新传统。鼓励员工发扬安徽烟草人敢为人先、敢于突破、大胆实践、勇于竞争的精神，激励员工勇于创新、敢于创新，在创新中迸发活力。其次，要营造创新环境。宣贯“创业、创新、创享”的企业精神，建立创新管理与考核机制，培养员工创新精神，形成浓郁的创新文化氛围。第三，要丰富创新载体。以推进工作为导向，鼓励推出创新课题，特别是普及群众性创新活动。通过鼓励创新、参与创新，引导员工探索思考、交融思想、激荡智慧，有效释放员工创新力。

增强成长动力。激发员工潜能，关键要实现员工与企业共同成长。近年来，通过企业文化建设，安徽烟草把握“人的成长”这一核心，关注员工成长、激励员工成长。首先是打破身份、打开通道。实行以“定岗、定责、定员、定薪”为主要内容的用工分配制度改革，打破身份界限，实现“组织、福利、薪酬”三个接轨，打通“管理、技术、技能”三条通道，为员工提供平等职业发展空间。特别是加大技术、技能类员工评聘和鉴定力度，有效调动基层一线员工学习和工作热情，激发基层员工活力和干劲，员工工作状态和精神面貌焕然一新。其次是注重教育，鼓励学习。坚持实操业务与管理知识相结合，一般性培训和高层次教育相结合，组织开展三年轮训计划，举办科级干部综合管理知识培训班，与中国科技大学等高校联合开办物流工程、财务、法律硕士班。部分市局（公司）探索推进学习型企业建设等，学习培训蔚然成风，员工综合素质得到大幅提升。

强化执行效力。员工的潜能在执行中显现，在执行中迸发。没有强有力的执行力，难以赋予潜能生命力，潜能会在自由散漫中悄无声息地被扼杀。强化执行力，首先是作风要正。深入开展“235”教育实践活动，推进“改进作风年”活动，大力发扬“实话实说、实情实报、实功实做”作风，追求“优良作风、优秀文化、优异业绩”，用科学思维、科学方法分析解决问题，雷厉风行，提质增效。其次是规范自律。潜能的激发必须是一种正能量，需要规范自律发挥保障和引导作用。要把规范自律作为激发潜能的前提，强化规范管理意识，时时要规范、事事求规范，使员工在规范自律中加深对行业、对企业、对自身工作的认知和热爱，忠诚行业、忠于职责、忠实操守，为企业成长贡献力量和智慧。

增强文化实力。由文化建设向文化管理转变，将企业文化建设与生产经营管理工作结合，全方位渗透和融入，形成廉政文化、学习文化、管理文化等，探索推进文化管理的有效途径。文化建设要向服务品牌建设推进。服务品牌是企业对外形象展示窗口，是“成长”文化对外传播有效方式，要深化“徽映”服务品牌建设，挖掘和提升“徽映”服务品牌价值，形成一整套服务模式和标准，注重服务体验品质化、服务形象品牌化。通过推广“感知徽映”中心、推进“徽映”服务品牌进客户、发挥“徽映”服务志愿者作用等丰富载体，激励员工在“徽映”服务中传播文化、传递价值，激发潜能、加快成长。

（摘自《中国烟草》2013 年第 13 期　2013 年 07 月 01 日）

“漏洞”补齐“管控”升级

——安徽滁州市局全面提升优秀县级局创建水平纪实

文/黄德磊　杨正军

彩色的“徽映”标识，写有服务标语的迎宾墙，特别规划的烟草文化展示区……2 月 18 日，走进建设中的安徽省滁州市定远县城区专卖管理所新办公楼，记者感到耳目一新。办公楼启用后，定远县烟草专卖局负责城区及周边市场的两个中队将集中在此办公，辖区市场资源也将统一整合分配。在来安县汊河、明光市女山湖两个专卖管理所，这样的升级改造也在同步进行。

去年以来，针对基层专卖管理所办公环境偏差的问题，滁州市烟草专卖局努力协调资金，全面启动基础设施建设，充分调动一线职工的积极性。

“创优有了一些成果和亮点，不代表自己真有多优秀。全面提升，把制约持续发展的‘漏洞’补齐，需要我们付出实实在在的努力！”安徽省滁州市烟草专卖局局长程旭东关注的是更深层次的发展。

去年 3 月，在安徽省烟草专卖局具体指导下，滁州市局全面提升优秀县级局创建水平工作正式启动。围绕适宜的硬件设施、先进的信息平台、一流的执法模式等全面创建目标，他们突破思想观念束缚，不断增强创新意识，各项工作走在了前列。

亦专亦柔，执法更温和

有了舒适的办公环境，基层专卖人员的工作积极性得到了有效提高。

去年 2 月 4 日，定远县局张桥专卖管理所在桑涧镇零售客户老张的店中查出串码烟二十余条。经过专卖执法人员耐心解释，老张比较配合地作了勘验和询问笔录。可当执法人员准备将串码烟带走时，老张与妻子的情绪突然激动起来，试图抢回卷烟。

“张大哥，咱们以前不止一次宣传过，串码烟是违规的，执法部门有权查扣。不过，你们是初犯，可以考虑实际情况按规定从轻处罚。但是如果你们抢夺卷烟，说严重点就是暴力抗法了，问题的性质就变了！”在所长耿杰的劝说下，夫妻俩很快意识到了事态的严重性，情绪逐渐稳定下来。

2012 年 9 月，滁州市局在全系统推广和运用全程说理式执法，从现场检查、调查取证、处罚告知等环节对“说理”予以明确界定。比如，在制作行政处罚决定书时，应按照“说明事理、说通情理、说透法理”的要求，做到对被处罚人、违法事实、定案证据、适用法律、裁量理由、执法程序、救济途径、作出处罚决定的机关和日期说清的

“八个说清”。

“我们还为全程说理式执法特别定制了一个项目，那就是执法回访。”滁州市局副局长孙志强说，“处罚不是目的，建立良好的市场秩序才是我们最想达到的。有了执法回访，能够有效缓和、化解被处罚人的抵触情绪，提升说理式执法的社会效果。”

为了保障说理式执法有序推进，定远县局为队员们配备了先进的“单兵装备”，可对执法过程进行全程拍摄。“这套无线单兵摄录机运行时，监控室可通过3G网络实时查看，实现执法过程的有效监控。”在定远县局监督管理控制室，专卖办副主任李瑾荣为记者演示了“单兵装备”的操作流程。视频画面中，专卖队员从进店亮证、问候到卷烟抽查、留存记录等，每个动作都清晰可见。

有了“单兵装备”，全程说理有了更加有力的硬件支撑，执法的温和性得到充分彰显。

协同服务，互动增实效

“计划2月20日上午开展‘互动日’活动，随后协同服务市场。”

“可以，按工作计划执行。”

2月19日，天长市烟草专卖局汊涧专卖管理所所长沈克龙通过互动平台提报了自己的工作计划，随后得到天长市局专卖办主任董志祥的回复。

这里提到的“互动日”活动是天长市局探索协同服务模式的一个亮点。天长市局规定，每条线路上的市管员和客户经理每月至少开展一次“互动日”活动，交流线路异常信息，对重点问题进行探讨。

“为了做好协同服务，我们合理优化了辖区市场线路，确保每一条线路都有对应的市管员和客户经理，两人组成一个互动小组，协同服务零售客户。”董志祥告诉记者，管控市场最重要的就是信息，只有信息渠道畅通了，各项工作开展才能有的放矢，而市管员和客户经理的互动正好搭建起了这样一条通道。

邵夔昌是滁州市烟草公司天长营销部城区三线客户经理。今年1月6日，他在日常拜访中发现一家商店里摆放着两款从未在天长市场投放过的卷烟。邵夔昌很快将这一信息通报给了与他保持互动联系的城区专卖管理所市管员。随后，城区所根据线索展开摸排，最终在那家商店里查获非法渠道卷烟三十多条，案值数万元。

对互动工作给专卖管理带来的好处，天长市局秦栏专卖管理所所长叶兵体会更深。去年12月中旬，负责仁和芦龙线路的客户经理戴之波向他们反馈了一条无证销售假烟的线索。由于这家店面防范意识强，在之前的多次检查中，市管员没有发现任何有效证据。戴之波发挥自己熟悉周边客户的优势，很快了解到了这家店面存放假烟的所在，最终协助秦栏所查获了这起案件。

“市管员负责的线路长、客户多，加上零售客户对他们多少会有些抵触情绪，工作开展起来是有一定弊端的。”滁州市烟草公司天长营销部副经理李晨说，“客户经理就不同了，跟零售客户的关系一般比较融洽，打听点消息、摸排些情况都比较容易下手。”

数据显示，从去年5月实施互动工作以来，天长市局案件查处力度明显加大，对卷烟市场的控制力得到进一步提升。

安徽滁州所在的皖东烟区是全国最早的烤烟种植区之一。但随着布局调整，烟叶种植计划被取消，一部分烟叶战线上的职工转岗至专卖一线。人力资源的重新整合，全面提升优秀县级局创建水平工作的启动，使滁州市烟草专卖局队伍建设迎来新的挑战。

谈及此，滁州市局局长程旭东有着清醒的认识："由于人员结构老化，文化素质偏低，一些烟叶战线职工对专卖工作的适应能力有限，新的形势倒逼我们狠抓人才队伍建设。"

"老当益壮"咱"头哥"

人人是人才，人人可成才——这是滁州市局"成长·行"文化理念之一。2012 年以来，滁州市局立足"活力工程"，加大培训力度，完善考核机制，在队伍建设上下足功夫。

有了这样的理念激励和机制推动，不少基础偏差的职工感觉有了奔头。

"'头哥'这个月又是'专卖之星'啊!"2012 年 12 月初，定远县烟草专卖局刚公布 11 月"专卖之星"评选结果，池河专卖管理所的队员们就议论开了，大家对"老当益壮"的"头哥"敬服不已。

"头哥"名叫杨美基，今年 51 岁，是池河专卖管理所的队员。他脑袋圆圆大大，常剃平头，两鬓斑白，大家称他为"头哥"。因为做过两次脑部手术，杨美基视力不佳，记忆力受损。可就是这样，不肯服输的他跟大家一起参加训练、学习、考试，没要求过一点特殊照顾。

作为安徽省全面提升优秀县级局创建水平先行单位，定远县烟草专卖局对队伍建设的要求更高更严，从 2012 年年初就确立了准军事化管理模式。除了做好日常市场监管，专卖队员每天早晨要参加队列训练和高强度的体能训练，还坚持每周必学、每周必考制度，考试分数均严格纳入考核。这个"折腾"法，即便是身体素质好、文化水平高的棒小伙子，有时也感觉吃不消，可杨美基从没搞过特殊。

熟悉"头哥"的人都知道，他口袋里整天装着个小本子，一有空，他就拿出来翻，嘴里还不停地小声念叨。本子上密密麻麻记的全是平时学习培训的知识点，他常说，自己记性差，学过的东西过后易忘，因此必须天天看、时时看。

凭着一股子韧劲，杨美基在 2012 年小有斩获。在一次行业法律法规考试中，他考了 86 分；在滁州市局组织的一次专卖业务考试中，他考了 90 分；从 5 月到 11 月的 7 次县局"专卖之星"评选中，他入选 3 次。这样的成绩在全系统都位居优秀行列。已考取中级烟草专卖管理员证书的杨美基仍不满足，去年 11 月又主动报名参加电大法律专业大专班学习。

看着杨美基的这股拼劲，一些年轻人佩服之余也有不解，私底下有人劝他："头哥，你都一把年纪了，身体又不好，还这么拼命干嘛? 像你这种情况，按部就班混到退休，领导也不会怎么你的。"

可杨美基不这么想，市局、县局都在搞全面创建，自己底子差、基础薄，要是不努力，肯定拖大家后腿。"我是滁州烟草一分子，'全面创建'不能少了我! 努力!"在工作日志里，杨美基写下了这样的话。

“各显神通”强素质

素质提升靠学习，学习进步靠方法。为增强学习效果，滁州市局广大干部职工可谓“各显神通”。

“我觉得中层回访意义不大，零售客户刚被处罚，情绪尚不稳定，这时候去回访肯定不招待见!”

“回访目的是给被处罚的零售客户一个沟通机会，不仅有利于缓和之前的紧张关系，也是说理式执法的一种延伸嘛！我看挺好的。”

……

2 月中旬的一天晚上，在天长市烟草专卖局铜城专卖管理所宿舍，所长林宏和 4 名队员吃完晚饭就聚在一起，针对中层定期回访违规户工作“抬起了杠”。

2012 年 3 月全面创建工作启动以来，滁州市局在全系统开展“两评三树”活动，县级局开展星级专卖管理员和专卖红旗所（队）评选，市局开展树专卖标兵、树专卖标杆所(队)、树标杆县级局活动。市局和各县级局在全面创建中各显神通，搞出了自己的特色，营造了浓厚氛围。

天长市局铜城专卖管理所形成了晚饭后“抬杠斗嘴”的习惯。大家以抛硬币形式决定控辩双方人员及立场，由所长主持并发起话题，以管理所日常工作中经常遇到的难题为重点展开辩论。“抬杠斗嘴”重在辩，而非吵，大家据理力争，直到一方的观点被驳倒或所长出面“调停”为止。这个办法轻松活泼，在提高大家语言组织能力的同时，也拓宽了工作思路，从而更好地推动工作开展。

葛帮平和赵畅是 2012 年滁州市局系统第一批“学习标兵”。已过不惑之年的葛帮平是滁州市局直属分局第三专卖管理所队员。针对人到中年家庭琐事缠身、大脑记忆力衰退等特点，他在学习中总结出了抓住要点、用脑默背，闭目回想、忘则回看，反复记忆、多次诵读，隔期温故、强化记忆的“四步记忆法”，在各类理论和实践测试中均成绩优异。他的办法现在正被很多同事效仿。来安县烟草专卖局证件管理员赵畅是单位为数不多的大学生，在学习中她从寻找兴趣点入手，带动其他内容的学习，然后逐步覆盖到所有知识点，最终将书本理论转化成业务技能。她的学习方法和态度感染了身边的同事，也带动了整个专卖队伍的学习热情。

理论素养逐步提高，实践技能日日增进，不到一年时间，滁州市局专卖队伍建设跃升到了一个新层级。对待工作，大家更有责任心了，服务客户更加耐心，专卖执法更加规范——遇到棘手问题，有的队员不再苦思对策甚至四处求援了，凭自己本事就能轻松应对；任务来了，专卖队员们撂下饭碗就冲向一线；客户遇到了麻烦，队员们再忙也要第一时间赶到店里协调解决……

“佳木”竞秀，“种树”成林。有了充足的智力保障，滁州市局全面创建工作如同一片茂盛的树林，焕发出勃勃生机。

（摘自《东方烟草报》　2013 年 03 月 4 日）

执着的探索者

——安徽皖南烟叶有限责任公司创新发展纪实

文/黄德宝　张　萍

2004 年 12 月 31 日，是安徽烟叶发展史上值得铭记的日子，作为烟叶生产经营体制改革创新的产物，安徽皖南烟叶有限责任公司（以下简称“皖南烟叶公司”）成立了。“体制上的试验田，种植模式的试验田，研究特色烟叶的试验田，专业化分工的试验田，实现烟叶可持续发展的试验田。”这是安徽省烟草专卖局（公司）给这家新成立公司的定位。

风起潮涌涛声急，破冰扬帆正逢春。在安徽省烟草专卖局（公司）、地方政府、股东单位和重点卷烟工业企业的关心和大力支持下，皖南烟叶公司励精图治、发奋图强，艰辛创业，走过了 9 年的不平凡发展历程。9 年来，企业从小到大、从弱到强，现已成长为国内知名的农业产业化龙头企业，成为引领一方现代农业建设的标杆，在业内打响了“焦甜香”特色烟叶品牌，在市场化的大潮中逐步站稳了脚跟，并为自己的发展赢得了一席之地。

管理创新是企业发展的灵魂

作为烟草行业唯一跨地区股份制专业化烟叶生产企业，独特的体制机制注定了皖南烟叶公司不走平常路。按照市场化模式运作，就要承担更多的市场风险和压力。“化市场压力为生存的动力，打铁还需自身硬，按照现代企业制度要求，持续推进生产模式和管理模式创新，推进业务重组和流程再造，实行新型的烟叶产购销体制，创新应用新的生产技术，全力打造焦甜香烟叶品牌，走市场化发展道路才有出路。”皖南烟叶公司领导者们十分清楚发展的定位。

9 年来，皖南烟叶公司充分发挥自身作为行业改革创新的排头兵的作用，坚持以特色烟开发为中心，以技术创新和生产管理模式创新为重点，大力实施人才、技术、管理、设施和品牌五大工程，推进基层建设和加强基础管理，不断创新、完善管理机制，初步形成具有自身特色的现代管理体系，为发展现代烟草农业提供了重要的管理支撑。在企业内部管理方面，坚持市场化导向，结合企业创业时期特点，建立“小机关、大基层，总部直管烟站”的扁平化管理组织结构模式，实行全员合同制，建立了以岗位为基础、绩效为依据、能力为导向、岗位能上能下、人员能进能出的市场化用人机制。在薪酬体系方面，遵循按劳分配、效率优先、兼顾公平可持续发展的原则，实行按照三个职系、宽带式结构、市场化原则、多种收入相结合的工资薪酬结构体系。

如果说市场化的人事用工分配制度有效激发了广大员工推动企业发展与组织转型的动力与活力，那么持续构建的长效动力机制，发挥了最大限度调度员工工作积极性的重要作用。破冰试水显活力，“制度管理”“计划管理”“小组管理”“卓越绩效管理”这串串管理名词的提出，无不凝聚着公司管理层的智慧。在创业初期，结合贯彻落实国家局提出的“重心下移、着眼基层、突出服务、加强基础”的烟叶工作十六字方针，趁着行业“优秀基层单位创建”的东风，皖南烟叶公司以创建优秀烟站为突破口，全面加强基层建设；以制度建设为主要手段，全面加强基础管理；建立完善了符合企业发展需要的制度体系。在创业的中期，按照“分清职责、构建机制、改进方法、落实评估”的要求，推行了以计划管理为主线，以“周计划、日调度”为主要内容的基层点片“123”“121”工作法，初步构建了适应规模化种植的烟叶生产深化细化管理模式。在创业后期，推进人事用工制度改革，运行生产管理小组服务模式，实现小组团队服务。在小组管服模式的基础上，以目标管理为抓手，以严格管理为保证、以团队工作为目标，逐步构建以目标管理体系、绩效评估体系和激励制度为主要内容的卓越绩效管理模式，不断推动内部管理上水平。

科技创新是企业发展的动力

发展现代烟草农业必须依靠农业科技进步与创新，总结回顾皖南烟叶公司的创业历程，科学技术发挥了第一生产力的重要作用。自成立以来，皖南烟叶公司始终坚持“适应市场、加强合作、自主创新、落实技术、支撑发展”的科技创新工作方针，大力开展技术体系创新，广泛开展群众性创新活动，在关键技术研究与推广方面积累了宝贵的经验。

近年来，皖南烟叶公司初步建立科技创新体制和机制。公司根据发展需要，面向高校公开招聘一批高素质的毕业生，不断充实公司技术中心科研和基层烟站技术推广科技人才力量，先后引进本科学历 70 人，研究生学历 18 人。公司不断完善技术中心建设，明确烟叶产区技术中心定位，深入开展烟草栽培、土壤、植保、生态、烘烤、分级技术研究和推广等各项工作。近年来，以技术中心为合作平台，与青州烟草所、上海烟草集团、湖南中烟、安徽中烟、河南农大等单位合作，承担国家局、安徽省局（公司）科研项目 28 项。与上海烟草集团共建沪皖高科技示范园，与安徽中烟共建“黄山”高科技示范园，配套建立了联合实验室，各示范园明确不同的研究方向和发展定位，并配套制定科技创新示范园管理办法、科技创新管理办法等管理制度，规范科技项目管理工作流程，提高参加项目人员的科研和成果转化能力。

皖南烟叶公司积极联合有关科研院所，组织开展“皖南烤烟特色风格形成机理及关键技术研究”等重大项目攻关，形成了“生态决定特色、品种彰显特色、技术保障特色”的特色烟开发思路，并获得国家局科技进步二等奖。“皖南特色烟种植区划”“现代烟草农业的探索与实践”项目分别荣获 2011 年度安徽省烟草公司科学技术一等奖和三等奖。研究项目成果在实际生产应用中，效果显著，所产烟叶得到上海烟草集团、湖南中烟等工业企业的高度认可，为公司持续发展奠定了坚实基础。组织员工积极申报科技论文，先后有 44 篇科技论文在国家级、省级刊物上发表。全面推行 QC 小组活动，鼓励一线员工小改小革，解决实际工作中问题，不断提升全员创新能力，先后有 7 项成果获得了国家专利局授权的实用新型专利，并在实际生产应用中取得了很好效果。实践证明，创新是皖南烟叶发展的唯一出路，保障了皖南烟区的持续健康发展。

生产模式创新是企业发展的方向

在现代烟草农业生产模式探索方面，皖南烟叶更是从未停止过脚步。“烟叶生产容易受气候变化、环境差异等多种因素的影响。按照‘以变应变、目标不变、及时调度、超前决策’标准化生产动态管理要求，黄渡烟叶工作站结合生产实际，把握生产调度、生产信息预警、标准化技术等核心内涵，第一时间解决问题!”黄渡烟叶工作站站长张国英自信满满地说。标准化生产动态管理体系正是皖南烟叶公司根据农业生产特点，推进烟叶生产标准化的一次重大生产管理创新。通过持续深入推进标准化生产示范区建设，2009 年主产区宣城市宣州区荣获“国家级烟叶标准化生产示范区”称号。

目前烟草行业发展已经进入大企业、大品牌和大市场的发展阶段。如何实现烟叶生产更高层次、更高水平的发展，皖南烟叶公司王道支总经理有新的思考：“要借鉴‘精益生产’的思路和做法，以工业需求为导向，探索实施现代烟草农业精益生产，有利于品质特色化和结构最优化，力争从粗放管理向集约经营转型，实现环境友好、节约资源、降低成本、提高效率的最终目标。”

为了率先实现这种先进的新生产模式落地，2013 年皖南烟叶公司沿着青弋江、华阳河流域，在宣州区规划建设 3 万亩的示范烟田，实行烟叶精益化生产。同时，在宣城市其他县区、芜湖市、黄山市等地打造现代烟草农业示范村，推进精益生产模式，重点突破，全面开花。邀请工业企业、科研院所深度介入，联合共建高标准现代烟草农业科技示范园。在示范园内围绕保证烟叶品种的整体性、加强烟叶一生管理、建立烟叶质量追踪体系、推行散烟开放式打包、保护烟农的生产安全、加强非烟物资管理等方面开展系列的探索。

基于户均规模不断扩大的现状，实施“精益管理”不能等同于传统的精耕细作的小农生产模式，皖南烟叶公司着力提高生产社会组织化程度，调整管理和服务模式，推进合作社建设，不断提升服务组织化水平。按照“一站一社”的组建原则，建立综合型服务型合作社 8 个，围绕“育苗、机耕、起垄移栽、植保、采烤和分级”等重点技术环节，提供劳务、技术、管理和培训四大服务，培育农艺师、烘烤师、分级师和农机手队伍，使其业务范围覆盖烟叶生产全过程。加强专业大户的服务管理，让大户熟悉掌握生产管理、土地管理、用工管理、经营管理和财务管理等系统管理知识。

“问渠哪得清如许，为有源头活水来”，勤劳朴实、富有创新精神，勇于创业的皖南烟叶人辛勤探索、不辍地耕耘着皖南这片灵山秀水，有信心、有勇气、有智慧让从山清水秀、徽韵悠长的和谐之源飘出焦甜天香，香醇今生，香飘万里。

（摘自《安徽日报》　2013 年 11 月 29 日）

勾勒田园新画面

——安徽皖南烟区产业结构调整带来农业农村新变化

文/丁 樱 余结红 张 萍

这里，山川秀丽，人杰地灵；这里，四季分明、物产丰饶……这便是皖南，也是安徽皖南烟叶有限责任公司（以下简称“皖南烟叶公司”）生根开花结果的地方。

随着现代烟草农业建设的持续推进，烟叶种植规模的不断扩大，皖南烟叶公司正鼓舞、带领和推动着皖南烟农们种植烟叶奔小康，皖南农村呈现出的不仅仅是“接天烟叶无穷碧”的景象，更有着“映日乡村别样新”的变化。

产业发展——多方携手促规模种植

十一月中旬，是烟叶收购最后时间，此时，新一年烟叶收购的各项数据都已新鲜出炉。对照以往，烟叶种植规模逐渐壮大的趋势和土地经济效益升级的状态跃然纸上。

从4.72万亩到16.78万亩的烟叶区种植面积，从约12.5亩到近70.9亩的户均种植面积……2005年到2013年这九年间，皖南烟叶的发展可谓突飞猛进，而这样的速度，正是皖南烟叶公司有序引导的结果。

人口和面积均占宣城1/3的宣州区，是皖南烟叶公司烟叶最大的产区。到2013年，宣州区烟叶生产已经取得了连续12年的增长。新烟农在宣州区仍层出不穷。

在位于宣州区杨柳镇的沪皖高科技示范园核心区专业化分级点，记者见到了第一年种烟的新烟农陈玉林，他的烟叶正在合作社接受分级服务。尽管是第一年种烟，但陈玉林“种烟气势”却不小，“出手”就种了90亩的烟叶。谈到自己这个决定，平常话不多的老陈变得健谈起来。“最初决定种烟，是听说种烟效益好，再加上村长上门宣传种烟好政策，觉得是条致富的新路子。”第一年种烟，一家人对烟叶分级感到头疼，但杨柳镇分级点队长陶和根帮助联系了分级服务队，尽心尽力地给予技术上的指导，消除了全家人的顾虑。

在陈玉林所在的杨柳镇新龙村，五分之三的烟农都是第一年种烟。皖南烟叶公司金坝烟站专门抽调精干人员给予新烟农专业的技术指导，帮助他们种出好烟。

农民的积极性，是推动烟叶规模化种植的最大的动力，而在推进烟叶种植的规模化进程中，出力的不仅仅是皖南烟叶公司，同样还有各地的政府部门。

在宣州区，就烟草发展问题，区政府每年至少召开两次烟叶专题会议，建立专门的工作机制，按月召开月度调度会议，建立政府沟通协调机制，构建烟叶生产风险保障体系、配套烟叶生产发展基金……这一个个举措，都是鼓励烟农发展烟草，推进烟叶规模化种植的具体行动。

郎溪，对已登记注册的烟叶家庭农场加强管理，对其进行一对一的政策宣传、技术帮扶，积极引导他们创建示范烟叶家庭农场；县烟办采用烟叶家庭农场培育帮扶联系制，开展家庭农场帮扶活动……目前，郎溪县已注册的烟叶家庭农场44个，家庭农场人均纯收入达31 250元，约为全县农民人均纯收入4.21倍。

“将烟草农业作为一个产业来发展，没有规模就谈不上是个产业。”宣州区烟草发展局长龚耀平是这样定义宣州区烟草发展的。2013年，宣州区烟叶种植面积达8.5万亩、户均种烟64亩，较2012年增长30%，更是十年前的四倍。宣州区烟草发展已成产业，取得了显著成绩。

宣城市农业委员会胡德春副主任分析：“近几年来，宣城市各地都在积极推进烟叶的规模化种植，现代烟草农业的成效很明显。”

农业结构——种植烟叶成调整重点

的确，烟草的规模化发展带来的成效是显而易见的：农田基础设施大大改善、农民增收明显、农村面貌改善……对农业结构的发展，也起到了锦上添花的作用。

“首先，我们的粮食产量没有因为种烟而有所下降，反而因为烟稻轮作，使我们的粮食生产不仅稳产，而且增收。”胡德春说。

稳产，是因为烟田就是农田。胡德春介绍，对于很多烟农来说，种植烟叶只是将原来水稻种植时土地闲置的季节利用起来，而非将种粮食的土地用来种烟，而这样烟稻轮作增加的是土地复种指数。在宣州区黄渡乡等地，一烟一稻、一烟一油的种植模式便很普遍。而在有的烟区，一季烟三季粮的种植方式也正在试行。

烟稻轮作，有利于烟叶的可持续发展，更有利于粮食品质的保证——这是各方的共识。市种植业局副局长李贤胜分析，前期种烟，施肥量相对加大，种植烟叶后再种植水稻，基本上不需施肥了。而此举，更可以有效防止病虫害问题的发生，保护土壤肥力。

龚耀平对此也有同样的看法和感受：“相对于单一地种植一种作物来说，烟稻轮作可以改善土壤结构，提高了土地的产出率。种烟后再种稻，不仅用肥少、成本少，产量和品质也有所保证。现在，单季稻的产量和双晚稻也基本相当。”

陈玉林家的90亩田，以往都是种水稻，一年纯收入5万多元。今年，90亩田种了烟叶后，仅此一项，每亩的纯收入就能达到1 000元。烟叶收割后，陈玉林轮作种上水稻，而这又是一笔不小的收入。谈到今年的收成，陈玉林有些笑得合不拢嘴。

种烟促进粮食种植的高产稳产，这仅是其一。另一方面，烟叶种植区域的转移，也让人们对当地土地资源有了全新认识，并增加了部分耕地。

2005年，皖南烟叶公司与中科院南京土壤研究所等研究机构联合完成皖南特色优质烟叶种植区划和规划，将烟叶种植从传统的黏性重的水稻田向“两江一河”（青弋江、水阳江、华阳河）流域的砂壤土上转移。这一调整，不仅优化了烟叶的种植布局，培育了“两江一河”流域新烟区，更将众多的河漫滩变成了丰产区。

宣州区向阳镇鲁溪村就是个例子。胡德春介绍，那里原有1万多亩零散的河漫滩，因为河漫滩种植粮食和作物产量低，当地的农民都不愿意要，曾经出现田分不下去的现象。然而，皖南烟叶公司和宣州区烟草发展局发现，这里符合烟叶示范园标准，于是土地整改、配套沟渠，一系列的措施后，当年，鲁溪村就种植了7 000亩的烟叶。

“根据农业区划与工业验证成果，确定水阳江、青弋江流域及南漪湖周边乡镇为种烟最适宜区。”龚耀平说，目前，宣州区有宜烟耕地40多万亩，2013年全区烟叶种植面积就达8.5万亩，占了近四分之一。而今年宣州区以扩大“中华”原料和建设国家级特色烟叶高科技示范园为契机，全力打造了黄渡、杨柳两个万亩乡镇，文昌、寒亭、向阳、养贤、洪林、沈村、新田、周王、水东、孙埠10个5 000亩以上乡镇，巩固了金坝、古泉两个2 000亩以上乡镇，并以农场化模式，新辟了狸桥新区，确保户均种烟80亩。

可以说，现代烟草农业已经成为宣州区农业结构调整的重点，农业农村经济发展的亮点。

农村面貌——烟叶发展创田畴新景

改善土壤质量、改善农业结构、改善农民生活……这些，都是发展现代烟草农业所带来的变化，而其中，最“醒目”的改善，便是农村面貌的改善。用龚耀平的话来说，“现代烟草农业示范村，整个村庄都改变了。”在盛产“焦甜香”烟叶的宣州区黄渡乡黄渡村，烟草行业投入该村烟基配套资金1 100万元，全力打造配套现代烟草农业建设的烟叶基础设施项目，极大地提高了黄渡村的农田灌溉保证率，改善了农田的耕作条件，让这里年年呈现出岁稔年丰的喜人画卷。

要种烟，就必须加强配套工程建设。而农田基本配套建设，也正是皖南烟叶公司对农村样貌最基本的改变。

为加强烟水、烟路配套工程建设，皖南烟叶公司提出了“旱能灌、涝能排、路相连、渠相通”的烟基工程规划要求。9年间，公司累计投入5.68亿元，完成了20 696个基础设施项目的建设。而这种基础设施的完善，不仅是保障了烟叶生产，也彻底改变了农村的村容村貌：泥巴路变成了机耕路；水渠穿村而过；塘坝水清见底；烤房整齐划一……正如胡春德所说：“烟田基础设施建设的意义已经超出烟叶生产发展本身。”这是直接的改变。

间接的变化来自于村镇和烟农本身。在宣州区，每年烟叶税返还用于镇村建设和工作业绩考核。村里有钱了，建设美好乡村的势头和力度自然也加大了。在宣城市的11个烟叶生产示范村，有的村购买垃圾桶改善卫生环境，有的村搭建戏台丰富村民文化生活，每一个村都加大了美好乡村的建设。在宣州区周王镇，水电路的改善让这里的水渠穿村而过、让农民生活生产用水无忧无虑、让农民家中家电倍增。

此外，作为一个具有社会责任感的企业，皖南烟叶公司还以实际行动回馈着这片深耕的沃土。不仅在主产区宣城市，在芜湖市、黄山市等地烟区，皖南烟叶公司通过建立美好乡村建设联系点，形成帮扶机制，助力农村的道路、广场、活动室等项目的建设，更为提升农村绿化、量化、美化工作拨付资金。旌德县蔡家桥镇乔亭村自去年成为皖南烟叶公司美好乡村联系点后，先后收到帮扶资金 12 万元，全部用于乡村建设。现在，村里不仅实现了垃圾处理全覆盖，乡村的文化生活也因设施完善而变得更加多彩起来。

发展现代烟草农业带来的变化，勾画出了一幅幅“接天烟叶无穷碧，映日乡村别样新”的动人画面。而随着现代烟草农业产业的发展壮大，乘着十八届三中全会的东风，我们相信，变化将越来越多，也越来越好！

（摘自《安徽日报》2013 年 12 月 6 日）

两张快递单牵出售假网络大案

——记安徽省滁州市定远县“5·28”专卖打假案

文/杜振秋　杨正军

从 5 月 28 日，也就是在阿传便利店查获涉嫌贩假的“宅急送”快递单的那天，到现在，6 个多月的时间过去了。安徽省滁州市定远县烟草专卖局专卖办主任马军，联想到后来案件的侦破，还是感到有点出乎意料——两张快递单，牵出的竟是一个涉及全国 21 个省、5 个自治区、4 个直辖市、100 多个县市的假烟销售网络。

（一）

阿传便利店进入定远县局的视线，还得从更早的时间说起。前年 4 月和去年 3 月，马军和同事在执法过程中两次查到阿传便利店销售假冒“中华”卷烟。“查到的都是零包烟，加起来也就一两条。店主陶某夫妇说是熟人送来的礼品烟，帮忙代卖。”马军说，这种情况只能依规罚没、批评教育了事。

但事情似乎并不简单，因为此前定远县局曾几次接到消费者对陶某夫妇售假的举报。这不能不引起定远县局对阿传便利店的关注。涉假事件，有的要露头就打，有的要精心经营，而陶某夫妇的售假案件无疑属于后者。

从去年 3 月到 5 月，阿传便利店每两三天就会有快递公司来送件，陶某每次取件都不在店内而是在周边。连续两次被查处后，调查人员发现陶某夫妇更加谨慎，店里的“中华”卷烟从不卖给陌生人。

调查人员从快件大小判断，如果是卷烟，每次快递送货也就是 2 ~ 6 条为一个包裹，根本不够立案条件。而事情又不能等，因为如果是假烟，一边进、一边卖，等得越久，销售的就越多，对市场的危害也就越大。

（二）

去年 5 月 27 日下午，阿传便利店又一次接收了快件。第二天一早，定远县局就联合当地公安部门对阿传便利店进行了突击检查。这一次，他们在楼梯间和阁楼里查获了假冒硬“中华”25 条、软“中华”2 条，而盛放卷烟的纸箱上，贴着“宅急送”快递公司的快递单。

这印证了定远县局前期对陶某通过快递公司购进假烟的推断。为了进一步理清案件，参与检查的烟草、公安人员兵分两路，一路对陶某夫妇进行讯问，一路到“宅急送”的滁州站点调取了陶某以往所有的快递清单。

讯问的一路没有进展，陶某夫妇拒不承认此前曾通过快递公司购进假烟。而另一路，虽然将陶某的快递清单一直追溯到了前年，但问题在于，快递清单上的主要内容是化妆品及礼品等物品名称、货到付款的金额和“广州天河区”的发货地址——这显然不能作为指控陶某夫妇的物证。

就在取证侦破陷入僵局的时候，又有两个发给陶某的包裹到了。公安人员打开后，发现又是 10 条假冒“中华”烟——从到付金额推算，每条假冒硬“中华”购进价应是 160 元，每条假冒软“中华”购进价是 180 元——正是这，为案件侦破带来了转机。

“我们发现陶某此前所有的快递单，到付金额都能被 160 或者 180 整除。”马军介绍，“也就是说，快件上写的化妆品、礼品，只不过是涉假分子瞒天过海的伎俩而已。”

面对这一事实，陶某夫妇再也无法抵赖，只好承认了此前曾通过物流购进假烟。而从快递单上看，阿传便利店的涉案快件共有 105 个，案值超过了 15 万元。

（三）

鉴于案情重大，定远县局在去年 5 月 29 日向滁州市烟草专卖局做了汇报，滁州市局则会同滁州和定远的公安部门于 5 月 30 日成立专案组，召开了案件分析会。5 月 31 日，为进一步调查取证、深挖案源，专案组飞赴阿传便利店上游环节的所在地——广州市。

“涉及物联网的案子，务必要快。”滁州市局专卖科副科长沈明说，“这类案件上家和下家联系，彼此根本不用打照面，完全靠 QQ、短信等手段。环节之间的关联很隐蔽，也很薄弱，我们向上追网络随时都有断掉的可能。”

功夫不负有心人。在广州市公安机关的协助下，专案组最终通过寄件人手机号锁定了广州市天河区的发件人。

6 月 6 日，阿传便利店的上家，詹某、许某、许某某 3 人被抓获归案。在抓获现场，专案组查获了空白“宅急送”快递单 31 份、空白“顺丰”快递单 1 箱、“联昊速通”寄件单 1 张、EMS 寄件单 2 张，此外，还有笔记本电脑、短信收发器、银行卡等物证。

这个时候，专案组面临两个任务：一是向下，通过快递单理出由詹某 3 人编织成的销售网络；二是向上，继续追溯案源，找出上家。

据詹某等人交代，他们的货源上线是一个绰号“烟头”的人，其手机卡和 QQ 号两个月换一次，并且詹某对“烟头”的具体身份和详细地址并不明了。专案组抓捕未果，只好与广州警方联系，由他们进一步侦办。

专案组调查发现，自2011年9月起，詹某3人就开始通过QQ群、短信群发器发布假烟销售广告，利用QQ、手机与客户洽谈业务；再通过物流公司将货快递给下家，并由快递公司代收和暂存货款，最后以月结形式打入詹某等人的账户。

（四）

从涉案账户入手，专案组查询资金往来，这个涉案金额600多万元，范围涉及全国21个省、5个自治区和4个直辖市的假烟销售网络，终于浮出水面。

接下来，从这一售假网络中，专案组选取了江西省高安市和江苏省无锡市两个地方，对案件进行了下线核查。核查无误后，才通过上级部门给各个相关省市县发去了协查文件。对“5·28”案件售假网络的全面打击和清理，最终在各地陆续展开……

“这类案件，查表面，很难取得质的突破。”滁州市局副局长孙志强说，涉及物联网的涉假案，典型特点是“小批量、多批次”，单查获一次两次，连立案条件都不够，“这就要求，我们对案件有更强的经营意识和更高的经营能力。只有这样，才能充分挖掘线索的潜在价值，高效、高质地做好专卖打假工作。”

（摘自《东方烟草报》2013年12月25日）

风雨挡不住烟草情

文/李　力

2013年7月13日起，受今年第7号强台风“苏力”的影响，安徽省安庆市岳西县境内下起了暴雨。

7月14日，连绵不断的暴雨已整整在岳西县北部乡镇地区下了一天一夜，县公司客户经理的办公室里，送货员和客户经理们都在准备着随时出发配送卷烟，但面对无情的大雨和泥泞的道路，他们只能紧握着手机，跺脚埋怨。而远在80公里以外的店前镇，更是大雨倾盆，出行困难。零售客户不时拨打客户经理的电话，询问今日是否还送烟来，而客户经理这头却不能给出确切的答复。

店前镇送货线路上有150多户零售客户，大部分零售客户的主要生活来源就是卖烟，一旦配送中断，会给当地零售客户经营造成严重影响，但如果冒着雨送货，又存在着一定的安全隐患。尤其通往店前镇的道路是县内最难走的，中途要翻越海拔1 500米的明堂山，那里的山路早已被大雨冲刷得泥泞不堪，车辆通行非常艰难。面对这种情况，县局立即组织召开紧急会议，启动应急预案，及时出台一系列措施，要求班子全体成员、机关人员、客户经理、专卖人员分组跟班作业，协助配送人员送货，强化安全配送运行：一是机关工作人员特别是党员干部，跟班作业；二是带齐雨衣、雨鞋等劳保用品；三是要求各车组在送货过程中时刻保障信息畅通；四是灵活调整送货方式，对部分送货路段不能行驶或很难行驶的客户，采取定点存取、对接领取等方式确保卷烟配送。

一场与暴风雨的斗争展开了……

去往店前镇的道路因连续下大雨出现大面积塌方，滚落的泥土与石块堵住了原本就不宽敞的水泥路，行驶一段路程后，配送车辆已不能前行，而被阻隔的卷烟零售客户还有10多户，是送还是不送？送进去要按照原来的旧路绕道20多公里，多花两三个小时，不送的话，可以电话通知卷烟零售客户到指定地点取烟，自己就可以原路返回了。面对这种情况，送货员蔡德元打电话给一位零售客户，了解到几个零售客户现在的卷烟库存都已经不多，如果不送烟进去，可能会出现断货的情况。路是一时半会儿通不了了，怎么办？为了让零售客户及时拿到烟，保证卷烟零售客户的正常经营，配送员蔡德元毅然选择了“送”！他与该线配送司机绕道行驶在旧路上，颠簸了2个多小时，终于把卷烟送到了10位零售客户手中。零售客户对冒着大雨仍坚持送货的蔡德元说：“我真以为你们今天不来了，下这么大的雨，前面又塌方，真是太感谢你们了！”

店前镇河东村背靠一条大河，由于雨水太大，一些道路、农田被上涨的河水淹没，车辆无法通行。如果这次不给他们送货，那么零售客户就要再等一周才能拿到卷烟，耽误他们卖烟怎么办？为了把这个村的卷烟送到，送货员徐学文光着脚，肩扛手提，蹚入没过膝盖的河水，徒步好几里路，把卷烟交到了零售客户手中。一路上风大雨急，雨伞和雨衣似乎早已失去了作用，为了不让零售客户的烟被雨淋到，他索性把自己的雨衣盖在烟上，自己任凭雨水冲淋。收到卷烟的零售客户又是感激又是惊讶：“你是咋进来的？路都淹了。冒这么大的雨给我们送烟，还是走进来的，太不容易了，真不知该怎么谢你！”

风雨无情人有情，烟草传情情更浓。大雨见证了那些凝聚在岳西烟草人身上的强烈责任感和无私奉献精神，他们在确保安全的前提下实现了暴雨天气卷烟不误配送，用自己的信誉和服务架起了与零售客户之间的心桥，他们的身影也成为风雨中最温暖的画面。

（摘自《中国烟草》2013年第15期2013年08月01日）

大事记

2013年大事记

1月8~16日，省局（公司）第一期法制集中巡回宣讲，分皖北、皖中、皖南三个片区分别在亳州、合肥、池州举行。

1月18日，安徽省卷烟打假领导小组会议在合肥召开。省政法烟草联席会议各成员单位负责人参加会议。

3月13~14日，全省商业系统投资项目管理考评现场会在滁州召开。

4月1日，安徽省委副书记、代省长王学军深入华环公司易地技改项目建设现场，调研指导项目建设情况。省委常委、常务副省长詹夏来陪同调研。

4月11~12日，中国烟叶公司负责人一行到皖南烟叶公司黄渡烟叶工作站调研现代烟草农业建设。

5月3日，国家局法规司李鸣司长一行就当前专卖执法和法规工作有关问题在合肥进行集中调研。

5月16日，国家局水源办负责人到皖南烟叶公司调研基础设施建设工作。

5月23~24日，中国烟叶公司打叶复烤企业管理工作调研组一行到华环公司调研指导工作。

5月30日，安徽省副省长梁卫国到皖南烟叶公司调研烟叶生产情况。

6月15日，省人大常委会副主任宋卫平一行到宣城广德县局调研指导“六五”普法工作。

6月29日，国家局特色烟检查评估组到皖南烟叶公司华阳河“中华”特色烟基地单元检查指导工作。

7月3日，省人大常委会执法检查组到亳州市局检查指导“六五”普法工作。

7月2~3日，国家局“六五”普法中期检查督导组到省局（公司）就“六五”普法工作进行检查督导。

8 月 27 日，国家局党的群众路线教育实践活动第四督导组到安徽省局（公司），分组召开处级干部、青年员工代表征求意见座谈会，征求对安徽省局（公司）领导班子及班子成员的意见和建议。

10 月 23 ~ 24 日，国家局专卖司负责人、市场监督管理处负责人一行就卷烟零售市场检查“APCD”工作法试点情况到安徽省局进行调研，了解工作进展，指导下一步工作。

11 月 7 日，国家局整顿办到安徽省烟草专卖局（公司）开展专题调研，并就国家局起草的《烟草行业办事公开民主管理工作规定（征求意见稿）》进行意见征集。

12 月 12 日，安徽省副省长杨振超到皖南烟叶公司开展调研。

12 月 18 日，国家局第四督导组长毕长敏到省局（公司）督查指导党的群众路线教育实践活动整改落实、建章立制第三环节工作。

12 月 18 ~ 19 日，省局（公司）在六安召开全省系统物流工作现场会。

12 月 23 ~ 24 日，全省系统卷烟营销网络建设工作会议在芜湖召开。

12 月 27 日，全省烟叶工作座谈会在皖南烟叶公司召开。

12 月 25 ~ 26 日，全省系统企业管理现场会在黄山召开。

12 月 30 日，国家局法规司李鸣司长一行到安徽省局（公司），对华环公司吸收合并蚌埠烟叶储运公司、池州市烟草公司烟叶独立经营资格、省局（公司）2013 年度法规工作开展情况和专卖执法实践中的有关问题进行调研。